Thomas L. Friedman
Globalisierung verstehen

Thomas L. Friedman

Globalisierung verstehen

Zwischen Marktplatz
und Weltmarkt

Ullstein

Die Deutsche Bibliothek – CIP-Einheitsaufnahme

Friedman, Thomas L.:
Globalisierung verstehen : zwischen Marktplatz und Weltmarkt /
Thomas L. Friedman. Aus dem Amerikan. von Helmut Dierlamm ... –
Berlin : Ullstein, 1999
Einheitssacht.: The lexus and the olive tree <dt.>
ISBN 3-550-06986-3

Titel der amerikanischen Originalausgabe:
The Lexus and the Olive Tree
Originalverlag: Farrar, Straus & Giroux, New York 1999
© 1999 by Thomas L. Friedman
Aus dem Amerikanischen von Helmut Dierlamm,
Norbert Juraschitz und Thomas Pfeiffer
© Übersetzung 1999 by Ullstein Buchverlage GmbH & Co. KG, Berlin
Alle Rechte vorbehalten
Satz: Dr. Ulrich Mihr GmbH, Tübingen
Druck und Verarbeitung: Graphischer Großbetrieb Pößneck GmbH, Pößneck
Printed in Germany 1999
ISBN 3 550 06986 3

Gedruckt auf alterungsbeständigem Papier
mit chlorfrei gebleichtem Zellstoff

Für Ann

Inhalt

Eröffnungsszene:
Die Welt ist zehn Jahre alt

Es ist zum Haareraufen – wir haben nichts zu tun mit Rußland und Asien. Wir sind nur ein kleines, amerikanisches Unternehmen, das wachsen möchte, aber nicht wachsen kann wegen der Art und Weise, wie die Regierungen dort Politik machen.

DOUGLAS HANSON, Geschäftsführer von Rocky Mountain Internet Inc., gegenüber dem *Wall Street Journal,* nachdem er wegen der Asienkrise 1998 die geplante Ausgabe eines Junkbonds mit einem Volumen von 175 Millionen Dollar verschieben mußte.

Am Morgen des 8. Dezember 1997 kündigte die Regierung von Thailand die Schließung von 56 der 58 größten Finanzhäuser des Landes an. Praktisch über Nacht hatte der Zusammenbruch der Landeswährung Baht die Privatbanken in den Ruin getrieben. Die Banken hatten hohe Dollarkredite aufgenommen und das Geld an thailändische Unternehmen weiterverliehen, die damit den Bau von Hotels, Büroblocks, Luxusappartements und Fabriken finanzierten. Angesichts der Entschlossenheit Bangkoks, einen fixen Wechselkurs zwischen dem Baht und dem Dollar aufrechtzuerhalten, glaubte man sich in den Chefetagen der Banken sicher. Doch als die Regierung damit scheiterte und sich international die Erkenntnis durchsetzte, daß die thailändische Wirtschaft nicht so stabil war wie angenommen, begann eine massive globale Spekulation gegen den Baht. Der Kurs des Baht gegenüber dem Dollar fiel von einem Tag auf den anderen um 30 Prozent. Die thailändischen Unternehmen, die Dollarkredite aufgenommen hatten, mußten nun 30 Prozent mehr Baht zur Rückzahlung jedes ausgeliehenen Dollars aufwenden. Daraufhin stellten viele Unternehmen ihre Zahlungen an die Finanzhäuser ein, was wiederum zur Folge hatte, daß diese ihren internationalen Kreditgebern die Zahlungsunfähigkeit erklären mußten. Das gesamte System brach zusammen – und 20 000 Bankangestellte fanden sich auf der Straße wieder. Am nächsten Tag, ich war zu einem Geschäftstermin unterwegs, fuhr ich in einem Taxi die Asoke Street hinunter, Bangkoks Äquivalent zur Wall Street, wo die meisten der nun bankrotten Privatbanken residierten. Während wir uns langsam durch die Straßenschlucht schoben, deutete mein Taxifahrer auf eine Bank nach der anderen und wiederholte das immer gleiche Wort: »Tot! ... Tot! ... Tot! ... Tot! ... Tot!«

Damals wußte ich es noch nicht – niemand wußte es –, aber die thailändischen Investmenthäuser waren die ersten Dominosteine einer Kettenreaktion, die sich zur ersten globalen Finanzkrise der neuen Ära der Globalisierung auswachsen sollte, der Ära, die auf den Kalten Krieg folgte. Die Thai-Krise war der Startschuß zu einer allgemeinen Kapitalflucht aus so gut wie allen südostasiatischen *emerging markets*, in deren Folge die Währungen Südkoreas, Malaysias und Indonesiens massiv an Wert verloren. Globale und regionale Investoren nahmen die südostasiatischen Boomwirtschaften genauer unter die Lupe, entdeckten erhebliche Risiken und zogen entweder ihr Kapital ab oder forderten zum Ausgleich für die höheren Risiken höhere Zinssätze. Bald erfreuten sich in Bangkok Sweatshirts mit dem Aufdruck »Former Rich«, »ehemaliger Reicher«, großer Beliebtheit.

Innerhalb weniger Monate schlug die Asienkrise rund um die Welt auf die Rohstoffpreise durch. Asien war lange Zeit ein wichtiger Motor des weltweiten Wirtschaftswachstums gewesen – ein Motor, der gewaltige Mengen an Rohstoffen verbrauchte. Als der Motor nun ins Stottern geriet, fingen die Preise für Gold, Kupfer, Aluminium und vor allem die Rohölpreise an nachzugeben. Der globale Verfall der Rohstoffpreise erwies sich als der Mechanismus, der die südostasiatische Krise auf Rußland übertrug. Rußland war damals mit sich selbst beschäftigt und versuchte gerade, mit Hilfe des Internationalen Währungsfonds aus seiner selbstverschuldeten Wirtschaftsmisere herauszukommen und auf einen stabilen Wachstumspfad einzuschwenken. Das Land krankte daran, daß die meisten russischen Unternehmen nicht in der Lage waren, etwas von Wert herzustellen. Im Gegenteil, was viele russische Firmen betrieben, galt als »negative Wertschöpfung«: Ein in Rußland gefertigter Traktor war so schlecht, daß er in montierter Form weniger wert war als Schrottmetall und sogar weniger als die Rohstoffe, aus denen er bestand. Und da die wenigen russischen Unternehmen, die etwas herstellten, was sich im Ausland verkaufen ließ, kaum, wenn überhaupt, Steuern zahlten, litt der Kreml unter chronischem Geldmangel.

Ohne eine Wirtschaft, die dem Land Einnahmen bescherte, war Moskau zur Finanzierung seines laufenden Haushalts in hohem Maße von den Abgaben auf Erdöl- und sonstige Rohstoffexporte abhängig. Und nicht nur das, der Kreml stand tief in der Kreide bei zahlreichen ausländischen Kapitalgebern, die sich von zum Teil absurd hohen Zinssätzen auf russische Regierungsanleihen hatten anlocken lassen.

Als sich der Niedergang der russischen Volkswirtschaft Anfang 1998 fortsetzte, mußte Moskau die Zinsen auf seine Rubelanleihen von 20 auf 50 und schließlich auf 70 Prozent heraufsetzen, damit weiterhin ausländisches Geld ins Land floß. Ungeachtet der Risiken kauften die ausländischen Hedgefonds und Banken weiterhin Rubelanleihen. Sollte die russische Regierung zahlungsunfähig werden, dann, so spekulierten sie, würde der IWF in die Bresche springen, Rußland aus der Klemme helfen und für die Außenstände aufkommen. Etliche Hedgefonds und Banken begnügten sich nicht etwa damit, eigenes Kapital nach Rußland zu pumpen, sondern nahmen darüber hinaus zu einem Zinssatz von 5 Prozent Fremdkapital zur Finanzierung russischer Schatzbriefe auf, die zu Sätzen zwischen 20 und 30 Prozent verzinst wurden. »Was für ein Geschäft«, würde Grandma sagen. Und dann hinzufügen: »Wenn es zu gut klingt, um wahr zu sein, dann ist es meistens auch nicht wahr.«

Grandma sollte recht behalten. Angesichts des Ölpreisverfalls infolge der Asienkrise tat sich die russische Regierung zusehends schwer, die Zins- und Tilgungsraten für ihre Schatzwechsel aufzubringen. Gleichzeitig sträubte sich der IWF – vollauf damit beschäftigt, Thailand, Südkorea und Indonesien mit Notkrediten wieder auf die Beine zu helfen –, Rußland finanziell zu unterstützen, solange nicht Moskau endlich mit seinen Versprechen einer Wirtschaftsreform ernst machte und die größten Unternehmen und Banken dazu brachte, wenigstens einen Teil ihrer Steuern zu bezahlen. Am 17. August 1998 war es dann so weit – das Kartenhaus der russischen Wirtschaft stürzte ein und versetzte dem internationalen Finanzsektor einen Doppelschlag: Ohne seine Kreditgeber vorab zu informieren oder sonstige Arrangements zur Abwicklung auszuhandeln, wertete Moskau den Rubel ab und stellte einseitig alle Zins- und Kreditzahlungen ein. Die Hedgefonds, Banken und Investmenthäuser, die sich in Rußland engagiert hatten, häuften gigantische Verluste auf, und vor allem den Instituten, die ihre immer höheren Wetten im russischen Kasino fremdfinanziert hatten, drohte nun selbst der Bankrott.

Auf den ersten Blick hätte man meinen sollen, daß der Kollaps der russischen Wirtschaft kaum auf das globale System durchschlagen würde – schließlich konnte es die russische Volkswirtschaft von ihrem Umfang her noch nicht einmal mit der Wirtschaft der Niederlande aufnehmen. Aber das System war globaler als jemals zuvor, und so, wie die Erdölpreise als Übertragungsmechanismus der Krise von Südostasien nach Rußland wirkten, waren die Hedgefonds – kapitalstarke, hochspekulative und kaum regulierte private Investmentfonds, die den Globus nach den besten Investitionsmöglichkeiten abgrasen – der Mechanismus, über den die Krise von Rußland aus auf alle anderen aufstrebenden Volkswirtschaften und insbesondere auf Brasilien übersprang. Die Hedgefonds und die anderen Tradinghäuser, die in Rußland gewaltige (in manchen Fällen durch die Kreditfinanzierung der Investitionen auf das Fünfzigfache aufgeblähte) Verluste erlitten hatten, mußten schnell Cash auftreiben, um ihre Kreditgeber bezahlen zu können, und so stießen sie alles ab, was sich irgendwie zu Geld machen ließ. Zum Ausgleich der Verluste in finanziell notleidenden Ländern fingen sie an, ihre Investitionen in finanziell eigentlich stabilen Ländern zu veräußern. Brasilien beispielsweise, ein Land, das in den Augen der globalen Märkte und des IWF vieles richtig gemacht hatte, mußte mitansehen, wie in Panik geratene Anleger ihre brasilianischen Aktien und Anleihen abstießen. Um der Kapitalflucht Einhalt zu gebieten, sah sich das Land gezwungen, die Zinsen auf bis zu 40 Prozent heraufzusetzen. Solche und ähnliche Szenen spielten sich rund um die Welt in fast allen *emerging markets* ab, als die Investoren Zuflucht in sicheren Anlagen suchten. Sie verkauften ihre brasilianischen, ägyptischen, polnischen oder mexikanischen Aktien und Anleihen und versteckten das Geld entweder unter der Matratze oder investierten in die sichersten US-Anleihen, die sie auf dem Markt finden konnten. Die Finanzkrisen Brasiliens und der anderen *emerging markets* lösten einen panikartigen Run auf US-Schatzbriefe aus. Das wiederum trieb den Kurs der US-Schatzbriefe steil in die Höhe und erlaubte es der US-Regierung, die Zinsen auf Regierungsanleihen drastisch zu senken. Diese Entwicklung verschärfte die Diskrepanz zwischen US-Schatzbriefen und den Anleihen von Unternehmen und Schwellenländern noch weiter.

Der starke Rückgang der Renditen bei US-Schatzbriefen schließlich war der Übertragungsmechanismus, der noch mehr Hedgefonds und Investmentbanken in die Krise schlittern ließ. Betrachten wir zum Beispiel den Fall der in Greenwich in Connecticut ansässigen Fondsgesellschaft Long-Term Capital Management (LTCM), der Mutter aller Hedgefonds. Als gegen Ende der achtziger Jahre zahllose Hedgefonds in das lukrative Geschäft drängten, nahm der Wettbewerb am Markt extreme Formen an. Alle stürzten sich auf dieselben Anlageoptionen, und um überhaupt noch auf einen grünen Zweig zu kommen, mußten die Fondsgesellschaften mit immer größeren Kapitalmengen immer exotischere Wetten eingehen. LTCM orientierte sich bei der Auswahl seiner Anlagen – sprich

Wetten – an der Arbeit von zwei Nobelpreisträgern der Wirtschaftswissenschaften, nach deren Theorie man die Basisvolatilität von Aktien und Anleihen anhand ihres Verhaltens in der Vergangenheit abschätzen kann. Ausgerüstet mit einem entsprechenden Computermodell und riesigen Summen an Fremdkapital von verschiedenen Banken, ging LTCM eine hochgerechnet 120 Milliarden Dollar schwere Wette darauf ein, in welche Richtung sich bestimmte Bonds im Sommer 1998 entwickeln würden. Im Prinzip wettete LTCM darauf, daß der Kurs von US-Schatzbriefen nachgeben und der von Junkbonds und *emerging-market*-Anleihen anziehen würde. Was das LTCM-Computermodell nicht vorhersah – und auch gar nicht vorhersehen konnte –, war die epidemische Krise der Finanzmärkte nach dem Zusammenbruch des russischen Marktes im August 1998, die alle Prognosen auf den Kopf stellte. Als die Investmentwelt von einer Massenpanik erfaßt wurde und nahezu geschlossen in US-Schatzbriefe flüchtete, schoß deren Kurs in die Höhe, statt, wie von dem Computermodell vorhergesagt, nachzugeben, und der Wert von Junkbonds und *emerging-market*-Anleihen fiel, statt zu steigen, ins Bodenlose. LTCM erging es wie einer Wünschelrute, die an beiden Astenden gleichzeitig auseinandergezogen wird. Letzten Endes mußten die LTCM-Banken mit massiven Kapitalspritzen einspringen, um zu verhindern, daß der Hedgefonds seine Aktien und Anleihen auf den Markt warf, was eine globale Finanzkrise ersten Ranges hätte auslösen können.

Nun kommen wir in meine Straße. Wie das Schicksal es wollte, investierte ich Anfang August in eine Internetbank, die ein Freund von mir gerade gegründet hatte. Die Aktie eröffnete zu einem Kurs von 14,50 Dollar und schnellte auf 27 Dollar hoch. Ich fühlte mich wie ein Finanzgenie. Doch dann erklärte Rußland seine Zahlungsunfähigkeit, der oben beschriebene Prozeß begann, und der Kurs meiner Internetbank-Aktien fiel auf 8 Dollar. Warum? Die Internetbank meines Freundes war stark im Hypothekengeschäft engagiert, und angesichts des Zinsrückgangs nach dem Run auf US-Schatzbriefe machte sich die Furcht breit, daß viele Leute ihre Hypothekenkredite vorzeitig zurückzahlen würden. Wenn aber viele Leute ihre Hypothekenkredite ablösten, stand zu befürchten, daß die Bank meines Freundes möglicherweise nicht mehr ausreichend Einnahmen erzielen würde, um die Zinsen ihrer Anleger zu bezahlen. Diese Furcht war, wie sich herausstellte, unbegründet, und der Kurs der Aktie erholte sich wieder. Als dann Anfang 1991 das von Amazon.com ausgelöste Internetfieber den Kurs der Internetbank-Aktien meines Freundes und anderer Technologiewerte in unserem Portfolio erneut in die Höhe schnellen ließ, hatte ich wieder Grund, mich wie ein Finanzgenie zu fühlen. Aber auch dieses Mal dauerte die Euphorie nicht lange. Nur war dieses Mal nicht Rußland der Spielverderber, sondern Brasilien war an der Reihe, die US-Märkte in Aufruhr und dem Internetaktienboom einen (wenn auch nur zeitweiligen) Dämpfer zu versetzen.

Während ich den Lauf der Ereignisse verfolgte, war mein einziger Gedanke, daß es gerade einmal neun Monate gedauert hatte, bis der Crash an Bangkoks Asoke Street in meiner Straße spürbar wurde, und eine Woche, bis die Ereignisse in Brasilien (Amazonas.land) auf Amazon.com durchschlugen. USA Today faßte die Situation des globalen Marktes Ende des Jahres 1998 knapp und treffend zusammen: »Die Krise griff wie ein Virus von einem Kontinent auf den nächsten über. Die US-Märkte reagierten ohne Zeitverzögerung... und selbst beim Friseur wurde über den thailändischen Baht gesprochen.«

Wenn schon zu nichts anderem, so hat der Bogen der Ereignisse von der Asoke Street zu meiner Straße und von Amazonas.land zu Amazon.com wenigstens dazu gedient, mich und viele andere Leute über den Zustand aufzuklären, in dem die Welt sich heute befindet. Anstelle der gemächlichen, stabilen, aus klar definierten Einzelelementen bestehenden Weltordnung des Kalten Krieges, die seit 1945 die internationale Politik dominiert hatte, war ein neues, sehr gut geschmiertes und eng verwobenes System namens Globalisierung getreten. Auch wenn wir nicht gerade im selben Boot sitzen, der Fluß, auf dem wir unterwegs sind, ist derselbe. Wenn wir uns dessen noch nicht voll bewußt waren, als 1989 die Berliner Mauer fiel, dann wissen wir es heute um so besser. Um eben dieser Einsicht Ausdruck zu verleihen, schaltete Merrill Lynch am 11. Oktober 1998, auf dem Höhepunkt der globalen Wirtschaftskrise, in mehreren großen amerikanischen Tageszeitungen ganzseitige Anzeigen mit folgender Schlagzeile:

Die Welt ist zehn Jahre alt
Ihre Geburtsstunde war der Fall der Mauer im Jahr 1989. So gesehen ist es keine Überraschung, daß die jüngste Volkswirtschaft der Welt – die globale Wirtschaft – immer noch auf der Suche nach ihren Leitsternen ist. Die komplexen Kontroll- und Gleichgewichtsmechanismen, die Volkswirtschaften stabilisieren, bilden sich erst im Laufe der Zeit heraus. Viele globale Märkte sind erst in jüngster Vergangenheit geöffnet worden, werden erstmals von den Emotionen der Akteure statt den eisernen Fäusten der Nationalstaaten re-

giert. Nichts davon vermindert, von unserer heutigen Warte aus betrachtet, die Hoffnungen, die vor einem Jahrzehnt das Ende der von Mauern eingeschlossenen Welt ausgelöst hat … Der globale Siegeszug der freien Marktwirtschaft und der Demokratie ermöglicht es immer mehr Menschen, ihre Träume in die Tat umzusetzen. Und moderne Technologien, richtig genutzt und allgemein zugänglich gemacht, besitzen die Macht, nicht nur die geographischen, sondern auch die vom Menschen gezogenen Grenzen auszulöschen. Für ihr zartes Alter von zehn Jahren, so scheint uns, gibt unsere Welt nach wie vor Anlaß zu großen Hoffnungen. Bis dahin gilt, daß noch niemand gesagt hat, Erwachsenwerden sei einfach.

Genau betrachtet, wäre die Merrill-Lynch-Anzeige noch zutreffender gewesen, hätte es darin geheißen, daß *diese* Ära der Globalisierung zehn Jahre alt ist. Denn von Mitte des 19. Jahrhunderts bis in die späten zwanziger Jahre unseres Jahrhunderts vollzog sich ein ähnlich massiver Globalisierungsprozeß. Setzt man die Volumen der grenzüberschreitenden Güter- und Kapitalströme ins Verhältnis zum Bruttosozialprodukt und die Wanderungsbewegungen der Arbeitskräfte ins Verhältnis zur Gesamtbevölkerung, zeigt sich, daß die Periode der Globalisierung vor dem Ersten Weltkrieg verblüffende Übereinstimmungen mit der heutigen Zeit aufweist. Großbritannien, damals die dominierende Weltmacht, investierte massiv in die damaligen aufstrebenden Volkswirtschaften, und auch damals wurden investitionsfreudige Europäer und Amerikaner häufig Opfer internationaler Finanzkrisen, ausgelöst beispielsweise durch Kursstürze argentinischer Eisenbahnanleihen, deutscher Schatzbriefe oder lettischer Regierungsanleihen. Es gab keine Devisenkontrollen, und kaum war 1866 das transatlantische Telegraphenkabel verlegt, sprangen Banken- und Finanzkrisen von New York in Windeseile auf London und Paris über. Vor einiger Zeit saß ich bei einer Diskussionsveranstaltung mit dem Vorsitzenden des britischen Gewerkschaftsdachverbandes TUC, John Monks, auf dem Podium. Monks berichtete, daß die Tagesordnung des ersten TUC-Kongresses 1868 in Manchester unter anderem folgende Punkte als der Diskussion bedürftig verzeichnet habe: »Die Notwendigkeit, sich mit der Konkurrenz aus den asiatischen Kolonien auseinanderzusetzen« sowie »die Notwendigkeit, unsere Aus- und Fortbildungsstandards denen der Vereinigten Staaten und Deutschlands anzugleichen.« Damals waren die Menschen viel mobiler, als wir es heute erinnern; mit Ausnahme von Kriegszeiten konnte man vor 1914 auch ohne einen Paß im Gepäck ins

Ausland reisen, und keiner der zahllosen Einwanderer, die nach Amerika kamen, besaß ein Visum. Nimmt man diese Faktoren zusammen und addiert dazu so bahnbrechende Erfindungen wie das Dampfschiff, die Telegraphie, die Eisenbahn und später noch das Telefon, läßt sich mit Fug und Recht sagen, daß die Ära der Globalisierung vor dem Ersten Weltkrieg die »große« Welt auf eine »mittlere« Größe zusammenschrumpfen ließ.

Die erste Ära der Globalisierung und des globalen Finanzkapitalismus wurde durch die aufeinanderfolgenden Hammerschläge des Ersten Weltkriegs, der Russischen Revolution und der Weltwirtschaftskrise beendet, die in ihrer kombinierten Wirkung die Welt sowohl physisch wie auch ideologisch aufspalteten. Die geteilte Welt, die aus dem Zweiten Weltkrieg hervorging, wurde durch den Kalten Krieg perpetuiert. Das internationale Ordnungssystem des Kalten Krieges existierte grob gesprochen von 1945 bis zum Fall der Berliner Mauer 1989, als es durch ein neues System ersetzt wurde: das der neuen Globalisierungsära, oder, wenn Sie so wollen, der »zweiten Globalisierungsrunde«, in der wir heute leben. Wie sich zeigte, war das Dreivierteljahrhundert vom Beginn des Ersten Weltkriegs bis zum Ende des Kalten Krieges nichts anderes als eine lange Auszeit zwischen zwei Phasen der Globalisierung.

Wie gesagt, es lassen sich sehr viele qualitative Gemeinsamkeiten zwischen der ersten und der aktuellen Globalisierungsperiode ausmachen. Doch neu sind das Tempo und die Intensität, mit denen die Welt zu einem einzigen, globalen Markt zusammenschmilzt – und die schiere Anzahl der Menschen und Länder, die an diesem Prozeß teilhaben und davon betroffen sind. So intensiv der erste Globalisierungsschub vor 1914 auch gewesen sein mag, viele Länder wurden davon kaum berührt. Relativ zur damaligen Zeit war der Umfang der globalen Wirtschaft sicherlich groß, in absoluten Zahlen aber war er im Vergleich zu heute winzig. Der tägliche Devisenumschlag um die Jahrhundertwende wurde in Millionen Dollar gemessen. 1992 belief er sich nach Auskunft der New Yorker Federal Reserve Bank auf 820 Milliarden Dollar, im April 1998, bei nach wie vor steigender Tendenz, bereits auf 1,5 Billionen Dollar – pro Tag, wohlgemerkt. Allein im letzen Jahrzehnt hat sich die Summe der weltweit von Banken ins Ausland verliehenen Kredite verdoppelt. Um 1900 bewegte sich die Größenordnung der internationalen privaten Kapitalflüsse aus entwickelten in unterentwickelte Länder noch im dreistelligen Millionen-Dollar-Bereich und betraf nur wenige Länder. 1997 dagegen summierten sich die privaten Kapitalströme aus der entwickelten Welt in *emerging-market*-Länder nach Angaben des IWF auf insgesamt 215 Milliarden Dollar. Im Vergleich zur ersten Globalisierungsrunde ist die derzeitige Globalisierungsphase mit einem Turbolader ausgerüstet.

Doch die neue Globalisierungsrunde unterscheidet sich nicht nur in ihrer Quantität von der ersten Welle vor dem Ersten Weltkrieg, sondern in mehrfacher und signifikanter Weise auch in ihrer Qualität. Wie der *Economist* einmal anmerkte, wurde die erste Globalisierungsära vor allem von den sinkenden Transportkosten angetrieben. Dank der Erfindung der Eisenbahn, des Dampfschiffes und des Automobils konnten sich die Menschen schneller und billiger fortbewegen und mit immer mehr und immer weiter entfernten Regionen Handel treiben. Motor der gegenwärtigen Globalisierungsrunde dagegen sind die fallenden Telekommunikationskosten – ermöglicht durch die Erfindung des Mikrochips, die gewaltigen Fortschritte in der Satellitenkommunikation, die Entwicklung der Glasfaserübertragungstechnologie und das Internet. Das erlaubt es nicht nur Unternehmen, einzelne Bereiche ihrer Produktion, Forschung und Entwicklung und ihres Marketings in verschiedenen Ländern anzusiedeln und per Computer und Telekonferenzen so zu führen, als befänden sie sich an ein und demselben Ort. Die rasante Ausbreitung dieser die Welt immer enger vernetzenden Technologien eröffnet auch den bisherigen Entwicklungsländern die Chance, sich aus der Rolle von Rohstoffexporteuren und Importeuren von Fertigerzeugnissen zu befreien und erstmals selbst im großen Stil als Dienstleister und Hersteller auf dem Weltmarkt aufzutreten. Und dank der Kombination von Computern und billiger Telekommunikation können selbst Einzelpersonen Dienstleistungen weltweit anbieten und handeln, die wie beispielsweise medizinische Beratung, Programmierarbeiten und Datenverarbeitung früher praktisch nicht gehandelt werden konnten. Kostete laut *Economist* ein dreiminütiges Telefongespräch zwischen New York und London 1930 rund 300 Dollar (im Geldwert von 1996), kann man dasselbe Gespräch heute über das Internet fast umsonst führen.

Das wirklich Besondere an der aktuellen Globalisierungsphase aber ist der Umstand, daß die technologischen Fortschritte es nicht nur den traditionellen Nationalstaaten und den großen Konzernen ermöglichen, schneller, weiter, günstiger weltweit aktiv zu werden, sondern auch Individuen. Daß dem so ist, wurde mir an einem Tag im Sommer des letzten Jahres deutlich, als meine knapp achtzigjährige Mutter mich anrief. Da sie sehr aufgebracht klang, fragte ich sie, was passiert sei. »Stell dir vor«, antwortete sie, »ich spiele seit einiger Zeit im Internet Bridge mit drei Franzosen, und sie reden die ganze Zeit Französisch miteinander, obwohl sie genau wissen, daß ich kein Französisch kann!« Angesichts der Vorstellung, daß meine Zocker-Mutter drei Franzosen im Internet beim Bridge herausforderte, lachte ich laut auf, woraufhin sie leicht verstimmt versetzte: »Lach nicht, vor kurzem habe ich sogar mit jemandem in Sibirien Bridge gespielt.«

All jenen, die meinen, daß sich die gegenwärtige Globalisierungsära nicht von der letzten unterscheidet, will ich nur eine Frage stellen: Hat Ihre Urgroßmutter vor hundert Jahren im Internet Bridge mit einem Franzosen gespielt? Ich glaube kaum. Natürlich haben wir einen Teil dessen, was diese Globalisierungsrunde mit sich bringt, schon früher gesehen, aber manches ist neu, und einiges ist sogar so neu, daß wir noch nicht einmal begonnen haben, es auch nur ansatzweise zu verstehen. Wir könnten die Unterschiede zwischen den beiden Globalisierungsperioden folgendermaßen zusammenfassen: Wenn die erste Globalisierungsrunde die Welt von »Large« auf »Medium« schrumpfen ließ, dann läßt die aktuelle Runde sie auf »Small« zusammenschnurren.

Dieses Buch strebt zweierlei an: Zum einen versucht es zu erklären, wie die Globalisierung am Ende des 20. Jahrhunderts das System des Kalten Krieges als dominierendes internationales Paradigma ablösen konnte. Zum anderen untersucht es, wie das neue internationale System die Innen- und die Außenpolitik so gut wie aller Nationalstaaten beeinflußt und bestimmt. In diesem Sinne verstehe ich es als in der Tradition der Literatur stehend, die versucht, die internationale Ordnung nach dem Ende des Kalten Krieges zu definieren. In diesem Zusammenhang sind vor allem vier viel gelesene Autoren zu nennen: *Aufstieg und Fall der großen Mächte: Ökonomischer Wandel und militärischer Konflikt von 1500 bis 2000* von Paul M. Kennedy, *Das Ende der Geschichte* von Francis Fukuyama, die verschiedenen Aufsätze und Bücher von Robert D. Kaplan sowie Samuel P. Huntingtons *Kampf der Kulturen: Die Neugestaltung der Weltpolitik im 21. Jahrhundert.*

Auch wenn alle diese Bücher wichtige Wahrheiten enthalten, liefert doch meiner Auffassung nach keines einen umfassenden, holistischen Blick auf die Welt nach dem Ende des Kalten Krieges. Kaplans Schriften sind sehr anschaulich und lebendig, aber er nimmt die übelsten Ecken des Globus ins Visier und schließt von dort auf den Rest der Welt. Huntington registriert die Vielzahl kulturell motivierter Konflikte und schreibt sie zu einem dauerhaften, scharf definierten Kampf der Kulturen fort, gipfelnd in der Aussage, sollte es einen nächsten Weltkrieg geben, werde es ein »Krieg zwischen den Kulturen« sein. Meiner Meinung nach haben Kaplan und Huntington bei ihren (größtenteils) in Schwarz und Weiß gehaltenen Vorhersagen sträflich vernachlässigt, die fortdauernde Macht der Nationalstaaten, die Anziehungskraft der Weltmärkte, die weltweite Diffusion moderner Technologien, die Entstehung weltumspannender Netzwerke und die Ausbreitung globaler Normen zu berücksichtigen.

Kennedy und Huntington dagegen versuchen allzu sehr, die Zukunft aus der Vergangenheit, und zwar ausschließlich aus der Vergangenheit, abzuleiten. Kennedy liefert eine brillante Analyse des Aufstiegs und Falls von Spanien, Frankreich und Großbritannien, schließt sein Werk aber mit der Prophezeiung, daß die Vereinigten Staaten aufgrund der gleichen imperialen Übersteigerung als nächste vom Sockel fallen werden. Seine implizite Botschaft lautet, daß das Ende des Kalten Krieges nicht nur das Ende der Sowjetunion bedeutet, sondern auch den Niedergang der USA einläutet. Meiner Meinung nach anerkennt Kennedy nicht ausreichend, daß der relative Machtverlust der Vereinigten Staaten in den achtziger Jahren vor allem Ausdruck der Vorbereitung auf und der Anpassung an das neue internationale System war – ein Prozeß, den ein Großteil der Welt erst heute durchläuft. Kennedy sah nicht voraus, daß die Vereinigten Staaten unter dem zunehmenden Globalisierungsdruck ihren Verteidigungshaushalt zusammenstreichen, die Bürokratie beschneiden und immer mehr Kompetenzen auf den freien Markt übertragen würden, Schritte, die ihrem Großmachtstatus keinen Abbruch taten, sondern ihn im Gegenteil festigten.

Huntington ist überzeugt, daß sich die Vereinigten Staaten, nachdem der Kommunismus als zentrales Feindbild weggefallen ist, quasi automatisch wieder mit den Hindus und Muslimen (und die sich umgekehrt mit den Vereinigten Staaten) anlegen werden; damit schließt er implizit die Entstehung eines neuen internationalen Systems aus, das den Lauf der Dinge in eine andere Richtung lenken könnte. Für Huntington ist es unvorstellbar, daß auf den Kalten Krieg etwas anderes folgt als die Rückkehr zu Stammeskriegen.

Fukujamas bahnbrechendes Buch enthält zwar die treffendste Analyse dessen, was neu ist – der Triumph des Liberalismus und der freien Marktwirtschaft als effektivste Methode der gesellschaftlichen Organisation –, doch der Titel (wenn auch weniger der Inhalt) des Buches drückt eine Endgültigkeit des Triumphes aus, die nicht mit der Welt übereinstimmt, in der ich lebe.

In gewisser Weise wurde jedes dieser Bücher bekannt, weil die Autoren versuchten, in einem eingängigen Satz »den einen Fixpunkt«, den

Hauptmotor, den zentralen Mechanismus zu erfassen, der die internationalen Beziehungen der Welt nach dem Kalten Krieg bestimmt und antreibt – der Kampf der Kulturen, das Chaos, der Niedergang der Großmächte oder der Triumph des Liberalismus.

Das vorliegende Buch ist ganz anders. Wer die neue Weltordnung verstehen will, muß, davon bin ich überzeugt, mit der Einsicht beginnen, daß das internationale System des Kalten Krieges durch ein neues System ersetzt worden ist – das System der Globalisierung. Das ist der Fixpunkt, auf den sich jede Analyse stützen muß. Damit soll nicht gesagt werden, daß einzig und allein die Globalisierung den Lauf der Ereignisse bestimmt; aber insoweit es überhaupt so etwas wie einen Fixstern, eine dominierende Kraft in der internationalen Politik gibt, ist es das internationale System der Globalisierung. Das System ist neu, alt sind die Machtpolitik, das Chaos, der Kampf der Kulturen und der Liberalismus. Eben das ist auch das Leitmotiv der Welt nach dem Fall der Mauer: die Interaktion zwischen dem neuen System und den alten Leidenschaften. Es ist ein komplexes, vielschichtiges Stück, und sein letzter Akt ist noch nicht geschrieben. Das ist auch der Grund, warum das Zeitalter der Globalisierung beides mit sich bringen wird, den Kampf der Kulturen und die Homogenisierung der Kulturen, Umweltkatastrophen ebenso wie erstaunliche umweltpolitische Fortschritte, den Triumph des marktwirtschaftlichen Kapitalismus und der Demokratie einerseits und den erbitterten Widerstand gegen beide andererseits, den Fortbestand der klassischen Nationalstaaten und den Aufstieg mächtiger nichtstaatlicher Akteure. Was ich versucht habe zu schreiben, ist ein Ratgeber, der uns durch dieses Stück leiten und erklären soll, was wir sehen.

Noch ein letztes Wort, bevor wir beginnen. Jonathan Galassi, Verleger und Lektor dieses Buches, rief mich eines Tages an und sagte: »Ich habe ein paar Freunden erzählt, daß Sie ein Buch über Globalisierung schreiben, und wissen Sie, was sie mir geantwortet haben? ›Friedman? Der hat einen Narren an der Globalisierung gefressen!‹ Was sagen Sie dazu?« Ich erwiderte, daß ich über Globalisierung ungefähr dasselbe denke wie über die Morgendämmerung. Im großen und ganzen halte ich es für eine tolle Sache, daß die Sonne jeden Morgen wieder aufgeht. Sie tut mehr Gutes, als sie schadet. Und selbst wenn mir die Morgendämmerung auf die Nerven ginge, könnte ich nichts daran ändern. Ich habe die Globalisierung nicht in Gang gesetzt, ich kann sie nicht aufhalten – niemand kann das, es sei denn, um einen immens hohen Preis für die Menschheit –, und ich werde meine Zeit nicht damit verschwenden, daß ich es versuche. Mich interessiert, wie wir dieses System am besten für uns nutzen und uns am effektivsten gegen die damit einhergehenden Gefahren schützen können. Das ist der Gedanke, der mich zu diesem Buch motiviert hat.

Der erste Teil des Buches erklärt, wie wir das Globalisierungssystem betrachten können und wie es funktioniert. Im zweiten Teil widme ich mich der Frage, wie Nationalstaaten, Gemeinschaften, Individuen und die Umwelt mit diesem System interagieren. Der dritte Teil befaßt sich mit dem Widerstand gegen die Globalisierung, und der vierte und letzte Teil mit der besonderen Rolle, die die Vereinigten Staaten bei der Stabilisierung dieses neuen internationalen Systems spielen und spielen müssen.

Thomas L. Friedman
Washington D.C.
1. Februar 1999

TEIL 1

Das System sehen

I

Ein Tourist mit einer starken Meinung

Bei einem Besuch im hervorragenden Wissenschaftsmuseum von Barcelona hatte ich Gelegenheit, eine Installation zu bewundern, die sehr anschaulich den Begriff »Chaos« illustrierte. Ein nichtlineares Pendel war so aufgebaut, daß der Besucher das Pendelgewicht in eine beliebige Ausgangsposition bringen und mit einer beliebigen Geschwindigkeit in Gang setzen konnte. Der Besucher konnte die Bewegung des Pendels verfolgen, zusätzlich wurde sie auf einem Blatt Papier aufgezeichnet. Nach dem ersten Durchlauf wurde er aufgefordert, das Pendelgewicht nochmals in Bewegung zu setzen, und zwar möglichst exakt von derselben Startposition aus und mit derselben Ausgangsgeschwindigkeit. Wie sorgfältig man der Aufforderung auch nachkam, die folgende Pendelbewegung fiel deutlich anders aus als die erste ... Nach einiger Zeit bemerkte ich zwei Männer, die in einer Ecke standen und uns bei unseren Bemühungen zusahen. Der Museumsdirektor, von mir darauf angesprochen, antwortete: »Ach, das sind zwei Holländer, die darauf warten, daß sie das ›Chaos‹ abbauen können.« Wie er weiter erklärte, sollte die Installation noch an diesem Tag demontiert und nach Amsterdam gebracht werden. Seitdem frage ich mich immer wieder, ob der Service dieser beiden Holländer nicht rund um die Welt ständig von Organisationen nachgefragt wird, die ihr Chaos loswerden wollen.

Murray Gell-Mann, Autor von *Der Quark und der Jaguar*

Wie lautete doch gleich die Lebensweisheit, die Forrest Gumps Mutter ihrem Sohn so gerne zitierte? Das Leben ist wie eine Pralinenschachtel: Du weißt nie, was du bekommst, wenn du sie aufmachst. Für mich als passionierten Reisenden und außenpolitischen Kolumnisten ist das Leben eher wie der Zimmerservice – man weiß nie, was man bekommt, wenn man die Tür aufmacht.

Nehmen wir nur den Abend des 31. Dezember 1994, den Tag, an dem ich meine Tätigkeit als außenpolitischer Kolumnist der *New York Times* begann – und in dieser Eigenschaft gleich nach Japan geschickt wurde. Nach einem langen Flug über den Pazifik glücklich in Tokio und im Okura-Hotel angekommen, gab ich beim Zimmerservice eine sehr einfache Bestellung auf: Ich orderte vier Orangen. Ich bin süchtig nach Zitrusfrüchten und brauchte dringend eine Dosis. Mir erschien die Bestellung, als ich sie am Telefon nannte, sehr einfach, und die Person am anderen Ende der Leitung schien sie auch problemlos zu verstehen.

Etwa zwanzig Minuten später klopfte es an meiner Zimmertür. Ich öffnete, und vor mir stand der Zimmerkellner in seiner makellosen Uniform, die Hände an einem Servierwagen, der mit einem frisch gestärkten, weißen Tischtuch bedeckt war. Auf dem Tischtuch erblickte ich vier hohe Gläser mit frisch gepreßtem Orangensaft, jedes für sich in einer kleinen, mit Eis gefüllten Silberschüssel thronend.

»Nein, nein«, sagte ich zu ihm. »Ich möchte Orangen. Orangen, nicht Orangensaft.« Zur Verdeutlichung meines Wunsches tat ich so, als würde ich in so etwas wie eine Orange hineinbeißen.

»Ahhhhh ja«, erwiderte der Kellner mit einem Kopfnicken. »O-rangen, O-rangen.«

Ich ging in mein Zimmer zurück und setzte mich wieder an den Schreibtisch. Zwanzig Minuten später klopfte es erneut. Derselbe Kellner. Derselbe Servierwagen. Doch diesmal standen keine Gläser darauf, sondern vier Teller, und auf jedem Teller lag eine säuberlich geschälte und in perfekte kleine Schnitze zerteilte Orange, mit dem für Japaner typischen Stilempfinden in Fächerform arrangiert.

»Nein, nein«, sagte ich und schüttelte wieder den Kopf. »Ich möchte ganze Orangen.« Mit den Händen formte ich einen kleinen Ball. »Ich will sie in meinem Zimmer aufbewahren und nach und nach essen. Ich kann nicht vier Orangen auf einmal essen, und ich kann sie in der Form auch nicht in meiner Minibar aufbewahren. Ich möchte ganze Orangen.«

Erneut biß ich pantomimisch in eine imaginäre Orange.

»Ahhhh ja«, antwortete der Kellner mit einem Kopfnicken. »O-range, O-range. Sie wollen ganze O-range.«

Weitere zwanzig Minuten später wieder ein Klopfen an der Tür. Derselbe Kellner. Derselbe Servierwagen. Nur diesmal mit vier glänzenden Orangen, jede auf einem extra Teller, jeder Teller komplett mit einer Gabel, einem Messer und einer Serviette daneben. Eindeutig ein Fortschritt.

»Wunderbar«, sagte ich und unterschrieb die Rechnung. »Das ist genau, was ich wollte.«

Als er das Zimmer verließ, warf ich einen Blick auf die Rechnung. Vier Orangen zu 22 Dollar. Wie sollte ich das meinem Verleger erklären?

Doch damit waren meine Zitrusfrucht-Erlebnisse der anderen Art noch nicht vorüber. Zwei Wochen später aß ich in Hanoi allein im Speisesaal des Metropole-Hotels. In Vietnam war Mandarinensaison, an allen Straßenecken der Stadt boten fliegende Händler Berge köstlichster, orangerot glänzender Mandarinen feil, und die letzten Tage hatte ich jeden Morgen ein paar Mandarinen zum Frühstück gegessen. Als der Kellner an meinen Tisch kam, um die Bestellung für das Dessert aufzunehmen, sagte ich ihm, daß ich lediglich ein paar Mandarinen wünsche. Er nickte und ging davon. Ein paar Minuten später kam mit leeren Händen zurück.

»Sorry«, sagte er, »keine Mandarinen.«

»Wie ist das möglich?« fragte ich fassungslos. »Jeden Morgen beim Frühstück steht hier ein ganzer Tisch voller Mandarinen. Sie werden doch bestimmt irgendwo in der Küche noch ein paar Mandarinen haben?«

»Sorry«, erwiderte er mit einem Kopfschütteln. »Vielleicht möchten Sie Wassermelone?«

»Okay«, sagte ich, »bringen Sie mir Wassermelone.«

Fünf Minuten später kam er zurück, in der Hand einen Teller, darauf drei geschälte Mandarinen.

»Ich habe Mandarinen gefunden«, verkündete er, »aber keine Wassermelone.«

Hätte ich damals gewußt, was ich heute weiß, ich hätte diese beiden Ereignisse als Vorboten genommen. Auch ich sollte viele Dinge auf meinem Teller und vor meiner Tür finden, die ich auf meinen Reisen rund um die Welt als Korrespondent der *New York Times* dort niemals zu finden erwartet hätte.

Als außenpolitischer Kolumnist der *New York Times* habe ich den besten Job der Welt. Das mag arrogant klingen, aber irgend jemand muß ja den besten Job der Welt haben, finden Sie nicht? Und dieser Jemand bin ich. Der Grund, warum mein Job der beste Job der Welt ist, ist einfach: Ich darf ein Tourist mit einem Standpunkt sein. Ich kann zu jeder Zeit an jeden Ort reisen, und ich kann einen Standpunkt zu dem einnehmen, was ich sehe und höre. Doch die Frage, die sich mir stellte, als ich zu dieser Odyssee aufbrach, lautete: Welchen Standpunkt? Durch welche Linse, von welcher Warte aus, vor dem Hintergrund welches organisierenden Prinzips – welcher Rahmenhandlung – sollte ich die Welt betrachten, Ereignisse interpretieren, Prioritäten setzen, eine Meinung entwickeln und meinen Lesern helfen, die Welt zu verstehen?

Meine Vorgänger hatten es da in mancherlei Hinsicht leichter. Sie alle hatten es mit einer sehr offensichtlichen Rahmenhandlung und einem stabilen internationalen System zu tun. Ich bin der fünfte außenpolitische Kolumnist in der Geschichte der *Times*. »Foreign Affairs« ist die älteste Rubrik der Zeitung. Ins Leben gerufen wurde sie 1937 von einer überaus bemerkenswerten Frau, Anne O'Hare McCormick, und zwar ursprünglich unter der Bezeichnung »in Europe«, da damals für die meisten Amerikaner Außenpolitik ausschließlich »In Europa« stattfand. So war es auch nur selbstverständlich, daß der einzige *Times*-Korrespondent in Übersee auf dem europäischen Kontinent stationiert war. In dem *Times*-Nachruf auf die 1954 verstorbene Anne O'Hare McCormick hieß es, daß ihre Karriere als Auslandskorrespondentin als »Ehefrau von Mr. McCormick, einem Ingenieur aus Dayton, den sie auf häufigen Einkaufsreisen nach Europa begleitete«, begonnen habe. (Inzwischen werden bei den Nachrufen in der *New York Times* die Vorgaben der politischen Korrektheit sehr viel besser eingehalten.) Das internationale System, über das sie berichtete, war gekennzeichnet von der Desintegration des Machtgleichgewichts im Europa nach dem Versailler Vertrag und dem sich anbahnenden Zweiten Weltkrieg.

Im Jahr 1954 – Amerika war aus dem Zweiten Weltkrieg hervorgegangen als die beherrschende Supermacht mit globalen Interessen und verstrickt in einen weltweiten Machtkampf mit der Sowjetunion – wurde die Rubrik in »Foreign Affairs« umgetauft. In der Auseinandersetzung mit der Sowjetunion war plötzlich die ganze Welt Spielfeld der amerikanischen Politik, war jedes noch so ferne Land potentiell von nationalem Interesse. Der Kalte Krieg, in dem der kapitalistische Westen mit dem kommunistischen Osten, Washington mit Moskau und mit Peking um Einfluß und Vormacht konkurrierte, wurde zu der übergreifenden Rahmenhandlung, vor deren Hintergrund die nächsten drei außenpolitischen Kolumnisten der *New York Times* ihre Ansichten formulierten.

Doch als ich Anfang 1995 meine Arbeit aufnahm, war der Kalte Krieg vorüber. Die Berliner Mauer stand nicht mehr, und die Sowjetunion war Geschichte. Zuvor hatte ich, am 16. Dezember 1991, noch die Gelegenheit gehabt, im Kreml einen der letzten Atemzüge der Sowjetunion mitzuerleben, als der damalige amerikanische Außenminister James A. Baker in der Zeit, in der Boris Jelzin Michail Gorbatschow die Führungsrolle entriß, Moskau besuchte. Wann immer Baker zuvor in Moskau mit Gorbatschow zusammengetroffen war, hatten die Gespräche im goldverzierten Saal der heiligen Katharina im Kreml stattgefunden. Dem offiziellen Teil vorgeschaltet war stets ein sorgsam orchestrierter, gemeinsamer Auftritt vor der Presse. Baker und seine Entourage warteten am einen Ende der langen Halle hinter zwei riesigen Holztüren, Gorbatschow und sein Gefolge warteten hinter den ebenso großen Türen auf der gegenüberliegenden Seite. Dann, auf ein Signal hin, schwangen die Türen gleichzeitig auf, die beiden Männer traten heraus und schritten in die Hallenmitte, wo sie vor laufenden Kameras einander die Hände schüttelten. Nicht so an diesem Tag: Als die Türen aufschwangen, kam zu Bakers Überraschung nicht Gorbatschow, sondern Jelzin von der anderen Seite der Halle auf ihn zu. »Willkommen auf russischem Boden und in diesem russischen Gebäude«, begrüßte Jelzin den verblüfften amerikanischen Außenminister. Zwar traf Baker später am Tag noch mit Gorbatschow zusammen, aber es war unverkennbar, daß sich ein Machtwechsel vollzogen hatte. Wir Journalisten des State Department, deren Auftrag es war, den Staatsbesuch zu dokumentieren, verbrachten den ganzen Tag im Kreml. Von morgens bis abends schneite es heftig, und als wir nach Einbruch der Nacht schließlich ins Freie traten, lag der Hof des Kreml unter einer dicken Schneedecke. Auf dem Weg hinaus durch das Spasskij-Tor fiel mein Blick auf die von einem Scheinwerfer beleuchtete rote Fahne mit Hammer und Sichel, die seit nunmehr rund siebzig Jahren über der Kremlkuppel wehte. Das ist wahrscheinlich das letzte Mal, daß ich diese Fahne dort oben sehe, schoß es mir durch den Kopf. Und in der Tat, ein paar Wochen später war die Fahne Geschichte, und mit ihr die Rahmenhandlung und das internationale System des Kalten Krieges.

Aber auch ein paar Jahre später, als ich meinen Posten als außenpolitischer Kolumnist der *Times* antrat, war mir noch nicht klar, welches internationale System das System des Kalten Krieges in der Funktion des dominierenden, organisierenden Rahmens der internationalen Politik ersetzt hatte. So begann ich meine Arbeit nicht als ein Tourist mit Standpunkt, sondern als einer mit einem offenen Geist. Mehrere Jahre sprach ich, wie alle anderen auch, einfach von der »Welt nach dem Kalten Krieg«. Wir wußten zwar, daß ein neues System im Entstehen begriffen war und daß dieses System einen neuartigen Rahmen der internationalen Beziehungen darstellte. Aber da wir nicht sagen konnten, was es war, definierten wir es danach, was es nicht war. Es war nicht der Kalte Krieg. Also nannten wir es die Welt nach dem Kalten Krieg.

Je länger ich jedoch durch die Welt reiste, um so deutlicher wurde mir, daß dieses neue System seine eigene Logik besaß und einen eigenen Namen verdiente: »Globalisierung«. Die Globalisierung ist kein Phänomen, kein vorübergehender Trend. Sie ist ein übergreifendes internationales System, das die Innenpolitik und die Außenbeziehungen praktisch jeder Nation mitbestimmt, und als solches müssen wir es auch verstehen.

Was meine ich, wenn ich vom »System des Kalten Krieges« und vom »System der Globalisierung« spreche? Ich meine damit, daß der Kalte Krieg als internationales System eine eigene Machtstruktur aufwies: das Machtgleichgewicht zwischen den Vereinigten Staaten und der Sowjetunion. Der Kalte Krieg folgte seinen eigenen Regeln. In der Außenpolitik verzichtete jede Supermacht darauf, in der Interessensphäre der anderen aktiv zu werden; in der Wirtschaftspolitik konzentrierten sich die weniger entwickelten Länder auf den Aufbau ihrer nationalen Industrien, die Schwellenländer auf exportorientiertes Wachstum, die kommunistischen Staaten auf wirtschaftliche Autarkie und die westlichen Volkswirtschaften auf regulierten Handel. Der Kalte Krieg besaß seine eigenen dominierenden Ideen: der Konflikt zwischen Kommunismus und Kapitalismus, Entspannung, Blockfreiheit und Perestroika. Der Kalte Krieg zeichnete sich durch besondere demographische Trends aus: Da die Bewegung der Menschen von Ost nach West durch den Eisernen Vorhang weitgehend unterbunden wurde, verliefen die Wanderungsbewegungen hauptsächlich von Süden nach Norden. Der Kalte Krieg hatte seine eigene Sicht auf den Globus: Die Welt war ein Raum, unterteilt in das kommunistische Lager, das westliche Lager und das neutrale Lager; jedes Land gehörte einem der drei Lager an. Der Kalte Krieg hatte seine eigenen, ihn definierenden Technologien: Die Atomwaffen und die Technologien der zweiten industriellen Revolution standen im Vordergrund, aber für viele Menschen in den Entwicklungsländern gehörten Hammer und Sichel immer noch zu den täglichen Handwerkszeugen. Der Kalte Krieg hatte seine eigene Meßgröße – die Sprengkraft der Atombomben. Und er hatte seine eigene definierende Angst: die Angst vor der nuklearen Vernichtung. Zusammengenommen beeinflußten die Elemente des internationalen Systems des Kalten Krieges die Innen- und Außenpolitik praktisch aller Länder. Das System des Kalten Krieges bestimmte nicht alles, aber es bestimmte vieles.

Die Globalisierung, die den Kalten Krieg ersetzt hat, ist ein vergleichbares internationales System mit eigenen, einzigartigen Attributen.

Zunächst und vor allem ist das System der Globalisierung anders als sein Vorläufer nicht statisch, sondern ein dynamischer, fortlaufender Prozeß: Globalisierung beinhaltet die zwangsläufige Integration von Märkten, Nationalstaaten und Technologien in einem bislang unbekannten Ausmaß – und zwar auf eine Weise, die es zum einen Individuen, Unternehmen und Nationalstaaten ermöglicht, schneller, weiter, durchdringender und zu geringeren Kosten rund um den Globus aktiv zu werden, und die zum anderen eine heftige Gegenbewegung von seiten derjenigen provozieren wird, die den Anschluß an das neue System verlieren oder davon ausgebeutet werden.

Die treibende Kraft der Globalisierung ist der Kapitalismus mit dem freien Spiel der Marktkräfte – je mehr Kompetenzen dem Markt überlassen werden und je mehr ein Land seine Volkswirtschaft dem freien Handel und der Konkurrenz öffnet, um so effizienter und dynamischer wird sie. Globalisierung meint in diesem Zusammenhang die Ausbreitung des marktwirtschaftlichen Kapitalismus auf so gut wie jedes Land der Erde. Die Globalisierung wird durch eigene wirschaftliche Regeln bestimmt – Regeln für die Öffnung, Deregulierung und Privatisierung der nationalen Volkswirtschaften.

Anders als das System des Kalten Krieges wird die Globalisierung durch eine eigene dominierende Kultur geprägt – das ist auch der Grund, warum sie generell homogenisierend wirkt. In der Geschichte der Menschheit vollzog sich diese Art der kulturellen Homogenisierung bislang ausschließlich auf der regionalen Ebene – in der Hellenisierung des Mittelmeerraums durch die Griechen, in der Türkifizierung Zentralasiens, Nordafrikas, Südosteuropas und des Nahen Ostens durch die Osmanen und in der Russifizierung Ost- und Mitteleuropas und von Teilen Eurasiens unter der Sowjetherrschaft. Kulturell gesprochen bedeutet die Globalisierung weitgehend, wenn auch nicht ausschließlich, die Amerikanisierung der Welt – von Big Macs über iMacs bis hin zu Micky Maus.

Die Globalisierung hat ihre eigenen definierenden Technologien: Computerisierung, Miniaturisierung, Digitalisierung, Satellitenkommunikation, Glasfaseroptik und das Internet. Und die Technologien tragen ihrerseits dazu bei, eine definierende Perspektive der Globalisierung zu erzeugen. Wenn die definierende Perspektive des Kalten Krieges die »Teilung« war, dann ist die definierende Perspektive der Globalisierung die »Integration«. Das Symbol des Kalten Kriegs war eine Mauer, die alle voneinander trennte. Das Symbol der Globalisierung ist das World Wide Web, das alle vereint. Das definierende Dokument des Kalten Kriegs war der »Staatsvertrag«, das der Globalisierung ist der »Geschäftsvertrag«.

Sobald ein Land den Sprung in das System der Globalisierung unternimmt, beginnen seine Eliten, die Perspektive der Integration zu internalisieren, und sie versuchen sich selbst im globalen Kontext einzuordnen. Bei einem Besuch in Amman im Sommer 1998 traf ich mich im Hotel Inter-Continental mit meinem Freund Rami Khouri, dem wichtigsten politischen Kommentator Jordaniens, zu einem Kaffee. Auf meine

Frage, was es Neues zu berichten gäbe, erzählte er als erstes, daß Jordanien vor kurzem auf die Liste der Länder gesetzt worden sei, die im CNN-Wetterbericht berücksichtigt werden. Rami drückte damit aus, daß es den Jordaniern wichtig war zu wissen, daß die Menschen mit einer globalen Perspektive es nun lohnenswert finden, über die Wetterlage in Amman informiert zu sein. Zum einen verleiht es den Jordaniern ein stärkeres Gefühl der eigenen Bedeutung, zum anderen erfüllt es sie mit der Hoffnung, daß mehr Touristen und Geschäftsleute ins Land kommen und es wohlhabender machen werden. Am Tag darauf flog ich nach Israel weiter, wo ich mit dem damaligen Leiter der israelischen Zentralbank, Jacob Frenkel, zusammentraf. Frenkel, ein an der University of Chicago ausgebildeter Ökonom, berichtete mir, daß auch seine Perspektive sich gewandelt habe. »Wenn wir früher über Makroökonomie sprachen, fingen wir mit dem Blick auf die lokalen Märkte und Finanzsysteme und ihre wechselseitigen Beziehungen an, und anschließend befaßten wir uns mit dem internationalen Wirtschaftssystem. Wir dachten, daß das, was wir taten, primär unsere eigene Sache war, abgesehen von ein paar Sektoren, die ins Ausland exportierten. Heute arbeiten wir unter umgekehrten Vorzeichen. Wir entscheiden nicht, was wir produzieren, und überlegen uns dann, in welche Märkte wir exportieren können; vielmehr analysieren wir zunächst das globale System, in dem wir operieren, und entscheiden dann, was wir produzieren. Das stellt unsere gesamte Perspektive auf den Kopf.«

Während das definierende Maß des Kalten Krieges die Sprengkraft der Atomraketen war, ist das definierende Maß im Zeitalter der Globalisierung die Geschwindigkeit – die Geschwindigkeit des Handels, des Reisens, der Kommunikation und der Innovation. Die prägende Formel des Kalten Krieges war Einsteins Masse-Energie-Gleichung, $e = mc^2$. Im Zeitalter der Globalisierung zählt Moores Gesetz, demzufolge sich die Rechenleistung von Siliziumchips alle achtzehn bis vierundzwanzig Monate verdoppelt. Im Kalten Krieg lautete die am häufigsten gestellte Frage »Wieviel Kilotonnen hat deine Rakete?«, heute lautet sie »Wie schnell ist dein Modem?«

Die maßgeblichen Ökonomen des Systems des Kalten Krieges waren Karl Marx und John Maynard Keynes, die jeder auf seine Weise den Kapitalismus zähmen wollten. Ihre Nachfolger in der Ära der Globalisierung sind Joseph Schumpeter und Intel-Chef Andy Grove, die einen ungebändigten Kapitalismus fordern. Schumpeter, Harvard-Absolvent und zeitweise österreichischer Finanzminister, vertrat in seinem Hauptwerk *Kapitalismus, Sozialismus und Demokratie* die Ansicht, der Kern des Kapitalismus sei der Prozeß der »kreativen Zerstörung« – eine Art endloser Kreislauf, in dem alte und weniger effiziente Produkte und Dienstleistungen durch neue, effizientere ersetzt werden. Andy Grove benannte sein Buch über das Leben im Silicon Valley, in vielerlei Hinsicht das Businessmodell des globalisierten Kapitalismus, nach Schumpeters Einsicht, daß »nur die Paranoiden überleben«. Grove trug mit zur Popularisierung der Sichtweise bei, daß dramatische, ganze Industrien transformierende Innovationen heute immer schneller aufeinander folgen. Dank dieser technischen Durchbrüche hat die Geschwindigkeit, mit der die jüngsten Erfindungen entweder überholt oder zu Allgemeingut werden, immens zugenommen. In einer solchen Welt können auf Dauer tatsächlich nur die Paranoiden bestehen, diejenigen also, die ohne Unterlaß über die Schulter nach hinten blicken, um zu sehen, ob ihre Konkurrenten neue, ihr Überleben bedrohende Produkte entwickeln, und die dafür sorgen, daß sie selbst immer einen Schritt voraus sind. Die Länder, die dem Kapitalismus am radikalsten freie Bahn bei der Ausmerzung ineffizienter Unternehmen und Branchen lassen und so ermöglichen, daß darin gebundenes Kapital freigesetzt und in innovativere Bereiche umgelenkt wird, werden im Zeitalter der Globalisierung prosperieren. Länder dagegen, die darauf setzen, daß der Staat sie vor der kreativen Zerstörung schützt, werden im globalen Konkurrenzkampf zurückfallen.

Der Wirtschaftskolumnist des *Slate*-Magazins, James Surowiecki, gab in seiner Besprechung von Groves Buch eine prägnante Zusammenfassung, was Grove und Schumpeter gemeinsam haben und was die Essenz der globalisierten Wirtschaft ausmacht: »Innovation ersetzt Tradition. Die Gegenwart – oder vielleicht die Zukunft – ersetzt die Vergangenheit. Es zählt nur, was als nächstes kommt, und was als nächstes kommt, kann nur kommen, wenn das, was da ist, verdrängt wird. Damit bietet das System zwar eine wunderbare Umgebung für Innovationen, aber zugleich ist es eine Umgebung, in der es sich schwer leben läßt; schließlich ziehen die meisten Menschen ein gewisses Maß an Zukunftssicherheit einem Leben in fast permanenter Unsicherheit vor... Wir sind nicht gezwungen, die Beziehungen zu den uns am nächsten Stehenden regelmäßig neu aufzubauen. Und doch erachten Schumpeter und nach ihm Grove genau dies für notwendig, will man [heute] Erfolg haben.«

Wollte man den Kalten Krieg mit einer Sportart vergleichen, dann, so sagt Michael Mandelbaum, Professor für Internationale Politik an der Johns Hopkins University, am besten mit dem japanischen Sumo-Ringen. »Zwei große, dicke Typen in einem Ring, die sich scheinbar endlos in Pose werfen, komplizierte Rituale zelebrieren und mit den Füßen auf den Boden stampfen, sich aber kaum berühren, bis es zum Ende des Kampfs hin zu einem kurzen Geschiebe und Gezerre kommt und der Verlierer aus dem Ring gestoßen wird, ohne daß er dabei wirklich Schaden nimmt.«

Die der Globalisierung entsprechende Disziplin wäre ein Einhundertmeter-Sprint, der immer und immer wieder neu beginnt. Egal, wie oft Sie gewinnen, am nächsten Tag müssen Sie erneut an den Start. Und wenn Sie den Sieg auch nur um eine Hundertstelsekunde verpassen, dann ist das so, als wären Sie eine Stunde nach dem Sieger ins Ziel gekommen. (Sprechen Sie einmal mit Vertretern der französischen multinationalen Konzerne. Anfang 1999 wurden in Frankreich neue Arbeitsgesetze verabschiedet, die die Arbeitgeber verpflichten – *verpflichten* –, die wöchentliche Arbeitszeit von 39 auf 35 Stunden zu reduzieren, und zwar bei vollem Lohnausgleich. Wegen der absehbar negativen Folgen dieser Vorschrift auf ihre Wettbewerbsfähigkeit am Weltmarkt bekämpften viele französische Unternehmen das Gesetz. Henri Thierry, Personaldirektor der in einem Pariser Vorort ansässigen High-Tech-Firma Thomson-CSF Communications, klagte gegenüber der *Washington Post*: »Wir stehen in einem weltweiten Konkurrenzkampf. Jedes Prozent an Produktivität, das wir einbüßen, kostet uns Aufträge. Wenn wir die Wochenarbeitszeit auf 35 Stunden reduzieren müssen, dann ist das so, als würde man von französischen Sprintern verlangen, die 100 Meter mit Flossen an den Füßen zu rennen. Große Chancen, eine Medaille zu gewinnen, könnten sie sich nicht ausrechnen.«)

Die Welt des Kalten Krieges war, um mit dem deutschen politischen Denker Carl Schmitt zu sprechen, eine Welt der »Freunde« und »Feinde«. Die globalisierte Welt dagegen verwandelt Freunde und Feinde gleichermaßen in »Konkurrenten«.

Wie gesagt, die definierende Angst im Kalten Krieg galt der militärischen Vernichtung in einem globalen Machtkampf mit klaren und festen Fronten durch einen Feind, den man nur allzu gut kannte. Die prägende Angst in der globalisierten Welt ist die vor rasanten Veränderungen, ausgelöst von einem Feind, den man weder sehen noch berühren noch konkret benennen kann – das Gefühl, daß Ihr Job, Ihr Arbeitsplatz, Ihre unmittelbare Lebensumwelt jeden Moment durch anonyme wirtschaftliche und technologische Kräfte verändert werden können.

Im Kalten Krieg griffen wir zum roten Telefon, welches das Weiße

Haus und den Kreml verband – ein Symbol dafür, daß uns zwar Welten trennten, aber daß doch zumindest jemand, konkret die beiden Supermächte, die Dinge in der Hand hatte. Im Zeitalter der Globalisierung wählen wir uns ins Internet ein – das Symbol dafür, daß wir zwar alle miteinander verbunden sind, aber niemand mehr die Dinge ganz in der Hand hat. Das definierende Verteidigungssystem des Kalten Krieges war das Radar – zur Identifikation von Gefahren, die uns von jenseits der Mauer drohten. Das definierende Verteidigungssystem der Globalisierungsära ist das Röntgengerät – zur Identifikation der von innen drohenden Gefahren.

Die Globalisierung besitzt auch ein eigenes demographisches Muster – die rasante Zunahme der Wanderungsbewegungen vom Land in die Stadt, die Aufgabe ländlich geprägter Lebensstile zugunsten eines urbanen Lebensstils, der eng mit den globalen Markt-, Mode-, Ernährungs- und Unterhaltungstrends zusammenhängt.

Zuletzt, und am wichtigsten, weist die Globalisierung eine definierende Machtstruktur auf, die weitaus komplexer ist als die des Kalten Krieges. Das alte System basierte ausschließlich auf Nationalstaaten und wurde in seinem Kern von den beiden Supermächten ausbalanciert, den Vereinigten Staaten und der Sowjetunion.

Das globalisierte System dagegen wird von drei Machtverhältnissen bestimmt, die einander überlappen und sich gegenseitig beeinflussen.

Zunächst handelt es sich dabei um das traditionelle Machtgleichgewicht auf der Ebene der Nationalstaaten. Heute sind die Vereinigten Staaten die einzige und dominierende Supermacht, alle anderen Länder sind ihnen zu einem bestimmten Grad untergeordnet. Die Machtbalance zwischen den USA und den anderen Staaten ist nach wie vor von Bedeutung für die Stabilität des Systems. Und sie erklärt immer noch vieles von dem, was Sie auf den Titelseiten der Zeitungen lesen, sei es die Eindämmung des Irak im Mittleren Osten oder die Ausweitung der NATO in Mitteleuropa auf Kosten des russischen Einflusses.

Das zweite bestimmende Machtverhältnis des globalisierten Systems ist jenes zwischen den Nationalstaaten und den globalen Märkten. Die globalen Märkte bestehen aus Millionen von Investoren, die per Mausklick immense Kapitalmengen um die Welt schieben. Ich nenne sie die »Elektronische Herde«. Die Herde versammelt sich in den globalen Finanzzentren, beispielsweise der Wall Street, in Hongkong, London und Frankfurt, die ich als die »Supermärkte« bezeichne. Die Einstellungen und Aktionen der Elektronischen Herde und der Supermärkte können weitreichende Auswirkungen auf die traditionellen Nationalstaaten haben bis hin zum Sturz von Regierungen. Sie werden die Titelseiten der heutigen Zeitungen nicht verstehen, egal, ob die Beiträge vom Sturz der Regierung Suharto in Indonesien handeln, vom Zusammenbruch Rußlands oder von der Geldpolitik der Vereinigten Staaten, wenn Sie nicht die Supermärkte mit in Ihre Analyse einbeziehen.

Die Vereinigten Staaten können ein Land vernichten, indem sie Bomben darauf werfen, die Supermärkte können es vernichten, indem sie die Bonität seiner Anleihen zurückstufen. Natürlich sind die Vereinigten Staaten der wichtigste Akteur auf dem Spielfeld der Globalisierung, aber sie sind bei weitem nicht der einzige Akteur, der die Züge der einzelnen Steine darauf beeinflußt. In gewisser Weise entspricht das Spielfeld der aktuellen Globalisierung einem Ouija-Brett – manchmal werden die Steine von der sichtbaren Hand der Supermacht bewegt und manchmal von den unsichtbaren Händen der Supermärkte.

Das dritte – und zugleich einzige wirklich neue – Machtverhältnis, das bei der Betrachtung des globalisierten Systems berücksichtigt werden muß, ist das zwischen Individuen und Nationalstaaten. Da die Globalisierung viele der Mauern zum Einsturz gebracht hat, die die Freizügigkeit der Individuen behinderten, und zugleich die Welt mit Netzwerken überzogen hat, verleiht sie dem einzelnen mehr Macht als jemals zuvor in der Geschichte der Menschheit, Einfluß auf Märkte und Nationalstaaten zu nehmen. Wir haben es also nicht nur mit einer Supermacht – den Vereinigten Staaten – und nicht nur mit Supermärkten zu tun, sondern auch, wie ich weiter unten in diesem Buch noch belegen werde, mit »supermächtigen Individuen«. Einige dieser supermächtigen Individuen sind mit den herrschenden Zuständen sehr unzufrieden, andere ziemlich zufrieden – aber sie alle sind in der Lage, ohne Vermittlung durch Nationalstaaten, Konzerne oder andere öffentliche und private Institutionen direkt auf der Weltbühne zu agieren.

Ich möchte dies mit ein paar Beispielen illustrieren: Der von einer kleinen Gruppe aus Greenwich in Connecticut gegründete Hedgefonds Long-Term Capital Management ging am Terminmarkt Wetten ein, die von ihrem Umfang her die gesamten Devisenreserven Chinas übertrafen. Oder nehmen Sie Ussama bin Laden, den saudiarabischen Millionär mit einem eigenen globalen Netzwerk, der Ende der neunziger Jahre den Vereinigten Staaten den Krieg erklärte und die u.s. Air Force so weit brachte, daß sie Cruise Missiles auf zwei seiner Stützpunkte abfeuerte. Man stelle sich das vor: Die einzige Supermacht der Welt erachtet es für erforderlich, einen einzelnen Menschen mit Cruise Missiles anzugreifen! Nicht zu vergessen Jody Williams, die 1997 für ihren Beitrag zur Durchsetzung des Internationalen Landminenverbots mit dem Friedensnobelpreis ausgezeichnet wurde. Williams erreichte das nicht nur ohne nennenswerte Unterstützung von Regierungsseite, sondern sogar gegen den Widerstand der fünf großen Mächte im Sicherheitsrat. Und was war nach ihrem eigenen Bekunden ihre Geheimwaffe zur Organisation der Aktivitäten von mehr als eintausend Menschenrechts- und Rüstungskontrollinitiativen auf sechs Kontinenten? »E-Mails.«

Nationalstaaten, und vor allem die Supermacht USA, sind immer noch sehr wichtig, aber das gilt inzwischen eben auch für Supermärkte und supermächtige Individuen. Man kann das globalisierte System nicht verstehen – oder die auf den Titelseiten der Zeitungen angesprochenen Ereignisse –, wenn man sie nicht als das Ergebnis komplexer Interaktionen zwischen diesen drei Akteuren begreift: Staaten geraten mit Staaten und Supermärkten aneinander, und Supermärkte und Staaten mit supermächtigen Individuen.

Wir haben lange gebraucht, bis wir das System der Globalisierung klar erkannt und seine Bedeutung ganz erfaßt haben. Wie alle, die versuchen, sich an dieses neue Paradigma anzupassen, mußte auch ich meine Wahrnehmung neu ausrichten und neue Linsen aufsetzen, um darauf fokussieren zu können. Lassen Sie mich meine Erklärung, wie das vor sich ging, mit einem Geständnis einleiten, durch das ich schon sehr, sehr lange mein Gewissen erleichtern wollte. Sind Sie bereit? Also, hier ist es: Meine Wetterberichte aus Beirut waren frei erfunden.

Na gut, frei erfunden ist etwas übertrieben. Ich habe, um bei der Wahrheit zu bleiben, das Beiruter Wetter »geschätzt«. Das war 1979, und ich arbeitete damals als Nachwuchskorrespondent für United Press International in Beirut. In dieser Eigenschaft mußte ich häufig die Nachtschicht übernehmen, und eine der Pflichten der Nachtschicht bestand darin, die Höchst- und Tiefsttemperaturen des Tages aus Beirut an die UPI-Zentrale zu melden, die sie in die weltweite Wetterübersicht der Agentur aufnahm und an die Presse verschickte. Das einzige Problem bei der Sache war, daß es in Beirut keinen Wetterdienst mehr gab, oder zumindest wußte ich von keinem. Das Land befand sich mitten in einem blutigen Bürgerkrieg. Wen kümmerten da die aktuellen Höchst- und Tiefsttemperaturen des Tages? Die Leute waren froh, wenn sie den Tag überlebten. Die einzige Temperatur, die einen zu der Zeit in Beirut interessierte, war die eigene Körpertemperatur. Also begnügte ich mich meistens damit, die Temperatur mittels einer improvisierten ad-hoc-Umfrage zu eruieren. Üblicherweise lief das ungefähr so ab, daß ich mich in meinem Stuhl zurücklehnte und laut quer durch das Zimmer oder den Flur hinunter brüllte:»Hey, Achmed, was macht das Wetter heute?«

Woraufhin Achmed oder Sonia oder Daud ebenso lautstark antwortete:»Ya'ani, ziemlich heiß heute.«

»Ungefähr 33 Grad?«

»Gewiß, Mr. Thomas, was immer Sie sagen«, tönte es dann zurück. »So in der Richtung.« Woraufhin ich auf meinen Block schrieb: »Höchsttemperatur 33 Grad«. Später dann wiederholte ich das Spiel, nur daß ich diesmal fragte:»Ganz schön kühl geworden draußen, was?«

»Gewiß, Mr. Thomas«, kam die Erwiderung.

»Ungefähr 22 Grad?«

»Gewiß, Mr. Thomas, was immer Sie sagen.« Also notierte ich neben der Höchsttemperatur »Tiefsttemperatur 22 Grad« und schickte das Ganze als Wetterbericht aus Beirut an die UPI-Zentrale.

Jahre später, ich schrieb inzwischen für die *Business-Day*-Rubrik der *New York Times*, fühlte ich mich öfter an meine Beiruter Zeit erinnert. Hin und wieder wurden mir die täglichen Berichte über die Entwicklung des Dollarkurses und der Aktienmärkte überantwortet, und dann mußte ich nach Marktschluß bei den Brokern anrufen und herausfinden, wie der Dollar gegen andere Währungen geschlossen hatte und ob der Dow Jones gestiegen oder gefallen war. Jedesmal stellte ich erstaunt fest, daß – egal, in welche Richtung die Märkte gegangen waren, egal, ob der Dollar zugelegt oder nachgegeben hatte – immer irgendein Analyst eine ebenso markige wie kurze Erklärung dafür parat hatte, warum Transaktionen in Billionen-Dollar-Höhe auf sieben Kontinenten und über vierundzwanzig Zeitzonen hinweg den Dollar einen halben Cent gegen den Yen hatten fallen beziehungsweise steigen lassen. Natürlich vertraute jeder von uns den Experten. Gleichzeitig nagte irgendwo in meinem Hinterkopf der Gedanke, ob die Analysten uns nicht schlichtweg für dumm verkauften. Irgendwo in meinem Hinterkopf quälte mich die Frage, ob das, was die Broker mir da auftischten, nicht einfach die Wall-Street-Version meiner Wetterberichte aus Beirut war, ob nicht irgend jemand bei Merrill Lynch oder PaineWebber das Äquivalent von »Hey, Achmed, warum hat der Dollar heute nachgegeben?« den Flur hinunterbrüllte. Und ob womöglich das, was dem Laufburschen oder der Sekretärin oder dem erstbesten Broker, der an seinem Tisch vorbeikam, gerade einfiel, dann am nächsten Tag auf den Wirtschaftsseiten als Erklärung für das Verhalten von Tausenden von Händlern rund um den Globus abgedruckt wurde.

Im Jahr 1994 berichtete ich als Korrespondent für Internationalen

Handel und Finanzen der *New York Times* über die Handelsgespräche zwischen den USA und Japan. Eines Nachmittags saß ich an meinem Computerterminal in Washington und ließ die Agenturmeldungen über den Bildschirm laufen, als mir auf Reuters diese beiden unmittelbar aufeinanderfolgenden Meldungen ins Auge stachen:

Optimismus über Handelsgespräche stärkt den Dollar
NEW YORK (Reuters) – Ausgelöst von der wachsenden Zuversicht, daß sich Washington und Tokio auf ein Handelsabkommen einigen, schloß der Dollar am Freitag höher gegenüber den meisten führenden Währungen.

Kursverluste bei Blue Chip-Aktien aufgrund Unsicherheit über Handelsgespräche
NEW YORK (Reuters) – Angesichts der Unsicherheit über den Ausgang der Handelsgespräche zwischen den USA und Japan unmittelbar vor Ablauf der mitternächtlichen Frist und dem Inkrafttreten möglicher Sanktionen schlossen Blue-Chip-Aktien am Freitag tiefer.

Was ich damals in Beirut tat, als ich die Wetterberichte improvisierte, und was Reuters mit seinen Aktien- und Währungsanalysen tat, war der Versuch, Ordnung ins Chaos zu bringen – hier wie da ohne sonderlich großen Erfolg. Als ich 1995 meinen Posten als außenpolitischer Korrespondent der *Times* antrat, wußte ich, daß ich nicht lange überleben würde, wenn sich meine Versuche, Ordnung in das Chaos zu bringen, auf das politische Äquivalent des Temperaturenratens beschränkten. Was aber sollte ich tun? Wie daran gehen, das unglaublich komplexe System der Globalisierung zu entschlüsseln und zu vermitteln?
Die kurze Antwort darauf lautet, daß man, wie ich feststellte, zwei Dinge auf einmal tun muß: zunächst einen multidimensionalen, durch mehrere Linsen gefilterten Blick auf die Welt werfen und anschließend den Lesern die Komplexität nicht anhand großer Theorien, sondern in Form einfacher Geschichten nahebringen. Deshalb erwidere ich auch auf die Frage, wie ich über die Welt berichte, daß ich mich zweier Verfahren bediene: Ich betreibe »Informationsarbitrage«, um die Welt zu verstehen, und »ich erzähle Geschichten«, um sie zu erklären.
Was meine ich mit »Informationsarbitrage«? Arbitrage ist ein Begriff aus der Börsenwelt; technisch gesehen meint Arbitrage das gleichzeitige Kaufen und Verkaufen derselben Wertpapiere, Rohstoffe oder Währun-

gen in unterschiedlichen Märkten, um Profit aus Preis- und Informationsdifferenzen zwischen den Märkten zu schlagen. Ein erfolgreicher Arbitrageur ist ein Händler, der weiß, daß Schweinebäuche in Chicago für 1 Dollar pro Pfund und in New York für 1,50 Dollar verkauft werden; also kauft er Schweinebäuche in Chicago und verkauft sie in New York. Arbitrage beschränkt sich nicht auf Börsenmärkte, Arbitrage ist auch in der Literatur möglich. Von dem großen spanischen Schriftsteller José Ortega y Gasset beispielsweise heißt es, daß er »in London billig Informationen erstand und sie in Spanien teuer veräußerte«. Soll heißen, Ortega y Gasset frequentierte die großen Londoner Salons und übertrug die dort gewonnenen Einsichten für die Leser in seiner Heimat ins Spanische. Gleichgültig, ob Sie Schweinebäuche oder Einsichten verkaufen, die beiden zentralen Voraussetzungen dafür, ein erfolgreicher Arbitrageur zu sein, sind zum einen ein weitgespanntes Netz von Informanten, die Sie mit Insiderwissen versorgen, und zum anderen die Fähigkeit, die Informationen so zu synthetisieren, daß Sie Profit daraus schlagen können.

Als Journalist oder Kolumnist, der heutzutage – in einer Zeit also, in der mehr als je zuvor die traditionellen Grenzen zwischen Politik, Kultur, Technologie, nationaler Sicherheit und Ökologie verschwimmen – ein sinnvolles Muster in den internationalen Beziehungen finden will, muß man auf ähnliche Art und Weise verfahren. Oftmals kann man nicht erklären, was sich in einem Bereich ereignet, ohne sich auf die anderen zu beziehen, und das Ganze kann nur erfaßt werden, wenn man sämtliche Ebenen berücksichtigt. Genau deshalb muß ein guter politischer Korrespondent zweierlei beherrschen: die Kunst der Arbitrage der sich aus den unterschiedlichen Perspektiven ergebenden Informationen und die Fertigkeit, die Informationen zu einem Bild der Welt zusammenzufügen, das sich aus einer Perspektive allein unmöglich ergeben hätte. In einer Welt, in der alles mit allem verknüpft ist, ist die Fähigkeit, die Verbindungslinien aufzuspüren und die einzelnen Punkte auf der Matrix miteinander zu verbinden, der wirkliche »Mehrwert«, den ein Journalist erbringt. Wer die Verbindungen nicht sieht, kann auch die Welt nicht sehen.

Ich stieß durch puren Zufall auf diesen Ansatz – angesichts der sukzessiven Veränderungen im Laufe meiner Karriere war ich, allein um zu überleben, gezwungen, eine Linse auf die andere zu setzen.

Ich begann mein Berufsleben als Korrespondent mit denkbar engem Horizont: Die ersten zehn Jahre berichtete ich, zunächst aus Beirut, später aus Jerusalem, praktisch ausschließlich über »die Mutter aller Stammeskriege« – den Nahostkonflikt zwischen Arabern und Israelis. Zu dieser Zeit betrachtete ich den Journalismus als eine seinem Wesen nach zweidimensionale Angelegenheit. Da im Nahen Osten das Kulturelle weitgehend das Politische definiert, ging es vor allem um Politik und Kultur. Oder anders gesagt: Die Welt bestand für mich aus Leuten, die sich an ihre kulturellen Wurzeln klammerten und sich dabei nach Kräften bemühten, die Wurzeln ihrer Nachbarn mit Stumpf und Stiel auszureißen.

Nach einem Jahrzehnt im Nahen Osten kehrte ich 1988 Jerusalem den Rücken und ging als diplomatischer Korrespondent der *New York Times* nach Washington. Mein erster Auftrag lautete, einen Bericht über die Anhörung des designierten Außenministers James A. Baker vor dem Senat zu schreiben. Zu meiner Schande muß ich gestehen, daß ich, da ich sowohl meinen Bachelor's Degree wie auch meinen Master's Degree über die arabische Welt und den Nahen Osten abgelegt und mich als Journalist bis dato fast ausschließlich mit dem Nahen Osten befaßt hatte, sehr wenig über den Rest der Welt wußte, ganz zu schweigen von Themen wie dem START-I-Vertrag, den Contras, dem Bürgerkrieg in Angola, den KSE-Abrüstungsverhandlungen (Konventionelle Streitkräfte Europa) und der NATO, zu denen die Senatoren Baker ins Kreuzverhör nahmen. Mit schwindeligem Kopf und ohne die geringste Ahnung, womit ich meinen Bericht aufmachen sollte, stolperte ich aus dem Hearing. Nicht genug damit, daß ich bei der Hälfte der Abkürzungen keinen Schimmer hatte, wofür sie standen, war mir auch nicht so recht klar geworden, ob die Contras nun unsere Jungs oder die der Gegenseite waren, und von der Abkürzung CFE (die englische Abkürzung für KSE) nahm ich an, es handele sich dabei um einen Tippfehler und solle eigentlich »cafe« heißen. Den ganzen Weg im Taxi zurück zum *Times*-Büro plagte mich nur eine Horrorvorstellung: daß die *Washington Post* am nächsten Tag ihren Bericht über das Hearing mit einer Aussage Bakers aufmachte, die ich in meinem Artikel noch nicht einmal erwähnte.

Daß ich an diesem Tag überhaupt einen Artikel zustande brachte, verdankte ich ausschließlich dem tatkräftigen Beistand des Pentagon-Korrespondenten der *Times*, Michael Gordon. Immerhin war mir klar geworden, daß ich in meiner Berichterstattung von nun ab mit zwei Dimensionen nicht mehr auskommen würde. Im Laufe der nächsten vier Jahre als diplomatischer Korrespondent und während rund 500000 Reisemeilen an der Seite Bakers gelang es mir, meine Berichterstattung über Politik und Kultur hinaus um eine dritte Dimension zu erweitern –

um die der nationalen Sicherheit respektive des internationalen Machtgleichgewichts. Diese Dimension umfaßt den ganzen Komplex der Themen, die mit Rüstungskontrolle, der Konkurrenz zwischen den beiden Supermächten, der Bündnispolitik im Kalten Krieg und mit machtstrategischer Geopolitik zu tun haben. Die Hinzunahme dieser Dimension ging mit einer grundlegenden Transformation meiner alten zweidimensionalen Weltsicht einher. Ich erinnere mich noch daran, wie ich einmal mit Baker nach Israel flog. Beim Anflug auf den Flughafen von Tel Aviv wurden wir in eine Warteschleife geschickt, die uns in einem weiten Bogen über die Westbank führte, bevor wir erneut auf einen Landekurs einschwenkten. Während ich von meinem Fensterplatz hinunter auf die Westbank blickte, ging mir einer neuer Gedanke durch den Kopf: »Von einer rein machtpolitischen Perspektive aus betrachtet ist dieser Ort hier nicht mehr wichtig. Interessant, ja. Aber geopolitisch von Bedeutung, nein.«

Nach meiner Zeit als Korrespondent beim State Department und einem dankenswerterweise kurzen Zwischenspiel als Korrespondent für das Weiße Haus (wage niemand, das als Journalismus zu bezeichnen!) fügte ich meiner Optik eine weitere Linse hinzu, als die *Times* mich 1994 bat, eine neue Rubrik aufzubauen, die der Schnittstelle zwischen Außenpolitik und internationaler Finanzpolitik gewidmet sein sollte. Es wurde immer offensichtlicher, daß mit dem Ende des Kalten Krieges und dem Kollaps der Sowjetunion Handel und Finanzen eine zusehends größere Rolle in der Gestaltung der internationalen Beziehungen spielten. Das Projekt war sowohl für mich als auch für die *Times* ein Experiment. Formal bekleidete ich die Stellung des Finanz- und Handelskorrespondenten, aber in Anbetracht meines Hintergrunds als Korrespondent zuerst für das Außenministerium und anschließend für das Weiße Haus wurde von mir erwartet, die verschiedenen Perspektiven zu integrieren. Intern bezeichneten wir die Rubrik alternativ als »Handelsdiplomatie« oder »Internationale Beziehungen und Finanzen«. Klar war zum einen, daß mit dem Ende des Kalten Krieges diese Schnittstelle eine Unmenge an Nachrichten produzieren würde. Zum anderen stellten wir fest, daß niemand sonst sich auf diesem Feld tummelte. Es gab zahllose Wirtschaftsjournalisten, die sich höchstens am Rande mit Außenpolitik befaßten, ebenso viele außenpolitische Korrespondenten, die nur beiläufig auf Fragen der Finanzpolitik eingingen, und jede Menge auf das Weiße Haus spezialisierte Journalisten, die weder Handel noch Finanzen noch Außenpolitik interessierte, sondern die ausschließlich darüber berichteten, was der Präsident sagte und tat.

Als ich die Dimension der Finanzmärkte den Dimensionen Politik, Kultur und nationale Sicherheit hinzufügte, war das, als würde ich eine neue Brille aufsetzen und die Welt plötzlich in 4-D betrachten. Ich sah Nachrichten, die ich zuvor niemals als solche erkannt hätte. Ich sah kausale Zusammenhänge, die ich früher nie hätte identifizieren können. Und ich sah unsichtbare Hände und Handschellen, die Politiker und Staaten vorwärts schoben und zurückhielten, deren Existenz ich mir zuvor niemals hätte träumen lassen.

Aber es sollte nicht allzu lange dauern, bis ich feststellte, daß selbst vier Dimension nicht ausreichten. Nachdem ich meine Tätigkeit als außenpolitischer Kolumnist aufgenommen hatte, wurde mir schrittweise bewußt, daß das, was den Aufstieg und den Niedergang von Märkten antrieb, was die Interaktionen von Nationalstaaten und Individuen neu definierte und was genau betrachtet das Herz der Globalisierung ausmachte, die jüngsten technologischen Innovationen waren – vom Internet bis hin zur Satellitentelekommunikation. Mir wurde klar, daß ich die Kräfte, welche die Weltpolitik bestimmten, mir selbst nicht und schon gar nicht meinen Lesern erklären konnte, solange ich nicht diese Technologien, die Individuen, Unternehmen und Staaten auf unterschiedlichste Weise neue Handlungsspielräume erschlossen, besser verstand. Natürlich ist es wichtig, wer in einer Gesellschaft den Finger am Abzug hat. Aber es ist eben auch von Belang, wer die Telefone und die Telekommunikationssysteme kontrolliert. Wieviele Truppen und Sprengköpfe ein Land besitzt, ist wichtig. Aber es zählt auch, wieviel Bandbreite für das Internet verfügbar ist. Also mußte ich noch eine Dimension berücksichtigen – und wurde zum 5-D-Journalisten. Also mußte ich das Silicon Valley zu der Liste der Weltstädte – Moskau, Peking, London, Jerusalem – hinzufügen, die ich meiner Meinung nach mindestens einmal im Jahr besuchen sollte, um auf der Höhe des Zeitgeschehens zu bleiben.

Je länger ich das System der Globalisierung beobachtete, um so klarer erkannte ich, daß es ökologisch destruktive Entwicklungskräfte freigesetzt und eine »Disney-rund-um-die-Uhr«-Homogenisierung in Gang gesetzt hatte, die von ihrem Potential her in der Lage waren, mit einer in der Geschichte der Menschheit einmaligen Geschwindigkeit die globale Umwelt zu zerstören und ganze Kulturen zu entwurzeln. Wenn ich diese Perspektive nicht in meine Analyse mit aufnahm, ließ ich einen der zentralen Faktoren unberücksichtigt, die die ökonomische und kulturelle Entwicklung begrenzen und einen starken Widerstand gegen die Globalisierung auslösen können. Aufgrund dieser Einsicht ergänzte ich meine Perspektive um eine sechste Dimenison – ich arbeitete mich in Umweltthemen ein – und unternahm auf meinen Reisen häufige Abstecher in besonders von der Umweltzerstörung betroffene Gebiete, um zu verstehen, wie Ökosysteme von der Globalisierung in Mitleidenschaft gezogen werden und welche Auswirkungen ihr Niedergang auf den Globalisierungsprozeß hat.

Ob zu diesen sechs Dimensionen noch eine weitere hinzukommt, weiß ich nicht. Aber wenn und falls eine neue Dimension erkennbar wird, werde ich sie aufnehmen. Schließlich verstehe ich mich als »Globalist« – was heißt, daß ich kein Realist bin, der glaubt, daß die Märkte keine Rolle spielen und die internationalen Beziehungen allein durch den Wettbewerb der Akteure um Macht und geopolitische Vorteile definiert werden. Ich bin kein Umweltschützer, der die Welt auschließlich durch die ökologische Brille betrachtet und Fragen der wirtschaftlichen Entwicklung unberücksichtigt läßt. Ich bin auch kein Technologe – keiner dieser Silicon-Valley-Technikfreaks, die zu glauben scheinen, daß die Geschichte mit der Erfindung des Mikroprozessors begonnen hat und daß ungeachtet aller Geopolitik das Internet die Zukunft der internationalen Beziehungen bestimmen wird. Ebensowenig bin ich ein Essentialist, der die technologische Entwicklung ignoriert und nach dessen Überzeugung sich das Verhalten von Menschen allein durch kulturelle und genetische Merkmale erklären läßt. Und schließlich bin ich auch kein Ökonom, dem der Blick auf die Märkte genügt, um die Welt zu erklären, und der alles, was mit Machtpolitik oder Kultur zu tun hat, als unerheblich abtut.

Wie ich es sehe, stellt das neue System der Globalisierung einen grundlegend neuen internationalen Bezugsrahmen dar, und die einzige probate Methode, diesen Bezugsrahmen zu verstehen und zu erklären, besteht in der Arbitrage der sechs von mir angesprochenen Dimensionen – darin, je nach Zeitpunkt und Kontext die einzelnen Perspektiven unterschiedlich stark zu gewichten, dabei aber niemals zu vergessen, daß die Interaktion aller dieser Dimensionen heute die eigentlich definierende Eigenschaft der internationalen Beziehungen ausmacht. Genau deshalb erlaubt es uns auch nur die Perspektive eines Globalisten, die einzelnen Punkte systematisch miteinander zu verbinden, das globalisierte System zu erkennen und damit Ordnung in das Chaos zu bringen.

Sollte ich mit meiner Sicht der Welt falsch liegen, so wird sich das früh genug erweisen. Falls ich aber recht habe, werden eine Menge Leute nochmals die Schulbank drücken müssen. Vor allem Journalisten, deren Aufgabe es ist, die Welt zu erklären, und Strategen, deren Aufgabe es ist, die Welt zu gestalten, bedürfen einer globalistischen Sichtweise. Zusehends verbindet die einzelnen Welten und Institutionen ein nahtloses Netz, und Journalisten und Strategen müssen lernen, ebenso nahtlos zu denken und zu planen. Unglücklicherweise leiden sowohl der Journalismus wie auch die akademische Welt unter der tief verwurzelten Neigung, nicht über die Grenzen ihrer stark segmentierten, enggefaßten Fachgebiete hinauszublicken, und dabei ignorieren sie den Umstand, daß die reale Welt keineswegs solcherart aufgeteilt ist und daß darüber hinaus die traditionellen Grenzen zwischen innen und außen, zwischen Politik und Technologie immer mehr verschwimmen.

Hierzu nur ein Beispiel. Jahrelang drohte die Regierung Clinton Japan mit der Verhängung von Handelssanktionen, sollte Tokio sich nicht endlich bereit erklären, bestimmte offizielle und versteckte Zölle auf eine Reihe von Produkten aufzuheben. Doch jedesmal, wenn der US-Handelsrepräsentant Mickey Kantor meinte, er habe sich nun innerhalb der Regierung durchgesetzt, und es so aussah, als würde Clinton jetzt endlich den Schlagbaum herunterlassen, vollzog der Präsident in letzter Minute eine Kehrtwendung. Ich stelle mir vor, daß sich ungefähr dies im Oval Office abgespielt hat:

Kantor kommt ins Oval Office, zieht einen Stuhl heran, setzt sich neben den Präsidenten und sagt: »Mr. President, diese verdammten Japaner mauern schon wieder. Sie lassen unsere Produkte nicht ins Land. Es ist an der Zeit, daß wir endlich den Schlagbaum herunterlassen. Sanktionen, Mr. President. Sanktionen, die sich gewaschen haben. Die Zeit ist reif. Und außerdem, Mr. President, die Gewerkschaften werden uns in die Arme schließen.«

»Mickey, Sie haben vollkommen recht«, antwortet der Präsident. »Legen Sie los.« Aber gerade, als Kantor gehen und Tokio zeigen will, was eine handelspolitische Harke ist, schwingt die Seitentür auf und Finanzminister Robert Rubin betritt den Raum.

»Mr. President«, sagt Rubin, »Ihnen ist doch klar, was passiert, wenn wir Handelssanktionen gegen Japan verhängen. Der Dollarkurs wird in den Keller sacken, die Zinsen werden in die Höhe schnellen, und die Japaner könnten auf die Idee kommen, ihre US-Bundesschatzbriefe auf den Markt zu werfen.«

Der Präsident winkt Kantor, der schon fast aus der Tür ist, wieder zu sich heran. »Mickey, Mickey, Mickey. Bleiben Sie noch einen Moment hier. Wir müssen uns das nochmals durch den Kopf gehen lassen.«

Ein paar Tage später, Kantor ist wieder beim Präsidenten. Wieder präsentiert er ihm dieselben Argumente, und dieses Mal scheint der Präsident wirklich von der Sache überzeugt. »Ich werde mir das von den Japanern nicht mehr bieten lassen, Mickey. Sanktionen. Lassen Sie den Schlagbaum runter.«

Kantor ist gerade auf dem Weg aus dem Büro, als Verteidigungsminister William Perry durch die Seitentür das Oval Office betritt.

»Mr. President«, sagt Perry, »Ihnen ist doch klar, was passiert, wenn wir Handelssanktionen gegen Japan verhängen. Tokio wird sich weigern, den Stützpunktvertrag für unsere Basis in Okinawa zu verlängern und für den Atomreaktor in Korea aufzukommen, auf den wir zählen.«

Der Präsident winkt Kantor, der schon fast aus der Tür ist, zu sich her. »Mickey, Mickey, Mickey. Bleiben Sie noch einen Moment hier. Wir müssen uns das nochmals durch den Kopf gehen lassen.«

Das ist natürlich Fiktion, aber ich würde eine Menge Geld darauf wetten, daß es sich damals so in der Art abgespielt hat. Der Journalist, der einen solchen Vorgang vollständig erfassen und seinen Lesern vermitteln kann, wird nicht der Wirtschafts-, der Finanz- und auch nicht der Pentagonkorrespondent sein, sondern der Informationsarbitrageur, der hin und her pendelt, der alle drei Aspekte in seine Rechnung mit einbezieht und nach ihrer Relevanz gewichtet.

Die beiden in Yale lehrenden Historiker Paul Kennedy und John Louis Gaddis betrachten es als eine ihrer Aufgaben, die nächste Generation amerikanischer Strategen heranzuziehen. Besonderes Lob verdient dabei ihr ständiges Bemühen, das Lehrangebot über die traditionellen Grenzen hinaus zu erweitern und politische Strategen auszubilden, die sich nicht mit einer partikularistischen Sichtweise begnügen, sondern globalistisch denken. In einem gemeinsam verfaßten Aufsatz beklagten Gaddis und Kennedy den Umstand, daß es in vielen Ländern immer noch die Partikularisten sind, die Außenpolitik betreiben und analysieren.

»Partikularisten«, heißt es in ihrem Aufsatz, »verfügen über sehr gute Fähigkeiten, Teile des Gesamtbildes wahrzunehmen, aber das große Ganze zu sehen, bereitet ihnen Schwierigkeiten. Sie legen Prioritäten fest und machen sich an die Arbeit, ohne viele Gedanken darauf zu verwenden, ob und wie die einzelnen Teile aufeinander einwirken. Voller Zuversicht hangeln sie sich von einem Baum zum nächsten und sind dann sehr überrascht, wenn sie feststellen, daß sie sich im Wald verirrt haben. Die großen Strategen der Geschichte hatten nicht nur die Bäume, sondern immer auch den Wald im Blick. Sie waren Generalisten und agierten von einer ökologischen Perspektive aus. Sie verstanden, daß die Welt ein Netz ist, daß man nicht hier einen Schnitt ansetzen kann, ohne dort Konsequenzen auszulösen, daß alles mit allem zusammenhängt. Wo aber findet man heutzutage noch Generalisten? ... Der Trend an den Universitäten und in den Denkfabriken geht immer mehr in Richtung immer stärkerer Spezialisierung: Es wird mehr Wert darauf gelegt, möglichst tief in ein einzelnes Feld einzudringen, als darauf, einen Überblick über mehrere Felder zu gewinnen. Doch ohne ein gewisses Bewußtsein des Ganzen – ohne ein Gefühl dafür, wie Mittel und Maßnahmen in ihrem Zusammenwirken uns unseren Zielen näher bringen oder uns von ihnen entfernen – können wir keine brauchbare Strategie entwickeln. Und wer keine Strategie hat, den treiben die Ereignisse vor sich her wie der Wind ein trockenes Blatt.«

Langsam setzt sich diese Einsicht hie und da durch, wie auch eine Entscheidung der höchst geheimen National Security Agency (NSA) belegt, deren Agenten rund um die Welt auf Horchposten liegen und bei der Unmengen geheimdienstlicher Informationen zusammenlaufen. Ende der neunziger Jahre beschloß die NSA, den internen Umgang mit den Informationen nicht mehr nach dem noch aus den Tagen des Kalten Krieg stammenden Prinzip »need to know« zu regeln – was bedeutete, daß nur derjenige Zugriff auf bestimmte Informationen erhielt, der nachweisen konnte, daß er sie benötigte –, sondern nach dem Prinzip »need to share« – möglichst viele sollen an den Informationen teilhaben; ein Eingeständnis der Tatsache, daß uns der Blick auf das große Bild verwehrt bleibt, solange wir nicht unsere Einzelbilder miteinander teilen.

Vielleicht erklärt das auch, warum einige meiner besten (wenn auch lange nicht alle) intellektuellen Informationsquellen weder Professoren der Internationalen Beziehungen noch Diplomaten des Außenamtes sind, sondern Hegdefonds-Manager – Angehörige der heute umtriebigsten und fruchtbarsten Schule der Globalisten. Daß ich verstärkt Kontakt zu Fondsmanagern – statt zu Wissenschaftlern und Diplomaten – suche, liegt daran, daß die Besten unter ihnen sehr gut über globale Angelegenheiten unterrichtet sind und eine natürliche Fähigkeit und Bereitschaft besitzen, Informationen aus allen sechs Dimensionen heranzuziehen und zu analysieren, bevor sie eine Entscheidung treffen. Einer der klügsten Fondsmanager, die ich kenne, ist Robert Johnson, ein ehemaliger Partner von George Soros. Wenn Johnson und ich die aktuellen politischen und wirtschaftlichen Entwicklungen analysieren, kommen wir häufig zu dem Schluß, daß wir im Prinzip dasselbe tun – mit dem Unterschied, daß er am Ende des Tages eine Wette auf den Kurs einer

Aktie oder Anleihe abschließt und ich eine Meinung über einen bestimmten Aspekt der internationalen Beziehungen zu Papier bringe. Doch um dahin zu gelangen, bedienen wir beide uns der gleichen Arbitragemethoden.

Die sechsdimensionale Informationsarbitrage ist zwar die beste Methode, das System der Globalisierung zu betrachten, am besten darstellen und erklären läßt sich der Globalisierungsprozeß aber oft anhand einfacher Geschichten – was auch der Grund dafür ist, warum dies ein Buch voller Geschichten ist. Die Globalisierung ist ein viel zu komplexes System, als daß sie sich allein durch den Rückgriff auf eine große Theorie erklären ließe. Als ich dieses Problem in einem Gespräch mit Robert Hormats, dem Vize-Vorstandstandvorsitzenden von Goldman Sachs International, anschnitt, gab er mir zur Antwort: »Um die Globalisierung zu verstehen und zu erklären, ist es hilfreich, wenn man sich selbst als einen intellektuellen Nomaden sieht. In der Welt der Nomaden gibt es keine festen Grenzen, keine festen Wohnsitze. Deshalb waren auch die Nomaden die Begründer der monotheistischen Religionen Islam und Judentum. In einem seßhaften Volk können alle möglichen Mythen über diesen Felsen oder jenen Baum entstehen, Mythen, die zu der Überzeugung führen, daß Gott in diesem Felsen oder jenem Baum sitzt, nirgendwo sonst. Aber die Nomaden sahen immer schon mehr von der Welt. Sie wußten, daß Gott nicht in einem bestimmten Felsen saß, sondern daß er überall war. Das ist eine viel komplexere Wahrheit, und die Nomaden gaben sie an ihren Lagerfeuern und auf ihren Zügen von Oase zu Oase in Form einfacher Geschichten weiter.«

Früher konnte es sich ein Journalist, Kolumnist oder Politiker erlauben, je nach seinem Fachgebiet das Rathaus, das Parlament, die Landes- oder die Bundesregierung oder eines der Ministerien als seinen »Markt« zu betrachten. Heute dagegen ist der relevante Markt der Globus und die weltweite Integration der Technologie, der Finanzen, des Handels und der Informationen auf eine Art und Weise, die überall auf der Welt Löhne, Zinssätze, Lebensstandard, Kultur, den Arbeitsmarkt, Konflikte und selbst das Wetter beeinflußt. Damit soll keineswegs gesagt werden, daß das globalisierte System für alles verantwortlich ist. Aber wenn ein System mehr Menschen auf vielfältigere Weise und zur gleichen Zeit beeinflußt als jedes andere, dann das der Globalisierung.

Unglücklicherweise und aus Gründen, die ich weiter unten darlegen werde, hat sich der Globalisierungsprozeß mit einer solchen Geschwindigkeit entfaltet, daß wir nicht die Zeit hatten, ihn richtig wahrzunehmen, geschweige denn, das neue System zu verstehen. Noch 1990 wußte kaum jemand, was das Internet war, und noch viel weniger Leute verfügten über einen Internetanschluß. Kaum zu glauben, daß das gerade einmal neun Jahre her ist. Heute sind das Internet, Mobiltelefone und E-Mail so weit verbreitet, daß viele Menschen – und nicht nur in den entwickelten Ländern – sich eine Leben ohne sie gar nicht mehr vorstellen können. Das war zu Beginn des Kalten Krieges, als der atomare Rüstungswettlauf seinen Anfang nahm und die dazugehörigen Abschreckungstheorien entwickelt wurden, nicht viel anders. Es dauerte lange, bis die damaligen Politiker und Analysten die wahre Natur und das ganze Ausmaß des Systems des Kalten Krieges begriffen. Sie glaubten, der Zweite Weltkrieg habe eine bestimmte Art der internationalen Ordnung hervorgebracht, mußten aber bald feststellen, daß er das Fundament für eine Welt gelegt hatte, die sich drastisch von der unterschied, die sie sich ausgemalt hatten. Das meiste von dem, was später als politische Architektur und Strategie des Kalten Krieges galt, waren lediglich spontane Reaktionen auf aktuelle Ereignisse und neu entstehende Bedrohungen. Stück für Stück errichteten die Strategen der Supermächte die Institutionen, formten die Wahrnehmungen und entwickelten die Reflexe, die zusammengenommen die Weltordnung des Kalten Krieges ausmachten.

Ähnlich wird es uns mit dem System der Globalisierung gehen, mit dem Unterschied, daß wir noch länger brauchen werden, uns mental darauf einzustellen – die globalisierte Welt wird eben nicht nur von Supermächten definiert, sondern auch von Supermärkten und supermächtigen Individuen. Meiner Einschätzung nach wissen wir heute, kurz vor der Jahrtausendwende, nicht mehr darüber, wie die gobalisierte Welt funktionieren wird, als wir 1946 – in dem Jahr, als Winston Churchill vor dem »Eisernen Vorhang« warnte, der die sowjetische Einflußzone und Westeuropa trennen würde – ahnten, was für eine Weltordnung im Entstehen begriffen war. Wie klein die Zahl derer ist, die verstehen, wie das neue internationale System funktioniert, illustriert folgende Anekdote. 1997, gerade einmal ein Jahr, bevor die Fondsmanager von Long-Term Capital Management die mit einem stark integrierten globalen Kapitalmarkt einhergehenden Risiken so gründlich falsch einschätzten, daß sie die größten Verluste in der Geschichte der Hedgefonds einfuhren, wurde den beiden prominentesten LTCM-Beratern, Robert C. Merton und Myron S. Scholes, der Nobelpreis für Wirtschaftswissenschaften verliehen. Und wofür erhielten Merton und

Scholes den Nobelpreis? Für ihre Studien darüber, wie globale Investoren mit Hilfe komplexer Finanzinstrumente, sogenannter Derivate, ihre Risiken minimieren können! 1997 gewannen sie den Nobelpreis für das Management von Risiken, im Jahr darauf den Sonderpreis für das Erzeugen von Risiken – dieselben Köpfe und derselbe Markt, aber eine neue Welt.

Murray Gell-Mann, Nobelpreisträger, emeritierter Professor für theoretische Physik am Caltech und Mitbegründer des Santa Fe Institute, sagte im Rahmen einer Vortragsreihe einmal, das, was ich als Informationsarbitrage bezeichne, würde sich kaum von dem Ansatz unterscheiden, dessen sich Wissenschaftler bei dem Versuch bedienen, die Funktionsweise komplexer Systeme zu ergründen. Gell-Mann hat recht. Es gibt kein komplexeres politisches System als die Globalisierung, und sie zu verstehen, verlangt von Journalisten und Strategen, daß sie einen gleichermaßen komplexen Ansatz verfolgen.

»Nachdem die Erde geformt war, sind infolge der physikalischen Evolution des Planeten, der biologischen Evolution des Lebens und der kulturellen Evolution des Menschen Systeme von immer höherer Komplexität entstanden«, sagte Gell-Mann. »Dieser Prozeß hat sich so weit fortgesetzt, daß die Menschheit heute mit immens komplexen ökologischen, politischen, ökonomischen und sozialen Problemen konfrontiert wird. Im Bestreben, solch schwierige Probleme in Angriff zu nehmen, neigen wir naturgemäß dazu, sie in übersichtlichere Einzelaspkete aufzuspalten. Dieses Verfahren ist zweifellos nützlich, hat aber auch schwerwiegende Beschränkungen. Wenn man es mit nichtlinearen Systemen zu tun hat, insbesondere mit komplexen nichtlinearen Systemen, kann man nicht einfach nur die Einzelteile und -aspekte betrachten, sie wieder zusammenfassen und davon ausgehen, daß das Verhalten der Teile in der Summe dem Ganzen entspricht. Sie müssen ein komplexes nichtlineares System in Einzelteile aufbrechen, jeden Aspekt für sich und dann die sehr starke Interaktion zwischen allen Aspekten untersuchen. Allein auf diese Weise läßt sich das Gesamtsystem beschreiben.«

Was Gell-Mann da formuliert, ist für mich die Essenz der globalistischen Schule der internationalen Beziehungen. Damit diese Schule aber Realität wird, benötigen wir mehr als Globalisten ausgebildete Studenten, Professoren, Diplomaten, Journalisten, Agenten und Sozialwissenschaftler.

»Wir brauchen einen Grundstock an Leuten, die es für unerläßlich halten, zunächst einen profunden und professionellen Überblick über das Gesamtsystem zu gewinnen«, fordert Gell-Mann. »Einen Überblick deshalb, weil man nie in der Lage sein wird, alle Einzelteile und alle Wechselbeziehungen vollständig zu erfassen. Man sollte meinen, daß die meisten Journalisten genau so arbeiten. Doch das tun sie nicht. Unglücklicherweise fällt an vielen Stellen in unserer Gesellschaft, darunter auch in der Forschung und Lehre und in den meisten Verwaltungen, vornehmlich jenen Ruhm zu, die sich im Detail mit einem [enggefaßten] Aspekt eines Problems, einer Branche, einer Technologie oder einer Kultur befassen, während der Diskussion über das große Ganze der Geschmack einer Cocktailpartyunterhaltung anhaftet. Das ist absurd. Wir müssen einsehen, daß wir nicht nur Spezialisten brauchen, sondern auch Leute, deren Spezialität es ist, die starken Wechselwirkungen und Verknüpfungen der unterschiedlichen Dimensionen zu identifizieren und einen Blick auf den Umriß des Ganzen zu werfen. Was wir lange als Cocktailpartythema abgetan haben, ist ein entscheidender Teil der wirklichen Geschichte.«

Willkommen zu meiner Cocktailparty.

2

Zwischen Lexus und Olivenbaum

Reicht die Erkenntnis, daß die globalisierte Welt den Kalten Krieg als internationales System ersetzt hat, schon aus, um zu erklären, was sich heute in der Welt abspielt? Nicht ganz. Die Globalisierung ist das Neue. Würde die Welt ausschließlich aus Mikrochips und Märkten bestehen, ließen sich mit der Globalisierung wahrscheinlich fast alle Ereignisse und Entwicklungen erklären. Aber die Welt besteht nun einmal nicht nur aus Mikrochips und Märkten, sondern wird darüber hinaus von Menschen mit jeweils eigenen Gewohnheiten, Traditionen, Sehnsüchten und Zielen bevölkert. Die internationalen Angelegenheiten lassen sich heutzutage nur noch als die Interaktion zwischen etwas so Neuartigem wie einer Internetseite und etwas so Altem wie einem knorrigen Olivenbaum an den Ufern des Jordan darstellen. Das erste Mal kam mir dieser Gedanke, als ich im Mai 1992 in Japan in einem Zug saß und, während wir mit knapp 300 Stundenkilometern dahinrasten, ein Sushi-Box-Dinner aß.

Die *New York Times* hatte mich zur Berichterstattung nach Tokio geschickt, und ich nutzte die Gelegenheit für einen Besuch der Fertigungsanlage des Luxusautos Lexus vor den Toren der südlich von Tokio gelegenen Toyota City. Die Tour geriet zu einer der eindrucksvollsten Fabrikbesichtigungen, die ich jemals mitgemacht habe. Anfang der neunziger Jahre montierten in der Anlage 66 Arbeiter und 310 Roboter täglich 300 Lexus-Limousinen. Dabei waren nach allem, was ich sah, die Arbeiter vor allem für die Qualitätskontrolle zuständig, nur ein paar von ihnen schraubten tatsächlich Teile fest oder setzten hie und da eine Schweißnaht. Praktisch die gesamte eigentliche Arbeit wurde von den Robotern erledigt. Die einzelnen Arbeitsstationen beispielsweise wurden von Robotertrucks mit Material beliefert, die, wenn ein Mensch ihren Weg kreuzte, anhielten und piepten, bis er zur Seite ging. Besonders angetan war ich von dem Roboter, der die Gummiabdichtungen an den Windschutzscheiben anbrachte. Dazu fuhr der Roboterarm in einem perfekten Rechteck jede Windschutzscheibe ab und trug dabei eine makellose Naht aus heißem, geschmolzenem Gummi auf die Glaskante auf. Nach jedem Arbeitsgang blieb ein kleiner, schwarzer Tropfen Gummi an der Spitze des Roboterfingers zurück – vergleichbar dem Zahnpastatropfen, der manchmal an der Öffnung hängenbleibt, wenn man die Tube ausdrückt. Um den Tropfen zu entfernen, schwang der Roboterarm in einem weiten Kreis herum, bis die Düsenspitze einen fast unsichtbaren, daumennagellangen Metalldraht berührte, der den kleinen schwarzen Gummitropfen fein säuberlich abtrennte. Fasziniert betrachtete ich die immer gleich ablaufenden Bewegungen des Roboterarms. Wieviel Planung, Design und Technologie, ging es mir durch den Kopf, waren erforderlich gewesen, um diesen Roboterarm dazu zu bringen, seinen Job zu tun und dann, wenn er damit fertig war, herumzuschwingen und seine Spitze in einem exakt definierten Winkel an dem Drahtstückchen vorbeizuführen, der den winzigen Gummirest abtrennte, bevor er die Gummidichtung auf die nächste Windschutzscheibe auftrug? Ich muß sagen, ich war beeindruckt.

Nach der Besichtigung der Anlage fuhr ich mit dem Hochgeschwindigkeitszug Shinkansen nach Tokio zurück. Während ich mir eines dieser Sushi-Dinners schmecken ließ, die es an jedem japanischen Bahnhof zu kaufen gibt, blätterte ich die aktuelle Ausgabe der *International Herald Tribune* durch. Ein Bericht auf der dritten Seite erregte meine Aufmerksamkeit: Die Sprecherin des State Department, Margaret D. Tutweiler, hatte beim täglichen Pressebriefing im US-Außenministerium mit einer recht eigenwilligen Auslegung einer UN-Resolution von 1948, die das Recht der palästinensischen Flüchtlinge auf die Rückkehr nach Israel betraf, für erheblichen Aufruhr gesorgt. Ich erinnere mich nicht mehr an die Details, ich weiß nur noch, daß Tutweilers Interpretation sowohl den Arabern wie auch den Israelis erheblich gegen den Strich gegangen war und – das eigentliche Thema des Artikels – etliche Leute im Nahen Osten in Alarmstimmung versetzt hatte.

Ich saß in einem der modernsten Züge der Welt, der mit fast dreihundert Stundenkilometern auf Tokio zuraste, und las einen Bericht über die jüngsten Vorgänge in einer der ältesten Ecken der Welt. Was für ein Gegensatz: Hier die Japaner mit ihren hypermodernen Zügen und menschenleeren Fabrikhallen, in denen sie eine der besten Luxuslimousinen, die es für Geld zu kaufen gibt, von Robotern zusammenschrauben ließen. Und dort, symbolisiert durch den Artikel auf Seite drei der *International Herald Tribune*, bekriegten sich Menschen, mit denen ich lange Jahre in Beirut und Jerusalem gelebt hatte und die ich gut kannte, immer noch über die Frage, wem welcher Olivenbaum gehörte. In gewisser Weise, dachte ich mir, waren der Lexus und der Olivenbaum die passende Symbole für die globalisierte Welt nach dem Ende des Kalten Krieges: Die eine Hälfte der Welt ist damit beschäftigt, einen immer besseren Lexus zu bauen, ihre Wirtschaft zu modernisieren, zu privatisieren und effizienter zu machen, während die andere Hälfte der Welt – manchmal auch die andere Hälfte eines Landes oder eines Menschen – immer noch in den Kampf darum verstrickt ist, wem welcher Olivenbaum gehört.

Olivenbäume sind wichtig. Sie stehen für alles, was uns in dieser Welt verwurzelt und verankert, was uns eine Identität und eine Heimat gibt – ob wir zu einer Familie gehören, einem Dorf, einem Stamm, einem Volk oder einer Religion, ob wir, anders gesagt, ein Zuhause haben. Olivenbäume stehen für all das, was uns die Wärme einer Familie verleiht, die Befriedigung, ein selbständiges Individuum zu sein, die Intimität persönlicher Rituale, die emotionale Tiefe privater Beziehungen und das Selbstvertrauen und die Sicherheit, aus uns heraus- und auf andere zuzugehen. Daß wir zu Zeiten so unnachgiebig um unsere Olivenbäume kämpfen, liegt daran, daß sie uns – im Idealfall – Gefühle der Selbstachtung und Zugehörigkeit vermitteln, Gefühle, die für unser Überleben ebenso wichtig sind wie unser täglich Brot. Im gegenteiligen Fall, wenn unsere Gefühle für unsere Olivenbäume ins Obsessive umschlagen, führen sie dazu, daß wir Identitäten, Beziehungen und Gemeinschaften ausbilden, die auf dem Ausschluß anderer basieren, und wenn diese Gefühle wie bei den Nazis in Deutschland und, in jüngerer Zeit, den Serben in Jugoslawien extreme Formen annehmen, enden sie womöglich mit der Auslöschung anderer.

Die Konflikte zwischen Serben und Muslimen, Juden und Palästinensern, Armeniern und Aserbeidschanern darüber, wem welcher Olivenbaum gehört, werden eben deshalb so rücksichtslos ausgetragen, weil es darum geht, wer an einem bestimmten Ort zu Hause und verwurzelt sein wird und wer nicht. Die Logik hinter solchen Konflikten lautet: Ich muß diesen Olivenbaum beherrschen, denn gehört er dem anderen, werde ich nicht nur ökonomisch und politisch unter seiner Knute stehen, sondern auch keine Heimat mehr mein eigen nennen, werde ich am Abend nicht mehr meine Schuhe ausziehen und mich zuhause fühlen können. Wenige Dinge versetzen Menschen mehr in Rage als der Verlust ihrer Identität und ihrer Heimat. Um beides zu bewahren, sterben und morden sie, singen sie Lieder, verfassen sie Gedichte und schreiben sie Romane. Denn ohne ein Gefühl des Zuhauseseins an einem Ort und der Zugehörigkeit zu einer Gemeinschaft ist das Leben öde und entwurzelt. Zu leben wie ein Blatt im Wind ist kein Leben.

Der Lexus steht für einen gleichermaßen fundamentalen menschlichen Trieb – den Wunsch nach einem sicheren Auskommen, materiellem Wohlstand und Fortschritt – in seiner modernen, globalisierten Ausprägung. Der Lexus repräsentiert die booomenden globalen Märkte, Finanzinstitutionen und Computertechnologien, mit deren Hilfe die Menschheit heute einem höheren Lebensstandard hinterherjagt. Freilich bedeutet vor allem in den Entwicklungsländern für Millionen von Menschen das Streben nach einem materiell besseren Leben auch heute noch, daß sie täglich zum Brunnen gehen, barfuß auf dem Feld hinter einem Ochsengespann herlaufen und sich auf die mühselige Suche nach Feuerholz machen müssen. Diese Menschen profitieren nicht vom technischen Fortschritt, sondern zehren von ihrer physischen Substanz.

Millionen Menschen in den Industrieländern betreiben die Mehrung ihres materiellen Wohlstands und die Modernisierung ihres Lebens mit Nike-Schuhen an den Füßen, kaufen in integrierten Märkten ein und nutzen die neuesten Kommunikationstechnologien. Daß nicht alle Menschen über die gleichen Zugangsmöglichkeiten zu den neuen Märkten und Technologien der globalisierten Welt verfügen und daß die sich daraus ergebenden Vorteile höchst ungleich verteilt werden, ändert nichts an der Tatsache, daß sie die definierenden ökonomischen Instrumente unseres Zeitalters sind und jeder direkt oder indirekt von ihnen betroffen ist.

Genaugenommen ist die Gegenüberstellung von Lexus und Olivenbaum lediglich die moderne Version einer uralten Geschichte – besser gesagt einer der ältesten schriftlich festgehaltenen Geschichten der Menschheit überhaupt, nämlich der Geschichte von Kain und Abel. In der hebräischen Schöpfungsgeschichte heißt es: »Da sprach Kain zu seinem Bruder Abel. Als sie auf dem Feld waren, griff Kain seinen Bruder Abel an und erschlug ihn. Da sprach der Herr zu Kain: Wo ist dein Bruder Abel? Er entgegnete: Ich weiß es nicht. Bin ich der Hüter meines Bruders? Der Herr sprach: Was hast du getan? Das Blut deines Bruders schreit zu mir vom Ackerboden.«

Wenn Sie das Zitat aufmerksam lesen, wird Ihnen auffallen, daß die hebräische Bibel uns nicht verrät, worüber Kain mit seinem Bruder sprach, nur, daß er es tat. Welche Worte fielen zwischen den beiden, die Kain so in Rage versetzten, daß er seinen Bruder erschlug? Nach

Auskunft meines Theologielehrers Rabbi Tzvi Marx finden sich in der Genesis des Rabbah, einer der wichtigsten rabbinischen Auslegungen der Bibel, drei mögliche Versionen der Unterhaltung zwischen Kain und Abel. Der ersten zufolge stritten die Brüder über eine Frau – über Eva. Schließlich war sie, ihre Mutter, die einzige Frau auf der Erde, und so ging der Streit darum, wer sie heiraten würde, oder allgemeiner ausgedrückt, um sexuelle Erfüllung und Fortpflanzung. Der nächsten Version zufolge teilten Kain und Abel die Welt unter sich auf: Kain bekam den ganzen Grund und Boden – »Kain aber ward Ackermann« –, Abel herrschte über alle beweglichen Dinge und das Vieh – »und Abel ward ein Schäfer«. Nach dieser Version soll Kain Abel angewiesen haben, seine Schafe von seinem Land zu nehmen; der sich anschließende Kampf um das Land – ein Kampf um wirtschaftliche Entwicklungschancen und materiellen Reichtum – endete damit, daß Kain im Affekt seinen Bruder erschlug. Die dritte Interpretation lautet, daß die Brüder die Welt in gegenseitigem Einvernehmen unter sich aufteilten, aber eine – entscheidende – Frage offen blieb: Wo sollte der Tempel errichtet werden, der ihre besondere religiöse und kulturelle Identität widerspiegeln würde? Jeder wollte den Tempel unter seiner Herrschaft wissen und in ihm seine eigene Identität ausgedrückt sehen. Anders gesagt: Jeder wollte, daß der Tempel Gottes in seinem Olivenhain errichtet würde. Nach dieser Auslegung stritten sie sich um die Frage der Identität und darum, wer den Ursprung der Legitimität ihrer Familie bewahren würde. In der Sichtweise der Rabbiner lassen sich in der Geschichte also sämtliche grundlegenden Antriebsfedern menschlichen Handelns finden: der Wunsch nach sexueller Intimität, der Wunsch nach einem gesicherten Auskommen und schließlich der Wunsch nach einem Gefühl der Identität und Gemeinschaft. Dieses Buch befaßt sich mit den letzten beiden Bedürfnissen, den Bereich des Sexuellen überlasse ich anderen.

Verstehen Sie jetzt, warum ich sage, daß die Arbitrage von Informationen uns die Linsen liefert, die wir benötigen, um die globalisierte Welt untersuchen zu können, daß aber auch noch so viele Linsen allein nicht ausreichen? Wir müssen darüber hinaus wissen, was wir betrachten und wonach wir Ausschau halten. Was wir betrachten und wonach wir Ausschau halten, läßt sich in die Frage kleiden, in welcher Form das tief in uns verwurzelte Streben nach materiellem Fortschritt und die Sehnsucht nach individueller und kollektiver Identität in dem heute dominierenden internationalen System der Globalisierung zum Ausdruck kommen. Das ist das Drama vom Lexus und dem Olivenbaum.

Im Kalten Krieg ging die größte Gefahr für Ihren Olivenhain von den Besitzern der anderen Olivenhaine aus, vor allem die Gefahr, daß Ihr Nachbar über den Zaun steigt, Ihre Olivenbäume ausgräbt und sie bei sich einpflanzt. Diese Bedrohung ist zwar auch heute noch vorhanden, aber zumindest im Moment spielt sie in vielen Teilen der Welt keine allzu große Rolle mehr. Die größte Gefahr für Ihren Olivenhain geht heute vom Lexus aus – von den anonymen, transnationalen, homogenisierenden und standardisierenden Marktkräften und Technologien, die das globalisierte Wirtschaftssystem ausmachen. Die Globalisierung setzt Kräfte frei und Entwicklungen in Gang, die die traditionellen Werte und Strukturen auszulöschen drohen, wo immer sie mit ihnen in Berührung kommen – um in unserem Bild zu bleiben: Wenn der Lexus mit dem Olivenbaum zusammenstößt, kann der Olivenbaum umstürzen. Diese Bedrohung kann eine heftige Gegenbewegung provozieren. Aber die Globalisierung birgt auch eine Chance. Sie eröffnet auch noch der kleinsten und schwächsten politischen Gemeinschaft die Möglichkeit, mit Hilfe der neuen Technologien und Märkte ihre Olivenbäume, ihre Kultur und ihre Identität, zu bewahren. Mit großer Faszination habe ich in den vergangenen Jahren auf meinen Reisen rund um den Globus den Ringkampf und den Balanceakt zwischen diesen beiden Orientierungen, repräsentiert durch Lexus einerseits und Olivenbaum andererseits, verfolgt.

Deutlich greifbar wurde die Spannung beispielsweise bei der Volksabstimmung in Norwegen 1994 über den Beitritt zur Europäischen Union. Angesichts der Tatsache, daß Norwegen ein reiches, hochentwickeltes Land ist, welches einen Großteil seines Handels mit EU-Mitgliedern treibt, hätte der Ausgang der Abstimmung eigentlich keine Frage sein sollen. In einer zunehmend globalisierten Welt hätte Norwegen in ökonomischer Hinsicht von dem Beitritt nur profitiert. Dennoch lehnte eine Mehrheit der Norweger den Beitritt ab, offenbar weil sie fürchteten, daß die Mitgliedschaft in der EU ihre norwegische Identität und Lebensweise gefährden würde, die sie sich dank ihres (in einer globalen Wirtschaft verkauften) Nordsee-Öls problemlos auch außerhalb der EU leisten konnten. Viele Norweger sagten sich: »Ich soll also meine norwegische Identität in den Euro-Eintopf werfen, wo sie von in Euro bezahlten Euro-Bürokraten und Euro-Abgeordneten zu Euro-Brei zerkocht wird, und mich dann von in der Euro-Hauptstadt akkreditierten Euro-Journalisten darüber informieren lassen? Nein danke, nicht mit mir. Ich bleibe lieber Sten aus Norwegen, behalte meine eigene und einzigartige Identität und bin dafür im Ökonomischen eben ein bißchen weniger effizient.«

Von einem Beispiel, wie Globalisierung und Tradition in einem gesunden Gleichgewicht zueinander stehen können, berichtete mir Glenn Prickett, Vizepräsident der Umweltgruppe Conservation International, nach einem Aufenthalt in dem brasilianischen Dorf Aukre. Aukre, in dessen Nähe Conservation International eine biologische Forschungsstation betreibt, liegt fernab aller Zivilisation im Amazonasregenwald und ist nur per Buschflugzeug zu erreichen. »Als wir auf der grasbewachsenen Landebahn aufsetzten, erwartete uns bereits das gesamte Dorf in der traditionellen Kleidung – oder Nicht-Kleidung, wenn man so will – der Kayapo. Ihre Gesichter waren bunt bemalt, und auf den Köpfen trugen sie amerikanische Baseball-Kappen mit den unterschiedlichsten Firmenlogos«, erinnerte sich Prickett. »Jahrhundertelang haben die Kayapo ihr Stammesgebiet im Amazonas mit Gewalt verteidigt. Jetzt lernen sie, es durch Allianzen mit internationalen Wissenschaftlern, Umweltschützern und verantwortungsbewußten Unternehmen zu schützen, unter anderem daran ablesbar, daß sich in der kurzen Hauptstraße des Dorfes ein Geschäft von Conservation International und eine Filiale des Öko-Körperpflegemittelherstellers Body Shop befinden. Nach einem zweitägigen Aufenthalt in der Forschungsstation kehrten wir in das Dorf zurück, um noch ein paar Geschäfte zu tätigen. Wir hatten die Dorfbewohner gebeten, einen kleinen Markt mit Gegenständen zu organisieren, wie sie für die Kayapokultur typisch sind – Körbe, Kriegskeulen, Speere, Pfeile und Bogen und so weiter. Unsere Gruppe kaufte die ganzen Sachen zu gepfefferten Preisen, und zwar in US-Dollar. Hinterher wurden wir in die Versammlungshütte der Männer in der Mitte des Dorfes eingeladen. In der Hütte stand ein einzelner, an eine große Satellitenschüssel angeschlossener Fernsehapparat, die wichtigsten Männer des Dorfes saßen vor dem Fernsehapparat und zappten zwischen der Übertragung eines brasilianischen Fußballspiels und einem Business-Kanal, der die Goldnotierungen an den Weltmärkten meldete, hin und her. Die Kayapos wollten sicher gehen, daß sie von den Mineros, die sie am Rande ihres Territoriums nach Gold graben ließen, auch wirklich den aktuellen Weltmarktpreis erhielten. Den Gewinn aus dem Goldverkauf setzten sie dafür ein, ihren eigenen, einzigartigen Lebensstil inmitten des Amazonasregenwaldes zu bewahren.«

Ein weiteres Beispiel für ein harmonisches Verhältnis zwischen Lexus und Olivenbaum begegnete mir auf dem Flug von Bahrain nach London an Bord einer Gulf-Air-Maschine. Auf dem Bildschirm über meinem Sitz in der Business Class gab es einen Kanal, der den Passagieren mit Hilfe des Satellitennavigationssystems (GPS) des Flugzeugs jederzeit ihre Position relativ zu Mekka anzeigte. Auf dem Schirm sah man ein Diagramm des Flugzeugs und einen weißen Punkt, der sich bei jeder Änderung der Flugrichtung bewegte und die Richtung markierte, in der die heiligste Stadt des Islam lag. So wußten die muslimischen Passagiere, deren Religion sie dazu anhält, fünfmal täglich zu festen Zeiten zu beten und sich dabei in Richtung Mekka zu verneigen, in welche Richtung sie blicken mußten, wenn sie ihre Gebetsteppiche entrollten. Während des Fluges zwängten sich denn auch mehrere in meiner Nähe sitzende Passagiere in die Bordküche und rollten dort ihre Teppiche zum Gebet aus.

In diesen Zusammenhang gehört auch die folgende kurze Notiz in der Ausgabe von *Sports Illustrated* vom 11. August 1997. Darin stand zu lesen: »Nach 38 Jahren hat der walisische Fußballclub Llansantffraid seinen Namen geändert. Ein Hersteller von Mobiltelefonen hat dem Club 400 000 Dollar dafür gezählt, daß er sich künftig ›Netzwerklösungen‹ nennt.«

Die Entscheidung Indiens im Frühjahr 1998, trotz weltweiter Proteste mit seinen Atomwaffentests fortzufahren, ist ein Beispiel dafür, wie nationalistische Eigeninteressen über die Realitäten der globalisierten Welt siegen – gewissermaßen der Triumph des Ölbaums. Kurz nach den Tests reiste ich nach Indien. Obwohl ich mit vielen Indern – mit Armen und Reichen, mit Regierungsvertretern und Privatleuten, mit Städtern und Dorfbewohnern – sprach, wartete ich vergeblich darauf, daß jemand zu mir sagte: »Wissen Sie, diese Tests waren idiotisch. Sie haben uns nicht nur keine zusätzliche Sicherheit gebracht, sondern kosten uns wegen der Sanktionen auch eine ganze Menge.« Ich bin mir sicher, daß dieses Empfinden vorhanden war, aber ich fand niemanden, der es aussprach. Selbst jene indischen Politiker, die die Atomwaffentests als ein durchsichtiges, nationalistisch motiviertes Manöver der neuen Hindu-Regierung verurteilten, beharrten darauf, daß Indien keine andere Möglichkeit gehabt habe, von den Vereinigten Staaten und China das zu bekommen, was den Indern am wichtigsten ist: RESPEKT. Wie tief dieses Gefühl reichte, wurde mir richtig bewußt, als ich mich mit dem indischen Menschenrechtsaktivisten Swami Agnivesh in seinem Haus in Neu-Delhi traf. Ich war überzeugt, daß wenigstens Agnisvesh die Tests verurteilen würde, und um so mehr erstaunte es mich, als er, kaum hatten wir uns in seinem bescheidenen Heim auf dem Fußboden niedergelassen, verkündete: »Indien ist das zweitgrößte Land der Erde! Wir lassen uns nicht am Gängelband herumführen. Indien fühlt sich nicht von Pakistan bedroht, sondern in der internationalen Politik von der Achse Washington-Peking marginalisiert.« Am folgenden Tag fuhr ich hinaus nach Dasna, ein Dorf nördlich von Neu-Delhi. Dort ging ich aufs Geratewohl in mehrere Läden und sprach mit den Inhabern. Die Armut in Dasna war bedrückend. Niemand dort schien Schuhe zu besitzen, die meisten Menschen waren bis auf die Knochen abgemagert. Auf den Straßen sah ich mehr Wasserbüffel und Fahrräder als Autos, und in der Luft hing ein stechender Gestank nach dem Kuhdung, mit dem die Dorfbewohner anstelle von Holz ihre Herde befeuerten. Aber der nukleare Feuerzauber ihrer Regierung gefiel den Bewohnern des Dorfes. »Wir sind 900 Millionen Menschen. Die Sanktionen werden uns schon nicht umbringen«, erklärte beispielsweise der 42jährige Dorfarzt Pramod Batra. »Bei den Atombombentests ging es um Selbstachtung, und Selbstachtung ist wichtiger als Straßen, Elektrizität und Wasser. Davon abgesehen, was haben wir eigentlich getan? Wir haben eine Bombe gezündet, na und? Das war, als ob man eine Pistole in die Luft abfeuert. Wir haben niemanden verletzt.«

Die Inder stellten in diesem Konflikt ihre Verbundenheit mit dem Olivenbaum über ihren Wunsch nach einem Lexus – und vielleicht bedachten sie nicht, daß dies in der modernen, globalisierten Welt nicht möglich ist, ohne daß man dafür langfristig einen Preis bezahlen muß. Während meines Aufenthalts in Neu-Delhi wohnte ich im Oberoi-Hotel. Um mich von der drückenden Hitze des Tages zu erholen, schwamm ich jeden Abend einige Runden im Hotelpool. An meinem ersten Abend kam ich mit einer Inderin ins Gespräch, die neben mir ihre Bahnen zog. Sie leitete, wie sie mir erzählte, die lokale Niederlassung von Salomon Brothers-Smith Barney, einer großen amerikanischen Investmentbank. Ich stellte mich als amerikanischer Journalist vor, der nach Indien gekommen sei, um über den radioaktiven Fallout der Atombombentests zu berichten. Darauf fragte sie mich, ob ich schon gehört habe, wer in der Stadt sei.

»Nein«, antwortete ich und schüttelte den Kopf, während wir uns am Beckenrand eine Pause gönnten, »ich habe nichts gehört.«

»Moody's«, sagte sie. Moody's Investor Service ist eine der wichtigsten internationalen Rating-Agenturen, die Volkswirtschaften bewerten. Anhand der Ratings, von AAA absteigend bis CCC, können Investoren rund um den Globus erkennen, ob ein Land eine erfolgversprechende Wirtschaftspolitik verfolgt oder nicht. Je schlechter ein Land bewertet wird, um so höhere Zinsen muß es anbieten, um internationales Kapital anzulocken. »Moody's hat ein Team mit dem Auftrag hergeschickt, die indische Wirtschaft neu zu bewerten. Ist Ihnen schon etwas über ihre Entscheidung zu Ohren gekommen?«

Erneut verneinte ich.

»Vielleicht sollten Sie da mal nachhaken«, sagte sie, bevor sie die nächste Bahn in Angriff nahm.

Ich befolgte ihren Rat, oder zumindest versuchte ich es. Denn wie sich herausstellte, waren die Experten von Moody's ihrer Arbeit in Neu-Delhi fast so heimlich, still und leise nachgegangen wie die indischen Atomwissenschaftler bei den Testvorbereitungen. Ich konnte nicht das Geringste über die Bewertung in Erfahrung bringen. Erst an dem Abend, als ich Neu-Delhi verließ, wurde meine Neugier gestillt. Eine Meldung in den Abendnachrichten ließ mich aufmerken. In Reaktion auf den aufgeblähten Haushalt der neuen Regierung und angesichts der nach den Atombombentests von den Vereinigten Staaten gegen Indien verhängten Sanktionen, verkündete der Nachrichtensprecher, habe Moody's Investitionen in Indien von »sicher« auf »spekulativ« herabgestuft. Auch die Rating-Agentur Standard & Poor's, fuhr der Sprecher fort, habe ihre Bewertung der indischen Wirtschaft geändert, und zwar von »stabil« auf »negativ«. Das bedeutete, daß indische Unternehmen, die auf den internationalen Kapitalmärkten Kredite aufnehmen wollten, mit höheren Zinsen rechnen mußten. Doch in Anbetracht der niedrigen Sparquote einerseits und der Tatsache andererseits, daß das Land, will es international konkurrenzfähig bleiben, in den nächsten zehn Jahren schätzungsweise 500 Milliarden Dollar in den Ausbau seiner Infrastruktur investieren muß, kann Indien ohne ausländisches Kapital nicht auskommen. Ja, der Olivenbaum hatte seinen Tag in Indien. Aber dieser Tag hatte seinen Preis, und es dauerte nur ein paar Monate, bis die Regierung in Neu-Delhi, aufgeschreckt von den negativen ökonomischen Folgen ihrer Politik für das nach China bevölkerungsreichste Land der Erde, nach einem Weg suchte, wie sie wieder von dem Olivenbaum herabsteigen konnte, ohne das Gesicht zu verlieren.

Und nun noch ein fast schon amüsantes Beispiel dafür, wie wenig die globalisierte Welt sich um die Werte kümmert, für die der Olivenbaum steht: Vor einiger Zeit schickte mir ein Freund ein Computerbauteil. Auf dem Aufkleber auf der Rückseite des Bauteils stand: »Hergestellt in Malaysia, Singapur, den Philippinen, China, Mexiko, Deutschland, den USA, Thailand, Kanada und Japan. Dieses Teil wurde in so vielen verschiedenen Ländern hergestellt, daß wir uns außerstande sehen, ein Herkunftsland anzugeben.«

Boris Jelzins Auftritt im Internet am 7. April 1998 ist ein gutes Exempel, wie sich die beiden Welten ergänzen können. Ich erlaube mir hier, den Bericht der Associated Press vom 12. April über das denkwürdige Ereignis zu zitieren:

Moskau (AP) – Boris Jelzin, ein Websurfer? Nun, in gewisser Weise. Vergangenen Dienstag ging der russische Präsident im Kreml eine halbe Stunde online und beantwortete im Rahmen einer von MSNBC organisierten Chat-Runde Fragen von Websurfern aus der ganzen Welt.

Frage eines Mannes aus den Niederlanden: Was hält Jelzin vom Rauchen?

Antwort: Er haßt es!

Frage: Ist Rußland bereit für eine weibliche Präsidentin?

Antwort: Auf keinen Fall!

Frage: Fließt in Jelzins Adern auch irisches Blut?

Antwort: Wenn, dann haben ihm seine sibirischen Vorfahren nichts davon gesagt.

Der Chat war eine Premiere für den technisch wenig versierten Jelzin. Und strenggenommen tippte er auch nicht selbst an einem Laptop seine Antworten ein oder mühte sich persönlich durch die Fallstricke des Internets. Vielmehr wählte MSNBC aus 4900 eingangenen Fragen 14 aus, die von einem Dolmetscher ins Russische übersetzt wurden. Ein anderer Dolmetscher übersetzte Jelzins Antworten zurück ins Englische und diktierte sie in ein direkt mit MSNBC in Redmond, Washington, verbundenes Mikrofon, wo sie in einen Rechner eingegeben wurden. Nach Angaben des Microsoft-Networks loggten sich 4000 Surfer ein. Nach dem Kollaps der Sowjetunion entdeckten viele Russen Computer und das Internet für sich – während gleichzeitig immer noch unzählige Unternehmen mit Rechenschiebern kalkulierten und internationale Ferngespräche Stunden, wenn nicht Tage im voraus angemeldet werden mußten.

Ebenfalls ein eher amüsantes Beispiel für ein harmonisches Miteinander von Lexus und Olivenbaum fand sich in einem zumindest für die *Washington Post* recht ungewöhnlichen Bericht, der am 21. September 1997 gedruckt wurde. Dem Bericht zufolge beschwerte sich die russische Gegenspionage darüber, daß es doppelt so teuer sei, einen CIA-Agenten als Doppelagenten zu rekrutieren, als einen russischen Spion umzudrehen. Ein Angehöriger des Föderalen Sicherheitsdienstes (der Nachfolgeorganisation des KGB) hatte – unter Zusicherung voller Anonymität – gegenüber der russischen Nachrichtenagentur Itar-Tass geäußert, daß ein russischer Spion schon für eine Million Dollar überlaufe, während CIA-Agenten erst ab zwei Millionen Dollar zu haben seien.

Ungefähr zur gleichen Zeit veröffentliche die israelische Tageszeitung *Yediot Aharonot* die meines Erachtens nach erste auf dem freien Markt eingekaufte Exklusivmeldung aus dem Geheimdienstmilieu. *Yediot*-Journalisten flogen nach Moskau und erwarben mehrere russische Spionagesatellitenbilder von neuen Scud-Raketenabschußbasen in Syrien. Anschließend heuerte die Zeitung einen privaten US-Experten an, der die Bilder analysierte, und dann brachte sie das ganze Paket als Exklusivstory an die Zeitungskioske – und zwar ohne darin auch nur eine einzige offizielle Quelle zitieren zu müssen. Wer braucht noch Agenten, wenn er genug Geld hat?

Da verwunderte es schon nicht mehr, als im selben Jahr 1997 die Jordanier ihre eigene »Olivenbaum-trifft-Lexus«-Homepage ins Netz stellten: http://www.arab.net/gid/welcome.html. Wer die Adresse anwählt, landet auf der Homepage des jordanischen Geheimdienstes – der erste Geheimdienst im Nahen Osten, der sich eine eigene Homepage leistet. Laut einer offiziellen Broschüre bietet die Website »einen interessanten Einblick in die Geschichte, die Grundsätze, die Aufgaben und die Auffassungen des [jordanischen] General Intelligence Department«.

Mein Lieblingsbeispiel für den Triumph des Lexus über den Olivenbaum im Zeitalter der Globalisierung ist die folgende Geschichte über den Sohn von Abu Jihad: 1995 hielt ich mich anläßlich des Nahost-Wirtschaftsgipfels in der jordanischen Hautpstadt Amman auf. Ich nahm auf dem Balkon des Marriot mein Mittagessen ein, als ein junger Araber an meinen Tisch trat und mich fragte, ob ich Tom Friedman sei. Ich bejahte, worauf der junge Mann sehr höflich sagte: »Mr. Friedman, Sie haben meinen Vater gekannt.«

»Wer war Ihr Vater?«

»Mein Vater war Abu Jihad.« Abu Jihad, den ich in Beirut kennengelernt hatte und der mit richtigem Namen Khali al-Wazir hieß, gehörte zu den Palästinensern, die zusammen mit Yassir Arafat die Al Fatah gegründet und später die PLO kontrolliert hatten. Abu Jihad – »Vater des Kampfes« – war al-Wazirs *nom de guerre,* und in meiner Zeit als Nahost-Korrespondent der *New York Times* in Beirut leitete er als oberster Befehlshaber die palästinensischen Militäroperationen im Libanon und auf der Westbank. Die Palästinenser verehrten ihn als Kriegshelden, die Israelis jagten ihn als einen der gefährlichsten palästinensischen Terroristen. Am 16. April 1988 stürmte ein israelisches Mordkommando Abu Jihads Wohnung in Tunis und setzte seinem Leben mit über einhundert Kugeln ein Ende.

»Ja, ich habe Ihren Vater gut gekannt, ich war sogar einmal zu Besuch in Ihrem Haus in Damaskus«, antwortete ich. »Was machen Sie jetzt?«

Er reichte mir eine Visitenkarte, auf der stand: »Jihad al-Wazir, Geschäftsführender Direktor, World Trade Center, Gaza, Palästina.«

Beeindruckt blickte ich Abu Jihads Sohn an: von Che Guevara zu Dale Carnegie in nur einer Generation.

Die Herausforderung der gegenwärtigen Globalisierungsrunde für Länder und Individuen besteht darin, ein gesundes Gleichgewicht zwischen der Bewahrung der eigenen Identität und des Gemeinschaftssinns hier und den Zwängen der globalisierten Welt dort zu finden. Jede Gesellschaft, die heute wirtschaftlich Erfolg haben will, muß ständig an immer besseren Produkten arbeiten und in der Lage sein, sie auf dem Weltmarkt zu verkaufen. Allerdings sollte man nicht den Fehler begehen und annehmen, daß allein schon die Beteiligung an der globalen Wirtschaft einer Gesellschaft Wohlstand garantiert. Wird nämlich die Teilnahme an der Weltwirtschaft mit der Aufgabe der nationalen Identität erkauft, haben die Menschen das Gefühl, daß ihre Wurzeln herausgerissen oder gekappt werden, dann werden sie sich erheben und gegen die Globalisierung kämpfen.

Ob sich die Globalisierung als internationales System auf Dauer durchsetzen wird, hängt wenigstens zum Teil davon ab, inwiefern es uns allen – Staaten, Gemeinschaften und Individuen – gelingt, ein solches Gleichgewicht herzustellen. Ein Land, das keinen Lexus im Programm hat, besitzt nur begrenzte Wachstumschancen. Ein Land dagegen, das seine Olivenbäume verkümmern läßt, wird keine innere Stabilität erreichen. Beides in einem gesunden Gleichgewicht zu halten, ist ein unablässiger Kampf.

Vielleicht liegt es daran, daß mit die besten Geschichten, die Sie in diesem Buch lesen, von meinem alten College-Freund Victor Friedman stammen, der Business Management am israelischen Ruppin Institute unterrichtet. Ich hatte längere Zeit nichts von ihm gehört, und als ich ihn vor einiger Zeit anrief, erfuhr ich den Grund. Sein Handheld-Computer, auf dem er alles gespeichert hatte – die Post- und E-Mail-Adressen seiner Freunde, ihre Telefonnummern sowie seinen Terminplan für die nächsten zwei Jahre –, war ihm abhanden gekommen.

»Unser PC zu Hause war kaputt, und so brachte ich ihn zu einem Computergeschäft nach Hadera [eine Stadt knapp einhundert Kilometer nördlich von Tel Aviv]. Ein paar Wochen später riefen sie mich an und sagten, der PC sei repariert. Also packte ich den Palmtop in meine Lederaktentasche und fuhr hinüber nach Hadera, um den Rechner abzuholen. Die Aktentasche unter dem einen und den PC unter dem anderen Arm, verließ ich das Geschäft und ging zu meinem Wagen. Dort angekommen, stellte ich die Aktentasche auf den Boden, öffnete den Kofferraum und setzte den PC hinein, wobei ich sehr darauf achtete, daß er nicht umfallen konnte. Dann stieg ich ein und fuhr los – ohne die Aktentasche. Nun, ich war kaum in meinem Büro, als mir aufging, was passiert war – und was als nächstes passieren würde. Ich rief sofort bei der Polizei in Hadera und bat sie, *auf keinen Fall meine Aktentasche in die Luft zu sprengen*. [Da palästinensische Terroristen häufig auf diese Weise ihre Bomben plazieren, gehört es zur Standardpraxis der israelischen Polizei, jedes Paket, jede Aktentasche oder jedes sonstwie verdächtige Objekt, das herrenlos auf einem Gehweg steht, in die Luft zu sprengen. Die Israelis sind so auf diese Gefahr trainiert, daß Sie, lassen Sie ein Paket auch nur für eine Minute unbeaufsichtigt herumstehen, sicher sein können, daß die Polizei schon unterwegs ist.] Ich wußte, daß die Tasche noch an Ort und Stelle sein würde; in Israel ist kein Dieb so verrückt, sich an einer mutterseelenallein auf dem Gehweg stehenden Tasche zu vergreifen. Aber es war zu spät. Die Vermittlung der Polizeistation informierte mich, daß das Sprengteam bereits ausgerückt sei und sich ›um die Sache gekümmert‹ habe. Als ich auf der Wache eintraf, händigten sie mir meine wunderbare lederne Aktentasche aus – unversehrt, bis auf ein hübsches rundes Einschußloch genau in der Mitte. Das einzige, was neben der Tasche zu Schaden gekommen war, war mein Palmtop. Ein direkter Treffer hatte ihm den Garaus gemacht. Mein ganzes Leben war in diesem Ding gespeichert, und ich hatte nicht ein einziges Mal daran gedacht, ein Backup der Daten anzulegen. Ich entschuldigte mich bei den Polizisten für den Aufwand, den meine Unachtsamkeit ihnen bereitet hatte, worauf sie beschwichtigend meinten, ich solle mir keine Gedanken machen, das könne jedem einmal passieren. Als Ermahnung, in Zukunft öfter innezuhalten und nachzudenken, lief ich danach noch wochenlang mit der durchlöcherten Aktentasche auf dem Campus herum. Die meisten meiner Managementstudenten sind in der israelischen Armee, und so ziemlich alle, die meine Aktentasche mit dem Einschußloch sahen, wußten sofort, was passiert war, und brachen in lautes Lachen aus.«

Bevor ich dazu kam, Victor mein Beileid auszudrücken, fuhr er schon fort: »Apropos, kannst du mir deine E-Mail-Adresse schicken? Ich muß ein neues Adreßbuch eröffnen.«

3

...und die Mauern stürzten ein

Im Sommer 1998 bereiste ich Brasilien und sprach dort unter anderem mit Guilherme Frering, dem Vorstandsvorsitzenden des brasilianischen Bergbaugiganten Caemi Minerção e Metalurgia und einem der führenden Industriellen des Landes. Mitten in der Schilderung der atemberaubenden Veränderungen, welche die brasilianische Volkswirtschaft im vergangenen Jahrzehnt durchlaufen hatte, verkündete Frering unvermittelt: »Wissen Sie, die Berliner Mauer ist auch hier eingestürzt. Der Fall der Mauer war nicht nur ein lokales, europäisches Ereignis, er war ein weltweites Ereignis. Die Mauer fiel, wenn Sie so wollen, auch auf Brasilien. Die großen Veränderungen in unserer Volkwirtschaft vollzogen sich eben zu dem Zeitpunkt, als die Berliner Mauer einstürzte.«

Zur Illustration seiner Aussage erzählte er mir folgende Geschichte: Im November 1988 brach in der größten Stahlfabrik Südamerikas, dem staatlichen Stahlwerk CSN in Volta Redonda im Nordwesten des Bundesstaates Rio de Janeiro, ein Streik militanter Stahlarbeiter aus. Rund 2500 aufgebrachte Stahlarbeiter besetzten die Anlage und forderten eine rückwirkende Lohnerhöhung sowie die Reduzierung der täglichen Arbeitszeit von acht auf sechs Stunden. Als die Zusammenstöße zwischen den streikenden Arbeitern und den lokalen Polizeikräften immer mehr eskalierten, wurde die Armee zu Hilfe gerufen. In dem anschließenden Kampf um die Kontrolle über das Werk kamen drei Arbeiter ums Leben, 36 wurden verletzt. Die Armee warf den Arbeitern, die ihre staatlich gesicherten Arbeitsplätze mit Steinen, Molotow-Cocktails, Eisenstangen und Schußwaffen verteidigten, hinterher vor, sie hätten »einen regelrechten Guerillakrieg« geführt. Während der 21 Jahre dauernden, erst 1985 zu Ende gegangenen Militärdiktatur hatten die Generäle stets darauf geachtet, die Kontrolle über das Stahlwerk nicht aus der Hand zu geben, und waren dabei sogar so weit gegangen, daß sie Volta Redonda zu einer »Stadt der nationalen Sicherheit« erklärten, deren Bürgermeister direkt von der Regierung ernannt wurde. Nachdem Frering mir das erzählt hatte, fügte er hinzu: »Und nun stellen Sie sich vor: Rund vier Jahre nach dem Streik und kurz nach dem Einsturz der Berliner Mauer forderten – forderten! – dieselben CSN-Stahlarbeiter die Privatisierung des Werkes. Sie hatten eingesehen, daß die Fabrik nur so konkurrenzfähig bleiben würde und die meisten von ihnen ihre Jobs behalten konnten. Heute befindet sich CSN vollständig in privaten Händen und war als einer der größten Anteilseigner an der Privatisierung zahlreicher anderer brasilianischer Staatsbetriebe beteiligt.«

Bei Frerings kleiner Geschichte ging mir ein Licht auf: Natürlich, er hatte recht! Die Mauer war nicht nur in Berlin eingestürzt. Sie war im Osten und im Westen, im Norden und im Süden gefallen, und zwar gleichermaßen auf Staaten wie auf Unternehmen und auf alle ungefähr zur gleichen Zeit. Wir konzentrierten uns auf den Fall der Mauer im Osten, weil das Ereignis so dramatisch und so konkret war: eine Betonmauer, deren Fall die Abendnachrichten quasi live in unsere Wohnzimmer übertrugen. Tatsächlich aber fielen zur selben Zeit überall auf der Welt ähnliche, wenn auch weniger greifbare Mauern. Und erst der Fall dieser vielen Mauern in allen Teilen der Welt ermöglichte die Ära der Globalisierung und der Integration. Damit stellt sich eine wichtige Frage: Was hat die Mauern zum Einsturz gebracht? Oder wie meine Kinder fragen würden: »Daddy, woher kommt eigentlich die Globalisierung?«

Ich würde meine Antwort auf diese Frage so beginnen: Die Welt des Kalten Krieges war wie eine weite, von Zäunen, Mauern und Gräben zerschnittene Ebene, in der die meisten Wege in Sackgassen mündeten. Man konnte nicht sehr weit gehen, ohne an eine Berliner Mauer, einen Eisernen Vorhang, einen Warschauer Pakt oder gegen irgend welche Schutzzölle und Kapitalverkehrsschranken zu stoßen. Und hinter den Zäunen und Mauern fanden die Länder viele geschützte Orte, wo sie sich verstecken und ihre besondere Form des sozialen, kulturellen, politischen und wirtschaftlichen Lebens bewahren konnten. Die Welt war so unterschiedlich, daß es sogar drei davon gab: die Erste, die Zweite und die Dritte Welt. Und so unterschiedlich wie die Welten waren auch die Wirtschaftssysteme: die zentral gesteuerte kommunistische Planwirtschaft, die wohlfahrtsstaatliche Wirtschaft, die sozialistische Volkswirtschaft und das marktwirtschaftliche System. Auch bei den politischen Systemen herrschte – von der Demokratie und der Diktatur über einen aufgeklärten Absolutismus und die Monarchie bis hin zum Totalitarismus – eine bunte Vielfalt. Und weil es so viele Mauern zu ihrem Schutz gab und die Mauern nur schwer zu überwinden waren, blieben die Unterschiede auch sehr deutlich.

Drei fundamentale Veränderungen brachten die Mauern zum Einsturz: Veränderungen darin, wie wir kommunizieren, wie wir investieren und wie wir die Welt wahrnehmen. Die Veränderungen zeichneten sich schon während des Kalten Krieges ab, aber erst Ende der achtziger Jahre erreichten sie eine kritische Masse und schwollen an zu einem Sturm, der mächtig genug war, die Mauern der alten Weltordnung hinwegzufegen und den Weg freizumachen für eine neue, integrierte und vereinte Welt. Noch heute wird mit jeder Mauer, die fällt, und jedem Land, das in die globalisierte Welt eintritt, die einst zersplitterte und unterteilte Ebene weiter und offener. Und deshalb kennen wir heute keine Erste, keine Zweite und keine Dritte Welt mehr. Heute gibt es nur noch die Schnelle Welt – die Welt der weiten, schrankenlosen Ebene – und die Langsame Welt – die Welt der Länder, die entweder mit der Entwicklung nicht Schritt halten können oder sich dafür entscheiden, ihr eigenes Leben jenseits der Ebene in einem von Mauern umschlossenen Tal zu führen, weil sie die Schnelle Welt zu hektisch, zu furchterregend, zu vereinheitlichend und zu fordernd finden. Und so ist alles gekommen.

Die Demokratisierung der Technologie

Der ehedem stellvertretende und inzwischen neue US-Finanzminister Larry Summers erzählt gerne eine Geschichte aus dem Jahr 1988, als er dem Wahlkampfteam des damaligen demokratischen Präsidentschaftskandidaten Michael Dukakis angehörte. Eines Tages wurde er nach Chicago geschickt, um eine Rede für Dukakis zu halten. Das lokale Wahlkampfbüro stellte ihm einen Wagen zur Verfügung, der – sitzen Sie? – mit einem Autotelefon ausgerüstet war.

»Damals war es für mich so außergewöhnlich, ein Mobiltelefon im Wagen zu haben«, erinnerte sich Summers später, »daß ich meine Frau anrief, nur um ihr zu sagen, daß ich in einem Auto mit Telefon saß.«

Neun Jahre später, 1997, reiste Summers als stellvertretender US-Finanzminister zu einem Staatsbesuch in die westafrikanische Elfenbeinküste. Im Rahmen seines offiziellen Besuchsprogramms sollte er ein US-finanziertes Gesundheitsprojekt – konkret den ersten Trinkwasserbrunnen – in einem kleinen, flußaufwärts der Hauptstadt Abidjan gelegenen Dorf einweihen, das nur per Einbaum zu erreichen war. Mit einer feierlichen Zeremonie wurde der ebenso großgewachsene wie käseweiße

Summers von den Dorfbewohnern zum Ehrenhäuptling gekürt und in ein traditionelles afrikanisches Gewand gekleidet. Doch etwas anderes blieb ihm als besonders eindrücklich in Erinnerung: Als er auf dem Rückweg wieder in den Einbaum stieg, reichte ihm ein Mitglied seiner Delegation ein Mobiltelefon und sagte: »Washington hat eine Frage an Sie.« 1988 war Summers noch vollkommen fasziniert gewesen, in einem Auto in Chicago ein Mobiltelefon vorzufinden, neun Jahre später nahm er es als vollkommen selbstverständlich hin, daß ihm jemand in einem Einbaum im afrikanischen Dschungel ein Mobiltelefon in die Hand drückte.

Summers Geschichte illustriert die erste und wichtigste Veränderung, die während des Kalten Krieges ihren Anfang nahm: die Veränderung der Art und Weise, wie wir miteinander kommunizieren. Ich bezeichne sie als »Demokratisierung der Technologie«. Sie ermöglicht es mehr und mehr Menschen mit mehr und mehr Computern, Modems, Mobiltelefonen, Kabelnetzwerken und Internetanschlüssen, mit immer mehr Menschen in immer mehr Ländern überall auf der Welt schneller, intensiver und billiger als jemals zuvor in der Geschichte der Menschheit in Kontakt zu treten. Im zum Großraum Washington gehörenden Bezirk Valley Springs gibt es eine Bank, die ihren Kunden alle möglich Arten von Internet- und Telefonbanking-Dienstleistungen anbietet. Der Werbespruch der Bank bringt die Demokratisierung der Technologie prägnant auf den Punkt: »Unsere nächste Filiale eröffnen wir bei Ihnen zu Hause.« Dank der Demokratisierung der Technologie kann heute jeder von uns eine Bank, ein Büro, eine Zeitung, einen Buchladen, eine Brokerfirma, eine Fabrik, eine Investmentgesellschaft, eine Schule oder was auch immer bei sich zu Hause gründen.

Die Demokratisierung der Technologie ist das Resultat einer Reihe von Innovationen, die in den achtziger Jahren zusammenkamen, vor allem auf dem Feld der Computertechnologie, der Telekommunikation, der Hardware-Miniaturisierung sowie der Datendigitalisierung und der Datenkompression. Wie rasant die technologische Entwicklung auf diesem Gebiet verläuft, läßt sich beispielsweise daran ermessen, daß sich in den vergangenen dreißig Jahren im Schnitt alle achtzehn Monate die Rechenleistung von Mikrochips verdoppelt hat. Ähnlich sieht es bei der Datenspeicherung aus: Seit 1991 ist die Datenmenge, die sich auf einem Quadratzentimeter Trägermedium speichern läßt, pro Jahr im Schnitt um 60 Prozent gestiegen. Im gleichen Zeitraum sind die Kosten für die Datenspeicherung von fünf Dollar pro Megabyte auf fünf Cents gefallen. Immer mehr Leistung wurde mit jedem Tag billiger. Und die In-

novationen im Telekommunikationsbereich haben nicht nur einen drastischen Verfall der Kosten für Telefongespräche und Datenübertragun-
gen nach sich gezogen, sondern gleichzeitig auch die Geschwindigkeit,
die Reichweite und die Menge der Informationen explodieren lassen,
die über eine Telefonleitung, einen Kabelanschluß oder per Funk übertragen werden können.

Wir können nicht nur *überallhin* billig telefonieren, wir können das
auch *von überall aus* tun, selbst von der Spitze des Mount Everest.
Möglich gemacht hat das die fortschreitende Miniaturisierung der
Hardware mit immer kleineren, leichteren und leistungsfähigeren
Computern, Telefonen und Pagern, Geräten, die uns auch noch an den
entlegensten Orten den Zugang zu den globalen Telekommunikations-
netzen eröffnen und – weil sie zugleich auch immer billiger werden – für
immer breitere Bevölkerungsschichten erschwinglich sind. Was inzwischen schon möglich ist, zeigt eine vor kurzem in der US-Tageszeitung
USA *Today* abgedruckte ganzseitige Anzeige, in der die Mobilfunkgesellschaft NEXTEL ihr neues i1000 Motorola-Handy anpries. Die
Schlagzeile der Anzeige lautete: »So groß, daß es eine ganze Branche revolutioniert, so klein, daß es in Ihre Hosentasche paßt.« Der Anzeigen-
text führte die Leistungsmerkmale des neuen, gerade einmal 150
Gramm schweren Mobiltelefons auf: Text- und numerischer Pager, Vi-
brationsalarm, Voicemail, Anruferidentifizierung, Dualband-Betrieb,
Konferenzschaltung und Freisprecheinrichtung. Kaum weniger erstaunlich, was die Zeitschrift *Golf* im Juli 1998 zu berichten wußte: Immer mehr Golfparcours installieren in ihren Golfcarts das »Spyder-
9000-Computersystem, das es dem Golfer erlaubt, seinen Score elek-
tronisch aufzuzeichnen, die gespielte Yardage digital zu erfassen, Vi-
deoaufzeichnungen der vor ihm liegenden Löcher und Hinweise zur
Schlagtechnik auf den Bildschirm zu rufen, einen Tisch im Clubrestau-
rant zu reservieren, die aktuellen Börsenkurse abzurufen oder, wenn
ihm der Sinn danach steht, ein bißchen fernzusehen. Nur den Ball schlagen müssen Sie noch selbst.«

Diese Innovationen haben die digitale Revolution vorangetrieben
und werden wiederum von ihr vorangetrieben. Die Digitalisierung ist
das Zaubermittel, mit deren Hilfe wir Stimmen, Töne, Bilder, Farben,
Worte, Zahlen, Computercodes – kurz jede nur denkbare Datenform –
in Bits umwandeln und über Telefonleitungen, Satellitenverbindungen
oder Glasfaserkabel um die ganze Welt schicken. Bits, die Grundbausteine der Datenverarbeitung, sind nichts anderes als Kombinationen
von Nullen und Einsen. Bei der Digitalisierung wird jede Information

– sei es ein Bildpunkt, ein Buchstabe oder ein Ton – in einen aus Nullen und Einsen bestehenden Code umgewandelt. Werden die digitalisierten Informationen nach ihrer Übertragung auf der Empfängerseite geladen, werden diese Einsen und Nullen decodiert, und die ursprüngliche Information wird in einer nahezu perfekt mit dem Original übereinstimmenden Kopie wiederhergestellt. Nicholas Negroponte beschreibt die Digitalisierung in seinem Buch *Total digital* sehr anschaulich: »Es ist, als hätten wir plötzlich ein Verfahren entdeckt, einen gefriergetrockneten Cappuccino herzustellen, der so gut ist, daß man ihn nur mit heißem Wasser übergießen muß, um einen Cappuccino in der Tasse zu haben, der ebenso köstlich und aromatisch wie ein echter, frisch aufgebrühter italienischer Cappuccino schmeckt.« Und wir können, schreibt Negroponte weiter, immer mehr Dinge gefriertrocknen, indem wir sie »von Atomen in Bits« umwandeln, von Bildern und Klängen in Einsen und Nullen, um sie dann praktisch ohne Qualitätsverlust und immer billiger an immer entferntere Orte zu versenden.

Stellen Sie sich den Vorgang folgendermaßen vor: Mikrochips und Computer sind eine Art Brennofen, der alle aus Atomen bestehende Dinge in Bits umwandelt. Satellitenschüsseln, Telefonleitungen und Glasfaserkabel sind wie die Rohre, die aus dem Brennofen herausführen. Je leistungsfähiger die Rohre werden – je größer ihre Bandbreite ist, das Maß dafür, wie viele Nullen und Einsen Ihr digitales Rohr pro Sekunde übertragen kann –, um so mehr von unserem Brennofen in Bits umgewandelte Atome können wir übertragen.

Die Digitalisierung ist so zentral für das Verständnis dieser Ära der Globalisierung und ihres einzigartigen Charakters, daß es sich lohnt, innezuhalten und ihre Funktionsweise an einem konkreten Beispiel zu veranschaulichen. Nehmen wir ein ganz normales Telefongespräch, sagen wir von New York nach Bangkok. Wenn Sie in den Telefonhörer sprechen, versetzen die von Ihren Stimmbändern erzeugten Schallwellen eine Membran in der Muschel in Schwingung, je nach Schalldruck schwingt die Membran unterschiedlich stark. Die Membran ist mit einem Magneten verbunden, der neben einer Spule sitzt. Bewegt sich nun der Magnet, erzeugt das Magnetfeld in der Spule eine von der Schwingungsstärke abhängige elektrische Spannung. Damit haben wir die von Ihnen gesprochenen Töne in ein fluktuierendes elektrisches Signal umgewandelt, welches in Abhängigkeit von der Tonhöhe wellenartig auf- und absteigt. Wenn Sie einmal gesehen haben, wie eine Stimme von einem Oszilloskopen aufgezeichnet wird, wissen Sie, was ich meine.

Wie werden diese Signale in Bits zur digitalen Übertragung umgewandelt? Dazu stellen Sie sich am besten vor, daß die Signalwelle vor einem Rastergitter auf- und absteigt. Nun wird jede Welle in winzige Segmente unterteilt, deren Höhe wird gemessen, und ihr wird eine korrespondierende Zahl, die sich aus Nullen und Einsen zusammensetzt, zugewiesen. Beispielsweise könnte eine Höhe von 10 als 11110000 ausgedrückt werden, eine Höhe von 11 als 11111000 und so weiter. Jede Null und Eins wird in einen elektrischen Impuls verwandelt, aus denen sich aneinandergereiht die sogenannte Rechteckwelle ergibt. Im Gegensatz zu (analogen) modulierten Sinusschwingungen, die wie die Wellen auf einem Ozean kontinuierlich an- und absteigen und im Übertragungsvorgang relativ störungsanfällig sind, vollzieht eine Rechteckwelle nur zwei Bewegungen: aufwärts für eine Eins, abwärts für eine Null. Daher ist es für das empfangende Gerät auch sehr viel einfacher, ein solches Signal als exakt das zu lesen, was es ist. Statt wie bei der analogen Signalübertragung zu versuchen, eine fortlaufende Welle zu lesen, muß es lediglich feststellen, ob das Signal hinauf oder herunter geht. Das ist auch der Grund dafür, warum digitale Kopien sehr viel schärfer sind – und warum alles, was Sie als Kette von Nullen und Einsen von New York nach Bangkok schicken, seien es gesprochene Worte, ein Fax oder eine E-Mail, dort als dieselbe Kette von Nullen und Einsen ankommt.

Aber nehmen wir einmal an, Sie seien jemand, der gerne und lange spricht und Ihre Unterhaltung sei gerade sehr angeregt. Entsprechend groß ist die Zahl der elektronischen Impulse von Nullen und Einsen, die übertragen werden müssen. Glücklicherweise lassen sich diese endlosen Ketten aus Nullen und Einsen komprimieren. (Im Prinzip läuft das darauf hinaus, daß der Computer 8 x 1 und 8 x 0 schreibt statt 11111111 und 00000000.) Nachdem Ihre Worte nun zu hübschen, kleinen Bitpaketen verschnürt worden sind, ist es an der Zeit, sie loszuschicken. Dafür stehen mehrere unterschiedliche Verfahren zur Verfügung. Das einfachste Verfahren erzeugt eine fluktuierende Stromspannung, bei der, grob gesagt, ein Volt einer Eins entspricht und zwei Volt einer Null entsprechen. Alternativ können digitale Daten auch in Form von Lichtimpulsen – Licht an: eins, Licht aus: null – über ein Glasfaserkabel übertragen werden. (Eine Compact-Disk ist nichts anderes als eine flache, mit einer Aluminiumschicht überzogene Kunststoffscheibe, in die für jede Eins ein kleines Loch gebrannt wird, während eine plane Stelle einer Null entspricht. Ihr CD-Spieler tastet mit einem Laser jede Spur auf der CD ab, liest die Einsen und Nullen und verwandelt sie dann in dieselben wunderbaren Töne zurück, aus denen sie erzeugt wurden.) Oder wir können Radiowellen benutzen, mit einem hohen Ton für eine Eins und einem tiefen für eine Null. Egal, welches Verfahren wir anwenden, die Aussichten, daß auf der anderen Seite eine perfekte Kopie ankommt, sind sehr gut. Im Falle des Telefongesprächs mit Bangkok wäre es denkbar, daß Ihre Worte zunächst in faseroptische Lichtimpulse umgewandelt und in Bangkok von einem kleinen Gerät im Telefonhörer Ihres Freundes in eine bestimmte Stromspannung übersetzt werden, welche dann in eine elektrische Spule fließt. Das von der Spule erzeugte Magnetfeld bewegt einen Magneten, der wiederum eine Membran in der Hörmuschel in Schwingung versetzt. Die Membran ihrerseits regt die Luft zu Schwingungen an und erzeugt dadurch Schallwellen – und Ihr Freund hört Ihre Stimme. Bingo! Negropontes perfekter Cappuccino steht auf dem Tisch.

Wenn ich nun sage, daß die Innovationen in der Computertechnologie, der Telekommunikation, der Hardware-Miniaturisierung sowie der Datendigitalisierung und der Datenkompression die Technologie demokratisiert haben, meine ich damit, daß sie Hunderten von Millionen Menschen auf der ganzen Welt die Möglichkeit in die Hand gegeben haben, in einem bislang noch nie erlebten Maß miteinander zu kommunizieren, Informationen – Wissen, Nachrichten, Bilder, Musik und so weiter – und Geld auszutauschen und private oder geschäftliche Beziehungen aufzubauen. Wenn Sie früher in New York lebten und Ihr Sohn in Australien, und wenn Ihr Sohn Vater wurde, dann mußte er sich zunächst eine Kamera besorgen, einen Film kaufen und seinen Nachwuchs fotografieren. Dann mußte er den Film zum Fotogeschäft bringen und entwickeln lassen, die Bilder abholen, in einen Umschlag stecken und per Post an Sie schicken. Wenn Sie großes Glück hatten, hielten Sie zehn Tage später ein Foto Ihres ersten Enkels in den Händen. Heute geht das alles sehr viel schneller. Ihr Sohn macht mit einer Digitalkamera ein paar Schnappschüsse von Ihrem Enkel, überspielt sie auf seinen Computer und schickt sie über das Internet an Sie – und wenn er sich beeilt, sehen Sie das Baby, bevor es zehn Stunden alt ist.

Der ehemalige NBC-Präsident Lawrence Grossman brachte die Demokratisierung der Technologie einmal treffend auf den Punkt: »Der Buchdruck hat uns zu Lesern gemacht, das Fernsehen zu Zuschauern und der Kopierer zu Verlegern. Mit der Digitalisierung bekommt jeder seine eigene Radio- und Fernsehstation.«

Grossmans Bemerkung unterstreicht einen weiteren Aspekt, der unsere Ära der Globalisierung sowohl ihrem Umfang als auch ihrer Qualität nach von der vorangegangenen unterscheidet. Vereinfacht ausgedrückt, könnte man sagen, die Demokratisierung der Technologie »globalisiert die Produktion«. Heute können wir alle Produzenten sein. In der aktuellen Globalisierungsphase ist es nicht damit getan, daß weniger entwickelte Länder Rohstoffe in industrialisierte Länder exportieren, wo daraus Fertigwaren hergestellt werden, die wieder in die weniger entwickelten Länder verkauft werden. Dank der Demokratisierung der Technologie können sich auch neu auf den Weltmarkt drängende Länder Zugang zu den entsprechenden Technologien, Rohstoffen und Kapitalquellen verschaffen und in Eigenregie oder als Lizenznehmer technologisch anspruchsvolle Produkte und Dienstleistungen herstellen beziehungsweise anbieten – ein Umstand, der auf subtile Weise mit dazu beiträgt, daß die Welt noch enger zusammenwächst. Ich werde darauf später noch genauer eingehen, an dieser Stelle genügt der Hinweis, daß beispielsweise Thailand dank der Demokratisierung der Technologie das Kunststück vollbringen konnte, binnen fünfzehn Jahren von einem primär Reis anbauenden Land zum weltweit zweitgrößten Pickup-Hersteller (und Hauptkonkurrenten Detroits) und viertgrößten Motorradhersteller aufzusteigen.

Die Demokratisierung der Technologie beschränkt sich beileibe nicht auf Autos und Motorräder. Teera Phutrakal, ein Fondsmanager aus Bangkok, bemerkte mir gegenüber einmal: »Unsere Fondsgesellschaft mußte nicht das Rad ein zweites Mal erfinden, wir mußten es einfach importieren. Ein Teil der zugekauften Technologien bekamen wir für ein Zehntel des Preises, den [die Muttergesellschaft des Fonds] Bankers Trust dafür bezahlt hatte. Nehmen wir beispielsweise dieses automatisierte Anrufbeantwortungssystem. Ruft ein Investor an und will den Buchwert eines Fonds wissen, drückt er die Eins, will er sich über Kaufangebote informieren, drückt er die Zwei, und will er verkaufen, die Drei. Wer [Fondsanteile] kaufen oder abgeben möchte, kann das vollständig über Telebanking abwickeln. Und diese ganzen Technologien kosten uns kaum etwas. Wir warten einfach, bis sie irgendwo anders entwickelt werden. Das ist das wirklich Schöne an der Globalisierung. Wir sind ein lokales Finanzhaus mit lokalem Wissen, aber mit Zugang zu globalen Technologien und Märkten.«

Vor nicht allzu langer Zeit diskutierte ich mit Geoff Baehr, Leiter des Networkdesigns bei Sun Microsystems, wohin die Demokratisierung der Technologie und der Produktionsmittel führen könnte. Zuerst unterhielten wir uns über die Dinge, die heutzutage hinter den Kulissen ablaufen, Dinge, von denen kaum jemand eine Vorstellung besitzt. Beispielsweise entwickelt sich Indien immer mehr zum Schreibbüro der

Welt. Die Swissair etwa hat aufgrund der niedrigeren Arbeitslöhne für Büroangestellte, Programmierer und Buchhalter ihre komplette Buchhaltung, inklusive Computer, von der Schweiz nach Indien verlagert. Dank der Digitalisierung und Vernetzung der Informationsflüsse macht es für die Airline keinen Unterschied mehr, ob ihre Buchhalter in Bombay oder in Bern sitzen. Der *Economist* meldete am 16. Januar 1999, daß die British Airways World Network Services mit Sitz im indischen Mumbai eine ganze Palette von Büroarbeiten für ihre Mutter abwickelt, darunter die Behebung von Fehlern im automatisierten Buchungssystem und die Aufzeichnung der Flugkilometer für das Vielfliegerprogramm der BA. »Selectronic, ein zwei Jahre altes Unternehmen in Neu-Delhi, erhält über eine gebührenfreie Telefonnummer Diktate von Arztpraxen aus den USA«, hieß es in dem Artikel weiter, »transkribiert die Aufnahmen und schickt die getippten Texte per E-Mail zurück an den amerikanischen Arzt.« Je länger Baehr und ich über die ganze Sache nachdachten, um so bösartiger wurden unsere Gedanken.

»Wenn wir nun alle diese bislang nicht handelsfähigen Dienstleistungen über Netzwerke wie das Internet anbieten können, warum auf halbem Wege aufhören?« fragte Baehr. »Warum nicht gleich auch noch die Regierung auslagern?« Militäreinsätze und Grenzschutz könnten wir den Russen übertragen, die Inder würden wir unsere Bücher führen lassen, die Zollhäuschen mit Schweizern besetzen, die Zentralbank nach Deutschland auslagern und unsere Schuhe von Italienern entwerfen lassen. Die Briten könnten die weiterführenden Schulen übernehmen, und die Japaner die Grundschulen und die Züge ...«

Die Demokratisierung der Finanzen

Die Demokratisierung der Technologie war mit ursächlich für die zweite wichtige, die Globalisierung vorantreibende Veränderung: die Veränderung unseres Investitionsverhaltens. Ich bezeichne das als die »Demokratisierung der Finanzen«. Traditionell wurden die nationalen und internationalen Kredit- und Versicherungsmärkte von großen Banken, Versicherungen und Investmenthäusern kontrolliert. Da diese Institutionen es gemeinhin vorzogen, Kredite nur an Unternehmen mit erwiesenermaßen solidem Finanzgebaren und einer nachweislich hohen Bonität zu vergeben, ging es im Bankkreditbereich wenig demokratisch zu. Die etablierten Banken legten den Begriff »kreditwürdig« sehr eng aus, und für junge Unternehmen hing die Frage, ob sie Zugang zu Krediten erhielten, oftmals davon ab, ob sie jemanden in der Bank oder der Versicherung kannten, der ihnen wohlgesinnt war. Darüber hinaus wurden die Finanzinstitute häufig von eher behäbig agierenden Managern und Führungsgremien geleitet, die risikoscheu waren und auf Marktveränderungen nicht besonders schnell reagierten.

Genaugenommen begann die Demokratisierung der Finanzen in den späten sechziger Jahren mit der Entstehung des *Commerical-Paper-*Marktes. Commercial Papers sind Anleihen, die von Großunternehmen zum Zwecke der Kapitalbeschaffung direkt am Markt plaziert werden. Die Entstehung eines Marktes für Unternehmensanleihen führte – auf Kosten der Monopolstellung der Banken – zu einer gewissen Pluralisierung der Finanzwelt. Als nächstes folgte in den siebziger Jahren die »securitization« des Hypothekenmarktes, das heißt die Ablösung von Hypothekenkrediten durch handelbare Wertpapiere, aufgelegt von Investmentbanken, welche die Hypotheken-Portfolios von Banken und Hypothekengesellschaften aufkauften. Die Investmentbanken splitteten die Portfolios in 1000-Dollar-Anleihen auf, die Sie und ich und meine Tante Tina erwerben konnten. Das eröffnete uns die Chance, etwas höhere Zinsen auf eine vergleichsweise sichere Anlage zu erzielen, wobei die Zinsen und der Darlehensbetrag auf die Anleihen aus den monatlichen Rückzahlungsraten der Hypothekenschuldner finanziert wurden. Diese Neuerung ermöglichte es vielen Unternehmen und Investoren, die zuvor kaum Zugang zu solchen Finanzierungsformen gehabt hatten, Fremdkapital zu akquirieren.

Die eigentliche Demokratisierung der Finanzen vollzog sich jedoch erst in den achtziger Jahren. Der Mann, der die letzten noch bestehenden Schranken durchbrach, war der ebenso brillante wie umtriebige, letzten Endes aber korrupte Junk-Bond-König Michael Milken. Milken, Absolvent der Wharton School of Business and Finance an der University of Pennsylvania, begann seine Karriere im Jahr 1970 bei der Brokerfirma Drexel in Philadelphia. Zu der Zeit wollte sich noch keines der großen Bank- und Investmenthäuser die Hände mit hochriskanten »Junk Bonds« – damals hauptsächlich emittiert von in Ungnade gefallenen ehemaligen Spitzenfirmen oder von Start-up-Unternehmen mit wenig Kapital und ohne Bonitätsnachweis – schmutzig machen. Milken bewies weniger Berührungsängste. Er stellte seine eigenen Berechnungen an, studierte die bis dato erschienenen, kaum beachteten wissenschaftlichen Untersuchungen zum Thema Junk Bonds und kam zu folgendem Urteil: Unternehmen mit zweifelhafter Bonität mußten für Kredite um fünf bis zehn Prozentpunkte höhere Zinsen als andere bezahlen – sofern sie überhaupt Kredite erhielten. Tatsächlich aber gingen diese Unternehmen nur geringfügig häufiger bankrott als die am höchsten bewerteten, erstklassigen Emittenten, deren Anleihen deutlich geringere Renditen einbrachten. Demzufolge boten diese sogenannten Junk Bonds eine Chance, erheblich mehr Geld bei nicht wesentlich höherem Risiko zu verdienen. Und faßte man viele verschiedene Junk Bonds zu einem Fonds zusammen, konnte man selbst dann, wenn ein paar von ihnen ausfielen, bei praktisch gleichem Risiko eine im Durchschnitt drei bis vier Prozentpunkte höhere Rendite als mit Spitzenwerten erzielen. Rückblickend formulierte es die *Business Week* vom März 1995 folgendermaßen: Bewaffnet mit dieser Erkenntnis, machte sich »Milken an die mühselige Aufgabe, eine skeptische Welt davon zu überzeugen, daß er das Investmentäquivalent zu einem Gratisgeschenk entdeckt hatte«.

Da die etablierten Banken und Investmenthäuser skeptisch blieben und um das Geschäft mit den Junk Bonds weiter einen Bogen machten, ging Milken schon bald einen Schritt weiter. Statt nur mit Junk Bonds von ehemaligen Top-Unternehmen zu handeln, erschloß er sich einen vollkommen neuen Markt, besiedelt ausschließlich von Junk-Bond-Emittenten – hochriskanten Unternehmen, Einzelunternehmern und Start-ups, die bei normalen Banken keine Kredite bekamen, sowie Finanzpiraten, die andere Unternehmen übernehmen wollten, aber auf dem herkömmlichen Finanzmarkt kein Kapital beschaffen konnten. Milkens Rechnung ging auf: Immer mehr Investment- und Pensionsfonds und private Investoren konnten der verlockenden Aussicht auf höhere Renditen bei nur gerinfügig höheren Risiken nicht widerstehen und nahmen Junk Bonds in ihre Portfolio auf. Damit hatten auch Sie und ich und Tante Tina die Möglichkeit, sich ein Stück von einem Kuchen abzuschneiden, den der kleine Mann bis dahin höchstens in der Auslage bewundern konnte. Es dauerte nicht lange, und andere Finanzstrategen sprangen auf Milkens Zug auf. Eine blühende, hohe Gewinne versprechende Junk-Bond-Branche enstand, über die man sich in alle Arten von Risiken einkaufen konnte.

Die Demokratisierung der Finanzen erfaßte auch die internationale Finanzwelt. Jahrzehntelang hatten große Geschäftsbanken umfangreiche Kredite an Staaten und Unternehmen vergeben und diese Kredite dann zum Nennwert in ihren Büchern geführt. Das bedeutete, eine Bank, die einem Land oder einem Unternehmen zehn Millionen Dollar lieh, wies diesen Kredit in ihren Büchern so aus, als sei seine Rückzahlung gesichert, unabhängig davon, ob das kreditnehmende Unternehmen oder Land über Sicherheiten in dieser Höhe verfügte oder nicht.

Geriet ein Land, das bei den Banken tief in der Kreide stand, in finanzielle Schwierigkeiten, wie beispielsweise Mexiko 1982, das seine populistische, konsumorientierte Innenpolitik mit Auslandskrediten finanziert hatte, mußten die Banken sehen, wie sie zu ihrem Geld kamen. Im Falle Mexikos flog der Präsident des Landes nach New York, rief die zwanzig wichtigsten Kreditgeber zusammen und sagte ihnen, in Klartext übersetzt, folgendes: »Gentlemen, wir sind bankrott. Aber Sie wissen ja, wie man sagt: ›Schuldet ein Mann Ihnen 1000 Dollar, dann ist das sein Problem. Schuldet er Ihnen aber zehn Millionen Dollar, dann ist das Ihr Problem.‹ Nun, wir sind Ihr Problem. Wir sind außerstande, unsere Schulden zu begleichen. Wie es aussieht, werden Sie uns ein wenig Leine lassen, unsere Kredite neu verhandeln und uns zusätzliche Mittel gewähren müssen.« Den versammelten Bankern blieb nichts anderes übrig, als ergeben zu nicken, eine Vereinbarung zu formulieren und den Mexikanern neue Kredite (zu höheren Zinsen, versteht sich) einzuräumen. Sie hatten keine Wahl. Mexiko war in der Tat *ihr* Problem, und sie hatten nicht die geringste Lust, den Gang zu ihren Aktionären anzutreten und einzugestehen, daß dieser Kredit an Mexiko, der mit zehn Millionen Dollar in den Büchern geführt wurde, in Wahrheit keinen Cent mehr wert war. Da war es doch erheblich einfacher, die Mexikaner einfach mitzuschleppen. Und da der Großteil der mexikanischen Schulden von den zwanzig vertretenen Banken gemanagt wurde, fiel es ihnen auch relativ leicht, ein Arrangement auszuhandeln.

Der Volkswirt John Page, damals in der Lateinamerikaabteilung der Weltbank tätig, setzte mir im Detail auseinander, wie die ganze Sache abgelaufen war. Page, der fließend Spanisch spricht, traf sich 1982 in Mexiko mit José Angel Gurria, dem damaligen Generaldirektor der Abteilung für Staatsschulden im mexikanischen Finanzministerium. Gurria eilte ein geradezu legendärer Ruf voraus, ausländischen Bankern – vom Großbanker aus New York bis hin zum Direktor einer Kleinbank in Westtexas –, immer neue Kredite entlocken zu können.

»Ich saß mit Gurria in seinem Büro und unterhielt mich mit ihm auf Spanisch, als das Telefon klingelte«, erinnerte sich Page an eine besonders denkwürdige Szene. »Am anderen Ende der Leitung war der Präsident einer kleinen texanischen Bank, den Gurria davon überzeugt hatte, einen Teil der mexikanischen Staatsschulden zu übernehmen, und der sich nun angesichts der Meldungen über die Schieflage der mexikanischen Wirtschaft Sorgen um sein Geld machte. Von einer Sekunde auf die andere schaltete Gurria von Spanisch auf perfektes umgangssprachliches Englisch um. ›Hey, Joe, schön, Sie wieder mal am Telefon zu haben ... Nein, überhaupt nicht, Sie brauchen sich keine Sorgen zu machen. Hier unten ist alles in Butter. Ihr Geld ist absolut sicher. Wie geht's der Familie? ... Großartig. Und Ihre Tochter, was macht die? Immer noch in der Schule? ... Hat mich gefreut, wieder mal von Ihnen zu hören. Sie wissen ja, Sie können jederzeit anrufen. Schön, ja, wir bleiben in Verbindung.‹ Dann wechselte er wieder zurück ins Spanische und setzte die Unterhaltung mit mir genau an der Stelle fort, wo wir sie unterbrochen hatten. In gerade einmal einer halben Minute hatte er es geschafft, einen wichtigen Investor zu beruhigen.«

Aber dann geschah auf dem Weg in die Globalisierung etwas Seltsames: Was Milken und Konsorten auf dem Junk-Bond-Markt vorexerziert hatten, wiederholte sich mit der »securitization« des internationalen Schuldenmarktes auf einer globalen Ebene. Als Lateinamerika Ende der achtziger Jahre in eine neuerliche Schuldenkrise schlitterte, versuchte der damalige US-Finanzminister Nicholas Brady eine Lösung nach dem Modell Milken: 1989 wurden die lateinamerikanischen Kredite der großen US-Geschäftsbanken in staatlich garantierte Anleihen umgewandelt und dann von den Banken als Aktiva geführt oder zu einem über dem Marktniveau liegenden Zinssatz auf dem freien Markt und an Investment- und Pensionsfonds verkauft. Plötzlich konnten Sie und ich und Tante Tina einen Teil der Schulden Mexikos, Brasiliens oder Argentiniens erwerben – entweder direkt oder in Form von Anteilen an Investment- und Pensionsfonds. Der Clou bei der Sache war, daß der Wert dieser Anleihen, die täglich gehandelt wurden, je nach der wirtschaftlichen Entwicklung in dem betreffenden Land stieg oder fiel, die Schulden also nicht mehr wie zuvor zum Nennwert in den Büchern der Banken auftauchten. »Was Brady da getan hatte, war eine Revolution«, resümierte Joel Korn, zu der Zeit Leiter der Bank of America Brazil. »Vor Brady bedrängte das Finanzministerium US-Banken und den IWF lediglich, in Lateinamerika schlechtem Geld gutes Geld hinterherzuwerfen. Brady tüftelte eine marktbasierte Lösung aus. Washington gewährte den Banken staatliche Garantien auf neue Kredite an lateinamerikanische Länder, vorausgesetzt, daß die Länder wirtschaftliche Reformen durchführten. Nach erfolgter Kreditvergabe wiesen die Banken die Kredite nicht mehr zum Nennwert in ihren Bilanzen aus, sondern splitteten sie in von der Regierung garantierte Anleihen auf, die dann am Markt gehandelt wurden. Das brachte Tausende von neuen Akteuren ins Spiel. Die Nehmerländer saßen plötzlich nicht mehr nur mit den Vertretern der zwanzig wichtigsten Geschäftsbanken am Tisch, sondern mußten sich mit einer Vielzahl von Investmentfonds und Tausenden von Privatinvestoren auseinandersetzen. Auf der einen Seite erweiterte das den Markt und sorgte für zusätzliche Liquidität. Auf der anderen Seite setzte das die Kreditnehmer aber auch einem ganz neuen Druck aus, da die privaten Investoren und Fondsmanager ihre Anleihen in Abhängigkeit ihrer Performance kauften oder verkauften. Mit anderen Worten, die Anleihen wurden in Abhängigkeit ihrer Performance praktisch täglich neu bewertet – und zwar, da viele der Investoren Ausländer waren, von Leuten, über die Brasilien, Mexiko und Argentinien keine Kontrolle ausüben konnten.« Im Gegensatz zu den Geschäftsbanken, die in diesen Ländern bereits so hohe Risiken eingegangen waren, daß ihnen zur Rettung ihrer Altkredite kaum eine andere Wahl blieb, als immer neue Kredite nachzuschießen, fühlten sich diese neuen Investoren zu keinem kontinuierlichen Engagement verpflichtet. Legte ein Land enttäuschende Zahlen vor, stießen sie ihre Anleihen eben wieder ab und investierten ihr Geld in Anleihen von Ländern mit besseren Zahlen.

Als Mexiko aufgrund exzessiver Staatsausgaben 1995 wieder in finanzielle Schwierigkeiten geriet, verkauften zahllose kleine und große Investoren ihre mexikanischen Anleihen und schickten damit den Kurs der Anleihen in den Keller. Und dieses Mal konnte Gurria nicht einfach zwanzig Banker anrufen und sie um eine Umschuldung und neue Kredite bitten: Mexikos Schulden waren in allzu viele Hände »demokratisiert« worden. Der mexikanischen Regierung blieb nichts anderes übrig, als das US-Finanzministerium um einen Kredit zu bitten, einen Kredit, den Uncle Sam nur zu sehr harschen Konditionen und nur unter der Bedingung zu gewähren bereit war, daß Mexiko seine Erdölreserven als Sicherung einbrachte und seine Wirtschaft modernisierte.

Die Mexiko-Krise tat der Beliebtheit von Bradys neuem Finanzinstrument keinen Abbruch. Schon bald nach der Auflage der Lateinamerika-Anleihen brachten viele aufstrebende Volkswirtschaften ihrerseits Anleihen, die häufig auf Dollar lauteten, auf den Markt. Anfang 1999 haben sechzehn Länder solche »Brady-Bonds« mit einem Gesamtvolumen von rund 150 Milliarden Dollar aufgelegt. Daß Regierungen Anleihen an ausländische Investoren veräußern, ist nichts Neues. Neu ist jedoch der Umfang, in dem die Anleihen unter privaten Investoren sowie Investment- und Pensionsfonds gestreut sind. Früher spekulierten fast ausschließlich wohlhabende Privatinvestoren auf dem internationalen Anleihemarkt. Heute können auch der Pensionsfonds von Orange County oder der Hausmeister einer Schule in diesem Markt mitspielen, ganz zu schweigen von Ihnen und mir und Tante Tina.

In den Vereinigten Staaten fiel diese Demokratisierung des Schuldenmarktes mit der hauptsächlich durch die Pensionsfonds und die Einführung der 401(k)-Arbeitnehmerrentenkonten ausgelösten Demokratisierung der Investitionen zusammen. Das traditionelle Altersvorsorgesystem der USA, in dem Unternehmen ihren Arbeitnehmern eine feste Altersrente *(defined benefit)* garantierten, wird immer mehr abgelöst durch ein System, in dem die Unternehmen sich lediglich noch verpflichten, festgelegte »Beiträge« *(defined contributions)* zu zahlen und der einzelne sein Geld selbst verwaltet und sich selbst darum kümmert, wo er die höchste Rendite erzielt. Wegen der steigenden Lebenserwartung und der zunehmenden Sorge, ob das Sozialversicherungssystem bei ihrem Eintritt ins Rentenalter überhaupt noch existiert, investieren viele Amerikaner nicht nur massiv in Investment- und Pensionsfonds, sondern achten auch sehr genau darauf, wer ihnen die beste Verzinsung ihres Kapitals bietet. Noch vor einer Generation interessierte sich kaum ein US-Bürger dafür, wo oder wie sein Pensionsfonds sein Geld anlegte. Da viele Arbeitnehmer heute aus einem ganzen Menü an Pensionsfonds mit unterschiedlichen Renditen und Risiken auswählen können, vergleichen sie sehr genau die Renditen und verschieben ihr Geld wie Chips auf dem Roulettetisch von weniger erfolgreichen zu erfolgreicheren Fonds.

Die Demokratisierung der Investitionen wurde noch zusätzlich von außen angeheizt, als das System der festen Wechselkurse und restriktiven internationalen Kapitalverkehrskontrollen, das nach dem Zweiten Weltkrieg in Bretton Woods vereinbart worden war, Anfang der siebziger Jahre zusammenbrach. Wir vergessen das gern, aber vor 1970 war es für einen japanischen, mexikanischen oder europäischen Investor sehr schwierig, amerikanische Aktien oder Anleihen zu erwerben, und ebenso schwierig war es für Amerikaner, in diesen Ländern zu investieren. Nach dem Zusammenbruch des Systems von Bretton Woods machten sich zuerst die Industrieländer schrittweise daran, ihre Kapitalmärkte zu demokratisieren und für ausländische Investoren zu öffnen, dann taten es die Entwicklungsländer ihnen gleich.

Das führte zu einer drastischen Ausweitung des Angebots an Finanzprodukten, die Auswahl war schier unbegrenzt – von mexikanischen über libanesische und deutsche bis hin zu türkischen und russischen Anleihen –, und die Leute nutzten die Auswahl auch. Je problemloser und schneller die Privatinvestoren ihr Kapital in diese extrem dem Wettbewerb ausgesetzten globalen Investmentfonds investieren und wieder daraus abziehen konnten, desto fieberhafter suchten die Fondsmanager nach den rentabelsten Unternehmen und Ländern und forderten immer höhere und stetigere Renditen. Jeder Fonds wollte die anderen Fonds ausstechen und mehr Kapital anziehen. Nach Auskunft des Börsenexperten Henry Kaufman bezifferte sich noch 1985 die Summe aller Aktien- und Anleihefonds in den Vereinigten Staaten auf gerade einmal knapp über 100 Milliarden Dollar, weniger als 2 Prozent des gesamten Nettovermögens der Privathaushalte in den USA. Heute liegt der Wert der Aktien- und Anleihefonds bei über drei Billionen Dollar, wovon zwei Billionen von Privathaushalten gehalten werden. Das entspricht umgerechnet einem Anteil am Nettovermögen der Haushalte von rund 10 Prozent – Tendenz steigend.

Nicht vergessen werden darf, daß mit den gewaltigen Mengen an Junk-Bond-Kapital der Boom der Unternehmensübernahmen in den USA angeschoben wurde. Hatte der kleine Investor zuvor keine Möglichkeit gehabt, in solch lukrative Deals einzusteigen, konnte er nun durch seine Pensions- und Investmentfonds zumindest indirekt an dem Übernahmeboom teilhaben. Gleichzeitig setzte dieser Trend die Unternehmensmanager unter zunehmenden Leistungsdruck, und zwar vor allem solche, deren Performance zu wünschen übrig ließ. Das trug in den achtziger Jahren mit zur Verschlankung der amerikanischen Wirtschaft bei und half den USA, sich besser und früher als alle anderen wichtigen Wirtschaftsnationen auf die Globalisierung der Welt einzustellen. Zwar kostete der Übernahmeboom etliche Firmen das Leben, doch bei vielen führte er zu einer Effizienzsteigerung.

Einer der Gründe dafür, warum es auf dem japanischen Binnenmarkt so viele ineffiziente Unternehmen gibt, ist darin zu sehen, daß der japanische Finanzmarkt bis weit in die neunziger Jahre hinein keinerlei Demokratisierungsneigungen zeigte. Auf dem von einer Handvoll Großbanken dominierten Kapitalmarkt hatten nicht nur neue Unternehmen schlechte Chancen, Gründungskapital zu akquirieren, auch für feindliche Übernahmen stand kaum Kapital zur Verfügung. Und selbst wenn es solches Kapital gegeben hätte, hätte das nicht viel geändert. Zum einen widersprachen feindliche Übernahmen der herrschenden japanischen Wirtschaftskultur, zum anderen war eine weitgehende personelle Vermischung von Banken und Unternehmen auf der Führungsebene gang und gäbe. Darüber hinaus ließ das Rentenversicherungssystem den japanischen Arbeitnehmern wenig Freiheiten, selbst darüber zu bestimmen, wie und wo ihre Pensionsrückstellungen investiert wurden. Entsprechend gering war der Druck auf japanische Unternehmen und Pensions- und Investmentfonds, ihre Performance den stetig steigenden globalen Standards anzupassen. Aus diesem Grund ist die japanische

Wirtschaft viel stärker noch von traditionellen Werten geprägt, zugleich aber auch weit weniger effektiv bei Schumpeters kreativer Zerstörung.

Die Demokratisierung der Finanzen hat aus einer Welt, in der einige wenige Banken die Staatsschulden einiger weniger Länder hielten, zuerst eine Welt gemacht, in der viele Banken die Staatsschulden vieler Länder hielten, dann eine, in der viele Banken und ein paar reiche Einzelpersonen die Staatsschulden vieler Länder hielten, und zuletzt eine Welt, in der viele Einzelpersonen über Pensions- und Investmentfonds an den Staatsschulden vieler Länder beteiligt sind.

Die Demokratisierung der Informationen

Im Sommer 1998 hielt ich mich in Neu-Delhi auf und nutzte die Gelegenheit, John Burns, damals Leiter des dortigen Büros der *New York Times,* einen Besuch abzustatten. Zu der Zeit wurde in Frankreich gerade die Fußballweltmeisterschaft ausgetragen, und Burns versuchte, die Spiele so gut es ging am Fernseher mitzuverfolgen. »Wir haben vier Satellitenschüsseln auf dem Dach unseres Hauses [in Neu-Delhi] stehen, die die *Times* jedes Jahr ein paar tausend Dollar kosten«, sagte Burns zu mir. »Man könnte meinen, wir betreiben hier eine Satellitenbodenstation. Und trotzdem schaffe ich es nicht, auch nur einen indischen Sender zu empfangen, der die WM überträgt. Es hat etwas mit Wetterinterferenzen zu tun und damit, daß die Satellitenschüsseln dann jedesmal neu ausgerichtet werden müssen, vor allem aber damit, daß sich der Mann, der das tun soll, nur selten blicken läßt. Vor kurzem habe ich beim Frühstück unserem Koch Abdul Toheed mein Leid geklagt. Abdul ist 71 Jahre alt und war der Schuhputzjunge des letzten britischen Kommandeurs in Indien. Er sagt zu mir: ›Ich verstehe gar nicht, warum Sie sich so aufregen. Ich empfange bei mir zu Hause alle Kanäle. Mit diesen Satellitenschüsseln verschwenden Sie bloß Ihr Geld und Ihre Zeit. Kommen Sie zu mir, ich zeige es Ihnen.‹ Abdul und seine Frau wohnen in einem kleinen Häuschen hinter unserem Haus. Also gehe ich nach hinten, und was sehe ich? Seine Frau sitzt vor dem Fernseher und schaut BBC. ›Was macht sie da?‹ frage ich Abdul. ›Sie spricht doch gar kein Englisch.‹ Worauf er erwidert: ›Nein, aber Sie will es lernen.‹ Dann drückt er mir die Fernbedienung in die Hand, und mit vor Staunen offenem Mund zappe ich mich von Kanal 1 bis Kanal 27 durch. Kaum zu glauben, aber Abduls Fernsehapparat empfängt TV-

Stationen aus China, Pakistan, Australien, Italien und Frankreich – eine Auswahl, die kaum einen Wunsch offen läßt, und das für nur 150 Rupien, knapp vier Dollar, im Monat. Ich mit meinen vier Satellitenschüsseln auf dem Dach bringe es dagegen gerade einmal auf vierzehn Sender. Abdul mußte sich lediglich von einem Freund, der ein Piratenkabelsystem betreibt, einen Anschluß in den Anbau hinter unserem Haus legen lassen. Das ist zwar ganz und gar nicht offiziell, sondern höchst illegal, aber Abdul lebt jetzt in der vernetzten Welt, und seine Frau lernt Englisch. Ich dagegen mühe mich immer noch damit ab, wenigstens das indische Fernsehen einigermaßen ordentlich zu empfangen.«

Burns' Anekdote illustriert den dritten die Globalisierung vorantreibenden Wandel: die Veränderung unserer Wahrnehmung der Welt. Ich nenne diesen Wandel die »Demokratisierung der Informationen«. Innovationen wie Satellitenschüsseln, das Internet und das Fernsehen haben uns in die Lage versetzt, durch praktisch jede denkbare Mauer hindurchzusehen und hindurchzuhören.

Dieser »Durchbruch« nahm seinen Anfang mit der Globalisierung des Fernsehens. Fast während der gesamten Ära des Kalten Krieges setzten das beschränkte Angebot an Trägerfrequenzen und der Mangel an leistungsfähigeren Übertragungstechnologien dem Fernsehen und dem Rundfunk relativ enge Grenzen. Darüber hinaus wurden die meisten Fernsehsender entweder unmittelbar vom Staat betrieben oder wenigstens stark reguliert. Das änderte sich zuerst in den Vereinigten Staaten mit dem Aufbau des Kabelfernsehnetzes, über das sehr viel mehr Kanäle übertragen werden konnten als über das herkömmliche Sendenetz. In den achtziger Jahren trat, wie der *Economist* schrieb, »das Multikanal-Fernsehen seinen Siegeszug rund um die Erde an. Hauptmotor der Entwicklung waren die fallenden Satellitenstationierungskosten – die Technologie, mit der sich die Sowjetunion und die Vereinigten Staaten im Kalten Krieg gegenseitig ausspioniert hatten, wurde zur kostengünstigen Übertragungsmethode für TV-Signale zweckentfremdet.«

Zunächst konnten es sich nur die großen Kabelnetzbetreiber leisten, Antennen zu errichten, mit denen sich diese Signale auf der Erde empfangen ließen. Doch dank der Demokratisierung der Technologie waren bald schon Millionen von Menschen auf der ganzen Welt in der Lage, mit Hilfe von Satellitenempfängern, die an eine überdimensionierte Salatschüssel erinnerten, diese Signale zu empfangen. Auf einen Schlag waren die Sendebegrenzungen aufgehoben, und es entstand eine gewaltige neue Zuschauermasse. Ist das digitale Fernsehen erst einmal Realität, dann werden die Sendestationen nicht nur fünf oder 50 Kanäle, sondern 500 Kanäle anbieten können. Und die fortschreitende Verschmelzung von Internet und Fernsehen wird es immer mehr Menschen erlauben, ihre Geschichte im Medium Fernsehen zu präsentieren und die Geschichten anderer in ihrem Fernseher oder auf ihrem PC zu betrachten.

Schließlich werden, als Folge der Fortschritte bei der Datenkompression, DVDs – Digital Versatile Disks – die Videobänder vom Markt verdrängen. DVDs sind kleine, keksgroße CDs, auf denen ein voller Spielfilm mit Surround-Sound-Qualität in verschiedenen Sprachen Platz hat, und Sie können sie auf Ihrem Laptop oder Ihrem Palm-Videogerät abspielen. Als ich in den späten siebziger Jahren durch den persischen Golf reiste, durchsuchten die Zollbeamten routinemäßig das Gepäck nach pornographischen oder politisch brisanten Videobändern. Ich würde zu gerne einmal sehen, wie die Zöllner versuchen, in meinem Koffer eine DVD zu finden.

Die Zeiten, in denen ein Staat seinen Bürgern Informationen darüber, was jenseits der Landesgrenzen – oder auch nur jenseits ihres Dorfes – geschah, vorenthalten konnte, sind Geschichte. Auf Dauer ist kein Staat mehr in der Lage, das Leben außerhalb seiner Grenzen in düsteren Farben zu malen und es schlechter darzustellen, als es ist – oder das Leben innerhalb der eigenen Grenzen mit propagandistischen Mitteln zu verschönern und es rosiger erscheinen zu lassen, als es das ist. (Selbst Truman findet am Ende die wahre Welt jenseits des Sets der *Truman Show*.) Irgendwann in den achtziger Jahren druckten die Sowjets in der *Prawda* ein Bild von Hungerschlangen in den USA ab. Bei genauerem Hinsehen allerdings erkannte man, daß die Aufnahme eine Menschenschlange in Manhattan zeigte, die an einem Samstagmorgen vor Zabar's, einem berühmten Konditorei- und Delikatessengeschäft, darauf wartete, daß die Türen geöffnet wurden. Ein Propagandatrick, zu dem ich heute niemandem mehr – nicht einmal den Chinesen – raten würde.

Am 4. Dezember 1998 wurde in China der Prozeß gegen den Computerunternehmer Lin Hai eröffnet. Der als erster »Cyberdissident« gefeierte Unternehmer hatte einem prodemokratischen, von chinesischen Dissidenten in den Vereinigten Staaten veröffentlichten Internet-Magazin E-Mail-Adressen in China zur Verfügung gestellt. Das Volksgericht in Shanghai klagte Lin Hai in dem unter Ausschluß der Öffentlichkeit geführten Prozeß der Subversion an und warf ihm vor, er habe die E-Mail-Adressen von 30 000 chinesischen Computernutzern an das Magazin *VIP Reference* weitergegeben. Der in China geborene Herausgeber von *VIP Reference* sagte Anfang 1999 gegenüber der *Los Angeles Times:*

»Wir sind fest entschlossen, der Zensur des Internets durch die chinesischen Behörden ein Ende zu bereiten. Unserer Überzeugung nach hat das chinesische Volk – wie jedes andere Volk auch – ein Recht auf freien Zugang zu Informationen und freie Meinungsäußerung.« Der Name des Internetmagazins, das per E-Mail an 250 000 Festlandschinesen verschickt wird, ist ein Seitenhieb auf die chinesische Führung. Die Führungsspitze der Kommunistischen Partei Chinas erhält jeden Tag einen exklusiv für sie erstellten – und unzensierten – Nachrichtenspiegel mit dem Titel »Reference News«. Die VIP-*Reference*-Redakteure wollen mit ihrem Magazin den eigentlichen VIPs in China – den »gewöhnlichen Menschen« – unzensierte Nachrichten liefern. Das gleiche passiert auf dem Kapitalmarkt. Das 1998 in Chicago gegründete Internet-Unternehmen China Online sammelt über Informanten in China Markt- und andere Daten. Die Informationen werden über das Internet nach Chicago geschickt, dort ausgewertet und aufbereitet und dann, ebenfalls über das Internet, nach China zurückgeschickt. Unter anderem bietet China Online eine täglich aktualisierte Auflistung der Schwarzmarktwechselkurse des chinesischen Yuan zum Dollar in den größten Städten des Landes. Dazu befragen die China-Online-Informanten vor Ort jeden Tag die lokalen Schwarzmarkthändler und melden ihre Kurse nach Chicago. Diese Angaben sind für alle, die in China Geschäfte machen, und vor allem für die Chinesen selbst, von großem Nutzen. Peking würde diese Informationen von sich aus niemals an die eigene Bevölkerung herausgeben, geschweige denn an die Weltöffentlichkeit, aber die chinesische Führung sieht sich außerstande, die Weitergabe zu unterbinden.

Anläßlich eines Teheranaufenthalts im Jahre 1997 unternahm ich einen Abstecher nach Süd-Teheran, dem ärmsten Viertel der iranischen Hauptstadt. Damals besaßen nur wenige Einwohner Süd-Teherans einen Fernseher, und einige schlugen aus ihrem Besitz Kapital. Wann immer eine der populären amerikanischen TV-Shows (mit freundlicher Genehmigung der Satellitenbetreiber) ausgestrahlt wurde, stellten sie ein paar Stühle vor ihrem Fernseher auf und verkauften Tickets. Am beliebtesten war *Baywatch,* eine in Südkalifornien spielende Serie über Rettungsschwimmer – genauer gesagt, über vorwiegend mit Bikinis bekleidete Rettungsschwimmerinnen mit den Maßen 90-60-90. Da im Iran der Besitz von Satellitenschüsseln verboten ist, verbargen die findigen Iraner sie einfach unter vollgehängten Wäscheleinen oder hinter sogenannten »Satellitenbüschen«, die sie ausschließlich zu diesem Zwecke auf ihren Balkonen aufstellten.

Natürlich kann der Präsident eines Entwicklungslandes, beispielsweise Malaysias, theoretisch vor sein Volk treten und erklären: »Bürger, ich habe beschlossen, daß unser Land aus diesem Globalisierungssystem wieder aussteigt. Wir werden neue Mauern errichten und die Kapitalverkehrskontrollen wieder in Kraft setzen. Wir werden weniger leiden müssen, und es wird weniger Auf und Ab in unserer Wirtschaft geben. Allerdings werden wir auch darauf verzichten müssen, ausländische Kapitalquellen anzuzapfen. Wer von euch also den Sprung in die Mittelklasse noch nicht geschafft hat, muß sich noch ein bißchen gedulden.« Doch wenn er das tut, wird sich früher oder später ein Dorfbewohner zu Wort melden und sagen: »Herr Präsident, aber ich sehe jetzt schon seit fünf Jahren *Baywatch* im Fernsehen. Sie meinen, kein *Baywatch* mehr? Kein Disney World? Kein Pizza Hut?« Staaten, die sich gegen die Globalisierung wehren wollen, müssen ihrer Bevölkerung nicht nur beweisen, daß auch ihr alternativer Weg den Lebensstandard erhöht, sondern – und das ist ausschlaggebend – sie müssen das auch in einer Umwelt tun, in der die Menschen immer mehr darüber wissen, wie die Menschen in anderen Teilen der Welt leben.

Heute kann, etwas salopp ausgedrückt, jeder von uns jedem anderen ins Wohnzimmer schauen. Entsprechend weniger bereit sind wir, einen Lebensstandard hinzunehmen, der unter dem unseres Nachbarn liegt. In dem Dorf, zu dem die globalisierte Welt geworden ist, weiß jeder, um wieviel besser oder schlechter als der Rest der Welt er dran ist.

Laura Blumenfeld, eine Bekannte von mir, die als Feature-Journalistin für die *Washington Post* arbeitet, recherchiert seit einiger Zeit im Nahen Osten für ein Buch über Rache. Im Frühling 1998 besuchte sie mit ihrer Mutter Syrien, und anschließend erzählte sie mir folgende Geschichte: »In Damaskus heuerten wir einen Führer an und wollten uns die Stadt zeigen lassen. Walid, so sein Name, und wir verstanden uns sehr gut. Als wir ihm nach einiger Zeit erzählten, daß wir gerade aus Israel kamen, entwickelte sich eine sehr offene Unterhaltung. Er erzählte uns, daß er oft abends in seinem Büro saß, wo er eine Satellitenschüssel installiert hatte, und sich israelische Fernsehsendungen anschaute. Während er sprach, versuchte ich mir die Szene vorzustellen: Walid in seinem dunklen Büro, den Blick gebannt auf den Fernseher gerichtet, der ihm das Leben von Menschen zeigt, die er haßt, zugleich aber beneidet und wie die er gern wäre. Aber von allem, was er im israelischen Fernsehen sah, beschäftigte ihn nichts so sehr wie die Joghurt-Werbung, genauer gesagt die Tatsache, daß es in Israel Joghurt in allen möglichen bunten Bechern gab – rosa, orange, grün –, in Syrien aber nur in schwarzen oder weißen Bechern. Das ging so weit, daß er uns eines Tages auf

der Straße mit einer abfälligen Bemerkung auf ein paar syrische Joghurtbecher hinwies. ›Außerdem‹, beklagte er sich, ›werden unsere Cornflakes sofort matschig, wenn man Milch darübergießt. Aber im Fernsehen
habe ich gesehen, daß die israelischen Cornflakes nicht matschig werden, sondern knusprig bleiben.‹ Vergiß die Golanhöhen! Worum Walid
die Israelis wirklich beneidete, waren ihre Joghurtbecher und Cornflakes. ›Es ist unfair‹, sagte er einmal zu uns, ›die Israelis sind gerade erst
hier angekommen, und doch sind wir ihnen schon um einhundert Jahre
hinterher.‹«

Die Demokratisierung der Informationen transformiert auch die Kapitalmärkte. Heute können Investoren nicht nur Aktien und Anleihen
aus aller Herren Länder erwerben, können sie von ihrem PC bei sich zu
Hause aus kaufen und verkaufen, sie können sich auch – ohne jemals einen Broker anzurufen – auf den Websites der Internetbroker völlig kostenlos die Informationen und analytischen Instrumente besorgen, die
sie für ihre Geschäfte benötigen. John T. Wall, Präsident von NASDAQ International, schätzt, daß in zehn Jahren 70 Prozent der Transaktionen an
seiner Börse von Leuten ausgeführt werden, die zu Hause an ihren PCs
sitzen und das Internet nutzen. Je mehr Menschen ihre Geschäfte so tätigen, um so mehr Informationen und Analysen über Unternehmen und
Länder werden sie nachfragen und um so leichter können sie ihr Geld
hin und her schieben, weg von schlechten und hin zu guten Performern.
» Wir haben 1985 in London ein Büro für den internationalen Handel eröffnet. Und was haben die Leute zu uns gesagt? ›Wir würden Ihre Aktien
ja gerne kaufen, aber wir können keine Informationen über sie erhalten.‹
1996 haben wir eine Website eingerichtet. Als erstes integrierten wir in
unsere Website eine Schaltfläche, die den Besucher per Mausklick direkt
zur Homepage der Securities and Exchange Commission bringt. Dort
kann er die neuesten Informationen über das Unternehmen abrufen, in
das er investieren möchte. Über eine andere Schaltfläche gelangt er zu einer Datenbank, in der die aktuellsten Finanzberichte von 3500 Unternehmen gespeichert sind. Wer diese Informationen hat, braucht keinen
Broker mehr.«

Der Discountbroker Charles Schwab schaltete Ende 1998 eine Anzeige, in der eine Hausfrau stolz berichtet, daß sie online an der Börse investiert und seit neuestem alle dazu nötigen Informationen von
Schwabs Website erhält. Holly, so ihr Name, sagt in der Anzeige: » Vor
einigen Jahren haben mich ein paar Frauen eingeladen, ihrem Invest-
mentclub ›Grow Now‹ beizutreten. Wir befassen uns viel mit den Zahlen, und wir vergleichen und diskutieren viel, bevor wir abstimmen und

handeln. Und alles, was wir dazu an Informationen benötigen, finden wir im Schwab.com Analyst Center: Branchenberichte, Informationen über das Management, Gewinnprognosen, all das eben, was man braucht, um Aktien bewerten zu können.«

Bald wird jeder einen virtuellen Sitz an der New York Stock Exchange haben. Und bis zum Jahr 2001 wird man sich nicht einmal mehr hinsetzen müssen; als nächstes nämlich werden wir von den PCs befreit und können per smartem Mobiltelefon oder Handheld-PC online an der Börse spekulieren.

Die Websites von Schwab, Nasdaq und anderen Finanzinstitutionen vereinen in sich die Demokratisierungen der Finanzen, der Informationen und der Technologie und demonstrieren eindrucksvoll, wie sehr die Globalisierung den Finanzmarkt revolutioniert hat. Im Herbst 1997 erschien in der *New York Times* eine doppelseitige Anzeige für E*Trade, eine Website für Online-Aktienhandel. Die Überschrift lautete: »Wunschtraum der Investoren, Alptraum der Broker. Wir stellen vor: E*Trade, *das* Fullservice-Finanzzentrum im Internet. Mit mehr Ressourcen, mehr Instrumenten und mehr Power. Mit E*Trade können Sie in Aktien, Anleihen und mehr als 4000 Investmentfonds investieren. Ihr eigenes Portfolio einrichten und verwalten. Rund um die Uhr per Telefon oder online Kauf- und Verkauforders aufgeben – und das alles schon ab 14.95 Dollar monatlich. Wir liefern Ihnen kostenlose Echtzeit-Kursnotierungen, denn: alte Informationen sind schlechte Informationen. Außerdem bietet E*Trade: Die wichtigsten Finanznachrichten. Charts. Analysen. Und dank der führenden Internet-Verschlüsselungstechnologie unübertroffen hohe Sicherheitsstandards ... sofort offen für jedermann – Rund um die Uhr. Besuchen Sie uns. Kommen Sie jetzt. Kommen Sie schnell. Früher oder später werden alle per Internet an der Börse agieren.«

Da ist es nur angemessen, wenn E*Trade im Fernsehen mit dem Slogan wirbt: »E*Trade: Alle Macht in Ihren Händen.«

4

Mikrochip-Immunschwäche

FRÜHER ODER SPÄTER WERDEN ALLE TYRANNEIEN FALLEN.
Diejenigen aber, die ihre Kunden in die Warteschleife stellen, wird dieses
Schicksal früher ereilen.
Anzeige in der *Washington Post* zur Markteinführung
von *Star Power*, einem neuen Anbieter von Telefon-,
Kabel- und Internetdiensten, der gegen *Bell Atlantic* antritt.

Ich kann schon hören, wie einige Leute sagen: »Nun, Mr. Friedman, diese Veränderungen, wie die Menschen kommunizieren, investieren und die Welt sehen, die Ihrer Ansicht nach die Globalisierung vorantreiben, all das mag ja für entwickelte Gesellschaften zutreffen, aber was ist mit dem Rest der Welt? Wie können Sie von Globalisierung reden, wenn die überwältigende Mehrheit der Menschheit immer noch in Dörfern ohne Anschluß an das Telefonnetz lebt und noch niemals einen Computer angefaßt, geschweige denn eine E-Mail verschickt hat?«

Die Globalisierung ist heute insofern tatsächlich noch nicht global, als wir noch lange nicht in einer Welt leben, in der jeder online ist (auch wenn jede Woche schätzungsweise rund 300 000 neue Nutzer ins Internet gehen). Doch die Globalisierung ist in dem Sinne global, als heute praktisch jeder – ob direkt oder indirekt – den positiven wie negativen Folgen der Demokratisierung der Technologie, der Finanzen und der Informationen ausgesetzt ist, die das System der Globalisierung definieren. Oder, wie sich Chen Yuan, der stellvertretende Gouverneur der chinesischen Zentralbank, mir gegenüber einmal äußerte: »Jedes Land hat einen unterentwickelten Sektor. Selbst in den Vereinigten Staaten finden Sie, wenn Sie von Washington in den Süden nach Virginia fahren, in manchen Bergregionen Dörfer, in denen die Zeit scheinbar stehengeblieben ist. Trotzdem wäre es falsch zu sagen, daß diese Regionen nicht vom Globalisierungsprozeß betroffen sind. In China verhält es sich genauso.«

Yuan hat recht. Wenn es einen Ort gibt, von dem man annehmen sollte, daß er jenseits der Grenzen der Globalisierung liegt, dann ist es Gujialingzi, ein kleines Dorf in der Provinz Jilin nahe der Grenze zu Nordkorea. Im Winter 1998 begleitete ich ein internationales Beobachterteam in die Region, das dort die Durchführung der Kommunalwahlen überwachen sollte. Tatsächlich aber hatte ich noch einen anderen Grund für meine Reise. Ich wollte sehen, wie sich die Globalisierung von jenseits der Grenze – von außerhalb des Systems – ausnahm, und dabei machte ich eine ebenso überraschende wie grundlegende Feststellung: Ich konnte die Grenze nicht überschreiten, das System nicht verlassen, denn es hatte inzwischen selbst die kleinen Dörfer im Nordosten Chinas erfaßt. Als das Beobachterteam in Gujialingzi eintraf, hatten sich bereits praktisch alle wahlberechtigen Erwachsenen im Hof der örtlichen Schule versammelt, wo die beiden Bürgermeisterkandidaten ihre Wahlreden hielten. Gujialingzi war ein bettelarmes Dorf, die Böden der Klassenzimmer bestanden aus gestampftem Lehm. Die Provinz Jilin liegt im Herzen des ehemaligen Industriegürtels von China, in einem Gebiet, das heute mit extremen wirtschaftlichen Schwierigkeiten zu kämpfen hat. Die vornehmlich in Staatsbesitz befindlichen Unternehmen dort sind viel zu ineffizient, um auf dem Weltmarkt konkurrieren zu können, und Peking kann es sich nicht länger leisten, sie zu subventionieren oder wenigstens die Sozialleistungen zu finanzieren, die bislang von den Staatsunternehmen aufgebracht wurden. Vielleicht war das der Grund, warum ich, als sich die beiden Kandidaten nacheinander erhoben und zu ihren Wählern sprachen, das Gefühl hatte, sie würden sich um das Bürgermeisteramt einer alten Stahlproduktionsstadt irgendwo in Ohio bewerben.

Als erster ergriff der Amtsinhaber Li Hongling das Wort. Ich zitiere im Wortlaut aus seiner Rede: »Mitbürger, wie geht es euch? Ihr wißt, ich bin 47 Jahre alt, habe die Mittelschule abgeschlossen und gehöre der Kommunistischen Partei an. Mir liegt das Wohl unseres Dorfes am Herzen. Wie ihr wißt, habe ich diesem Dorf geholfen, sich von der Kulturrevolution zu erholen. Wohin ihr blickt, seht ihr meinen Schweiß. Ich war schon bei jedem von euch zu Hause, und ich höre darauf, was ihr zu sagen habt. Niemals habe ich Geld, das dem Dorf gehört, für ein Festmahl mißbraucht. Ich habe mich immer bemüht, alles im Rahmen der Gesetze zu tun. Ich verspreche euch, die Grundschule zu renovieren und euch zu helfen, daß ihr mehr Geld verdienen könnt. Wenn ich gewählt werde, sorge ich dafür, daß euer Gemüse schneller in die Stadt kommt. Und ich werde dafür sorgen, daß hier ein anderer Geist Einzug hält. Wir müssen neue Bäume pflanzen, und wir brauchen ein Glasfaserkabel, damit jeder einen Telefonanschluß haben kann. Mit Hilfe der Partei werde ich meine Versäumnisse korrigieren. Das verspreche ich euch.«

Nachdem das Publikum ihm höflichen Applaus gespendet hatte, trat sein Herausforderer Liu Fu auf das Podium, der seine Hoffnungen offensichtlich vor allem auf die Stimmen der Frauen setzte: »Zuerst möchte ich euch daran erinnern, daß morgen der Tag der Frau ist. Aus diesem Anlaß möchte ich allen Frauen meine herzlichsten Glückwünsche ausdrücken. Ich bin 51 Jahre alt, habe einen Mittelschulabschluß und bin Besitzer eines Bohnengallerte-Handels. Ich liebe dieses Dorf. Ich liebe euch alle. Eure Armut ist meine Schande. Unter der Anleitung der Partei werde ich ein neues Kapitel in der Geschichte unseres Dorfes aufschlagen. Ich verspreche euch, gegen die Spielhöllen und die Pornographie im Dorf vorzugehen und mehr Möglichkeiten zum Geldverdienen zu schaffen. Ich werde nicht überheblich sein. Ich werde sparsam mit dem Geld der Gemeinde umgehen. Ich werde keine Schmiergelder annehmen, und selbst wenn mein Vorgesetzter aus der Stadt kommt, werde ich kein Festmahl ausrichten. Es gibt hier zu viele offizielle Bankette. Ich bin seit zehn Jahren auf keinem Bankett mehr gewesen und habe ebenso lange keinen Tropfen Alkohol mehr getrunken. Ich werde auf das Geld der Bürger aufpassen und keinen Parteikader auf Kosten des Dorfes in die Stadt reisen lassen. Ich werde moderne Technologien ins Dorf holen. Ich verspreche, jedem von euch die Technologie zur Herstellung von Bohnengallerte zu geben. Ich werde neue Brunnen bohren lassen. Die Kulturrevolution hat uns zehn Jahre unseres Lebens gekostet. Wir müssen nach neuen Ideen zur Mehrung unseres Wohlstandes suchen. Ich folge keiner Ideologie. Wie schon Deng Xiaoping sagte: ›Es spielt keine Rolle, ob die Katze schwarz ist oder weiß, Hauptsache, sie fängt Mäuse.‹ Ich werde die Schule ausbauen lassen. Wissen ist wichtig. Unwissende Menschen können keine sozialistische Wirtschaft errichten. Und ich werde mich um die vielen Junggesellen kümmern, die zu wenig verdienen, um sich eine Frau nehmen zu können. Ich werde euch zum Reichtum führen! Machen wir uns gemeinsam auf den Weg.«

Während die Dorfbewohner zur Wahl schritten und gespannt auf die Bekanntgabe der Auszählung warteten, führte ich selbst eine kleine Umfrage durch. Ich fragte eine müßig herumstehende Gruppe, welche Rede ihnen am besten gefallen habe. Der Fleischer, angetan mit einer blauen Mao-Kappe, meldete sich als erster zu Wort: »Wenn Liu Fu sagt, daß er seit zehn Jahren in keinem Restaurant mehr war, dann glaube ich ihm. Ich bin dagegen, daß hochrangiger Besuch zu einem Festmahl eingeladen wird. Am Ende bezahlen doch nur wir die Zeche.«

»In Peking verkleinern sie die Regierung«, warf ein anderer dazwischen. »Das muß hier auch passieren ... Der Bürgermeister hat recht, das Dorf braucht ein Glasfaserkabel. Keiner von uns hat ein Telefon.« »Was wissen Sie über Glasfaserkabel?« fragte ich den Sprecher. »Eigentlich nichts«, antwortete er mit einem Achselzucken. »Ich habe nur davon gehört.«

Ähnliche Antworten bekam ich in Heng Dao zu hören, einem Nachbardorf, wohin wir anschließend zu einer Wahlkampfveranstaltung fuhren. Jiang Ying, der amtierende Bürgermeister, sagte zu seinen Bürgern: »Ich habe in dem Bemühen, das Dorf auf den Pfad des Wohlstandes zu führen, stets versucht, sehr pragmatisch vorzugehen. Unser durchschnittliches Jahreseinkommen liegt heute bei 2300 Yuan. Das Budget der Gemeindeverwaltung ist stark geschrumpft, und wir haben viele Kader von der Lohnliste der Gemeinde gestrichen. Nach der Wahl müssen wir in der Landwirtschaft mehr auf Wissenschaft und Technik setzen, müssen wir neue Unternehmen ins Dorf holen und müssen wir schneller mehr Reichtum schaffen ... denn die Welt als Ganzes verwandelt sich in einen einzigen, großen Markt, in dem alle miteinander im Wettbewerb stehen.«

Auf meine Frage, woher er solche Ideen habe – in dem Dorf gab es nur ein einziges Telefon –, antwortete er: »Ich lese Zeitungen. Ich höre Radio ... Wir haben eine Fabrik hier, die Fensterrahmen herstellt. Zur Zeit verkaufen wir nur in der Region, aber man hat uns gesagt, wenn wir die Qualität verbessern, können wir ins Ausland verkaufen und mehr Geld verdienen.«

Wie war das doch gleich? Die Globalisierung ist nicht global?

Glauben Sie es keine Sekunde. Tip O'Neill hatte unrecht. Nicht alle Politik ist Lokalpolitik – nicht mehr. Heute ist alle Politik Weltpolitik. Auch wenn sich nicht jedes Land als Teil des globalisierten Systems fühlen mag, wird jedes Land direkt oder indirekt durch dieses System beeinflußt und globalisiert. Das ist auch der Grund, warum es kein Zufall der Geschichte war, daß Ostdeutschland, die Sowjetunion, der asiatische Kapitalismus, die brasilianischen Staatsindustrien, der chinesische Kommunismus, General Motors und IBM alle zur ungefähr selben Zeit kollabierten oder zumindest gezwungen wurden, sich einer radikalen Reorganisation zu unterziehen.

Sie litten alle an derselben Krankheit, die auch zum Einsturz der Berliner Mauer und der anderen, den Kalten Krieg definierenden Mauern führte – ich bezeichne die Krankheit als Mikrochip-Immunschwäche, kurz MIDS. Die Mikrochip-Immunschwäche ist die definierende politische Krankheit des Zeitalters der Globalisierung. Ob im Süden oder im Norden, im Osten oder im Westen, ob groß oder klein, kein Unternehmen und kein Land ist vor MIDS gefeit. Müßte ich einen Eintrag über die Mikrochip-Immunschwäche für ein Medizinlexikon verfassen, würde er ungefähr so lauten:

»MIDS: Eine für die Welt nach dem Kalten Krieg typische Krankheit, die jedes aufgeblähte, übergewichtige, sklerotische System befallen kann. Üblicherweise erkranken solche Länder und Unternehmen an Mikrochip-Immunschwäche, die es versäumt haben, sich gegen die durch die Ausbreitung des Mikrochips und die Demokratisierung der Technologie, der Finanzen und der Informationen in Gang gesetzten Veränderungen impfen zu lassen, welche einen sehr viel schnelleren, offeneren und komplexeren Markt mit völlig neuen Effizienzstandards erzeugt haben. Die Symptome der Mikrochip-Immunschwäche treten auf, wenn sich ein Land oder Unternehmen auf Dauer als unfähig erweist, Produktivität, Löhne, Lebensstandard, Wissensnutzung und Wettbewerbsfähigkeit zu steigern und rasch genug auf die Herausforderungen der schneller gewordenen Welt zu reagieren. Besonders anfällig für MIDS sind Länder und Unternehmen, die an den Organisationsmodellen aus der Zeit des Kalten Krieges festhalten – Modellen, bei denen eine Führungsperson oder ein kleiner Führungskreis den Zugang zu allen Informationen für sich reserviert hat und sämtliche Entscheidungen allein trifft, während die Leute auf den mittleren und unteren Rängen nur gerade so viele Informationen bekommen, daß sie die Entscheidungen ausführen können. Das einzige bekannte Gegenmittel gegen MIDS ist die ›vierte Demokratisierung‹ – die Demokratisierung der Entscheidungsfindung und der Informationsflüsse sowie die Dezentralisierung der Macht, die immer mehr Menschen in die Lage versetzt, Wissen auszutauschen, zu experimentieren und Innovationen schneller umzusetzen. Nur so können sie auf einem Markt mithalten, auf dem die Verbraucher immer billigere Produkte und speziell auf sie zugeschnittene Dienstleistungen verlangen. Nicht oder zu spät behandelt, verläuft die Krankheit in den meisten Fällen tödlich. (Siehe auch Einträge unter: → Sowjetunion, → Ostdeutschland, → PanAm-Airlines.)«

In gewisser Hinsicht ist MIDS nichts vollkommen Neues. Schon immer waren jene Volkswirtschaften besonders erfolgreich, die weniger effiziente, weniger innovative Unternehmen sterben ließen, Unternehmen, die sich schwerer als andere damit taten, neue Technologien zu nutzen und – bei minimalem Einsatz von Arbeit und Kapital – flexibel auf die sich wandelnden Anforderungen der Verbraucher zu reagieren. Die Demokratisierung der Technologie, der Finanzen und der Informationen in den achtziger Jahren bewirken lediglich eine extreme Beschleunigung dieses Prozesses, und das zwang Unternehmen und Länder, noch rascher und flexibler zu agieren, damit sie nicht der Mikrochip-Immunschwäche zum Opfer fielen. Man kann sich diese Entwicklung als eine dreistufige Evolution vorstellen.

Ihren Anfang nahm sie in der Ära, bevor die Erfindung des Mikroprozessors und der Mikrochips den Personalcomputer ermöglichte und bevor mit dem PC die Voraussetzung für die Demokratisierung der Technologie, der Finanzen und der Informationen geschaffen wurde. Diese Ära begann mit dem Ende des Ersten Weltkriegs und dauerte bis Ende der siebziger Jahre. Es war eine Zeit, in der Unternehmen und Staaten es sich erlauben konnten, gemächlicher und weniger effizient zu arbeiten, da jeder vergleichsweise behütet in seinem Reservat seinen Geschäften nachging. Alan Greenspan beschrieb dieses restriktive Wirtschaftssystem des Kalten Krieges in einer Rede mit folgenden Worten: »Der Anpassungsdruck war geringer. Der internationale Handel hatte einen weit geringeren Anteil an der Wirtschaftsleistung der einzelnen Länder. Zollschranken begrenzten den Wettbewerb, und vielfältige Kapitalverkehrskontrollen behinderten die grenzüberschreitenden Währungsströme. Im Rückblick erschien diese wirtschaftliche Umwelt weniger konkurrenzgeprägt, friedlicher und zweifelsohne weniger bedrohlich für Menschen mit lediglich durchschnittlichen oder noch geringeren Fertigkeiten. Bevor die Computertechnologie viele Routinetätigkeiten automatisierte, konnten auch ungelernte Arbeiter einen bedeutenden Mehrwert erzeugen und im Vergleich zu Fachkräften einen ansehnlichen Verdienst erzielen. Diese weniger herausfordernde Welt gab Staaten den Freiraum, umfangreiche soziale Sicherheitsnetze zu installieren und eine Politik der Einkommensumverteilung zu verfolgen.«

Dennoch war, fügte Greenspan hinzu, der Lebensstandard in vielen Ländern damals geringer, als er es hätte sein können, und die Märkte reagierten deutlich weniger flexibel auf sich wandelnde Konsumentenwünsche, als sie es in der heutigen, von Mikrochips bestimmten Umwelt tun. Jedenfalls war es eine gemächlichere Welt, und die meisten Menschen konnten sich keine Alternative vorstellen. Die hohen Eintrittsbarrieren zwischen den einzelnen Branchen sorgten dafür, daß Veränderungen sich langsamer vollzogen, und es dauerte erheblich länger, bis ein schlecht gemanagtes Land oder Unternehmen in ernsthafte Schwierigkeiten geriet. Obwohl die Arbeits- und Produktionskosten höher und weniger flexibel waren, als sie es hätten sein müssen, erinnert sich in fast allen Ländern ein beträchtlicher Teil der Bevölkerung mit einem nostalgisch verklärten Blick an diese geruhsamere, weniger vom Konkurrenzkampf geprägte Steinzeit.

Das krasseste Beispiel einer solchen stärker kontrollierten wirtschaftlichen Umwelt war die zentral gesteuerte Planwirtschaft der Sowjetunion mit ihrer strikten Befehlshierarchie. Der Zweck der sowjetischen Volkswirtschaft bestand nicht darin, die Bedürfnisse der Verbraucher zu befriedigen, sondern die Macht der Zentralregierung zu stärken. Entsprechend verlief der Informationsfluß von unten nach oben und die Befehlskette von oben nach unten. Die Manager einer sowjetischen Fabrik für Bettgestelle wurden nicht danach bezahlt, wie viele Bettgestelle die Fabrik produzierte, sondern danach, wieviel Stahl sie verbrauchte. Die Zahl der verkauften Bettgestelle ist ein Maß der Verbraucherzufriedenheit, die Menge des erzeugten und verbrauchten Stahls dagegen ein Maß der staatlichen Macht. Während des Kalten Krieges ging es der Sowjetunion ausschließlich um Macht, und solange der Kalte Krieg andauerte und die Geschwindigkeit der Veränderungen und der Informationsflüsse beschränkte, war das absurde sowjetische System überlebensfähig.

Unvergeßlich ist mir eine Reise mit US-Außenminister Baker im Jahre 1992, auf der wir das sowjetische Atombombentestzentrum Tscheljabinsk-70 östllich des Urals besichtigten, einen so geheimen Ort, daß er noch nicht einmal auf den offiziellen sowjetischen Landkarten verzeichnet war. In Tscheljabinsk-70, dem russischen Los Alamos, arbeitete die Elite der sowjetischen Kernphysiker. Meine lebhafteste Erinnerung ist gleichwohl der Aufzug im Hotel Oktober im nahegelegenen Swerdlowsk, wo wir die Nacht verbrachten. Als ich das erste Mal in den Aufzug einstieg, stellte ich verwundert fest, daß die Reihenfolge der Stockwerks-Tasten durcheinandergeraten war. Sie lautete: 1, 3, 4, 5, 6, 7, 8, 9, 2. Irgend jemand hatte die Taste für den zweiten Stock vergessen und später einfach hinzugefügt. Wenn man auf die Taste mit der 2 drückte, gelangte man tatsächlich in den zweiten Stock – ungeachtet der Tatsache, daß sie sich an der Stelle befand, wo man eigentlich die Taste für den zehnten Stock erwartet hätte. Und das in einem Hotel im fortschrittlichsten militärisch-industriellen Komplex der Sowjetunion! Daß die Russen mit einer solchen Einstellung ungestraft davonkommen konnten, lag ausschließlich an der geteilten, zerrissenen, künstlich verlangsamten und stark regulierten Welt des Kalten Krieges.

IBM funktionierte in den siebziger und achtziger Jahren ähnlich wie das sowjetische Zentralplanungssystem Gosplan, wo die Spitze nach unten meldete, welche Produkte hergestellt wurden und was die Verbraucher gefälligst nachzufragen hatten. John Chambers, Präsident von Cisco Systems, dem Hersteller der schwarzen Kästen, die das Internet rund um die Welt vernetzen, heute eines der wichtigsten Unternehmen in den Vereinigten Staaten, antwortete auf meine Frage, wie es gewesen sei, in den Gosplan-Tagen für IBM zu arbeiten, mit einer bezeichnenden Anekdote aus dem Firmenleben: Zu Beginn der achtziger Jahre verfolgte IBM intern eine sogenannte »Politik der offenen Tür«. Jeder Manager, so die Vorschrift, hatte das Recht, jedem anderen Manager ungeachtet der Hierarchiestufe, auf der er stand, jede beliebige Frage zu stellen und sich, wenn er mit der Antwort nicht zufrieden war, an die nächsthöhere Ebene zu wenden. »Ich habe das ein einziges Mal ausprobiert«, erzählte Chambers. »Hinterher nahm mich einer meiner Freunde bei IBM zur Seite und sagte zu mir: ›Dieses Mal bist du damit davongekommen, aber mach das bloß nicht noch einmal.‹ Ein anderes Mal sagte ich einem meiner Vorgesetzten, daß die aktuell am Markt forcierte Produktlinie bei den Kunden auf Ablehnung stoße und wir, wenn wir nicht sofort entsprechende Maßnahmen ergriffen, enorme Mengen an Ressourcen zur Kurskorrektur würden aufwenden müssen. Doch das interessierte ihn überhaupt nicht. Er sagte lediglich zu mir: ›Mein Bonus hängt von den Absatzzahlen ab, also gehen Sie raus und verkaufen Sie so viel wie möglich davon.‹«

IBM drohte keine Gefahr, solange die Eintrittsbarrieren in die Computerbranche so hoch waren, daß auch behäbige, inflexible Firmen lange Zeit vor den Folgen von Fehlern und Mißerfolgen geschützt waren. Dasselbe galt für Länder wie die Sowjetunion, solange die Informationsbarrieren so hoch – und das Bewußtsein ihrer Bürger für andere, konkurrierende Lebensstile so gering – war, daß der Kreml die Konsequenzen seiner Fehler und seines Versagens nicht spürte.

…Und dann kam die Wende.

Die zweite Stufe in der Entwicklung von MIDS äußerte sich in der Zerstörung der langsamen Welt. Sowohl in der ökonomischen wie in der politischen Sphäre konvergierten ab den späten achtziger Jahren die Demokratisierungsprozesse in der Technologie, bei den Finanzen und den Informationen und erzeugten zum einen in den bestehenden Märkten neue Möglichkeiten zur Effizienzsteigerung und neue Größenvorteile, und zum anderen ein völlig neues wirtschaftliches Betätigungsfeld namens Cyberspace. Diese als die Informationsrevolution bezeichnete

Transformation wird später wohl einmal als einer der großen, nur alle einhundert Jahre auftretenden Vorwärtssprünge in der Geschichte der Technologie betrachtet werden, vergleichbar etwa mit der Entdeckung der Elektrizität, die zu einem radikalen Bruch mit der vorangegangenen Ära führte.

Wie man die Auswirkung der Informationsrevolution und der drei Demokratisierungen auf die Weltwirtschaft zusammenfaßt, hängt natürlich vom jeweiligen Standpunkt ab. Aus meiner Sicht stehen unter dem Strich zwei zentrale Veränderungen: Erstens senkten sie in praktisch jeder Branche die Schranken für den Markteintritt. Und das wiederum führte, zweitens, zu einer extremen Verschärfung des Wettbewerbs und einer drastischen Erhöhung der Geschwindigkeit, mit der sich ein neues Produkt von einer Innovation in eine Massenware verwandelt.

Lassen Sie mich das näher ausführen. Die Eintrittsbarrieren in so gut wie alle Branchen sanken, weil nun jeder, der über einen PC, ein Kreditkartenkonto, einen Telefonanschluß, ein Modem, einen Farbdrucker, einen Internetanschluß, eine Website und eine Kundennummer bei einem Paketdienst verfügte, im Keller ein eigenes Unternehmen gründen konnte – einen Verlag, ein Ladengeschäft, ein Versandhaus, eine Design- oder eine Beratungsfirma, eine Zeitung, eine Werbeagentur, eine Handelsvertretung, eine Brokergesellschaft, ein Spielcasino, einen Videoshop, eine Bank, einen Buchladen, ein Autohaus, eine Boutique... Er konnte das praktisch über Nacht und zu sehr geringen Kosten tun und schon am nächsten Morgen als neuer Wettbewerber auf dem Weltmarkt auftreten. Wenn es in ihrer Straße drei Buchläden gab – Barnes & Noble, Crown Books und Border Books –, konnten Sie alle drei binnen kürzester Zeit um ihre Gewinne fürchten lassen. Dazu mußten Sie lediglich im Cyberspace eine neue Buchhandlung namens Amazon.com gründen. Amazon.com ist ein hundertprozentiges Kind der Demokratisierung der Technologie (PCs für alle), der Demokratisierung der Finanzen (Kreditkarten für alle) und der Demokratisierung der Informationen (Internet für alle). Nur so war es möglich, daß Amazon.com kein Buchladen um die Ecke wurde, dessen Bestand einen Kompromiß der verschiedenen literarischen Vorlieben in der Nachbarschaft darstellt, sondern ein rund um die Uhr geöffnetes Buchcenter, wo Sie jederzeit einkaufen können und wo das Angebot perfekt auf Ihre Bedürfnisse zugeschnitten ist.

Je mehr sich dieser Trend in der amerikanischen Wirtschaft und rund um die Welt durchsetzt, um so schneller verlieren jedes neue Produkt und jede neuartige Dienstleistung den Status einer Innovation – etwas mit einer hohen Mehrwertkomponente und einer entsprechend hohen Profitspanne, das nur ein oder zwei Akteure herstellen oder anbieten können – und wird zu einer Massenware. Unter einer Massenware verstehe ich in diesem Zusammenhang ein Produkt, eine Dienstleistung oder einen Prozeß, den oder die eine beliebige Anzahl von Unternehmen herstellen oder anbieten kann und bei dem der Wettbewerb ausschließlich über den Preis stattfindet. Ein Unternehmen, dessen innovatives Produkt oder innovative Dienstleistung zur Massenware wird, findet sich damit in einer weitaus ungünstigeren Lage wieder: Die Gewinnspanne wird hauchdünn, Dutzende von Konkurrenten machen ihm seine Marktanteile streitig, und die einzig mögliche Gegenmaßnahme besteht darin, den Preis zu senken und mehr als die Konkurrenz zu verkaufen – oder über kurz oder lang vom Markt zu verschwinden.

In der von Mauern zerschnittenen Welt des Kalten Krieges schritt der Prozeß der Umwandlung von Innovationen in Massenwaren mit zehn Kilometern pro Stunde voran. Zum einen waren die Eintrittsbarrieren in die Märkte sehr viel höher, als sie es heute sind, zum anderen hatten die Nationalstaaten mehr Möglichkeiten – und nutzten sie auch –, ihre Volkswirtschaften vor unliebsamer Konkurrenz aus dem Ausland zu schützen. In der globalisierten Welt, in der die Mauern und Barrieren durchbrochen oder stark herabgesetzt sind, rast dieser Prozeß mit 110 Kilometern in der Stunde voran. Und mit dem Entstehen einer zusehends vom Internet geprägten Weltwirtschaft wird sich die Geschwindigkeit, mit der aus einer Innovation eine Massenware wird, nochmals verdoppeln.

Edward Yardeni, Chefvolkswirt der Deutschen Bank, sieht im Internet den Bereich, der in der modernen Wirtschaft am ehesten dem Ideal des vollkommenen Wettbewerbs entspricht. In einer Welt des vollkommenen Wettbewerbs, sagt der Banker, »gibt es keine Markteintrittsbarrieren, genießen nichtprofitable Firmen keinen Schutz vor dem Ruin, und alle Akteure, Verbraucher wie Produzenten, haben freien und ungehinderten Zugang zu allen Informationen. Genau das sind die drei zentralen Eigenschaft des Internethandels... Das Internet senkt die Kosten des Preisvergleichs beim Einkaufen auf praktisch null. Dank dem Internet können die Verbraucher immer leichter und schneller den niedrigsten Preis für ein beliebiges Produkt oder eine beliebige Dienstleistung ermitteln. In der Cyberökonomie wird derjenige, der ein Produkt zu den geringsten Gestehungskosten herstellt, den niedrigsten Preis anbieten und diese Information quasi kostenfrei rund um die Welt allen potentiellen Kunden zur Verfügung stellen.« In der Low-Tech-Wirtschaft, merkt Yardeni an, lagen die Kosten für die Suche nach dem geringsten Preis relativ hoch. Man mußte alle möglichen Mauern überwinden und weite Wege gehen, um das beste Geschäft zu machen, und das sicherte lokalen oder am Markt eingeführten Anbietern einen automatischen Vorteil. Heute können Unternehmen, Dienstleister oder Händler unabhängig von ihrem Standort ihre Produkte und Dienstleistungen überall auf der Welt anbieten. Aus eben diesem Grund wird das Internetzeitalter für die Verbraucher wunderbar, für die Hersteller jedoch die Hölle werden. Verstehen Sie jetzt, warum Intel-Boß Andy Grove seinem Buch über das Geschäftemachen im Zeitalter der Globalisierung den Titel gegeben hat *Nur die Paranoiden überleben?*

Das Broker-Business ist ein gutes Beispiel dafür. Ein Börsenmakler erbringt, so sollte man meinen, eine Dienstleistung mit einem hohen Mehrwert und sollte deshalb auch ein hohes Gehalt beziehen. Aber wenn sich im Cyberspace plötzlich 50 Internet-Broker breitmachen, über die Investoren für einen Bruchteil dessen, was beispielsweise Merrill Lynch berechnet, Aktien kaufen und verkaufen können, und sie ihren Kunden zudem noch hochwertige Marktanalysen konstenlos zur Verfügung stellen, dann ist die Tätigkeit des Börsenmaklers zu einer Massenware geworden. Wenn die Eintrittsbarrieren in einen Markt so drastisch gesenkt werden und wenn die Geschwindigkeit, mit der sich Produkte und Dienstleistungen von Innovationen in Massenwaren verwandeln, so rasant ansteigt, müssen die in diesem Markt etablierten Unternehmen, wollen sie ihren Wettbewerbsvorteil und ihre Gewinnspanne halten, entweder schneller oder größer oder intelligenter als die Konkurrenz werden – am besten alles zusammen. Wer in einer Welt, in der keine schützenden Mauern den eigenen Markt mehr umgeben und Konkurrenz von überallher droht, auch nur ein bißchen zu langsam oder ein bißchen zu teuer ist, wird gnadenlos ins Aus gedrängt.

Lassen Sie mich das anhand eines realen Falles aus dieser neuen Welt illustrieren: Vor nicht allzu langer Zeit blätterte ich in einer Zeitschrift und stieß auf eine Anzeige für die neue Digitalkamera von Sony. Nanu, schoß es mir durch den Kopf, steht da tatsächlich Sony? Seit wann ist Sony im Fotokamera- und Filmgeschäft? Ich dachte, die machen nur Stereoanlagen, Walkmen und CDs. Nun, das tun sie auch. Aber was genau ist eigentlich eine CD? Eine runde Plastikscheibe mit digitalen Codierungen – Einsen und Nullen –, die von einem Laserstrahl abgetastet und in Musik umgewandelt werden. So gesehen ist Sony in der digitalen Branche engagiert, und mit seinem digitalen Know-how kann Sony in jede Branche einsteigen, in der Informationen digital gespeichert und verarbeitet werden. Das bringt mich zurück zu der Anzeige für die digitale Mavica-Kamera von Sony. Die Anzeige enthielt drei Bilder: Das erste zeigte die neue Sony-Kamera, die wie Ihre alte Instamatic Schnappschüsse aufnimmt, nur mit dem Unterschied, daß sie diese digital speichert. Über dem Bild stand: »Das ist Ihre Kamera.« Neben der Kamera sah man eine 3,5-Zoll-Diskette von Sony unter der Headline: »Das Ihr Film.« Und neben der Diskette ein Bild von einem Computer, von dessen Bildschirm herunter ein Baby den Leser anlachte, und darüber die Worte: »Und das ist Ihr Fotolabor.« Mit der Digitalkamera kann man nämlich Bilder machen, die digital, also in Form von Nullen und Einsen, auf Diskette gespeichert werden, von wo aus sie auf einen PC überspielt, dort nachbearbeitet und dann ausgedruckt oder per E-Mail überallhin verschickt werden können. Ich weiß noch, daß ich mich fragte, was sie sich wohl bei Kodak dachten, als sie diese Anzeige lasen. Eine Weile später jedoch hörte ich im Radio einen Werbespot, in dem Kodak seine neue Online-Computerfototechnologie anpries, und es klang gerade so, als ob Kodak nun unter die Computerhersteller gegangen wäre. Und das ließ mich darüber grübeln, was wohl die Leute bei Compaq und Dell davon hielten, wenn Kodak sich plötzlich als Computerunternehmen gerierte. Doch dann sah ich einige Anzeigen von Dell und Compaq, in denen beide Unternehmen klarstellten, daß sie längst nicht mehr nur Computer verkauften – Computer sind eine Massenware. Statt Computern verkaufen sie jetzt computergestützte »Unternehmenslösungen«, welches Problem auch immer ein Unternehmen oder ein Land zu lösen hat. Als ich das las, stellte ich mir die Frage, was sie bei PriceWaterhouseCoopers dachten; ich hatte nämlich eine Anzeige gesehen, welcher der Leser entnehmen konnte, daß der Consultingkonzern nicht nur Steuererklärungen und Bilanzen erstellte, sondern nun auch Unternehmenslösungen anbot. Dann jedoch klärte mich ein für PriceWaterhouseCoopers arbeitender Freund darüber auf, daß sie sich weniger Sorgen um die PC-Hersteller machten als vielmehr um die Tatsache, daß die Investmentbank Goldman Sachs seit jüngstem mit Steuersparlösungen in Form von speziell zugeschnittenen Finanzprodukten auf den Markt drängte. PriceWaterhouseCoopers muß jetzt also Angst haben, daß die Investmentbanken anfangen, in ihrem angestammten Steuerberatungsrevier zu wildern. Mein Freund empfahl mir, mich in das Thema einzulesen, und so machte ich mich auf den Weg zu meinem Lieblingsbuchladen Borders Books. Doch dann wies mich meine Frau darauf hin, daß sie nicht mehr bei Borders Books gewesen sei, seit wir selbst einen Buchladen – Amazon.com mit dem Werbespruch »Borderless Books« – im Arbeitszimmer haben. Also klickte ich mich zur Amazon.com-Homepage durch und entdeckte, daß Amazon.com beileibe nicht nur eine Buchhandlung ist, sondern auch CDs im Angebot hat. Und als ich das sah, fragte ich mich: »Aber hallo, war das nicht Sonys Branche?«

Besorgt stellte ich mir die Frage, wie sich diese Entwicklung auf den Verkauf des Buches, das Sie gerade in Händen halten, auswirken wird. Also fuhr ich hinüber nach New York und meldete mich bei der Vertriebsabteilung von Farrar, Straus & Giroux, dem Verlag dieses Buches. Dort verwies man mich an Mark Gates, einen ihrer Top-Vertriebsleute. Auf meine Frage nach den Aussichten für das Buchgeschäft reagierte Gates ziemlich aufgebracht. »Ich brauche einen neuen Anzug und war deswegen gerade drüben bei Brooks Brothers«, erzählte er. »Ich gehe in die Herrenabteilung, und was sehe ich auf einem der Tische? Einen Stapel von Jordans neuestem Buch, *For the Love of the Game* – im Angebot in der Herrenabteilung, präsentiert auf einem Stapel Anzüge! Empört wende ich mich an einen der Verkäufer und sage zu ihm: ›Brooks ist kein Buchladen. Wie würde es Ihnen gefallen, wenn ich meine Buchhändler anweisen würde, ab sofort Anzüge zu verkaufen?‹ Er lacht. Die Sache ist ihm zwar ein bißchen peinlich, aber dann sagt er: ›Haben Sie in letzter Zeit einmal einen Blick auf Ihre Stromrechnung geworfen? Commonwealth Edison lockt für die Weihnachtsfeiertage mit einem Sonderangebot: Das Jordan-Buch zu einem Rabatt von 40 Prozent. Abrechnung erfolgt über die Stromrechnung, und sie schicken einem das Buch mit der Post ins Haus.‹ Das hat mich wirklich getroffen. Wissen Sie, ich bin jetzt 46 Jahre alt, und ich habe nicht vor, innerhalb der nächsten 19 Jahre in Pension zu gehen. Aber seit neuestem frage ich mich, ob ich in 19 Jahren noch einen einzigen Kunden haben werde. Wenn ich ganz ehrlich sein soll, glaube ich es nicht. Überall lösen sich die Grenzen auf.«

Da Zeit und Entfernung keine Rolle mehr spielen und die protektionistischen Mauern immer weiter abgetragen werden, »laufen«, so John Chambers von Cisco Systems, »Unternehmen, die nicht konstant einen Finger am Puls ihrer Kunden haben, Gefahr, daß ihnen ihre Kunden mit einem Mausklick abhanden kommen. Den Markt für ein Produkt verpassen kann bedeuten, daß Ihre Firma in zwei Jahren von der Bildfläche verschwunden oder Ihr ganzes Geschäft zur Massenware geworden ist. Doch selbst wenn Sie immer einen Finger am Puls haben, sind Sie nicht vor dem Ruin gefeit, wenn Sie nicht schnell genug entscheiden und handeln.«

Kein Wunder, daß die ersten Opfer der Mikrochip-Immunschwäche extrem kopflastige, übergewichtige und träge Systeme wie die Sowjetunion und IBM waren. Die nächsten, die sich den Virus einfingen, waren die Systeme, die der sowjetischen Planwirtschaft am nächsten kamen – die stark staatlich kontrollierten Volkswirtschaften Lateinamerikas, die stark aufgeblähten Wohlfahrtsgesellschaften Kanadas und Westeuropas und die am stärksten zentralgesteuerten, behäbigen US-Konzerne. Bis Ende der neunziger Jahre hatte der MIDS-Virus sich nach Asien ausgebreitet und die kopflastigen, staatlich gelenkten Volkswirtschaften Indonesiens, Malaysias, Thailands, Chinas und selbst Südkoreas und Japans erfaßt.

»Ich habe es noch nie für einen Zufall gehalten, daß der Kommunismus, die staatliche Planwirtschaft und Unternehmenskonglomerate zu ungefähr derselben Zeit in große Schwierigkeiten gerieten«, sagte mir Larry Summers einmal. »Dank PC und Mikrochip wurde es weitaus effizienter, den besser informierten Individuen mehr Kompetenzen zu übertragen und sie mehr Entscheidungen selbst treffen zu lassen, als alle Entscheidungsgewalt in einer Person an der Spitze zu bündeln.«

Hier fängt die Verantwortung an

Heute befinden wir uns im letzten Stadium dieses Prozesses, dem Stadium der Globalisierung, in dem sich Staaten und Unternehmen entweder selbst reorganisieren, um die sich aus den drei Demokratisierungen ergebenden Vorteile zu erschließen – oder dies versäumen und dem MIDS-Virus zum Opfer fallen. Und es ist die Phase, in der die vierte Demokratisierung – die Demokratisierung der Entscheidungsfindung und die Dezentralisierung der Macht und des Wissens – als wichtigstes Instrument zur Abwehr oder zur Therapie der Mikrochip-Immunschwäche auf den Plan tritt.

Der Blick auf den extremsten Fall, die ehemalige Sowjetunion, hilft zu verstehen, was ich mit der Demokratisierung der Entscheidungsfindung und der Dezentralisierung der Macht und des Wissens meine. Da das politische und wirtschaftliche System der Sowjetunion allein dem Zweck der staatlichen Kontrolle der Gesellschaft diente, waren alle wichtigen Führungsfunktionen zentralisiert. Das galt für die Entscheidungsfindung – Entscheidungen wurden ausschließlich an der Spitze gefällt, und die Spitze sagte dem einzelnen, was er zu denken, zu tun, was er anzustreben und zu mögen hatte. Das galt für das Wissen – alle

Informationen flossen nach oben an die Spitze, und nur einige wenige Personen im engsten Führungskreis hatten einen vollständigen Überblick über alle Vorgänge im Land. Und das galt natürlich für die Strategie – die grundlegenden Entscheidungen darüber, in welche Richtung das Land steuerte, waren ausschließlich Sache der Führungsriege.

Die Demokratisierung der Entscheidungsfindung und die Dezentralisierung der Macht und des Wissens bewirken, daß ein zentral gesteuertes System wie dieses geöffnet und das Zentrum neu definiert wird. Entscheidungsprozesse und Informationsflüsse verlaufen künftig sowohl von oben nach unten wie auch von unten nach oben. Wie ein bestimmtes Unternehmen oder Land das konkret umsetzt, hängt von mehreren Faktoren ab: von seinem Markt, seiner geographischen Lage, seiner Bevölkerung beziehungsweise seinen Mitarbeitern sowie seinem Entwicklungsstand. Dell Computer beispielsweise hat sein gesamtes Abrechnungswesen, sein Bestandsmanagement und die Distribution für seine europäischen Operationen in einem einzigen Call Center in Irland zusammengefaßt. Der PC-Hersteller zentralisiert bestimmte Funktionen, aber nicht zum Zwecke der Kontrolle, sondern um von neuen, kostensparenden Möglichkeiten der Effizienzsteigerung zu profitieren, die das Unternehmen im Bereich Bestandsmanagement und Distribution erschlossen hat. Das zeigt sich auch daran, daß Dell zugleich erhebliche Entscheidungskompetenzen an die einzelnen Verkaufs- und Servicecenter in den europäischen Märkten, in denen das Unternehmen vertreten ist, übertragen hat. Dahinter steht die Erkenntnis, daß diese Center viel näher an ihren Kunden sind und somit auch ihre Dienstleistungen besser auf die jeweiligen Bedürfnisse und Besonderheiten abstimmen und sich rascher auf Veränderungen einstellen können.

In der hyperschnellen, hochkomplexen und grenzenlosen globalisierten Welt liegt der Großteil der Informationen, die man zur Bewältigung der meisten Probleme braucht, nicht im Zentrum, sondern in den Händen der Leute an den Grenzen der Organisationen, an den Schnittstellen zur Außenwelt. Ein Land – oder Unternehmen –, welches seine Entscheidungsprozesse nicht demokratisiert und seine Macht nicht dezentralisiert und nicht das Wissen dieser Leute erschließt, geht mit einem schweren Handicap ins Rennen. Oder wie Warren Bennis in seinem Buch *Geniale Teams* schreibt: »Keiner von uns ist so schlau wie wir alle zusammen.«

Cisco-Präsident Chambers bestätigt diese Erkenntnis, wenn er die Demokratisierung der Entscheidungsfindung in seinem Konzern folgendermaßen beschreibt: »So schnell, wie die Wirtschaft sich heute bewegt, kann ich nur einen Teil der Entscheidungen treffen und einen Teil der Informationen aufnehmen. Die strategischen Entscheidungen will ich selbst treffen. Aber danach, wenn ich die Entscheidungskompetenz auf die Leute übertrage, die dem Ort des Geschehens am nächsten sind, und wenn ich ihnen dieselben Informationen gebe, über die auch ich verfüge, dann habe ich Tausende von Entscheidungsträgern, die für mich arbeiten und mitdenken. Entsprechend geringer ist die Gefahr, daß wir am Markt vorbeischießen. Außerdem sind sie so eher in der Lage, zu experimentieren und die richtige Antwort auf einige wirklich komplexe Probleme zu finden. Top-down-Entscheidungsfindung funktioniert nur dort, wo der Markt langsamer oder die Person an der Spitze fähig ist, ihren Finger unablässig am Puls des Geschehens zu haben, und das ist heute extrem selten geworden. Verstehen Sie mich nicht falsch. Ich habe immer noch das Ruder in der Hand und behalte mir das letzte Wort vor. Aber in der Mehrzahl der Fälle betreffen meine Entscheidungen grundsätzliche strategische Angelegenheiten wie die Frage, wohin Cisco sich entwickeln soll, in welchem Feld wir aktiv werden, wie unsere Kernstrategie lauten und wie unsere Unternehmenskultur aussehen soll. Habe ich eine Entscheidung getroffen, schicke ich meine Leute los und lasse sie in die Tat umsetzen. Denn wer seinen Leuten Entscheidungskompetenzen überträgt und dabei vergißt, ihnen die grundlegende Strategie zu vermitteln, läuft Gefahr, daß er auf die Nase fällt und seine Leute in lauter unterschiedliche Richtungen losmarschieren.«

An die Stelle der Command-and-Control-Führung im Kalten Krieg ist etwas getreten, was das Magazin *World Link* als das »Command-and-Connect«-Führungsmodell der Globalisierungsära bezeichnet. Erinnern wir uns nur an das Schild, das im Kalten Krieg jeder Entscheidungsverantwortliche auf dem Tisch stehen hatte: »Hier fängt die Verantwortung an.« Das war damals ein plausibles Motto; schließlich verlief der Informationsfluß von unten nach oben, wurden Befehle von oben nach unten weitergegeben und war der Markt so langsam, daß eine Person sich die Zeit nehmen konnte, alle Entscheidungen allein zu treffen. Heute dagegen sind die besten Führungskräfte diejenigen, die verstehen, daß es ihr Job ist, übergreifende Unternehmensstrategien zu entwerfen, eine allgemeine Unternehmenskultur zu etablieren, den richtigen Kurs zu bestimmen und es dann denen, die am nächsten bei den Kunden und an dem sich rasch wandelnden Markt stehen, zu überlassen, daß sie den Kurs unter eigenem Kommando steuern. In der globalisierten Welt steht auf dem Tisch des erfolgreichen Unternehmensmanagers deshalb auch nicht mehr das Schild »Hier fängt die Verantwortung an«, sondern »Hier hört die Verantwortung auf«. Ich, der Boß, lege die grundsätzlichen Strategien fest, ich sorge dafür, daß alle auf demselben Weg und miteinander verbunden bleiben, und ich gebe den Kurs vor. Ihr, die Mitarbeiter, sammelt die Informationen, tauscht sie aus und trefft so schnell und so nah am Markt so viele Entscheidungen wie möglich.

Mein Schwiegervater Matthew Bucksbaum ist der Präsident von General Growth Properties, einem auf den Bau von Einkaufszentren spezialisierten großen Immobilienplanungsbüro, und vor einiger Zeit beschloß er, diese Idee in die Tat umzusetzen. Das Unternehmen sitzt in Chicago, betreibt aber über die ganze USA verstreut 130 Einkaufszentren, die von vor Ort ansässigen Managern geleitet werden. Einmal pro Jahr kommen alle Manager zu einer großen Versammlung zusammen. Bei der letzten Versammlung Anfang 1999 trug Matthew einen Button mit dem Schriftzug »Hier hört die Verantwortung auf«, und an jeden seiner 130 Niederlassungsleiter verteilte er einen Button mit dem Schriftzug »Hier fängt die Verantwortung an«.

Das war Matthews Versuch, sein Unternehmen gegen die Mikrochip-Immunschwäche zu impfen oder, anders gesagt, sicherzustellen, daß die Berliner Mauer nicht über ihm einstürzen würde. So unterschiedlich wie die Unternehmen sind auch die Methoden, auf die sie im Kampf gegen MIDS setzen. Ich habe in den letzten Jahren zahlreiche Berichte über die Erfahrungen von sehr unterschiedlichen Firmen mit ebenso unterschiedlichen Methoden gesammelt, und drei davon – eine von einem Farmer aus Minnesota, eine von einem Konzern aus Chicago und eine von einem Kleinunternehmer aus Baltimore – möchte ich Ihnen hier präsentieren.

Gary Wagner, 44 Jahre alt, besitzt und betreibt mit seinen zwei Brüdern eine 1700 Hektar große Farm im Herzen des Red-River-Valleys bei Crookston, nahe der Grenze zwischen Minnesota und Norddakota. Ende der achtziger Jahre konnte Gary absehen, was die neunziger Jahre für die Landwirtschaft bringen würden: Entweder man wuchs, verstand es, Größeneffekte für sich auszunutzen, und wagte den Sprung auf den globalen Markt, oder man wurde von jemand anderem geschluckt, der das bereits getan hatte. Die Wagner-Brüder wollten nicht geschluckt werden, und so fingen sie an, nach einem Wettbewerbsvorteil zu suchen. Gary war – vielleicht weil er nach dem frühen Tod seines Vater mit gerade einmal 24 Jahren die Leitung der Farm hatte übernehmen müssen – neuen Ideen gegenüber vergleichsweise aufgeschlossen, und so griff er zu, als eines Tages vor sechs Jahren die Agroforschungsfirma

AgLeader mit einem auf den ersten Blick seltsam erscheinenden Gerät zu ihm kam – einem mikrochipgesteuerten Sensor zum Anschluß an seinen Mähdrescher. Auf den zweiten Blick machte die Sache erheblich mehr Sinn: AgLeader bot ihm an, auf seinem Mähdrescher einen Sensor zu installieren, der bei jeder Mähfahrt kontinuierlich die exakte Erntemenge pro Quadratmeter Feld maß. Außerdem sollte der Mähdrescher an ein GPS-System angeschlossen werden, das über spezielle Satelliten im Weltall jederzeit die exakte Position des Fahrzeugs auf dem Feld ermittelte. Kombinierte man die Daten des Sensors, der die Erntemenge pro Quadratmeter aufzeichnete, mit den Positionsdaten des GPS-Systems, würde Wagner genau feststellen können, wieviel Weizen er von jedem einzelnen Quadrameter seiner Felder erntete.

Es dauerte eine Weile, bis das System eingerichtet war und funktionierte. »Der Programmierer saß hinter mir auf der Zugmaschine«, erzählte Wagner, »und schrieb an der Software, während ich die Felder abfuhr. Dann ging er in sein Hotel zurück, nahm einige Änderungen vor, kam zurück, setzte sich wieder hinter mich und startete den nächsten Testlauf.« Aber als das System endlich funktionierte, reichte Wagner ein Blick auf die Ertragskarten, und er wußte, daß der Aufwand sich gelohnt hatte.

»Was ich da sah, war eine ziemliche Überraschung für mich«, gestand er. »Gemeinhin nimmt man an, daß der Quadratmeterertrag auf einem bestimmten Feld ziemlich gleich bleibt. Man schaut sich sein Feld an, und für das Auge sieht alles ziemlich gleichmäßig aus. Aber als wir die erste präzise Ertragskarte berechnet hatten, entdeckten wir, daß sich der Ertrag von einem Hektar zum anderen teilweise ganz erheblich unterschied. Umgerechnet betrugen die Unterschiede bis zu 370 Dollar pro Hektar, und das kann den Ausschlag geben, ob man auf diesem Hektar Gewinn oder Verlust macht. Diese Informationen sind für uns bares Geld wert. Mit Hilfe der computergenerierten Ertragskarten können wir genau sagen, welche Sorten am besten auf welchen der von uns bewirtschafteten Böden wachsen, und genau bestimmen, welche Sorten und wo wir sie anbauen.«

Früher hatte Wagner nach dem Zentralplanungssystem der Agroindustrie gewirtschaftet. Der Informationsfluß verlief einseitig von oben zu ihm nach unten. Wagner baute die Sorten an, die die Samenanbieter ihm empfahlen. Allerdings beruhten deren Empfehlungen allein darauf, welche Sorten auf einer durchschnittlichen Farm in einer durchschnittlichen, der seinen vergleichbaren Region die höchsten Erträge erbrachten. Nun aber, ausgerüstet mit seinem eigenen, viel detaillierteren Wissen über seine Farm, konnte Wagner seine Felder »dezentralisieren« und »demokratisieren«. Der einzelne Hektar wurde zur zentralen Informationseinheit und Entscheidungsinstanz: Über die von dem System gelieferten Daten teilt ihm jeder Hektar mit, welche Feldfruchtsorte er bevorzugt und wieviel Wasser, wieviel und welche Düngemittel in welcher Reihenfolge er benötigt, um in Abhängigkeit von seiner spezifischen Bodenzusammensetzung, seinem Feuchtigkeitsgehalt und seiner Hangneigung den höchstmöglichen Ertrag zu erbringen. Darüber hinaus kann Wagner die Informationen in seinen Düngerstreuer eingeben (zentralisieren) und den Düngerstreuer an das GPS-System anschließen. Wenn er heute über ein Zuckerrübenfeld fährt, weiß das System genau, wieviel Dünger jeder Hektar benötigt, und weist den Düngerstreuer an, exakt diese Menge an Nitraten abzugeben – mehr in dieser, weniger in jener Ecke des Feldes. Das reduziert nicht nur den Düngemittelverbrauch, worüber sich die Umwelt freut, sondern beschert Wagner auch höhere Erträge, worüber sich sein Sparbuch freut.

»Statt mit Informationen aus einem zentralisierten Wissenspool zu arbeiten, der auf regionalen Durchschnittswerten für durchschnittliche Farmen beruht, können wir heute alles für unsere spezifischen Bedingungen maßschneidern«, erklärte Wagner. »Wir mußten einiges an Lehrgeld investieren, aber es zahlt sich aus. Seien wir doch ehrlich: Wir konkurrieren mit unseren Nachbarn, und wenn wir auf Dauer überleben wollen, brauchen wir einen Wettbewerbsvorsprung. Sehen Sie sich um: überall dieselben Traktoren, dieselben Mähdrescher, dasselbe Land, dasselbe Wasser. Das einzige, wodurch Sie sich von der Konkurrenz abheben können, ist Ihr Wissen.«

Gewappnet mit einem Wissensvorsprung, kann Wagner mehr Aufgaben an seine Mitarbeiter delegieren und sich auf die große Strategie konzentrieren – die in seinem Fall darauf hinausläuft, so zu wachsen, daß er nicht geschluckt wird, sondern derjenige ist, der die anderen schluckt.

Ein Beispiel sind die Bodenexperten, die Bodenproben von seinem Land ziehen, was ihm für seine Datenbank unerläßliche Informationen liefert. »Früher«, sagte Wagner, »kamen die Experten an, zogen nach dem Zufallsprinzip Bodenproben von unseren Feldern und sagten uns dann, was wir haben. Heute läuft das andersherum. Da ich mehr über meine Felder weiß, kann ich ihnen genau sagen, wo sie die Proben nehmen sollen, und dafür, daß sie auch genau an diesen Stellen Proben ziehen, sorgt das GPS-Satellitennavigationssystem. Angenommen, ich suche nach einem homogenen Bereich auf meinem Land, auf dem ich dieselbe Feldfruchtsorte anbauen will, dann kann ich sie ganz gezielt auf die Suche schicken. Das bedeutet, daß ich mehr delegieren kann und bessere Informationen erhalte, als wenn ich es selbst getan hätte. Und das bedeutet wiederum, daß ich mich auf die Vergrößerung der Farm konzentrieren kann. Die einzige Möglichkeit, größer zu werden und trotzdem noch einen Gewinn zu erzielen, ist, schlauer zu werden. Wenn ich den Banken diese Art von Verbesserungen präsentiere, sind sie viel eher bereit, mir das Geld zu geben, ohne das ich nicht wachsen kann.«

Wagner ist immer noch ein Pionier im Bereich des sogenannten »Präzisionsanbaus«. Die meisten seiner Nachbarn beobachten ihn mit einer gehörigen Portion Skepsis. »Ich glaube, wenn mein Dad noch am Leben wäre, wäre er zwar interessiert gewesen, aber er hätte es niemals gutgeheißen, daß wir so schnell in diese neue Richtung gehen«, meinte er. »Aber jetzt, da meine Brüder und ich das Sagen haben und kein Big Boss über uns steht, sind wir für neue Ideen ein wenig offener. Allerdings gibt es noch nicht viele Farmer, die Präzisionsanbau betreiben, also halten wir über das Internet Verbindung. Inzwischen gibt es sogar einen Chatroom für Präzisionsfarmer, in dem wir unsere Probleme und Lösungsansätze austauschen.«

Das Büro von Robert Shapiro, dem Vorstandsvorsitzenden des Life-Science-Konzerns Monsanto, befindet sich im Merchandise Mart, einem gewaltigen Gebäudekomplex im Geschäftszentrum von Chicago – weit weg von Gary Wagners Farm und noch weiter weg von der Berliner Mauer. Aber Shapiro erkannte die gleiche einfache Wahrheit wie Wagner: Wenn er nicht den Entscheidungsprozeß in seinem Unternehmen dezentralisierte und den Zugang zu Informationen demokratisierte, würde der Konzern auf seinem wichtigsten Markt, der schnellebigen Life-Science-Industrie, über kurz oder lang von einem Konkurrenten überrundet werden. Und er handelte. Schritt für Schritt baute er die Zentrale des Unternehmens so um, daß es sich an die drei Demokratisierungen anpassen und sie übernehmen konnte.

»Wenn sich früher etwas draußen in der Welt ereignete«, erklärte er mir in seiner Bürozelle, die genauso groß ist wie die seiner Sekretärin, »dann nahmen das vor allem Leute wahr, die in der Unternehmenshierarchie weit unten angesiedelt waren. Üblicherweise betraf die Beobachtung etwas, was bei einem Kunden oder Konkurrenten vor sich ging. Die Information wurde dann von dem an der Unternehmensperipherie stehenden Mitarbeiter an seinen Vorgesetzten und von diesem weiter die Hierarchieleiter nach oben weitergegeben – vorausgesetzt, daß der zuständige Mitarbeiter auf jeder Hierarchieebene die Bedeutung der Information erkannte und sich nicht von ihr bedroht fühlte und sie zu unterdrücken versuchte. Aber nehmen wir einmal an, die Information landete schließlich auf dem Tisch eines Managers irgendwo an der Spitze, der in der Sache Entscheidungskompetenz besaß. In der globalisierten Welt von heute wäre die Information in dem Moment, in dem sie endlich dort ankommt, aller Wahrscheinlichkeit nach schon nicht mehr aktuell. Zudem wäre sie wahrscheinlich verzerrt und, schlimmer noch, der Manager, der entscheiden darf, würde das wohl auf der Grundlage seines inzwischen längst veralteten Wissens aus der Zeit tun, als er noch viele Sprossen weiter unten auf der Leiter arbeitete. ›Stimmt ja‹, würde er sagen, ›ich erinnere mich noch, daß ich damals, in grauer Vorzeit, vor einem ähnlichen Problem stand.‹ Nun, das wäre ja alles gar nicht so tragisch, wenn alle auf derselben allgemeinen Grundlage arbeiten würden und es kein besonderer Nachteil wäre, etwas langsamer, etwas weiter weg von der innovativen Spitze und etwas weiter entfernt vom Kunden zu sein. Aber diese Welt gibt es nicht mehr.

Deshalb versuchen wir bei Monsanto jetzt, unsere Zentrale neu zu definieren«, fuhr Shapiro fort. »Dabei beschränken wir uns aber nicht darauf, alles zu dezentralisieren und unsere Leute von der Leine und sie ihr eigenes Ding machen zu lassen. Wir sagen nicht, daß die Zentrale keine Rolle mehr spielt. Wir wollen vielmehr das Hauptquartier öffnen, und zwar auf eine solche Art und Weise, daß das Unternehmen insgesamt schneller handeln und rascher auf Veränderungen am Markt reagieren kann. In der Vergangenheit konnte ich meine Führungsrolle damit rechtfertigen, daß ich über den breitesten Zugriff auf Informationen verfügte und somit über eine Perspektive, die niemand sonst im Unternehmen hatte. Das bedeutete, daß ich durch meine Entscheidungen dem Prozeß Mehrwert hinzufügte. Aber heute, im Zeitalter von E-Mail, Intranet und Internet, besitzt jeder an der Basis dieselben Informationen wie ich, und oft sogar noch mehr. Selbst wenn ich wollte, könnte ich ihnen die Informationen nicht vorenthalten. Eine Hierarchie, die darauf beruht, daß sie ihren Bürgern oder Mitarbeitern bestimmte Informationen verschweigt, kann heute nicht mehr funktionieren. Heute kommt es darauf an, sich als ein Team zu verstehen. Wahrscheinlich höre ich deshalb mehr Leuten besser zu, weil ich eingesehen habe, daß sie über sehr viel mehr Informationen verfügen und deshalb auch eine bessere Grundlage für ihr Urteil haben, eine bessere Grundlage, als sie selbst – und auch ich – früher hatten. Heute kann ich sofort Kontakt zu einem Mitarbeiter an der Basis aufnehmen, der eine Idee oder eine bestimmte Erfahrung mit den Kunden hat, Wissen, das sich früher erst mühselig die Hierarchieleiter nach oben kämpfen mußte.

Gleichzeitig kann ich Dutzende von Leuten rund um die Welt in die Diskussion mit einbeziehen und sie fragen, ob sie bei sich vergleichbare Erfahrungen gemacht haben, ob ihre Kunden und Konkurrenten genauso auf ein neues Produkt reagieren und so weiter. Was dann am Ende herauskommt, ist ein – im Vergleich dazu, wie das Unternehmen früher gemanagt wurde – sehr viel offenerer, stärker teamorientierter und sehr viel mehr auf gegenseitigem Respekt beruhender Entscheidungsfindungsprozeß, bei dem an der Spitze, bei Leuten wie mir, etwas mehr Bescheidenheit und unten, an der traditionellen Basis, etwas mehr Selbstbewußtsein herrscht, während der alte Mittelbau weitgehend verschwunden ist.«

Sobald man anfängt, den Entscheidungsprozeß auf diese Art zu demokratisieren, meint Shapiro, passieren mehrere Dinge. »Zunächst bedeutet es, daß man neue Mitarbeiter nach anderen Kriterien auswählt. Man sucht nicht länger nach Leuten, die möglichst gut darin sind, von oben erteilte Anweisungen umzusetzen. Das spielt nämlich in fast jedem Job eine immer geringere Rolle. Statt dessen braucht man Mitarbeiter, die das ganze Feld überblicken und das Zeug dazu haben, sich selbst zum Manager ihres Teams an der Basis zu machen. Ich muß darauf achten, daß meine Manager in der Kultur, den Werten und der Strategie des Unternehmens so trainiert sind, daß sie, wenn sie Informationen sammeln, über den angemessenen Kontext zu ihrer Bewertung verfügen und beurteilen können, ob die Informationen den Weg, den wir eingeschlagen haben, bestätigen oder ob sie ihm widersprechen. Aber das geht nur, wenn sie wissen, auf welchem Weg wir unterwegs sind, und zwar immer und zu jeder Zeit. Dafür zu sorgen, daß sie es wissen, ist mein Job.«

Was für einen milliardenschweren multinationalen Konzern wie Monsanto gilt, trifft auch auf Jerry Portnoy und seine 35 Mitarbeiter bei Valley Lightning Inc. in Baltimore zu.

»Im Grunde genommen sind wir ein Vertrieb für Beleuchtungsmittel«, erklärte Portnoy, als ich ihn besuchte. »Wir beliefern Elektroinstallationsbetriebe und Unternehmen, die große, kommerzielle Projekte planen und abwickeln, und zwar sowohl auf Ausschreibungsbasis als auch auf der Grundlage fest verhandelter Verträge. Wir reichen Gebote ein, entwerfen und erstellen eine Kostenplanung, was immer im jeweiligen Fall notwendig ist, damit unsere Kunden einen möglichst guten Gegenwert für ihr Geld bekommen. Wir können nur überleben, wenn wir unseren Kunden Mehrwert liefern. Nun werden Sie sich vielleicht fragen, wie ein Vertrieb für Beleuchtungsmittel seinen Kunden Mehrwert schaffen will. Ganz einfach, indem wir ihnen, egal wie ihre Bedürfnisse aussehen, die kostengünstigsten Beleuchtungslösungen und -dienstleistungen bieten.«

Anfang der neunziger Jahre jedoch, kurz nach dem Fall der Berliner Mauer, bemerkte Portnoy, daß sein Markt sich veränderte.

»Es war so, als ob jemand einen Rolladen heruntergelassen und damit eine ganze Ära für beendet erklärt hätte«, sagte er. »Die Einstellung unserer Kunden änderte sich, sie wurden viel anspruchsvoller. Leute, die uns früher ohne großes Nachdenken einen Auftrag erteilt hatten, wollten sich plötzlich nicht mehr festlegen. Kunden, die bisher ausschließlich mit uns verhandelt hatten, holten bei Hinz und Kunz Angebote ein. Meine Vertriebsleute klagten, daß sie keine Aufträge mehr bekämen, daß die Konkurrenz viel härter geworden sei und daß, wenn man einen Auftrag bekam, damit kaum noch ein Gewinn zu erzielen wäre. Wir fingen an, uns Sorgen um das Unternehmen zu machen, aber keiner von uns verstand so recht, was eigentlich los war. Oder, wie Sie es sagen würden, die Berliner Mauer brach über uns zusammen, ohne daß wir etwas davon ahnten.«

In dieser Situation beschlossen Portnoy und sein Partner, ein wenig zu improvisieren. Sie richteten einen Geldtopf ein – 100 000 Dollar –, der es ihren Vertriebsleuten ermöglichen sollte, Abschlüsse mit der Hälfte der normalen Gewinnspanne zu tätigen. Schloß ein Verkäufer einen Vertrag ab, dessen Gewinnspanne unter der eigentlich vorgeschriebenen Marge lag, wurde die Differenz aus dem 100 000-Dollar-Topf ausgeglichen.

»Damit wollte ich zweierlei erreichen«, erklärte Portnoy. »Einmal wollte ich sehen, wie viel schneller und effizienter wir werden konnten, und zum anderen wollte ich verstehen, was zum Teufel da draußen auf dem Markt vor sich ging. Um herauszufinden, ob wir die Rohstoffe einkaufen, sie effizient weiterverarbeiten und am Markt weiterhin unsere Dienstleistungen anbieten – und zwar alles zu niedrigeren Kosten – und dabei noch einen Gewinn erwirtschaften konnten, mußten wir solche Kontrakte eingehen. Doch dann passierte etwas Überraschendes. Meine wichtigsten Verkäufer hielten ihren Umsatz, ohne sich aus dem Topf bedienen zu müssen. Für sie war es wohl eine Sache des Stolzes. Keiner wollte der erste sein, der in den Topf griff. Sie mußten sehr viel härter arbeiten, um ihren Umsatz zu halten, aber die meisten von ihnen schafften es, zumindest eine Zeitlang. Allerdings muß ich zugeben, daß es meine Leute ziemlich frustrierte, wie sie von manchen Kunden behandelt wurden. Wir kamen aus den achtziger Jahren raus und fühlten uns wie die Stars auf dem Markt, und zack, plötzlich behandelten uns die Leute, als ob wir irgendein ganz normaler Laden um die Ecke wären. Wir erzeugten immer noch Mehrwert, aber unseren Kunden war das egal. Sie sagten: ›Klar, ihr bringt gute Leistung. Und?‹ Sie schauten nur auf das Geld, und für sie zählte nur, wer das billigste Angebot abgab. In der gesamten Baubranche unterbot einer den anderen, und keiner hatte mehr irgendwelche Polster. Mitte der neunziger Jahre kamen unsere Vertriebsleute immer häufiger zu mir und sagten, sie müßten diese oder jene alte Geschäftsbeziehung abbrechen. Durch die Bank klagten sie, daß sie keine guten Angebote mehr erstellen konnten, was zum Teil daran lag, daß sie viel mehr Angebote einreichen mußten als früher, bis sie endlich einen Auftrag an Land ziehen konnten, und deshalb hatten sie weniger Zeit, die einzelnen Ausschreibungen unter die Lupe zu nehmen und daraufhin abzuklopfen, wo die Dollars und wo die Besonderheiten lagen. Dabei sind Informationen das A und O bei einer Ausschreibung. Je mehr man über einen Auftrag und seine einzelnen Bestandteile weiß, um so eher kann man ein gutes Angebot abgeben und einen Preis anbieten, der konkurrenzfähig ist und immer noch genug Gewinn zum Überleben einbringt.«

Ende 1994 schrieb Valley Lightning zwar immer noch schwarze Zahlen, aber erheblich kleinere schwarze Zahlen. MIDS fing an, sich bemerkbar zu machen. Es war unübersehbar, daß die Demokratisierung der Finanzen, der Technologie und der Informationen einen fundamentalen Wandel in Portnoys Markt bewirkt und eine Vielzahl von innovativen Produkten und Dienstleistungen zu Massenwaren gemacht hatte.

»Ich nahm mein Unternehmen unter die Lupe und stellte fest, daß uns vor allem Informationen fehlten«, sagte Portnoy. »Uns fehlten das Wissen und die Informationen, um in diesem neuen Markt bestehen zu können. Unser Versprechen an unsere Kunden hatte immer gelautet, daß wir, wenn sie uns die Lösung ihrer Beleuchtungsprobleme übertrugen, ihren Projekten mehr Mehrwert hinzufügen würden, als wir für unsere Dienste in Rechnung stellten. Hatte jemand mit einschränkenden Haushaltsvorgaben zu kämpfen, tüftelten wir einen Weg aus, wie wir ihm 90 Prozent Leistung zu 70 Prozent der Kosten liefern konnten, während es bei der Konkurrenz für 70 Prozent der Kosten auch nur 70 Prozent der Leistung gab. Nun kam es darauf an, daß wir es schafften, uns in dieser neuen Umwelt mit einer vergleichbaren Mehrwertstrategie zu positionieren.«

Portnoy schaffte es mit radikalen Maßnahmen. Er beauftragte einen Softwareconsultant und gab 20 000 Dollar dafür aus, den Markt nach einem Programm abzugrasen, mit dem er sein Unternehmen intelligenter und schneller machen würde, so daß er auch unter den neuen Rahmenbedingungen seine kundenorientierte Mehrwertstrategie weiterverfolgen konnte, das, was ihn von der Konkurrenz abhob.

»Doch auch nach einem Jahr Suche hatten wir immer noch kein Softwarepaket gefunden, das mehr als die Hälfte unserer Anforderungen erfüllte. Also beschlossen wir, unsere eigene Software zu schreiben«, berichtete Portnoy. »Ich selbst besitze keinerlei Programmiererfahrung. Aber zwei meiner besten Lichttechniker sind Computerfreaks, die sich alles selbst beigebracht haben und vollkommen vernarrt in diese Art von Software sind. Ich stellte einen Programmierer ein, und zusammen mit den beiden entwarf er ein System, das exakt auf unsere Bedürfnisse und Vorstellungen zugeschnitten war. Ich habe keine Ahnung, wie sie es gemacht haben. Mein Job beschränkte sich darauf, das Projekt zu finanzieren. Und ich sage Ihnen, das war kein kleiner Brocken. Unter dem Strich hat die Software mich 350 000 Dollar gekostet. Aber sie hat unser Unternehmen gerettet. Das neue Programm hilft unseren Vertriebsleuten und Kalkulatoren, die einzelnen Komponenten eines Auftrags besser zu verstehen. Sie füllen die Leerstellen aus, von denen wir wissen, daß sie die kritischen Variablen sind, und allein dadurch können sie sehr viel schneller und effizienter Angebote und Kostenvoranschläge ausarbeiten. Noch wichtiger ist, daß das System als ein Kontinuum arbeitet, sprich, die ursprünglichen Kostenvoranschläge werden automatisch in Bestellungen umgewandelt und auf Grundlage der Bestellungen werden automatisch Lieferscheine, Rechnungen und Wartungslisten erstellt. Alle diese Angaben lassen sich an einem Bildschirm darstellen, was heißt, daß meine Leute nicht dauernd zurückgehen und jede Eingabe separat vornehmen müssen. Ist eine Information einmal eingegeben, wird sie immer wieder genutzt. Als wir anfingen, arbeiteten wir ausschließlich mit Einzel-PCs. Inzwischen haben wir auf ein PC-basiertes Netzwerk umgestellt und alle Abläufe unternehmensweit integriert. In den ersten sechs Monaten 1998 sind unsere Umsätze und Gewinne um 33 Prozent gestiegen, und das mit derselben Mitarbeiterzahl. Wenn man seinen Umsatz ohne Neueinstellungen um ein Drittel steigert, dann fällt es nicht schwer auszurechnen, wieviel wir mit zusätzlichen Mitarbeitern an Umsatz zulegen könnten. In dieser Welt, in der

der Gewinner alles und der Verlierer nichts bekommt, muß man größer, intelligenter und schneller als die Konkurrenz werden – oder ihr das Feld überlassen. Ich weiß nicht, ob unser Ansatz auf Dauer Erfolg garantiert, aber ich weiß, daß er uns die Chance eröffnet hat, auch in der nächsten Runde noch mitzuspielen, so lange eben, bis jemand noch effizienter wird als wir.«

»Wie hat sich das auf Ihre Arbeit als Geschäftsführer ausgewirkt?« wollte ich wissen.

»Um ehrlich zu sein, ich weiß viel weniger als früher, was draußen beim Kunden vor sich geht«, gestand Portnoy. »Aber das stört mich nicht. Ich sorge dafür, daß meine Leute mehr Informationen haben und damit mehr und bessere Entscheidungen treffen. Meine Vertriebsleute arbeiten nicht auf Kommissionsbasis, sondern als Team, können also interaktiv vorgehen und stehen nicht in Konkurrenz zueinander. Wenn das Unternehmen Geld verdient, dann, das wissen sie, verdienen sie auch Geld. Das treibt sie an, ihr Wissen mit ihren Kollegen zu teilen. Da sie mehr Informationen haben, haben sie auch mehr Macht. Sie können selbständig beurteilen, bei welchen Aufträgen sie am ehesten zum Zug kommen, bei welchen die höchsten Bruttoprofite für uns herausspringen und welche besonders leicht durchzuführen sind. Das ist das Wichtigste: Dank der neuen Software müssen sie nicht mehr den ganzen Tag Zahlen in die Rechenmaschinen eintippen und haben endlich Zeit, sich zurückzulehnen und nachzudenken. Jetzt haben sie das Geschäft in der Hand, nicht mehr das Geschäft sie. Es ist fast so, als ob sie alle kleine, individuelle Profitcenter wären – jeder leitet sein eigenes, kleines Unternehmen –, und mein Job ist es, sie zusammenzuhalten und ihnen die Unterstützung und die Werkzeuge zu geben, die sie brauchen, damit sie, was sie tun, gut tun können.«

Hier endet die Verantwortung.

So stieß Jerry Portnoy mit Robert Shapiro, John Chambers, Dell Computer und Gary Wagner in den Kreis derjenigen vor, die den Fall der Berliner Mauer überlebten.

Genau dasselbe strebte Peking mit der Durchführung der Kommunalwahlen an, auch wenn es in der Hälfte der Fälle nur Scheinwahlen waren. Die chinesische Regierung versuchte, die Verantwortung auf die lokale Ebene zu verlagern, weil sie eingesehen hatte, daß ihre einzige Möglichkeit, die wirtschaftlichen Probleme der Landbevölkerung in den Griff zu bekommen, darin bestand, die Dorfbewohner ihre Bürgermeister selbst bestimmen zu lassen. Peking setzte darauf, daß die Wahlen fähigere Lokalpolitiker an die Macht bringen würden – Politiker, die die Bedürfnisse und Bedingungen auf dem Land besser verstanden, die mehr Druck ausüben und aus eigener Kraft und Initiative eine lokale Wirtschaft aufbauen würden. Das war ihr Weg, Macht und Entscheidungskompetenzen zu dezentralisieren – nicht in der politischen, wohl aber in der wirtschaftlichen Sphäre – und zu verhindern, daß ihnen die Berliner Mauer auf den Kopf fiel.

Die Ausrichtung von Kommunalwahlen wird nicht ausreichen, die chinesische Wirtschaft so schnell wachsen zu lassen, wie sie wachsen muß, um die Ansprüche der Chinesen zu befriedigen. Dazu muß Peking sich zu einer sehr viel weitergehenden Dezentralisierung der Macht durchringen. Aber es war ein wichtiger und notwendiger erster Schritt in diese Richtung, das fanden auch die Chinesen auf dem Land, mit denen ich sprach.

Übrigens habe ich Ihnen noch gar nicht verraten, wer schließlich die Bürgermeisterwahlen in Gujialingzi gewann. Wir saßen stundenlang herum, während auf der Tafel in einem Klassenzimmer die Stimmen ausgezählt wurden. Ich werde den Anblick nie vergessen: Das gesamte Dorf stand dicht gedrängt am Eingang des Zimmers und an den Fenstern und sah zu, wie jede einzelne Stimme mit einem Kreidestrich auf der Tafel markiert wurde. Dem Herausforderer Liu Fu half sein Appell an die weibliche Wählerschaft nichts, der Amtsinhaber entschied die Wahl für sich. Nach der Auszählung sprachen mehrere von unserem Team mit Liu. Er meinte, er sei traurig, verloren zu haben, aber er hätte schon Schlimmeres erlebt. Viel Schlimmeres. Während der Kulturrevolution war er in die Verbannung geschickt worden, heute, zwanzig Jahre später, bewarb er sich um den Bürgermeisterposten (in einer Wahl, die von einem Beobachterteam aus den Vereinigten Staaten überwacht wurde).

Auf die Frage, ob er während der Kulturrevolution jemals die Hoffnung verloren habe, antwortete er mit einem chinesischen Sprichwort: »Eine Hand kann die Sonne nicht verdunkeln.«

5

Die Goldene Zwangsjacke

Auf meiner Rundreise durch die chinesische Provinz als Beobachter der Kommunalwahlen besuchten wir auch das kleine Dorf Heng Dao. Bei einem Spaziergang durch das Dorf machte mich mein Dolmetscher, ein junger Chinese, der in den USA studierte, auf etwas aufmerksam, was mir allein nie aufgefallen wäre: Nirgendwo in Heng Dao sah man Lautsprecher. Unter Mao hatte die Kommunistische Partei in den »Brigaden«, wie die kleinen Dörfer damals bezeichnet wurden, Lautsprecher installiert und die Arbeiter beständig mit Propagandanachrichten und ideologischen Unterweisungen beschallt. Bei unserem Rundgang kamen wir mit einem Mechaniker ins Gespräch, der vormals Bauer gewesen war und im Hof vor seinem Backsteinhaus noch ein paar Gänse und Schweine hielt. Der Mann lud uns in seine Lehmhütte ein, die zu meiner Überraschung mit einer Stereoanlage und einem Farbfernsehgerät ausgestattet war. Wir fragten unseren Gastgeber, was mit den Lautsprechern passiert sei.

»Wir haben sie letztes Jahr abgehängt«, erwiderte er. »Niemand wollte sie mehr hören. Warum auch, inzwischen haben wir alle Fernseher und Stereoanlagen.« Er sagte nicht, daß es für die Dorfbewohner keinen Grund mehr gab, den Nachrichten der Kommunistischen Partei Chinas noch Gehör zu schenken. Was sie den Dörflern einzubleuen versuchte, waren nicht mehr die Lehren des Großen Vorsitzenden, sondern beschränkte sich auf eine Botschaft, die sie alle schon längst vernommen hatten: »Ihr seid jetzt auf euch gestellt. Besorgt euch eine Arbeit. Schickt Geld.«

Ein paar Monate zuvor war ich in Thailand gewesen und hatte mitverfolgt, wie der thailändische Filzkapitalismus immer tiefer in den Sog einer massiven Krise geriet. Unter anderem hatte ich einen Interviewtermin mit Sirivat Voravetvuthikun vereinbart, einem Immobilienunternehmer, den die thailändische Wirtschaftskrise in den Ruin getrieben hatte. Um sich über Wasser zu halten, hatten er und seine Frau einen mobilen Sandwichhandel begonnen; ein typisches Schicksal nach dem thailändischen Crash. Das einstmals reiche Ehepaar hatte in der Innenstadt von Bangkok einen leerstehenden Laden angemietet, mit Hilfe mehrerer ehemaliger Mitarbeiter eine Sandwichküche eingerichtet und angefangen, auf den Straßen der Innenstadt frische Schinken- und Käsesandwichs zu verkaufen. Als Voravetuthikun mit der gelben Picknickbox um den Hals zu dem Interview erschien, sah er aus wie ein Sandwichverkäufer bei einem amerikanischen Baseballmatch. Im Laufe unseres Gesprächs fiel mir an ihm jedoch vor allem auf, daß seine Stimme keinerlei Bitterkeit verriet, dafür aber seine Worte tiefste Resignation ausdrückten. Seiner Einschätzung nach steckte Thailand bis zum Hals in Schwierigkeiten. Die Leute, sagte er, wüßten das, und sie wüßten auch, daß sie den Gürtel enger schnallen und schauen mußten, wie sie sich durchschlagen konnten. Viel mehr gebe es dazu nicht zu sagen. Ob er denn nicht wütend sei, wollte ich wissen. Ob er nicht manchmal aus Wut darüber, daß man seine Existenzgrundlage vernichtet hatte, mit dem Gedanken spielte, ein Regierungsgebäude in Brand zu stecken?

Nein, gab Sirivat zurück. »Der Kommunismus ist gescheitert, der Sozialismus ebenfalls, uns bleibt nur der Kapitalismus. Wir wollen nicht zurück in den Dschungel, wir wollen alle ein besseres Leben führen. Uns bleibt keine Wahl, wir müssen versuchen, mit dem Kapitalismus zu leben. Wir Thailänder müssen besser werden und uns an die Regeln halten, die draußen in der Welt gelten... Überleben wird nur, wer wettbewerbsfähig ist. Aber so drückend, wie unsere Altlasten sind, setzt das wahrscheinlich eine Regierung der nationalen Einheit voraus.«

Nach meiner Rückkehr aus China ging ich in Washington zu einem Vortrag von Anatolij Tschubais, dem Architekten der gescheiterten russischen Wirtschaftsreformen und Privatisierungspolitik. Tschubais war nach Washington gekommen, um dem IWF noch in letzter Minute zusätzliche Kredite für Rußland zu entlocken. Allerdings sperrte sich die von den Kommunisten beherrschte Duma gegen die Auflagen des Währungsfonds und beschimpfte Tschubais als Verräter und Agenten des Auslands, weil er sich den IWF-Forderungen nach einer radikalen, auf die Einführung einer freien Marktwirtschaft zielenden Reform der russischen Wirtschaft gebeugt hatte. Auf meine Frage, wie er auf diese Vorwürfe reagiere, antwortete er: »›Ok‹, sage ich zu ihnen, ›Tschubais ist also ein von CIA und IWF bezahlter Agent. Aber wie sehen eure Alternativen aus? Habt ihr irgend welche brauchbaren Ideen?‹« Da die Kommunisten keine Alternativen hätten, habe er auf diese Frage auch noch nie eine nur halbwegs vernünftige Antwort bekommen.

Einige Monate später interviewte ich in Brasilien den Parlamentsabgeordneten und ehemaligen Umweltminister des Bundesstaates São Paulo, Fabio Feldmann. Feldmann führte zu der Zeit gerade einen Wahlkampf um seine Rückkehr auf den Ministersessel, und in seinem mit Plakaten, Broschüren und anderen Wahlkampfrequisiten vollgestopften Büro traten sich seine Mitarbeiter gegenseitig auf die Füße. Auf meine Frage nach der aktuellen politischen Lage in Brasilien gab er, ein ausgewiesener Liberaler, folgende Einschätzung: »Die brasilianische Linke hat ihre Flagge verloren. Die Herausforderung, vor der die Regierung in Brasilia heute steht, lautet schlicht und ergreifend Arbeit und Beschäftigung. Man kann Einkommen nicht nur umverteilen, man muß es auch schaffen. Aber werfen Sie einen Blick in das Programm der Linken. Kein einziger Vorschlag, wie sich Einkommen erzeugen läßt, nur Vorschläge zu seiner Umverteilung.«

Welche Erkenntnis können wir aus diesen Geschichten ziehen? Die Konvergenz der drei Demokratisierungen Ende der achtziger Jahre brachte nicht nur die alten Mauern zum Einsturz, sondern führte auch alle grundsätzlichen ideologischen Alternativen zur freien Marktwirtschaft ad absurdum. Wir können über Alternativen zur freien Marktwirtschaft und zur globalen Integration reden, wir können Alternativen fordern und auf einem »Dritten Weg« bestehen, doch das ändert nichts an der Tatsache, daß zumindest derzeit keine solche Alternative in Sicht ist.

Das unterscheidet die jetzige Globalisierungsphase von der ersten. Im 19. und im frühen 20. Jahrhundert, als die Industrielle Revolution und der globale Finanzkapitalismus über Europa und Amerika hereinbrachen, waren viele Menschen schockiert von dem damit einhergehenden rücksichtslosen Sozialdarwinismus und den unmenschlichen Arbeitsbedingungen in den Fabriken. Traditionelle Hierarchien und Wertesysteme zerfielen, die betroffenen Gesellschaften wurden von gewaltigen Einkommensunterschieden zerrissen und die Menschen einem gnadenlosen Verdrängungswettbewerb ausgesetzt. Jenen aber, die sich in dem neuen System zurechtfanden, bescherten die Globalisierung und die Industrielle Revolution einen starken Anstieg im Lebensstandard. Die enormen sozialen Unterschiede und die Suche nach Wegen, wie die Arbeiterklasse vor den unmenschlichsten Aspekten des ungezügelten Kapitalismus der damaligen Zeit geschützt werden konnte, lösten heftige gesellschaftliche Diskussionen aus und bildeten einen fruchtbaren

Nährboden für die Entstehung neuer, radikaler Ideologien. Karl Marx und Friedrich Engels beschrieben die damalige Lage in ihrem *Kommunistischen Manifest* so: »Die fortwährende Umwälzung der Produktion, die ununterbrochene Erschütterung aller gesellschaftlichen Zustände, die ewige Unsicherheit und Bewegung zeichnet die Bourgeois-Epoche vor allen früheren aus. Alle festen, eingerosteten Verhältnisse mit ihrem Gefolge von altehrwürdigen Vorstellungen und Anschauungen werden aufgelöst, alle neugebildeten veralten, ehe sie verknöchern können. Alles Ständische und Stehende verdampft, alles Heilige wird entweiht, und die Menschen sind endlich gezwungen, ihre Lebensstellung, ihre gegenseitigen Beziehungen mit nüchternen Augen anzusehen.«

Irgendwann traten Leute auf den Plan, die verkündeten, sie könnten die destabilisierenden, die Menschen in Not stürzenden Ausschläge des unregulierten Marktes unterbinden und eine Welt erschaffen, in der es keine kapitalistische Bourgeoisie mehr gäbe. Dazu müsse man, sagten sie, nur die Wirtschaft zentral planen und finanzieren; das Einkommen werde auf alle Arbeiter nach ihren Bedürfnissen verteilt, umgekehrt hätten die Arbeiter nach ihren Fähigkeiten zum Volkseinkommen beizutragen. Zu diesen revolutionären Denkern zählen unter anderem Engels, Marx, Lenin und Mussolini. Der von 1917 bis 1989 während Kampf um die globale Vorherrschaft der zentralwirtschaftlichen, undemokratischen Alternativen, die auf den Ideologien dieser Denker gründeten – der Kommunismus, der Sozialismus und der Faschismus – trug mit zum Ende der ersten Globalisierungsphase bei.

Rückblickend kann man über die Alternativen nur eines sagen: *Keine hat funktioniert.* Und dieses vernichtende Urteil fällten eben jene Menschen, die unter den alternativen Systemen lebten. Seit dem Zusammenbruch des Kommunismus in Europa, in der Sowjetunion und in China – und der Mauern, die diese Systeme schützten – steht den Menschen, die sich mit der sozialdarwinistischen Brutalität des marktwirtschaftlichen Kapitalismus nicht abfinden wollen, keine echte ideologische Alternative mehr zur Verfügung. Die historische Debatte über die Frage, welches Wirtschaftssystem am effektivsten darin ist, einen höheren Lebensstandard zu erzeugen, ist abgeschlossen. Die – unbestrittene – Antwort lautet: der marktwirtschaftliche Kapitalismus. Andere Systeme mögen das Volkseinkommen effizienter und gerechter umverteilen, aber wenn es darum geht, umverteilbares Einkommen zu schaffen, ist keines effizienter als der marktwirtschaftliche Kapitalismus. Und immer mehr Menschen sind sich dessen auch bewußt. Von einer ideologischen Warte aus gesprochen, gibt es heute nur noch freie Marktwirtschaften und

Nordkorea. Natürlich unterscheiden sich die Marktwirtschaften in dem Grad ihrer Freiheit, und natürlich kann jede Gesellschaft bis zu einem gewissen Punkt selbst bestimmen, wie schnell oder langsam sie sich dem Globalisierungsdruck anpaßt. Aber wer in einer Welt ohne Mauern einen höheren Lebensstandard anstrebt, dem bleibt keine Alternative zur freien Marktwirtschaft. Eine Straße, unterschiedliche Geschwindigkeiten. Einen anderen Weg zum Ziel gibt es nicht.

Wenn ein Land diese Tatsache anerkennt und die Regeln der freien Marktwirtschaft in einer globalisierten Weltwirtschaft akzeptiert und sich ihnen unterwirft, dann legt es eine, wie ich sie nenne, »Goldene Zwangsjacke« an. Die Goldene Zwangsjacke ist das definierende politisch-ökonomische Gewand unserer Globalisierungsära. Im Kalten Krieg konnte man alternativ noch zur Mao-Kluft greifen, sich die Nehru-Jacke anziehen oder den russischen Pelz anlegen. Die globalisierte Welt kennt nur die Goldene Zwangsjacke. Falls Ihr Heimatland noch in keine hineinpaßt, wird sich das bald ändern.

Die erste, die sich eine passende Goldene Zwangsjacke schneiderte, war Margaret Thatcher gegen Ende der siebziger Jahre in Großbritannien. Zu ihr gesellte sich bald darauf der frisch gewählte amerikanische Präsident Ronald Reagan, er griff das Konzept auf und verlieh ihm mit der Übertragung auf die Vereinigten Staaten eine kritische Masse. Mit dem Ende des Kalten Krieges und dem Siegeszug der drei Demokratisierungen, die alle Alternativen zum Kapitalismus und die sie schützenden Mauern zusammenbrechen ließen, kam die Goldene Zwangsjacke weltweit in Mode.

Hinter Thatcherismus und Reagonomics stand in beiden Ländern eine Mehrheit der Bevölkerung, die zu dem Schluß gekommen war, daß die traditionelle, staatlich gelenkte Wirtschaftspolitik kein ausreichendes Wirtschaftswachstum mehr gewährleisten konnte. Thatcher und Reagan verlagerten umfangreiche wirtschaftspolitische Entscheidungsbefugnisse vom Staat, von den Anhängern einer traditionellen keynesianischen Ökonomie und von Roosevelts »Großer Gesellschaft« in die Hände des Marktes.

Ein Land, das in die Goldene Zwangsjacke hinenpassen möchte, muß sich an die folgenden goldenen Regeln halten – oder auf ihre Umsetzung hinarbeiten. Es muß den privaten Sektor zum hauptsächlichen Motor des Wirtschaftswachstums machen; eine möglichst geringe Inflationsrate und möglichst hohe Preisstabilität anstreben; den Umfang der staatlichen Bürokratie beschränken; einen möglichst ausgeglichenen

Staatshaushalt, möglichst sogar einen Überschuß erreichen; Zölle auf Einfuhren senken beziehungsweise ganz streichen; Beschränkungen für Auslandsinvestitionen beseitigen; Importquoten aufheben und nationale Monopole zerschlagen; den Exportanteil steigern; staatliche Unternehmen und Versorgungsgesellschaften privatisieren; den Kapitalmarkt deregulieren und die eigene Währung frei konvertibel machen; seine Industrie sowie seine Aktien- und Anleihemärkte für ausländischen Besitz und ausländische Investitionen öffnen; durch die Deregulierung der Wirtschaft die Binnenkonkurrenz stimulieren; staatliche Korruption bekämpfen und Subventionen streichen; das Bankwesen und die Telekommunikationsindustrie für Privatbesitz und Wettbewerb öffnen; seinen Bürgern erlauben, aus einer Vielzahl konkurrierender Altersversorgungsmodelle und Pensions- und Investmentfonds (auch ausländischen) zu wählen. Zusammengenäht wird aus allen diesen Einzelteilen die Goldene Zwangsjacke.

Allerdings gibt es die Goldene Zwangsjacke nur in einer Einheitsgröße, was heißt, daß sie hie und da kneift und zwickt. Eben das setzt eine Gesellschaft permanent unter Druck, ihre wirtschaftlichen Institutionen effizienter zu machen und deren Leistungsfähigkeit zu steigern. Wer in einer Gesellschaft, die die Goldene Zwangsjacke trägt, nicht Schritt hält, fällt sehr schnell weit zurück; andererseits bietet sie jedem auch die Chance, den Rückstand schneller als jemals zuvor wieder aufzuholen. Die Goldene Zwangsjacke ist nicht unbedingt ein hübsches und bequemes Kleidungsstück. Aber sie ist in unserer Zeit das einzige Modell, das auf der Stange hängt.

Wenn ein Land die Goldene Zwangsjacke anzieht, passieren üblicherweise zwei Dinge: Die Wirtschaft wächst, und der Staat schrumpft. An der wirtschaftlichen Front fördert die Goldene Zwangsjacke im Normalfall das Wachstum und läßt die Durchschnittseinkommen steigen – ausgelöst durch eine Belebung des Handels, durch zusätzliche ausländische Investitionen, Privatisierungen und eine vom globalen Wettbewerb erzwungene effizientere Nutzung der Ressourcen. Anders an der politischen Front. Hier setzt die Goldene Zwangsjacke den politischen und wirtschaftspolitischen Handlungsmöglichkeiten der Regierung einen relativ engen Rahmen – was im übrigen auch erklärt, warum man sich heutzutage nach einem Regierungswechsel so schwer tut, wirkliche Unterschiede zwischen der Politik der alten und der neuen Regierung festzustellen. Salopp ausgedrückt, reduziert die Goldene Zwangsjacke den Spielraum der Politk auf die Wahl zwischen Coca-Cola und Pepsi-Cola. Nach wie vor möglich sind geringfügige Abweichungen in der Geschmacksrichtung, in der Verpackung und im Design entsprechend den lokalen Gepflogenheiten, nicht jedoch substantielle Abweichungen von den zentralen goldenen Regeln. Jede Regierung – ob von Demokraten oder Republikanern, von Konservativen oder Labour, von Gaullisten oder Sozialisten, von Christdemokraten oder Sozialdemokraten geführt –, die zu weit von den Grundregeln abweicht, riskiert eine massive Kapitalflucht, steigende Zinsen und sinkende Börsenkurse. Raum zum Manövrieren gewinnt nur der, der es versteht, seine Goldene Zwangsjacke auszuweiten, und das geht, so paradox es klingen mag, nur, wenn man sie möglichst eng trägt. Eben das ist auch ihre wichtigste Eigenschaft: Je enger man die Goldene Zwangsjacke trägt, desto mehr Wohlstand entsteht und desto besser läßt sie sich auspolstern.

Kein Wunder, daß sich die politische Auseinandersetzung in den Industrieländern heute größtenteils um kleinere Nachbesserungen an der Goldenen Zwangsjacke dreht, nicht um radikale Änderungen. Die Aussage, mit der Bill Clinton 1996 im amerikanischen Präsidentschaftswahlkampf auf Stimmenfang ging, war im Prinzip folgende: »Sicher, wir stecken in einer Goldenen Zwangsjacke. Aber ich weiß, wie wir sie in der Mitte eine Idee weiter machen und an den Ellbogen etwas auspolstern können.« Clintons republikanischer Herausforderer Bob Dole hielt dagegen: »Nein, in der Mitte dürfen wir absolut nichts herauslassen. Tragen wir sie weiter eng und polstern sie an den Ellbogen ein bißchen aus.« Nicht viel anders sah es 1997 im Wahlkampf vor den britischen Unterhauswahlen aus. Während Tony Blair den Briten quasi versprach, die Jacke ebenso eng zu tragen wie die Tories und höchstens an den Schultern und im Brustbereich etwas auszulassen, gelobte der konservative Amtsinhaber John Major, an der von Margaret Thatcher geschneiderten Jacke nichts zu ändern, und warnte Blair davor, auch nur einen Faden herauszutrennen. Da überraschte es wenig, als der Führer der britischen Liberalen, Paddy Ashdown, konstatierte, zwischen Blair und Major sei nicht der Hauch eines inhaltlichen Unterschieds auszumachen. Man könnte meinen, höhnte der Liberale, Blair und Major übten sich im »Synchronschwimmen«.

Seit dem Ende des Kalten Krieges und dem Siegeszug der Goldenen Zwangsjacke komme ich auf meinen Reisen um die Welt häufig in den Genuß von Vorführungen im Synchronschwimmen. Vor den Wahlen zum deutschen Bundestag im September 1998, bei denen der Sozialdemokrat Gerhard Schröder den Christdemokraten Helmut Kohl schlug, zitierte Associated Press Karl Josef Meiers von der Deutschen Gesellschaft für Auswärtige Politik mit den folgenden Worten über die beiden

Kanzlerkandidaten: »Die Etiketten links und rechts können Sie getrost vergessen. Kohl und Schröder sitzen im selben Boot.« Der südkoreanische Ministerpräsident Lee Hong Koo erfuhr während seiner Amtszeit Mitte der achtziger Jahre aus unmittelbarer Betroffenheit, wie es ist, ein Land zu führen, das in der Goldene Zwangsjacke steckt. »Früher sagten wir immer ›Die Geschichte läßt uns keine Wahl‹«, meinte Lee in einem Interview mit mir. »Heute ist es ›der Markt‹, der uns keine Wahl läßt, dem wir uns nicht entziehen können. Es hat seine Zeit gedauert, bis wir das verstanden haben. Wir begriffen zunächst nicht, daß der Sieg [des Westens] im Kalten Krieg ein Sieg des Marktes über die Politik war. Die großen Entscheidungen heute betreffen die Frage, ob man ein demokratisches System und eine offene Volkswirtschaft hat oder ob man das nicht hat. Dies sind die großen Alternativen. Hat man diese grundsätzlichen Entscheidungen einmal getroffen, ist alle Politik nur noch politische Ingenieurskunst mit der Aufgabe, innerhalb des vom System vorgegebenen engen Spielraums Entscheidungen umzusetzen.« Lee begann seine politische Karriere in den Reihen der lange das Land beherrschenden Grand National Party. Doch nach der Wirtschaftskrise von 1997/98, als Südkorea feststellte, daß es die Goldene Zwangsjacke noch enger schnüren mußte, um weiter wachsen und ausländische Investoren anlocken zu können, verpaßten die Koreaner den altmodischen, traditionellen Politikern einen Denkzettel und hievten den liberalen Menschenrechtsaktivsten Kim Dae Jung vom oppositionellen National Congress for New Politics auf den Präsidentensessel. Nach seinem Wahlsieg bat Kim zur allgemeinen Überraschung Lee, als Botschafter nach Washington zu gehen. »In der Vergangenheit wäre es undenkbar gewesen, daß jemand wie ich, immerhin der ehemalige Ministerpräsident und Präsidentschaftskandidat sowie Vorsitzende der Oppositionspartei, als Botschafter der Regierungspartei, in diesem Falle der Partei von Präsident Kim, nach Washington geht. Doch vor dem Hintergrund dessen, was Korea zur Überwindung seiner Wirtschaftskrise tun muß, sind die Unterschiede zwischen Herrn Kim und mir unbedeutend. Uns bleibt keine andere Wahl.« Wie heißt »im selben Boot sitzen« oder »Synchronschwimmen« auf Koreanisch?

Manmohan Singh war Finanzminister, als die Regierung Indiens 1991 nach Jahrzehnten einer statischen, quasisozialistischen Wirtschaftspolitik eine radikale Kehrtwende vollzog und nach der Goldenen Zwangsjacke griff. Ich unterhielt mich mit Singh im Sommer 1998 in seinem Büro im indischen Parlamentsgebäude. Er sprach über den Verlust an politischer Kontrolle, der mit der Neuausrichtung der indischen

Wirtschaft einhergehe: »Der Zugang zu den internationalen Kapitalmärkten brachte, wie wir sahen, durchaus Vorteile mit sich. Aber je
mehr wir uns der Welt öffneten, um so schwieriger wurde es für die Regierung, die Wirtschaft zu kontrollieren und eine eigenständige Politik
zu betreiben. Wenn man in einer globalisierten Wirtschaft agiert, fallen
die Wahrnehmungen der anderen Marktteilnehmer viel mehr ins Gewicht – egal, ob sie richtig sind oder nicht. Und man muß, ob man will
oder nicht, diese Wahrnehmungen akzeptieren und als wichtige Größe
im Entscheidungsprozeß berücksichtigen ... Wir leben in einer Welt, in
der unsere Schicksale miteinander verknüpft sind, aber [Indiens spezifi-
sche] Sorgen und Hoffnungen werden nicht berücksichtigt. Das beunruhigt uns. Egal, welche Währungs- und Geldpolitik wir verfolgen,
jede Entscheidung von uns gerät zur Fußnote dessen, was Alan Greenspan beschließt. Das geht auf Kosten der politischen Selbständigkeit,
und zwar bis hinunter zur Steuerpolitik. In einer Welt, in der das Kapital international mobil ist, kann man es sich nicht leisten, Steuersätze
festzulegen, die allzu weit von den Steuersätzen in anderen Ländern ab-
weichen. Dasselbe gilt wegen der Mobilität der Arbeit für die Löhne.
Die Öffnung gegenüber dem Weltmarkt hat unsere Manövrierfähigkeit
eingeschränkt ... Als einer meiner Freunde in einem benachbarten Land
zum Finanzminister ernannt wurde, rief ich ihn an, um ihm zu gratulie-
ren. Wissen Sie, was er mir erwiderte? ›Gratuliere mir nicht. Ich bin nur
zur Hälfte Finanzminister. Die andere Hälfte sitzt in Washington.‹«

Nicht jedes Land zieht die Goldene Zwangsjacke ganz an – manche, wie
Indien und Ägypten, streifen sie sich nur zur Hälfte über oder nur immer
wieder ein kleines Stückchen. Manche legen sie an und ziehen sie wieder
aus (zum Beispiel Malaysia und Rußland). Andere versuchen, sie ihrer
speziellen Kultur anzupassen, und tragen sie mit ein paar Knöpfen offen
(etwa Deutschland, Japan und Frankreich). Dann gibt es einige Länder,
die meinen, sie könnten wegen ihres Reichtums an natürlichen Rohstoffen die Goldene Zwangsjacke im Schrank hängen lassen (Iran, Saudi-
Arabien). Und wieder andere sind so arm und so von der Außenwelt abgeschottet und haben eine Regierung, deren Machtbasis so gefestigt ist,
daß sie es sich leisten können, ihre Bevölkerung nicht in eine goldene,
sondern in eine ganz normale Zwangsjacke zu stecken (Nordkorea,
Sudan, Afghanistan).
   Auf lange Sicht jedoch wird es auch für diese Länder immer schwieriger, die Goldene Zwangsjacke zu vermeiden. Wann immer ich in Vor-
trägen diesen Punkt anspreche, wird mir – und zwar vor allem außer-

halb der Vereinigten Staaten – in der einen oder anderen Version folgendes vorgehalten: »Wie können Sie behaupten, wir müßten unserer Gesellschaft und unserer Wirtschaft eine Zwangsjacke anlegen und uns an die globalen Märkte anschließen? Wir haben unsere eigene Kultur, unsere eigenen Werte, und wir werden das auf unsere eigene Weise und mit unserer eigenen Geschwindigkeit tun. Ihre These ist viel zu deterministisch. Wir könnten uns doch auch alle zusammensetzen und uns auf ein alternatives, weniger restriktives Modell einigen.«

»Ich sage nicht«, erwidere ich auf Einwände dieser Art, »daß Sie eine Zwangsjacke anziehen *müssen*. Und wenn Ihre Kultur und Ihre gesellschaftlichen Traditionen den von der Goldenen Zwangsjacke verkörperten Werten widersprechen, dann haben Sie dafür mein vollstes Verständnis. Ich sage lediglich folgendes: Die moderne, globalisierte Weltwirtschaft, die Schnelle Welt und die Goldene Zwangsjacke sind die Folge starker historischer Kräfte, die im Kern die Art und Weise, wie wir kommunizieren, investieren und die Welt wahrnehmen, radikal verändert haben. Falls Sie sich gegen diesen Wandel zur Wehr setzen wollen, dann ist das Ihre Angelegenheit – und sollte es auch sein. Aber wenn Sie glauben, sich verweigern zu können, ohne dafür einen immer höheren Preis bezahlen und eine immer höhere Mauer errichten zu müssen, dann täuschen Sie sich.«

Und warum ist das so? Die Demokratisierung der Finanzen, der Technologie und der Informationen führten nicht nur zum Einsturz der Mauern, welche die alternativen Wirtschafts- und Gesellschaftsentwürfe – von der Maobibel über das *Kommunistische Manifest* bis hin zu den Wohlfahrtsstaaten Westeuropas und dem korrupten Kapitalismus Südostasiens – schützten. Sie haben auch einen neuen, globalen Machtfaktor entstehen lassen – die »Elektronische Herde«, wie ich sie nenne.

Die Elektronische Herde setzt sich zusammen aus der gesichtslosen Masse der Aktien-, Anleihe- und Währungshändler, die rund um die Welt hinter ihren Computerbildschirmen sitzen und per Mausklick Kapital von Investmentfonds in Pensionsfonds und von dort weiter in *emerging-market*-Fonds verschieben, aus den zahllosen privaten Investoren, die von zu Hause aus per PC und Internet an diesem Spiel teilnehmen, und aus den großen multinationalen Konzernen, die auf der steten Suche nach den effizientesten und billigsten Standorten ihre Fabriken und Anlagen über den ganzen Globus verstreuen.

Diese Herde hat sich dank der Demokratisierung der Finanzen, der Technologie und der Informationen exponentiell vergrößert und ist so mächtig geworden, daß sie inzwischen schon dabei ist, den öffentlichen Sektor als primäre Kapitalquelle sowohl für Unternehmen als auch für Staaten zu ersetzen. Ein Land, das in der globalisierten Welt Erfolg haben will, muß nicht nur die Goldene Zwangsjacke anlegen, es muß auch die Elektronische Herde von sich überzeugen. Die Elektronische Herde liebt die Goldene Zwangsjacke, da sie genau die liberalen und marktwirtschaftlichen Regeln umfaßt, auf die es ihr ankommt. Länder, die sich die Goldene Zwangsjacke überziehen und sie auch anbehalten, werden von der Elektronischen Herde mit Investitionskapital belohnt. Die anderen werden bestraft – die Herde läßt sie entweder links liegen oder zieht ihr Kapital aus ihnen ab.

Die Bluthunde der Elektronische Herde sind die Rating-Agenturen Moody's Investor Service und Standard & Poor's, die mit Argusaugen die wirtschaftliche Entwicklung in den einzelnen Ländern beobachten und ihre Kreditwürdigkeit bewerten. Ihre Aufgabe besteht darin, Alarm zu schlagen, wenn sie Anzeichen dafür sehen, daß ein Land sich aus der Goldenen Zwangsjacke windet (obwohl auch Moody's und S & P hin und wieder die Spur verlieren oder sich in eine blinde Euphorie verrennen, wie beispielsweise in Südostasien, und erst warnen, wenn es schon zu spät ist).

Die Wechselbeziehungen zwischen Elektronischer Herde, Nationalstaaten und Goldener Zwangsjacke stehen im Zentrum des modernen globalisierten Systems. Zum ersten Mal realisierte ich das im Februar 1995, am Vorabend von Bill Clintons Antrittsbesuch in Kanada. Zu der Zeit war ich als Korrespondent im Weißen Haus tätig, und um mich darüber zu informieren, welche Themen die politische Diskussion in Kanada im Vorfeld der Visite des »Mannes aus Hope« bestimmten, hielt ich ein waches Auge auf entsprechende Artikel in der *Financial Times* und anderen Tageszeitungen. Mit Erstaunen mußte ich feststellen, daß der bevorstehende Besuch des US-Präsidenten in Kanada so gut wie gar kein Thema war. Die Presse beschäftigte sich mit dem »Mann von Moody's«, der nach einer Stippvisite gerade eben wieder aus Kanada abgereist war. Das Prekäre dabei war, daß eben zu der Zeit das kanadische Parlament über den Staatshaushalt debattierte und ein Team von Moody's nur aus dem einen Grund nach Ottawa gekommen war, um dem kanadischen Finanzminister und den Abgeordneten die Leviten zu lesen. Das Moody's-Team hatte sie gewarnt, daß die Rating-Agentur Kanada, sollte es versäumen, das Haushaltsdefizit im Verhältnis zu seinem Bruttosozialprodukt den internationalen Normen und Erwartungen anzupassen, die Note »AAA« – das beste von Moody's vergebene

Rating – aberkennen würde. Eine Herabstufung hätte zur Folge, daß Kanada und jedes kanadische Unternehmen bei der Kreditaufnahme im Ausland einen höheren Zinssatz bezahlen müßte. Das kanadische Finanzministerium sah sich bemüßigt, in einer offiziellen Verlautbarung darauf besonders hinzuweisen. »Der schiere Umfang der kanadischen Auslandsschulden im Verhältnis zur Größe der Wirtschaft bedeutet«, hieß es in der Erklärung, »daß Kanada in extremem Maße von der volatilen Stimmung der globalen Finanzmärkte abhängig geworden ist. Wir haben einen spürbaren Verlust unserer wirtschaftlichen Souveränität erlitten.« Für die Kanadier, die es immer noch nicht begriffen hatten, drückte es der Finanzminister noch drastischer aus: »Wir stecken bis zum Hals in Schulden.« Nein, die Kanadier interessierten sich keinen Deut für den Mann aus Hope. Der Mann von Moody's und die Elektronische Herde genossen ihre ungeteilte Aufmerksamkeit.

Wie entstand die Herde, und wie konnte sie zu einer Macht aufsteigen, die es mit einer Supermacht aufnehmen kann?

6

Die Elektronische Herde

Im September 1997 – Malaysias Aktienmarkt und Währung hatten nach der panischen Flucht der globalen und lokalen Investoren drastisch an Wert verloren – nutzte der malaysische Ministerpräsident Mahathir bin Mohammad das Weltbanktreffen in Hongkong, um mit den Übeln der Globalisierung abzurechnen. Mahathir wetterte gegen »unzurechnungsfähige« Devisenhändler und beschuldigte die »Großmächte« und Finanziers wie George Soros, sie hätten mit Brachialgewalt die asiatischen Märkte dem globalen Spekulantentum geöffnet und ihre Währungen manipuliert, das alles nur mit dem Ziel, sie als Konkurrenten auszuschalten. Die globalen Kapitalmärkte seien, so der malaysische Regierungschef, ein »von blutrünstigen Bestien bewohnter Dschungel« und würden, deutete er dunkel an, von einem jüdischen Geheimbund kontrolliert. Während ich Mahathirs Tirade verfolgte, versuchte ich mir vorzustellen, was der ebenfalls anwesende damalige US-Finanzminister Robert Rubin ihm erwidert hätte, wäre er in der Lage gewesen, vernünftig mit ihm zu reden. Wahrscheinlich etwas in der Art:

»Äh, Mr. Mahathir, entschuldigen Sie, aber auf was für einem Planeten leben Sie? Sie sprechen von der Globalisierung, als könnten Sie selbst bestimmen, ob Sie daran teilnehmen oder nicht. Nun, diese Wahl haben Sie nicht. Die Globalisierung ist Realität. Heute gibt es nur noch einen Markt, den Weltmarkt. Und um so schnell wachsen zu können, wie Ihre Bürger es wünschen, müssen Sie an die globalen Aktien- und Anleihemärkte gehen, müssen Sie multinationale Konzerne zu Investitionen in Ihrem Land bewegen, müssen Sie das, was in Ihren Fabriken hergestellt wird, auf dem globalen Markt verkaufen. Wenn es eine zentrale Wahrheit über die Globalisierung gibt, dann lautet sie: *Niemand hat das Sagen* – nicht George Soros, nicht die ›Großmächte‹, und schon gar nicht ich. Ich habe die Globalisierung nicht auf den Weg gebracht. Und genauso wenig kann ich – oder können Sie – sie aufhalten, es sei denn zu einem enorm hohen Preis für Ihre Gesellschaft und Ihre Wirtschaft. Sie suchen jemanden, bei dem Sie Dampf ablassen können, jemanden, der den Druck von Ihrer Wirtschaft nimmt, jemanden, dem Sie die Schuld in die Schuhe schieben können. Mr. Mahathir, glauben Sie mir eines: Am anderen Ende des Telefons sitzt niemand. Ich weiß, das ist nur schwer auszuhalten. Es ist fast so, als würde man verkünden, es gebe keinen Gott. Wir alle wünschen uns, daß es jemanden gibt, der das Sagen hat und die Verantwortung trägt. Aber der globale Markt heute ist eine Elektronische Herde, die aus häufig anonymen, über Computer und Netzwerke miteinander verknüpften Aktien-, Anleihe- und Devisenhändlern und Investoren besteht. Mr. Mahathir, versuchen Sie nicht, mich für dumm zu verkaufen. Sie wissen so gut wie ich, daß die malaysische Zentralbank Anfang der neunziger Jahre drei Milliarden Dollar bei Währungsspekulationen gegen das britische Pfund verloren hat, also spielen Sie mir hier nicht das Unschuldslamm. Die Elektronische Herde sieht niemandem schlechte Leistungen nach. *Niemandem.* Ihre besonderen Umstände interessieren die Herde nicht, sie kennt nur ihre eigenen Regeln. Und die Regeln sind ziemlich konsistent – es sind die Regeln der Goldenen Zwangsjacke. Nun, die Herde grast in 180 Ländern, und sie hat keine Zeit, sich unablässig im Detail mit Ihrem Fall zu beschäftigen. Ihr Urteil, ob Ihr Land nach ihren Vorgaben lebt, basiert auf Momentaufnahmen; und wer sich an die Vorgaben hält, wird reich belohnt. Die Herde haßt Überraschungen. Jahrelang hatte es den Anschein, als würde Malaysia sich an die Regeln halten, was massive Direktinvestitionen und Portfolioinvestitionen ins Land lockte und Sie in die Lage versetzte, das durchschnittliche Pro-Kopf-Einkommen in gerade einmal zwei Jahrzehnten von 350 auf 5000 Dollar zu steigern. Aber als Sie anfingen, gegen die Regeln zu verstoßen, als Ihr Land es mit der Schuldenaufnahme und der Bauwut auf die Spitze trieb, verkaufte die Herde Sie aus. Mußten Sie wirklich die beiden höchsten Bürotürme der Welt hochziehen? Haben Sie auch nur die Hälfte ihrer Büroflächen vermietet? Wie ich höre, ist es nicht der Fall. Kein Wunder, daß die Herde aus Malaysia geflohen ist und Ihre Wirtschaft dabei in Grund und Boden getrampelt hat. Der KLCI-Index, der Aktienindex der Börse von Kuala Lumpur, brach 1997 um 48 Prozent ein, und Ihre Währung, der Ringgit, fiel auf den niedrigsten Stand seit 26 Jahren. Wenn so etwas passiert, kommt man nicht an und bittet die Herde um Mitleid oder beschimpft sie gar als ›jüdische Verschwörung‹. Nein, man steht wieder auf, klopft sich den Staub von den Kleidern, schnürt die Goldene Zwangsjacke ein wenig straffer und versucht, wieder Anschluß an die Herde zu gewinnen. Ich weiß, das ist unfair. In gewisser Hinsicht hat die Herde Sie in diese Misere gelockt: Sie hat Ihnen Unmengen billigen Geldes angeboten, und Sie haben es genommen und damit zu hohe Dämme, Produktionskapazitäten und Bürotürme errichtet. Und eben das, Mr. Mahathir, ist das wirklich Beängstigende an der Sache: *Die Herde ist nicht unfehlbar.* Sie macht hin und wieder Fehler, sie neigt zu Überreaktionen und dazu, über das Ziel hinauszuschießen. Aber wenn Ihre wirtschaftlichen Rahmenbedingungen in Ordnung sind, dann erkennt sie das früher oder später und kehrt zurück. Die Herde ist niemals sehr lange blind. Letzten Endes wird sie eine gute Regierung und eine gute Wirtschaftspolitik honorieren. Die Vereinigten Staaten litten unter ähnlichen Verwerfungen, als sie noch eine aufstrebende Volkswirtschaft waren. Man muß eben lernen, wie man damit umgeht, und so viele Stoßdämpfer wie möglich einbauen. Ich verfolge die Bewegungen der Herde den ganzen Tag auf dem Bloomberg-Bildschirm neben meinem Schreibtisch. Demokratien stimmen einmal alle zwei oder vier Jahre über die Politik ihrer Regierung ab. Die Elektronische Herde hingegen stimmt in jeder Minute jeder Stunde jeden Tages ab. Sie können sie, wann immer Ihnen der Sinn danach steht, fragen, wie Sie in Ihrer Goldenen Zwangsjacke aussehen, ob sie gut sitzt oder nicht. Ich weiß, Sie halten mich für den allmächtigen Finanzminister der Vereinigten Staaten. Aber, Mr. Mahathir, mir geht es nicht anders als Ihnen – ich lebe wie Sie in Angst vor der Elektronischen Herde. Die Ignoranten in den Medien bringen mich immer und immer wieder auf die Titelseite, als sei ich derjenige, der das Sagen hat. Dabei sitze ich in meinem Büro und zittere bei dem Gedanken daran, daß es dem Kongreß einfallen könnte, die Ausgabenbegrenzung des Haushalts zu sprengen oder dem Präsidenten die Vollmacht zur Ausweitung des freien Handels zu verweigern. Wenn der Kongreß das tut, wird die Elektronische Herde sich gegen mich wenden und den Dollar und den Dow Jones in Grund und Boden stampfen. Ich verrate Ihnen ein kleines Geheimnis, Mr. Mahathir – aber sagen Sie es nicht weiter. Ich habe auf meinem Schreibtisch kein Telefon mehr stehen. Warum? Weil ich besser als jeder andere weiß, *daß es niemanden gibt, den ich anrufen könnte.*«

Ob es Ihnen gefällt oder nicht, mein imaginärer Finanzminister sagt die Wahrheit. Ein Land, das in der heutigen Welt noch wachsen will, muß sich an die Elektronische Herde anschließen, muß, wenn es überleben will, lernen, das Beste für sich herauszuholen, ohne sich von ihren unvermeidlichen Richtungswechseln und plötzlichen Einfällen in neue

Märkte überwältigen oder lähmen zu lassen. Die Elektronische Herde entspricht einer Hochspannungsleitung, an die Ihr Haus angeschlossen ist. Funktioniert alles normal, können Sie Ihr Haus beleuchten und beheizen und Ihre Geräte betreiben. Aber wehe, Sie haben vergessen, die erforderlichen Regler und Sicherungen zu installieren und es kommt zu einem überraschenden Spannungsabfall oder -anstieg. Dann geht nichts mehr in Ihrem Haus.

Grob gesprochen besteht die Elektronische Herde aus zwei Gruppen: Die eine Gruppe nenne ich die »Kurzhornrinder«. Dazu zählen all jene, die sich mit dem Kauf und Verkauf von Aktien, Anleihen und Währungen beschäftigen und die ihr Kapital sehr kurzfristig von einer Anlage in die nächste und wieder zurück verschieben können – und das auch tun. Zu den Kurzhornrindern gehören Devisenhändler, Pensions- und Investmentfonds, Hedgefonds, Versicherungsgesellschaften, die Tradingabteilungen von Banken und private Investoren, angefangen von Merrill Lynch über die Crédit Suisse und die Fuji-Bank bis hin zu Charles Schwab, über deren Websites jeder, der über einen PC mit Modem verfügt, von seinem Wohnzimmer aus am internationalen Kapitalmarkt mitmischen kann.

Die andere Gruppe sind die »Langhornrinder«. Darunter fallen die multinationalen Konzerne – Großunternehmen wie General Motors, General Electric, Siemens, IBM oder Intel –, die verstärkt Direktinvestitionen im Ausland tätigen, in aller Herren Länder Fabriken errichten und langfristige Produktionsabkommen oder Allianzen mit lokalen Unternehmen zur Fertigung oder Montage ihrer Produkte abschließen. Ich bezeichne sie als Langhornrinder, weil sie langfristigere Verpflichtungen eingehen, wenn sie in ein Land investieren. Das darf aber nicht darüber hinwegtäuschen, daß auch diese Gruppe inzwischen mit überraschender Geschwindigkeit in einen Markt ein- und wieder aussteigt, wenn sie das für geboten hält.

Die Elektronische Herde entstand und wuchs zwar bereits während des Kalten Krieges, aber sie konnte in dem stark regulierten, ringsum von hohen Mauern umgebenen System keine kritische Masse erreichen. Da in den meisten Ländern (zumindest bis Anfang der siebziger Jahre) strikte Kapitalverkehrskontrollen in Kraft waren, konnte sich das Kapital nicht so leicht und schnell über die Grenzen hinwegbewegen wie heute. Eine globale Herde in dem Sinne gab es nicht. In den bis Ende der sechziger Jahre relativ abgeschotteten Volkswirtschaften bestimmte die staatliche Geldpolitik über die Zinssätze am Markt und war die staatliche Steuerpolitik das bei weitem wichtigste Instrument zur Stimulierung des Wirtschaftswachstums. Zudem konnten die Regierungen der Vereinigten Staaten und der Sowjetunion mit dem Hinweis auf den Kalten Krieg relativ problemlos ihre hohen Steuersätze rechtfertigen: Der Staat brauchte Geld, wollte er im Rüstungswettlauf nicht ins Hintertreffen geraten, damit er die militärische Infrastruktur ausbauen und im Hightech-Wettlauf mithalten konnte. Viele Entwicklungsländer nutzten den Konkurrenzkampf der Ideologien für sich und melkten die Supermächte – die Sowjetunion, die Vereinigten Staaten oder China – oder die internationalen Kreditinstitutionen und ließen sich von ihnen einen neuen Staudamm, eine neue Autobahn oder die Aufrüstung ihrer Armeen finanzieren. Und da die Bürger dieser Länder nicht annähernd so gut darüber informiert waren, wie die Menschen in anderen Teilen der Welt lebten, waren sie viel eher bereit, ihren mit einer relativ geschlossenen Volkswirtschaft einhergehenden niedrigeren Lebensstandard hinzunehmen.

Doch mit dem schrittweisen Abbau der Kapitalverkehrskontrollen in den siebziger Jahren, mit der Demokratisierung der Finanzen, der Informationen und der Technologie, mit dem Ende des Kalten Krieges und dem Einsturz der alten Mauern in allen Teilen der Welt entstand eine grenzenlose, weltweite Ebene, auf der sich die Herde der internationalen Investoren ungehindert tummeln konnte. Auf dieser weiten, kaum von Zäunen unterteilten Weide, die später in den Cyberspace erweitert wurde, konnte die Elektronische Herde wachsen, sich vermehren und schließlich zu mächtigen Gruppen, den Supermärkten, zusammenfinden.

Die Supermärkte sind die Megamärkte von Tokio, Frankfurt, Sydney, Singapur, Shanghai, Hongkong, Bombay, São Paulo, Paris, Zürich, Chicago, London und New York. Dort versammeln sich die größten Mitglieder der Elektronische Herde, tauschen Informationen aus, wikkeln ihre Geschäfte ab und plazieren Aktien und Anleihen, das Futter, von dem die Herde lebt. Nach Auskunft der Globalisierungsexpertin Saskia Sassen von der University of Chicago kontrollierten Ende 1997 25 Supermärkte 83 Prozent der weltweit von institutionellen Anlegern gehaltenen Wertpapiere und rund die Hälfte der weltweiten Marktkapitalisierung, was einem Wert von 20,9 Billionen Dollar entsprach (*Foreign Affairs*, Januar 1999).

Die Mitglieder der Elektronischen Herde – und die Supermärkte, wo sie sich mästen und vermehren – spielen auf dem internationalen Parkett der globalisierten Welt eine wichtige Rolle. Zwar können sie im Gegensatz zu den Nationalstaaten nicht in den Krieg ziehen oder ein

Land besetzen, aber sie können das Verhalten der Nationalstaaten auf vielfältige Weise beeinflussen. Eben aus diesem Grund habe ich argumentiert, daß, anders als das System des Kalten Krieges, welches auf einem Machtgleichgewicht zwischen Staaten beruhte, das globalisierte System auf einem Gleichgewicht zwischen Staaten und Staaten sowie zwischen Staaten und der Elektronischen Herde und den Supermärkten basiert.

Eine Art Elektronische Herde gibt es seit der Inbetriebnahme des transatlantischen Telegrafenkabels während der ersten Globalisierungsära vor Ausbruch des Ersten Weltkriegs, doch bis zum Ende des Kalten Krieges spielte sie niemals auch nur annähernd die zentrale Rolle, die sie heute spielt. Dabei unterscheidet sich die moderne Elektronische Herde von ihrer Vorläuferin weniger nach ihrer Rasse als vielmehr nach ihrer Größe und Macht. Die Elektronische Herde, deren Weide die schrankenlose globalisierte Welt der Gegenwart ist, zeichnet eine in der Geschichte einmalige Größe, Beweglichkeit und Vielfalt aus. Eine Maus hat einen Schwanz, und ein Tyrannosaurus Rex hat einen Schwanz. Beides heißt »Schwanz«, aber wenn der Saurier mit seinem Schwanz schlägt, hat das dramatisch andere Folgen für seine unmittelbare Umwelt, als wenn die Maus dies tut. Die Elektronische Herde der ersten Globalisierungsära war eine Maus. Die Elektronische Herde von heute ist ein Tyrannosaurus Rex, und wenn der mit seinem Schwanz auf den Boden schlägt, verändert es das Aussehen der betroffenen Region. Dieses Kapitel handelt davon, wie die Herde zu einer so verlockenden Quelle wirtschaftlichen Wachstums und gleichzeitig zu einer so erschreckenden Macht werden konnte, einer Macht, die sogar Regierungen stürzen kann, wenn sie sich in Bewegung setzt.

Die Kurzhornrinder

Im Zusammenhang mit den Kurzhornrindern fällt einem als erstes die unglaubliche Vielfalt der Finanzprodukte auf, an denen sie sich laben können. Angesichts des Überflusses an Aktien und Anleihen, Rohstoff- und Futurekontrakten, Optionsscheinen und Derivaten, die heute von zahllosen Staaten und Unternehmen rund um die Welt angeboten werden, kann man auf so gut wie alles eine Wette eingehen. Wenn ich den Futterbeutel betrachte, der der Elektronischen Herde heute vor die Nase gehängt wird, fällt mir immer die Szene aus *Schwere Jungs und Leichte Mädchen* ein, in der Nathan Detroit versucht, Sky Masterson zu einer Wette zu überreden, ob Mindy's mehr Käsekuchen verkauft oder mehr Apfelstrudel.

Nathan Detroit: »Mich würde interessieren, was du, ohne nachzufragen, meinst. Verkauft Mindy's mehr Käsekuchen oder mehr Apfelstrudel?«

Sky Masterson: »Rein aufgrund meiner persönlichen Vorliebe würde ich sagen, mehr Käsekuchen.«

Nathan: »Um wieviel?«

Sky: »Was, wieviel?«

Nathan: »Um wieviel willst du wetten?«

Sky tippt, daß Mindy's mehr Käsekuchen als Apfelstrudel verkauft hat. Es folgt eine angeregte Diskussion darüber, um wieviel Sky mit Nathan wetten würde – Nathan verrät natürlich nicht, daß er bei Mindy's nachgefragt hat und weiß, daß sie mehr Apfelstrudel als Käsekuchen verkaufen. Er möchte Sky dazu bringen, daß er sich von seiner Vorliebe leiten läßt. Und Sky Masterson wettet leidenschaftlich gern. Normalerweise würde er so schnell auf Käsekuchen setzen, wie ein Anleihehändler von Salomon Brothers auf eine bestimmte Zinsentwicklung setzt. Doch Sky wittert die Falle. Nathan will einfach zu gern um tausend Dollar wetten. Also erzählt er ihm eine Geschichte:

»An dem Tag, als ich von zu Hause wegging, um mein Glück in der Welt zu versuchen, nahm mich mein Vater zur Seite. ›Sohn‹, sagte er zu mir, ›es tut mir leid, daß ich dir kein Geld mit auf den Weg geben kann. Da mir das notwendige Grünzeug fehlt, dich gut gerüstet loszuschicken, will ich dir wenigstens einen sehr guten Rat mit auf den Weg geben. Eines schönen Tages auf deinen Reisen wird dir jemand ein nagelneues Blatt Spielkarten zeigen, dessen Hülle noch unverletzt ist. Dieser Jemand wird mit dir darum wetten wollen, daß er ohne Hinzusehen den Pikbuben aus dem Blatt ziehen und dir Apfelwein ins Ohr spritzen kann. Aber, Sohn, du läßt dich nicht auf diese Wette ein, denn so sicher, wie du hier stehst, wirst du am Ende mit einem Ohrvoll Apfelwein dastehen.‹ Nun, Nathan, ich will damit nicht behaupten, daß du gestern mitgezählt hast, wie viele Stücke Käsekuchen Mindy's verkauft hat ...«

Nathan: »Du glaubst doch nicht, daß ich so etwas tun würde?«

Sky: »Andererseits (er deckt Nathans Fliege mit seiner Hand ab), wenn dir tatsächlich der Sinn nach einer Wette steht, dann wette ich mit dir um 1000 Dollar, daß du mit nicht sagen kannst, welche Farbe deine Fliege hat. Ist das eine Wette?«

Nathan: »Keine Wette.«

Dann, nach einem Blick auf seine Fliege, ruft Nathan aus: »Gepunktet! Niemand auf der Welt außer Nathan Detroit würde sich wegen einer gepunkteten Fliege 1000 Dollar durch die Lappen gehen lassen!«

Heutzutage könnten sich Nathan und Sky wahrscheinlich Anleihen kaufen, die auf dem Verkauf von Käsekuchen und Apfelstrudel bei Mindy's basieren. Und wahrscheinlich gäbe es auch ein maßgeschneidertes Finanzinstrument zur Absicherung ihres Wetteinsatzes, egal ob sie ihr Geld auf Käsekuchen oder Apfelstrudel gesetzt hätten. Dank der Demokratisierung der Finanzen und der Ablösung von Krediten durch handelbare Wertpapiere kann heute alles in eine Anleihe umgewandelt werden. Man kann sogar eine Anleihe auf sich und seine einzigartigen Talente auflegen, wie es beispielsweise David Bowie getan hat. Der Rocksänger verkaufte 1997 für 55 Millionen Dollar Bowie-Bonds an Investoren, abgesichert durch seine zu erwartenden Einnahmen aus Lizenzgebühren. Die *New York Times* brachte es in einer Schlagzeile auf den Punkt: »Auch Sie können ein AAA-Rating erhalten.«

Meine gute Bekannte Lesley Goldwasser, eine führende Bond-Händlerin an der Wall Street, ist darauf spezialisiert, noch nicht gedrehte Filme in Anleihen umzuwandeln. »Nehmen wir eine Hypothekenbank mit, sagen wir, Sitz in Minneapolis«, erklärt sie ihre Vorgehensweise, »die 100 Hypothekenkredite im lokalen Markt vergeben hat. Nehmen wir weiter an, daß sich die 100 Hypothekenkredite auf eine Kreditsumme von 100 Millionen Dollar summieren und der Gesellschaft monatlich Einnahmen aus Zinsen und Tilgungen in Höhe von einer Million Dollar einbringen. Die Hypothekenbank kann nun ihre Hypothekenkredite bündeln und als Anleihen auf den Markt bringen, die Sie oder ich für 1000 Dollar das Stück erwerben können. Der Vorteil für die Bank liegt darin, daß sie ihre 100 Millionen Dollar sofort wieder zurückbekommt, statt darauf warten zu müssen, bis ihre Kunden die Hypotheken im Laufe der nächsten dreißig Jahre abbezahlen. Der Vorteil für die Investoren, deren Zinsen aus den monatlichen Zins- und Tilgungszahlungen der Kreditnehmer finanziert werden, besteht darin, daß sie für ihr Kapital ein paar Prozentpunkte mehr bekommen, als auf Anlage- oder Sparkonten üblicherweise bezahlt wird. Darüber hinaus sind ihre Anleihen durch Immobilien, also die Häuser der Kreditnehmer, abgesichert. Und da in einem Bündel üblicherweise mehrere hundert Hypothekenkredite zusammengefaßt sind, stehen die Chancen recht gut, daß, selbst wenn ein paar Kredite ausfallen, die meisten Kredite korrekt bedient werden. Nun, dachten sich ein paar Leute, wenn man Hypothekenkredite zu einer Anleihe bündeln kann, warum dann nicht Hollywood-Filme – und wenn man schon dabei ist, warum nicht auch Hollywood-Filme, die noch gar nicht gedreht sind? Nehmen wir den Fall einer Filmproduktionsgesellschaft ohne Kreditrating. Meine Investmentbank geht her und faßt zehn ihrer Filmideen zu einem Bündel zusammen. Ob mit der Produktion bereits angefangen wurde, interessiert nicht, Hauptsache, die Realisation steht. Dann führen wir auf der Grundlage der bisherigen Einspielergebnisse eine statistische Analyse der Erfolgswahrscheinlichkeit dieser Filme durch: Einer wird ein Megahit, einer ein großer Hit, zwei werden mäßig erfolgreich sein, zwei werden an den Kinokassen floppen, und vier werden mehr oder weniger ihre Produktionskosten einspielen. Auf der Basis dieser Wahrscheinlichkeitsanalysen kalkulieren wir nun die Einnahmen der Filmgesellschaft für die nächsten fünf Jahre. Sagen wir, die Produktionskosten der Filme belaufen sich auf 500 Millionen Dollar, und einspielen werden sie zusammen 600 Millionen Dollar. Wir werden der Gesellschaft einen Kredit von 400 Millionen Dollar vorschießen zu einem Zinssatz, der sich an dem dreijähriger Bundesschatzbriefe orientiert plus einem Zuschlag von einem oder zwei Prozentpunkten. Die restlichen 100 Millionen Dollar der Produktionskosten muß die Filmgesellschaft selbst aufbringen. Die Investmentbank teilt die 400 Millionen Dollar, die sie an die Filmgesellschaft verliehen hat, in Anleihen zu 1000 Dollar das Stück auf, die Sie und ich erwerben können. Zinsen und Tilgungsraten werden nach dem Filmstart über die Ticketeinnahmen finanziert. Bingo! Die Filmgesellschaft, die kein Kreditrating und nur relativ wenig Eigenkapital hat, bekommt Kapital zur Finanzierung ihrer Filme, das sie von Banken niemals bekommen hätte. Und Sie und ich, die Investoren, können uns in die Filme einkaufen und erhalten ein wenig höhere Zinsen als banküblich. Das ist das ganze Geheimnis. So lange das, was Sie tun, herstellen oder anbieten, einen Cashflow produziert, der sich statistisch über einen bestimmten Zeitraum hinweg einschätzen läßt, können wir, die Investmentbank, das in eine Anleihe umwandeln.«

Dabei ist es vollkommen unerheblich, was dahinter steht, der Käsekuchenabsatz bei Mindy's, Hypothekenkredite, Kreditkartendarlehen, faule Kredite, Darlehen zur Finanzierung von Autokäufen, kommerzielle Kredite, Neuverfilmungen von *Titantic,* brasilianische Unternehmensschulden, libanesische Regierungsanleihen oder die Lizenzeinnahmen von David Bowie. Je mehr die internationalen Kapitalverkehrskontrollen verschwinden, um so mehr wird alles nur Erdenkliche in Form von Aktien, Anleihen oder Derivaten zum Kauf angeboten. Dieser Trend zur Umwandlung von Schulden in Wertpapiere hat einen »fundamentalen Wandel der Kreditmärkte bewirkt«, sagt der erfahrene Wall-Street-Experte Henry Kaufman. Warum das so ist, liegt auf der Hand. Früher wurden weder der Hypothekenkredit Ihrer Eltern, ihr Darlehen für den Neuwagen, ihre Kreditkartenaußenstände, ihre Lebensversicherungen und noch nicht einmal die Kredite, die der brasilianische Staat bei der Bank Ihrer Eltern aufgenommen hatte, am Markt gehandelt. Sie wurden zu ihrem Nennwert als Vermögen in den Büchern der Bank und der Versicherungsgesellschaft Ihrer Eltern geführt, und zwar üblicherweise bis zum Fälligkeitstermin. Doch als in den achtziger Jahren alle diese Dinge wertpapiermäßig unterlegt, gebündelt und als Anleihen an Sie und mich und meine Tante Tina verkauft wurden, konnten sie am Markt gehandelt werden – zu schwankenden Preisen, abhängig jeweils von ihrer Performance, ihrer Rendite im Vergleich zu anderen Anlagemöglichkeiten und der allgemeinen wirtschaftlichen Situation. Unter dem Strich hat diese Entwicklung, sagt Kaufman, Vermögenswerte in Billionen-Dollar-Höhe – die zuvor niemals gehandelt wurden oder von denen man nicht im Traum geglaubt hätte, daß sie in Anleihen umgemünzt werden könnten – den »volatilen Marktbedingungen« geöffnet. Zusammengenommen hat das die Kapitalmärkte um eine kaum vorstellbare Vielzahl an Finanzprodukten bereichert – mit anderen Worten, der Elektronischen Herde einen so reich wie nie zuvor gedeckten Tisch beschert – und bislang nicht gehandelten Vermögenswerten ein Element der Fluktuation hinzugefügt.

Die Entwicklung der Elektronischen Herde können die altgedienten Leittiere am besten beurteilen, die sich noch daran erinnern, wie es in der Zeit der Zäune während des Kalten Krieges zuging. Einer von ihnen, Leon Cooperman, früher Research-Leiter bei Goldman Sachs und heute Hegdefonds-Manager bei seiner eigenen Firma, Omega Advisors, sagte mir 1998: »Nicht ein einziges Mal während meiner Zeit bei Goldman Sachs – von 1967 bis 1991 – besaß ich eine ausländische Aktie oder eine *emerging-market*-Anleihe. Heute halte ich in meinem Portfolio mehrere hundert Millionen Dollar an russischen, brasilianischen, argentinischen und chilenischen Aktien und Anleihen und wache mit Argusaugen über den Wechselkurs des Dollars zum Yen. Jeden Tag, bevor ich ins Bett gehe, frage ich den Wechselkurs ab, schaue nach, was der Nikkei macht und wo der Hang-Seng-Index steht. Wir haben in jedem dieser Märkte Wetten laufen. Paul dort drüben« (er deutet auf einen Händler, der konzentriert auf ein kleines Gerät in seiner Hand blickt, von dem er Echtzeit-Notierungen aller wichtigen Aktien- und Anleihenindizes ablesen kann) »ist long im kanadischen Dollar. Wir haben Wetten in Märkten, die es vor zwanzig Jahren noch nicht einmal gab; heute muß ich sie alle im Auge behalten.«

Cooperman zog die aktuelle Ausgabe des *Wall Street Journal* aus der Tasche und fing an, mir seine offenstehenden Wetten aufzuzählen. »Lassen Sie mich sehen, hier... Eurodollars, US-Schatzbriefe, S&P-Futures, britische Pfund, Sojabohnen, Heizöl, leichtes Rohöl, Singapur-Bonds, venezolanische Staatsanleihen, NASDAQ-100, Nikkei, Dow Jones, Investmentfonds, Anleihen von US-Versorgungsgesellschaften, High-Yield-Bonds, Unternehmensanleihen, Mittelläufer...« Als ich eine Minute später aufstand, um mich zu verabschieden, war er mit seiner Liste noch nicht zu Ende.

Diese Vielfalt der Investitionsinstrumente und -möglichkeiten hat sich als ein Gottesgeschenk für Industrie- wie Entwicklungsländer und ihre Unternehmen erwiesen und manchen Ländern Wachstumsraten beschert, die vormals unerreichbar schienen. Im *Economist* vom 25. Oktober 1997 hieß es dazu: »Arme Länder mit großem Investitionsbedarf müssen sich nicht länger mit ihrem Kapitalmangel abfinden. Sparer sind nicht länger auf ihren heimischen Markt beschränkt, sondern können rund um die Welt die Investitionsmöglichkeiten suchen, die ihnen die höchsten Erträge versprechen.« Heute bietet jede größere amerikanische Investmentfondsgesellschaft mindestens ein *emerging-market-*Produkt.

In einem Markt, in dem es viele unterschiedliche Finanzprodukte gibt und in dem man auf Informationen so rasend schnell zugreifen kann, sind die Akteure immer weniger in der Lage, sich einen Vorsprung vor der Konkurrenz zu verschaffen und eine Chance zu ergreifen, bevor jeder andere sie auch erkennt. Das heißt, daß Investoren zu allen möglichen Tricks und Finessen greifen müssen, um sich den kleinen Vorsprung zu sichern, der es ihnen ermöglicht, doch noch vor anderen zum Zuge zu kommen.

»Ich kam 1976 als Leiter der Forschungsabteilung zu Goldman Sachs«, erinnerte sich Cooperman. »Zu meinem Job gehörte unter anderem die Rekrutierung neuer Analysten. Damals deckte ein normaler Analyst 75 Unternehmen und vielleicht sechs Branchen ab. Ich habe vor kurzem mit einem seinerzeit von mir eingestellten Analysten gesprochen, und er beklagte sich, daß er jetzt zwölf Unternehmen beobachten müsse und deshalb furchtbar überlastet sei. Ich lachte. Zwölf Unternehmen? Aber wenn er sich einen Wissensvorsprung verschaffen will, muß er sich heute so intensiv mit diesen zwölf Unternehmen befassen, daß ihn das seine ganze Zeit kostet. Dasselbe gilt für Wirtschaftsdaten.

Wenn die Regierung [früher] die Arbeitslosenzahlen veröffentlichte, schauten alle bloß auf die Arbeitslosenquote. Dann fingen sie an, einen Blick hinter diese Zahl auf die Zahl der Beschäftigten zu werfen – standen mehr oder weniger Leute auf den Lohnlisten? –, weil das etwas aussagte [auf das man setzen konnte]. Als nächstes kamen die Beschäftigtenzahlen in den einzelnen Branchen dran. Wo waren Arbeitsplätze neu entstanden, wo waren Arbeitsplätze verschwunden, und was ließ sich daraus schließen? Heute muß man sehr viel mehr Zeit und Arbeit investieren, will man einen Vorsprung erzielen, den man in einen Profit ummünzen kann.«

Ich kenne einen Hegefonds-Manager, der Stunden damit zubringt, die Wetterberichte zu studieren. Sie haben richtig gelesen, die Wetterberichte! Der Gedanke dahinter ist, erklärte er mir, »unkonventionelle Trends aufzuspüren und zu untersuchen, wie sie sich auf die wirtschaftlichen Eckdaten auswirken. Beispielsweise ließ der Umstand, daß wir 1998 keinen richtigen Winter hatten, die Wirtschaft gesünder erscheinen, als sie es tatsächlich war. Vielleicht gibt es einen Weg, wie ich dieses Wissen zum Abschluß einer Wette auf die zukünftige Entwicklung der Zinssätze nutzen kann. Oder nehmen Sie das Beispiel, daß die Regierung genau in der Woche Wirtschaftsdaten zur Erstellung einiger wichtiger gesamtwirtschaftlicher Statistiken wie des Indexes der Verbraucherpreise erhob, als die Westküste von einer Serie gewaltiger Erdrutsche heimgesucht wurde. Da bei diesen Statistiken vor allem marginale Änderungen wichtig sind, können ein paar Erdrutsche in einem der großen Staaten wie Kalifornien durchaus signifikante Änderungen bewirken. Beispielsweise könnte ich daraus schließen, daß die Aktie von Home Depot, einer Baumarktkette, die Werkzeuge und Baustoffe für Heimwerker verkauft, von Erdrutschen und Tornados profitiert. Oder vielleicht stoße ich darauf, daß eben in der Woche, in der die Regierung die Arbeitslosenstatistik zusammengestellt hat, ein gewaltiger Schneesturm über den Mittleren Westen hinweggefegt ist, und das könnte mich zu der Annahme veranlassen, daß die Zahlen verzerrt sind. Angenommen, es wurde erwartet, daß im nichtlandwirtschaftlichen Bereich 250 000 neue Jobs entstanden wären, doch nun sind es wegen des Wetters nur 150 000 neue Jobs. Das könnte den Eindruck erwecken, als verliere die Wirtschaft an Dynamik und sei schwächer, als man geglaubt hatte, was tatsächlich aber gar nicht stimmt, da allein die Wetteranomalie für den Abschwung verantwortlich ist. Aber Sie wissen ganz genau, daß die meisten Leute nur auf die Zahlen schauen und daraus den Schluß ziehen, daß die Wirtschaft nachläßt und deshalb die Zinsen sinken werden, was gut für Anleihen ist. Also kaufen Sie in Erwartung von Arbeitslosenzahlen, die – wegen des Wetters – höher als erwartet sind, Anleihen, und verkaufen sie wieder, bevor im nächsten Monat die neuen Arbeitslosenzahlen vorgelegt werden und enthüllen, daß der scheinbare Abschwung im vergangenen Monat lediglich wetterbedingt war. So kann man allein auf der Grundlage der Wetterberichte ein paar Dollar zusätzlich verdienen. Man kann das Wetter auf diese Weise nutzen, um in Futures auf Rohöl, Heizöl, Zinsen, Strom, Erdgas, Verbraucherpreisindizes, Mais, Sojabohnen, Benzin, bleifreies Benzin, Brent-Crude, Dieselöl, Schweinehälften, Kupfer, Gold, Silber und so weiter zu spekulieren.«

So viele Märkte, so viele Informationen, so wenig Vorsprung vor der Konkurrenz. Wenn also alles andere nichts hilft, rufen Sie nicht Ihren Broker an, sondern den Wetterdienst.

Um in solchen Märkten auf einen grünen Zweig zu kommen, müssen die Kurzhornrinder der Konkurrenz nicht nur um eine Nasenlänge voraus sein; sie müssen darüber hinaus auch immer höhere und noch höhere Wetten eingehen. Stellen Sie sich vor, Sie setzen eine Milliarde Dollar darauf, daß Sie korrekt vorausahnen, in welche Richtung der Markt geht. Genau das tun Fondsmanager, die sich exotischer Finanzinstrumente bedienen – Swaps, Futures, Terminpapiere, Optionen, Derivate und Indexpapiere – und dann über das Kapital hinaus, das ihnen ihre Investoren gegeben haben, Kredite aufnehmen, um noch höhere Wetten finanzieren zu können. Dieser Trend ist mit für die Explosion der Kapitalsummen verantwortlich, die heute Tag für Tag rund um die Welt schwappen. Heute gilt: Ein Fondsmanager, der gewinnt, gewinnt gewaltig, und einer, der verliert, verliert gewaltig. Das ist ein Grund dafür, warum in den letzten Jahren ganze Investmentbanken und Brokerhäuser (mit der Barings-Bank als prominentestem Beispiel) über die Wetten eines einzigen, mit Fremdkapital spekulierenden Brokers stolperten. Und es verstärkt die Macht, mit der der Tyrannosaurus Rex seinen Schwanz auf den Boden schlagen kann. Ein Freund von mir, der für eine große amerikanische Investmentbank tätig ist, erzählte mir, daß einer der Kunden seiner Bank ein Hedgefonds mit einem Gründungskapital von 200 Millionen Dollar sei. Dank des Wundermittels der Finanzierung mit Fremdkapital konnte dieser Hedgefonds russische Anleihen in Höhe von 900 Millionen Dollar und Sallie-Mae-Bonds (Anleihen auf gebündelte US-Studentendarlehen) in Höhe von fünf Milliarden Dollar erwerben. Als die russische Wirtschaft im August 1998 in die Knie ging, verlor der Hedgefonds praktisch sein gesamtes in russische Anleihen investiertes Kapital. Was machten die Fondsmanager? Sie stießen einen großen Posten Sallie-Mae-Bonds ab, woraufhin der Markt für Anleihen auf US-Studentendarlehen zeitweise abstürzte und die Investitionen einiger meiner Bekannter in diesem Markt, der eigentlich rein gar nichts mit Rußland zu tun haben sollte, vernichtete.

Aber nicht nur der Futterbeutel der Elektronischen Herde ist praller gefüllt als jemals zuvor, auch die Herde selbst ist erheblich vielfältiger, das gilt besonders für die Kurzhornrinder. »Das relative Gewicht der traditionellen Geschäftsbanken, Sparkassen und Versicherungsgesellschaften hat sich vermindert«, merkt Kaufman an. »Statt dessen hat sich eine neue Klasse von institutionellen Anlegern in den Vordergrund gedrängt. Sie kennzeichnet ein hauptsächliches Interesse an kurzfristiger Investmentperformance, die massive Nutzung von Kreditfinanzierung und ihre Fähigkeit, je nachdem, wo sie die höchsten Profite vermuten, schnell aus einem Markt heraus- und in einen neuen hineinzugehen, egal ob es sich um Aktien, Anleihen, Währungen oder Rohstoffe handelt.« Die bekanntesten dieser neuen Akteure sind die sogenannten Hegdefonds, die große Kapitalpools von reichen Einzelinvestoren und Institutionen zusammenbringen und durch Kreditaufnahme bei Banken um ein Vielfaches aufblähen. Mit dem Kapital gehen sie dann rund um die Welt hochriskante, hochrentable Wetten auf Währungen, Aktien und Anleihen ein. In den letzten Jahren jedoch, gibt Kaufman zu bedenken, haben viele große Banken, Brokerhäuser, Investmentbanken, Versicherungsgesellschaften, Finanzabteilungen von multinationalen Konzernen und selbst die Handelsabteilungen mehrerer großer Zentralbanken eigene, nach dem Prinzip von Hegdefonds operierende Tradingcenter gegründet. Für große Investmentbanken ist es heute nichts Ungewöhnliches mehr, als Broker für einen Hedgefonds aufzutreten und parallel dazu auf eigene Rechnung entsprechende Geschäfte durchzuführen.

Je mehr Mauern fallen, um so mehr Menschen beginnen naturgemäß in Anlageformen zu investieren, über die sie nichts wissen. Sie müssen sich das folgendermaßen vorstellen: Die, sagen wir, thailändische Genossenschaftsbank erhält einen Anruf von der First Global Investment Bank mit Sitz auf den Cayman Islands. »Hören Sie«, sagt der Anrufer, »Sie sollten unbedingt in russische Anleihen investieren. Sie bringen 20 Prozent, und selbst wenn der Rubel etwas nachgibt, machen Sie immer noch ein Vermögen.« Plötzlich hat unsere thailändische Genossenschaftsbank für 20 Millionen Dollar russische Anleihen in ihren Büchern. Wenn diese Anleihen platzen, steht eine Bank vor dem Ruin, die ursprünglich dafür gegründet wurde, thailändischen Reisbauern Kredite zu geben. Die Weltöffentlichkeit war gleichermaßen entsetzt und überrascht, als nach dem Zusammenbruch der russischen Wirtschaft 1998 herauskam, wie viele koreanische Banken in russischen Anleihen engagiert waren. Wenn Kredite leicht zu erhalten sind, passiert es, daß auch der »marginale Idiot«, jemand, der in einer Rezession oder in einer Phase, in der die Kreditgeber vorsichtiger agieren, kein Geld bekommen würde, von Investoren und Banken Kapital erhalten und an der Seite seriöser Akteure am Markt wetten kann. Das Gefährliche daran ist, daß die »marginalen Idioten« Ausschläge im globalen Markt extrem verstärken können.

Weil die Supermärkte und das Internet das Mitspielen auf dem globalen Investmentmarkt so einfach und scheinbar problemlos gemacht haben, unterschätzen viele Leute die Risiken und glauben, daß jeder Markt nach den Regeln der Wall Street funktioniert. Oder wie Larry Summers gerne sagt: »Das ist genauso, wie wenn man bessere Autobahnen baut. Bessere Autobahnen verführen die Leute dazu, schneller zu fahren. Die Folge: Mehr Menschen sterben bei Unfällen auf den neuen Autobahnen, weil sie sich auch bei höheren Geschwindigkeiten sicher fühlen und deshalb viel schneller fahren, als vernünftig wäre.«

Nun kommt wieder ein Anruf der First Global Investment Bank. Diesmal empfiehlt sie der thailändischen Genossenschaftsbank, in türkische Anleihen – »derzeit ein echter Killer« – einzusteigen. Der thailändische Banker staunt: »Was, türkische Anleihen werden mit 25 Prozent verzinst? Ich wußte nicht einmal, daß es in der Türkei einen Anleihemarkt gibt. Nun, wenn Sie es sagen, dann investiere ich ein paar Millionen Dollar in türkische Anleihen.« Genau das ist der Knackpunkt. Wenn die Leute »türkischer Anleihemarkt« hören, denken sie: »An der Wall Street gibt es einen Anleihemarkt, in Frankfurt auch und in Tokio ebenfalls, und nun gibt es in der Türkei auch einen Anleihemarkt. Wie schön.« Aber auch wenn der türkische Anleihemarkt wie ein solcher aussieht, sich wie ein solcher aufführt und wie ein solcher tönt, handelt es sich dabei um etwas ganz anderes als den Anleihemarkt an der Wall Street. Das werden Sie spätestens dann feststellen, wenn Ihre türkischen Anleihen an Wert verlieren und Sie sie verkaufen möchten. Dann merken Sie nämlich, daß der türkische Markt so klein ist, daß, sobald einige große Investoren ihre Anleihen abstoßen, keine Käufer mehr da sind, keine Liquidität in einem nachgebenden Markt und damit auch kein Ausweg. Die Globalisierung der Märkte erzeugt, warnt Kaufman, die

Illusion, als seien alle Märkte »effizient, liquide und symmetrisch« und als herrsche in jedem Markt perfekte Information und Transparenz. Weit gefehlt. Halten Sie sich einfach folgendes vor Augen: Der aktuelle Börsenwert aller Microsoftaktien liegt bei rund 380 Milliarden Dollar. Diese eine US-Aktie ist alleine mehr wert als alle Aktien sämtlicher *emerging-market*-Börsen weltweit zusammengenommen.

Heute spielen nicht nur mehr »Große« bei dem Spiel mit, sondern auch viel mehr »Kleine«. Im Jahre 1980 besaßen 4,6 Millionen US-Haushalte Anteile an Investmentfonds. Heute halten nach Angaben des Investment Company Institute mehr als 60 Millionen Amerikaner in 37 Millionen Haushalten Investitionen in Investmentfonds, entweder direkt oder indirekt durch Pensionskassen. Das Investmentfondsvermögen im Portfolio von Pensionskassen wie beispielsweise den individuellen Rentenkonten stieg von 412 Milliarden Dollar 1992 auf 1,6 Billionen Dollar 1997. Von diesen Investmentfondsgeldern sind rund zehn Prozent in internationale Aktienwerte investiert. Zum ersten Mal in der Geschichte Amerikas sitzen nicht nur Multimillionäre, sondern auch einfache Arbeiter und Angestellte vor dem Fernseher und informieren sich auf CNBC, wie ihre Aktien stehen. Ein Fernsehspot des Discountbrokers Charles Schwab zeigt ein Mittelklassepaar, Marion und Rick, nebeneinander auf dem Sofa im Gespräch über den letzten Sommerurlaub.

Marion: »Weißt du noch, als wir damals über das Land fuhren und in diesem kleinen Hotel Halt machten, wo sie den Business Channel hatten? Wir blieben vor dem Fernseher sitzen und sahen zu, wie der Markt nachgab, und sagten uns, genau diese Aktien wollten wir doch schon immer kaufen. Also riefen wir von unterwegs aus ...«

Rick: »... bei Schwab an, da wir kein Modem in unserem Camper hatten und deshalb nicht online handeln konnten. Wo war das noch mal?«

Marion: »In Utah.«

Rick: »In Utah?«

Marion: »Wir waren in Utah.«

Rick: »Von einer Telefonzelle aus riefen wir bei Schwab an.«

Marion: »Und versuchten ...«

Rick: »Und kauften diese Aktien. Hinterher fielen wir uns voller Begeisterung in die Arme. Hey, wir haben es gemacht ... Und dann setzten wir uns in den Camper und fuhren weiter.«

Marion: »Und ich muß sagen, die Aktien haben seitdem ordentlich zugelegt.«

Rick und Marion, herzlich willkommen in der Elektronischen Herde. Natürlich freut es mich zu hören, daß ihre Aktien an Wert gewonnen haben, aber Tatsache ist, daß die massive Proliferation der Investitionsinstrumente zahllose Ricks und Marions in Märkte gelockt hat, in denen sie nichts verloren haben. Ich kann es zwar nicht beweisen, aber ich bin mir ziemlich sicher, daß niemals zuvor in der Geschichte so viele Menschen Geld an Orten investiert hatten, die sie noch nicht einmal auf einer Landkarte finden würden. »In den letzten fünf Jahren«, sagt Leon Cooperman, »haben Leute, die ihre Spargroschen normalerweise in Bundesschatzbriefen anlegen, damit sie ja keinen Cent ihres sauer verdienten Geldes verlieren, angefangen, Anleihen zu kaufen. Die Leute, die normalerweise Anleihen kaufen, sind losgezogen und haben in *emerging-market*-Anleihen von Ländern wie Rußland oder Brasilien investiert, weil sie bereit waren, für ein bißchen mehr Rendite ein bißchen mehr Risiko einzugehen. Und die Leute, die bislang *emerging-market*-Anleihen hatten, steigen jetzt in *emerging-market*-Aktien ein. Was passieren muß und passieren wird, ist, daß einige Leute, die sich auf der Risikoleiter hochgewagt haben, einen Haufen Geld verlieren und dann wieder ein paar Stufen heruntersteigen werden.«

Das Wissen vieler Investoren hat mit der globalen Integration nicht Schritt gehalten. Aufgrund der Globalisierung wissen wir alle mehr von einander als jemals zuvor, aber nicht unbedingt mehr über einander. Das Gefährliche ist, daß die Elektronische Herde so vielfältig geworden ist, daß nicht nur der Zahnarzt aus New Jersey keine Ahnung davon hat, was am Markt vor sich geht, sondern auch einige scheinbare Profis, die große *emerging-market*-Fonds managen. Mein Lieblingszitat in dieser Hinsicht stammt von einem ungenannt gebliebenen Hedgefonds-Manager, der gegenüber dem Herausgeber von *Foreign Policy*, Moisés Naím, nach der mexikanischen Schuldenkrise von 1995 folgende Äußerung machte: »Wir haben in Lateinamerika investiert, ohne auch nur das Geringste darüber zu wissen. Heute ziehen wir von dort wieder ab und wissen immer noch nicht das Geringste über das Land.«

Was die Diversität der Elektronischen Herde betrifft, muß noch ein weiterer, ein entscheidender, Faktor berücksichtigt werden – die Elektronische Herde ist beileibe keine bloß exogene Kraft. Sie besteht nicht nur aus staatenlosen Offshore-Kapitalfonds, Internet-Investoren aus dem Ausland und internationalen Supermärkten. In jedem Land, das sich ihr geöffnet hat, gehören ihr auch Einheimische an. Nicht nur der Umstand, daß mit der Aufhebung der Kapitalverkehrskontrollen Ausländer sehr viel leichter ins Land hereinkommen und Aktien, Devisen und Anleihen kaufen und verkaufen können, verleiht der Herde Macht, sondern auch der Umstand, *daß das den lokalen Investoren den Weg ins Ausland ebnet.* Das größte nicht erzählte Geheimnis der Elektronischen Herde ist, daß die meisten panischen Fluchtbewegungen nicht von einem Hedgefonds an der Wall Street oder von einer Frankfurter Großbank ausgelöst werden. Sie nehmen ihren Anfang, wenn ein lokaler Banker, Finanzier oder Fondsmanager sein Geld außer Landes schafft, sprich von der lokalen Währung in Dollar umtauscht, oder am Terminmarkt gegen seine eigene Landeswährung wettet. Nach einer 1998 veröffentlichen Studie des IWF über Hedgefonds und die Dynamik der Finanzmärkte kamen alle ernsthaften Untersuchungen der mexikanischen Peso-Krise von 1994/95 zu dem Ergebnis, daß »in Mexiko ansässige Investoren und nicht internationale Investoren« die treibende Kraft der Peso-Krise gewesen waren. In einer Welt der globalisierten Finanzmärkte, so der IWF weiter, fällt es ausländischen Investoren, die international diversifizierte Portfolios verwalten, zusehends schwer, sich kontinuierlich einen aktuellen Überblick über die wirtschaftlichen Bedingungen in einer Vielzahl von Ländern zu verschaffen. Je kleiner der betreffende *emerging market* ist, desto geringer der Anreiz für große Investoren, sich auf dem laufenden zu halten. Folglich sind es häufig im Land ansässige Investoren mit einem komparativen Vorteil beim Zugang zu und der Bewertung von relevanten Informationen über den lokalen Markt, die als erste eine Position gegen eine kursfixierte Währung eingehen. Und seit der Deregulierung der lokalen Finanzmärkte und dem Abbau der Beschränkungen für grenzüberschreitende Kapitaltransaktionen, die es einheimischen Akteuren lange unmöglich machten, eine Position einzugehen, ist das für sie inzwischen sehr viel leichter. Mit anderen Worten: Es waren *lokale* mexikanische Finanziers, lokale indonesische Spekulanten und lokale thailändische Banker, die die panische Flucht aus ihrer Landeswährung, ihren Aktien- und Anleihemärkten auslösten – und der Rest der Herde folgte ihnen. Genau betrachtet ist das auch einleuchtend; schließlich sind die lokalen Akteure dank guter privater und geschäftlicher Kontakte fast immer besser darüber informiert, was tatsächlich in ihrem Land vor sich geht, und deshalb auch zumeist die ersten, die im Falle eines Falles ihre Schäfchen ins Trockene bringen. Und dazu müssen sie heute nicht mehr wie früher, als noch restriktive Kapitalverkehrskontrollen ihre Freizügigkeit beschränkten, ihr Geld außer Landes schmuggeln oder einen Freund ein Konto im Ausland eröffnen lassen.

Richard Medley, der für viele internationale Banken und Hedgefonds politische und ökonomische Risikoanalysen erstellt, warnte seine Kunden bereits fünf Monate vor Ausbruch der Krise vor der realen Gefahr eines Abschwungs auf den asiatischen Märkten und vor massiven Wechselkursverlusten. Dazu mußte Medley kein Hellseher sein, sondern lediglich das Verhalten der lokalen Herden beobachten. »Das erste Alarmzeichen ist«, erklärte er, »daß die lokalen Finanzinstitute nur noch Kredite in ausländischen Währungen und nicht mehr in der lokalen Währung verleihen. Wenn eine thailändische Bank einem thailändischen Geschäftsmann keine Baht-Kredite mehr gibt, sondern nur noch auf Dollar oder Yen lautende Kredite, heißt das, daß mit dem Baht etwas nicht stimmt und ein Kursverlust nicht auszuschließen ist. Da in vielen Ländern die Wirtschaftsdaten nicht gerade aktuell sind, muß man sich auf solche anekdotischen Informationen verlassen. In stark personalisierten Volkswirtschaften wie den asiatischen gehe ich immer davon aus, daß die Einheimischen besser informiert sind als ich.«

Daß China sich im Gegensatz zu seinen Nachbarländern sträubt, seine Währung voll konvertierbar zu machen, liegt weniger an Pekings Angst, den Investitionsfluß aus dem Ausland nicht regulieren zu können, sondern vielmehr daran, daß man fürchtet, den Kapitalfluß ins Ausland nicht kontrollieren zu können. Und das aus gutem Grund: Bereits heute existiert in China ein riesiger Schwarzmarkt für Spekulationen gegen den Yuan. Ein Finanzkorrespondent für eine US-Nachrichtenagentur in Shanghai erzählte mir einmal von einer Unterhaltung mit einem chinesischen Bekannten, der gegen die »Konspiration« der westlichen Banken und Hedgefonds wetterte, die während der Asienkrise von 1997/98 die Währungen Thailands, Malaysias, Südkoreas und Indonesiens in den Keller stürzen ließen.

»Warum tun sie uns das an?« fragte der chinesische Unternehmer den Korrespondenten.

»Sagen Sie mir«, erwiderte der Amerikaner, »haben Sie in letzter Zeit Yuan in Dollars umgetauscht?«

»Ja, natürlich habe ich das«, gestand der Chinese. »Ich bin ein wenig besorgt über die aktuelle Lage.«

Merke: Wenn die Elektronische Herde losstürmt, ist der Leitbulle immer ein lokaler Bulle.

Die Elektronische Herde ist nicht nur viel größer und vielfältiger als jemals zuvor, sie ist auch viel schneller. Joseph Sassoon, Partner in der Londoner Niederlassung von Goldman Sachs, stieß 1982 zur Herde.

»Damals erfuhren wir in London wegen der Zeitverschiebung erst am nächsten Morgen, wie der Dow am Vortag in New York geschlossen hatte«, erzählte Sassoon mir einmal. »Ein paar Leute hatten Quotron-Maschinen, aber das war es dann auch schon. Goldman Sachs fand sich sehr schlau, weil irgend jemand in New York eines Tages auf den Gedanken kam, einen Jungen dafür zu bezahlen, daß er um halb vier Uhr morgens ins New Yorker Büro ging und ›Heard on the Street‹ und ›Abreast the Market‹, die beiden wichtigsten Kursspalten aus dem *Wall Street Journal,* die schon des öfteren den Markt bewegt hatten, kopierte und die Infos nach London schickte. Mit diesem Vier-Stunden-Vorsprung vor den anderen Londoner Brokerfirmen sicherten wir die Aktien, die in New York gefragt waren, für unsere Kunden, bevor unsere Konkurrenten auch nur ahnten, was los war, da sie alle darauf warteten, bis ihre New Yorker Büros aufmachten und sich das *Journal* besorgt hatten. Sie brauchten eine Weile, bis sie uns auf die Schliche kamen. Das ist gerade einmal fünfzehn Jahre her, aber wenn ich heute im Büro davon erzähle, ernte ich Blicke, als würde ich von meinem Urgroßvater reden.«

Kein Wunder. Gehen Sie heute in New York durch das Büro eines Hedgefonds, und Sie werden überall Leute sehen, die keinen Schritt ohne ihre kleinen Börsenmonitore tun, über die sie jederzeit in Echtzeit die Kurse aller Aktien und Anleihen abrufen und direkt Orders abgeben können, ob sie gerade auf der Toilette sind oder auf dem Heimweg. Die Zahnräder sind heute so gründlich geschmiert, daß riesige Mengen von, wie der Wirtschaftswissenschaftler David Hale dazu sagt, »vagabundierendem Kapital« praktisch ohne Transaktionskosten und praktisch ohne Zeitverzögerung rund um die Welt den höchsten Renditen hinterherjagen können. Das Niveau, auf dem das Spiel heute gespielt wird, bringt eine Anzeige auf den Punkt, mit der Crédit Suisse und First Boston seit 1998 ihren gemeinsamen Prime-Trade-Dienst bewerben, der die schnellstmögliche Ausführung jeden Handels an jeder weltweit gelisteten Derivatebörse verspricht: »Prime Trade: Jeder Markt. Zu jeder Zeit. An jedem Ort.«

Der Faktor Geschwindigkeit kann sich als Tugend erweisen, aber auch als Untugend. Wenn die Herde in ein Land strömt, kann sie binnen kürzester Zeit Milliarden von Dollar in seine Aktien- und Anleihemärkte und direkt in seine Industrie pumpen. Eben deshalb sind immer mehr Länder daran interessiert, alles zu tun, was die Herde anlockt. Doch wenn aus politischen, wirtschaftlichen oder gesellschaftlichen Gründen die Märkte in einem Land instabil oder schwach werden, kann die Elektronische Herde eine ansonsten vielleicht zwar schmerzhafte, aber befristete Marktanpassung in eine massive, dauerhafte Krise verwandeln und die Krise sehr schnell auf andere, eigentlich gesunde Märkte übertragen.

Alan Greenspan hat in seinen Reden immer wieder darauf hingewiesen, daß dieselbe Globalisierung, die »eine solch gewaltige Steigerung der privaten Kapitalströme ausgelöst hat, mit einer signifikant höheren Gefahr der Multiplikation kurzsichtiger Investitionen einhergeht. Man kann sich kaum vorstellen«, warnt der Chef der US-Zentralbank, »daß früher, als alle Geschäfte noch auf Papier durchgeführt wurden, ein einzelner Händler Verluste in einer Größenordnung – eine Milliarde Dollar – hätte einfahren können, wie die, die zum Zusammenbruch der Barings-Bank führten. Unsere Fähigkeit, Verluste zu erzeugen, ist in den letzten Jahren eindeutig gewachsen.« Oder, wie der ägyptische Wirtschaftsminister Jussuf Boutrous-Ghali gerne zu sagen pflegt: »In den alten Tagen geriet man in einem Raum mit einhundert Bankern in Panik. Heute gerät man überall in Panik. Die Panik ist demokratisiert worden.«

Der einzige Trost dabei ist: Was schneller kommt, vergeht auch schneller. Andererseits kann es auch schneller wieder zurückkehren. Probleme tauchen schneller auf, aber dasselbe gilt auch für Lösungen – *vorausgesetzt, Ihr Land tut das Richtige.* Eine Welt, in der alles schneller abläuft, hat auch ein kürzeres Gedächtnis. 1995 stieß Mexiko seine Kreditgeber vor den Kopf, 1998 ist es wieder der Liebling der internationalen Investorengemeinde. Wer erinnert sich schon an 1995?

Die Langhornrinder

Auch wenn es oft die großen Kurzhornrinder der Elektronischen Herde wie George Soros sind, die in diesen Tagen Schlagzeilen machen, spielen die Langhornrinder doch eine zunehmend wichtigere Rolle. Als Langhornrinder bezeichne ich multinationale Konzerne, die nicht einfach in Aktien oder Anleihen eines Entwicklungslandes investieren, sondern direkt in seine Fabriken, Versorgungsunternehmen, Energiegesellschaften und eine Vielzahl anderer Projekte. Solche Investitionen sind langfristig angelegt und können nicht einfach über Nacht wieder abgezogen werden. Langhornrinder sind Unternehmen wie Ford, Intel, Compaq, Enron und Toyota. In der globalisierten Welt tätigen solche Unternehmen mehr und vielfältigere Direktinvestitionen im Ausland als jemals zuvor.

Während des Kalten Krieges, als viele Länder ihre heimischen Märkte mit hohen Zoll- und Importquotenmauern umgaben, zielten die langfristigen, millionenschweren Direktinvestitionen der multinationalen Konzerne vor allem darauf ab, diese Schutzwälle zu überwinden. Toyota beispielsweise umging die amerikanische Importquote für japanische Automobile mit dem Bau einer Autofabrik in den Vereinigten Staaten, deren Produktion fast ausschließlich in den USA abgesetzt wurde. Jenseits des Pazifik verfolgte Ford im japanischen Markt dieselbe Strategie. Um in einer Welt der Mauern überleben und als *lokale* Produzenten und Verkäufer auftreten zu können, mußten die multinationalen Konzerne Produktionsstätten in ihren ausländischen Schlüsselmärkten errichten.

Der durch die Demokratisierung der Technologie, der Finanzen und der Informationen bewirkte Fall vieler aus der Ära des Kalten Krieges stammender Mauern verstärkte und veränderte den Anreiz für die Langhornrinder der Elektronischen Herde, im Ausland Fabriken zu errichten. Der sich rasch entwickelnde, einheitliche und offene Weltmarkt, in dem jeder alles überall herstellen und verkaufen kann, hat den Wettbewerb angeheizt und in vielen Branchen auf die Gewinnspannen gedrückt. Wollen die großen multinationalen Konzerne ihre sinkenden Gewinnspannen durch höhere Umsätze auffangen, müssen sie global verkaufen und darüber hinaus im Interesse möglichst niedriger Produktionskosten und einer starken Wettbewerbsposition ihre Produktionskette aufsplitten und jeden Teilschritt in das Land auslagern, wo er am günstigsten und effizientesten ausgeführt werden kann. Entsprechend investieren immer mehr Konzerne in kostensparende Fertigungsanlagen im Ausland oder gehen Allianzen mit billiger arbeitenden ausländischen Subunternehmern ein – und zwar nicht, um in einer Welt der Mauern, *sondern um in einer Welt ohne Mauern zu überleben.* Die Globalisierung zwingt die großen Konzerne zusehends zu Investitionen im Ausland, aber nicht, weil das die einzige Möglichkeit ist, ein konkurrenzfähiger lokaler Anbieter zu bleiben, sondern weil es die einzige Möglichkeit ist, ein konkurrenzfähiger globaler Anbieter zu werden.

Ein Beitrag von Kevin Maney in der USA *Today* vom 24. April 1997 befaßte sich damit, wie IBM mit Hilfe einer ganzen Palette von ausländischen Partnern und Tochtergesellschaften darauf hinarbeitet, ein besserer und intelligenterer Hersteller in einer Welt ohne Mauern zu werden. In dem Beitrag heißt es: »An der Pekinger Tsinghua-Universität schreibt ein Team von Programmierern unter Java Softwareprogramme. Bezahlt werden sie von – IBM. Jeden Abend senden sie ihre Tagesproduktion über das Internet an eine IBM-Niederlassung in Seattle, wo die Arbeit an dem Programm fortgesetzt wird. Von Seattle wird die Software per Internet ins fast 9000 Kilometer weiter östlich gelegene Institut für Computerwissenschaften in Weißrußland und an die Software House Group in Lettland weitergeschickt. Anschließend machen sich die Programmierer der indischen Tata Group an die Arbeit, und am nächsten Morgen übermitteln sie die weiterentwickelte Software dann nach Peking, von wo aus es wieder nach Seattle geht und so weiter und so fort in einem endlosen Kreislauf, der erst dann stoppt, wenn das Projekt abgeschlossen ist. ›Wir nennen es Java-rund-um-die-Uhr‹, sagt John Patrick, IBM-Vizepräsident für Internettechnologie. ›Es ist, als hätten wir mit Hilfe des Internets den 48-Stunden-Tag erfunden.‹«

Der kanadische Schuhhersteller Bata war in den siebziger Jahren mit rund einem Dutzend Fertigungsanlagen in seinen wichtigsten Absatzmärkten präsent, doch jede dieser Auslandsniederlassungen zielte ausschließlich auf den lokalen Markt, orientierte sich an den lokalen Bedürfnissen und verkaufte praktisch 100 Prozent ihrer Produktion in diesen Markt. Im Gegensatz dazu läßt Nike heute einen neuen Laufschuh in Oregon entwerfen und per Fax oder E-Mail die neuesten Designanpassungen über Nacht an seine Fabriken und Subunternehmer in Asien durchgeben, wo bereits am nächsten Tag die Produktion des neuen Modells für den globalen Markt beginnt.

Es stimmt, die Fords, Nikes und Toyotas – die Langhornrinder – können ihr Kapital nicht so kurzfristig wie die Kurzhornrinder von einem Land in ein anderes verschieben, aber sie tun das doch erheblich schneller, als vielen Leuten bewußt ist. Ein signifikanter Anteil ihrer Auslandsinvestitionen dient heute nicht mehr der Errichtung und dem Betrieb von Fertigungsanlagen vor Ort, sondern dem Aufbau von Allianzen mit lokalen Herstellern, die als Töchter, Subunternehmer oder Partner der multinationalen Konzerne fungieren. Diese Produktionsbeziehungen können und werden auf der Suche nach den besten Steuerkonditionen und den effizientesten und billigsten Arbeitskräften immer schneller von einem Land in ein anderes, von einem Hersteller zum nächsten verlagert. Dabei schrecken die Langhornrinder nicht davor zurück, die Entwicklungsländer gegeneinander auszuspielen. Da sich über Investitionen von internationalen Konzernen am raschesten ein technologischer Sprung nach vorne erreichen läßt, buhlen die Entwicklungsländer heftig um ihre Gunst. Nike beispielsweise konzentrierte seine asiatischen Produktionsanlagen zunächst in Japan, doch als die Kosten dort zu stark anstiegen, ging der Schuhkonzern zuerst nach Südkorea und dann weiter nach Thailand, China, auf die Philippinen, nach Indonesien und Vietnam.

»Wir können nicht auf sie verzichten«, sagt der brasilianische Managementberater Joel Korn über die multinationalen Konzerne. »Da die Sparquote in Lateinamerika nicht ausreicht, ein starkes Wirtschaftswachstum zu stützen, sind wir nach wie vor in hohem Maß von externem Kapital und von ausländischen Direktinvestitionen abhängig. Darüber hinaus bringen sie [die Langhornrinder] internationale Standards und Technologien ins Land, tragen mit dazu bei, unsere Wirtschaft an die internationalen Märkte anzupassen, und gehen Partnerschaften mit lokalen Unternehmen ein, die zusätzliche Technologietransfers leisten und neue, eigenständige Märkte bilden. Wer heutzutage multinationale Konzerne draußenhält, kann genausogut für sich alleine auf einem anderen Planeten leben.«

Obwohl die Anfänge der Globalisierung der Produktion auf die Zeit des Kalten Krieges zurückgehen, hat sich dieser Trend erst mit Anbruch der zweiten Globalisierungsära und dem Auftauchen zahlreicher neuer Langhornrinder drastisch beschleunigt. Nach Angaben der Weltbank haben die Auslandstöchter und Beteiligungen internationaler Konzerne ihren Anteil an der globalen Produktion von 4,5 Prozent des weltweiten Bruttosozialprodukts im Jahre 1970 auf 9 Prozent heute verdoppelt. Dieser Prozentsatz mag klein erscheinen, doch da es sich hier um die gesamte Weltproduktion handelt, ist der Dollarbetrag, für den er steht, alles andere als klein. 1987 lag der durchschnittliche Anteil der ausländischen Direktinvestitionen am Bruttosozialprodukt der zehn am weitesten fortgeschrittenen Entwicklungsländer bei 0,4 Prozent. Heute beträgt dieser Anteil über 2 Prozent, und zwar hochgerechnet auf die gesamte Welt, nicht nur auf die zehn wichtigsten Schwellenländer. Betrachtet man sämtliche in US-Besitz befindlichen ausländischen Tochterunternehmen, Unternehmen wie beispielsweise Ford Motor Mexico, so ging 1996 ein Fünftel ihrer Produktion in den Export gegenüber vier Fünfteln, die im Land selbst abgesetzt wurden. Heute liegt der Exportanteil bei 40 Prozent und der im Inland verkaufte Anteil bei 60 Prozent. Da verwundert es nicht, wenn Craig Barrett von Intel berichtet, daß Monat für Monat Botschafter und Politiker aus den unterschiedlichsten Ländern mit ein und demselben Anliegen im Silicon Valley auftauchen: »Kommen Sie mit Ihrer neuen Fabrik zu uns.«

George St. Laurent, der Vorstandsvorsitzende von Vitech, einem brasilianischen Computerhersteller mit Sitz im nordöstlichen Bundesstaat Bahia, ist ein typisches Langhornrind. Er ist sich bewußt, daß er auf eine gewisse Weise über sehr viel Macht verfügt, und er zögert auch nicht, wie er mir gegenüber in einem Gespräch betonte, die brasilianischen Behörden genau wissen zu lassen, was er von ihnen erwartet, wenn ihnen daran gelegen ist, daß er sein Unternehmen mit den daran hängenden Arbeitsplätzen und Technologietransfers nicht woandershin verlagert. »Vor allem bin ich auf eine stabile Währung angewiesen, die es mir ermöglicht, ausländisches Kapital zu beschaffen. Das heißt, der Staat muß einen ausgeglichenen Haushalt erreichen, die Inflation unter Kontrolle halten und den Verwaltungsapparat abspecken«, erklärte er. »Eines unserer primären Anliegen ist es, ausländisches Investitionskapital anzulocken. Aber die Investoren bleiben weg, wenn sie nicht abschätzen können, was ihre Investition noch wert sein wird, wenn sie sie wieder abziehen. [Außerdem] muß ich mir sicher sein, daß die Politiker hier das Verhältnis zwischen Kunden und Lieferanten genauso sehen wie ich. Um Sie als potentiellen Kunden dazu zu bringen, daß Sie meinen Notebook-Computer kaufen, krabble ich vor Ihnen, wenn es sein muß, auf Händen und Füßen herum. Leider haben die Politiker hier sich noch niemals in die Rolle eines Verkäufers hineinversetzen müssen, und entsprechend wenig halten sie von einer solchen Denkweise. Sie sind es gewohnt, die Leute zu Füßen ihres Throns zu versammeln und ganz nach ihrem Gutdünken Almosen und Machtbefugnisse zu verteilen.«

In der Tat erkennen, wie St. Laurent andeutet, viele traditionelle Politiker erst langsam die zunehmende Macht der Elektronischen Herde und haben ihre Mühe, sich darauf einzustellen. Mir fiel das zum ersten Mal auf, als ich 1995, auf dem Höhepunkt der Peso-Krise, Mexiko besuchte. Meine Lektion begann bereits auf dem Hinflug. Beim Ausfüllen der Zollerklärung, die das Flugpersonal ausgeteilt hatte, blieb ich in der dritten Zeile hängen, als ich aus neun aufgeführten Berufsgruppen die auf mich zutreffende heraussuchen und das entsprechende Kästchen ankreuzen sollte. »Journalist« fand sich nicht in der Liste, wohl aber »Bauer«, »Fahrzeugführer«, »Viehzüchter« und, was mich sehr überraschte, »Anleihegläubiger«. Dieses eine Wort faßte für mich das Dilemma zusammen, in dem Mexiko zu der Zeit steckte. Das Land und seine Wirtschaft waren so abhängig von ausländischen Investoren, die mexikanische Staats- und Unternehmensanleihen erwarben, daß ausländische »Anleihegläubiger« auf der Zollerklärung eine eigene Kategorie bildeten.

Zu Mexikos Unglück waren die meisten Leute, die ihr Kreuz in dieses Kästchen setzten, damals im Begriff, mit ihrem Kapital das Land zu verlassen. Bei einem Interview mit einem Beamten der mexikanischen Zentralbank fragte mich der völlig ratlose Mann, was die internationalen Investoren so in Rage gebracht habe und veranlasse, ihre mexikanischen Wertpapiere abzustoßen. Leider hatte ich keine Idee, wie ich ihm erklären sollte, daß es selbst in der Hölle keine schlimmeren Furien gibt als einen amerikanischen Investmentfondsbesitzer mit einem Mobiltelefon, der sieht, daß seine Investitionen an Wert verlieren. Enrique del Val Blanco, ein Mitarbeiter des mexikanischen Arbeitsministeriums, mit dem ich später sprach, machte auf mich den Eindruck eines Mannes, der gerade die *Invasion der Körperfresser* durchlebte. »Alle hier haben das Gefühl, als werde ihr Leben von jemand Außenstehendem bestimmt, und alle wollen wissen, wer das ist. Wer steckt dahinter? Wir dachten, wir befänden uns auf dem besten Wege in die Erste Welt, und plötzlich geht etwas furchtbar schief. In der einen Minute loben die Weltbank und der IWF Mexiko als Musterschüler. Und in der nächsten stellen sie uns in die Büßerecke. Was haben wir getan? Uns entgleitet die Kontrolle. Wenn wir kein alternatives Entwicklungsmodell finden, sind wir fertig, am Ende, müssen wir uns ergeben.«

Noch am selben Tag fuhr ich quer durch die Stadt zum Präsidentenpalast Los Pinos, wo ich zusammen mit einigen Kollegen von der *Times* zu einem Treffen mit dem mexikanischen Regierungschef Ernesto Zedillo eingeladen war. Ich erinnere mich kaum, was der immer noch unter dem Eindruck der Peso-Krise stehende Zedillo sagte, die Szene selbst jedoch werde ich nie vergessen. Unser Grüppchen wurde von einer Wache in den Palast geführt und angewiesen, die Treppe hoch und einige Gänge entlang zu gehen, wo wir das Büro des Präsidenten finden würden. Der Palast wirkte wie ausgestorben. Ohne eine Menschenseele zu sehen, gingen wir durch eine Tür, dann durch eine zweite und eine dritte, bis wir schließlich an den Tisch einer Sekretärin kamen, die mit einer Handbewegung auf die Tür des Präsidentenbüros deutete. Wir betraten den höhlenartigen Raum, und dort, allein an einem Tisch in der Ecke, saß Zedillo und lauschte Tschaikowskys »Ouvertüre 1812«, ein Anblick, der mich unwillkürlich an Napoleon nach der Schlacht von Waterloo erinnerte.

In den vergangenen zehn Jahren mußte eine ganze Generation postkolonialer politischer Führer – Zedillo, Mahathir, Suharto und selbst Boris Jelzin – erfahren, wie es sich anfühlt, wenn man unter die Hufe der Elektronischen Herde gerät. Die Herde erwies sich als Gegner von einem ganz anderen Kaliber als ihre traditionellen inländischen Gegenspieler: ein Gegner, den sie weder verhaften noch zensieren, weder verbannen noch bestechen und oft noch nicht einmal sehen konnten. Einige Politiker, Zedillo etwa, beugten sich schlicht dem Diktat der Herde. Andere jedoch, darunter Mahathir und Suharto, verlegten sich auf eine andere Strategie. Sie beschimpften die Herde, bezichtigten sie der Konspiration, schworen, sich für ihre Ungerechtigkeiten zu rächen, und, in Mahathirs Fall, sperrten sie schließlich mit Hilfe von Kapitalverkehrskontrollen aus. Mahathir und Suharto sind groß geworden im System des Kalten Krieges, einer Zeit, in der beide Supermächte aus machtstrategischen Gründen häufig darauf verzichteten, allzu harsch mit umworbenen Dritte-Welt-Führern ins Gericht zu gehen. Doch nach dem Kalten Krieg war es mit der Zurückhaltung vorbei. Zudem denken die Leitbullen der Elektronischen Herde nicht wie das State Department, die Vereinten Nationen oder die Bewegung der Blockfreien. Sie zeigen kein Mitgefühl für das Leid und den Schmerz und die Ungerechtigkeiten, die aus der Kolonialzeit herrühren. Für sie ist kein Entwicklungsland so einmalig, so wichtig für die regionale Stabilität, daß sie ihm seine Sünden nachsehen würden. Sie bahnen sich ihren Weg, und dann ziehen sie weiter. Die Elektronische Herde verwandelt die ganze Welt in ein parlamentarisches System, in dem jede Regierung unablässig ein Mißtrauensvotum der Herde fürchten muß.

Auf dem Höhepunkt der Asienkrise von 1997 interviewte ich den stellvertretenden malaysischen Ministerpräsidenten Anwar Ibrahim, der kurz darauf von Mahathir abgesetzt wurde. Besorgt wegen Mahathirs heftigen Ausfällen und seiner gegen das internationale Judentum, George Soros und andere »Verschwörer« gerichteten Vorwürfe, sie würden die malaysische Währung gezielt entwerten, gingen Anwar und einige seiner Kollegen mit einem Schaubild zu Mahathir und sagten ihm ungefähr folgendes: »Sehen Sie her, am Montag attackierten Sie Soros, und der Ringgit fiel auf diesen Stand. Am Dienstag griffen Sie die Juden an, und der Ringgit fiel bis hierhin. Am Mittwoch brüskierten Sie die internationalen Investoren, und der Ringgit gab nochmals nach. HALTEN SIE ENDLICH DEN MUND!« In Indonesien trug das Verhalten der Elektronischen Herde, das die Währung und die Wirtschaft Indonesiens so weit schwächte, bis die Öffentlichkeit und die Armee jegliches Vertrauen in Suhartos Führungsfähigkeiten verloren, mit zu dem Aufstand bei, der Suharto Anfang 1998 das Amt kostete.

Auch Supachai Panitchpakidi, Handelsminister und stellvertretender Ministerpräsident von Thailand, trägt die Narben eines Politikers, dessen Land sich der Herde in den Weg stellte und dabei unter die Hufe geriet. »Wir haben einen Fehler gemacht – wir haben den Baht ein halbes

Jahr zu lang an den Dollar gekoppelt und nicht abgewertet. Das allein wäre nicht fatal gewesen, aber wegen des Herdentriebs und weil im globalisierten Markt unser Mangel an Devisenreserven kein Geheimnis blieb, kam es zu einer Massenflucht aus dem Baht. Statt nur 15 oder 20 Prozent an Wert zu verlieren, fiel er um 50 Prozent. Das erste Mal griffen sie unsere Währung im Februar an, dann im März und erneut im April. Jedes Mal intervenierte die thailändische Zentralbank, kaufte für Devisen Baht und erklärte sich zum Sieger. Doch da jede Intervention auf Kosten der thailändischen Devisenreserven ging, war sie in Wahrheit jedes Mal der Verlierer. Wir dachten, die Welt wüßte nichts über den Umfang unserer Devisenreserven, aber die Märkte wußten Bescheid, im Gegensatz zu den Thailändern. Meine Freunde in Singapur und Hongkong wußten, wie es stand, und nach jeder Abwehrschlacht rechneten sie aus, wie viele Reserven Bangkok für weitere Interventionen noch blieben. Wenn Sie unseren damaligen Ministerpräsidenten fragen, wird er ihnen sagen, daß er darüber zu keinem Zeitpunkt informiert war. Doch der Markt paßte auf, und die großen Investoren wußten genau, wann der Punkt erreicht war, an dem wir unsere Währung nicht mehr stützen konnten. Und genau in diesem Moment schlugen sie richtig zu.«

Die Anpassung an die Macht der Supermärkte und der Elektronischen Herde verlangt von den Politikern, insbesondere in den Schwellenländern, eine vollkommen neue Denkweise. Lassen Sie es mich so ausdrücken: Ein Staatsführer muß heute in der Lage sein, wie der Gouverneur eines amerikanischen Bundesstaates zu denken. Der Gouverneur eines US-Bundesstaates kann, wie Präsidenten und Ministerpräsidenten, bestimmte Entscheidungen treffen. Er darf sogar hin und wieder die Nationalgarde aufmarschieren lassen. Aber in der Hauptsache ist er in diesen Tagen damit beschäftigt, die Elektronische Herde und die Supermärkte zu Investitionen in seinem Bundesstaat zu bewegen, alles zu tun, was sie vor Ort hält, und ansonsten mit der konstanten Angst zu leben, sie könnten ihm wieder den Rücken kehren. Aus diesem Grund wird die moderne Welt zusehends von Gouverneuren regiert, unabhängig davon, wie ihr Titel im Einzelfall lauten mag. Und das erklärt auch, warum der dominierende politische Führer der Globalisierungsära der Gouverneur aller Gouverneure und Gouverneur der Vereinigten Staaten ist, William Jefferson Clinton.

Könige, Diktatoren, Emire, Sultane, Präsidenten und Ministerpräsidenten – sie alle sind nur noch Gouverneure. Im Herbst 1997 wurde ich bei einem Aufenthalt in Katar, dem kleinen Ölstaat am Persischen

Golf, vom Emir von Katar, Scheich Hamad bin Khalifa al-Thani, zum Mittagessen eingeladen. Scheich Hamad ist ein umgänglicher, hochintelligenter Mann, aber er ist es auch gewohnt, Befehle zu geben, nicht, sie entgegenzunehmen. Er befragte mich nach der Wirtschaftskrise in Malaysia und in Südostasien allgemein, und ich setzte ihm auseinander, wie die Elektronische Herde und die Supermärkte Malaysia für Mahathirs Exzesse, darunter den Bau der beiden höchsten Bürotürme der Welt, bestraften. Scheich Hamad hörte aufmerksam zu und sagte dann etwas, was sich weniger nach einem Emir und mehr nach einem Gouverneur anhörte. Er sagte: »Nun, dann sollte ich in Katar wohl lieber keine Wolkenkratzer errichten. Die Märkte könnten uns das übelnehmen.«

Daß rund um die Welt Politiker, Investoren, Unternehmen und einzelne Menschen lernen müssen, sich an das neue System der Globalisierung anzupassen – und die Art, wie dieser Lernprozeß abläuft –, ist das eigentliche Markenzeichen des ausgehenden 20. Jahrhunderts. Allerdings muß ich der Ehrlichkeit halber noch eines dazu sagen: Was Sie bislang gesehen haben, war noch gar nichts.

Die Demokratisierung der Technologie, der Finanzen und der Informationen – und die damit einhergehende Änderung unserer Kommunikationsweisen, unseres Investitionsverhaltens und unserer Sicht auf die Welt – waren, wie ich versucht habe darzulegen, die Geburtshelfer der zentralen definierenden Elemente des gegenwärtigen Globalisierungssystems. Diese drei Demokratisierungen haben die Mauern des Kalten Krieges einstürzen lassen. Sie haben die Netzwerke geschaffen, die die ganze Welt in unsere Reichweite rücken und jeden von uns zumindest potentiell zu einem supermächtigen Individuum machen. Aus ihnen heraus wuchsen die Verbindungen und die Freiräume, die der Elektronischen Herde und den Supermärkten den Weg bereiteten. Sie haben, mit Ausnahme des marktwirtschaftlichen Kapitalismus, die alten Ideologien beiseite gefegt. Sie haben unglaubliche neue Effizienzmaßstäbe erzeugt, an die sich jedes Unternehmen anpassen muß, will es nicht untergehen. Sie zwingen die Menschen, ihre alte Wahrnehmung umzudrehen, nicht mehr zuerst lokal und dann global zu denken, sondern zuerst global und dann lokal.

Der Grund für meine Behauptung, daß das, was Sie bislang gesehen haben, noch gar nichts war, ist das Internet. Der Vormarsch des Internets in den letzten Phasen der Demokratisierung der Technologie, der Informationen und der Finanzen hat ohne Zweifel prägend auf die Globalisierung der Welt gewirkt. Doch je mehr sich das Internet ausbreitet, um so mehr wird es zum Turbolader, der die Globalisierung antreibt. Das Internet sorgt dafür, daß die Art und Weise, wie wir kommunizieren, investieren und die Welt wahrnehmen, immer globaler wird. Von dem Augenblick an, da Sie sich ins Internet einwählen, können Sie so gut wie kostenlos mit der ganzen Welt kommunizieren und so gut wie kostenlos in jeden Markt investieren. Sobald Sie ein Unternehmen gründen, das eine Internet-Website unterhält, müssen Sie, egal wo in welchem Land Sie sitzen, global denken – sowohl bei der Frage, wer Ihre potentiellen Konkurrenten sind, wie auch bei der Frage, wer Ihre potentiellen Kunden sind.

Anfang 1998 unterhielt ich mich im Silicon Valley mit John Chambers, Präsident von Cisco Systems, dem weltweit größten Computernetzausrüster, über Trends. »Das Internet«, sagte Chambers damals zu mir, »wird alles verändern. Die Industrielle Revolution hat in den Fabriken Menschen und Maschinen zusammengebracht. Die Internet-Revolution wird die Menschen in virtuellen Fabriken mit Wissen und Informationen zusammenbringen. Diese Revolution wird die Gesellschaft ebenso radikal verändern wie die Industrielle Revolution. Das Internet wird die Globalisierung mit Höchstgeschwindigkeit vorantreiben. Und das wird sich nicht wie bei der Industriellen Revolution über einhundert Jahre hinziehen, sondern wird binnen sieben Jahren geschehen sein.«

Ich machte mir während des Gesprächs mit Chambers Notizen und zitierte einige seiner Äußerungen später sogar in einem Artikel, aber wirklich ernst nahm ich seine Prophezeiungen nicht. Ich hielt es für das typisch überzogene Gerede, das man von Technikfreaks so oft zu hören bekommt. Ja, ja, dachte ich damals, das Internet wird alles verändern. Das sagen sie doch jedes Mal. Aber je länger ich an diesem Buch arbeitete, um so deutlicher wurde mir, daß Chambers nicht nur recht gehabt, sondern genau betrachtet sogar noch untertrieben hatte.

Ein paar Monate nach meinem Gespräch mit Chambers erhielt ich von seinem Büro ein Paket mit Tassen, Stiften und einem T-Shirt zugeschickt, samt und sonders mit dem neuen Cisco-Logo verziert. Vielleicht kennen Sie das Logo aus dem Fernsehspot von Cisco. Der Spot ist ziemlich einfach. Eine Schar junger und alter Menschen aller Hautfarben und Rassen blickt direkt in die Kamera und fragt: »Sind Sie bereit?« Als ich im Frühjahr 1998 das Paket Werbegeschenke mit dem Cisco-Logo erhielt, warf ich einen Blick darauf und dachte mir: Was soll dieser Müll? Was für eine seltsame Werbekampagne. Na also, »Sind Sie bereit?«, bereit wofür?

Doch als sich 1998/99 zum inoffiziellen Jahr des Internets mauserte, zu dem Jahr, in dem das Internet eine kritische Masse erreichte und wirklich anfing, sowohl den Handel als auch die Kommunikation zu definieren, ging mir auf, was Cisco mit der Frage »Sind Sie bereit?« meinte. Das Internet wird zu einem gewaltigen Schraubstock werden, der das globalisierte System, wie ich es in diesem Teil des Buches beschrieben habe – die Schnelle Welt, die Elektronische Herde, die Supermärkte und die Goldene Zwangsjacke –, zwischen seine Backen nimmt und den Druck auf jeden einzelnen von uns immer mehr erhöht und dabei eine Welt erzeugt, die mit jedem Tag kleiner und schneller wird.

Denken Sie einmal darüber nach: Das Internet hat uns ein weltumspannendes Postsystem beschert, über das wir uns in Sekundenschnelle Nachrichten zuschicken können. Ein globales Einkaufszentrum, in dem jeder von uns einkaufen und verkaufen kann. Eine globale Bibliothek, in der wir alle forschen können, und eine globale Universität, in der jeder von uns Seminare belegen kann. Das Internet ist kein überdimensionales Supernintendo-Spiel mehr, das Internet ist zu einem lebensnotwendigen Werkzeug geworden. Im Januar 1999 beschloß die Luftfahrtgesellschaft Delta Air, ihre Kunden zwangsweise ins Internetzeitalter zu versetzen, und kündigte als erste Airline der Welt an, auf alle *nicht über ihre Website gekauften* Tickets eine Extragebühr zu erheben. Wer bei Delta anrief, um ein Ticket zu bestellen, zahlte bei einem Inlandsflug zwei Dollar extra. Wer über die Website buchte, mußte keinen Aufschlag zahlen. Auf die Frage der *Washington Post,* was mit den Leuten sei, die keinen Computer und kein Internetaccount hätten, was sie denn tun sollten, erwiderte ein Sprecher von Delta: »Wer keinen Computer hat, kann ja in die nächste Bibliothek gehen und sich dort an den PC setzen.« Nach heftigen Protesten der Kunden mußte die Airline die Gebühr zwar wieder zurücknehmen. Aber früher oder später, da bin ich mir sicher, wird Delta – oder jemand anderer – die Idee wieder aufgreifen. Allein die Tatsache, daß Delta Airlines es trotz der absehbaren Verbraucherproteste zu versuchen wagte, ihre Kunden ins Internet zu zwingen, sagt eigentlich schon alles. Und dieser Trend beschränkt sich nicht auf die Vereinigten Staaten. In den Armensiedlungen rund um die indische Hauptstadt Neu-Delhi schickt eine neugegründete Mobilfunkgesellschaft namens Usha Group nach dem Vorbild der Avon-Vertreterinnen junge Frauen mit Mobiltelefonen in die Häuser von Leuten ohne Telefonanschluß. Gegen eine geringe Gebühr kann man die Telefone mieten und ein paar Minuten telefonieren. Inzwischen ist die Usha Group dazu übergegangen, in vielen dieser Siedlungen öffentliche Callcenter einzurichten, wo man nicht nur telefonieren, sondern auch billig im Internet surfen kann.

Zum Abschluß dieses Kapitels noch eine Geschichte, die der ehemalige stellvertretende und inzwischen neue US-Finanzminister Larry Summers immer wieder gerne erzählt: »Vor einiger Zeit besuchte ich Mosambik – nach Ansicht vieler Experten das ärmste Land der Erde –, um über einen möglichen Schuldenerlaß zu verhandeln. Bei einem Mittagessen mit Vertretern der lokalen Wirtschaft fragte ich meinen Nachbarn, wie seine Geschäfte liefen. ›Oh, ziemlich gut, aber ich mache mir Sorgen um die Zukunft.‹ Auf meine Frage, was ihm denn Sorgen bereite, erklärte er mir, er sei derzeit der einzige Internetanbieter des Landes und habe nun Angst, daß Konkurrenten auftauchen und ihm seine Gewinnspanne kaputtmachen könnten.«

Seine Sorgen sind durchaus berechtigt. Die Anpassung an die nächste Phase der internetgetriebenen Globalisierung, an eine täglich kleiner und schneller werdende Welt, wird uns alle – Individuen, Länder und Unternehmen – vor eine gewaltige Herausforderung stellen. In den nächsten beiden Kapiteln – »Sich an das System anschließen« und »Die Gegenreaktion gegen das System« – werde ich Ihnen erklären, was ich damit meine.

Sind Sie bereit?

TEIL II

Sich an das System anschließen

7

DOS-*Kapital* 6.0

MOSKAU (AP) – Ein Moskauer Galeriebesitzer wurde heute vom Staatsanwalt verhört, nachdem Gäste und Kunstkritiker bei einer derzeit laufenden Ausstellung einen Kuchen verzehrt hatten, der Wladimir Lenin in Lebensgröße darstellte. Die Moskauer Ausgabe der *Times* berichtete am Dienstag, daß Sergej Taraborow von der Staatsanwaltschaft verhört worden sei. 20 kommunistische Duma-Abgeordnete hatten Klage erhoben, daß mit dem Kuchen gegen das Verbot, große Persönlichkeiten des Landes zu verunglimpfen, verstoßen worden sei.

AP MOSKAU, 8. September 1998

Wieviel Geld führen Sie mit sich?«
Diese Frage schleuderte mir im Tonfall von Jesse James eine albanische Zollbeamtin am Flughafen von Tirana ins Gesicht, als ich das Land verlassen wollte. Sie hatte den Satz kaum zu Ende gesagt, da beschlich mich das unangenehme Gefühl, daß ich mich schon bald von meinem Geld würde trennen müssen.
»Ich habe 3500 Dollar«, sagte ich und klopfte auf meinen Geldgürtel.
»3500 Dollar«, wiederholte sie mit leuchtenden Augen. »Er hat 3500 Dollar«, sagte sie zu ihrem männlichen Kollegen, der neben ihr an dem Röntgenapparat für das Gepäck stand.
»Woher kommen Sie?« fragte er mich. Offenkundig wollte er abschätzen, wie verwundbar ich war, und sichergehen, daß ich kein Diplomat war. Ich sagte ihm, ich würde für die *New York Times* schreiben.
»Die *New York Times?*« Der Zollbeamte musterte mich eingehend.
»Laß ihn laufen.«
Wer hätte gedacht, daß die *New York Times* in Tirana so großen Einfluß hat! Ich spurtete zu meinem Flugzeug. Ich hatte allen Grund, nervös zu sein. Das gleiche Spielchen hatte ich schon einmal mitgemacht – in einem anderen Land, das nicht gerade ein Rechtsstaat ist, im Iran. Aber damals kam ich nicht so ungeschoren davon. Es begann dort genauso auf dem Internationalen Flughafen von Teheran, als ich um 4 Uhr morgens durch den Zoll wollte. Ein Zollbeamter forderte mich auf, den Koffer zu öffnen und meine Zollerklärung abzugeben. Auf diesem Formular wird gefragt, wieviel Bargeld man mit sich führt, und ich

trug genau ein, was ich noch hatte: 3300 Dollar. Da amerikanische Kreditkarten im Iran nicht akzeptiert werden, hatte ich viel Bargeld mitbringen müssen. Der dünne iranische Zollbeamte mit seinem Schnauzbart studierte das Formular sorgfältig und sagte dann mit einem gierigen Blick: »Sie dürfen nur 500 Dollar aus dem Land ausführen.«

»Oh je«, erwiderte ich, »was mache ich denn da?«

Der Zollbeamte beugte sich vor und flüsterte mir ins Ohr: »Für 300 Dollar bringe ich das in Ordnung.« Hinter uns stand eine lange Schlange Iraner und verfolgte die Szene – sie wußten zweifellos alle genau, was da vor sich ging. Ich griff in meinen Geldgürtel, zog drei nagelneue 100-Dollar-Noten heraus und knüllte sie in meiner Hand zusammen.

»Seien Sie vorsichtig«, zischte mir der Zollbeamte zu – als ob jemand aus der Schlange hinter uns tatsächlich melden würde, was sich hier abspielte. Dann taten wir beide so, als wühlten wir in meinem geöffneten Koffer herum, und mit einem flinken Griff seiner Hand schnappte er sich die 300 Dollar aus meinen Fingern. Es passierte so schnell – wie eine Forelle, die nach einer Fliege schnappt –, daß man es nur bei einer Wiederholung in Zeitlupe wirklich wahrgenommen hätte. Mit der anderen Hand reichte er mir dann ein neues leeres Formular und forderte mich auf, es auszufüllen und zu erklären, ich würde lediglich 500 Dollar aus dem Land ausführen. Das war aber noch nicht alles. In der Abfertigungshalle wartete nach dem Metalldetektor noch eine Leibesvisitation auf mich. Ich ging in die Kabine hinter dem Vorhang, und der iranische Soldat forderte mich auf, meinen Geldgürtel zu öffnen. Ich geriet in Panik und überlegte fieberhaft, wie ich ihm die 3000 Dollar erklären würde. Sollte ich vielleicht sagen: »He, ich habe bereits Ihren Kollegen vorne geschmiert, um bis hierher zu kommen, also lassen Sie mich in Frieden?« Zum Glück warf er nur einen Blick auf das Geld, murmelte etwas auf Persisch und ließ mich dann gehen.

Erfahrene Weltreisende wissen wohl, daß meine Abenteuer im Iran und in Albanien keineswegs außergewöhnlich waren. Heutzutage trifft man sehr häufig auf ein Phänomen, das am besten mit dem Begriff »Kleptokratie« beschrieben wird. Die Kleptokratie geht über den üblichen Durchschnitt an Schmiergeldern und Korruption hinaus, der in Entwicklungsländern an der Tagesordnung ist – in einem geringeren Ausmaß übrigens auch in entwickelten Ländern. Wenn viele oder gar alle Schlüsselfunktionen in einem Staat – von der Steuererhebung über das Zollwesen und die Privatisierung bis hin zum Erlaß von Vorschriften – so sehr von Korruption durchsetzt sind, daß legale Abläufe eher die Ausnahme sind als die Regel, dann spreche ich von Kleptokratie.

Hier wird es zur sowohl tolerierten als auch erwarteten Regel, daß Staatsdiener auf allen Ebenen ihre Macht dazu nutzen, so viel Geld wie möglich aus den Bürgern, Investoren und dem Staat selbst herauszupressen. Umgekehrt gehen Bürger und Investoren davon aus, daß sie eine Entscheidung nur dann erreichen oder eine Dienstleistung nur dann bekommen, wenn sie jemanden schmieren.

Die Palette der Staaten reicht von echten Kleptokratien, wo der Staat praktisch auf Diebstahl aufgebaut ist wie in Nigeria, bis zu angehenden Kleptokratien, wo die Korruption grassiert, ja toleriert und erwartet wird, daneben aber noch einige gesetzliche und sogar demokratische Regeln gelten wie in Indien. Den Unterschied zwischen einer echten und einer angehenden Kleptokratie veranschaulicht am besten ein alter Witz, den man sich gern in der Weltbank über einen asiatischen und einen afrikanischen Minister für Infrastruktur erzählt, die sich gegenseitig in ihrem Land besuchen: Zuerst besucht der Afrikaner den asiatischen Minister in seinem Land, am Abend lädt der Asiate den Afrikaner zum Dinner in sein Haus ein. Der asiatische Minister wohnt in einem prunkvollen Palast. Der afrikanische Minister ist beeindruckt und fragt: »Donnerwetter! Wie können Sie sich mit Ihrem Gehalt ein solches Zuhause leisten?« Der asiatische Minister führt den Afrikaner zu einem großen Erkerfenster und zeigt auf eine neue Brücke in der Ferne. »Sehen Sie die Brücke dort?« fragt der asiatische Minister den Afrikaner. »Ja, ich sehe sie«, sagt der Afrikaner. Dann deutet der Asiate mit dem Finger auf sich und flüstert: »10 Prozent.« Das soll heißen, daß 10 Prozent der Baukosten für die Brücke in seine Tasche geflossen sind. Ein Jahr später stattet der Asiate dem afrikanischen Minister seinen Gegenbesuch ab. Er stellt fest, daß sein afrikanischer Kollege in einem noch prunkvolleren Palast wohnt. »Donnerwetter! Wie können Sie sich mit Ihrem Gehalt ein solches Zuhause leisten?« fragt der Asiate den Afrikaner. Der Afrikaner zieht seinen asiatischen Kollegen zu dem großen Erkerfenster in seinem Wohnzimmer und deutet auf den Horizont: »Sehen Sie die Brücke dort?« fragt er den Asiaten. »Nein, da ist keine Brücke«, antwortet der Asiate. »Eben«, sagt der afrikanische Minister und deutet auf sich: »100 Prozent.«

An welchen konkreten Anzeichen läßt sich ablesen, ob wir es mit einer angehenden oder einer voll entwickelten Kleptokratie zu tun haben? Im folgenden will ich einige Merkmale aufzählen, die ich im Laufe der Jahre gesammelt habe:

Eine Kleptokratie war Moskau im Jahr 1995 (und 1996, 1997, 1998, 1999), als nach dem Zusammenbruch der Sowjetunion Straßenkriminalität gang und gäbe war. Sofort nach der Anmeldung im Penta-Hotel im Zentrum Moskaus ging ich mit meinem Bargeld zur Rezeption und sagte dem Empfangschef, daß ich ein Hotelschließfach mieten wolle. Ich wollte nicht das Risiko eingehen, mit einem Bündel Dollars in der Tasche durch Moskau zu spazieren.

»Es tut mir leid«, sagte der Empfangschef. »Sie sind alle belegt. Es gibt eine Warteliste. Möchten Sie, daß ich Sie eintrage?«

Ich mußte lachen. Eine Warteliste für Hotelschließfächer? Das klang wie die Pointe eines schlechten Witzes: »Woher wissen Sie, daß Sie sich in einer wirklich gefährlichen Stadt aufhalten? Antwort: Wenn alle Hotelschließfächer belegt sind.« Kein Wunder, daß ein Investor, den ich in Moskau kennenlernte und der erst kurz zuvor Geld in einer russischen Bank angelegt hatte, der Ansicht war, daß es mehr Sicherheitsleute gebe als Führungskräfte. Er erzählte mir von einer westlichen Restaurantkette, die soeben ein Team von Wirtschaftsprüfern entsandt hatte, die herausfinden sollten, warum ihre Moskauer Niederlassung so viel Umsatz machte und so wenig Gewinn abwarf. Sie stellten fest, daß beinahe jeder Mitarbeiter das Unternehmen irgendwie betrog – von den Leitern, die Hamburger stahlen, bis hin zu den Geschäftsführern, die Schmiergelder einsteckten.

Zur Kleptokratie gehört, daß in Albanien die Steuerhinterziehung so verbreitet ist, daß ein albanisch-amerikanisches Pizza-Restaurant 1997 auf Platz 35 unter den steuerzahlenden Unternehmen des ganzen Landes stand, und daß der Autodiebstahl so sehr um sich greift, daß amerikanische Regierungsbeamte schätzen, 80 Prozent der Autos auf den Straßen Albaniens seien irgendwo in Europa gestohlen worden.

Kleptokratie ist die Korruption in Rußland, die so hoch in die Führung im Kreml reicht, daß die Russen sich gern folgenden Witz erzählen: Ein Mann aus der Provinz fährt nach Moskau. Er hat einen ganz neuen Wagen und parkt ihn auf dem Roten Platz genau vor dem Spasskijtor des Kreml. Ein Polizist kommt herbei und sagt zu dem Mann: »Moment mal, hier können Sie nicht parken. Durch das Tor gehen unsere hohen Politiker aus und ein.« Der Mann antwortet: »Keine Sorge. Ich habe mein Auto abgeschlossen.«

Kleptokratie ist die folgende Geschichte, die mir ein Freund erzählt hat, der während der Herrschaft des schamlos korrupten Suharto-Clans in Indonesien lebte. Er war lange Zeit Korrespondent in Jakarta für eine Zeitung in Singapur und mußte regelmäßig seine Aufenthaltserlaubnis erneuern lassen. Die Korruption sei in Indonesien so verbreitet, erklärte er mir, daß die Beamten »einem für die Schmiergelder tatsächlich eine

Quittung ausstellen. Ich lasse meine Einwanderungspapiere jedes Jahr verlängern. Ich zahle das Schmiergeld und erhalte eine Quittung. Die Buchführung an meiner Dienststelle will einen Beleg, und der Beamte, den ich besteche, gibt ihn mir.« Kein Wunder, daß die Indonesier unter dem Suharto-Regime die Redensart kannten: Wenn dein Nachbar dir eine Ziege stiehlt, tu, was du willst, aber geh auf keinen Fall vor Gericht, denn sonst wirst du auch noch deine Kuh verlieren, weil du die Polizei und die Richter schmieren mußt.

Kleptokratie heißt, daß die Beamten und Behörden, die zuständig für die Einhaltung der Gesetze sind, meinen, die Gesetze würden für sie nicht gelten. Nayan Chanda, Redakteur bei der *Far Eastern Economic Review*, erzählte mir einmal folgendes Erlebnis von einer China-Reise: »Ich war in Peking, und wir fuhren mit einem Übersetzer des Außenministeriums, seinem Fahrer und einem Mitarbeiter unseres Büros auf der zweiten Ringstraße. Beim Abbiegen auf die Autobahn wendete der Fahrer auf einmal und fuhr laut hupend die Autobahneinfahrt in entgegengesetzter Richtung entlang. Die anderen Autos wollten auf die Autobahn, und wir kurvten um sie herum. Ich war zu Tode erschrocken und fragte den Übersetzer: ›Was macht er denn?‹ Der Übersetzer antwortete, der Fahrer habe einen großen Verkehrsstau vor uns gesehen und beschlossen, ihn zu umfahren und die Autobahneinfahrt kurzerhand als Abfahrt zu benutzen. Ich schloß die Augen, duckte mich hinter den Sitz und betete, daß ich lebend wieder herauskäme. Ich kam auch lebend wieder heraus. Aber später ging mir der Gedanke durch den Kopf: Wie ergeht es den ausländischen Unternehmen, die sich in China niederlassen wollen? Die Chinesen unterzeichnen einen Vertrag mit ihnen, bekommen ihre Technologie, und dann ändern sie die Spielregeln und schicken sie wieder nach Hause. Werden sie auch heil herauskommen?«

Nicht, wenn die Behörden in China auf Beute aus sind. Der Leiter der chinesischen Niederlassung einer der größten kanadischen Banken sagte mir 1997, daß seine Bank einmal mehrere tausend Dollar von der Filiale in Hongkong an die Filiale in Shanghai habe überweisen wollen und es 18 Tage gedauert habe, bis die Überweisung eingelöst worden sei. »Wir glauben zu wissen, was passiert ist«, erzählte der Banker beim Mittagessen. »Jemand in der Zentralbank hat das Geld genommen, hat damit 17 Tage lang an der Börse in Shanghai spekuliert und es am 18. Tag zurückgegeben. Da ist das Geld in unserer Buchhaltung aufgetaucht.«

Kleptokratie sind die Milliarden Dollar, die mit korrupten Privatisierungsprogrammen in ganz Osteuropa und Rußland verdient wurden, als es einer kleinen oligarchischen Elite, häufig im Bund mit der Mafia und Regierungsbeamten vor Ort, gelang, sich zu Preisen weit unter dem Marktwert die Kontrolle über vormals staatliche Fabriken und natürliche Ressourcen zu verschaffen. Über Nacht wurden diese Leute zu Milliardären. Von Paris über Tel Aviv bis London trieben die russischen Oligarchen und andere Neumilliardäre, die Vermögen in schwindelerregenden Höhen aus dem Land schleusten, die Immobilienpreise in die Höhe. Amerika hatte, als sich der Markt dort entwickelte, seine skrupellosen Kapitalisten, genau wie Rußland heute seine skrupellosen Kapitalisten hat. Aber die amerikanischen Kapitalisten investierten ihr Geld in amerikanische Aktien und Immobilien, während Rußlands Kapitalisten heute dank der Globalisierung und der Bewegungsfreiheit des Kapitals ihr Geld ebenfalls in amerikanische Aktien und Immobilien investieren und ihr eigenes Land ausbluten lassen.

Manchmal heißt Kleptokratie aber nicht nur, daß reiche Oligarchen ihr eigenes Land ausplündern, sondern schlichtweg, daß kleine Leute versuchen, in einem Land ohne soziales Netz zu überleben. Ich stieg einmal auf dem Flughafen von Jakarta um und mußte von dem Terminal für Inlandsflüge zum internationalen Terminal fahren. Ich trat mit meinem Gepäck auf den Gehsteig hinaus und wartete in einer Schlange hinter einem Schild mit der Aufschrift »Kostenloser Pendelverkehr zwischen den Terminals«. Der Bus kam, ich verstaute mein Gepäck und stieg als einziger ein. Als ich beim Aussteigen am anderen Terminal an dem Fahrer vorbeiging, hielt er mich an. »Mister«, sagte er und deutete auf ein einfaches Schild, das er selbst mit rotem Filzstift beschriftet und über seinem Sitzplatz angebracht hatte. Dort war zu lesen, daß eine Fahrt 4900 Rupiahs (damals ungefähr 2 Dollar) koste. Mit einem Achselzucken gab ich ihm das Geld.

Kleptokratie war auch im Spiel, als ich im Sommer 1998 mit John Burns, dem Leiter des Büros der *New York Times* in Neu Delhi, das indische Parlament besuchen wollte, den Ort, an dem Indiens Gesetze verabschiedet werden. Während wir in der Lobby darauf warteten, daß man uns einließ, bemerkte Burns ein Buch, das im Buchladen des Parlaments zum Verkauf ausgestellt war: *Who's Who of the Indian Parliament* – mit Biographien und Porträts aller indischen Gesetzgeber. Burns beschloß, ein Exemplar zu kaufen. »Zu wem muß ich gehen, um ein Buch zu kaufen?« fragte er den Angestellten, der neben dem Schaufenster stand. »Zu mir, Sir«, sagte der Angestellte, »700 Rupien.« Der Mann ging weg und holte ein Exemplar. Als er zurückkam, bat Burns ihn um eine Quittung. »Wir schließen um 12 Uhr«, sagte der Mann, »das muß als Verkauf ›außerhalb der Geschäftszeit‹ laufen.«

Das hieß: keine Quittung. Dann reichte er John das Buch und steckte das Geld in die eigene Tasche. Die Vorstellung gefiel mir: jemanden in der Lobby des indischen Parlaments schmieren zu müssen, um ein Buch über die indischen Gesetzgeber zu bekommen.

Ich vermute, das erklärt die Meldung in der Indien-Ausgabe der *Times* am 16. Dezember 1998, daß eine 18 Monate währende Suche in dem von Korruption verseuchten indischen Staat Punjab abgebrochen worden sei. Gesucht wurde ein Staatsdiener, dem eine Belohnung in Höhe von 100 000 Rupien (2380 Dollar) für seine »ehrliche« Amtsausübung verliehen werden sollte – und das in einem Staat, in dem für alles, vom Anschluß an das Stromnetz bis hin zur Einschreibung in die staatliche Schule, irgend jemandem ein Schmiergeld gezahlt werden muß. Einen Anwärter für die Belohnung habe man nicht gefunden, hieß es in der Zeitung, statt dessen aber so viel Beweismaterial, daß Verfahren gegen 300 korrupte Staatsdiener eingeleitet werden konnten.

Was hat das alles nun mit Globalisierung zu tun? Ich will versuchen, die Frage mit ein paar einfachen Analogien aus der Computerwelt zu beantworten. Ich vergleiche Länder gern mit den drei Bestandteilen eines Computers: Als erstes gehört dazu die eigentliche Maschine, die »Hardware«. Das ist die Hülle um die Volkswirtschaft. Solange der Kalte Krieg dauerte, gab es drei unterschiedliche Formen der Hardware auf der Welt: marktwirtschaftliche Hardware, kommunistische Hardware und Mischformen, die Merkmale der beiden anderen miteinander kombinierten.

Der zweite Teil ist das »Betriebssystem« für die Hardware. Ich vergleiche das mit den makroökonomischen Ansätzen eines jeden Landes im weitesten Sinn. In den kommunistischen Ländern war die zentrale Planwirtschaft das Betriebssystem der Wirtschaft. Es gab keine freie Marktwirtschaft. Die Regierung beschloß, wie das Kapital verteilt werden sollte. Ich nenne das kommunistische Betriebssystem DOS-Kapital o.o.

In den Mischformen bilden die Betriebssysteme verschiedene Kombinationen aus Sozialismus, freien Märkten, staatlich gelenkter Wirtschaft und kapitalistischem Filz, bei denen die Staatsbürokraten, die Unternehmen und die Banken miteinander verflochten sind. Ich nenne diese Formen nach dem Grad der Einmischung seitens der Regierung und dem Entwicklungsstand der Volkswirtschaft DOS-Kapital 1.0 bis 4.0. Ungarn hat beispielsweise DOS-Kapital 1.0, China hat DOS-Kapital 1.0 in der Provinz und 4.0 in Shanghai, Thailand hat DOS-Kapital 3.0 und Südkorea DOS-Kapital 4.0.

Zuletzt kommen die großen kapitalistischen Industriestaaten. Einige haben Betriebssysteme, die auf der freien Marktwirtschaft beruhen, aber bedeutende sozialstaatliche Elemente enthalten. Zu dieser Gruppe zählen Frankreich, Deutschland und Japan, ihre Betriebssysteme bezeichne ich mit DOS-Kapital 5.0. Andere wie die Vereinigten Staaten, Hongkong, Taiwan und Großbritannien haben ihre Volkswirtschaften liberalisiert und die reine Goldene Zwangsjacke angelegt. Sie haben DOS-Kapital 6.0.

Neben der Form der Hardware rings um die Volkswirtschaft und dem Betriebssystem gibt es noch die »Software«, die sie braucht, um aus beidem das Beste herauszuholen. Unter Software verstehe ich alles, was im weitesten Sinn unter die Kategorie Rechtsordnung fällt. Die Software ist ein Gradmesser für die Qualität des Rechtswesens und der Rechtsnormen in einem Land und dafür, in welchem Ausmaß seine Funktionäre, Bürokraten und Bürger ihre Gesetze kennen, sie beherzigen und wissen, wie sie diese in die Praxis umsetzen müssen. Eine gute Software enthält Bankengesetze, Handelsgesetze, Vorschriften für Konkursverfahren, Vertragsgesetze, einen Verhaltenskodex für Unternehmen, eine wirklich unabhängige Zentralbank, ein Eigentumsrecht, das die unternehmerische Risikobereitschaft fördert, gerichtliche Berufungsinstanzen, internationale Buchhaltungsstandards, Handelsgerichtshöfe, Aufsichtsbehörden, die von einem unparteiischen Rechtswesen unterstützt werden, Gesetze, die Interessenkonflikte definieren und Insiderhandel durch Regierungsbeamte untersagen, und Staatsdiener und Bürger, die bereit sind, die Gesetze in einem vernünftigen Umfang einzuhalten.

Im Kalten Krieg drehte sich alles um die Frage, wessen Hardware die Welt beherrschen würde. Die Sowjets und die Amerikaner achteten nicht sonderlich darauf, wie gut ihre Hardware tatsächlich in den jeweiligen verbündeten Ländern funktionierte. Sie wollten lediglich sicher sein, daß andere Länder ihr Markenzeichen und ihre Anstecker benutzten. Tatsächlich konnte ein Land sogar lange Zeit mit einem fürchterlichen Betriebssystem und einer korrupten Software existieren, weil die Sowjets oder die Amerikaner es um jeden Preis auf ihrer Seite wissen wollten. Sie subventionierten das Land oder boten kostenlose Reparaturen an, solange das Land nur bei dem Markenzeichen der Supermacht blieb. Beide Supermächte lebten in der Angst vor der »Dominotheorie«: Nach dieser Theorie werden, wenn ein bestimmtes Schlüsselland die Hardware wechselt, auch alle Verbündeten wie Dominosteine umfallen.

Diese Auseinandersetzung hörte mit dem Ende des Kalten Krieges auf. Auf einen Schlag gerieten die kommunistischen, die sozialistischen und sogar die Mischformen allesamt in Verruf. Plötzlich sahen wir uns an einem historischen Wendepunkt angelangt: Zum ersten Mal in der Geschichte hatte praktisch jedes Land dieselbe Hardware: Kapitalismus mit freiem Spiel der Marktkräfte. Damit war die Konstellation eine vollkommen andere geworden. Die Länder mußten nicht mehr entscheiden, welche Hardware sie haben wollten, sondern wie sie das Beste aus der offenbar einzigen funktionsfähigen Hardware machten – dem Kapitalismus mit freiem Spiel der Marktkräfte.

In der Welt der Computertechnik gibt es eine Redensart: »Die Hardware ist der Software und den Betriebssystemen stets voraus.« Das heißt, die Techniker entwickeln fortwährend schnellere und noch leistungsfähigere Chips, und erst nach einiger Zeit kommen die Betriebssysteme und die Software dazu, mit denen sich die Möglichkeiten der neuen Hardware ganz ausnutzen lassen. Das können wir auch auf die Globalisierung übertragen. Seit dem Zusammenbruch des Kommunismus und Sozialismus in Rußland, Osteuropa und in der Dritten Welt hat die Welt miterlebt, wie eine ganze Reihe von Ländern die grundlegende Hardware der freien Marktwirtschaft übernommen hat, ja sogar ihre Hardware an die unter Hochspannung stehende Elektronische Herde angeschlossen hat, aber in vielen Fällen ohne das Betriebssystem, die Software und andere Institutionen zu installieren, ohne die Kapitalströme und Energie nicht effektiv fließen können.

Inzwischen sehen wir, was das größte Problem beim Übergang vom System des Kalten Krieges zum System der Globalisierung ist: die »überstürzte Globalisierung«. Ich wiederhole, was ich weiter oben schon gesagt habe: Heute wird niemand Erfolg haben, wenn er sich nicht der Elektronischen Herde und den Supermärkten anschließt, und niemand wird überleben, wenn er kein Betriebssystem und keine Software hat, die ihn vor den schlimmsten Auswüchsen der Elektronischen Herde und der Supermärkte schützen, wenn sie einmal in Panik geraten und alles überrennen.

Es hat das ganze erste Jahrzehnt der neuen Ära der Globalisierung gedauert, bis die Welt diese Lektion gelernt hat. Da alle zu derselben Hardware übergingen – zur freien Marktwirtschaft –, ließ es sich nicht vermeiden, daß einige Länder bei der Entwicklung der Betriebssysteme und der entsprechenden Software hinterherhinkten. Es ist ja auch ganz einfach, einen Computer zu kaufen, vor allem wenn es nur eine Marke gibt. Jeder Trottel kann in ein Computergeschäft gehen und sich einen aussuchen. Beim Übergang vom Kalten Krieg zur Globalisierung haben viele Länder genau das getan, ohne auch nur zu überlegen, ob sie das Betriebssystem und die Software hatten, um den Computer effektiv nutzen zu können. Diese Länder sagten sich nur: »Na, das sieht doch ganz einfach aus. Ich schließe einfach meine tolle neue Hardware sofort an die Elektronische Herde an...«

Aber in Wirklichkeit war es viel schwieriger, als es den Anschein hatte. Es ist leicht, in einem Land die freie Marktwirtschaft auszurufen. Aber es ist schwer, die unparteiische Durchsetzung von gerechten Gesetzen und Geschäftspraktiken einzuführen mitsamt den Gerichten, welche die Menschen vor einem ungebremsten Kapitalismus schützen. Es ist leicht, eine Börse zu eröffnen. Selbst in der Mongolei gibt es inzwischen eine Börse. Aber es ist sehr schwer, eine Börsenaufsicht aufzubauen, die bei Insidergeschäften einschreitet. Es ist leicht, auf einen Schlag die Pressefreiheit einzuführen und einen freien Strom wirtschaftlicher Informationen zuzulassen. Aber es ist sehr schwer, eine wirklich unabhängige freie Presse zu etablieren und zu schützen, die Korruptionsfälle innerhalb der Regierung aufdeckt und Pseudounternehmen entlarvt, die ihre Anteilseigner betrügen.

Im System des Kalten Krieges verlief die Trennungslinie in der Welt zwischen den kommunistischen und den kapitalistischen Volkswirtschaften, mit einigen Mischformen dazwischen. Heutzutage, da praktisch alle die gleiche Hardware haben, tritt die Trennungslinie zwischen den marktwirtschaftlichen Demokratien und den marktwirtschaftlichen Kleptokratien zutage. Länder, die imstande sind, die nötigen Betriebssysteme und die Software zu entwickeln, damit sie in der freien Marktwirtschaft bestehen können, werden sich einer marktwirtschaftlichen Demokratie annähern. Länder, die dazu nicht imstande oder nicht willens sind, werden sich einer marktwirtschaftlichen Kleptokratie annähern. Im letzteren Fall wird der Staat weitgehend von skrupellosen Kapitalisten und kriminellen Elementen übernommen, die kein Interesse an einer echten Rechtsstaatlichkeit haben.

Leb wohl, Systemgegensatz Kommunismus versus Kapitalismus. Willkommen, Systemgegensatz marktwirtschaftliche Demokratie versus marktwirtschaftliche Kleptokratie.

Da die meisten Menschen eine Vorstellung haben, wie die beste marktwirtschaftliche Demokratie aussieht, werde ich schildern, wie die schlimmste marktwirtschaftliche Kleptokratie aussieht. Jedes beliebige Land läßt sich dann irgendwo in dem Spektrum zwischen den beiden Extremen einordnen.

Das reinste Beispiel einer marktwirtschaftlichen Kleptokratie, das ich jemals erlebt habe, bot Albanien in den neunziger Jahren. Albanien war 50 Jahre lang ein extrem isoliertes kommunistisches Land, weil es im Kalten Krieg einen maoistischen, prochinesischen Standpunkt eingenommen hatte. Nach dem Fall der Berliner Mauer brach 1991 auch das kommunistische Regime in Albanien zusammen. Primitive Wahlen wurden abgehalten, und eine quasi-demokratische Regierung zog in Tirana ein. Die Albaner meinten schon, endlich würden auch sie bekommen, was alle anderen längst hatten: die Hardware der freien Marktwirtschaft. Aber leider war das auch schon alles, was sie erhielten. Ganz Albanien entsprach der reinen Hardware, ohne Software und ohne Betriebssystem.

Bei einem Besuch in der albanischen Hauptstadt Tirana 1998 schilderte mir Fatos Lubonja, ein 47jähriger albanischer Schriftsteller und Redakteur einer Literaturzeitschrift, was es hieß, in der albanischen Kleptokratie zu leben. »Nach dem Kommunismus hatten wir hier die totale Gleichheit. Wir standen alle bei Null. Nur wenige Menschen hatten Besitz oder Beziehungen. Also entwickelte sich erst danach ein hierarchisches System. Im Grunde betrachteten die Menschen die Politik als ein Geschäft, weil man als Politiker die Möglichkeit hatte, Türen zu öffnen und zu schließen. Man konnte seinen Dienststempel draufdrücken oder nicht. Freier Markt war nach Ansicht vieler die Freiheit, alles zu tun. Folglich nahmen die Mutigsten verschiedene Dinge in Angriff, und die Verbrecher entdeckten, daß sie für manche Dinge die Politiker benötigten, die Politiker wiederum entdeckten, daß sie Geld benötigten, um an der Macht zu bleiben. Die Menschen hatten keine Erfahrung. Sie waren [in politischen Angelegenheiten] nicht ausgebildet. Sie erkannten nicht, daß Albanien ohne die Software zu einem Dschungel würde, also litten die Menschen, viele wurden von Gangstern entführt oder verließen das Land. Schon bald erkannten die Menschen, daß Albanien auf dem freien Markt nicht konkurrieren konnte, es sei denn mit einer illegalen Wirtschaft. Also schufen wir diese kriminelle Bourgeoisie. Sie zahlen keine Steuern. Sie sind nicht verantwortlich für die Lebensumstände der Menschen und die Infrastruktur. Sie nehmen nur immer. Wenn wir bei den Mikrochips nicht konkurrenzfähig sind, dann konkurrieren wir eben bei der Mafia. Was den Aufbau einer marktwirtschaftlichen Demokratie angeht, stehen wir am Nullpunkt. Die ersten fünf Jahre waren lediglich eine Abart des Kommunismus. Statt eine Wirtschaft auf der Basis des freien Marktes aufzubauen, in der Initiative und Risikobereitschaft belohnt werden, schufen wir eine kriminelle

Wirtschaft mit Schneeballsystemen. Die Menschen steckten ihr Geld in solche Schneeballsysteme. Statt das Geld zu investieren, tranken sie ihren Kaffee und warteten darauf, daß das Geld ihnen zufliegen würde, wie die Initiatoren es ihnen versprochen hatten. Das erinnerte mich daran, wie wir früher auf die Hilfe von China warteten und [im Kalten Krieg] davon lebten. Was immer das auch war, es war keine echte Wirtschaft.«

In der Tat entwickelte sich in Albanien kein richtiges Bankwesen, statt dessen tolerierte die Regierung Schneeballsysteme, eine der ältesten Formen des Betrugs, und förderte sie bis zu einem gewissen Grad sogar. Diese Systeme waren in Albanien so weit verbreitet, daß einer der unverfrorensten Betreiber sogar ein italienisches Rennwagen-Team sponserte, als wolle er sich mit MasterCard International messen. Der Organisator eines typischen Schneeballsystems geht zu den Leuten und sagt ihnen, ihr Geld würde sich innerhalb von sechs Monaten um 20, 30 oder gar 50 Prozent vermehren, wenn sie ihre Ersparnisse in dem »Fonds« anlegen. Da die sogenannten Fonds kaum Investitionen tätigen und von daher keine Renditen erzielen, kann der hohe Zinssatz nur gehalten werden, wenn ständig neue Investoren angelockt werden, mit deren Geldern man die alten auszahlt – und jedesmal schieben die Betreiber einen Teil in die eigene Tasche. Das funktioniert so lange wunderbar, bis sich irgendwann keine neuen Investoren finden.

»Die Schneeballsysteme sammelten anfangs Geld für Benzinkäufe. Das Benzin konnte zu einem sehr hohen Preis in die Nachbarstaaten Montenegro und Serbien geschmuggelt werden, über die während des Krieges auf dem Balkan internationale Sanktionen verhängt worden waren«, erklärte mir Carlos Elbirt, der Leiter der Geschäftsstelle der Weltbank in Tirana. »Nachdem die Sanktionen gegen Serbien aufgehoben worden waren, betrieben die Schneeballsysteme keine echte wirtschaftliche Tätigkeit mehr, folglich bestand das ganze Geschäft darin, neues Geld zu bekommen, um das alte Geld zu finanzieren. Als die Initiatoren dringend neues Geld benötigten, boten sie 50 Prozent Zinsen. Ich hatte Mühe, selbst meine eigenen albanischen [Weltbank-] Mitarbeiter zu überzeugen, daß solche Konstruktionen über kurz oder lang zusammenbrechen. Meine Mitarbeiter nickten, wenn ich ihnen meine Schaubilder zeigte, und legten dann noch mehr Geld in ihrem Schneeballsystem an. Die Versuchung war einfach zu groß, alle machten ja mit. Es war wie ein Fieber. Menschen verkauften ihre Häuser, legten ihr Geld in solchen Systemen an und kauften dann in zwei oder drei Monaten ihr altes Haus zurück und ein neues dazu. Der IWF und die

Zentralbank warnten die albanische Regierung ›Geld wächst nicht auf den Bäumen‹, aber die Regierung schritt nicht ein.«

Das lag zum einen daran, daß die albanische Regierung nicht genügend Leute hatte, die Bescheid wußten, und zum anderen daran, daß viele Regierungsbeamte sich ebenfalls von dem Fieber hatten anstecken lassen. »Wenn man am Staatsfeiertag eines Landes zum Wohnsitz des betreffenden Botschafters ging, traf man dort den Betreiber eines Schneeballsystems«, sagte Elbirt. »Sie waren vollständig akzeptiert und legitimiert, und deshalb gingen auch so viele einfache Leute zu ihnen.«

Schließlich brachen die albanischen Schneeballsysteme, wie nicht anders zu erwarten, 1997 zusammen, und mit ihnen brachen auch Recht und Ordnung zusammen. Wütende Albaner plünderten in dem Bestreben, ihr Geld zurückzubekommen, ihren eigenen Staat. Elbirt und andere ausländische Diplomaten mußten zu ihrer Sicherheit evakuiert werden. Sie fuhren in einem von den Briten organisierten Konvoi von Tirana zu dem albanischen Hafen Durrës. Als sie in Durrës angelangt waren, konnte der Hubschrauber, der sie außer Landes fliegen sollte, nicht landen, weil zuviel geschossen wurde. Folglich lenkte man den Konvoi in einen anderen Teil des Hafens um, den die Italiener kontrollierten. Die Diplomaten waren alle in ihren Dienstautos von ihren Fahrern nach Durrës gebracht worden, die Fahrer parkten nun im Hafen und warteten darauf, daß sie nach Tirana zurückkehren konnten. Aber im Land regierte Anarchie, und eine Gruppe angetrunkener albanischer Diebe überfiel den Hafen und schickte sich an, die Autos zu stehlen. Elbirt sagte, am meisten sei er überrascht gewesen, als ein albanischer Dieb auftauchte, eine »riesige Pistole« zog, von einem Diplomaten die Schlüssel zu seinem Auto verlangte und damit davonbrauste, alles in weniger als einer Minute. Zehn Minuten später kam der Dieb zurück und wollte die Fahrzeugpapiere für den Wagen, den er gestohlen hatte. Offenbar war ihm inzwischen aufgegangen, daß er, falls Albanien jemals irgendwelche Software erhalten sollte, möglicherweise einen Besitznachweis benötigen würde.

Elbirt sagte: »Er war sehr höflich. Als der eigentliche Diebstahl vorüber war, wollte er offenbar die Transaktion offiziell machen.«

Die Geschichte Albaniens in den neunziger Jahren ist ein Extrembeispiel, das eine einfache Tatsache beweist: Wer befürchtet oder vorausgesagt hat, daß der Nationalstaat wegen der Globalisierung und der zunehmenden Durchlässigkeit der Grenzen schwinden oder zumindest an Bedeutung verlieren werde, hat völlig falsch gelegen. In Wahrheit verbreiten diese Leute den reinsten Unsinn. Wegen der Globalisierung und der zunehmenden Durchlässigkeit der Grenzen hat die Qualität des Staates an Bedeutung gewonnen, nicht verloren. Denn mit der Qualität des Staates ist eigentlich die Qualität der Software und des Betriebssystems gemeint, mit denen man in der Elektronischen Herde zurechtkommen muß. Die Fähigkeit der Volkswirtschaften, dem unvermeidlichen Hin und Her der Herde zu trotzen, hängt weitgehend von der Qualität des Rechtswesens, des Finanzsystems und der Wirtschaftspolitik ab – alles Dinge, die nach wie vor in den Händen der Regierung und der Bürokraten liegen. Chile, Taiwan, Hongkong und Singapur haben alle die Wirtschaftskrise der neunziger Jahre nur deshalb so viel besser überstanden als ihre Nachbarn, weil ihre Staaten von einer höheren Qualität waren und mit einer besseren Software und einem besseren Betriebssystem funktionierten.

Der thailändische Regierungschef Chuan Leekpai sagte mir Anfang 1998, nach der Erschütterung durch die Asienkrise: »Wenn man ein Teil des Weltmarktes ist, sollte man dafür sorgen, daß man imstande ist, sich gegen den Markt zu wehren ... Aus dieser Krise haben wir unter anderem die Lehre gezogen, daß viele unserer Strukturen und Institutionen noch nicht für die neue Ära bereit sind. Jetzt müssen wir uns anpassen, um den internationalen Standard zu erreichen. Die gesamte Gesellschaft erwartet es. Sie wollen eine bessere Regierung und eine transparente Regierung.«

Aber auch wenn dem Staat heute eine größere Bedeutung zukommt und keine geringere, hat sich in Wirklichkeit unsere Auffassung vom Staat verändert. Im Kalten Krieg zählte die *Größe* des Staatsapparates. Man benötigte einen großen Staatsapparat, um die Kommunisten abzuwehren, die Mauern um sein Land zu schützen und ein großzügiges System der sozialen Absicherung zu unterhalten. Damit wurden die Arbeiter gekauft, und sie liefen folglich nicht zu den Kommunisten über. In der Ära der Globalisierung zählt nun die *Qualität* des Staates. Man benötigt einen kleinen Staatsapparat, weil man ein Interesse daran hat, daß über den freien Markt Kapital ins Land fließt; man benötigt nicht den behäbigen, aufgeblasenen Regierungsapparat, sondern einen besseren Staat, einen klügeren und einen schnelleren Staat mit Bürokraten, die es verstehen, den freien Markt zu regulieren, ohne ihn abzuwürgen oder außer Kontrolle geraten zu lassen. Für die Regierungen geht es heute darum, die Qualität der Staatsapparate zu verbessern und gleichzeitig deren Größe zu verringern.

Die große Herausforderung für viele ehemals kommunistische und gemischte, staatlich dominierte Volkswirtschaften lautet, ob es ihnen gelingt, auch die Qualität ihrer Regierung zu steigern, wenn sie einmal begonnen haben, die Größe des Regierungsapparats zu verringern (durch Liberalisierung, Deregulierung und Privatisierung staatlicher Industrien). Denn weniger Regierung ohne eine bessere Regierung ergibt eine wirklich gefährliche Mischung. Wenn der freie Markt überall freie Fahrt hat und nirgendwo gestoppt wird, dann entsteht Chaos. Und genau dazu führte die überstürzte Globalisierung in Ländern wie Rußland und Albanien. Rußland schloß sich praktisch ohne Betriebssystem und Software der Elektronischen Herde an. Die Folge war, daß manche Menschen in Rußland die Privilegien des freien Marktes zu ihrem Vorteil nutzen konnten – ausländische Investitionen anlockten, Aktien und Anleihen ausgaben, internationale Kredite aufnahmen –, ohne daß es im Staat eine ausreichende Kontrolle und ein Steuersystem gegeben hätte, mit dem Arbeitsplätze und Einkommen geschaffen worden wären, um das Geld den Inhabern der Wertpapiere zurückzuzahlen. Am Ende wuchs sich das zu einer größeren Version von Albaniens Schneeballsystemen aus. Als die Herde dann schließlich erkannte, daß Rußland nichts anderes war als eine marktwirtschaftliche Hardware ohne installiertes Betriebssystem und Software, kam es zu Spannungsschwankungen, und das Kabelgewirr der russischen Wirtschaft schmorte zusammen.

In Südostasien spielte sich eine andere Form der überstürzten Globalisierung ab. Thailand, Malaysia, Südkorea und Indonesien unterscheiden sich von Rußland. Sie verfügten während der ganzen Zeit über primitive Formen des freien Marktes. Und sie hatten sogar frühe Versionen des Betriebssystems – von DOS-Kapital 1.0 bis 4.0. Diese frühen Versionen von DOS-Kapital waren dazu geeignet, das jährliche Pro-Kopf-Einkommen von 500 Dollar auf 5000 Dollar zu erhöhen. Wie wir alle wissen, reicht jedes Betriebssystem aus, wenn man seinen ersten Computer kauft. Man wird auf jeden Fall produktiver arbeiten als mit der Schreibmaschine. Die frühen Versionen des Betriebssystems waren aber vergleichsweise langsam und reichlich von Filz und Korruption durchsetzt. In Indonesien wurden beispielsweise die staatseigenen Banken vom Finanzministerium kontrolliert.

»Wenn Politiker, Mitglieder der Präsidentenfamilie oder Beamte des Finanzministeriums anriefen, sahen sich die Bankmanager gezwungen, Kredite auch für solche Projekte zu gewähren, die sie für unrentabel hielten, und als die Rückzahlung der Kredite fraglich wurde, vertuschten sie die Probleme«, schrieb Shiraishi Takashi, Experte für die Finanzwelt in Südostasien an der Universität Kyoto. »Geschäftsbanken des

privaten Sektors häuften ebenfalls ungedeckte Schulden auf. Sie hatten
die Aufgabe, den Unternehmenskonglomeraten, die sie gegründet hatten, unter die Arme zu greifen, und wenn ein Mitglied der Gruppe in
Schwierigkeiten geriet, liehen sie ihm weitere Geldmittel, die sie sich
zu hohen Zinsen von ausländischen Geldgebern beschafften.«

Als die Elektronische Herde in den neunziger Jahren einen Gang höher schaltete und die Leistungsfähigkeit von der eines 286er-Chips zu
der eines Pentium II hochschnellte, bot sie den südostasiatischen Ländern immer mehr Geld an. Die größtenteils kaum regulierten einheimischen Banken begannen übermäßig Dollars einzukaufen und tauschten
sie gegen einen festen Wechselkurs in die eigene Währung um ohne irgendeine Form der Absicherung. Dann liehen sie dieses Geld ihren
Kumpanen für eine wachsende Zahl nichtproduktiver Investitionen –
von einem Golfplatz zuviel über die höchsten Bürotürme der Welt bis
hin zu der egomanischen Ausweitung der südkoreanischen Mischkon-
zerne. Die südostasiatischen Staaten mußten ihr altes DOS-Kapital von
3.0 oder 4.0 updaten und sich dem DOS-Kapital 6.0 annähern. Sie benötigten liberalere Betriebssysteme, in denen die Regierungen eine geringere Rolle spielten, die Märkte freier die Ressourcen ihrer produk-
tivsten Verwendung zuleiteten, der innere Wettbewerb gefördert
wurde und Verlierer über echte Konkursverfahren ausgesiebt wurden.
Außerdem benötigten sie eine leistungsfähigere Software, welche die
Qualität der Regierung verbessert, eine schnellere, offenere Wirtschaft
reguliert, die Unternehmensführungen diszipliniert, sie für eine Prüfung
durch die Aktionäre geöffnet hätte und die so stark und flexibel gewesen wäre, daß sie auch einen plötzlichen, massiven Abzug ausländischer
Investitionen verkraftet hätte.

Leider blieben die Südostasiaten bei ihrem DOS-Kapital 3.0 – ein
schwerer Fehler. DOS-Kapital 3.0 mag ja ausreichen, um das Pro-Kopf-
Einkommen von 500 Dollar auf 5000 Dollar zu steigern, solange die
Herde mit der Geschwindigkeit eines 286er-Chips dahinzieht. Wenn
man aber von 5000 Dollar pro Kopf auf 15 000 Dollar pro Kopf kommen will und wenn die Herde von einem 286er-Chip auf Pentium II aufrüstet und man immer noch das alte DOS-Kapital 3.0 verwendet, dann
wird die Hardware aller Wahrscheinlichkeit nach den Geist aufgeben.
Haben Sie einmal beobachtet, was geschieht, wenn man eine alte, langsame Version des DOS-Betriebssystems und eine alte Version von Win-
dows-Software auf einem neuen Pentium-II-Computer laufen läßt? Sie
erhalten dann beispielsweise folgende Meldungen auf dem Bildschirm:
»Schwerer Anwendungsfehler«, »Arbeitsspeicher belegt« und »Objekt

kann nicht gespeichert werden«. Genau das ist, vereinfacht gesagt, den Südostasiaten 1997/98 passiert, die Meldungen auf ihren Bildschirmen lauteten allerdings: »Sie haben eine Reihe irrationaler Investitionen ausgeführt. Kann die Posten nicht speichern. Löschen Sie sämtliche ineffizienten Industriezweige aus dem Arbeitsspeicher. Nehmen Sie Kontakt zu ihrem Service-Dienst auf und laden Sie neue Software und ein neues Betriebssystem.« Und genau das versuchen die Länder in Südostasien seither auch.

Der ehemalige südkoreanische Ministerpräsident Lee Hong Koo sagte mir, daß seine Regierung einige Jahre gebraucht habe, bis sie die Zeichen der Zeit erkannte: »Ich war 1995 Ministerpräsident, als Korea in die OECD aufgenommen wurde und ein jährliches Pro-Kopf-Einkommen von 10 000 Dollar erreichte. Wir dachten, wir hätten es endlich geschafft. Wir dachten das, weil wir unseren Abschluß an der Oberschule mit Auszeichnung gemacht hatten und nun gute College-Studenten sein wollten. Doch die Qualitäten, die auf der einen Stufe gefordert waren, unterschieden sich sehr von denen auf der nächsten. Wir erkannten nicht, daß unsere große Staatsbürokratie, auf die wir so stolz waren, eher ein Hemmschuh als ein Motor war. Wir lebten nach der Formel: Produktion plus Exporte ist gleich Wirtschaftswachstum und Erfolg. Wir lernten aus der Krise [Ende der Neunziger], daß dies falsch war, doch die Lehre kam uns teuer zu stehen. Wir lernten, daß die Niederlage des Kommunismus eine Niederlage gegen den Kapitalismus war, und wenn der Kapitalismus gesiegt hatte, dann bedeutete das gleichzeitig, daß das Kapital unter Kontrolle war. In den neunziger Jahren kam es zu dieser rasanten Globalisierung des Kapitals, und wir hatten unsere Institutionen nicht darauf vorbereitet, mit den globalen Kapitalmärkten fertig zu werden. Wir hatten gar nicht die Instrumente, um damit fertig zu werden. Wir waren schutzlos. Wir behandelten unsere Banken, als wären sie staatliche Behörden, als wären sie ein Zweig der Regierung. Wir meinten, mit Geld dürfe man kein Geld verdienen. Wir meinten, Geld müsse man mit der Produktion von Gütern verdienen. Folglich war es die Aufgabe der Banken, das Wachstum zu fördern. Und folglich waren sie ein Teil der Regierungsbürokratie. Wir begriffen nicht, daß Banken und Kapitalströme das Herz der neuen Wirtschaft bildeten, und entweder man reformiert sie oder nicht.«

Wie der Wirtschaftsexperte der Harvard University Dani Rodrik mit seinen Forschungen nachgewiesen hat, »geht es nicht darum, einfach nur zu globalisieren, sondern es kommt darauf an, wie man globalisiert«. Länder, die eine ausgefeilte, vertrauens- und glaubwürdige Finanz- und Rechtsordnung aufgebaut haben – und das dauert seine Zeit –, sind in einer viel besseren Position, um Angriffe von Spekulanten auf ihre Währungen abzuwehren, sind eher imstande, dem plötzlichen Kapitalabfluß durch die Herde standzuhalten, und sind viel schneller mit den entsprechenden Schritten dabei, um die Folgen zu begrenzen. Doch es gibt auch Ausnahmen. Selbst ein Land mit einem soliden Betriebssystem und der zugehörigen Software kann in Schwierigkeiten geraten – man nehme nur Schweden im Jahr 1992 oder die Vereinigten Staaten und ihre Spar- und Darlehenskrise. Aber Schweden und die Vereinigten Staaten erholten sich rasch wieder, weil ihr zugrundeliegendes Betriebssystem und die Software von hoher Qualität waren. Wie Alan Greenspan immer wieder gesagt hat, sind die Länder mit einem fortschrittlichen Finanz-Betriebssystem und der entsprechenden Software »im allgemeinen imstande gewesen, vor Angriffen von Spekulanten auf eine gut eingeführte Währung abzuschrecken, weil ihre Finanzsysteme robust genug und fähig sind, einen massiven, plötzlichen Kapitalabfluß zu überstehen, und die häufig energischen politischen Maßnahmen [in Angriff nehmen können], die nötig sind, um solche Angriffe abzuwehren«.

Aus all diesen Gründen wächst unter den Politikern in Entwicklungsländern das Bewußtsein, daß sie, wenn sie im System der Globalisierung Erfolg haben wollen, nicht einfach nur eine aufstrebende Volkswirtschaft benötigen, sondern auch eine »aufstrebende Gesellschaft«, wie der ehemalige US-Botschafter in Ungarn Donald Blinken es nannte. Es zahlt sich nicht aus, die Wirtschaft in einem gesellschaftlichen und institutionellen Vakuum zu privatisieren. »Wenn man den Markt über die Gesellschaft stellt, provoziert man geradezu Unruhe und Enttäuschung«, sagte Blinken.

Deshalb ist es von entscheidender Bedeutung, daß sowohl die Investoren als auch die Politiker beginnen, ihre Definition einer gesunden aufstrebenden Volkswirtschaft auszuweiten, indem sie den Blick darauf richten, was eine gesunde aufstrebende Gesellschaft ausmacht. Im Rückblick war es der größte Fehler der Welt in Rußland nach dem Zusammenbruch der Sowjetunion, daß sie Rußlands Übergang in die Globalisierung in erster Linie als ein »finanzielles Problem« behandelte und es dem IWF überließ, das Problem zu lösen. Wenn man den Bankern ein Problem überläßt, werden sie es aus dem engen Blickwinkel von Bankern angehen. Sie werden sich auf das Betriebssystem konzentrieren und nicht fragen, welche Software und welche gesellschaftlichen und politischen Institutionen zur Lösung des Problems benötigt werden.

Weltbankpräsident James Wolfensohn hat völlig recht, wenn er vorschlägt, Länder nicht mehr ausschließlich anhand einer Checkliste einzustufen, die fast nur finanzielle Daten berücksichtigt (BIP, BSP, Pro-Kopf-Einkommen), und zu »einer neuen Form der Bewertung« überzugehen, die den Wohlstand eines Landes an der Entwicklung der Gesellschaft mißt und nicht nur an der Entwicklung des Marktes. Die Länder müssen nach der Qualität der Regierungssoftware, des Rechtssystems, der Verfahren zur Konfliktlösung, der sozialen Absicherung, der Rechtsstaatlichkeit und der wirtschaftlichen Betriebssysteme klassifiziert werden.

Während alle möglichen westlichen Möchtegern-Geoarchitekten davon reden, eine neue globale Zentralbank und neue globale Regierungseinrichtungen zu gründen, damit die Elektronische Herde beaufsichtigt werden kann, gelangen die politisch Verantwortlichen vieler Entwicklungsländer allmählich zu der Erkenntnis, daß nichts sie schützen wird, solange sie keine bessere Regierungsform haben.

»Es gibt einige Stimmen, einige sehr laute Stimmen, die sagen, daß die Integration vielleicht zu weit und zu schnell gegangen ist, vor allem auf den Finanzmärkten«, sagte Mexikos Präsident Ernesto Zedillo im Winter 1997 zu mir. »Ich glaube genau das Gegenteil. Die Globalisierung stellt hohe Anforderungen, aber sie bietet auch gewaltige Möglichkeiten. Die Tatsache, daß Kapital in Sekundenschnelle verschoben werden kann, ist in der Tat eine Gefahr, aber abzuspringen und zu sagen, wir müßten die Bewegungen des Kapitals besser überwachen, ist völlig falsch.« Gewiß sei ein starker IWF nötig, der in Notfällen helfe und auf Fehlentwicklungen in den Ländern oder bei einzelnen Banken aufmerksam mache. Aber letztendlich, meinte Präsident Zedillo weiter, »enden alle diese [globalen] Finanzströme in einem lokalen Finanzsystem oder als Ressourcen, die von lokalen Banken verliehen werden«. Folglich sei maßgeblich, ob die finanziellen und politischen Institutionen vor Ort in der Lage seien, den gesamten Prozeß angemessen zu regulieren.

Während des Kalten Krieges scherten sich die Länder wenig darum, welches Betriebssystem und welche Software ihre Nachbarn hatten, weil sie nicht stark miteinander verflochten waren. Aber heute, in der Ära der Globalisierung, breitet sich Instabilität rasch von schlechten Ländern auf gute Länder aus. Die Dominotheorie von heute gilt für die Finanzwelt, nicht für die Politik.

Unser Interesse daran, wie unsere Nachbarn und Handelspartner ihre inneren wirtschaftlichen Angelegenheiten lenken, ist heute größer als jemals zuvor, aber die Fähigkeit der Regierung der Vereinigten Staaten oder eines anderen Landes, ihnen tatsächlich bei der Entwicklung der Software zu helfen, ist außerordentlich eingeschränkt. Der amerikanische Außenminister reist gern mit dem Flugzeug, aber um die nötige Software zu entwickeln, muß man in einem Taxi fahren – vom Justizministerium eines Landes an die Börse und zum Handelsministerium bis zu den Hauptquartieren der Unternehmen. Diese Art von Mikropolitik und Mikrodiplomatie ist den meisten Politikern unserer Zeit völlig fremd.

Und wie erreichen wir unser Ziel? Es wäre schön, wenn jede Gesellschaft imstande wäre, die gesamte Software und das Betriebssystem zu installieren, bevor sie sich an die Elektronische Herde anschließt. Aber das ist unrealistisch. Der Prozeß wird viel chaotischer verlaufen – zwei Schritte vor, einen zurück. Wir wissen inzwischen, daß Länder wie Rußland, Brasilien und Thailand besonders betroffen sein werden: Sie schließen sich kurz an, werden von der Herde verletzt, verletzen aber umgekehrt auch die Herde. Beide lernen ihre Lektion, führen Reformen durch und beginnen den ganzen Prozeß von vorn, hoffentlich auf eine klügere Art und Weise. Dieser langwierige Lernprozeß wird die Innenpolitik und die internationalen Beziehungen in der Ära der Globalisierung prägen.

Letzten Endes spielen in diesem dialektischen Prozeß möglicherweise die Supermärkte und die Elektronische Herde beim Vorantreiben politischer Reformen eine wichtigere Rolle als die amerikanische Supermacht. Es wäre großartig, wenn jede Demokratiebewegung von einem Helden wie Andrej Sacharow angeführt würde. Es wäre großartig, wenn jedes Land durch die Lektüre von James Madison der Rechtsstaatlichkeit nähergebracht werden könnte. Aber in der kommenden Ära ist es durchaus möglich, daß der Motor für Veränderungen Merrill Lynch sein wird. Warum das so ist, werden wir im nächsten Kapitel sehen.

8

Globalution

Episode Nr. 1: Im Winter 1998 interviewte ich den Regierungschef von Thailand, Chuan Leekpai. Halb im Scherz, halb im Ernst eröffnete ich das Interview damit, daß ich ihm in die Augen blickte und sagte: »Herr Ministerpräsident, ich muß Ihnen ein Geständnis machen. Ich habe an der Absetzung Ihres Vorgängers mitgewirkt – dabei wußte ich nicht einmal seinen Namen. Ich saß einfach nur zu Hause in meiner Wohnung und beobachtete, wie der thailändische Baht fiel und fiel (und wie Ihr Vorgänger einen ökonomischen Fehler nach dem anderen machte). Also rief ich meinen Broker an und wies ihn an, mich aus den *emerging markets* in Ostasien herauszuholen. Ich hätte Sie auch selbst verkaufen können, über das Internet, aber ich beschloß, meinen Broker einzuschalten. Jeder Dollar ist eine Stimme, Herr Ministerpräsident. Wie finden Sie es, Tom Friedman als Wähler zu haben?«

Der Ministerpräsident lachte, aber er wußte genau, was ich meinte: Der Eintritt in die Weltwirtschaft und der Anschluß an die Elektronische Herde sind gleichbedeutend damit, daß Sie Ihr Land an die Börse bringen. Sie verwandeln damit Ihr Land in ein börsennotiertes Unternehmen, mit dem einzigen Unterschied, daß die Aktionäre nicht mehr nur die eigenen Staatsbürger sind. Es sind die Mitglieder der Elektronischen Herde, wo immer sie sich aufhalten. Und, wie bereits ausgeführt, sie stimmen nicht nur alle vier Jahre einmal ab. Sie stimmen in jeder Stunde, an jedem Tag über ihre Investmentfonds, ihre Pensionsfonds, ihre Broker und immer häufiger direkt von zu Hause via Internet ab.

Episode Nr. 2: Im Herbst 1997 besuchte ich mit einer Delegation amerikanischer Manager und Wissenschaftler Moskau. Zu unserer Gruppe gehörte auch Donald Rice, der ehemalige Chef des amerikanischen High-Tech-Giganten Teledyne, inzwischen Leiter einer Biotechnikfirma. Während des Besuchs erzählte Don mir, daß er mit einem russischen Unternehmer, der an einer Partnerschaft mit einem amerikanischen Unternehmen interessiert war, über Möglichkeiten, wie man miteinander ins Geschäft kommen könnte, gesprochen habe. Don ist ein erfahrener Unternehmenschef und stellte dem russischen Geschäftsmann, noch ehe sie allzu weit gediehen waren, eine einfache Frage: »Haben Sie Ihre Steuern gezahlt?« Der russische Unternehmer sagte: »Nun ja, eigentlich nicht.« Darauf erwiderte Rice, es tue ihm leid, aber wenn er seine Steuern nicht zahle, könnten sie nicht Partner werden, weil sein, Rices, Unternehmen an der Börse notiert sei und es unweigerlich bei der jährlichen Wirtschaftsprüfung aufgedeckt werde, wenn eines seiner internationalen Tochterunternehmen keine Steuern zahlte. Der russische Unternehmer hat jetzt die Wahl. Entweder bleibt er ein schlechter russischer Bürger, zahlt weiterhin keine Steuern und tritt allein auf dem Markt an, oder er wird ein besserer russischer Bürger und möglicherweise Partner einer amerikanischen Spitzenfirma. Je mehr Länder sich der Herde anschließen, desto mehr werden vor der gleichen Entscheidung stehen wie der russische Unternehmer: Entweder sie treten mit der Elektronischen Herde an und halten sich an ihre Regeln, oder sie treten allein an und leben nach den eigenen Regeln, nehmen dafür aber in Kauf, daß sie einen geringeren Zugang zu Kapital haben, einen geringeren Zugang zu Technologien und letztes Endes einen geringeren Lebensstandard für das eigene Volk.

Diese beiden Episoden veranschaulichen sehr eindrücklich die widerstreitenden Auswirkungen der Globalisierung auf die Demokratisierung. Auf der einen Seite wird die Elektronische Herde alles in allem die Länder drängen, ein besseres Betriebssystem und eine bessere Software zu installieren, die beiden Fundamente der Demokratie. Gleichzeitig werden jedoch die Elektronische Herde und die Supermärkte in der heutigen Welt schnell zu zwei höchst einschüchternden und aufdringlichen Zwangsgewalten. Sie hinterlassen bei vielen Menschen das Gefühl, daß alle Formen der Demokratie, die sie in ihrem Land haben, alle Entscheidungen, die sie vermeintlich bei Wahlen auf lokaler und nationaler Ebene treffen, alle Personen, die sie vermeintlich in die Leitungsämter ihrer Gesellschaft gewählt haben, nur Illusionen sind – weil in Wirklichkeit die großen, fernen und gesichtslosen Märkte und Herden ihr politisches Leben bestimmen.

Das Paradoxon der Globalisierung besteht darin, daß die Herde an manchen Tagen wie der einsame Cowboy mit rauchendem Colt in die Stadt geritten kommt und Recht und Ordnung schafft und daß sie schon am nächsten Tag in King-Kong-Manier wieder hinausstapft und alles zermalmt, was ihr in die Quere kommt. An dem einen Tag ist die Herde 1776, am nächsten Tag Orwells 1984. Im folgenden will ich zeigen, wie sie beides zugleich sein kann.

Ich nenne den Prozeß, in dessen Verlauf die Herde das Fundament für die Demokratie legt, »Revolution von außen« oder »Globalution«. Zum ersten Mal stieß ich auf Globalution bei einem Besuch in Indonesien 1997, in den letzten Monaten der Suharto-Ära. Ich traf mich zum Essen mit Wimar Witoelar, einem beliebten Talkshow-Moderator aus Jakarta, und er beschrieb mir die junge Generation der indonesischen Mittelschicht. Er meinte, viele der gebildeten Zwanzig- und Dreißigjährigen hätten den Wunsch gemeinsam, reich zu werden, ohne korrupt sein zu müssen, und sie wollten eine Demokratie, ohne aber auf die Straße zu gehen und dafür zu kämpfen. Dieser Generation war klar, daß es unter Suharto nie eine demokratische Revolution von oben geben würde. Gleichzeitig fürchteten sie aber eine demokratische Revolution von unten, weil das Leben wieder äußerst gefährlich würde, wenn die Armen in den Städten revoltierten. Also bestand ihre Strategie in der *Revolution von außen* oder Globalution: Sie taten alles in ihrer Macht Stehende, manchmal bewußt, manchmal unbewußt, um Indonesien in das globale System einzugliedern. Sie hofften, wenn es ihnen gelänge, Indonesien in die globalen Institutionen und Märkte einzubinden – ob in die Welthandelsorganisation, Pizza Hut, APEC, ASEAN, Merrill Lynch, PriceWaterhouseCoopers oder Nichtregierungsorganisationen (NGOs), die sich für die Menschenrechte einsetzen –, würde es ihnen auch gelingen, von außen die Standards und rechtsstaatlichen Systeme zu importieren. Sie wußten genau, daß sie niemals von oben eingeführt würden und auch nicht von unten geschaffen werden konnten.

Beispielsweise konnte die indonesische Presse das Suharto-Regime nicht direkt wegen der allgegenwärtigen Vetternwirtschaft kritisieren. Statt dessen berichtete sie mit größtem Vergnügen, daß die Vereinigten Staaten und Japan bei der WTO gegen Indonesien klagten, weil Indonesiens staatliche Autofabrik – damals vom Sohn des Präsidenten geleitet – von Zöllen geschützt wurde, die nicht den Richtlinien der WTO entsprachen. Indonesiens Globalutionäre verfolgten die Strategie, das Suharto-Regime schrumpfen zu lassen, indem sie die indonesische Gesellschaft globalisierten. Der indonesische Militärexperte Juwono Sudarsono erklärte mir Globalution folgendermaßen: »Der Weltmarkt wird uns Geschäftspraktiken und Vorschriften aufzwingen, die wir nicht von innen schaffen können.« Ein anderer indonesischer Reformer drückte es einfacher aus. Er sagte mir, er und sein Sohn würden sich einmal in der Woche an Suharto rächen, »indem wir bei McDonald's essen«.

Das traditionelle außenpolitische Establishment, vor allem die ganz Linken und die ganz Rechten, unterschätzt den Einfluß der Elektronischen Herde und der Globalisierung auf den Demokratisierungsprozeß. Michael Mandelbaum, Experte für Außenpolitik an der Johns Hopkins Universität, bemerkt dazu: »Wir leben immer noch mit dem Bild der Revolutionen von 1776, 1789, 1917 und 1989, die den Eindruck hinterließen, daß Demokratie nur entstehen kann, wenn die Menschen sich erheben und eine korrupte Regierung stürzen. Entweder sind es die amerikanischen Freiwilligen im Gefecht bei Lexington oder die Massen in Paris beim Sturm auf die Bastille, oder Solidarnosc erhebt sich in Polen oder People's Power auf den Philippinen. Und so kommt uns gar nicht erst der Gedanke, daß Demokratisierung auch dergestalt vonstatten gehen kann, daß irgendein ausländischer Geschäftsmann auftaucht und der Regierung sagt, daß er nicht genug Geld verdienen kann, um die Menschen des Landes zu beschäftigen, wenn die Regierung nicht für Rechtssicherheit, internationale Buchführungsstandards und mehr Transparenz sorgt.«

Wenn die Vereinigten Staaten nicht jeden Tag aufs neue die chinesische Regierung auffordern, das Land zu demokratisieren, und wenn das chinesische Volk nicht täglich auf die Straße geht und das Recht verlangt, einen Artikel auf der Meinungsseite des asiatischen *Wall Street Journal* zu veröffentlichen, heißt das noch lange nicht, daß die Demokratisierung dort keine Fortschritte macht. Wir betrachten die Demokratisierung immer noch als ein Ereignis – so etwas wie der Fall der Berliner Mauer –, tatsächlich aber ist sie ein Prozeß.

Natürlich darf der Demokratisierungsprozeß nicht allein von den Marktkräften getragen werden, wenn am Ende eine funktionsfähige liberale Demokratie stehen soll, bemerkt Larry Diamond, der Mitherausgeber des *Journal of Democracy* und ein sehr scharfsichtiger Beobachter der weltweiten Demokratisierungstrends. Die Herde ist notwendig, aber nicht ausreichend. »Es ist auch wichtig, daß sich die Regierung der Vereinigten Staaten lautstark und konsequent für die Demokratisierung ausspricht. Es ist wichtig, daß die Europäische Union und das Entwicklungsprogramm der Vereinten Nationen [UNDP sowie das sich ständig ausweitende Netzwerk der Nichtregierungsorganisationen, welche die Menschenrechte überwachen und propagieren, Demokratisierungsinitiativen in den *emerging markets* fördern. Es ist wichtig, daß durch die Globalisierung der Informationen kontinuierlich mehr Menschen erfahren, wie andere Menschen leben. Es ist wichtig, daß aufgrund der wirtschaftlichen Entwicklung in den Ländern auf der ganzen Welt eine neue Mittelschicht entsteht, mit ihrem natürlichen Wunsch nach mehr Partizipation und nach politischem Pluralismus. Es ist kein Zufall, daß alle Länder mit einem durchschnittlichen Pro-Kopf-Einkommen über 15 000 Dollar liberale Demokratien sind, ausgenommen Singapur, ein Stadtstaat, der aller Wahrscheinlichkeit nach eine liberale Demokratie wird, sobald ein Generationswechsel stattfindet. Es ist wichtig, daß mit dem Ende des Kalten Krieges und dem Zusammenbruch des Kommunismus alle anderen Modelle außer der liberalen Demokratie diskreditiert sind.«

Alle diese Faktoren müssen zusammenwirken.

Mein Argument lautet einfach, daß die Elektronische Herde und die Supermärkte nicht nur ihren Platz unter diesen anderen Kräften finden werden, die Diamond zufolge den Demokratisierungsprozeß maßgeblich beeinflussen, sondern daß die Herde und die Supermärkte sich in der Ära der Globalisierung vermutlich als die wichtigsten Kräfte erweisen werden. Das liegt an der Fähigkeit der Herde, tief in die Schaltzentralen der Länder einzudringen, und zwar auf eine Weise, wie es den Regierungen und sogar den Menschenrechtsorganisationen nicht möglich ist. Die Herde kann einen Druck ausüben, dem nur wenige Regierungen gewachsen sind. Sie hat ein Eigeninteresse daran, und sie weckt in anderen das Eigeninteresse, ihr Folge zu leisten.

Freilich hat die Herde nicht deshalb ein Interesse daran, in die Schaltzentrale einzudringen, weil ihr die Demokratie als solche wichtig wäre. Sie ist ihr nicht wichtig. Sie will Stabilität, Berechenbarkeit, Transparenz, die freie Verfügung über Privatbesitz, die Möglichkeit, ihn vor willkürlicher oder krimineller Aneignung zu schützen. Damit dies aber gewährleistet ist, muß die Herde in den Entwicklungsländern eine bessere Software, bessere Betriebssysteme und Regierungsformen installieren – die Grundbausteine der Demokratie. In der heutigen Welt gelangt man nicht von Mao zu Merrill Lynch, ohne ein paar Gedanken von James Madison zu übernehmen.

Betrachten wir einmal genauer, auf welche Weise die Herde vor Ort einige Grundbausteine der Demokratie durchsetzt.

Transparenz: Das *Wall Street Journal* meldete, ranghohe Finanzbeamte aus den Vereinigten Staaten, Japan, China und elf weiteren asiatischen Ländern hätten bei einem Treffen in Malaysia im November 1997 bemerkt, daß die malaysische Zentralbank eine elektronische Anzeigetafel aufgestellt hatte, ähnlich wie man sie in Fußballstadien findet, die laufend den aktuellen Stand der Währungsreserven Malaysias meldete. So sollte Besuchern die Stabilität der Wirtschaft des Landes demonstriert werden.

Nicht jedes Land wird so weit gehen, daß es eine solche Anzeigetafel in der Ankunftshalle des Flughafens aufstellt – oder vielleicht doch. In den letzten Jahren hat die Elektronische Herde gelernt, in der Regel auf die harte Tour, daß sie mehr Transparenz in der Finanzberichterstattung fordern muß. Länder, die sich der Herde anschließen, haben nach und nach, ebenfalls auf die harte Tour, ihre Lektion gelernt: Je transparenter ihre Finanzdaten und -transaktionen sind, desto geringer ist die Wahrscheinlichkeit, daß die Herde in einer Art Stampede ihr Kapital aus dem Land abzieht.

Stellen Sie sich die Elektronische Herde als eine Herde Weißschwanzgnus vor, die in einem großen Gebiet Afrikas grast. Wenn ein Gnu am Rand der Herde sieht, daß sich in dem hohen Dickicht ganz in der Nähe etwas bewegt, dann überlegt das Gnu nicht erst lange, ob da vielleicht ein Löwe herumschleicht. Mitnichten. Das Weißschwanzgnu stürmt los, die anderen stürmen hinterher, und Weißschwanzgnus machen nicht schon nach hundert Metern Halt. Sie rennen in Panik bis ins nächste Land hinein und trampeln alles nieder, was ihnen unter die Hufe kommt. Wie kann man ein Land davor schützen? Ganz einfach: Man muß das Gras mähen und das Dickicht abräumen, damit das Gnu, wenn es das nächste Mal etwas durchs Gras huschen sieht, beruhigt sein kann: »Kein Problem, ich sehe ja, was es ist. Es ist nur ein kleiner Hase.« Und wenn sich tatsächlich ein Löwe anschleicht, dann bemerkt ihn das Gnu schon von weitem und hat Zeit, sich davonzumachen, ohne eine wilde Massenflucht auszulösen. Oder es hat Zeit, die Herde zu alarmieren, und dann wird es sich vermutlich der Löwe anders überlegen. Transparenz bewirkt, daß die Gnus der Herde schneller mehr Informationen erhalten, so daß sie alle erforderlichen Maßnahmen, um ihre Haut zu retten, rechtzeitig und geordnet einleiten können. In der Finanzwelt kann das darüber entscheiden, ob der Markt nur kurz untertaucht oder einen Kopfsprung mit nachhaltigen Verlusten macht, von denen er sich erst nach Monaten oder Jahren wieder erholt.

Als Südkorea im Dezember 1997 in wirtschaftliche Schwierigkeiten geriet, verkündete das Land, seine Devisenreserven würden 30 Milliarden Dollar betragen, obwohl es in Wirklichkeit nur 10 Milliarden Dollar waren. Als die Herde das herausfand, machte sie sich hastig davon. Gleichzeitig sagte die Regierung in Seoul dem IWF, ihre kurzfristigen

Kredite aus dem Ausland beliefen sich auf 50 Milliarden Dollar. Eine Woche später räumte sie ein, daß es sich tatsächlich um 100 Milliarden Dollar handelte. Hoppla!

Genau dieser Mangel an Transparenz, bemerkt Richard Medley, der im Auftrag von Finanzhäusern politische Risiken analysiert, habe einige besonders schlimme Stampeden ausgelöst. Der Mangel an Transparenz »gewährt den optimistischen Illusionisten und den paranoiden Illusionisten den größten Freiraum für ihre Phantastereien«. Man denke nur an Thailand, Korea oder Rußland Anfang der neunziger Jahre. In guten Zeiten sahen sich die optimistischen Illusionisten wegen des Mangels an Transparenz in diesen Volkswirtschaften ermuntert, eine Blase zu produzieren, indem sie immer mehr Gelder in die Länder hineinpumpten. Sie vertrauten darauf, daß die Länder genauso hohe Gewinne abwerfen würden wie ein Jahr zuvor, obwohl die ersten Gelder anscheinend in produktive Fabriken geflossen waren, die letzten hingegen in Luxuswohnungen und Produktionsstätten, für die überhaupt kein Bedarf bestand. »Ein undurchsichtiges System läßt sich nicht ernsthaft analysieren«, sagt Medley. »Man spiegelt [der Elektronischen Herde] eine Art optimistischer Illusion vor, und sie wird die Preise in schwindelerregende Höhen treiben. Der optimistische Illusionist sagt: ›Augen zu und kaufen, und wenn ich springen muß, ist ganz bestimmt Wasser im Pool.‹ Aber das ist sehr riskant. Denn genau dieselbe Undurchsichtigkeit, die den optimistischen Illusionisten veranlaßt hat, die Preise übermäßig hochzutreiben, eröffnet dem paranoiden Illusionisten die Möglichkeit, die Preise in den Keller fallen zu lassen, wenn die Stimmung umschlägt. Denn beim Weg nach unten werden alle Geschichten, die man sich als optimistischer Illusionist selbst eingeredet hat, alle Annahmen, die man über die Devisenreserven oder termingebundenen Verbindlichkeiten eines Landes angestellt hat, ganz einfach dahinschmelzen.«

Man wird von einem Menschen, der alles glaubt, zu einem, der nichts mehr glaubt. In Wirklichkeit glaubt der paranoide Illusionist sogar noch weniger als nichts – er glaubt, überall seien Schulden und Verbindlichkeiten versteckt, die nirgendwo in den Büchern auftauchen. Jede Herde hat ihre optimistischen und ihre paranoiden Illusionisten, und wenn man ihnen Gelegenheit dazu gibt, werden sie regelrechte Stampeden in ein Land hinein und wieder aus dem Land heraus auslösen.

In den letzten Jahren hat die Elektronische Herde diese Lektion bereits etlichen Ländern beigebracht. Heute schickt der Finanzminister Südkoreas am Ende jedes Geschäftstages eine E-Mail an globale Investoren, in der die Währungsreserven des Landes aufgelistet sind einschließlich, nach bestem Wissen und Gewissen, der privaten Kapitalströme. »Die Koreaner sind von der Auffassung, daß Transparenz nicht wichtig ist, zu der Auffassung gelangt, daß Transparenz alles ist«, sagte mir ein Fondsmanager an der Wall Street. »Sie würden uns sogar jeden Tag einen Wetterbericht schicken, wenn wir das verlangen.« Rick Johnston, der bei der Offitbank, einer New Yorker Privatbank, die Abteilung für Investitionen in Lateinamerika leitet, erklärte mir: »Wenn ich nach Brasilien fahre, dann sage ich ihnen: ›Ich muß alles sehen.‹ Ich sage ihnen ganz offen: ›Es geht nicht um mich. Ich bin euer Freund. Ich glaube euch. Aber wie könnt ihr mir helfen, die Ungläubigen zu überzeugen?‹ Und von den Ungläubigen hören wir zur Zeit: ›Wenn ihr nicht den Schleier lüftet und uns nicht überall hinschauen laßt, dann geben wir euch kein Geld, weil ihr in der Vergangenheit immer dazu geneigt habt, die Investoren zu enttäuschen. Ohne Transparenz kein Geld. Zeigt uns das Geld. Wir wollen eure Bücher von vorne bis hinten durchsehen, erst bei Tageslicht und dann bei Mondlicht.‹ Jeden Tag bekomme ich jetzt Erhebungsdaten über alle Aspekte der brasilianischen Wirtschaft, und am Abend erhalte ich ein Fax mit allen Kapitalströmen in Brasilien an diesem Tag. Ich weiß, was in ihrer Handelsbilanz passiert ist, in ihrer Kapitalverkehrsbilanz, ich weiß, was mit dem offiziellen Satz der Zentralbank abgewickelt wurde und was über den Parallelmarkt für Transaktionen mit Touristen lief. Das Blatt kommt von einer privaten Firma vor Ort und enthält Daten, die sie sich von der brasilianischen Zentralbank holt. Ich werde mehr investieren, wenn ich jederzeit weiß, wieviel in ihrem Sparschwein ist – obwohl auch dann ein gewisses Risiko bleibt. Mit den richtigen Daten bin ich aber imstande, die Risiken einzuschätzen, und ich kann meine Ansicht ändern, wenn sich eine negative Tendenz abzeichnet; andernfalls würde ich aufgrund von Gerüchten im Trüben fischen, und auf diese Weise macht man Konkurs.«

Wenn man sich einmal auf diese Form der Überwachung durch die Herde eingelassen hat, dann gibt es kein Zurück, es sei denn zu einem hohen Preis.

Standards: »Wenn Sie eine Geschichte der amerikanischen Kapitalmärkte schreiben wollen«, bemerkte Larry Summers einmal, »dann würde ich Ihnen nahelegen, daß die herausragende, die wichtigste Innovation, die den Kapitalmarkt prägte, der Gedanke war, allgemein anerkannte Buchführungsprinzipien einzuführen. So etwas brauchen wir auf internationaler Ebene. Es ist ein kleiner, aber nicht unbedeutender Triumph für den IWF, daß mir ein Koreaner, der Abendkurse in Buchführung gibt, kürzlich sagte, daß er gewöhnlich 22 Studenten in seinem Wintersemester habe, in diesem Jahr [1998] hingegen 385. Das brauchen wir auf der Unternehmensebene in Korea. Wir brauchen das auf der nationalen Ebene.«

Daß die Herde im Zuge der Finanzkrise 1997/98 in Südostasien bessere, einheitliche Buchführungsstandards in allen Ländern forderte, könnte ein Grund dafür sein, daß die Kurse des Koreaners geradezu aus den Nähten platzten. Als die Herde einige Unternehmen in Südkorea, Thailand und Indonesien genauer unter die Lupe nahm, entdeckte sie, daß sie aus den Bilanzen nicht schlau wurde, weil es keine einheitlichen Rechnungsabschlüsse gab, in denen alle Einheiten und Untereinheiten der Unternehmen erfaßt waren und aus denen *sämtliche* Vermögenswerte und *sämtliche* Verbindlichkeiten hervorgingen, ganz zu schweigen von *allen* nicht in den Büchern auftauchenden Vermögenswerten und Verbindlichkeiten.

Je mehr die Herde in Fabriken oder Märkte in verschiedenen Ländern investiert, je mehr Investitionen von der Herde diese Länder erhalten wollen und je mehr Unternehmen in diesen Ländern an den Börsen eines der großen Supermärkte notiert werden wollen, desto stärker werden sie alle unter Druck geraten, die internationalen Standards in der Berichterstattung über ihre Finanzen einzuhalten.

Nehmen Sie nur folgendes Beispiel, auf das ich in der Dezemberausgabe 1997 der Zeitschrift *Hemispheres* der United Airlines gestoßen bin. Darin wird über eine der weltweit am schnellsten wachsenden Softwarefirmen berichtet, die indische Infosys. In dem Artikel heißt es: »Der Schlüssel zu ihrem Erfolg war zum einen die Abkehr von den Strategien und Praktiken der Dritten Welt, die so viele Firmen auf dem Subkontinent behindern, und zum anderen die Gestaltung der Beziehung zur Ersten Welt in einer Weise, daß dem Kunden alles so bequem wie möglich gemacht wird. ›Wir beschlossen von Anfang an, die Ressourcen des Unternehmens und die privaten Ressourcen nicht zu vermischen‹, sagt Narayana Murthy, der visionäre Firmengründer und Leiter. Das heißt, daß niemand einen Firmenwagen für eine private Besorgung benutzt – ein radikaler Bruch mit der traditionellen indischen Unternehmenskultur. In Indien machen Unternehmensmitarbeiter häufig Gebrauch vom Firmenbesitz. Elektriker des Betriebes arbeiten in den Häusern der leitenden Angestellten. Angestellte holen die Kinder ihrer Vorgesetzten von der Schule ab und passen auf sie auf. Der Erwerb von Häusern wird über Unternehmenskonten finanziert. Die Angestellten lassen sich solche Gepflogenheiten gefallen, weil ihnen gar nichts anderes übrig bleibt. Dennoch hat das eine wachsende Entfremdung und einen rebellischen Rückzug von kreativer Mitarbeit zur Folge. Das ist bei Infosys anders … Infosys ist das erste indische Unternehmen, das eine Woche vor Ende des Geschäftsjahres geprüfte Jahresberichte veröffentlicht, das erste Unternehmen, das vierteljährlich geprüfte Finanzberichte veröffentlicht, und das erste, das Berichte vorlegt, die den allgemein anerkannten Buchführungsprinzipien der Vereinigten Staaten entsprechen und mit den Anforderungen der amerikanischen Börsenaufsichtsbehörde für die Offenlegung in Einklang stehen. ›Die Regelungen [bei Infosys] über Offenlegung und Buchführungspraktiken haben einen Maßstab gesetzt, dem andere nacheifern sollten‹, heißt es in dem Bericht eines Analysten.«

Da wir uns immer weiter in eine Welt hineinbewegen, in der das Internet den Handel prägt, wird sich dieser Schub in Richtung allgemeiner, weltweit gültiger Standards enorm verstärken, und zwar aus einem sehr einfachen Grund: Von der Minute an, in der jemand beschließt, im Internet Waren oder Dienstleistungen anzubieten, von dem Augenblick an, in dem er seine Website aufmacht, ist er ein weltweit präsentes Unternehmen – ob er nun in Indien, in Italien oder in Indianapolis sitzt. Im Internet Geschäfte zu machen heißt definitionsgemäß, weltweit tätig zu sein. Deshalb muß man in globalen Dimensionen denken und sich Gedanken machen, was weltweit Käufer für die angebotene Ware anlokken könnte. Und für den Anbieter ist es besser, wenn er den Kunden versichern kann, daß er die Waren termingerecht und zuverlässig liefert, daß ihre Kreditkartennummer auf seiner Site sicher ist, daß Geld nach den internationalen Standards, nach internationalem Recht und den optimalen Konditionen überwiesen wird und daß die Buchführung und der Handel nach internationalen Regeln abgewickelt werden. »Je mehr Geschäfte über das Internet von immer mehr Menschen aus immer mehr verschiedenen Winkeln der Erde getätigt werden, desto stärker harmonisierend wirkt es sich auf das Geschäftsgebaren aus«, meint Bob Hormats, der Vizevorsitzende von Goldman Sachs International.

Auf dem Feld der Börsengeschäfte im Internet läßt sich das bereits heute beobachten. Online-Trading, sagt John T. Wall, der Präsident von NASDAQ International, »verstärkt ganz eindeutig den kritischen Blick auf Regierungen und Unternehmen, was wiederum bessere Leistungen zur Folge hat. Sobald die Menschen in Übersee oder von Übersee aus investieren und den Handel online abwickeln können, wollen sie mehr über die Unternehmen in Erfahrung bringen, und dann wollen sie wissen, ob sie den Informationen über die Unternehmen trauen können. Sind [die Finanzdaten] in Übereinstimmung mit den internationalen Buchführungsstandards erstellt worden? Wie tüchtig ist die Unternehmensleitung? Auf diese Weise wird die Harmonisierung der Steuer- und Rechtssysteme voranschreiten.«

Anläßlich der Wirtschaftskrise in Asien 1997/98 kam unter anderem zu Tage, daß die Mehrzahl der fünf großen amerikanischen Wirtschaftsprüfungsfirmen, die sogenannten Big Five, die Bücher der großen asiatischen Finanzhäuser, die in der Krise zusammenbrachen, geprüft hatten – nach einer Studie der Welthandels- und Entwicklungskonferenz der Vereinten Nationen (UNCTAD) hatten sie die Bücher zwar geprüft, den Unternehmen aber wegen ihrer finanziellen Schwierigkeiten nicht die rote Karte gezeigt. Einem Bericht in der *New York Times* vom 17. Dezember 1998 zufolge passierte dieses Versäumnis vor allem deshalb, weil die Big Five in Asien nicht die gleichen detaillierten Buchführungsregeln und -standards anwandten wie in Amerika. Das wiederum lag daran, daß die meisten großen Wirtschaftsprüfungsfirmen, etwa PriceWaterhouseCoopers oder Ernst & Young, die nach Asien gegangen waren, einheimische Firmen übernommen hatten, deren Kunden weiter darauf bestanden, die vertrauten, weniger strengen Buchprüfungsregeln anzuwenden.

Damit ist es nun vorbei. Die Weltbank verlangt von den Big Five jetzt, ihren Namen unter keinen Prüfbericht zu setzen, der nicht nach ihrem eigenen internationalen Standard erstellt wurde. Wenn ein Bericht von einem Tochterunternehmen vor Ort nach den einheimischen Regeln erstellt wurde, dann darf nur die einheimische Firma unterzeichnen – und die Investoren nehmen sich in acht. Nach der Studie der UNO hat die unzulängliche Wirtschaftsprüfung zwar nicht die Asienkrise ausgelöst, aber bei einer genaueren Prüfung wären die bevorstehenden Probleme schneller erkannt worden, und die Krise hätte die Wirtschaft nicht so hart getroffen. Robert A. Campbell, der für die Region Asien-Pazifik zuständige geschäftsführende Teilhaber von Deloitte Touche Tohmatsu, wird mit den Worten zitiert: »So verschieden wie die Steckdosen in jedem Land, so verschieden sind auch die Buchprüfungsregeln. Die Big Five achten [jetzt] darauf, in der ganzen Welt die gleichen Standards anzuwenden.«

Das vielleicht eindrücklichste Beispiel in der heutigen Welt, wie durch die Globalution Standards von außen eingeführt werden, die weder von oben noch von unten im Land geschaffen werden können, ist die Entscheidung der Europäischen Union, 1999 mit einer einzigen

Zentralbank eine gemeinsame Währung und gemeinsame Finanzstandards für alle Mitgliedsländer einzuführen. Für ein Land wie Italien, bekannt für seine korrupte und ineffektive Regierung, ist die Europäische Wirtschafts- und Währungsunion ein Gottesgeschenk. Sie wird Italien zwingen, die Goldene Zwangsjacke anzubehalten, weil wichtige Regierungsfunktionen an die Europäische Zentralbank in Frankfurt delegiert werden. Der staatliche Rundfunk brachte 1997 einen Bericht aus Italien, wonach die Italiener es gerne sehen würden, wenn die EU ihr Land regierte – nachdem eine Generation unfähiger Regierungen ihre Währung praktisch zu Spielgeld heruntergewirtschaftet hat. Der italienische Anwalt für Unternehmensrecht Mario Abate wird mit folgenden Worten zitiert: »Eine der unmittelbaren Folgen des Beitritts zur Währungsunion wird eine, wie ich es nenne, ›firmeneigene Säuberungsaktion‹ sein – der Beitritt zwingt die Regierung, ihr gewaltiges Defizit, ihre Inflation und ihre Ausgaben in den Griff zu bekommen. Sie müssen es tun. Und wenn sie es tun, wird das natürlich für die Wirtschaft von Vorteil sein, und deshalb bin ich sehr dafür.« Abate fügte hinzu, daß die Mehrzahl der Italiener vermutlich heilfroh wäre, wenn das ganze Land von Beamten der Europäischen Union verwaltet würde. Die Italiener würden keinen Groll gegen die Zentren der europäischen Macht in Brüssel, Frankfurt und Straßburg hegen. »Es gibt viel mehr Feindseligkeit gegenüber Rom«, schloß Abate, »weil Rom für uns seit langem das Zentrum des Verbrechens ist. Sie haben uns das Geld gestohlen. Wir betrachten es als Diebstahl, weil sie es genommen haben und es nicht zurückgeben.« Italiens Finanzminister Vincenzo Visco sagte der italienischen Zeitung *La Repubblica* an dem Tag Anfang 1999, als die gemeinsame europäische Währung auf den Weg gebracht wurde, nach der Einführung des Euro werde es »weniger üble Possen« seitens der italienischen Politiker und Unternehmen geben, die in der Vergangenheit »eine unnormale Vielzahl illegaler Verhaltensweisen« an den Tag gelegt hätten. Die Währungsunion »bewirkt, daß wir uns nicht länger mit niedrigeren Standards zufrieden geben können, nur weil es uns in den Kram paßt«.

So redet ein echter Globalutionär.

Korruption: Durch die Globalution entstehen für jedes Land, das Korruption toleriert, erheblich höhere Kosten, allein schon aus dem einfachen Grund, daß die Menschen sich in einer Welt, in der sie so viele Anlagemöglichkeiten haben, sagen: Warum soll ich mich mit Investitionen in Land X herumärgern, wo ich alle Beteiligten und ihre Onkel und Tanten dazu schmieren muß, wenn ich auch in Land Y gehen kann, dieselben Lohnkosten habe und niemand schmieren muß? In den Augen der Herde ist Korruption nur ein anderer Name für Unberechenbarkeit, weil jedes Geschäft genausogut auch annuliert werden kann, indem jemand geschmiert wird, und es gibt nichts, was die Herde mehr haßt.

Derek Shearer war Mitte der neunziger Jahre US-Botschafter in Finnland und erlebte mit, wie die Russen durch die Globalution immer stärker unter Druck gerieten, entweder ihre Korruption unter Kontrolle zu bringen oder für immer arm und unterentwickelt zu bleiben. »Als US-Botschafter in Finnland war es meine Aufgabe, finnische Geschäftsleute aufzusuchen und sie zu ermuntern, in Rußland zu investieren, mit dem Argument, daß dies die beste Möglichkeit sei, entlang ihrer Grenzen Stabilität zu schaffen«, erzählte Shearer. »Doch die Finnen entgegneten mir jedesmal: ›Gewiß werden wir mit den Russen Geschäfte machen. Sie können ihre Lastwagen herschicken und einladen, was immer sie wollen, solange sie eine Tasche voll Geld mitbringen, um die Ware zu bezahlen. Aber wir werden nicht dorthin gehen, um Geschäfte zu tätigen. Es ist viel zu korrupt und gefährlich. Warum sollten wir auch? Wir können nach Ungarn oder Estland oder in die Tschechische Republik gehen, dort Geld verdienen und sicher sein, daß wir unsere Gewinne auch mitnehmen können. Warum sollten wir uns mit Rußland herumärgern, solange es in dieser Verfassung ist?‹ Ich erwiderte dann: ›Ja, natürlich, aber Sie sollten aus Gründen der regionalen Stabilität Investitionen in Erwägung ziehen.‹ Doch sie starrten mich nur verständnislos an. Nun, inzwischen bin ich aus der Regierung ausgeschieden und berate mehrere Investmenthäuser an der Wall Street. Sie fragten mich einmal nach Investitionen in Rußland, und ich sagte ihnen: ›Auf keinen Fall.‹ Wenn ich das nicht vom Standpunkt des Politikers aus betrachte, sondern von dem des Geschäftsmanns, dann wäre es verrückt, zur Zeit in Rußland zu investieren. Die Finnen hatten ganz recht.«

Samir Hulaileh leitet gemeinsam mit anderen eines der ersten palästinensischen Unternehmen in der Westbank, die Nassar Investment Company. An einem Nachmittag plauderte ich mit ihm in seinem Büro über die Geschäfte im Nahen Osten, und ohne daß er das beabsichtigte, zeichnete er mir ein wunderbares Bild, wie sich die Globalution auf die Korruption selbst in diesem notorisch korrupten Teil der Welt auswirkte: »Heute herrscht in der Region ein heftiger Wettstreit darum, wer künftig weiter wachsen wird. Ich bin vor kurzem nach Marokko gefahren, um Land zu kaufen, aber wegen der Schmiergelder und der ganzen Bürokratie war es mir nicht möglich. Korruption auf höchster Ebene ist in Marokko ein Teil des Systems. Sechzig Posten für den Import und Export sind als Monopol einzig dem König und seiner Familie vorbehalten. Wir wollten in einen Steinbruch in Marokko investieren, aber es hieß: ›Nein, der ist für den König reserviert.‹ Als Investor ist man in Marokko nicht sicher und nicht frei, weil die Entscheidungsträger häufig gegen einen sind und in manchen Fällen sogar als Konkurrenten auftreten. So ist das System in Marokko nun einmal, und niemand hat deswegen Gewissensbisse. Also haben wir uns anderswo umgesehen. Ich reiste vor kurzem nach Dubai und eröffnete unsere regionale Geschäftsstelle dort. Dubai gab mir das hier [er zeigt mir eine besondere Identifizierungskarte]. Das erlaubt es mir, als ausländischer Investor ohne Visum ein- und wieder auszureisen. Sie wollen es einem so einfach wie möglich machen. Ägypten ändert sich ebenfalls. Sie schaffen ein neues System, frisches Blut und neue Bestimmungen, die viel offener sind als in der Vergangenheit. Es gibt auch Korruption in Ägypten, aber sie kommt größtenteils von Armen und von Leuten, die nicht sehr gut bezahlt werden. [Die meisten ägyptischen Funktionäre] behandeln einen auch ohne Bestechungsgeld korrekt. Als [globaler] Investor muß ich mich vergewissern, daß keine Tabus bestehen – daß der freie Wettbewerb gilt. Ich muß imstande sein, in dem Land zu bleiben, hinein- und wieder herauszukommen, ohne daß ich Leute bestechen oder mich mit einflußreichen Leuten abgeben muß, die mich zwingen können, ihr Partner zu werden. Mit der Bürokratie kann ich umgehen, aber ich muß wissen, daß ich am Ende auch bekomme, was ich will. Ich habe gewisse Probleme in Ägypten mit dem Bakschisch, aber ich weiß, daß ich dort nur Bakschisch zahle, um [ein Geschäft] schneller abzuwickeln, und daß ich am Ende bekomme, was ich will. In Marokko heißt es ›bezahl mich sofort oder bezahl mich später‹, aber dann weiß man noch lange nicht, ob es auch so funktioniert, wie man es möchte.«

Da Marokko seine Wirtschaft zunehmend der EU öffnet, braucht es ausländische Investitionen und Technologie, um konkurrenzfähig zu sein. Ausländische Investoren werden aber weder das eine noch das andere ins Land bringen, wenn es ihnen so ergeht wie Hulaileh.

In manchen Fällen kann die Durchsetzung höherer Standards durch die Herde selbst die fortschrittlichsten Volkswirtschaften wie ein gewaltiger Schock treffen. Nehmen wir nur folgenden Bericht aus Tokio in der *Washington Post* vom 20. Februar 1998 unter der Schlagzeile: »Japanischer Gesetzgeber erhängt sich im Hotel«. Im Aufmacher wird berichtet, daß Shokei Arai, ein japanischer Parlamentarier im Mittelpunkt eines immer größere Kreise ziehenden Korruptionsskandals, in seinem Hotelzimmer in Tokio nur wenige Stunden vor seiner Verhaftung Selbstmord begangen habe. In dem weiteren Beitrag sind zwei vielsagende Stellen zu finden: »Unter einigen Politikern geht die Sorge um, daß Arai möglicherweise Beweismaterial hinterlassen haben könnte, das andere belastet... Es gibt keinerlei Anzeichen, daß Arai derartige Dokumente hinterlassen hat, aber bei einer Pressekonferenz am Mittwochabend beklagte er sich, daß er von den Ermittlern auf unfaire Weise herausgegriffen worden sei. Arai sagte den Reportern, Nikko Securities hätten ihm versichert, daß sie Hunderten anderer Kunden auf ähnliche Weise Gewinne zukommen ließen. *Japanische Geschäftsleute sagen im Vertrauen, daß sie erstaunt seien, wie schnell sich in der Geschäftskultur die Grenze des Erlaubten verschoben habe.* Früher erwarteten die Bürokraten, daß sie fürstlich bewirtet wurden, und die Unternehmen beteiligten sich ganz offen an Veranstaltungen, wenn es hieß, daß dabei Bürokraten und Geschäftsleute inoffiziell Informationen austauschen könnten. ›VIP-Konten‹ und Bestechungsgelder an Gangster seien ebenfalls ein offenes Geheimnis gewesen, und die Ermittlungsbehörden hätten solche Praktiken bis vor kurzem ignoriert. [Der politische Berichterstatter Minoru] Morita *führt die härtere Gangart auf eine neue Gruppe junger, aggressiverer Ermittler zurück, die in Übersee ausgebildet worden sind.* ›Sie denken allmählich wie die Menschen im Westen und sind der Ansicht, die japanische Tradition, die Regierungsbeamten großzügig zu beschenken, sei Meilen hinter international anerkannten Standards zurück‹, sagte Morita.«

Robert Shapiro, der Vorstandsvorsitzende von Monsanto, bemerkte einmal mir gegenüber, daß sein Unternehmen keinen Kreuzzug zur Bekämpfung korrupter Geschäftspraktiken führe. Allerdings tätige es alle seine Geschäfte, ohne Schmiergelder zu zahlen, und er sei sich darüber im klaren, daß Monsanto allein mit dieser Haltung dazu beitrage, bestimmte Werte in der ganzen Welt zu verbreiten. »Wir stellen zur Zeit in vielen fremden Ländern viele Menschen ein, und wir werden für sie so etwas wie eine Schule, in der sie den letzten Schliff bekommen«, meinte Shapiro. »Viele Menschen, die im Ausland bei uns anfangen, können nicht glauben, daß es uns mit der Bekämpfung der Korruption ernst ist und daß wir wirklich keinen Tribut an die einheimischen Kriegsherren zahlen.«

Freilich hat es immer Ausnahmen gegeben und wird es sie auch weiterhin geben, vor allem weil der globale Wettbewerb immer härter und deshalb die Versuchung größer wird, fragwürdigen Geschäften nachzujagen. Nach einer Studie des US-Kongresses war die Citibank so versessen darauf, mit Raúl Salinas de Gortari, dem Bruder des ehemaligen mexikanischen Präsidenten, ein Geschäft abzuschließen, daß sie ihre eigenen Sicherheitsregeln ignorierte und ihm dabei half, Gelder in Höhe von gut 100 Millionen Dollar außerhalb von Mexiko zu verschieben, so daß Bestimmung und Herkunft der Gelder verwischt wurden. Bislang aber sind all diese Fälle wirklich nur Ausnahmen. Der internationale Trend geht eindeutig in die andere Richtung. Das 1977 verabschiedete Foreign Corrupt Practices Act (Gesetz gegen Korruption im Ausland) verbietet es amerikanischen Unternehmen, Bestechungsgelder zu zahlen, um Auslandsgeschäfte zu beschleunigen. Am 20. November 1997 einigten sich die 29 Mitgliedstaaten der Organisation für Wirtschaftliche Zusammenarbeit und Entwicklung (OECD), der die weltweit führenden demokratischen Industriestaaten angehören, einen Großteil der amerikanischen Gesetze zur Bekämpfung der Korruption zu übernehmen. Nach den neuen OECD-Bestimmungen ist es europäischen und japanischen Unternehmen untersagt, ausländische Beamte zu bestechen, um Aufträge zu erhalten. Außerdem wird es den Firmen erschwert, Bestechungsgelder steuermindernd geltend zu machen, was sowohl in Frankreich als auch in Deutschland erlaubt war. Zwar bleiben auch nach den neuen Gesetzen immer noch einige Schlupflöcher, doch die Gesetze markieren einen Sieg der amerikanischen Leitbullen in der Elektronischen Herde, die argumentierten, sie würden wegen der Bestechungsgelder der Europäer und Japaner Aufträge in Höhe von Milliarden Dollar verlieren.

Pressefreiheit: China wird eine freie Presse bekommen. Die Globalution wird dafür sorgen. Die chinesischen Führer wissen das zwar noch nicht, aber sie werden genau dahin gedrängt werden.

Betrachten wir nur, was sich in den letzten beiden Wochen des Jahres 1996 abgespielt hat. Im Laufe des Jahres 1996 befanden sich die beiden Börsen Asiens, auf denen es am heißesten zuging, in China: die Börsen von Shanghai und Shenzhen. Vom 1. April bis zum 9. Dezember war der Aktienindex der Börse Shanghai um 120 Prozent gestiegen und der Aktienindex von Shenzhen um 315 Prozent. Auf diesen beiden Börsen ging es unter anderem deshalb so turbulent zu, weil sie praktisch unbeaufsichtigt waren, und sie waren unbeaufsichtigt, weil China nur über eine rudimentäre Börsenaufsicht verfügt und praktisch keine unabhängige, verantwortungsvolle und nicht korrupte Finanzpresse hat, die überzeugend gute Aktien hervorhebt und rücksichtslos all jene chinesischen Scheinfirmen entlarvt, die ihre Finanzdaten nicht fristgerecht, genau und transparent vorlegen. Die Zeitschriften *Barron's, Fortune, Business Week,* die *Far Eastern Economic Review, The New York*

Times und *The Wall Street Journal* übernahmen während der ganzen Zeit die Rolle des Wachhunds. Im Dezember 1996 erkannte die chinesische Regierung, daß die Märkte in Shanghai und Shenzhen außer Kontrolle geraten waren – wegen wilder Spekulationen und anstößiger Handelspraktiken aller Art –, sie verfügte aber nur über ein einziges Mittel, um dagegen vorzugehen: die staatliche Presse. Also brachte die amtliche Tageszeitung Chinas, die *Volkszeitung,* am 16. Dezember 1996 einen Leitartikel, in dem davor gewarnt wurde, daß die Aktienkurse auf »irrationale« und »unnormale« Höhen hochgetrieben worden seien.

Ahnen Sie schon, was dann geschah? Alle versuchten, sofort zu verkaufen, beide Aktienmärkte brachen ein, und eine große Zahl Kleinanleger machte Verluste – so viele, daß die Polizei unter den wütenden Investoren, die in vielen großen chinesischen Städten vor Brokerhäusern protestierten, für Ordnung sorgen mußte. Das asiatische *Wall Street Journal* meldete, daß ein Arbeitnehmer »vor einem Brokerhaus in Peking jammerte, er habe in dieser Woche bislang 20 000 Yuan verloren [etwa 2400 Dollar]. ›Bevor die *Volkszeitung* den Mund aufmachte, hatten sich Kauf und Verkauf die Waage gehalten‹, erklärte ein Mann in einer Lederjacke unter Beifallrufen Dutzender anderer Anleger. ›Danach hat niemand mehr gewagt zu kaufen. Der Markt fällt.‹«

Der wütendste Mensch auf der ganzen Welt ist nicht derjenige, der seinen Arbeitsplatz verloren hat. Der wütendste Mensch ist jemand, der sich um die Ersparnisse betrogen sieht, die er sich mühsam erarbeitet hat. Auf lange Sicht werden Chinas maßgebliche Politiker ihre blühenden freien Märkte einfach nicht mehr beaufsichtigen und überwachen können, und sie können auch nicht verhindern, daß die kleinen Leute betrogen werden und dann gegen die Regierung rebellieren, wenn die Regierung nicht all die anderen Institutionen einführt, die zu einem freien Markt gehören: von einer effektiven Börsenaufsicht bis hin zu einer freien und verantwortungsvollen Presse, die von einer rechtsstaatlichen Ordnung unterstützt wird. Mit einem Wort: Globalution. Es ist kein Zufall, daß der südostasiatische Staat mit der freiesten Presse, Taiwan, auch der südostasiatische Staat ist, den die Asienkrise von 1997/98 am wenigsten getroffen hat.

Bereits 30 Millionen Chinesen besitzen Aktien. Bei einer so großen Zahl neuer Aktionäre sind alle möglichen inoffiziellen Börsenblätter und Magazine wie Pilze aus dem Boden geschossen, weil die Anleger echte Wirtschaftsnachrichten lesen wollen. »Sie beginnen als eine Art getippte Bögen, die von den Analysten verschiedener Brokerhäuser herausgegeben werden, und werden dann durch die ganze Stadt gefaxt«, erklärte Seth Faison, der Büroleiter der *New York Times* in Shanghai. »Es sind ausschließlich marktorientierte Meldungen über verschiedene Unternehmen und Aktien, oder es kann ein Tip sein, was ein Ministerium in Peking als nächstes plant. Oft sind es auch nur Gerüchte, von denen sich manche als wahr erweisen. Die Blätter sollen Marktteilnehmer ansprechen, die nicht den Eindruck haben, daß sie aus den Tageszeitungen genügend Informationen erhalten.« Unterdessen ereignet sich folgendes: Kaum teilt die chinesische Regierung den Zeitungen mit, daß sie über die Wirtschaft frei berichten dürfen, da ergreifen Zeitungen wie Chinas *Southern Weekend* die Gelegenheit und packen alle möglichen halbpolitischen Meldungen und kritischen Berichte über Korruption und Amtsmißbrauch seitens der Funktionäre auf die Wirtschaftsseiten. Auf diese Weise wird in China eine freie Presse entstehen.

Ein Rentenmarkt: Neben der Installation dieser Art von Regierungssoftware fördert die Elektronische Herde noch einen wichtigen Baustein des wirtschaftlichen Betriebssystems, der seinerseits wiederum die Demokratisierung unterstützt: Rentenmärkte und konkurrierende Investmentfonds und Pensionsfonds. Betrachten wir die Länder Südostasiens: Südkorea, Thailand, Malaysia und Indonesien. Als sie von den Wirtschaftskrisen getroffen wurden, hatten sie alle das Merkmal gemeinsam, daß es sehr hohe Ersparnisse gab und sehr niedrige Staatsschulden. Die Menschen gaben ihr Geld nicht aus, und die Regierung lieh sich keines. Also alles bestens, oder nicht? Nicht unbedingt. In diesen Ländern wollten zwar sehr viele Menschen gerne sparen, aber sie konnten ihr Geld im Grunde nur zu den Banken bringen, weil es entweder gar keine Investmentfonds, Pensionsfonds und Rentenmärkte gab oder sie völlig unterentwickelt waren. Folglich türmten sich bei den heimischen Banken enorme Sparguthaben auf. Ihre einzige Möglichkeit, damit zu wirtschaften, bestand darin, sie an heimische Unternehmen auszuleihen. Das hatte einen heftigen Wettbewerb unter den Banken zur Folge und trug mit dazu bei, daß Banken ihr Geld immer weniger qualifizierten Kreditnehmern für immer weniger qualifizierte Projekte liehen. Wenn Unternehmen völlig von Bankkrediten abhängig sind – insbesondere unter kapitalistischen Betriebssystemen, bei denen die Banker mit den Unternehmen und den Beamten in einem Filz miteinander verflochten sind –, dann können sie außerdem weitgehend die Aufsicht umgehen, der sie ausgeliefert wären, wenn sie Anleihen ausgeben würden, die frei auf den Märkten gehandelt und täglich neu bewertet würden.

Die Elektronische Herde hat schon seit langem Rentenmärkte gefördert, einmal weil sie selbst Appetit darauf hatte, dann aber auch weil ein funktionierender Rentenmarkt einen wichtigen Beitrag leistet. Singapur und Hongkong haben beide ganz bewußt Rentenmärkte geschaffen – obwohl ein Großteil des heimischen Kapitals über die Sparkonten bei den Banken verfügbar war –, weil sie einen heimischen Rentenmarkt wollten, der das sogenannte »geduldige Kapital« stellen sollte: eine langfristige Finanzierung für die kreditnehmenden Firmen, damit sie nicht den Launen der kurzfristigen Darlehensvergabe seitens der Banken ausgesetzt waren. Außerdem bot dieser Schritt den Sparern in Singapur und Hongkong die Möglichkeit, als Anlagealternative Investmentfonds und Pensionsfonds mit einer höheren Rendite zu kaufen, statt das Geld auf Sparkonten zu deponieren. Und das wichtigste an der Sache: Ein sauber überwachter Rentenmarkt fördert wiederum die Offenlegung und Transparenz, weil eine Unternehmensanleihe oder eine Aktie in einem sorgfältig überwachten Markt nur über eine solche Offenlegung bewertet und zugelassen werden kann. Und wenn man internationale Anleger anlocken und sich von Firmen wie Moody's oder Standard & Poor's bewerten lassen will, dann muß die Offenlegung internationalen Standards entsprechen.

Nehmen wir folgenden Bericht aus Paris, der am 15. November 1998 in der *Washington Post* erschien. Die Geschichte beginnt damit, daß Serge Tchuruk, einer der bekanntesten Unternehmensführer Frankreichs, bei einem Frühstück mit großen internationalen Investoren erklärte, daß die Gewinne seiner Gesellschaft Alcatel, des französischen Giganten in der Telekommunikation, deutlich niedriger ausgefallen seien, als die Gesellschaft erst vor wenigen Wochen angekündigt hatte. Die Herde liebt solche Überraschungen überhaupt nicht. Vom Ende des Frühstücks bis zum Handelsschluß an jenem Tag fiel die Alcatel-Aktie um 38 Prozent – der bislang tiefste Fall eines Wertes an einem Tag an der französischen Börse –, weil vor allem amerikanische und britische Pensions- und Investmentfonds Alcatel abstießen. Die Reporterin der *Post,* Anne Swardson, führte im folgenden aus, wie die Herde die alten Verhaltensweisen europäischer Unternehmen verändert: »In den letzten Jahren haben Ausländer viele Unternehmen gedrängt, das Management auszutauschen, die Buchführungsstandards zu reformieren, internationale Fusionen einzugehen und Englisch – die Sprache des internationalen Handels – in den Konferenzsaal einzuführen. Generell sind europäische Manager, die traditionell wenig Interesse für Aktionärsanliegen zeigten, verantwortungsvoller und aufmerksamer geworden.«

Am meisten gefiel mir jedoch, daß ich las, Tchuruk sei einen Tag, nachdem die Herde fluchtartig die Alcatel-Aktie abgestoßen hatte, ins Flugzeug gestiegen, nach London geflogen und dort in eine Concorde nach New York umgestiegen, um mit den amerikanischen Fondsanlegern zu reden. Er versuchte, ihnen zu erklären, was schiefgegangen war, und ihr Vertrauen zurückzugewinnen.

»Er entschuldigte sich, aber das half nichts mehr«, sagte ein amerikanischer Sitzungsteilnehmer der *Post*. »Inzwischen hatten wir alle unsere Aktien verkauft.«

Demokratisierung: Die Elektronische Herde wird ganz allgemein den Drang in Richtung Demokratisierung verstärken, und zwar aus drei sehr wichtigen Gründen: Flexibilität, Legitimität und Nachhaltigkeit. Was hat es damit auf sich?

Je schneller und größer die Herde wird, desto reibungsloser und offener wird die Weltwirtschaft, desto mehr Flexibilität ist nötig, um aus der Herde den größten Nutzen zu ziehen und sich gleichzeitig vor ihr zu schützen. Auch wenn es immer Ausnahmen geben wird, bin ich von der Regel überzeugt: Je demokratischer, verantwortlicher und offener die Regierungsform ist, desto unwahrscheinlicher ist es, daß das Finanzsystem Überraschungen erlebt. Und *wenn* es zu einem Schock oder einer Überraschung kommt, dann kann sich das System schneller auf die veränderten Umstände und Erfordernisse einstellen. Je offener und demokratischer die Gesellschaft ist, desto mehr Feedback gibt es, desto besser sind die Chancen, auf der Fahrt Kurskorrekturen vorzunehmen, ehe man auf ein Riff aufläuft, und desto leichter ist es, neue Manager hereinzuholen und die unfähigen zu entlassen.

Wenn ein Land diese oft schmerzlichen Kurskorrekturen durchführen muß, dann hat eine demokratisch gewählte Regierung eher das Recht, den Schmerz der Reformen mit der ganzen Bevölkerung zu teilen, als eine nicht demokratisch legitimierte. »Denken Sie daran, was die südostasiatischen Führer ihren Völkern fast während der gesamten Nachkriegsära erzählt haben«, sagt der Demokratieforscher Larry Diamond. »Sie wiederholten immer wieder: ›Gebt uns eure Freiheit und haltet den Mund, dann werden wir euch die Möglichkeit geben, reich zu werden.‹ Es fiel den Menschen leicht, apolitisch zu bleiben, solange es stetig aufwärts ging und die Menschen den Eindruck hatten, daß sie die politische Leitung anderen überlassen konnten, ohne daß ihr ökonomisches Wohlergehen darunter litt. Das funktionierte etwa dreißig Jahre lang prächtig, aber dann brach das Wachstum ein und damit die Verteilung von Reichtum, Wohlstand und Leistungen. Da erkannten die Menschen, daß sie die Politik nicht anderen überlassen konnten. Folglich fiel die Abmachung in sich zusammen. Die Menschen in Thailand, Indonesien, Korea – und demnächst wird es auch in China so kommen – sagten zu ihren Regierungen: Ihr habt das Wachstum vernichtet, der Staat kann seinen Teil der Abmachung nicht mehr einhalten, also wollen wir eine neue Abmachung, und diesmal werden wir mehr mitzureden haben, wie das System funktionieren soll. Weil wir mehr Verantwortung haben, sind wir aber auch bereit, größere Opfer zu bringen, während das System reformiert wird und allmählich auf Touren kommt. Und aus diesem Grund bringen sie dann auch in einer wirtschaftlichen Krisensituation erheblich mehr Geduld auf, als viele erwartet hätten. Weil die Politik sich geöffnet und demokratisiert hat, haben sie zumindest stärker das Gefühl, daß sie auf gleicher Ebene mit den Problemen kämpfen. Sie sind Mitspieler geworden.«

Von den asiatischen Staaten, die voll an die Elektronische Herde angeschlossen sind (China ohne eine konvertible Währung und offene Kapitalmärkte ist noch nicht voll angeschlossen), wurden die Staaten mit den am wenigsten korrupten, demokratischsten und verantwortlichsten Systemen – Taiwan, Hongkong, Singapur – von der Rezession 1997 am wenigsten getroffen. Länder, die zwar demokratische, aber korrupte Systeme hatten – Thailand und Korea –, wurden am zweitschlimmsten getroffen, aber weil es demokratische Staaten waren, konnten sie sich rasch und ohne Volksaufstände von der Krise erholen, indem sie für eine bessere Regierungsform und Software stimmten. Nachdem die Elektronische Herde Thailand im Herbst 1997 für zahlungsunfähig erklärt hatte, wählte das Land die sauberste und demokratischste Partei und verabschiedete eine grundlegend neue Verfassung zur Bekämpfung der Korruption. In der neuen Verfassung wird zum erstenmal verfügt, daß Politiker vor dem Amtsantritt und nach dem Ausscheiden ihr persönliches Vermögen offenlegen müssen und daß ein Amtsenthebungsverfahren eingeleitet wird, falls mehr als 50000 Wähler eine Petition unterzeichnen, die eine Untersuchung ihrer Machenschaften wegen Korruptionsverdacht fordert. Die neue Verfassung beendet die übliche Praxis im Land, durch Stimmenkauf in Ämter zu gelangen und dann mit Hilfe des Amtes so viel Geld zu verdienen, daß die gekauften Stimmen bezahlt werden können. Sie schützt außerdem die Presse vor gerichtlichen Verfügungen, die das Erscheinen eines Blattes verbieten. Ein Vertreter der Weltbank in Bangkok merkte dazu an: »Die neue Verfassung wäre ohne die Bankenkrise nie vom Parlament verabschiedet worden. Niemals. Die Bankenkrise brachte den König und die Armee dazu, dies voranzutreiben, nachdem sie [zuvor] gezögert hatten.« Wie reagierte Korea auf die Krise? Mit der Wahl des liberalsten Demokraten im Land, Kim Dae Jungs, eines Mannes, der vor Koreas Finanzkrise nicht einmal zum Hundefänger gewählt worden wäre.

Das autoritärste und korrupteste südostasiatische Land, Indonesien unter Suharto, war am wenigsten flexibel, tat sich am schwersten, eine neue Software zu installieren, und brach schließlich zusammen – die Bevölkerung war nämlich nicht bereit, die schmerzhaften Reformen mitzutragen, weil sie sich nicht mit ihrer Regierung identifizierte. Als die indonesische Währung 1998 ins Bodenlose fiel und der IWF nur unter der Bedingung Beistandskredite gewähren wollte, daß Indonesien die Ausgaben kürzte, mußte Präsident Suharto seinem Volk erklären: »Freunde, wir müssen den Gürtel enger schnallen. Wir sitzen alle in einem Boot.« Doch als er das versuchte, schleuderten die Menschen ihm mit geballten Fäusten die Antwort entgegen: »Herr Präsident, wir alle waren nicht an den Mautstraßen und Hotels, an den Fluglinien und Taxifirmen beteiligt, die Sie und Ihre Kinder gemeinsam besitzen. Also hauen Sie ab.«

Schließlich ist es eine Sache, wenn eine Regierung Verbesserungen des Betriebssystems und der Software auf dem Papier beschließt; die einzige Möglichkeit, dafür zu sorgen, daß die Verbesserungen dauerhaft sind, besteht aber darin, sie in einem demokratischen oder sich demokratisierenden System zu verankern. Wie Diamond sagt: »Staaten, die sich mit einer guten Software, Rechtsstaatlichkeit und klaren Verantwortlichkeiten – aber ohne regelmäßige freie Wahlen – an die Herde anschließen wollen, werden langfristig nicht mit der Herde mithalten können. Weil sich eine gute Software nicht auf Dauer in einem autoritären Regime halten kann, das selbst keine Rechenschaft ablegt, keinen freien Informationsfluß zuläßt, keine unabhängige juristische Verfolgung von Korruption duldet und keine freien Wahlen zuläßt, damit die politische Führung ausgetauscht werden kann.«

Am besten wird die Software erhalten, wenn die Politiker an den Schalthebeln wissen, daß sie ständig jemand beobachtet und daß sie jederzeit abgesetzt werden können.

Nehmen wir das jüngste Beispiel aus Bulgarien, das der *Economist* in seiner Ausgabe vom 19. Januar 1999 knapp schilderte: »Wie in vielen anderen ehemals kommunistischen Ländern sahen Bulgariens Fabrikbosse im Übergang zur Marktwirtschaft eine Gelegenheit, das Land auszuplündern. Sie zahlten für Rohstoffe zuviel und verlangten für die Fertigprodukte zu niedrige Preise. Um ihre Verluste zu decken, liehen sie sich von den Banken Geld. Die Regierung bestand aus kaum reformierten Kommunisten, die selbst bis zum Hals in zweifelhaften Geschäften steckten, und drückte angesichts dieses Ausblutens der Banken ein Auge zu. Aber dann begannen die einfachen Menschen, die genau sahen, wohin das führen würde, ihr Geld von den Banken abzuziehen... Eine Katastrophe wurde nur deshalb abgewendet, weil die Regierung im April 1997 Neuwahlen ausrief und sie verlor; die neu gewählten Reformer setzten die Bekämpfung der Korruption ganz oben auf die Liste ihrer Prioritäten.«

Wahlen allein werden niemals eine gute Regierung garantieren, und ein Betriebssystem und eine Software ohne Wahlen, mit deren Hilfe korrupte Führer abgesetzt werden können, werden ebenfalls nie effektiv sein. Die klugen Politiker in den Entwicklungsländern sind deshalb diejenigen, die am schnellsten erkennen, daß es ohne die Herde kein Wachstum gibt, daß die Herde ohne eine bessere Regierungsform nicht mitmachen wird und daß es ohne eine echte liberale Demokratie langfristig keine bessere Regierung geben kann.

Auch wenn ich angesichts der Logik der Globalution weiterhin optimistisch bin, daß die Herde einen immer größeren Beitrag zur Demokratisierung leisten wird, ist bei der Frage, wie das in der Praxis vor sich gehen wird, Vorsicht angebracht. Man schließt sich nicht einfach an die Herde an und erhält am anderen Ende der Leitung bessere Software, Betriebssysteme und Demokratie. Man muß daran arbeiten. Die Entwicklung einer Software ist im Kern ein politischer Prozeß, an dem lebendige Menschen beteiligt sind und der häufig auf politischen, wirtschaftlichen, historischen und kulturellen Widerstand stößt. Es gibt keine Shortcuts, die Menschen müssen das fast immer auf die harte Tour lernen. Die Vereinigten Staaten sind dorthin gekommen, wo sie heute stehen, weil sie in ihrer zweihundertjährigen Geschichte ein ständiges Auf und Ab der Eisenbahngesellschaften, zahllose Bankenzusammenbrüche, den Aufbau und Zusammenbruch von Monopolen, den Börsenkrach von 1929 und die Spar- und Darlehenskrise der achtziger Jahre erlebt haben. Sie standen nicht von Geburt an auf diesem Platz.

Offensichtlich wird nicht jedes Land gleich schnell auf die Forderungen der Herde reagieren, und bei vielen wird es ein Tanz nach dem Muster »ein Schritt vor und zwei zurück« sein, der sich im Laufe der Jahre erschöpft. Beispielsweise hatten Länder wie Polen, Ungarn und die Tschechische Republik gegenüber Rußland einen großen Vorteil, weil viele Bürger in diesen Ländern noch den Kapitalismus vor der sowjetischen Besatzung erlebt hatten. Und selbst unter der kommunistischen Herrschaft gab es dort Bauern und Kleinhändler, die ihr Land und ihren

Privatbesitz behalten durften. Rußland hatte kein vergleichbares historisches Vermächtnis, das es nur abzustauben brauchte. In Rußland wurde Wohlstand traditionell dadurch geschaffen, daß man die natürlichen Rohstoffe ausbeutete, nicht durch kapitalistisches Geschäftsgebaren und Investitionen. In den siebzig Jahren der kommunistischen Herrschaft hießen viele sowjetische Läden einfach nur »Brot«, »Fleisch« und »Milch«. Das ist nicht gerade die ideale Ausgangsbasis für den Start eines marktwirtschaftlichen Systems. Ich fragte einmal Anatolij Tschubais, den Architekten vieler zögerlicher Wirtschaftsreformen, wie schwer es für Rußland gewesen sei, zu einem marktwirtschaftlichen System überzugehen.

»Wir hatten nicht genügend Menschen mit Erfahrungen in der modernen Regierungsweise und in den Technologien und den Märkten, weil wir keine Märkte hatten«, antwortete er. »Sogar das Wort ›Markt‹ war in der Sowjetunion verboten. Ich bin noch nicht sehr alt, aber ich erinnere mich an einen Freund, einen Wirtschaftsexperten, der 1982 seine Stelle verlor, weil er einen Artikel in einer wissenschaftlichen Zeitschrift schrieb und darin das Wort ›Markt‹ gebrauchte.«

Das kann einem wirklich Angst machen: Selbst wenn man herausgefunden hat, was der Markt bedeutet, selbst wenn man eine bessere Software installiert hat, bleibt die Weiterentwicklung eine unendliche Aufgabe. Was geschieht, wenn man DOS-Kapital 6.0 erreicht hat?
Man beginnt mit der Arbeit an DOS-Kapital 7.0.

Julia Preston, die Korrespondentin der *New York Times* in Mexiko City, erzählte mir einmal von einem ungewöhnlichen Treffen der Zapatisten, jener bäuerlichen Guerillas, die gegen die Auswirkungen des freien Handels und der Globalisierung auf Mexiko kämpfen. Die Zapatisten hielten im Dschungel Südmexikos eine Konferenz ab unter dem Titel »Interkontinentales Forum für Humanität und gegen Neoliberalismus«. Die Schlußsitzung fand in einem stickigen Schlammloch in Form eines Amphitheaters statt und wurde von dem Zapatistenführer »Subcomandante Marcos« geleitet – einer mexikanischen Mischung aus Robin Hood und Ralph Nader. Die Sitzung endete damit, daß die Zapatisten mit einer Art Trommelwirbel verkündeten, welches die schlimmste, gefährlichste Institution der heutigen Welt sei. Unter lauten Beifallrufen teilten sie mit, der ärgste Feind der Menschheit sei die WTO – die Welthandelsorganisation in Genf, die den weltweiten freien Handel und ein Ende des Protektionismus propagiert.
Diese Geschichte erinnert mich immer an die Tatsache, daß die Elek-

tronische Herde und die Supermärkte zwar einerseits einen wichtigen Beitrag zur Demokratisierung leisten, daß sie aber andererseits auch genau das Gegenteil bewirken können. Sie haben eine Mitschuld an der weitverbreiteten Meinung, insbesondere in den demokratischen Staaten, daß den Menschen, auch wenn sie in einer Demokratie leben, die Kontrolle über ihr eigenes Leben entglitten ist, weil sich inzwischen selbst ihre gewählten Repräsentanten den ungewählten Diktatoren des Marktes beugen müssen.

Je größer, schneller und einflußreicher die Herde wird, argumentiert der Experte für Globalisierung an der Wharton School, Stephen J. Kobrin, »desto mehr einzelne Bürger gewinnen den Eindruck, daß der Ort, wo die Wirtschaft kontrolliert wird und die politischen Entscheidungen in wirtschaftlichen Dingen getroffen werden, sich von der lokalen Ebene, wo noch Einfluß möglich ist, auf die globale Ebene verlagert, wo sich niemand zuständig fühlt und sich um den Laden kümmert. Wenn alle Politik auf der lokalen Ebene stattfindet, dann zählt jede einzelne Stimme. Aber sobald sich die Macht in transnationale Sphären verlagert, gibt es keine Wahlen, und man kann für niemanden stimmen.«

Es steht ganz außer Frage, daß in dem System der Globalisierung, in dem die Macht inzwischen gleichmäßiger zwischen den Staaten und den Supermärkten aufgeteilt ist, die Entscheidungsfindung bis zu einem gewissen Grad von der politischen Sphäre eines jeden Landes auf die globale Marktsphäre verlagert wurde, wo keine Einzelperson, kein Land und keine Institution die völlige politische Kontrolle ausüben kann – zumindest noch nicht. Wie oft haben Sie schon den Satz gehört: »Die Märkte sagen...«, »Die Märkte verlangen, daß...«, »Die Märkte sind nicht erfreut...«?

Der israelische Politiktheoretiker Yaron Ezrahi bemerkt dazu: »Die ärgsten Willkürherrscher der Geschichte versteckten sich immer hinter den Forderungen einer unpersönlichen Logik – Gott, die Naturgesetze, die Gesetze des Marktes –, und sie provozierten stets eine Gegenreaktion, wenn aus moralischer Sicht nicht mehr tolerierbare Diskrepanzen deutlich zutage traten. Die Aufklärung war in Wirklichkeit die Globalisierung von Wissenschaft und Vernunft, die Gegenbewegung kam, als jeder Dieb, Gauner, Ausbeuter und Betrüger behauptete, alles, was er tue, sei durch die Wissenschaft und Logik erzwungen. Dasselbe könnte mit der Globalisierung passieren. Viele werden darin nicht mehr sehen als einen Deckmantel, den gewisse Wirtschaftseliten benutzen, um dem einzelnen Bürger sein Mitspracherecht zu entziehen. Aus diesem Grund argumentieren manche auch, daß die Globalisierer in jeder Gesellschaft zuerst die Medien kaufen wollen, weil sie aus potentiell benachteiligten und aggressiven Bürgern konforme Verbraucher machen möchten. Die Globalisierung fördert den Prozeß, die Politik in eine Art Zuschauerspektakel zu verwandeln. Sie macht aus dem aktiv handelnden Bürger einen Zuschauer, der an der Illusion von Partizipation festhält.«

Je mehr die Bürger den Eindruck haben, daß in diesem neuen System der Globalisierung die Dinge von außen gelenkt werden und nicht vom eigenen Land, desto schärfer werden die Globalisierer in den betreffenden Ländern kritisiert. Der ägyptische Wirtschaftsminister Youssef Boutros-Ghali beobachtete einmal: »Der gesamte Prozeß der Globalisierung ist ein Tummelplatz für Demagogen. Wer sich den Veränderungen widersetzen möchte, deutet einfach auf irgend jemanden, der die Wirtschaft für ausländische Investitionen öffnen will, und sagt: ›Seht her, hier ist ein Mensch, der unsere Sache verrät, weil er das System den Ausländern öffnet.‹ Und dann sagen Sie: ›Ja, es ist doch effizienter, wenn die Märkte die Preise diktieren.‹ Und die Leute kommen wieder zu Ihnen zurück und sagen: ›Sind Sie verrückt geworden? Die Märkte werden von den Ausländern beherrscht. Wie können wir unsere Märkte die Preise diktieren lassen, wenn die Märkte von Ausländern kontrolliert werden?‹«

Eine der größten Herausforderungen für das politische Denken in der Ära der Globalisierung ist eindeutig die Frage, wie den Bürgern das Gefühl vermittelt werden kann, daß sie ihren Willen nicht nur über ihre eigenen Regierungen, sondern über zumindest einige der globalen Kräfte durchsetzen können, die ihr Leben mit gestalten. »Weil den Marktkräften und -institutionen ethische Maßstäbe gleichgültig sind, brauchen sie eine beratende, gemeinschaftliche Intelligenz, um eklatante Ungerechtigkeiten zu vermeiden«, sagt Ezrahi. »Diese beratende Rolle ist der Kern des Staatsbürgerrechts und der demokratischen Regierungsform – der Schutz und die Ausgestaltung des öffentlichen Raumes und des Gemeinschaftslebens. Sie stehen aber vor einem großen Problem, wenn der öffentliche Raum und das Gemeinschaftsleben von Kräften gestaltet werden, die außerhalb der eigenen Politik angesiedelt sind.« Der Staatsbürgerunterricht unserer Kinder muß über das Studium der kommunalen, landes- und bundesweiten Regierungen hinausreichen bis hin zu der Untersuchung, welche Verhaltensweise in den Beziehungen zwischen Staaten und Supermärkten, zwischen Staaten und supermächtigen Individuen und zwischen supermächtigen Individuen und Supermärkten noch tolerierbar ist. Wie gehen wir mit einer Welt um, in der die Elektronische Herde sich jeden Tag in die Belange aller

Länder einmischt, die Länder aber keinen direkten und unmittelbaren Einfluß auf das Verhalten der Herde haben? Wer wird die Beziehungen zwischen mir und dem Internet, zwischen den Supermärkten und mir und zwischen meiner Regierung und den Supermärkten steuern? Dies ist »das Trilemma der Globalisierung«, um einen Begriff von Larry Summers abzuwandeln.

Dem System der Globalisierung läßt sich wenigstens zugute halten, daß es keine Unterschiede macht – es hinterläßt bei den Schwachen ebenso wie bei den Mächtigen den Eindruck, daß sie die Kontrolle verloren haben und sich in der Gewalt nicht gewählter und gelegentlich unkontrollierbarer Kräfte befinden. Unmittelbar nach dem Einbruch des mexikanischen Pesos 1995 traf ich mich mit Mexikos Finanzminister Guillermo Ortiz. Er saß an seinem Schreibtisch und starrte gebannt auf die Bildschirme vor ihm, die jede Sekunde den Fall des Pesos anzeigten, wie ein EKG, das einen bevorstehenden Herzinfarkt ankündigt.

»Gewährt uns einen Waffenstillstand«, sagte Ortiz und meinte damit die globalen Märkte. »Ihr habt uns zu Tode geprügelt. Hört auf, uns mit euren Leerverkäufen zu ruinieren.« Auf meine Frage, wie es ihm im Rachen der globalen Märkte ergehe, die ihn mit einer Goldenen Zwangsjacke hetzten, wies Ortiz auf die drei Bildschirme: »Es gibt Tage, an denen fühle ich mich absolut machtlos. Manchmal muß ich zum Arbeiten in ein anderes Zimmer gehen, damit ich mich auf etwas anderes als diese Bildschirme konzentrieren kann.«

9

Kaufe Taiwan, halte Italien, verkaufe Frankreich

Redmond, Washington, 21. Oktober 1997 – Als unmittelbare Reaktion auf die vom Justizministerium erhobenen Vorwürfe kündigte Microsoft Corporation heute an, daß es zu einer nicht genannten Summe die Bundesregierung der Vereinigten Staaten von Amerika erwerben werde. »Es ist im Grunde eine logische Ausdehnung unseres planmäßigen Wachstums«, sagte Bill Gates. »Alle Beteiligten werden von der Übereinkunft profitieren.«

Repräsentanten von Microsoft trafen sich zu einer kurzen Besprechung mit US-Präsident Bill Clinton im Oval Office des Weißen Hauses und versicherten den Vertretern der Presse, daß die Veränderungen »minimal« sein würden. Die Vereinigten Staaten würden als eine hundertprozentige Tochter von Microsoft geführt.

Ein erstes öffentliches Angebot sei für Juli nächsten Jahres geplant, und man gehe davon aus, daß die Bundesregierung »spätestens im vierten Quartal 1999« gewinnbringend arbeiten werde, meinte der Präsident von Microsoft, Steve Ballmer.

In diesem Zusammenhang erklärte Bill Clinton, daß er »bereitwillig und begeistert« eine Stellung als Vizepräsident bei Microsoft angenommen habe und weiterhin die Regierung der Vereinigten Staaten leiten werde, wobei er Bill Gates unmittelbar berichtspflichtig sei. Auf die Frage, wie er sich nun fühle, da er die Bürde der Regierungsgewalt an Bill Gates abgebe, lächelte Clinton und nannte es »eine Erleichterung«. Er fuhr fort, Gates verfüge »erwiesenermaßen über hervorragende Kenntnisse« und die US-Bürger sollten Gates ihre »volle Unterstützung und ihr volles Vertrauen« entgegenbringen. Wie verlautet, wird Clinton in seiner neuen Rolle bei Microsoft ein Vielfaches der 200 000 Dollar jährlich verdienen, die er als US-Präsident erhalten hat.

Gates wies einen Vorschlag, das Kapitol nach Redmond zu verlegen, als »töricht« zurück und setzte hinzu, er werde von seinem jetzigen Büro im Microsoft-Hauptquartier aus Regierungsentscheidungen treffen. Das Repräsentantenhaus und der Senat würden »selbstverständlich« abgeschafft. »Microsoft ist keine Demokratie«, bemerkte Gates, »und sehen Sie nur, wie gut es uns geht.« Auf die Frage, ob der Gerüchten zufolge bevorstehende Kauf Kanadas Fortschritte mache, sagte Gates: »Wir leugnen nicht, daß zur Zeit Gespräche geführt werden.« Repräsentanten von Microsoft beendeten die Konferenz mit der Erklärung, daß die Bürger der Vereinigten Staaten niedrigere Steuern, bessere staatliche Leistungen und Rabatte auf sämtliche Microsoft-Produkte erwarten dürften.

Über Microsoft:
  Microsoft (NASDAQ »MSFT«), gegründet 1978, ist der weltweit führende Anbieter von Software für Personal Computer und von demokratischer
Regierung. Das Unternehmen bietet eine breite Palette an Produkten und
Dienstleistungen für den öffentlichen, gewerblichen und persönlichen Gebrauch, die allesamt dazu gedacht sind, es den Menschen leichter und ange-
nehmer zu machen, jeden Tag die Möglichkeiten der Computerwelt und der
freien Gesellschaft umfassend zu nutzen.

Über die Vereinigten Staaten:
  Die Vereinigten Staaten von Amerika, gegründet 1789, sind der erfolgreich-
ste Staat in der Weltgeschichte und seit über 200 Jahren ein Wahrzeichen für
Demokratie und Chancen. Heute sind die Vereinigten Staaten mit Sitz in
Washington, D. C., eine hundertprozentige Tochtergesellschaft der Microsoft
Corporation.

ANONYME GLOSSE über Microsoft im Internet

Im Herbst 1995 fiel mir ein Bild auf der Titelseite der *Financial Times*
ins Auge. Es zeigte Bill Gates, den Vorstandsvorsitzenden von Microsoft, im Gespräch mit Jiang Zemin, dem Staatschef Chinas. Die Bildunterschrift erweckte den Eindruck, als handle es sich um ein routinemä-
ßiges Gipfeltreffen zwischen zwei Weltpolitikern. Es hieß, die beiden
Männer hätten »sehr herzliche« Gespräche geführt, ganz im Gegensatz
zu dem frostigen Treffen 18 Monate zuvor. Ich dachte bei mir: Bill
Gates hat sich innerhalb von 18 Monaten zweimal mit Jiang Zemin getroffen, das heißt einmal mehr als Bill Clinton. Das ist kein Zufall. Die
Chinesen sind momentan anscheinend der Meinung, daß sie Bill G.
mehr brauchen als Bill C. Und wer könnte es ihnen verdenken? Die Chinesen waren darüber empört, daß die Übersetzung von Windows 3.1 in
die chinesische Sprache von taiwanischen Computerlinguisten durchgeführt wurde – mit den in Taiwan geläufigen Schriftzeichen und Computercodes. Nichts hätte die Chinesen mehr in Rage bringen können als
der Gedanke, daß Taiwan die Software und die Betriebssysteme für jeden chinesischen Computer gestaltete. Als Folge verweigerten die Behörden in Peking Windows 95 so lange die Marktzulassung, bis Microsoft einwilligte, daß die chinesische Version dieser Software gemeinsam
von Microsoft und einem chinesischen Unternehmen auf dem Festland
entwickelt werden sollte.
  Als ich den Bericht las und mir die Bildunterschrift ansah, keimte in
mir die Frage, ob sich die Eigenschaften von Ländern und Unternehmen
nicht immer mehr anglichen. Wenn ich mit meiner These Recht habe,

daß das Einklinken eines Landes in die Weltwirtschaft dasselbe ist wie der Gang an die Börse – als würde das Land zu einem börsennotierten Unternehmen mit Aktionären in aller Welt –, dann haben allein durch diesen Schritt die Länder stärker das Gefühl, Unternehmen zu sein. Die Bürger verhalten sich mehr wie Aktionäre, Politiker mehr wie Geschäftsführer und außenpolitische Berater mehr wie Rating-Agenturen.

Aber die Länder werden im System der Globalisierung noch aus einem anderen Grund den Unternehmen immer ähnlicher: Sie können sich jetzt genau wie Unternehmen gezielt für mehr Wohlstand entscheiden. Sie sind nicht mehr Gefangene ihrer natürlichen Ressourcen, ihrer geographischen Lage und ihrer Geschichte. In einer Welt, in der sich ein Land an das Internet anschließen und Wissen importieren kann, in einer Welt, in der ein Land Aktionäre aus den verschiedensten Ländern findet, die in seine Infrastruktur investieren wollen, in einer Welt, in der ein Land mit der richtigen Führung in vergleichsweise kurzer Zeit DOS-Kapital 6.0 installieren kann, in einer Welt, in der ein Land die erforderliche Technologie kaufen kann, um als Auto- oder Computerhersteller aufzutreten, in einer solchen Welt kann ein Land, auch wenn es keine Rohstoffe hat, klarer als je zuvor zwischen Wohlstand und Armut wählen, je nachdem welchen politischen Kurs es verfolgt. Wie Michael Porter, Professor der Business School an der Harvard University, einmal sagte: »Der Wohlstand einer Nation hängt [heute] hauptsächlich von ihrer eigenen kollektiven Entscheidung ab. Die Lage, die natürlichen Ressourcen und sogar die militärische Stärke sind nicht mehr maßgeblich. Vielmehr werden die Fragen, wie eine Nation und ihre Bürger die Wirtschaft organisieren und führen, welche Institutionen sie errichten und welche Arten von Investitionen sie individuell und kollektiv tätigen wollen, über den nationalen Wohlstand entscheiden.«

Wenn die Länder sich nun genau wie Unternehmen für den Wohlstand entscheiden können, auf welche Dinge sollten sie dann in der Ära der Globalisierung ihr besonderes Augenmerk richten? Die Antwort ist leicht. Fragen Sie einfach die besten weltweiten Unternehmen. Im Ernst: Da die Länder in vieler Hinsicht immer mehr den Unternehmen gleichen, fragen Sie, was ein starkes globales Unternehmen ausmacht, wenn Sie wissen wollen, was heutzutage ein starkes, sich globalisierendes Land ausmacht.

Im folgenden präsentiere ich Ihnen meine eigene Checkliste, die ich aus Interviews mit leitenden Mitarbeitern von Compaq Computer Corporation sowie von Chevron, Monsanto und Cisco zusammengestellt habe. Ich nenne es meine »Acht Gepflogenheiten höchst effektiv arbeitender Länder«. Die Liste erhebt keineswegs den Anspruch auf Vollständigkeit, aber sie bietet einen guten Ausgangspunkt für den Versuch, ein Land richtig einzustufen. Immer wenn ich heute in ein Land reise, stelle ich zuerst diese acht Fragen, um seine wirtschaftliche Leistungskraft und sein Potential einzuschätzen.

Wie verdrahtet ist Ihr Land?

Im Oktober 1995 flog ich zu einem Interview mit Microsofts Nummer zwei, dem Präsidenten Steve Ballmer, nach Redmond, Washington. Ich wollte ihm eine einfache Frage stellen: Microsoft ist heute das wichtigste Unternehmen in Amerika, und wie mißt Microsoft Macht in seinem Universum? Welche Länder auf der ganzen Welt hält das Unternehmen für mächtig und warum? Ballmer hatte mir bereits im Oktober 1995 eine Antwort gegeben: »Wir messen Macht an einer Quote – der Zahl der PCs pro Haushalt.« Ich erwiderte, in Ordnung, dann solle er mir doch einmal seine Weltkarte der Machtverteilung zeigen. Nun, meinte er, die am schnellsten wachsende Region für Microsoft sei Asien, wo Südkorea die höchste Dichte an PCs pro Haushalt aufweise. Japan sei gerade im Aufschwung, aber in China mache Microsoft sich die größten Hoffnungen.

»Weshalb setzen Sie auf China?« fragte ich. »Die Leute verdienen dort 50 Dollar im Monat.«

»Sie verstehen nicht, worauf es ankommt«, antwortete Ballmer. Dann ging er zu einer Tafel und zeichnete zwei kurze Striche nebeneinander auf der einen Seite, zwei kurze Striche auf der anderen Seite, zwei kurze Striche darunter und einen einzigen Strich ganz unten. »Was soll das sein?« fragte ich. Er zog einen Kreis um jedes Linienpaar ganz oben, um das Linienpaar darunter, um die Linie ganz unten und sagte: »Das sind zwei chinesische Großeltern mütterlicherseits und zwei chinesische Großeltern väterlicherseits und zwei chinesische Eltern, die alle auf Windows 95 für ein chinesisches Kind sparen.« Ja, sogar die Geburtenkontrolle in China arbeitet für Microsoft.

»Setzen Sie die Reise um die Welt doch fort«, forderte ich Ballmer auf. Brasilien und Indien seien beide vielversprechend, sagte er, mit einem raschen Wachstum der PC-Quote. Doch der östliche Mittelmeerraum und der Nahe Osten, von Marokko bis an die Grenze Pakistans, seien ein fast weißer Fleck für Microsoft, ausgenommen Israel mit einem eigenen Microsoft-Entwicklungszentrum – einer ganz anderen

Machtebene – und Saudi-Arabien, wo Ägypter Microsoft für multinationale Konzerne leiten. Westeuropa sei überall stark, meinte Ballmer, mit Ausnahme eines Landes: Frankreich. »Ich möchte nicht sagen, daß [Frankreich] zurückgefallen ist«, sagte er, aber »die Durchdringung mit PCs war einmal recht hoch in Frankreich. Das ist jetzt nicht mehr der Fall.«

Ich nannte Ballmers Landkarte der Machtverteilung »Außenpolitik 3.1«. Drei Jahre später, 1998, beschloß ich, sie zu aktualisieren. Diesmal wollte ich ins Silicon Valley fahren und die dortigen führenden Software- und Hardwareunternehmen fragen – Intel, Sun und Cisco sowie Professoren an der School of Engineering der Stanford University –, wie sie die Macht eines Landes messen. Interessanterweise entdeckte ich, daß sich die Lage inzwischen erheblich verändert hatte. Silicon Valley, erklärte man mir, würde 1998 den Einfluß nicht mehr nur nach der Zahl der PCs pro Hauhalt messen, sondern nach dem »Grad der Verknüpfung«. Heute ist entscheidend, wie umfassend und tiefgehend ein Land die PCs zu Netzen innerhalb von Unternehmen, Schulen und Unterhaltungsmedien verknüpft und die internen Netze dann wiederum an das Internet und das World Wide Web angeschlossen hat.

Der Grad der Verknüpfung wird in der Regel nach der Bandbreite eines Landes gemessen: der Fähigkeit der Kabel- und Telefonverbindungen sowie der Glasfaserkabel, digitale Informationen – all diese Bündel aus Einsen und Nullen – von einem Punkt des Netzes an einen anderen zu transportieren. Wenn der Glaubenssatz des PC-Jahrzehnts, der achtziger Jahre, lautete »der Arbeitsspeicher eines Computers kann nicht groß genug sein«, so lautet der Glaubenssatz des darauffolgenden Jahrzehnts, der Netzwerkära, »die Bandbreite in einem Land kann nicht groß genug sein«.

Je größer die in einem Land installierte Bandbreite ist, desto höher ist der Grad der Verknüpfung. Wer wissen will, wie sehr ein Land verknüpft ist, muß die »Megabits pro Kopf« messen – die installierte Bandbreite eines Landes geteilt durch die Zahl der potentiellen Nutzer. Im Silicon-Universum ist die Quote Megabits pro Kopf jetzt als maßgebliche Meßlatte für die Macht zu der Quote PCs pro Haushalt hinzugekommen. Die neue Quote sagt etwas aus über die Geschwindigkeit des Informationsflusses innerhalb der Bevölkerung sowie zu und von den Entscheidungsträgern. Arbeitsplätze, Anwendung von Wissen und Wirtschaftswachstum werden wie durch Gravitation von den Gesellschaften angezogen, die am stärksten untereinander verknüpft sind und über die meisten Netzwerke und die größte Bandbreite verfügen, weil es diesen Ländern leichtfällt, das erforderliche Wissen für einen Entwurf, eine Erfindung, die Fertigung, den Verkauf, das Anbieten von Dienstleistungen, für die Kommunikation, die Erziehung und die Unterhaltung anzusammeln, anzuwenden und weiterzugeben. Brian Reid, leitender Mitarbeiter bei Digital Equipment Corporation, der einen Teil der Pionierarbeit für das Internet geleistet hat, sagte in einem Gespräch mit der *New York Times* am 8. Dezember 1997: »Die Bandbreite ist das Verteilersystem, über das die Unternehmen im Informationszeitalter ihre Waren verkaufen. Die Bandbreite ist Ende der neunziger Jahre für den Handel genauso wichtig wie die Eisenbahn in den neunziger Jahren des letzten Jahrhunderts und die Seehäfen in den neunziger Jahren des vorletzten Jahrhunderts. Auf diesem Weg bringt man Produkte an den Mann.«

John Chambers von Cisco sagt gern, daß die Unternehmen und Länder, die in der vom Internet geprägten Wirtschaft Erfolg haben, auch als erste dessen Bedeutung erkennen und sich verknüpfen lassen, bevor dem Rest der Welt aufgeht, daß er sich ändern muß. Chambers meint, wenn man schneller sei als die Rivalen, dann habe man ihnen nur noch eines zu sagen: »Game over.«

Weil wir uns rasch auf eine Welt zubewegen, in der das Internet sowohl den Handel als auch die Kommunikation bestimmen wird, wird es nur noch zwei verschiedene Arten von Geschäften geben: Internetgeschäfte und Anti-Internetgeschäfte. Internetgeschäfte sind alle Geschäfte, die entweder über das Internet abgewickelt werden können, vom Bücherkauf über Aktienkauf bis hin zu Spielen, oder vom Internet erheblich gefördert werden, was für alle Dienstleistungen gilt von der Unternehmensberatung bis hin zur Inventur. Anti-Internetgeschäfte sind all jene, die nicht über das Internet abgewickelt werden können – beispielsweise die Zubereitung von Essen, das Haareschneiden oder die Stahlproduktion –, und die, die in gewisser Weise eine negative Reaktion auf das Internet darstellen, etwa Einkaufszentren und Cafés. Ich zähle Cafés und Einkaufszentren deshalb zu den Anti-Internetgeschäften, weil sie davon profitieren, daß immer mehr Menschen, die zu Hause allein vor ihren Computern sitzen und im Netz surfen, aus dem Haus kommen wollen, zum Erlebniseinkauf oder ins Café gehen oder einfach flanieren wollen, etwas berühren, riechen, schmecken, fühlen wollen. Waren werden auch weiterhin ausgestellt sein; die Menschen werden auch weiterhin Gemeinschaft suchen. Je länger sie allein in ihrem Lexus-Sportwagen sitzen, desto stärker wird ihr Wunsch sein, sich ein wenig an einen Olivenbaum zu lehnen.

Da das Internet zum Rückgrat des globalen Handels und der Kommunikation wird, sind die Qualität und die Anwendungsbereiche der Netzwerke innerhalb von Ländern maßgeblich für ihre Wirtschaftskraft. Und wer wird nach diesem neuen Maßstab der Netzwerke heutzutage am heißesten gehandelt, wer hingegen nicht? Taiwan wird im Silicon Valley gefürchtet wegen seines innovativen Wagemuts, seiner Verknüpfung und wegen der dynamischen, kapitalistischen Geschäftskultur, die geschickt die gesamte Technologie nutzt. Wenn Taiwan eine Aktie wäre, würde ich sie kaufen. Die Vereinigten Staaten, Großbritannien, Kanada, Australien, Teile Israels, Italiens, Singapurs und Indiens gehören ebenfalls in diese Kategorie. China vernetzt sich mit einer erstaunlichen Geschwindigkeit, und Skandinavien, vor allem Finnland, rangiert in der landesweiten Vernetzung weit oben (dort fehlt aber die Unternehmenskultur, um das optimal zu nutzen). Japan und Korea sind wegen der Rückschläge ihrer Volkswirtschaften Ende der neunziger Jahren bei den Investitionen in die Vernetzung zurückgefallen, Deutschland hingegen hat aufgeholt, und Frankreich ist soeben aufgewacht. Rußland schläft noch seinen Dornröschenschlaf.

Welche Maßeinheit für die Wirtschaftskraft wird die Zahl der PCs pro Haushalt und der Megabits pro Kopf als nächste ablösen? Um diese Frage zu beantworten, müssen wir uns klar machen, daß wir uns rasch von einer Welt voller einzelner PCs auf eine Welt zubewegen, in der das Netz selbst wichtiger wird als das Gerät, das man benutzt, um Verbindung zum Netz aufzunehmen. Wenn man Leute im Silicon Valley fragt, was nach dem PC, Intranet und Internet kommt, werden sie deshalb antworten:»Evernet«, das Dauernetz. Jeder wird ständig online sein können – ins Netz wird man über den Fernseher, den Pager, das Handy, den Computer oder ein anderes Kommunikationsgerät gelangen, das bislang noch nicht einmal erfunden ist. Jedes dieser Geräte wird als eine Kombination aus Telefon, Pager, Faxgerät, E-Mail-Empfänger und -Sender und Internetzugang dienen. IBM arbeitet an einem Gerät, das etliche dieser Möglichkeiten in sich vereint und einfach mit einem Magneten an den Kühlschrank geklebt wird. Sie werden ihm Anweisungen zurufen können, und es wird Ihnen mit Informationen antworten. Das nächste große Verbraucherprodukt von Sony wird »Netman« heißen in Anlehnung an den Walkman. Es ist ein tragbares Gerät, das von jedem beliebigen Ort aus einen Internetzugang bietet.

Aus diesem Grund wird die Quote der PCs pro Haushalt immer weniger wichtig, das Netz hingegen immer wichtiger. Wie man im Silicon Valley sagt: Von jetzt an ist das Internet der Computer. Wie jemand darin surfen will, ist seine Sache.

Auf diesem Weg werden die Länder zunehmend daran gemessen werden, wie nahe sie an die universale Verknüpfung herankommen – wie nahe sie dem Zustand kommen, daß alle ihre Bewohner die ganze Zeit über, wohin sie auch gehen, online sein können –, und daran, welche Vielfalt an Dienstleistungen sie über das Evernet bieten.

Um folgende Fragen wird es gehen: Wieviele Haushalte nutzen über das Internet Transkriptionsdienste auf der Basis von Spracherkennung, so daß die Menschen an ihren Heimcomputern jeden beliebigen Text an jeden beliebigen Empfänger einfach diktieren können? Wie leistungsfähig sind die Video-Dienste, die das Evernet bietet, so daß die Menschen Bilder übertragen und über das Evernet praktisch kostenlos Auge in Auge miteinander sprechen können? Wie gut verschlüsselt ist das Evernet, damit Daten sicher gespeichert werden und Geschäfte sicher abgewickelt werden können, ohne daß man sich sorgen muß, daß etwas gestohlen wird? Wie bequem und multifunktional sind die Kommunikationsgeräte, die man mit sich herumtragen muß, wenn man ständig online sein will? Mit anderen Worten: Wenn wir erst einmal permanent miteinander verknüpft sind, dann wird die Wirtschaftskraft daran gemessen werden, wer die Verknüpfung am kreativsten nutzt.

Wer weiß, vielleicht ist Singapur dann nicht mehr das einzige Land, das jedes Jahr mit viel Aufwand die Wahl der »Miss Internet« organisiert. Die Zeitschrift USA Today vom 19. Januar 1999 zeigte das Bild einer jungen Frau aus Singapur mit der Siegeskrone auf dem Kopf, die Bildunterschrift lautete: »Singapur nimmt das digitale Zeitalter so ernst, daß es eine Miss-Internet-Wahl durchführt. Stella Tan, sitzend, hat den Wettbewerb im August gewonnen. Bewertet werden unter anderem Geschäftskleidung und Web-Design.«

Das sind die neuen Maße: Hüftweite ist out, Bandbreite ist in.

Wie schnell ist Ihr Land?

Klaus Schwab vom Weltwirtschaftsforum in Davos hat einmal bemerkt: »Wir sind von einer Welt, in der die Großen die Kleinen schlukken, übergegangen zu einer Welt, in der die Schnellen die Langsamen schlucken.«

Er hat recht. Wie bereits erwähnt, sind durch die drei Demokratisierungen die Barrieren für den Zugang zu praktisch jedem Geschäftsbereich heutzutage drastisch gesenkt worden, und das hat zur Folge, daß ein Produkt mit Turbogeschwindigkeit von einer Innovation zu einer

Massenware wird. Wenn Ihr Unternehmen oder Ihr Land aus sozialen, kulturellen oder politischen Gründen nicht bereit ist, Schumpeters kreative Zerstörung mit der Geschwindigkeit der heutigen Turbomärkte voranzutreiben, dann wird es zurückfallen. Nicht umsonst sagt Bill Gates immer wieder, bei Microsoft wüßten sie nur eines sicher: In vier Jahren wird jedes Produkt, das sie heute herstellen, veraltet sein. Die Frage ist nur, ob es von Microsoft selbst überholt wird oder von einem Rivalen. Wenn Microsoft es veralten läßt, blüht das Unternehmen weiter. Wenn ein Rivale es veralten läßt, ist Microsoft in Schwierigkeiten. Bill Gates hätte Microsoft beinahe selbst veralten lassen, als er anfänglich erklärte, das Internet habe keine Zukunft. Zum Glück für ihn hat er sich eines Besseren besonnen, ehe seine vier Jahre abgelaufen waren.

Der Führungsetage von Compaq Computers braucht niemand die Bedeutung der Geschwindigkeit zu erklären. Compaq schaffte den Start, indem es schneller als IBM in die kreative Zerstörung einstieg. Im Laufe dieses Prozesses hätte es beinahe IBM kreativ zerstört. Was passierte damals? Im Jahr 1985 brachte Intel einen neuen 386er-Mikroprozessor heraus mit einer weit höheren Rechengeschwindigkeit als der 286er-Chip. IBM arbeitete damals aber noch nach den langsamen Unternehmensgepflogenheiten des Kalten Krieges. IBM versprach seinen Kunden – heute unvorstellbar –, wenn sie seinen neuesten Computer kauften (damals ein AT-Desktopmodell, AT für Advanced Technology), dann garantiere IBM ihnen, daß er fünf Jahre lang nicht veralten werde! Können Sie sich vorstellen, daß heute ein Computerhersteller verspricht, seine Computer würden fünf Jahre lang nicht veralten? (Heute prahlen die Hersteller damit, daß sie alle fünf Monate ein neues, schnelleres Modell anbieten.)

»IBM arbeitete nach einem alten Geschäftsmodell. Sie erkannten nicht, daß für diese neue Kategorie völlig neuartige Gesetze galten«, sagte Eckhard Pfeiffer, von 1991 bis Anfang 1999 Präsident von Compaq. »Intel brachte also den 386er-Chip heraus und sagte zu IBM ›Mach was daraus‹, und IBM sagte ›Nein‹. Also kam Intel zu Compaq, und wir sagten ›Wir übernehmen das‹. Wir schlossen den Deal mit Intel ab.«

Game over. Compaq schnitt sich ein großes Stück von IBMs Geschäft mit den PCs ab und knabbert den Kuchen seither immer weiter an.

»Ich würde sagen, vor zehn oder fünfzehn Jahren war es nicht entscheidend, in den Startlöchern zu sitzen, wenn Intel den nächsten Chip auf den Markt brachte«, fügte Pfeiffer hinzu. »Weil die Leute noch nicht das Gefühl hatten, daß die Zeit drängte. Sie sagten: ›Schön, dann warte ich eben einen Monat oder zwei, vielleicht bekomme ich dann ein paar Dollar mehr für das System, das ich verkaufe.‹ Aber heute ist es ein absolutes Muß, darauf vorbereitet zu sein, den neuen Chip einzubauen und vom ersten Tag an damit zu arbeiten. Inzwischen durchlaufen wir mit jedem Computer, den wir herstellen, jedes Jahr drei Produktzyklen. Jedes Jahr sind das zwei völlig neue Entwürfe und dazwischen noch eine Variante, die auf der bestehenden Technologie beruht.«

Wenn vor fünfzehn Jahren ein neuer Rechner auf den Markt kam, wurde er stufenweise zunächst in den Vereinigten Staaten eingeführt, einige Monate später in Europa und dann in Indien und dem Nahen Osten. Man ging davon aus, daß die europäischen und asiatischen Märkte irgendwie von dem abgeschirmt würden, was in Amerika geschah. Das können Sie inzwischen getrost vergessen. Heute muß ein neues Produkt exakt zum selben Zeitpunkt weltweit auf den Markt gebracht werden. Wenn Intel einen neuen Chip ankündigt und die Leute das in ihrer Zeitung oder im Internet lesen, dann erwarten sie, daß dieser Chip in dem PC oder Laptop installiert ist, den sie sich am nächsten Tag kaufen. »An dem Tag wollen alle in den Regalen der Händler vertreten sein«, sagte Enrico Pesatori, der für Marketing zuständige Vizepräsident von Compaq. »Wenn Sie nur zwei Wochen zu spät kommen, dann gelten Sie als langsam, werden Sie von Analysten als ein langsames Unternehmen eingestuft, und Sie werden die anfängliche Bruttogewinnspanne nicht erreichen, die sich ergibt, wenn man als erster auf dem Markt ist.«

Es ist kein Wunder, daß Compaq ein Unternehmen wurde, das auf Geschwindigkeit aufgebaut ist, und auf diese Weise wurde es auch reich. Es konnte schneller Produkte entwickeln als seine Konkurrenten, konnte deshalb seinen Kunden schneller Lösungen anbieten als seine Konkurrenten und fuhr deshalb schneller Gewinne ein als seine Konkurrenten. Das wird als Prokreationszyklus bezeichnet – die einzelnen Stufen eines Produkts von der Forschung über die Gestaltung, Entwicklung, Herstellung bis hin zum Verkauf und am Ende dem Gewinn, und dann der ganze Kreislauf von vorn. In diesem nie endenden Streben nach einer immer schnelleren Prokreation gelang es Compaq, seinen »cash-to-cash-Zyklus« – die durchschnittliche Dauer von dem Zeitpunkt, an dem es einen Lieferanten bezahlt, bis zu dem Zeitpunkt, an dem es Geld von einem Kunden einnimmt – von 121 Tagen vor drei Jahren auf heute 72 Tage zu verkürzen. Earl Mason, der Finanzchef von Compaq, erklärte: »Wenn man die Zeit von der Ausgabe eines Dollars [an einen Lieferanten] bis zu der Einnahme eines Dollars [von einem Kunden] kontinuierlich verringern kann, wird sich der Kapitalumschlag so stark beschleunigen, daß man Unsummen an Bargeld anhäufen kann. Wenn man sich beispielsweise anschaut, was wir erreicht haben, und unser Bankguthaben seit Ende 1985 bis zum ersten Quartal 1998 verfolgt, dann sieht man, daß wir aufgrund der Verkürzung des cash-to-cash-Zyklus imstande waren, unser Bankguthaben von 900 Millionen Dollar auf 7 Milliarden Dollar zu erhöhen. Dieses Geld wird in neue Unternehmen investiert und durchläuft einen weiteren Zyklus, wenn die neuen Unternehmen ihren cash-to-cash Zyklus verkürzen, und dann kauft man wieder ein. Wem es gelingt, schnell zu sein, der wird definitionsgemäß auch groß werden. Aber wer nur groß ist und nicht schnell, mit dem geht es bergab.« (Mr. Mason ahnte damals noch nicht, daß neun Monate nach unserem Gespräch er und Mr. Pfeiffer gehen müßten, weil sie ein bißchen zu langsam begriffen hatten, wie das Internet den Verkauf von Computern und den Kundendienst verändern würde.)

In einer solchen Welt ist es die Aufgabe eines Landes, seinen Bürgern und Unternehmern die Möglichkeit zu bieten, daß sie schneller werden können. Wenn ich heute in ein Land komme, lautet deshalb eine meiner ersten Fragen: Wie habt ihr eure Wirtschaft umstrukturiert, daß behördliche Genehmigungen, Transaktionen, Investitionen und die Produktion beschleunigt werden? Wie schnell kann jemand bei euch eine Idee von seiner Garage aus auf den Markt bringen? Wie schnell läßt sich Geld für eine verrückte Idee auftreiben, und wie schnell könnt ihr neue Ideen präsentieren? Und wie schnell kommen ineffizient arbeitende Firmen unter den Hammer?

Japan steckt unter anderem deshalb seit dem Fall der Berliner Mauer in einer Rezession, weil es sich aus kulturellen und politischen Gründen nicht an das neue System der Globalisierung anpassen kann, das einen weit härteren Kapitalismus verlangt, als die Japaner ihn gewöhnt sind. Die japanische Bank A muß zu dem japanischen Unternehmen B sagen können: »Du bist tot. Du bist ineffizient und wirfst keinen Gewinn ab, und du bekommst von mir kein Geld mehr, weil ich das Kapital einem effizienteren Unternehmen geben möchte.« Die japanische Regierung muß zu der japanischen Bank A sagen können: »Du bist tot. Wir übernehmen dich, verkaufen deine Vermögenswerte oder zwingen dich, mit der gesunden Bank B zu verschmelzen. Wir werden dich nicht länger so subventionieren, wie wir es im Kalten Krieg getan haben, als es in der Welt noch gemächlich und behütet zuging.«

Einige Länder oder Regionen sind schnell bei der Kapitalbeschaffung, weil ihre Regierungen gelernt haben, wie man Verfahren beschleunigt. »Bis vor kurzem produzierte eigentlich niemand in Schottland oder in Großbritannien«, sagte Pesatori.»Heute kann es sich niemand leisten, dort nicht präsent zu sein. Weshalb? Weil sie eine Infrastruktur aufgebaut haben. Wenn man nach Schottland geht, ist alles vorbereitet – die Regelungen, das Steuerwesen, das Verkehrsanbindung, die Telekommunikation –, daß man seine Produktionsstätte so schnell wie möglich eröffnen kann.«

Einige Länder und Regionen sind schnell, weil die Menschen dort aus kulturellen, historischen oder meinetwegen genetischen Gründen von Natur aus umtriebig sind, und sie sind sogar schneller, als angesichts der Grundlagen, mit denen sie die Regierung ausgestattet und sie dann einfach auf den Weg geschickt hat, zu erwarten war. Regionen wie Norditalien, Tel Aviv, Shanghai, Südkorea, Beirut und Bangalore in Indien sind naturgemäß schnell und starten zur Zeit regelrecht durch und lassen die übrigen Teile ihrer Länder hinter sich. Diese Regionen sind die »heißen Zonen«, und sie werden zu unglaublichen Wachstumsmotoren für ihre Länder. Wenn man sich eine dieser heißen Zonen herauspickt, sie ans Internet anschließt und mit einer Diaspora verknüpft, die über die ganze Welt verstreut lebt – wie die Chinesen, Juden, Italiener, Libanesen, Inder oder Koreaner in Übersee –, dann hat man einen »Cyber-Stamm«, wie ich das gern nenne. Die Cyber-Stämme vereinen auf eine Weise in sich Geschwindigkeit, Kreativität, unternehmerisches Talent und eine globale Vernetzung, die einen enormen Wohlstand hervorbringen kann.

Tatsächlich ist Norditalien heute die reichste Region Europas. Reginald Bartholomew, ehemaliger amerikanischer Botschafter in Italien, erklärte mir das einmal so:»Nehmen wir an, Sie reisen nach Frankreich, Deutschland und Italien und sagen dort: ›Ich möchte purpurroten Käse kaufen.‹ Was passiert? Die Franzosen werden Ihnen sagen: ›Monsieur, Käse ist niemals purpurrot.‹ Die Deutschen werden sagen: ›Purpurroten Käse haben wir dieses Jahr nicht im Angebot.‹ Aber die Italiener... Ja, die Italiener werden Ihnen sagen: ›Welche Purpurschattierung hätten Sie gern? Magenta?‹«

Wenn Norditalien eine Aktie wäre, würde ich sie halten.

Profitiert Ihr Land von seinem Wissen?

Wir sind inzwischen von einer Welt, in der die Frage, wie man sich Territorium aneignet, es behält und ausbeutet, den Schlüssel zum Wohlstand bildete, übergegangen zu einer Welt, in der die Frage, wie ein Land oder ein Unternehmen Wissen anhäuft, teilt und davon profitiert,

den Schlüssel zum Wohlstand darstellt. Wie der ehemalige Vorstandsvorsitzende der Citibank Walter Wriston in einem Aufsatz in *Foreign
Affairs* im September 1997 beobachtete: »Das Streben nach Wohlstand
ist inzwischen weitgehend gleichbedeutend mit dem Streben nach Informationen und deren Nutzung für die Produktionsmittel. Die Regeln,
Gebräuche, Fertigkeiten und Talente, die nötig sind, um Informationen
zu beschaffen, festzuhalten, hervorzubringen, zu bewahren und zu nutzen, sind heute der wichtigste Besitz der Menschheit. Der Wettlauf um
die besten Informationen hat den Wettlauf um das beste Ackerland oder
die besten Kohleminen abgelöst. In der Tat ist der Appetit auf die Anne-
xion von Territorien bereits weitgehend gestillt, und Großmächte haben sich aus ehemals besetzten Gebieten zurückgezogen... Als sich in
der Vergangenheit die Methode, Wohlstand zu schaffen, veränderte,
verloren alte Machtstrukturen ihre Bedeutung, neue entstanden, und
jede Facette der Gesellschaft war davon betroffen. Da wir bereits den
Beginn dieser Revolution miterleben, können wir annehmen, daß in
den folgenden Jahrzehnten die Anziehung von intellektuellem Kapital
und der Umgang damit darüber entscheiden werden, welche Institutionen und Staaten überleben und aufblühen werden und welche nicht.«

Die Frage »Wie verdrahtet ist Ihr Land?« ist ein Maßstab dafür, wie
umfassend und tiefgehend die Netzwerke sind. Die Frage »Profitiert Ihr
Land von seinem Wissen?« ist ein Maßstab dafür, wie gut ein Land und
seine Unternehmen die Netzwerke nutzen. Verdrahtet zu sein ist notwendig, reicht aber nicht aus. Ein Land muß außerdem effektiv Wissen sammeln und es effektiv einsetzen. Es muß besser verdrahtet und besser gebildet sein als jemals zuvor. Aus diesem Grund werfe ich immer gern
einen Blick auf zwei Tabellen, wenn ich in ein Land reise. Die eine ist
eine von Hewlett-Packard zusammengestellte Übersicht, aus der hervorgeht, welche Länder heute am stärksten verdrahtet sind. Die andere ist
die jährlich von der OECD veröffentliche Tabelle, aus der ersichtlich ist,
welches der 29 reichsten Länder der Welt den höchsten Prozentsatz an
Hochschulabsolventen hat und den höchsten Anteil des Volkseinkommens für Lehrergehälter ausgibt. Wenn Sie wissen, welches Land in beiden Tabellen – Megabits pro Kopf und Quote der Hochschulabsolventen
– an der Spitze steht, dann haben Sie einen guten Hinweis, welches Land
auf dem richtigen Weg ist und welches nicht. Es ist beispielsweise kein
Zufall, daß Finnland, das inzwischen beim Lebensstandard weltweit
eine Führungsposition einnimmt, in beiden Tabellen weit oben steht.

Dasselbe gilt für Unternehmen. Der deutsche Elektronikkonzern Siemens ist sehr gut verdrahtet, hat aber den Ruf, das eigene Wissen nicht

voll zu erschließen. Ich hörte einmal die Bemerkung eines Unternehmensberaters, der bei Siemens arbeitete: »Wenn Siemens nur wüßte, was Siemens alles weiß, dann wäre es ein reiches Unternehmen.« Das gilt auch für Länder. »Wenn Frankreich nur wüßte, was Frankreich alles weiß ... Wenn China nur wüßte, was China alles weiß ...«

Alle Länder und Unternehmen, die lernen, ihre Netzwerke sehr effektiv zu nutzen, werden gedeihen. Dieser Grundsatz läßt sich am besten veranschaulichen, wenn er auf ein Unternehmen angewandt wird, das man normalerweise nicht mit Wissen in Verbindung bringt, zum Beispiel auf den Ölkonzern Chevron. 1997 sprach ich in Kuwait mit H. F. Iskander, dem Geschäftsführer der Chevron-Niederlassung in Kuwait und einem der gewieftesten Ölmanager am Golf. Wir unterhielten uns darüber, wie Chevron versuchen wollte, wieder den Fuß in die Ölförderung in Kuwait zu bekommen. Iskander zählte Chevrons Stärken auf, erklärte, weshalb Kuwait davon angetan sein müßte, und erwähnte dabei beiläufig, daß Chevron kein Ölkonzern sei, sondern ein Bildungskonzern.

»Was meinen Sie mit ›Bildungskonzern‹?«, hakte ich nach. Ölkonzerne bohren Löcher in die Erde und fördern Öl. Dort arbeiten Männer mit Helmen auf dem Kopf, mit ölverschmierten Händen und Gesichtern. Was hat das mit Bildung zu tun?

Iskander erklärte es mir: In den siebziger Jahren warfen praktisch alle ölexportierenden Länder im Mittleren Osten die großen multinationalen Ölkonzerne aus dem Land, um ihr Öl künftig selbst zu fördern. Die Entscheidung fiel teils aus wirtschaftlichen Gründen, teils aus politischen Gründen, weil die ehemaligen Kolonien während des Kalten Krieges nach Unabhängigkeit strebten. Zwanzig Jahre später überdenken jetzt aber viele ölexportierende Länder die Folgen ihres Handelns und möchten die Ölkonzerne wieder zurückholen. Zum Teil liegt das daran, daß die Erdölförderung teurer wird und mehr Kapital benötigt, weil die Ölvorkommen abnehmen und die Länder nun anfangen müssen, schwerer aufzufindende Vorkommen zu suchen. Zum Teil liegt das aber auch daran, daß die Erdölförderung mehr Wissen erfordert, gerade weil die Ölvorkommen abnehmen und schwerer aufzufindende Vorkommen gesucht werden müssen.

»Chevron fördert an verschiedenden Orten auf der ganzen Welt Erdöl«, erklärte Iskander. »Es gibt kein Problem, auf das wir nicht schon an irgendeinem Ort gestoßen sind und das wir dort nicht gelöst haben. Es gibt kein Gestein, das wir noch nicht durchbohrt haben. Wir fassen unser ganzes Wissen zentral in unserem Hauptquartier zusammen, analysieren es, sortieren es, und das ermöglicht es uns, jedes Bohrproblem an jedem beliebigen Ort zu lösen. Ein Entwicklungsland hat möglicherweise eine staatliche Ölgesellschaft, die seit zwanzig Jahren das eigene Erdöl fördert. Wir sagen ihnen: Nun gut, ihr habt zwanzig Jahre Erfahrung, aber ihr habt keine Vielfalt. Das ist nur ein Jahr Wissen, das sich zwanzigmal wiederholt hat. Wenn man wie Chevron in einer Vielzahl von Ländern tätig ist, dann stößt man auf eine Vielzahl unterschiedlicher Probleme und muß eine Vielzahl von Lösungen parat haben. Ansonsten wird man aus dem Geschäft verdrängt. Alle diese Lösungen werden dann in Chevrons Unternehmensgedächtnis gespeichert. Der Schlüssel zu unserem Geschäftserfolg liegt darin, dieses Gedächtnis anzuzapfen und die Lösung zu präsentieren, die wir in Nigeria erfolgreich angewendet haben, und damit nun dasselbe Problem in China oder Kuwait zu lösen. Früher hätten wir möglicherweise zwei Jahre gebraucht, um den Menschen im Konzern aufzutreiben, der seinerzeit die Lösung in Nigeria gefunden hat, und ihn nach China zu schicken, wo er sie anwenden sollte. Heutzutage, mit E-Mail und angesichts der Globalisierung unserer Arbeitskraft, wo Menschen viel häufiger zu verschiedenen Aufgaben um die Welt reisen, können wir die Lösung sehr schnell aus Chevrons Gedächtnis abrufen.«

Aus diesem Grund schützen die Unternehmen heute ihre internen Wissensnetzwerke auf die gleiche Weise, wie alte Königreiche ihre Territorien und ihr Ackerland mit Mauern und Gräben schützten. Ich besuchte einmal Sun Microsystems in ihrem Hauptquartier vor den Toren von Palo Alto. Ehe ich zu dem vereinbarten Interview mit meinem Gesprächspartner hineingehen durfte, reichte mir eine Dame am Empfang ein einseitiges Formular mit der Überschrift »Vertraulichkeitsvereinbarung« zur Unterschrift. Ganz oben auf dem Formular waren zwei Kästchen, um zu klären, ob es sich um einen »vertraulichen Besuch« oder einen »nicht geheimen Besuch« handelte. Bevor jemand die Büroräume von Sun betritt, muß er sich unter anderem auf diesem Dokument verpflichten, daß er »keine gesetzlich geschützten Informationen an Dritte weitergeben wird. Der Unterzeichner verpflichtet sich, gesetzlich geschützte Informationen nur zu Zwecken zu verwenden, die schriftlich ausdrücklich von Sun genehmigt worden sind, und sie nicht zum eigenen Gebrauch des Unterzeichners zu verwenden«. Selbst in die CIA-Zentrale kommt man heute mit geringerem bürokratischem Aufwand.

Aus dem gleichen Grund haben alle großen Konzerne und viele kleinere inzwischen den Posten eines Informationsbeauftragten eingeführt. Die Unternehmen haben herausgefunden, daß sie materiell davon profitieren und viel effektiver arbeiten, wenn sie sicherstellen, daß sie ihr Wissen und ihre Informationen in jedem Stadium der Produktion und der Entwicklung gezielt einsetzen. Wie lange wird es wohl noch dauern, bis jedes Land einen »Informationsminister« hat? Er soll nicht wie im Kalten Krieg die Aufgabe haben, der Außenwelt mitzuteilen, was im Land vor sich geht, sondern er soll dazu beitragen, daß das Land erkennt, was es weiß, und er soll sicherstellen, daß es sein eigenes Wissen so effizient wie möglich nutzt.

Der Gründer von Cypress Semiconductor, T. J. Rodgers, sagt dazu: »Im Informationszeitalter werden Gewinner und Verlierer nach der Intelligenz aussortiert. Wir benötigen 2 Prozent der Amerikaner, die uns alle ernähren, und 5 Prozent, die alles herstellen, was wir brauchen. Alles andere werden Dienstleistungen und Informationstechnologie sein, und in dieser Welt werden die Menschen und ihre Gehirne die entscheidende Größe sein.«

Wieviel wiegt Ihr Land?

Wir bewegen uns von einer Welt, in der die Schweren die Leichten geschluckt haben, hin zu einer Welt, in der die Leichten die Schweren schlucken. Wenn ich in ein Land reise, stelle ich folglich unter anderem die Frage: Wieviel wiegt es – oder genauer, wieviel wiegt ein durchschnittlicher Container seiner Exportgüter?

Alan Greenspan hat mir die Bedeutung dieser Frage vor Augen geführt. Das hat mit dem Phänomen zu tun, das die Wirtschaftsexperten den »Substitutionseffekt« nennen: Ideen, Wissen und Informationstechnologie treten bei der Produktion von wirtschaftlichem Wert zunehmend an die Stelle von sperrigen und schweren Gütern. Je mehr Wissen und Informationstechnologie, etwa in Form immer kleinerer Mikrochips, in ein Produkt eingebaut sind, desto weniger wiegt es in der Regel und desto höher ist meist die Produktivität, desto leichter verkauft es sich und desto reicher wird es ein Unternehmen oder ein Land machen. Als die Vakuumröhren durch Transistoren ersetzt wurden, konnten die Radios kleiner werden. Glasfaserkabel mit dem Durchmesser eines Haares haben schwere Kupferkabel abgelöst. Digitale Kassettenrecorder bieten inzwischen ganz ohne Kassette eine hervorragende Aufnahmequalität, nur mit Mikrochips und digitalen Signalen. Die alte Schreibtischrechenmaschine Ihres Vaters ist von einem handlichen Taschenrechner abgelöst worden. Aufgrund der Fortschritte in der Architektur und der Technik und dank der Entwicklung leichterer, aber festerer Baumaterialien haben wir heute denselben Nutzraum in Gebäuden mit erheblich weniger Beton, Glas und Stahl, als früher nötig waren. Ihre 60 Kilogramm schwere Empfangssekretärin hinter einem 100 Kilogramm schweren Schreibtisch ist vermutlich bereits durch einen Anrufbeantworterchip in Ihrem Telefon ersetzt worden, der weniger als eine Feder wiegt.

Deshalb ist heute das Gewicht des Bruttoinlandsprodukts ein Maßstab für die Stärke, Vitalität und Macht eines Landes. In jedem Dollar des amerikanischen BIP stecken weniger Pfunde als jemals zuvor. Noch in der Mitte unseres Jahrhunderts, erklärte Greenspan, waren die Produktionszahlen von so schwergewichtigen Produkten wie Stahl, Kraftfahrzeugen und Hochleistungsmaschinen »die Symbole der amerikanischen Wirtschaftskraft« – Waren, bei denen der Wert und das Gewicht des Rohmaterials sowie die erforderliche Arbeitskraft, um das Rohmaterial zu formen und das Produkt zu fertigen, einen erheblichen Teil der Produktionskosten ausmachten. Die Auffassung »Gewicht ist gleich Wert« hatte sich so sehr in den Köpfen festgesetzt, daß das Gerücht geht, Apple Computer habe sich 1977, als das Unternehmen den Apple II, den ersten richtigen Heimcomputer, auf den Markt brachte, tatsächlich überlegt, ein künstliches Gewicht einzubauen, weil er so leicht war, daß die Unternehmensführung fürchtete, die Kunden würden ihn nicht ernst nehmen. Nach Greenspans Ausführungen ging jedoch seit dieser Zeit der Trend stets in die Richtung, »alles immer noch kleiner, noch leichter« zu bauen. Heutzutage wiegt ein Land sehr viel, das in erster Linie Rohstoffe exportiert wie Eisenerz oder Rohöl. Ein Land, das sich auf Informationstechnologie und Dienstleistungen spezialisiert, wiegt viel weniger und bietet aller Wahrscheinlichkeit nach einem größeren Teil seiner Bewohner einen hohen Lebensstandard.

Dasselbe gilt auch für Unternehmen. Der Werbeprospekt von Compaq aus dem Jahr 1983, als das Unternehmen an die Börse ging, prahlte: »Der Compaq Portable Computer ... ist ein 16-Bit-Rechner in einer unabhängigen, tragbaren Einheit, die 51 cm breit, 22 cm hoch und 41 cm tief ist. Die Standardkonfiguration wiegt fast 13 Kilogramm [und] ist so leicht, daß sie sich von einem Büro ins nächste tragen läßt, übers Wochenende nach Hause oder auf eine Geschäftsreise mitgenommen werden kann ...«

Der 13 kg schwere »Laptop« wurde bei Compaq »Schlepptop« genannt, weil er so schwer zu transportieren war. Der Ladenpreis für eine Standardkonfiguration betrug 2995 Dollar. Im Jahr 1999 wiegt der neueste Laptop von Compaq, der Compaq Armada 3500, nur knapp zwei Kilogramm, bei 500mal soviel Speicherkapazität. Er kostet je nach Konfiguration zwischen 3299 und 4399 Dollar. Da Compaq insgesamt 1983 mit einer Bruttogewinnspanne von 27,6 Prozent arbeitete und im Jahr 1997 mit einer fast identischen Gewinnspanne von 27,5 Prozent, verdient das Unternehmen heute mehr Geld, weil es gelernt hat, mehr Intelligenz in ein Produkt zu packen, das nur ein Siebtel des Gewichts von 1983 hat.

Compaq ist reicher geworden, indem es leichter und klüger wurde.

Wagt Ihr Land es, sich zu öffnen?

Wir sind von einer Welt, in der die Abgeschotteten meinten, sie könnten besser überleben als die Offenen, in eine Welt übergewechselt, in der die Offenen viel besser gedeihen als die Abgeschotteten.

Nehmen wir einmal mehr die Computerwelt. Alle Computerhersteller, die zu überleben versuchten, indem sie ihren eigenen Monopolstandard beibehielten, taten sich sehr schwer, während alle jene aufgeblüht sind, die beschlossen, auf der Grundlage des offenen Industriestandards für Hardware – wo IBM mit Unterstützung von Intel Pionierarbeit leistete – in den Wettbewerb einzutreten. Die sogenannten IBM-PC-Klone – von Compaq, Dell, Gateway, HP, Micron, Acer – übernahmen den von IBM eingeführten Standard und versuchten im folgenden, IBM und alle anderen dadurch auszustechen, daß sie Computer bauten, die den offenen Standard besser, billiger und mit einer aufwendigeren technischen Ausstattung nutzten. Die Computerhersteller Data General, Commodore, Wang, Prime und Apple versuchten allesamt, an ihrem eigenen gesetzlich geschützten Standard festzuhalten. Sie meinten, wie Nicholas Negroponte in seinem Buch Total digital darlegt, daß sie den Markt beherrschen und den Wettbewerb ausschalten könnten, wenn sie ein System präsentierten, das allgemein beliebt und einzigartig war. Von ihnen überlebte einzig und allein Apple, und auch das nur, weil es ihm gelang, ein Netzwerk getreuer Nischennutzer aufzubauen, statt sich dem Mainstream anzuschließen.

»In einem offenen System wetteifern wir mit unserer Phantasie, nicht mit einem Schloß und einem Schlüssel«, beobachtet Negroponte. »Das Ergebnis ist nicht nur eine größere Zahl erfolgreicher Unternehmen, sondern auch eine größere Vielfalt für den Verbraucher und ein immer wendigerer Handelssektor, der sich schnell wandeln und schnell wachsen kann.«

Diese Strategie hat bei Compaq unbestreitbar Erfolg gehabt. Earl Mason erklärte: »Compaq hat immer die Strategie verfolgt und verfolgt sie noch, sicherzustellen, daß wir führend sind bei Computern nach dem offenen Standard, denn je mehr Menschen Anwendungen und Software für unsere Hardware schreiben, desto mehr können wir unseren Verkauf von Hardware, Dienstleistungen und Lösungen steigern. Nach dem alten Muster galt in der Computerindustrie die Denkweise: Wenn ich mein eigenes Betriebssystem habe, wenn ich meine eigenen unabhängigen Softwareverkäufer habe, die nur für mich arbeiten, dann habe ich alles unter Kontrolle. Dann bin ich unabhängig, auf keinen anderen angewiesen, und habe etwas, was kein anderer hat. Das funktionierte nicht, weil die Entwickler von Software für eine immer größere Kundschaft arbeiten wollten, und wenn man als Computerhersteller den offenen Industriestandard übernahm, dann hatte man eine immer größere Kundschaft. Als Apple begann, wollte es nicht offen die Standards mit anderen teilen. Also sagten die Softwareleute: ›He, das macht keinen Spaß. Wenn ich an Software für Apple arbeite, dann kann ich nur so und so viele Anwendungen schreiben und ich werde auch nur so und so viele verkaufen, und bei meinem ganzen Angebot werde ich von Apple abhängig sein. Wenn ich aber mit Unternehmen zusammenarbeite, die den offenen Standard nutzen, dann werde ich Kontakte zu vielen verschiedenen Unternehmen wie Compaq, IBM und Dell haben, und dann werde ich meine Verkaufszahlen wirklich steigern können.‹«

Weil Compaq sich entschloß, mit dem offenen Standard auf dem Markt anzutreten, konnte es nur dadurch an der Spitze des Rudels bleiben, daß es sich in allen grundlegenden Dingen verbesserte – daß es lernte, schneller zu sein, geschickter die Technik zu nutzen, einen besseren Kundenservice zu bieten, sein Wissen besser zu verwalten, die Kosten effektiver zu steuern und zuverlässiger zu produzieren. Wenn diese grundlegenden Dinge stimmen, kann ein Unternehmen mit jedem Rivalen bei jedem beliebigen Standard mithalten. Das einzige Wissen, das man schützen und geheimhalten will, sind in der Tat die Techniken, die man entwickelt hat, um etwas besser zu machen, was alle anderen auch können. »Es gibt einige Dinge, die wir anderen nicht mitteilen«, erklärte Mason. »Wir wollen deshalb nicht, daß Sie manche Dinge auf unserer Produktionsebene sehen, weil einige Dinge dort wirklich unseren Wettbewerbsvorteil ausmachen, und wenn Sie als ein Konkurrent das sähen und damit das Gelände verließen, könnten Sie ohne weiteres das gleiche bei sich einführen.«

Das Internet ist unter anderem deshalb so gewaltig und so schnell gewachsen, weil es ein offener Standard ist. Die besten Lösungen tragen schnell den Sieg davon, und die Toten werden schnell vom Schlachtfeld getragen. Es gibt keine Bestattungsfeierlichkeiten. Vergleichsweise wenig Zeit verwenden die Unternehmen dafür, sich Patente zu sichern, viel mehr Zeit verwenden sie darauf, einfach im offenen Wettbewerb zu gewinnen.

Der Vorstandsvorsitzende von Monsanto, Robert Shapiro, sagt gern, es gebe immer einige Dinge, bei denen sich Geheimhaltung lohne. Aber die Kultur der Geheimhaltung ist eine langsamere Kultur, geeignet für eine langsamere Welt. Als Unternehmen überschätzt man am Ende immer, was man selbst weiß, und unterschätzt, was dort draußen einfach auf der Hand liegt. In Shapiros Worten: »Ich würde eher sagen: ›Sehen Sie, ich werde Ihnen alles erzählen, was ich über die Arbeitsweise des Systems weiß, und ich werde Sie trotzdem schlagen.‹ In Wahrheit kann man nämlich nicht lange auf ein Informationsmonopol bauen. Was am Ende zählt und von Dauer ist, das sind die Punkte, die einem einen Vorteil in einem völlig offenen Rennen verschaffen. Die Art und Weise, wie man Informationen verwaltet und austauscht, und die Art und Weise, wie man als Unternehmen dazulernt – das sind die einzigen nachhaltigen Vorteile.«

Und genauso ist das auch bei den Ländern. »Dazu kann ich nur sagen«, meinte Mason, »daß die Chancen, ein Opfer dessen zu werden, was man zu wissen glaubt, viel geringer sind, wenn man offen ist, als wenn man sich abschottet. Schauen Sie sich die japanischen Banken an. Weshalb sind sie technisch betrachtet bankrott? Weil sie sehr abgeschottet sind. Sie wurden ein Opfer dessen, was sie zu wissen glaubten.«

In der Tat besteht ein direkter Zusammenhang zwischen der Offenheit der Wirtschaft eines Landes und seinem Lebensstandard. Eine von dem Ökonomen Jeffrey Sachs und dem Harvard Institute for International Development durchgeführte Studie zeigte, daß Offenheit entscheidend für schnelles Wachstum ist. Offene Volkswirtschaften, fand Sachs heraus, »wuchsen jährlich um 1,2 Prozentpunkte schneller als geschlossene Volkswirtschaften, die alles kontrollieren wollten. Denn je offener man ist, desto stärker ist man in das heutige globale Netz aus Ideen, Märkten, Technologien und innovativen Managementtechniken eingebunden.«

Bei einem Besuch in der Provinz Jilin in Nordchina, wo ich die Dorfwahlen beobachten wollte, kamen wir auch in das Dorf Kai An. Dort konnten wir viele Dorfbewohner in ihren Häusern aufsuchen. Die meisten Häuser bestanden aus drei Teilen. Der erste Teil war eine kleine Bruchbude aus Lehmziegeln, wo die Familie unter Mao gelebt hatte; der zweite war ein größerer Bau aus roten Ziegeln, wo die Familie unter Deng Xiaoping gelebt hatte; und der dritte, stets der neueste Teil, war ein Bau aus weißen Ziegeln mit bemalten Kacheln um die Eingangstür, und dieser Teil stammte aus der Ära Jiang Zemin. Man konnte buchstäblich sehen, wie jedes Haus größer wurde, als China sich stärker öffnete.

Künftig werden sich die Vorteile für diejenigen, die ihre Wirtschaft so offen wie möglich halten, eher noch vervielfachen, weil in der Ära der Globalisierung Wissen der Schlüssel zum Wirtschaftswachstum ist. Wenn man seinem Land auf irgendeine Weise den Weg zu den besten Gehirnen der Welt und den besten Technologien versperrt, dann wird es immer schneller zurückfallen. Genau aus diesem Grund werden die offensten, tolerantesten, kreativsten und vielfältigsten Gesellschaften am besten mit der Globalisierung zurechtkommen. Die geschlossensten, strengsten, ängstlichsten, egozentrischsten und traditionellsten Unternehmen und Länder hingegen, die sich mit der Offenheit nicht anfreunden können, werden zu kämpfen haben.

AnnaLee Saxenian, Expertin für Urbanisierung an der University of California in Berkeley, hat eine faszinierende Studie über den »Regionalvorteil« durchgeführt. Darin erklärt sie, was das Silicon Valley so sehr von den meisten anderen Hightech-Hochburgen unterscheidet. Sie kommt zu dem Schluß, daß das Silicon Valley deshalb einzigartig ist, weil dort die Grenzen zwischen den einzelnen Technologiefirmen, zwischen den Firmen und dem Risikokapital, der Bankengemeinschaft, der Forschungsgemeinschaft an der Universität und der kommunalen Regierung weit offen sind. Sie legt dar, daß das Silicon Valley an der Ostküste, Route 128 in Boston, immer hinter dem echten Silicon Valley hinterherhinkte, weil an der Adresse Route 128 eine Kultur der Verschwiegenheit und der wirtschaftlichen Autarkie innerhalb der Firmen und der Risikoscheu bei den Unternehmen und bei der Finanzgemeinschaft herrschte.

Einige kleine Länder holen bei der Tugend der Offenheit auf. Die *Washington Post* berichtete am 17. Oktober 1997, die Einwanderung in den Vereinigten Staaten sei zwar zu einem Streitpunkt zwischen konservativen und liberalen Ideologen geworden, aber »andere Länder haben beschlossen, sich eine Scheibe von Amerikas Erfahrung mit Einwanderern abzuschneiden«. Singapurs Botschafterin in Washington, Heng-

Chee Chan, hat eine Initiative gestartet, mit der Einwanderer nach Singapur gelockt werden sollen. Sie forderte sie auf, »in den Westen« zu gehen, wirklich nach Westen, weit nach Westen, »immer weiter nach Westen, bis sie nach Asien kommen«. Die Botschafterin wurde mit den Worten zitiert: »Wir haben erkannt, daß wir mehr Menschen brauchen, die einen Beitrag leisten wollen zu unserer Vision von einer intelligenten Stadt, einer Stadt der Zukunft.« Der Gedanke, Einwanderer anzuwerben, erklärte sie, gehe auf eine Untersuchung über blühende Gesellschaften wie die Vereinigten Staaten und Großbritannien zurück, die beide ihren Wohlstand ihrer Offenheit und Vielfalt verdankten.

»Wir sahen, daß offene Gesellschaften innovativ bleiben und Fortschritte machen«, erläuterte die Botschafterin. Deshalb strebe Singapur eine »gegenseitige Befruchtung« auf den Feldern der Informationstechnik, des Maschinenbaus, der pharmazeutischen Industrie, der Forschung und Entwicklung sowie des Bankwesens an. Sie sagte: »Man wird in diesen [vielfältigen] Ländern laufend Wachstum beobachten können. Aus diesem Grund ist Singapur sehr zuversichtlich, daß es begabte Menschen anwerben kann.« Singapurs Stellenvermittlungsprogramm mit dem Namen »Contact Singapore« hat bereits junge Europäer und Australier angelockt. Die Botschafterin gab an, die angebotenen Gehälter seien hoch und könnten mit dem Silicon Valley durchaus konkurrieren, und in Singapur gebe es sogar »Brooklyn Bagels« zu essen. (Singapur fehlen allerdings noch gewisse politische Freiheiten, die nötig sind, um die angestrebte geistige Offenheit auch langfristig zu erhalten. Aber das wird sich ändern, sobald die gegenwärtig regierende Politikergeneration abtritt.)

Ein Land wird nicht nur mehr Intelligenz anlocken, wenn es offen ist, sondern auch mehr Technologietransfers seitens der Elektronischen Herde. Wenn ein Land niedrigere Zölle und Handelsschranken hat, dann ist das ein sehr wichtiges Signal für die Elektronische Herde, insbesondere für multinationale Konzerne, gewissermaßen die Langhornrinder. Nehmen wir einmal an, Sie seien Xerox und Sie hätten beschlossen, in Brasilien eine Fabrik für die Herstellung von Kopiergeräten zu bauen. Wenn Brasilien seinen Markt an Kopiergeräten offen läßt und nicht versucht, die eigenen Hersteller von Kopiergeräten zu schützen, dann wird Xerox sehr daran liegen, seine Spitzentechnologie in der neuen brasilianischen Fabrik aufzubauen, weil es auf dem brasilianischen Markt mit Konkurrenz aus der ganzen Welt zu tun haben wird, darunter auch den besten japanischen und europäischen Anbietern. Wenn Xerox aber weiß, daß Brasilien die Absicht hat, hohe Zollschranken beizubehalten und seine eigenen Kopiergerätehersteller zu schützen, dann wird das Unternehmen es nicht für nötig erachten, seine eigene Spitzentechnologie in der brasilianischen Fabrik einzusetzen. Warum sollte es auch, wenn es ohnehin nur gegen eben erst flügge gewordene, geschützte brasilianische Unternehmen antreten muß? Folglich macht Brasilien am Ende einen Verlust. Seinen Arbeitnehmern, seinem Markt und seinen Verbrauchern wird die beste verfügbare Technik vorenthalten.

Das ist eine wahre Geschichte. Brasilien und Taiwan hatten Anfang der achtziger Jahre in etwa dasselbe Pro-Kopf-Einkommen, verfügten über eine Vielzahl ernstzunehmender einheimischer Unternehmen, reichlich Kapital, gut ausgebildete Arbeitnehmer und ein kompetentes mittleres Management. Beide beschlossen, im großen Stil in das internationale Elektronikgeschäft einzusteigen, insbesondere in den Markt für Faxgeräte. Das Problem bestand darin, daß beide Länder dieselbe Quelle für die beste Faxtechnik hatten, das japanische Unternehmen Fujitsu. Das brasilianische Parlament führte 1988 eine Vielzahl von Zöllen auf elektronische Geräte ein, auch auf Faxgeräte, weil es versuchte, Brasiliens Faxgeräteindustrie zu schützen, die noch in den Kinderschuhen steckte. Als Folge sah sich niemand veranlaßt, die beste Faxtechnik auf den brasilianischen Markt zu bringen. Taiwan hingegen kündigte Zollfreiheit und einen offenen Wettbewerb der Faxgerätehersteller an. Nach einer Studie der Weltbank war Taiwan bereits 1994 der weltweit führende Faxgerätehersteller, während die Produkte aus Brasilien viel mehr kosteten als der Weltdurchschnitt und ganz vom Markt zu verschwinden drohten. Im Jahr 1995 hob das brasilianische Parlament die Zölle auf Faxgeräte auf und beschloß, mit einem offenen Standard in den Wettbewerb zu gehen.

Wie leicht fällt es Ihrem Land, Freundschaften zu schließen?

Wir sind von einer Welt, in der jeder alles allein machen will – wo der ungehobelte Einzelkämpfer das Musterbeispiel einer Führungskraft ist und die vertikal integrierte Firma, die alles allein macht, das Musterbeispiel eines Unternehmens –, übergegangen zu einer Welt, in der niemand überlebt, wenn er nicht eine Vielzahl von Verbündeten hat, wo ein Bündnisschmied wie Churchill das Musterbeispiel einer Führungskraft ist und die horizontal vernetzte Firma das Musterbeispiel eines Unternehmens.

In einer globalen Wirtschaft kann man in bestimmten Industriezweigen nicht überleben, wenn man nicht imstande ist, weltweit zu konkurrieren, und das geht nicht ohne Partner. Warum das so ist, liegt auf der Hand. In einer Reihe von Industriezweigen wie Halbleitertechnik, Luft- und Raumfahrt, Telekommunikation und Pharmazie, bemerkt Stephen J. Kobrin, Experte für Globalisierung an der Wharton School, »ist die Palette der Technologie so umfangreich geworden, daß selbst führende Industriebetriebe unter Umständen nicht über genügend Ressourcen verfügen, um allein eine konkurrenzfähige Forschung und Entwicklung zu finanzieren angesichts der damit verbundenen enormen Kosten, der Ungewißheit bei den Ergebnissen und, ganz wichtig, der verkürzten Lebensdauer der Produkte«. Außerdem sind allein wegen des Ausmaßes an wissenschaftlichem und technischem Wissen, das erforderlich ist, um in der heutigen Welt bestimmte komplexe Produkte herzustellen, viele Firmen gezwungen, ihre Ressourcen zu bündeln. Und schließlich können diese Firmen nur dann ihre gewaltigen Investitionen in Forschung und Entwicklung wieder zurückbekommen, wenn sie die Produkte nicht nur auf ihren viel zu kleinen, nationalen Märkten verkaufen, sondern auf der ganzen Welt, und dazu benötigen sie wiederum Partner.

Partnerschaften sind keine Fusionen. Zwei Partner behalten ihre besonderen Eigenschaften, einigen sich aber darauf, sehr eng zusammenzuarbeiten. Der wachsende Druck, Partnerschaften einzugehen, so Kobrin abschließend, sei »eines der Merkmale dieser Ära der Globalisierung, das nicht nur graduell, sondern auch seinem Wesen nach neu ist. Auf subtile Weise verknüpft es die Welt miteinander und fördert es die Globalisierung, und zwar auf eine Weise, die nicht immer sofort erkennbar ist.«

Besonders augenfällig ist diese Entwicklung in der Luftfahrt. Nehmen wir einmal die Werbeanzeigen für die »Star Alliance«, eine Allianz von sechs Fluglinien, in deren Rahmen mittels eines gemeinsamen Reservierungscodes Sitzplätze in den Flügen der beteiligten Linien gebucht werden können und in der die Vielfliegerprogramme aller Partner gelten. Das ermöglicht es den beteiligten Fluglinien, ihren Kunden an ein und demselben Schalter Reisen an jeden beliebigen Punkt der Erde anzubieten. Sie wissen, daß sie in der heutigen Welt einen solchen Service anbieten müssen, sind dazu aber nur über diese Allianz imstande, weil kein einziger allein die ganze Welt abdecken könnte. Auf ihren Werbeanzeigen ist ein überlanges Flugzeug zu sehen, in dem vorn United die Nase bildet, Air Canada den vorderen Fluggastraum, SAS, Varig und Thai Airways den Mittelteil und Lufthansa das Heck – alles unter der vielsagenden Überschrift: »Star Alliance: Das Liniennetz für die Erde.«

Durch Compaqs strategische Partnerschaft mit Intel bei der Produktion der Chips und mit Microsoft beim Betriebssystem Windows und der zugehörigen Software ist das Unternehmen imstande, sofort den neuesten technischen Standard sowohl bei der Halbleitertechnik als auch bei den Betriebssystemen in jeden neuen Computer einzubauen. Auf diese Weise verteidigt es seine Führungsposition. In Compaqs Jahresbericht 1997 heißt es: »Die Kunden erkennen zunehmend, daß die besten Computer von dem Unternehmen kommen, das die besten Partner hat. Dieses Unternehmen ist Compaq.« *Forbes* zitiert einen Unternehmensberater, der die Beziehung zwischen Andy Grove von Intel und Eckhard Pfeiffer von Compaq mit folgenden Worten umschrieb: »Von Andys Mund in Eckhards Ohr. Das ist wie eine Ehe.«

Insofern überrascht der Bericht im *Economist* vom 4. April 1998 nicht, daß in den vergangenen drei Jahren weltweit rund 32 000 neue geschäftliche Partnerschaften gegründet wurden, drei Viertel davon über Staatsgrenzen hinweg.

Was für die Unternehmen gilt, gilt auch für die Länder. Zur wirtschaftlichen Absicherung hat Amerika in der Weltwirtschaft stets Bündnispartner gebraucht. Es war nie eine einsame Insel. Heute braucht Amerika lediglich mehr und in mehr Bereichen Verbündete. »Ich kann mir nicht vorstellen, daß meine Vorgänger vor 20 oder 25 Jahren über eine Wirtschaftskrise in Thailand, Indonesien oder selbst in Korea besorgt gewesen wären«, sagte mir einmal der amerikanische Finanzminister Robert Rubin. »Um England sorgte man sich, um Japan, aber doch nicht um Thailand. Heute hingegen sind viel mehr Länder ein Teil dessen, was aus praktischen Gründen als die Weltwirtschaft angesehen wird. Ihre Leistung kann sich auf unser Land auswirken, und meine Zeit und Energie reichen bei weitem nicht aus, daß ich mich um alle Verästelungen kümmern könnte.«

Auf dem Feld der nationalen Sicherheit herrscht zum großen Teil derselbe Druck, Partner und Verbündete zu finden. Zunächst einmal will heute, da wir keinen alles beherrschenden Kalten Krieg mit einem alles bedrohenden Feind mehr haben, die Öffentlichkeit keines einzigen Staates Haushaltsgelder oder gar einen hohen Blutzoll zahlen, um die kleineren Schurken niederzuwerfen, obwohl diese enorm gefährlich werden können. Selbst als ein Saddam Hussein daherkam, die Ölversorgung in Gefahr brachte und mit Massenvernichtungswaffen drohte, dauerte es sechs Monate, bis die Regierung Bush eine Koalition aus Bündnispartnern geschmiedet hatte, die nicht nur Saddam entgegentreten, sondern auch, noch wichtiger, die daraus entstehenden Kosten übernehmen wollte. Ich schrieb gerade einen Bericht über Außenminister Baker, als er sich aufmachte, um Gelder für den ersten Golfkrieg zu sammeln. Alle Reporter im Flugzeug legten zusammen und schenkten ihm eine Blechbüchse.

Aber neben der Notwendigkeit, Bündnispartner zu gewinnen, um die Schurken der Welt in Schach zu halten, gibt es eine Unmenge grenzüberschreitender Probleme, die heute in einer Welt ohne Mauern gefährlicher sind als je zuvor. Sie können nur dann wirkungsvoll bekämpft werden, wenn Gruppen von Staaten gemeinsam gegen nichtstaatliche Akteure vorgehen – seien es Terroristen, die Mafia, Waffenschmuggler oder El Niño.

Beispielsweise bemühen sich die Vereinigten Staaten schon seit Jahren, eine schwache russische Regierung dazu zu bringen, daß sie den Verkauf von Atom- und Raketentechnik an den Iran durch *private* russische Unternehmen unterbindet. Im System des Kalten Krieges brauchten sich die Vereinigten Staaten nicht um private russische Firmen zu kümmern, die auf eigene Faust handelten. Private Firmen gab es damals nicht. Es gab ausschließlich offizielle russische Waffenverkäufe, die durch die Androhung offizieller amerikanischer Waffenlieferungen oder anderer zwischenstaatlicher Druckmittel verhindert werden konnten. Das ist jetzt nicht mehr der Fall. Die russischen Waffenproduzenten sind zunehmend autonome Akteure, die dringend Geld benötigen. Die Vereinigten Staaten können auf sich gestellt keine Exportbeschränkungen gegen private russische Unternehmen verhängen. Statt dessen müssen sie sämtliche Varianten von Zuckerbrot und Peitsche anwenden, die Washington koordiniert, die aber von Europäern, Israelis und privaten Firmen mitgetragen werden müssen. Im Falle der russischen Waffenlieferungen an den Iran mußte die Regierung Clinton sogar so weit gehen, daß sie Wirtschaftssanktionen gegen eine russische Universität und zwei technische Institute verhängte, und sie mußte auf die Europäer einwirken, das gleiche zu tun, weil die russischen Experten an diesen Einrichtungen im Verdacht standen, mit dem Iran zusammenzuarbeiten, und die russische Regierung nichts dagegen tun konnte oder wollte. Im Kalten Krieg konnte Amerika derartige russische Lieferungen im Alleingang stoppen. Heutzutage kann es sie nur stoppen, wenn es als Dirigent eines Orchesters auftritt.

Aus diesem Grund stellt sich im globalisierten System für die amerikanische Führung die schwere Aufgabe herauszufinden, welche Probleme sie immer noch allein lösen kann, mit Hilfe der klassischen zwischenstaatlichen militärischen Abschreckung, und welche Probleme sie nur gemeinsam mit anderen Partnern lösen kann.

Robert Shapiro von Monsanto schilderte mir einmal, wie sein Unternehmen an diese Aufgabe herangeht. Das ist für Monsanto sehr wichtig, weil das Unternehmen neue, hochentwickelte Saatvarietäten auf den Markt bringt. Es muß eng mit großen Agrarunternehmen wie Cargill zusammenarbeiten, damit gewährleistet ist, daß Cargill die Einzigartigkeit der neuen von Monsanto hergestellten Varietäten erkennt und dann das Getreide, das mit dem neuen Saatgut gezogen wurde, auch höher bewertet. Nur so haben die Farmer auf der ganzen Welt einen Anreiz, das neue Saatgut einzusetzen und einen höheren Preis dafür zu zahlen. Cargill und Monsanto müssen genau wissen, was beide Partner weltweit für Monsanto unternehmen, damit der Lohn für die Erfolge auf wissenschaftlicher Ebene geerntet werden kann. Als Shapiro diese Art von Partnerschaftsabkommen schilderte, klang er fast wie der Präsident der Vereinigten Staaten, der versucht herauszufinden, wie Amerika am besten Mexiko beistehen oder welche Koalition er eingehen muß, um dem Irak entgegenzutreten und ihn in die Schranken zu weisen. Shapiro sagte: »Diese neue Welt der Allianzen ist Terra incognita. Jeder hat ein Modell in seinem Kopf, aber niemand weiß, wie es funktioniert: Wie hält man die gemeinsamen Interessen und die eigenen Interessen, die kurzfristigen und die langfristigen Gewinne im Gleichgewicht? Wo hat man Gemeinsamkeiten, und wo möchte man sich wirklich getrennte Identitäten bewahren? Wir wissen, wie man Fusionen eingeht, aber Allianzen zwischen gleichberechtigten Partnern sind etwas anderes. Für einen wesentlichen Teil meines Lebens muß ich mich auf Ihre Fähigkeiten verlassen. Und die eigentliche Herausforderung besteht darin, daß man nicht nur eine solche Allianz schließt. Jeder muß einen ganzen Strauß davon haben, die alle gleichzeitig bestehen, wenn er weltweit konkurrenzfähig sein will. Damit sind wir bei der Frage, wie kommen Absprachen zwischen Ihnen und mir zustande, zwischen Ihnen und Fred und zwischen Fred und mir? Es ist wirklich kompliziert.«

Haben die Verantwortlichen in Ihrem Land begriffen, um was es geht?

Vor einigen Jahren interviewte ich den politischen Führer eines arabischen Landes und gratulierte ihm im Laufe des Gesprächs dazu, daß die amerikanische Rating-Agentur Moody's Investor Service soeben sein Land neu bewertet hatte. Statt wie bisher von Investitionen abzuraten, bescheinigte Moody's dem Land jetzt Anlagequalität. Der arabische Führer bedankte sich für die Glückwünsche, wandte sich dann an einen neben ihm stehenden Berater und fragte auf Arabisch: »Was ist Moody's?«

Die politische Leitung spielt immer eine wichtige Rolle, aber in diesem komplexen, schnellebigen System werden Management und Führung noch eine Spur wichtiger. Wenn ich heute ein Land oder ein Unternehmen betrachte, dann frage ich: Kann der Leiter die Informationen verwerten, kann er oder sie ständig sechs verschiedene Dimensionen auf einen Schlag ausbalancieren, versteht er die drei Demokratisierungen und weiß er, wie sie am besten genutzt werden können? Wer nämlich keinen Blick für die Welt hat und die Interaktionen nicht erkennt, welche die Welt gestalten, der kann mit Sicherheit keine strategischen Entscheidungen von weltweiter Bedeutung treffen.

Intel-Präsident Craig Barrett sagte einmal zu mir: »Wir sind der größte Investor in Irland und, ich glaube, auch der größte Arbeitgeber. Wir sind dort, weil Irland sehr unternehmerfreundlich ist. Sie haben eine hervorragende Bildungsinfrastruktur, es ist unglaublich leicht, Dinge ein- und auszuführen, und es ist unglaublich leicht, mit der Regierung zusammenzuarbeiten. Ich investiere lieber in Irland als in Deutschland oder in Frankreich. Frankreich ist das einzige Land der Welt, das den Einsatz von Verschlüsselungstechniken für den Internet-Handel verboten hat.« Verschlüsselungstechniken, die Intel inzwischen in seine Chips einbaut, sind lebenswichtig für Internetgeschäfte, um zu verhindern, daß sich Kriminelle Kreditkartennummern und andere persönliche Daten aneignen. »Frankreich ist das einzige Land der Welt, aus dem wir von unseren Kunden keine Bestellungen über das Internet entgegennehmen können, weil wir keine Verschlüsselungstechniken anwenden dürfen«, berichtete Barrett. »Ich war eben erst in Paris, um einige neue Intel-Produkte vorzustellen, und wir benötigten eine besondere schriftliche Ausnahmegenehmigung der französischen Regierung für 24 Stunden, nur um unsere Verschlüsselungstechnologie bei einer einzigen Vorführung zu demonstrieren.«

Die meisten Länder der Welt wären entsetzt, wenn sie hörten, daß der Chef von Intel der Ansicht ist, sie seien zurückgeblieben. Frankreich ist der Ansicht, Intel sei zurückgeblieben. »Man führt ein unsinniges Gesetz ein, in dem die Verschlüsselung verboten wird – eine Verschlüsselung, die man sich bereits vom Internet herunterladen kann –, und letzten Endes verhindert man das Wachstum des eigenen Handels und der eigenen Wirtschaft«, sagte Barrett. »Entweder erlaubt man mir, nach dem Stand der Technik zu verschlüsseln, oder ich gehe eben weg.«

Ende der achtziger Jahre hielt Intel eine europaweite Marketing-
konferenz ab, auf der entschieden wurde, wo investiert werden sollte.
Außerdem wurde untersucht, welche Länder vielversprechend sein
würden und welche nicht. Der Leiter der europäischen Marketingabtei-
lung von Intel erschien mit einer Europakarte bei dem Treffen – darauf
hatte er Frankreich mit einer Rasierklinge herausgeschnitten.
Wenn Frankreich eine Aktie wäre, würde ich sie verkaufen.

Wie gut ist das Markenzeichen Ihres Landes?

In der heutigen globalisierten Welt braucht ein weltweit mächtiges Unternehmen ebenso wie ein weltweit mächtiges Land »starke« Markenzeichen, die Verbraucher und Investoren anlocken und halten. Was ist
ein Markenname? Eine Gruppe aus der Beraterfirma McKinsey gab
1997 in der Zeitschrift des Unternehmens eine treffende Definition:
»Ein Name wird zu einem Markenzeichen, wenn Verbraucher damit
eine Reihe greifbarer und nicht greifbarer Vorteile identifizieren«, die
sie von dem Produkt oder der Dienstleistung erhalten. »Je stärker diese
Verbindung wird, desto mehr wächst die Treue der Verbraucher und
ihre Bereitschaft, einen höheren Preis zu zahlen... Um den Wert eines
Markenzeichens festzulegen, muß ein Unternehmen zwei Dinge tun: erstens sein Produkt deutlich von anderen auf dem Markt unterscheiden,
zweitens die Aussagen in Anzeigen und im Marketing über das Markenzeichen daran orientieren, was tatsächlich geliefert wird. Dann entwickelt sich eine Beziehung zwischen dem Markenzeichen und dem
Verbraucher... Je ausgeprägter die Orientierung ist, desto stärker wird
auch das Markenzeichen.«
    Mit anderen Worten: Um ein starkes Markenzeichen aufzubauen,
muß ein Unternehmen zeigen, wie wichtig die jeweiligen Stärken seines
Produkts sind und wie sehr es sich von anderen unterscheidet. Compaq
geriet Mitte der neunziger Jahre ernsthaft in Schwierigkeiten, als es von
seinen Partnern bei den Komponenten – Intel und Microsoft – praktisch
ausgebootet wurde. Die Verbraucher scherten sich wenig darum, ob auf
dem Gehäuse Dell, Gateway, HP, IBM oder Compaq stand. Entscheidend war lediglich, ob ein Chip von Intel eingebaut war und ob er mit
dem Betriebssystem Windows und der entsprechenden Software lief. Es
verwundert daher nicht, daß Mitarbeiter von Compaq bereits grollten:
»Wir haben es satt, den Vertrieb für Andy Grove zu übernehmen.«
    Unter anderem wurde Compaq deshalb von Intel und Microsoft aus-

gebootet, weil das Unternehmen selbst nur ein eingeschränktes Bild von sich hatte und sich dies in der Werbung niederschlug. Compaq sah sich als ein rein produktorientiertes Unternehmen, einen Hersteller und Vermarkter von Computern. Es stellte gute Computer her, und die Anzeigen waren wenig mehr als Bilder von jedem einzelnen Desktop, Notebook und Server. Im Juni 1998, kurz nach der Übernahme der Digital Equipment Corporation, startete Compaq eine neue weltweite Werbekampagne, um sich ein neues Markenzeichen zu geben. Es wollte mit der neuen Strategie ein echtes Band zwischen dem Unternehmen und seinen Kunden knüpfen, vom einzelnen PC-Käufer bis hin zu den größten Nutzern, einem Großbetrieb oder einer Regierung. Dabei verfolgte es drei Strategien: Als erstes wurde die Auslieferung der Produkte verändert. Compaq hatte seine Produkte immer über Einzelhändler oder andere Wiederverkäufer angeboten. Infolgedessen bestand zu dem überwiegenden Teil seiner Kunden kein direkter Kontakt. Nun ging das Unternehmen zu einer gemischten Vertriebsstrategie über, die es gestattete, per Telefon oder über das Internet Verkäufe zu tätigen und so eine unmittelbare Partnerschaft mit den Kunden herzustellen. Zum zweiten baute Compaq seinen technischen Kundendienst aus, so daß jeder, der einen Computer von Compaq besaß, sich jederzeit, von jedem beliebigen Ort aus und mit jedem Problem – ob es nun mit dem Computer zu tun hatte, mit der Software oder mit dem Kreuzworträtsel der *New York Times* – an Compaq wenden konnte. Ein Kundendienstmitarbeiter half ihm dann, das Problem zu lösen.

Und schließlich gestaltete Compaq seine Werbekampagne neu, um den neuen Ansatz zu unterstreichen. In Anzeigen wurde die Partnerschaft hervorgehoben und nicht einfach das Produkt gezeigt. Compaq kaufte zwölf Seiten im *Wall Street Journal*, um das neue Markenzeichen zu präsentieren, und auf den zwölf Seiten tauchte kein einziges Bild von einem Computer auf. Statt dessen enthielt die Anzeige Aufnahmen wie diese: Zwei kleine Kinder gehen Hand in Hand durch einen Wald, darüber der Schriftzug: »Compaq. Bessere Antworten.«

Denken Sie einmal darüber nach: nicht bessere Computer, sondern bessere Antworten. »Wir haben uns unter dem Markenzeichen Compaq neu geschaffen, um das Markenzeichen Compaq zu stärken«, sagte Earl Mason.

Vor der gleichen Aufgabe stehen die Länder gegenüber ihren Kunden auf dem globalen Marktplatz – den Mitgliedern der Elektronischen Herde. Die Länder haben sich früher nur für den Tourismus ein Markenzeichen gegeben. Aber das reicht heute nicht mehr aus. Da wir in eine Welt wechseln, in der jedes Land die gleiche Hardware hat und alle gezwungen sind, die gleiche Software einzuführen, um die Hardware zu nutzen, gewinnen das Markenzeichen eines Landes und das einzigartige Band, das es zu seinen ausländischen Investoren knüpft, enorm an Bedeutung. Nehmen wir Europa nach Vollendung der Europäischen Wirtschafts- und Währungsunion. Warum sollte man eine Fabrik lieber in Italien bauen als in Schottland? Das kann am Wetter liegen, am Essen oder an der Tatsache, daß das italienische Markenzeichen augenscheinlich etwas mehr Spaß, Stil und Pep verspricht.

Mein Kollege Warren Hoge, der Leiter des Londoner Büros der *New York Times,* faßte Großbritanniens Bemühungen, sich ein neues Markenzeichen zu geben, unter dem Motto »New Britain« zusammen. Hoge schrieb am 12. November 1997, in dem vor kurzem neu geschaffenen britischen Markenzeichen seien »Szenen des dörflichen Kricketspiels, Tee und Gebäck, Adelssitze, die Towerwächter, die Moorhuhnjagd im Hochmoor, festliche Tänzer mit Perücken und Strumpfhosen, lauwarmes, bernsteinfarbenes Ale und triumphierend wehende Union Jacks allesamt out. In sind dagegen die Bilder einer pulsierenden Telekommunikation, weltweiter geschäftlicher Transaktionen, der Informationstechnologie, risikobereiter Unternehmer, kühner Architektur, frecher Werbung, gewagter Mode, britischer Popmusik, der Nachtklubs – kurz alles, was jugendlich, kreativ und, mit dem Wort, das die Politiker des erneuerten Landes besonders gern gebrauchen, ›modern‹ ist... Diese Stiloffensive ist von der neuen Labour-Regierung auf den Rat von Demos hin begonnen worden, einem gesellschaftspolitischen Forschungsinstitut, das Mr. Blair nahesteht und vergangenen Monat empfohlen hat, es sei an der Zeit, Großbritannien ›ein neues Markenzeichen zu geben‹, das Markenzeichen eines ›Pioniers der Welt, anstelle des Markenzeichens eines Museums der Welt‹. ›Ich bin stolz auf die Vergangenheit meines Landes, aber ich möchte nicht darin leben‹, sagte Tony Blair. Die Tourismusbehörde der britischen Regierung hat das ganz richtig erkannt, als sie 1997 beschloß, anstatt mit ›Rule, Britannia!‹ künftig mit ›Cool Britannia‹ zu werben.«

Ein Land kann sein Markenzeichen auch beflecken. Malaysia entwickelte in den neunziger Jahren das wunderbare Markenzeichen eines multiethnischen muslimischen Staates, der sich bereitwillig auf die technische Revolution einläßt und seinen Namen zu einem Synonym für Informationstechnologie macht und einen Hightech-Industriepark um Kuala Lumpur baut. Als die asiatischen Währungen jedoch im Sommer 1997 einbrachen und Ministerpräsident Mahathir in einem Atem-

zug die Juden, George Soros und seinen eigenen Stellvertreter Anwar
Ibrahim beschuldigte, sie hätten sich gegen Malaysias Wirtschaft ver-
schworen, da besudelte er das Markenzeichen Malaysia Inc. und unter-
grub das internationale Vertrauen in sein Land.

Heutzutage muß jedes Land auf sein Markenzeichen achten, selbst
die kleinen Taschendiebe verstehen das. John Bussey, Reporter des
Wall Street Journal, schrieb am 27. Februar 1998 einen bemerkenswerten Bericht über ein Erlebnis, das er und seine Freundin in Mexico City
gehabt hatten, als sie abends in ein Taxi stiegen und praktisch von dem
Taxifahrer und seinen Kumpanen entführt wurden: »Der Mann, der
mir an jenem Samstagabend in Mexico City einen Revolver an den
Kopf hielt, hatte herausgefunden, daß ich für eine Zeitung arbeitete.
Wir fuhren eine Stunde lang im Taxi herum, ich mit dem Gesicht nach
unten auf dem Boden des Taxis, er auf dem Sitz über mir. Ein Komplize
war auf dem Sitz neben ihm eingezwängt, saß halb auf meiner Abend-
begleitung und hielt sie an ihrem Platz fest.

›Sie arbeiten für eine amerikanische Zeitung?‹ fragte mich der Räuber mit dem Revolver noch einmal.

›Ja, ich komme aus den Staaten und bin dienstlich unterwegs‹, antwortete ich und überlegte, ob das nun gut oder schlecht für mich war.
Womöglich haßte er Journalisten. Womöglich haßte er Gringos.

›Hören Sie‹, sagte der Mann, ›schreiben Sie nichts darüber, was heute
abend geschehen ist. Das wäre peinlich für mein Land.‹

Peinlich für mein Land? Wenn das unter etwas anderen Umständen
geschehen wäre, wenn sich nicht der Lauf seiner 45er seit einer Stunde
sieben Zentimeter über meinem Kopf befunden hätte, wenn die Räuber
nicht meine Brieftasche geleert, mir meine Armbanduhr abgenommen
und nicht gerade versucht hätten, mit meiner Scheckkarte mein Bank-
konto zu plündern – dann hätte mir der Gedanken vielleicht gefallen.
Ein wenig Nationalstolz, eine Art patriotische Weltmeisterschaftsbegei-
sterung. Sein Herz schlug für Mexiko.

›Nein, keine Sorge‹, versicherte ich unserem Räuber vom Boden des
Taxis aus. ›Das ist eine Wirtschaftszeitung, Aktien und Anleihen. Ich
könnte eine derartige Geschichte gar nicht in die Zeitung bringen –
mal wieder ein Raub in Mexiko.‹«

Wenn Mexiko eine Aktie wäre …

Da immer mehr Menschen allmählich erkennen, daß ihr Land sich tatsächlich für den Wohlstand entscheiden kann, wenn es die richtige Politik betreibt, und da immer mehr Menschen in vollem Ausmaß begrei-

fen, wie andere Menschen, vor allem in erfolgreichen Staaten, leben, werden sie die Frage stellen, weshalb sich ihre eigene politische Führung nicht für den Wohlstand entschieden hat. Im System des Kalten Krieges reichte es für etliche Länder aus, *wo* sie lagen und *wer* sie waren. Ägypten wurde im Kalten Krieg durch die Tatsache herausgehoben, daß es im Nahen Osten eine Schlüsselstellung zwischen den Amerikanern und den Sowjets und später zwischen den arabischen Staaten und Israel einnahm. Außerdem konnte es aus seiner großen Geschichte und seinen Pyramiden Kapital schlagen. Frankreich gewann an Bedeutung durch seine Fähigkeit und Bereitschaft, zwischen den Vereinigten Staaten und der Sowjetunion zu lavieren. Außerdem profitierte es von seiner glanzvollen Geschichte.

Im globalisierten System spielt es keine große Rolle, *wo* ein Land liegt. Und es spielt auch keine Rolle, *wer* man ist. Gewiß sollten die Länder ermuntert werden, ihre Kultur und ihr Erbe zu bewahren, aber sie können sich nicht darauf ausruhen. Heute zählt, *was* man ist, und das hängt davon ab, ob man die Chancen zum Wohlstand nutzt, die das System bietet.

Derek Shearer erzählte mir in diesem Zusammenhang eine interessante Geschichte. Mitte der neunziger Jahre, als er US-Botschafter in Finnland war, wurde er von seiner Frau Ruth Goldway begleitet, die in den achtziger Jahren Bürgermeisterin von Santa Monica gewesen war und sich um die Modernisierung der Stadt gekümmert hatte. Einmal reisten Botschafter Shearer und seine Frau von Helsinki aus in die große russische Stadt Sankt Petersburg zu einem Essen mit den Stadtvätern und mit dem dortigen amerikanischen Generalkonsul. Shearer sagte: »Also trafen wir uns mit dem stellvertretenden Bürgermeister von Sankt Petersburg, dem obersten Stadtplaner und einigen anderen Stadtfunktionären bei einem Dinner, das unser Generalkonsul gab. Und die Stadtfunktionäre wiederholten immer wieder, was für eine große Stadt Sankt Petersburg doch sei und welche großartigen kulturellen Erlebnisse sie biete. Wir waren jedoch am selben Tag vom Flughafen in die Stadt gefahren, und die Straße war so übersät von Schlaglöchern, daß es eine Zumutung war. Wir hatten am selben Tag die Eremitage besucht, und es war traurig zu sehen, wie dieser Ort verfiel – kein einziges Kunstwerk war gut ausgeleuchtet. Es gab kein Restaurant und keinen Souvenirladen. Die Stadt war ein einziges Chaos. Sie hatte vielleicht eine großartige Geschichte, aber heute konnte sie keinesfalls mit anderen Städten mit großen Museen konkurrieren. Unterdessen stritten sich diese russischen Stadtfunktionäre darüber, wie sie die Straßen umbenennen sollten. [Sankt Petersburg hieß in den Tagen der Sowjetunion Leningrad, und die Straßennamen stammten alle aus der kommunistischen Ära.] Da sagte Ruth zu ihnen: ›Ich möchte Ihnen einen Vorschlag machen. Warum reparieren Sie die Straßen nicht einfach, statt darüber zu streiten, wie sie heißen sollen?‹ Die Funktionäre sagten: ›Wissen Sie, das ist eine gute Idee.‹«

10

Die Theorie der Konfliktvermeidung durch den Goldenen Doppelbogen

Jedesmal, wenn ich durch die Welt reise, brauche ich nach einer gewissen Zeit einen Hamburger und eine Tüte Pommes frites von McDonald's. Soweit ich weiß, habe ich in mehr Ländern der Welt Hamburger und Pommes frites von McDonald's gegessen als irgend jemand sonst, und ich kann bezeugen, daß *sie tatsächlich überall genau gleich schmecken.* Wie ich mich so auf meinen Weltreisen in den letzten Jahren von Big Macs ernährte, fiel mir ein faszinierendes Phänomen auf. Die Erkenntnis traf mich wie ein Blitz aus heiterem Himmel irgendwo zwischen McDonald's am Tiananmen-Platz in Peking, McDonald's am Tahrir-Platz in Kairo und McDonald's nicht weit vom Zion-Platz in Jerusalem. Und die Erkenntnis lautete:

Kein Land, in dem es McDonald's-Restaurants gibt, hat jemals gegen ein anderes Land Krieg geführt, in dem es McDonald's-Restaurants gibt.

Das ist kein Scherz. Das ist geradezu unheimlich. Betrachten wir den Nahen Osten: Israel hat inzwischen koschere McDonald's-Restaurants, Saudi-Arabien hat McDonald's-Restaurants, die wegen der islamischen Gebete fünfmal am Tag schließen, Ägypten hat McDonald's, und sowohl der Libanon als auch Jordanien sind inzwischen McDonald's-Länder geworden. Kein einziges von ihnen hat gegen ein genanntes Krieg geführt, seit der Goldene Doppelbogen, das große M von McDonalds, dort Einzug gehalten hat. Wo besteht heute die größte Kriegsgefahr im Nahen Osten? Zwischen Israel und Syrien, Israel und dem Iran, Israel und dem Irak. Und in welchen drei Ländern im Nahen Osten gibt es kein McDonald's? In Syrien, im Iran und im Irak. Wie steht es mit Indien und Pakistan? Ich bin überzeugt, daß sie sich gegenseitig in die Luft jagen könnten, denn sie besitzen inzwischen beide Atomwaffen, aber nur ein Land – Indien – hat die dazugehörigen Pommes frites. In Indien ernähren sich 40 Prozent der Bevölkerung vegetarisch, deshalb gibt es dort weltweit das erste fleischlose McDonald's-Restaurant (vegetarische Nuggets!), aber Pakistan ist immer noch eine Big-Mac-freie Zone und deshalb gefährlich.

Ich war von meiner These so fasziniert, daß ich im Hauptquartier von McDonald's in Oak Brook, Illinois, anrief und ihnen davon erzählte. Sie waren wiederum so fasziniert davon, daß sie mich aufforderten, die These mit einem Mitarbeiter ihres internationalen Führungsstabes an der Hamburger University zu überprüfen, dem internen Forschungs- und Ausbildungszentrum von McDonald's. Sie ließen mein Modell von ihren sämtlichen Experten für internationale Angelegenheiten diskutieren und bestätigten, daß auch sie keine einzige Ausnahme gefunden hätten. Ich fürchtete, daß der Falkland-Krieg vielleicht meine These widerlegen könnte, doch Argentinien bekam erst im Jahr 1986 sein erstes McDonald's-Restaurant, vier Jahre nach dem Krieg mit Großbritannien. (Bürgerkriege und Grenzstreitigkeiten zählen nicht: Die McDonald's-Restaurants in Moskau, El Salvador und Nicaragua versorgten in den jeweiligen Bürgerkriegen beide Seiten mit Hamburgern.)

Gewappnet mit diesen Fakten stellte ich die »Theorie der Konfliktvermeidung durch den Goldenen Doppelbogen« auf mit folgender Hauptthese: Sobald ein Land sich wirtschaftlich so weit entwickelt hat, daß es eine Mittelschicht hat, die so groß ist, daß eine Kette von McDonald's-Restaurants existieren kann, wird es zu einem McDonald's-Land. Und die Menschen in McDonald's-Ländern führen nicht gern Krieg, sie stehen lieber für Hamburger Schlange. Damit ging ich zu James Cantalupo, dem damaligen Präsidenten von McDonald's International, und er sagte mir: »Ich glaube, es gibt kein einziges Land, das wir nicht überprüft haben.«

Zweifellos wird es irgendwann in nahezu jedem Land McDonald's-Restaurants geben, und zweifellos werden irgendwann zwei McDonald's-Länder gegeneinander Krieg führen. Tatsächlich war dieses Buch kaum geschrieben, da bombardierten 19 McDonald's-Länder das ehemalige Jugoslawien und seine 14 McDonald's-Restaurants. Aber bisher ist das die einzige Ausnahme. Und deshalb wirft meine Doppelbogen-Theorie eine interessante Frage auf: Bis zu welchem Grad senkt ein Land die Gefahr, daß seine politische Führung einen Krieg beginnt, wenn es sich an die heutige Elektronische Herde anschließt und die Goldene Zwangsjacke anlegt?

Bereits in früheren langen Phasen des friedlichen Handels haben sich andere Menschen diese Frage gestellt. Der französische Philosoph Montesquieu schrieb im 18. Jahrhundert, daß der internationale Handel eine weltweite »Grande République« geschaffen habe, die alle

Kaufleute und Handelsnationen über die Grenzen hinweg eine, Grenzen, die in einer friedlicheren Welt gewiß fallen würden. In seinem Werk *Vom Geist der Gesetze* führt er aus: »Zwei Völker, die miteinander Handel treiben, werden wechselseitig abhängig voneinander; hat das eine Interesse zu kaufen, so liegt dem anderen daran zu verkaufen; und alle Vereinbarungen beruhen auf den wechselseitigen Bedürfnissen.« Und in dem Kapitel mit der Überschrift »Wie sich der Handel in Europa durch die Barbaren einen Weg bahnte« stellt Montesquieu seine eigene Big-Mac-These auf: »Es ist ein Glück für die Menschen, sich in einer Lage zu befinden, wo sie gegenüber den Einflüsterungen ihrer Leidenschaften, böse zu sein, doch ein Interesse daran haben, es nicht zu sein.«

In der Ära der Globalisierung vor dem Ersten Weltkrieg konstatierte der britische Autor Norman Angell 1910 in seinem Buch *Die falsche Rechnung*, daß die großen westlichen Industriemächte Amerika, Großbritannien, Deutschland und Frankreich immer mehr ihr Interesse an der Kriegführung verloren: »Wie können im modernen Leben mit seinem übermächtigen Anteil an industrieller Tätigkeit und seinem verschwindend kleinen Anteil an militärischer die mit dem Krieg assoziierten Triebe gegenüber jenen bestehen, die sich im Frieden entwickelt haben?« Angell argumentierte, daß es bei dem vielfältigen freien Handel und den Handelsbeziehungen, die zunehmend die großen europäischen Mächte miteinander verbanden, geradezu verrückt wäre, in den Krieg zu ziehen, weil der Krieg sowohl den Gewinner als auch den Verlierer vernichten würde.

Montesquieu und Angell hatten recht. Durch die wirtschaftliche Integration stiegen die Kriegskosten für den Sieger wie für den Besiegten enorm, und ein Land, das dies einfach ignorierte, riskierte die Vernichtung. Die Hoffnung der beiden Denker, daß diese Wahrheit auf irgendeine Weise der Geopolitik ein Ende setzen würde, erwies sich aber als falsch. Man könnte sagen, Montesquieu und Angell vergaßen ihren Thukydides. In seiner Geschichte des Peloponnesischen Krieges schreibt Thukydides, daß Nationen in der Regel aus einem der drei folgenden Gründe in den Krieg ziehen: »Ehre, Furcht und Interesse«. Und durch die Globalisierung werden zwar die Kosten für diejenigen, die aus Gründen der Ehre, der Furcht oder des Interesses in den Krieg ziehen, erheblich gesteigert, aber kein einziger dieser Triebe wird und kann abgeschafft werden – zumindest nicht, solange die Welt aus Menschen besteht und nicht aus Maschinen. Der Machtkampf, das Verfolgen materieller und strategischer Interessen und der stets gegenwärtige emotionale Kampf um den eigenen Olivenbaum werden auch in einer Welt der Mikrochips, der Satellitentelefone und des Internets nicht aufhören. Die Globalisierung beendet die Geopolitik nicht. Für alle Realisten, die dieses Buch lesen, will ich den Satz noch einmal wiederholen: *Die Globalisierung beendet die Geopolitik nicht.*

Mit der Theorie der Konfliktvermeidung durch den Goldenen Doppelbogen möchte ich nur auf die Tatsache aufmerksam machen, daß die Kosten für die Länder, die den Krieg als Mittel zur Verteidigung der Ehre, als Reaktion auf Ängste und zur Förderung eigener Interessen einsetzen, im heutigen globalisierten System erheblich gestiegen sind. Im Vergleich zu der Zeit, als Montesquieu und Angell ihre Thesen aufstellten, besteht heute ein deutlicher *gradueller* Unterschied. In der heutigen Form der Globalisierung – mit der Integration auf wirtschaftlicher Ebene, der digitalen Integration, der immer engeren Verknüpfung von Menschen und Staaten, der Verbreitung kapitalistischer Werte und Netzwerke bis in die abgelegensten Winkel der Welt und der zunehmenden Abhängigkeit von der Goldenen Zwangsjacke und der Elektronischen Herde – wird ein sehr viel dichteres Netz aus außenpolitischen Beschränkungen für die Länder geknüpft, die an das System angeschlossen sind. Die Anreize, keinen Krieg zu führen, und die Kosten, wenn man in den Krieg zieht, sind um ein Vielfaches höher als je zuvor in der neueren Geschichte.

Das bietet aber noch lange keine Garantie, daß es keine Kriege mehr geben wird. Es wird immer Politiker und Länder geben, die irrationale Dinge tun, und einige Nationen wie Nordkorea, der Irak oder der Iran werden lieber den Preis zahlen, außerhalb des Systems zu leben. Dennoch gilt: Wenn es sich die Länder in der Ära vor der Globalisierung schon zweimal überlegt haben, bevor sie sich entschlossen, Konflikte mit einem Krieg zu lösen, werden sie es sich in der Ära der Globalisierung dreimal überlegen.

Am Beispiel Albaniens läßt sich ganz konkret der Unterschied zwischen Geopolitik in der Zeit des Kalten Krieges und Geopolitik in der Ära der Globalisierung aufzeigen.

Als ganz Albanien Anfang 1997 im Bürgerkrieg versank, verfolgte ich aufmerksam die Nachrichten auf CNN, um auf dem laufenden zu bleiben. CNN hatte keine Live-Bilder aus Albanien und blendete deshalb ständig eine Karte der Adria vor der albanischen Küste ein. Auf der Karte waren kleine Schiffe eingezeichnet, die sämtliche Seefahrzeuge aus Amerika, Europa und anderen Kontinenten darstellten, mit denen die

Staatsbürger der jeweiligen Länder aus Albanien evakuiert werden sollten. Beim Betrachten der Karte kam mir als erstes der Gedanke, wenn
der Kalte Krieg noch im Gange wäre, dann wären die Schiffe auf der
Karte vermutlich amerikanische und sowjetische Kriegsschiffe, die darum kämpften, wer das Machtvakuum in Albanien füllen würde, wer die
eigenen Anhänger im Land am effektivsten unterstützen und den albanischen Bauern auf dem Schachbrett des Kalten Krieges am schnellsten
auf seine Seite ziehen könnte. Kurz gesagt, die beiden Supermächte hätten sich darum geschlagen, als erster, am weitesten und am tiefsten nach
Albanien vorzudringen. Aber davon war in jenen Tagen auf CNN nichts
zu sehen. Inzwischen hatten wir das System der Globalisierung, und in
diesem System wetteiferten die verschiedenen Mächte darum, wer seine
Staatsbürger als *erster,* am *weitesten weg* und *am schnellsten* aus Albanien *herausbringen* konnte. Die Länder, die ihre Bürger als erste und am
schnellsten aus Albanien herausbrachten, waren die Gewinner in Albanien, und der Verlierer war die äußere Macht, an der die Verantwortung für das Problem Albanien hängen blieb: Italien.

Was lernen wir daraus? Wir lernen daraus, daß das System des Kalten
Krieges von zwei grundlegenden Merkmalen gekennzeichnet war: dem
Schachbrett und dem Scheckbuch. Das heißt, das System des Kalten
Krieges wurde von den beiden Supermächten USA und Sowjetunion be-
herrscht. Und die beiden stritten sich weltweit um strategische Vorteile,
um Ressourcen und um die Ehre, ein Erfolg der einen Seite war stets ein
Mißerfolg der anderen Seite, und auch der kleinste Winkel der Welt war
von Interesse und zählte ebensoviel wie jeder andere Winkel. Michael
Mandelbaum formulierte das treffend: »Im System des Kalten Krieges
glich die Welt einem einzigen integrierten Schachbrett. Jeder Zug der
Sowjets wirkte sich auf uns aus, und jeder Zug von uns wirkte sich auf
sie aus. Wir waren Weiß, und die Sowjets waren Schwarz. Wenn sie ein
weißes Feld betraten, betraten wir ein schwarzes Feld. Wenn sie in Albanien schwarze Bauern bewegten, dann bewegten wir weiße Bauern.
Jeder Bauer war wichtig, weil er den eigenen König schützte. Wenn sie
uns einen Bauern abnahmen, dann waren sie unserem König viel näher,
und wir waren der Niederlage viel näher. Deshalb mußte man jeden einzelnen Bauern schützen. Die Bauern verteidigen hieß den König verteidigen. Und deshalb mußten wir letzten Endes in Gebiete einmarschieren, die im Grunde bedeutungslos waren, wie Vietnam, Angola und El
Salvador.«

Mit anderen Worten: Das System des Kalten Krieges wirkte sich dahingehend aus, daß es regionale Konflikte förderte und sie zu einem

integralen Bestandteil des weltweiten Wettstreits der Supermächte und zu einer Angelegenheit von Weltbedeutung aufwertete. Weil auf dem Schachbrett ein weltweiter Wettstreit geführt wurde, wollte keine Supermacht irgendwo den Verlust eines schwarzen oder eines weißen Feldes hinnehmen, aus Angst, das könnte zu weiteren Verlusten und am Ende zur Weltherrschaft der Gegenseite führen. Diese Angst wurde als die »Dominotheorie« der Geopolitik bekannt.

Neben dem Schachbrett war das System des Kalten Krieges vom Scheckbuch bestimmt. Wie bereits erwähnt, war es im Kalten Krieg für ein Entwicklungsland viel leichter, trotz eines schlechten Betriebssystems und einer mangelhaften Software wirtschaftlich über die Runden zu kommen. Einige Entwicklungsländer konnten lange Zeit schwache Leistungen bringen, weil sie sich von den rivalisierenden Supermächten fortlaufend Gelder beschaffen konnten, indem sie einfach vorgaben, der einen Seite oder der anderen im Kalten Krieg die Stange zu halten. Die Regierung der Vereinigten Staaten und die sowjetische Regierung, in einem geringeren Umfang auch die chinesische Regierung und die Europäische Union, waren willens, sich an ihre Bürger zu wenden, deren Gelder zu nehmen und damit große Schecks an Ausländer auszustellen, um sich den Einfluß auf bestimmten Feldern des Schachbretts zu erkaufen. Diese Art der Scheckbuch-Diplomatie wurde »Entwicklungs- oder Wirtschaftshilfe« genannt. Amerika belästigte seine Steuerzahler, um den Sold für die Contras in Nicaragua oder die Mujaheddin in Afghanistan zu bezahlen, und die Sowjets taten das gleiche für die Sandinisten in Nicaragua und den Vietcong in Vietnam. Amerika belästigte seine Steuerzahler, um die israelische Armee zu unterstützen, und die Sowjets belästigten ihre Bürger, um Syriens Luftwaffe wiederaufzubauen, nachdem Israel am ersten Tag des Libanonkrieges 1982 97 syrische Jagdflugzeuge abgeschossen hatte. Die Supermächte kauften sich ihre Bündnispartner nicht nur mit Waffen, sondern auch mit Butter. Sie zückten ihre Scheckhefte und gaben Geld für den Bau von Straßen, Staudämmen, Kultursälen und für Importe – alles nur, um ein Dritte-Welt-Land in dem weltweiten Machtkampf als Verbündeten zu gewinnen. Moskau und Washington stellten die Schecks in den meisten Fällen aus, ohne sonderlich darauf zu achten, wie diese Länder ihre Volkswirtschaften führten, weil beide, Moskau und Washington, fürchteten, daß ihre Bauern womöglich die Seite wechselten, wenn sie zu stark auf innere Reformen drängten. Auf diese Weise erhielten käufliche, ineffiziente, korrupte Regime wie das von Ferdinand Marcos auf den Philippinen oder Anastasio Somoza in Nicaragua ihre Schecks aus Washington, und Kuba, Angola und Vietnam erhielten ihre Schecks aus Moskau, allein wegen ihrer wirtschaftlichen Hardware – kapitalistisch oder kommunistisch –, die von der jeweiligen Seite unterstützt wurde, unabhängig davon, ob sie diese Systeme effizient nutzten.

Die Supermächte waren an den wirtschaftlichen Schaltzentralen dieser Länder damals nicht sonderlich interessiert, weil sie nur ihre politische Loyalität kaufen wollten, nicht ihre Telefongesellschaften. Selbst in Japan tolerierte Amerika ein absurdes Maß an Protektionismus seitens der Regierung in Tokio, weil es Japans Unterstützung im Kalten Krieg brauchte und weil das Verteidigungs- und das Außenministerium es niemals zugelassen hätten, daß das Handelsministerium und die amerikanische Handelsvertretung Japan in Handelsfragen über den Tisch zogen, aus Angst, sie könnten die Partnerschaft in Sicherheitsfragen verlieren. Aber gerade weil die Supermächte bereit waren, Blankoschecks auszustellen, schwelten etliche regionale Konflikte des Kalten Krieges länger, als es eigentlich nötig war. Welchen Grund hätte die PLO in den sechziger und siebziger Jahren gehabt, Israel anzuerkennen, als die Sowjetunion noch Bestand hatte und palästinensischen Jugendlichen Stipendien und den Guerillas Waffen zahlte, ganz gleich was die PLO unternahm?

Folglich lieferte das System des Kalten Krieges nicht nur Anreize, daß regionale Konflikte sich entfalteten und sich ausweiteten, es sorgte auch dafür, daß die nötigen Ressourcen flossen – Iwan und Uncle Sam stellten fleißig Schecks aus.

Klappen Sie dieses Kapitel nun einfach zu

Und schlagen Sie das Kapitel Globalisierung auf. Sobald die Globalisierung nach dem Ende des Kalten Krieges das beherrschende Merkmal der internationalen Politik geworden war, erhielt die Geopolitik einen ganz anderen Rahmen. Mit dem System der Globalisierung ist die Geopolitik zwar nicht zu Ende, aber es wäre einfach töricht zu glauben, daß es die Geopolitik nicht grundlegend veränderte.

Zunächst einmal existiert in der Ära der Globalisierung kein Schachbrett mehr, auf dem die ganze Welt in weiße und schwarze Felder aufgeteilt ist. Nach dem Zusammenbruch der Sowjetunion gibt es kein Schwarz mehr, und folglich gibt es auch kein Weiß mehr. »Ihre Leute« sind verschwunden, also sind auch »unsere Leute« entfallen. Damit ist auch der Anreiz verschwunden, daß ein regionaler Konflikt zu einer weltweiten Auseinandersetzung eskaliert. Und das Geld ist nicht mehr da. In der Ära der Globalisierung hat jemand anderer das Scheckbuch in der Hand. Jetzt kann nur noch die Elektronische Herde mit Geld um sich werfen. Die Sowjetunion besteht nicht mehr und kann keine gro-ßen Schecks mehr ausstellen, und die Vereinigten Staaten haben die Goldene Zwangsjacke angelegt und werden keine großen Schecks für Entwicklungshilfe mehr ausstellen.

Der einzige Mitspieler, an den sich ein Land wenden kann, um große Schecks zu erhalten, ist die Elektronische Herde, und die Elektronische Herde spielt nicht Schach. Sie spielt Monopoly. Wo Intel, Cisco oder Microsoft ihr nächstes Werk aufbauen und wo Fidelity Investments Geld anlegt, diese Fragen entscheiden darüber, wer Gelder erhält und wer nicht. Außerdem stellen die Leitbullen der Elektronischen Herde keine Blankoschecks aus, um die Liebe und Zuneigung eines Landes zu gewinnen; sie investieren, um Gewinne zu machen. Den Supermärk-ten und der Elektronischen Herde ist es auch vollkommen gleichgültig, in welcher Farbe Ihr Land angestrichen ist. Sie interessiert nur, wie gut Ihr Land verdrahtet ist, auf welchem Stand des Betriebssystems und der Software es funktioniert und ob Ihre Regierung imstande ist, das Privat-eigentum zu schützen.

Aus diesem Grund wird die Herde nicht nur den regionalen Krieg ei-nes Landes nicht mehr sponsern und die Streitkräfte eines Landes nicht kostenlos wiederaufbauen – wie es die Supermächte im Bemühen um Verbündete taten –, die Herde wird ein Land auch wirklich dafür be-strafen, daß es einen Krieg mit seinen Nachbarn führt, indem es die ein-zige bedeutende Quelle des Kapitalwachstums in der heutigen Welt ab-zieht. Infolgedessen bleiben den Ländern nur die beiden Möglichkeiten, sich entweder so zu verhalten, wie es der Herde gefällt, oder die Herde zu ignorieren und den Preis dafür zu zahlen, daß sie ohne die Herde aus-kommen müssen.

Ganz offensichtlich haben einige Länder beschlossen, ohne die Herde auszukommen, damit sie ihre eigene politische Agenda aufstellen kön-nen, und solche Länder wird es immer geben. Der irakische Präsident Saddam Hussein wird lieber weiter seine eigenen größenwahnsinnigen Pläne verfolgen, seine Nachbarn vergasen und ausplündern, als sich dem Druck der Herde zu beugen, und durch ein repressives Regime zwingt er seinen Willen seinem Volk auf. Das gleiche gilt für die Regime in Nordkorea, Afghanistan und Iran. Auf sie läßt sich die Theorie des Goldenen Doppelbogens nicht anwenden, weil sie beschlossen haben, sich weder an die Herde noch an die Supermärkte anzuschließen. Au-ßerdem haben sie entweder so viel Erdöl oder so viel Ideologie, daß sie eine Zeitlang auch ohne die Herde bestehen können. Doch das trifft heute auf immer weniger Länder zu.

Nehmen wir China. Im Jahr 1979 gab es in China noch keine McDonald's-Restaurants. Deng Xiaoping begann China langsam der Welt zu öffnen. Als Deng zu einem Gipfeltreffen mit Präsident Carter nach Amerika kam, erwähnte er nebenbei, daß er nach seiner Rückkehr in Vietnam einmarschieren werde, weil die Vietnamesen zu aufmüpfig und arrogant geworden seien. Carter versuchte ihm das auszureden mit dem Argument, das würde Chinas *Image* schaden (nicht etwa seiner Wirtschaft), aber Deng ließ sich nicht überreden und marschierte in Vietnam ein.

Wechseln wir nun im Zeitraffertempo ins Jahr 1996. In China gab es mittlerweile 207 McDonald's-Restaurants. Ich hielt mich in Peking auf und beobachtete die wachsenden Spannungen zwischen China und Taiwan. Ich interviewte einen hohen Wirtschaftsexperten von der chinesischen Akademie der Wissenschaften kurz vor den ersten wirklich demokratischen Wahlen in Taiwan 1996. Viele Funktionäre in Peking fürchteten damals, die Wahlen wären ein Vorspiel für die Erklärung der vollen Unabhängigkeit Taiwans von China. Die Chinesen drohten, in Taiwan einzumarschieren, falls es sich von der Volksrepublik lossagte. Während wir in einem Dachrestaurant in Peking Nudeln aßen, stellte ich dem Wirtschaftsexperten eine einfache Frage: Kann China es sich leisten, Taiwan anzugreifen? Seine Antwort kam ohne Zögern: »Nein, das würde die Investitionen in China stoppen, das Wachstum stoppen, unsere letzte Chance zunichte machen, den Rest der Welt einzuholen.«

Wie alle anderen Vertreter der chinesischen Regierung, mit denen ich damals sprach, war auch der Wirtschaftsexperte der Ansicht, China wäre vollkommen im Recht, wenn es Taiwan in Schutt und Asche legte, um es davon abzuhalten, jemals unabhängig zu werden. Aber im Gegensatz zu den anderen war er auch bereit, laut auszusprechen, was sie zwar ebenfalls wußten, aber für sich behielten: daß China Taiwan nicht angreifen konnte, ohne seine eigene Wirtschaft zu zerstören.

In der Ära der Globalisierung gilt für China und Taiwan die beiderseitig gesicherte wirtschaftliche Vernichtungsfähigkeit (wie im Kalten Krieg die beiderseitig gesicherte atomare Vernichtungsfähigkeit zwischen den Supermächten galt), und beide wissen das. Aus der Sicht Pekings ist China nicht mehr die isolierte, bäuerliche Volkswirtschaft der Ära Mao und der frühen Ära Deng. Es ist jetzt teilweise an die Elektronische Herde angeschlossen, und die einzige Ideologie der heutigen chinesischen Führung lautet: »Reich werden ist ruhmreich.« Chinas Führung kann diese Ideologie ohne die grob geschätzt 40 Milliarden Dollar an ausländischen Investitionen nicht verwirklichen, die jährlich ins

Land fließen – und 20 Prozent der gesamten jährlichen Investitionen ausmachen. Ein beträchtlicher Teil dieser 40 Milliarden Dollar würde bei einem Angriff Chinas auf Taiwan sofort versiegen. Der US-Kongreß würde mit Sicherheit viele chinesische Importe nach Amerika stoppen – immerhin 40 Prozent der Gesamtexporte Chinas. Mittlerweile gibt es 40 600 Unternehmen und Werke in China, die im Besitz von Taiwanern sind und Millionen Chinesen beschäftigen; sie würden mit Sicherheit aufgelöst werden. Wang Shougeng, ein Verantwortlicher bei der Kommission für Auslandsinvestitionen in Shanghai, brachte Chinas Verwundbarkeit bei einem Krieg mit Taiwan sehr treffend auf den Punkt, als er auf dem Höhepunkt der Taiwan-Krise 1996 erklärte, daß sich die Haltung gegenüber taiwanischen Investoren nicht wesentlich ändern würde, auch wenn China sich gezwungen sähe, Taiwan anzugreifen. Mir gefiel diese Formulierung: Selbst wenn wir bei euch einmarschieren, hegen wir die aufrichtige Hoffnung, daß eure Investoren das nicht persönlich nehmen! (Es ist kein Zufall, daß China eine Zeitlang eine Strategie der »unblutigen Kriegführung« verfolgte, womit die verschiedenen Formen der elektronischen Kriegführung gemeint sind, die eine fortschrittliche Wirtschaft vorübergehend lähmen sollen. Dahinter steckte ganz offensichtlich das Ziel, sich eines Tages möglichst das goldene Ei Taiwan ins Nest zu holen – ohne es zu zerbrechen.)

Die gesicherte Vernichtungsfähigkeit gilt wirklich für beide Seiten. Taiwan kann sich einen Vertrauensverlust bei den internationalen Anlegern noch viel weniger leisten als China, und das ist ein Grund dafür, daß die wichtigste Oppositionspartei, die DPP, vor kurzem von ihrem Bekenntnis zur Unabhängigkeit Taiwans abgerückt ist. Schon das chinesische Säbelrasseln kann der taiwanischen Wirtschaft schaden. Als China im Juli 1995 erstmals vier M-9-Raketen nördlich von Taiwan in das Ostchinesische Meer abfeuerte, um sein Mißfallen über den Besuch des Präsidenten von Taiwan, Lee Teng-hui, an der Cornell University zu äußern, fiel der taiwanische Aktienmarkt um ein Drittel, und ausländische Investoren zogen täglich Kapital in Höhe von rund 500 Millionen Dollar aus Taiwan ab.

Ich habe nicht den geringsten Zweifel, daß China, falls Taiwan in seinem Streben nach einem unabhängigeren Profil auf der Weltbühne jemals zu weit gehen sollte, Taipeh mit militärischer Gewalt stoppen würde – gleich welche wirtschaftlichen Folgen das hätte. Kein chinesischer Führer kann es sich leisten, Taiwan unabhängig werden zu lassen. Die Legitimität der chinesischen Führung würde dadurch in Frage gestellt. Aber heutzutage kann auch kein chinesischer Führer ohne kontinuierlich fließende ausländische Investitionen und ohne Außenhandel überleben. Ihre Legitimität hängt inzwischen sogar noch stärker davon ab. Folglich muß die chinesische Führung nunmehr, da sie sich teilweise an die Elektronische Herde angeschlossen hat, ganz andere Berechnungen anstellen als in der Vergangenheit.

Am Ende wurde die Taiwan-Krise von 1996 durch eine gemeinsame Aktion der Supermacht und der Supermärkte beigelegt. Die Vereinigten Staaten entsandten einen Flugzeugträgerverband an die Küste Taiwans, und die Supermärkte setzten mit dem Absturz der Börsen in Taiwan und Hongkong ein deutliches Zeichen. Beides war notwendig, beides schreckte China ab, irgendwelche Drohungen wahrzumachen – aber nur die Supermacht erntete die Lorbeeren.

Zu großen Kriegen kommt es nur dann, wenn Großmächte mitkämpfen wollen, und die erste Reaktion der Großmächte in dem heutigen globalisierten System geht dahin, nicht in den Ring zu steigen. Statt sich in regionale Konflikte wie Bosnien, Ruanda, Liberia oder Algerien hineinziehen zu lassen, schirmen die heutigen Großmächte derartige bürgerkriegsähnliche Zustände lieber durch den Eisernen Vorhang ab und meiden sie wie eine gefährliche Nachbarschaft.

Aus diesem Grund breiten sich viele regionale militärische Konflikte heute in der Regel nicht aus wie im Kalten Krieg, sondern schwelen abgekapselt. Das mag insofern tragisch sein, da sie leichter ignoriert werden können, es ist aber eine Tatsache. Regionale militärische Krisen werden ghettoisiert, gleichzeitig werden aber regionale Wirtschaftskrisen – wie in Mexiko Mitte der neunziger Jahre, in Südostasien und in Rußland Ende der neunziger Jahre – zunehmend globalisiert. Gerade die regionalen Wirtschaftskrisen und ihr Potential, auf andere Märkte überzugreifen, haben das globalisierte System in seinen Anfangsjahren schwer erschüttert. Die Dominotheorie, die einst in die Welt der Politik gehörte, gilt heute für die Finanzwelt.

Die Theorie der Konfliktvermeidung durch den Goldenen Doppelbogen beleuchtet eine Auswirkung der Globalisierung auf die Geopolitik: Die Kosten der Kriegführung werden durch die wirtschaftliche Integration drastisch erhöht. Die Globalisierung wirkt sich jedoch noch in anderer Hinsicht auf die Geopolitik aus. Beispielsweise werden neue Quellen der Macht geschaffen außer den klassischen militärischen wie Zahl der Panzer, Flugzeuge und Raketen, und es wird zusätzlich Druck auf die Länder ausgeübt, ihre innere Organisation zu verändern, ein Druck, der nicht auf die klassische militärische Intervention des einen

Staates in einem anderen zurückzuführen ist, sondern auf das unsichtbare Eindringen der Supermärkte und der supermächtigen Individuen. Am besten läßt sich das an einer Region wie dem Nahen Osten veranschaulichen, wenn wir sie aus dem multidimensionalen Blickwinkel des Globalisten betrachten. Sie werden dabei einige interessante Dinge entdecken.

Im Herbst 1997 besuchte ich Israel. Der Friedensprozeß war an einem Tiefpunkt angelangt, aber mir fiel zufällig ein Beitrag im Wirtschaftsteil der Zeitung auf, in dem berichtet wurde, daß die ausländischen Investitionen im gleichen Umfang wie zuvor ins Land flossen. Das ließ mir keine Ruhe. Also ging ich zu Jacob Frenkel, dem Gouverneur der Zentralbank, und stellte ihm folgende Frage: »Wie kommt es, daß der Friedensprozeß darniederliegt und die ausländischen Investitionen in Israel gleichzeitig steigen?«

Frenkel und ich gelangten gemeinsam zu der Antwort, daß Israel sich heute rasch von der alten Volkswirtschaft der Orangen, Diamanten und Textilien entfernt und zu einer Hightech-Wirtschaft übergeht, die das Land in mancher Hinsicht weniger anfällig macht für politischen Druck, Terrorismus, Boykotte seitens der Araber sowie für das Auf und Ab des Friedensprozesses. Andererseits wird Israel viel verwundbarer durch einen konventionellen Krieg. Und zwar aus folgendem Grund: Früher hat Israel Orangen angebaut, Marokko hat Orangen angebaut, und Spanien hat Orangen angebaut. Wenn also ein Land wie Japan oder Frankreich mit dem israelischen Vorgehen in der Westbank unzufrieden war, konnte es Israel leicht strafen, indem es die Orangen eines anderen Landes kaufte. Was aber geschieht, wenn ein israelisches Unternehmen wie Galileo Technology Ltd. der Erfinder der Ein-Chip-Weiche für das Ethernet ist, die in vielen Intranet-Kommunikationssystemen verwendet wird? Das können Sie nicht aus Marokko beziehen. Was geschieht, wenn israelische Unternehmen allmählich einen wichtigen Hightech-Sektor wie die Online-Verschlüsselungsprogramme für die Sicherheit des Internets dominieren, die auf komplexen, von der israelischen Armee mit entwickelten Algorithmen basieren? Das können Sie nicht aus Spanien beziehen. Infolgedessen ist es so weit gekommen, daß alle Israel den Hof machen, ganz gleich wie sich der Friedensprozeß entwickelt. Jedes große amerikanische Hightech-Unternehmen hat eine Filiale in Israel – Intel hat erst vor kurzem für 1,5 Milliarden Dollar eine Chip-Fabrik gebaut – oder ist Teilhaber an einem israelischen Computerunternehmen. Japan machte früher einen großen Bogen um Israel, weil es arabische Vergeltungsschläge fürchtete, mittlerweile ist es hinter den Vereinigten Staaten der zweitgrößte Investor in Israel. Japan ist bei der Entwicklung von Software schwach und schluckt heute die israelischen Softwareunternehmen. Mich amüsiert das besonders, denn als ich Mitte der achtziger Jahre Korrespondent der *New York Times* in Jerusalem war, waren die einzigen in Israel erhältlichen japanischen Autos eine Blechkiste von Daihatsu und ein miserabler Subaru. Die japanischen Firmen verkauften alle wirklich guten Wagen nur an die Araber. Inzwischen nicht mehr. Heute kann man jedes Modell von Lexus in Israel erhalten, weil Israel heute gemessen an der Wirtschaftsleistung ein größerer Energieexporteur ist als Saudi-Arabien. Mit dem Export der Software, der Chips und anderer Hightech-Innovationen exportiert Israel die Machtquellen der heutigen Informationswirtschaft, und jedes Land will diese Macht, ganz gleich was Israel den Palästinensern antut, genau wie die Länder in den siebziger Jahren das Erdöl wollten, gleich was die Araber den Juden antaten. Das hat echte geopolitische Bedeutung. »Wenn man die Technologie hat, die die Leute wollen«, sagte mir ein israelischer Wirtschaftsautor, »dann spielt es keine Rolle, ob man die Palästinenser unterdrückt oder nicht.« Schauen Sie sich einfach die Zahlen an. Im Jahr 1998 forschten 52 chinesische Wissenschaftler an Israels angesehenem Weizmann-Institut und ebenfalls 52 indische Wissenschaftler. Zwei Länder, die in den siebziger Jahren Israel mieden, reißen sich jetzt darum, ihre Wissenschaftler dorthin zu schicken.

Israel ist auch deshalb für schwachen Druck weniger anfällig, weil der Export von hochtechnologischem Wissen in der Regel sehr leichtgewichtig ist und sich nicht ohne weiteres unterbinden läßt. Ein Teil davon wird einfach per Modem exportiert. Die Hightech-Investitionen in Israel werden zudem weitgehend in Menschen und Köpfe getätigt und nicht in Fabriken, die zerstört werden können. Israels Hightech-Exporte gehen außerdem nicht an die Nachbarn, mit denen es im Streit liegt, sondern an entfernte Märkte in Asien, Europa und Nordamerika. Tatsächlich verkaufen die meisten israelischen Hightech-Firmen praktisch nichts auf den Märkten in Israel und im Nahen Osten, so daß sie gegenüber den regionalen Konflikten weitgehend immun sind. Es ist kein Zufall, daß das Hilton in Tel Aviv in den neunziger Jahren beschlossen hat, eine japanische Sushi-Bar einzurichten und kein arabisches Restaurant. Die israelischen Hightech-Unternehmen beziehen den größten Teil ihres Kapitals von der Wall Street oder von Risikokapitalgebern im Silicon Valley, sie sind nicht auf die Börse in Tel Aviv angewiesen. Und der jüngste Trend geht heute dahin, daß israelische Hightech-Unternehmen mit einer Filiale in Silicon Valley und einer in Israel gemeinsam operieren. Das israelische Unternehmen Check Point, das rund 50 Prozent des Sicherheitsmarktes im Internet zum Schutz von Informationen kontrolliert, unterhält in Israel eine Filiale und eine Forschungsabteilung und zahlt dort einen Teil seiner Steuern, es unterhält inzwischen aber auch eine Filiale im Silicon Valley, ganz in der Nähe seines Marktes. Eine mit mir bekannte Wall-Street-Analystin, die sich mit der israelischen High-Tech-Industrie befaßt, hat mir einmal gesagt, sie verbringe inzwischen mehr Zeit in Kalifornien als in Tel Aviv, um Informationen über israelische Unternehmen einzuholen.

Aus all diesen Gründen ist Israel noch in anderer Hinsicht stärker verwundbar. Israel baut zwar eine Wissenswirtschaft auf, aber Wissensarbeiter sind sehr mobil und leben gern an ruhigen, beschaulichen Orten. Wenn die wichtigsten Wissensarbeiter in Israel zu dem Schluß gelangen, daß die Lage unerträglich geworden ist – wegen des endlosen Konfliktes oder wegen der religiösen Streitigkeiten –, werden sie das Land verlassen oder ihre Tätigkeit mehr und mehr außerhalb von Israel ausüben. Eine solche Situation liegt noch in weiter Ferne, aber sie ist nicht mehr undenkbar. Mit einem durchschnittlichen Jahreseinkommen von 17 000 Dollar pro Kopf hat Israel heute einen Lebensstandard, der fast so hoch ist wie in England. Israel ist ein McDonald's-Land. Falls ein israelischer Regierungschef jemals die israelischen Soldaten auffordern würde, wieder aufzumarschieren und Teile der Westbank oder des Gaza-Streifens in einem offenkundigen Angriffskrieg und nicht einem Überlebenskrieg zu erobern, würde sich ein Großteil der israelischen Wissensarbeiter rasch verabschieden.

Würde jemand, der nicht an die Herde angeschlossen ist, wie Saddam Hussein oder irgendein Terrorist, eine Atombombe in seinen Besitz bringen und sie auf Israel abwerfen, dann wäre es natürlich völlig gleichgültig, wie hoch- oder unterentwickelt die Wirtschaft ist. Militärische Macht ist immer noch wichtig. Ich bin aber überzeugt, daß sich bei der nichtmilitärischen Macht die Kluft zwischen Israel und seinen arabischen Nachbarn im kommenden Jahrzehnt noch weiter und noch schneller vergrößern wird, wenn es Israel gelingt, den Konflikt mit den Palästinensern beizulegen. Wenn man der Welt nichts anderes anbieten kann als billige Arbeitskräfte und Erdöl, wie es bei den meisten arabischen Staaten der Fall ist, ist man von der Größe des Arbeitsmarktes und dem Erdölpreis in seinen Handlungsmöglichkeiten eingeschränkt. Wenn man aber eine Wirtschaft hat, die den Wohlstand will, und Wissen, Kapital und Ressourcen aus der ganzen Welt ins Land holen kann, dann spielt die Größe keine Rolle mehr, und Israels Größe schränkt das Land inzwischen überhaupt nicht mehr ein. In der Geschichte hat es im Nahen und Mittleren Osten zwei an Flüssen gelegene Mächte gegeben: Ägypten am Nil und Irak an Euphrat und Tigris. Ich glaube, im 21. Jahrhundert wird eine dritte Macht an einem Fluß aufstreben: Israel am Jordan. Israel wird eine High-Tech-Lokomotive bilden und Jordanien und die Palästinenser hinter sich her ziehen. Siemens hat bereits sein israelisches Werk, Siemens Data Communications, in der Nähe von Haifa und ein Siemens-Team aus palästinensischen Systemingenieuren in der Stadt Ramallah in der Westbank mit dem Hauptquartier von Siemens in Deutschland verknüpft. Das ist erst der Anfang.

Der gleiche globalistische Blickwinkel ist auch bei der Erklärung der heutigen arabisch-islamischen Welt hilfreich. Im November 1997 reiste ich an den Persischen Golf. Von dieser Reise möchte ich vier Episoden erzählen:

Episode Nr. 1: Bei meinem ersten Halt in Kuwait wollte ich mich eines Abends in meinem Zimmer im Hotel Sheraton gegen 22.00 Uhr gerade ins Bett legen, als das Telefon klingelte. Am Apparat war eine junge kuwaitische Frau. Sie erklärte, sie arbeite für die Nachrichtenagentur Kuwaits (KUNA), habe schon oft meine Artikel übersetzt und würde mich gern interviewen. Ich war über den Anruf erstaunt – eine kuwaitische Journalistin rief einen westlichen Reporter um 22.00 Uhr in seinem Hotel an. Ich sagte ihr, daß ich am nächsten Tag die Ölfelder besuchen wolle, und falls sie mich begleiten und sich dabei mit mir unterhalten wolle, sei mir das recht, allerdings müsse sie morgens um 7.00 Uhr im Foyer des Hotels sein. Um 7.00 Uhr wartete sie dort auf mich, ihr Gesicht traditionsgemäß von einem Schleier verhüllt. Es stellte sich heraus, daß sie eine sehr kluge, junge Frau war. Unterwegs fragte ich sie, ob sie noch Geschwister habe. »Ich habe einen Bruder«, sagte sie. »Er hat erst vor kurzem eine Frau aus Kuwait geheiratet, die er im Internet in einem kuwaitischen Chatroom kennengelernt hat.« Sie verschwieg mir allerdings – was ich später erfuhr –, daß es sich um eine Mischehe handelte. Die eine Familie waren Sunniten, die andere Schiiten. Doch das Paar hatte sich über das Internet kennengelernt, wo die alten Konventionen und Beschränkungen der kuwaitischen Gesellschaft nicht mehr galten. Als sie sich dann trafen, war es Liebe auf den ersten Blick (oder Liebe auf den ersten Klick, wie jemand sagte). Die Eltern der Frau waren sehr aufgebracht. Aber sie sagte ihnen, sie würde heiraten, ob ihnen das gefalle oder nicht, und später gaben sie nach.

»Die Hochzeitstorte hatte die Form eines Computers mit einer Tasta-tur«, erzählte mir die junge Journalistin.

Episode Nr. 2: Während meines Aufenthalts in Kuwait traf ich mich mit Ibrahim S. Dabdoub, dem geschäftsführenden Direktor der Natio-nalbank von Kuwait und einem der angesehensten Bankiers der Region. Als ich sein Büro in Kuwait City betrat, war er sichtlich aufgeregt. Ich fragte ihn, was passiert sei. Dabdoub erklärte, daß Kuwait Airlines, die staatliche Fluggesellschaft, vor kurzem die Finanzierung des Kaufs von zwei neuen Boeing-Maschinen ausgeschrieben habe. Geschäfte dieser Art waren früher mit absoluter Sicherheit an die Nationalbank gegan-gen. Aber dieses Mal, erzählte er, habe nicht seine Bank den Zuschlag erhalten, sondern »eine gewisse NationsBank in Maryland«, die ange-boten hatte, die Finanzierung zu einem Satz, der einen Viertel Prozent-punkt über dem Leitzinssatz lag, zu übernehmen – ein geradezu lächer-lich geringer Zinssatz. »Das ist Dumping«, schimpfte Dabdoub. »Das kommt einem Finanzdumping gleich.« Er spielte damit auf die Praxis einiger Länder an, ihre Waren unter den tatsächlichen Produktionsko-sten zu exportieren, nur um den Markt unter ihre Kontrolle zu bringen. »Das ist kein Fairplay mehr. Eine große amerikanische Regionalbank, nicht einmal eine [globale] Bank, die die wenigsten Menschen kennen, bietet gegen die heimischen Banken Kuwaits und erhält den Zuschlag.«

Episode Nr. 3: Von Kuwait reiste ich weiter zu einer Konferenz nach Katar. Als ich vor der Abreise in meinem Hotelzimmer die Koffer pack-te, klingelte das Telefon. Am Apparat war eine 21jährige Journalistin aus Katar. Sie habe mein Buch gelesen und würde mich gern kennenler-nen. (Ich habe mir diese Geschichten wirklich nicht ausgedacht, aber meine Frau glaubt sie mir einfach nicht!) Ich sagte der Journalistin, daß ich auf dem Weg zum Flughafen sei, falls sie mit mir im Taxi fahren wolle, könnten wir unterwegs miteinander reden. Sie willigte sofort ein. Es handelte sich um eine liebenswürdige, intelligente junge Frau, die gut Englisch sprach. Ihr Englisch war sogar so gut, daß ich sie fragte, ob sie jemals einen Zeitungsartikel auf Englisch verfaßt habe, denn in diesem Fall könnte sie sich für den bevorstehenden Wirtschaftsgipfel im Mitt-leren Osten bei der *New York Times* als freie Mitarbeiterin melden. Sie sagte: »Na ja, um ehrlich zu sein, ich schreibe für eine Website Nach-richten vom Golf, und meine Regierung weiß nichts davon.«

Ich war schlichtweg begeistert. Stellen Sie sich vor, welche Macht eine junge Araberin dadurch erhält, daß sie der Welt über das Internet von ihrem Land berichtet, und ihre Regierung weiß nicht einmal von ihrer Existenz. Etwas Vergleichbares wäre noch vor zehn Jahren undenkbar gewesen. Aber jetzt sind wir in der Zukunft. Heute werden einige der beliebtesten arabischen Fernsehprogramme und der meistgelesenen arabischen Zeitungen von privaten Unternehmen in Europa ausgestrahlt beziehungsweise gedruckt, und sie entziehen sich jeder Kontrolle durch die heimische Regierung.

Episode Nr. 4: Saudi-Arabien trägt sich mit dem Gedanken, Frauen ans Steuer zu lassen, was bislang streng verboten war. Über dieses Thema wird in Saudi-Arabien schon seit Jahren heftig diskutiert, aber in jüngster Zeit noch drängender. Warum? Seit dem Fall des Erdölpreises kann es sich das Königreich kaum noch leisten, die 500000 Ausländer zu bezahlen, die als Chauffeure in Saudi-Arabien arbeiten. Nehmen wir das Interview, das in der arabischen Zeitung *Al-Quds al-Arabi* veröffentlicht und vom *Mideast Mirror* am 17. April 1998 übernommen wurde. Es war ein Interview mit Prinz Talal bin Abdul-Aziz, dem vermutlich liberalsten Mitglied der Herrscherfamilie Saud. Talal ist ein Halbbruder von König Fahd und von Verteidigungsminister Sultan und der Vater von Prinz al-Waleed bin Talal, dem wohl risikofreudigsten Finanzier Saudi-Arabiens. Auf die Frage, ob er dafür sei, Frauen ans Steuer zu lassen, sagte Talal »unbedingt« und fügte hinzu: »Saudische Frauen lenkten früher auch Kamele und reisten bei Nacht unter Männern. Worin unterscheidet sich ein Kamel von einem Auto?... Frauen am Steuer sind eine wirtschaftliche Notwendigkeit geworden. Wir überweisen Millionen Dollar in harter Währung an die Heimatländer der Chauffeure. Das können wir uns sparen.«

Prinz Talal fuhr fort: »Politische Reformen kommen als Teil der Globalisierung, und wir müssen uns in jeder Hinsicht auf diese neue Entwicklung vorbereiten... Die Globalisierung stützt sich augenblicklich auf Demokratie, Menschenrechte und Marktwirtschaft. Jemand nannte die Globalisierung einmal im Scherz die ›Mode‹ des Zeitalters, bei der wir mitmachen müssen. Wenn sogar das kommunistische China mit der ›Mode‹ geht, was ist dann mit den kleinen Staaten in der arabischen Welt? Sie müssen erkennen, daß eine Veränderung unvermeidlich ist.«

Was lernen wir aus diesen Episoden? Wir lernen daraus, daß sich alles, was Saddam Hussein tut oder bleiben läßt, ob er bei einem Nachbarn einmarschiert oder nicht, sehr nachteilig auf die Stabilität im Mittleren Osten auswirken wird. Und daß seine Aktionen mit großer Wahrscheinlichkeit noch mehr Kriege und noch mehr Waffenstillstände zur Folge haben werden, bis er endlich abgelöst wird.

Aber in der Zwischenzeit ist eine andere, stille Invasion im Mittleren

Osten im Gange – die Invasion der Information und des Privatkapitals durch die Kanäle des neuen globalisierten Systems. Jahrelang war die arabische Welt weitgehend gegen die Revolutionen in der Informationstechnik und auf den Finanzmärkten abgeschottet, die Asien und andere Teile des Globus grundlegend verändert haben. Mit Hilfe des Erdöls konnten die Araber und Iraner es sich leisten, sich einem großen Teil des Drucks in Richtung einer Verkleinerung, Dynamisierung und Privatisierung ihrer Volkswirtschaften zu entziehen. Sie konnten Schutzwälle gegen den Druck errichten und die Wälle selbst nach dem Fall der Berliner Mauer stehen lassen. Inzwischen geht das allerdings nicht mehr. Die Art und Weise, wie die arabischen Gesellschaften auf die Invasion des Privatkapitals und der Information reagieren werden – ob sie sich anpassen, sie übernehmen, sich widersetzen oder sie ablehnen –, wird sich genauso auf die Geopolitik dieser Region auswirken wie Saddam Husseins Verhalten. Wer diese andere Invasion nicht sieht, der kennt den heutigen Mittleren Osten nicht, und wer diese andere Invasion nicht berücksichtigt, der kann keine Strategie für den heutigen Mittleren Osten entwerfen. Seien Sie gewiß: Bei dieser stillen Invasion wird es keinen Waffenstillstand geben.

Einmal schlenderte ich mit der Teheraner freien Korrespondentin der *New York Times* durch die Straßen der Stadt, einer 21jährigen, westlich orientierten Iranerin. Wir sprachen darüber, welchen Einfluß das Erdöl auf die iranische Politik hat, vor allem darüber, daß es den Ayatollahs aufgrund des Erdöls möglich ist, länger an der Macht zu bleiben, als es ihnen ohne Erdöl gelingen würde, weil die Ölvorkommen die allgemein schwache Wirtschaftsleistung des Iran unter der islamischen Herrschaft ausgleichen. Erdöl, nicht nur der religiöse Fanatismus, war die eigentliche Geheimwaffe der Ayatollahs. Ohne die Finanzspritze, die das Erdöl einbrachte, hätten die Ayatollahs den Iran stärker der Welt öffnen und sich die Goldene Zwangsjacke anlegen müssen, weil die iranische Wirtschaft ohne massive ausländische Investitionen durch das Bevölkerungswachstum einfach überfordert wäre. Während wir diesen Gedanken hin und her bewegten, sagte die junge Iranerin einen Satz, den ich nie vergessen werde. Sie sagte über den Iran: »Wenn wir nur kein Erdöl hätten, dann könnten wir wie Japan sein.«

Ich versprach ihr: Eines Tages werden die iranischen Ölquellen versiegen, oder die Welt wird eine Alternative für iranisches Öl finden, und wenn das geschieht, werden sich die Ayatollahs die Goldene Zwangsjacke anziehen müssen, oder sie werden abgesetzt. »Sagen Sie mir den Tag, an dem die ersten Ölquellen versiegen«, ermutigte ich sie, »und ich werde Ihnen den Tag sagen, an dem Ayatollah Gorbatschow hier auf der Bühne erscheint.«

Und natürlich Ronald McDonald.

Zugegeben, noch sehen nicht alle die Welt durch die globalistische Brille. Im Jahr 1996 reiste ich nach Marokko und aß dort einmal mit einem befreundeten amerikanischen Diplomaten zu Abend, den ich in den achtziger Jahren in Moskau kennengelernt hatte. Er erklärte mir, wie sehr sich seine Arbeit von den Tagen des Kalten Krieges unterscheide und wie nebulös im Vergleich zu dem rohen Machtkampf zwischen den Vereinigten Staaten und der UdSSR die Kräfte nunmehr seien, die augenscheinlich das Land prägten, in dem er arbeitete. »Als ich in den diplomatischen Dienst eintrat«, vertraute er mir an, »war das eine Institution, bei der man wußte, wo es lang ging. Wir erhielten Sprachunterricht, wurden ins Spiel geschickt und an eine Botschaft in Übersee entsandt. Ungefähr so wie der alte Stürmer vom Platz geht und der neue Stürmer das Spielfeld betritt, und wir kannten die Spielregeln und wußten, wo die Torlinie war. Aber jetzt zermartern wir uns alle den Kopf und fragen uns: ›Wohin gehen wir, mit welchem Ball spielen wir, und wer sieht überhaupt zu?‹ Der Botschafter kommt in dein Büro und fragt: ›Was tun Sie für mich?‹ Und du weißt es selbst nicht so recht. Also fragst du dich: ›Warum bin ich hier?‹ [Die Tatsache, daß die US-Regierung [1996] den Laden hätte dicht machen können und es niemandem aufgefallen wäre, hat viele Menschen aufgerüttelt... Je länger ich hier bin, desto mehr habe ich das Gefühl, ich befinde mich in der Szene aus dem *Früchte des Zorns*, wo der Bankier kommt, um dem Pächter das Haus wegzunehmen, und der Pächter droht, den Bankier zu erschießen. Der Bankier sagt, es sei nicht seine Schuld, er arbeite nur für eine große Gesellschaft. Und der Farmer fragt: ›Nimmt das denn gar kein Ende? Wen kann man denn erschießen?‹ Der Bankier erwidert: ›Ich weiß nicht, vielleicht gibt es niemanden, den man erschießen kann.‹«

Diese Klage meines Freundes hört man heute oft unter Außenpolitikern. Was hatte ihn so verwirrt? Das System des Kalten Krieges war eine geteilte Welt, und jeder wußte, woran die Macht gemessen wurde, wie die Drohungen, Abschreckungsmittel und Anreize einzuschätzen waren und wie in dieser Welt eine Strategie entwickelt wurde. Gewiß gab es viele Meinungsunterschiede, wie die Strategie aussehen sollte – strikte Eindämmung, Entspannung oder Rüstungskontrolle –, aber alle benutzten offensichtlich den gleichen Wortschatz und waren sich einig, welche Elemente zu der Strategie gehörten. Es herrschte allgemeine

Übereinstimmung, daß der Kalte Krieg ein herkömmliches System des Mächtegleichgewichts war, das sich auf Staaten, Armeen und Atomwaffen stützte. Und ein Stratege stellte diese Spielsteine nach eigenem Gutdünken so auf, daß es der Stärkung oder der Überwindung der Teilung dienlich war.

Die Geopolitik in der Ära der Globalisierung ist sehr viel komplexer. Wir müssen uns immer noch Gedanken machen über Drohungen von Staaten, die auf der anderen Seite stehen: Irak, Iran, Nordkorea. Aber wir müssen uns auch verstärkt mit den Gefahren befassen, die von jenen ausgehen, mit denen wir über die Märkte verbunden sind – nicht zuletzt durch das Internet –, und von supermächtigen Individuen, die jederzeit auftauchen können. Diese Gefahren sind oft schwer zu erkennen, die nötigen Abschreckungsmittel sind schwer zu finden, die Ressourcen stehen nicht so leicht zur Verfügung, und dennoch besitzen sie ein gewaltiges Potential, einen Staat zu destabilisieren oder sein Verhalten in eine bestimmte Richtung zu lenken.

Aus einer Vielzahl von Gründen haben sich die Außenpolitiker nur langsam auf dieses System eingestellt. Teilweise liegt es daran, daß das System noch zu neu ist und unsere Erfahrungen damit noch zu begrenzt sind. Teilweise liegt es aber auch daran, daß Menschen, die ihr Leben lang Experten für eine Sache waren – den Kalten Krieg –, es nicht gerne hören, daß ihr Expertenwissen ihnen bei der Analyse der Geopolitik in diesem neuen System nicht viel weiterhelfen wird, und folglich versuchen sie, das zu ignorieren. Teilweise mag es auch damit zusammenhängen, daß viele außenpolitische Fragen in diesem System so ganz und gar nicht spektakulär sind. Ihnen fehlen die Dramatik und die Leidenschaft der Staatsgründungen im 19. und 20. Jahrhundert, als entschieden wurde, wie die Grenzen eines jeden Landes verlaufen sollten und wer innerhalb der Grenzen leben sollte. Die großen Themen der Bewahrung der Identität und der Selbstbestimmung stehen heutzutage immer seltener auf dem Spiel. Freilich werden in China immer noch die Menschenrechte mit Füßen getreten. Und in Bosnien, Ruanda, im Kosovo und im Friedensprozeß zwischen Israel und Palästinensern geht es auch um die eigene Identität, aber verglichen mit der Nachkolonialzeit und der Ära des Kalten Krieges sind solche Themen erheblich seltener geworden. Die große Frage im heutigen System der Globalisierung hat mit ausgleichender Gerechtigkeit zu tun: Wer erhält was innerhalb der bestehenden Grenzen der Nationalstaaten?

(Die Ära der Globalisierung kann sich durchaus als das große Zeitalter der Bürgerkriege erweisen, der innerstaatlichen anstelle der zwischenstaatlichen Kriege. In den neuen Bürgerkriegen werden die Schlachtlinien nicht zwischen Pro-Amerikanern und Pro-Sowjets verlaufen, ja nicht einmal zwischen traditionell Linken und traditionell Rechten. Nein, die neuen Bürgerkriege werden zwischen Anhängern und Gegnern der Globalisierer geführt werden, zwischen den Globalisten in jeder Gesellschaft und den Lokalisten in jeder Gesellschaft, zwischen denen, die von dem Wandel und dem neuen System profitieren, und jenen, die ausgeschlossen bleiben. Wenn man heute den Iran betrachtet, China, Indonesien, Brasilien, Indien und Rußland, dann sieht man dort enorme Spannungen zwischen denen, die das nötige Geschick, die Fähigkeit, die Ressourcen und die Neigung haben, aus dem System der Globalisierung Vorteile zu ziehen, und jenen, die dazu nicht in der Lage sind. Deshalb antworte ich manchmal, wenn mich jemand fragt, wovon ich lebe: »Ich bin außenpolitischer Kolumnist der *New York Times,* und ich berichte über die Kriege zwischen den Gewinnern und den Verlierern *in* den Ländern.« Denn diese Kriege und ihre Ergebnisse – sei es in Indonesien, Rußland oder Brasilien – prägen heute die internationalen Beziehungen offensichtlich stärker als Kriege *zwischen Ländern.*)

Schließlich und endlich hat sich die Sichtweise des heutigen Systems deshalb so langsam gewandelt, weil Teile des außenpolitischen Establishments geradezu allergisch reagieren, wenn die Märkte und die Finanzwelt in die Analyse mit einbezogen werden sollen. Gerade so als sei es ungehörig oder unmännlich, Geld und Märkte zur Sprache zu bringen, wenn von Geopolitik die Rede ist. Im Jahr 1998 hatte ich mehr als einmal mit Analytikern der Außenpolitik zu tun, die sich darüber beklagten, daß die Welt aus den Fugen geraten sei und sich in einem dieser langweiligen Stadien befinde, in denen strategisches Denken in großen Dimensionen unmöglich sei. Ich antwortete immer mit etwa diesen Worten: »Sie sprechen von unserer Zeit, als würden sich die Strategen langweilen. Aber von Mitte August bis heute hätte sich das gesamte globale Wirtschaftssystem, wie wir es kennen, beinahe in Luft aufgelöst, angefangen mit der Krise in Rußland. Es ist etwas im Gange, das jede große und kleine Macht in der Welt zerstören könnte. Eine Unmenge von Strategien werden entworfen und die Maßnahmen miteinander koordiniert, um das zu verhindern. Der einzige Unterschied liegt darin, daß die Strategien von Menschen entworfen werden, die Sie in der Regel nicht mit der großen Strategie in Verbindung bringen. Ihre Namen lauten Greenspan, Rubin und Summers. Aber glauben Sie nur ja nicht, weil sie die Arbeit übernommen haben und nicht etwa der Außen- oder

der Verteidigungsminister, sei keine globale Vision dafür nötig gewesen und hätten sie keine globalen Strukturen geschaffen, welche die zwischenstaatlichen Beziehungen prägen und hoffentlich stabilisieren. Wenn das keine große Strategie ist, dann weiß ich nicht, was Strategie ist. Und wenn das keine Außenpolitik ist, dann weiß ich nicht, was Außenpolitik ist.«

Wer als Journalist diese Weltordnung erklären oder sie als Stratege erfolgreich neu gestalten will, kann nicht umhin, sie aus globalistischer Sicht zu betrachten. Das bedeutet ein ständiges Vor und Zurück in den sechs Dimensionen: Wirtschaft, nationale Sicherheit, Politik, Kultur, Umwelt und Technik. Je nach Kontext werden die einzelnen Dimensionen entsprechend gewichtet.

Ehre, Furcht und Interesse werden auch weiterhin die Nationalstaaten bewegen. Während die Länder dies anstreben, werden sich manche den neuen Beschränkungen, Zwängen und Anreizen des Systems der Globalisierung beugen, andere werden die Beschränkungen testen und sich dann zurückziehen, und wieder andere werden die Beschränkungen einfach ignorieren und versuchen, sie zu durchbrechen. Ich wage nicht vorauszusagen, wie das Endergebnis aussehen wird; ich sage lediglich voraus, daß in der Ära der Globalisierung gerade das Wechselspiel zwischen den jahrhundertealten außenpolitischen Impulsen und dem neuen komplexen System die Bühne der internationalen Beziehungen beherrschen wird.

Diesen Punkt behandelte ich einmal in einer Kolumne. Dabei malte ich mir aus, wie ein Gespräch verlaufen könnte, wenn der sehr taktvolle Außenminister Warren Christopher versuchte, das System der Globalisierung und deren Auswirkung auf die Geopolitik einem weniger feinfühligen Politiker zu erklären, etwa dem syrischen Präsidenten Hafez el-Assad – einem Mann des Kalten Krieges und der Olivenbäume. Ich habe den Dialog auf den aktuellen Stand gebracht, heute würde er etwa folgendermaßen lauten:

Warren Christopher: »Hafez – ich darf Sie doch Hafez nennen? Nun, Hafez, Sie sind von gestern. Sie leben immer noch im Kalten Krieg. Ich weiß, daß Sie den Nahen Osten nicht sehr oft verlassen haben, deshalb will ich Ihnen einige Dinge in der neuen Weltordnung erklären. Hafez, Syrien hat jahrelang darüber diskutiert, ob es seinen Bewohnern den Besitz von Faxgeräten erlauben soll. Dann habt ihr vier Jahre lang diskutiert, ob der Anschluß ans Internet erlaubt werden soll. Das ist traurig. Das ist der Grund dafür, daß euer Pro-Kopf-Einkommen lediglich

1200 Dollar im Jahr beträgt. Und ihr könnt allenfalls eure Glühbirnen selbst herstellen. Seit 1994 exportiert euer gesamter privatwirtschaftlicher Sektor nicht einmal Waren im Wert von 1 Milliarde Dollar jährlich. Dutzende Unternehmen bei uns haben nie etwas von euren Exporten in Höhe von 1 Milliarde Dollar jährlich gehört. Wissen Sie, Hafez, ich sage Ihnen das alles deshalb, weil es im Kalten Krieg keine Rolle gespielt hat, ob Syrien Computerchips oder Kartoffelchips hergestellt hat, Autos oder Glühbirnen, denn ihr habt ganz gut damit gelebt, daß ihr einfach von den Supermächten Entwicklungshilfe kassiert und eure Nachbarn erpreßt habt. Ja, ich sehe, Sie lächeln, Hafez. Sie wissen, daß ich recht habe. Ihr habt Milliarden von den Saudis erpreßt, indem ihr durchblicken ließet, daß sich ein, wie die Mafia sagen würde, ›unglücklicher Unfall‹ auf ihren Ölfeldern ereignen könnte, falls sie nicht zahlen wollten. Montags, mittwochs und freitags habt ihr die Russen gemolken, die Europäer dienstags und donnerstags und die Chinesen sonntags. Die Sowjets haben sogar den Ramsch gekauft, den eure staatlichen Fabriken produzierten, und gaben euch im Gegenzug für eure Freundschaft Waffen und Finanzhilfen. Damals hattet ihr ein schönes Leben, Hafez, ein wirklich schönes Leben, und Sie haben alle ausgezeichnet gegeneinander ausgespielt. Meine Hochachtung. Aber, Hafez, diese Tage sind vorüber. Die Saudis können eure Erpressung nicht mehr bezahlen, eure eigenen Ölvorräte gehen zur Neite, schon in zehn Jahren werdet ihr Netto-Ölimporteure sein, und ihr habt die höchste Geburtenrate im ganzen Nahen Osten. Das sind keine guten Aussichten, Hafez. Noch schlimmer für euch ist, daß wir inzwischen eine neue Weltordnung haben. Es gibt keine zwei Supermächte mehr, die man gegeneinander ausspielen kann. Die Sowjets sind kaputt, und wir achten auf einen ausgeglichenen Haushalt. Anstelle der Supermächte gibt es jetzt die Supermärkte, Hafez. Und daß Sie es wissen: Sie können nicht den Aktienmarkt in Tokio gegen den Aktienmarkt in Frankfurt gegen den Aktienmarkt in Singapur und gegen die Wall Street ausspielen. Nein, nein, und nochmals nein, Hafez. Die spielen mit Ihnen. Sie spielen Syrien gegen Mexiko gegen Brasilien gegen Thailand aus. Wer Leistung bringt, wird mit dem Anlagekapital aus den Supermärkten belohnt. Wer keine Leistung bringt, der bleibt auf der Autobahn der globalen Investitionen liegen. Und, Hafez, wie es aussieht, werden Sie liegen bleiben.

Übrigens, Hafez, mir ist aufgefallen, daß Sie und die Türkei kürzlich ein paar Grenzstreitigkeiten hatten, aber mir ist auch aufgefallen, daß Sie einen echten Krieg mit der Türkei um jeden Preis vermeiden wollten.

Wir wissen beide warum, nicht wahr Hafez? Weil es die Sowjetunion nicht mehr gibt und weil ihr genau wißt, daß ihr euch jede Waffe, die ihr in einem Krieg mit der Türkei oder mit Israel oder mit irgend jemandem sonst verliert, mit eurem eigenen Geld nachkaufen müßt – Bezahlung bar auf den Tisch. Zeigen Sie mir das Geld, Hafez! Zeigen Sie es mir doch! Es gibt keine Sowjetunion mehr, die euch neue Waffen liefert oder sie gegen den Schrott eintauscht, den ihr in euren staatlichen Fabriken produziert. Und es gibt keine arabischen Erdölproduzenten mehr, die Waffen für euch kaufen, weil sie ebenfalls pleite sind. Also sind Sie der Gelackmeierte, Hafez. Ich sage immer, es gibt kein besseres Druckmittel gegenüber dem Führer eines Entwicklungslandes, als ihm zu sagen, daß er seine Waffen bitteschön bar bezahlen muß, vor allem heutzutage, wo schon ein modernes Jagdflugzeug bis zu 50 Millionen Dollar kostet. Wissen Sie was, Hafez, ich überlasse Ihnen mein Satellitenhandy. Es ist das neueste Modell von Motorola und mit dem neuen Iridium-Satellitensystem verbunden. Damit erreichen Sie mich in Sekundenschnelle in Washington. Weil ich nämlich nicht die Absicht habe, noch einmal in diese Region zu kommen, Hafez. Bei den neunstündigen Geschichtsvorlesungen über die Kreuzzüge, die Sie mir bei jedem Besuch aufs neue halten, verschwende ich nur meine Zeit. Warum digitalisieren Sie den Vortrag nicht einfach, speichern ihn auf einer CD-Rom und überreichen ein Exemplar allen Außenministern, die Ihr Land besuchen? Oder stellen Sie den Text doch ins Internet, dann können meine Mitarbeiter ihn herunterladen. Wissen Sie, Hafez, ich muß an viel zu vielen anderen wichtigen Orten sein: in Mexiko, Thailand, China. Wer die Golan-Höhen beherrschen soll, ist eine interessante Frage, aber sie ist für die derzeitigen amerikanischen Interessen völlig bedeutungslos. Aber wir hören gern von Ihnen. Wenn Sie bereit sind, ins Geschäftsleben einzusteigen, dann wählen Sie 001-202-647-4910, drükken Sie die SEND-Taste, und fragen Sie nach Warren. Andernfalls, Hafez, lassen Sie mich in Frieden.«

Assads Antwort würde sich vermutlich so anhören:

Assad: »Warren – ich darf Sie doch Warren nennen? Ich hoffe, Sie sitzen bequem in jenem Polstersessel. Ich habe vor Ihnen schon etliche amerikanische Außenminister darin versinken gesehen. Kissinger unterhielt mich gerne mit Geschichten von seinen Rendezvous mit Jill St. John – Henry war ein echter Weiberheld. Baker klappte immer sein Notizbuch zu und sagte mir, falls ich seine zuletzt genannten Bedingungen nicht akzeptierte, würde er Damaskus verlassen und nie mehr wiederkommen. Ach, aber sie kommen immer wieder zurück, nicht wahr Warren? Und Sie auch. Sie sind schon einundzwanzigmal bei uns gewesen, in Mexiko aber nur einmal. Es freut mich, daß Sie sich über Ihre Prioritäten im klaren sind. Also, Warren, Sie haben mir viel von der Welt außerhalb Syriens erzählt. Aber lassen Sie mich einmal von meiner Nachbarschaft erzählen. Die Politik und die Leidenschaft mögen vielleicht in Amerika auf den Aktienmarkt übergegangen sein, aber nicht in den Gassen von Damaskus. Hier beherrschen immer noch die Stammesbande das Geschehen und nicht die Unternehmensbande. Hier dominiert immer noch die eiserne Faust des herrschenden Stammes die Politik und nicht die unsichtbare Hand des Marktes. Das hier ist die Welt der Olivenbäume, Warren, nicht die Welt der Aktienmärkte. Ich stamme von einer Minderheit in Syrien ab, vom Stamm der Alawiten. Das bedeutet, falls ich jemals in irgendeiner Form verwundbar erscheinen sollte, dann wird mir die muslimische Mehrheit im Land bei lebendigem Leib die Haut abziehen und meinen Leichnam am Wegrand liegen lassen. Ich spreche hier nicht nur in Metaphern, Warren. Haben Sie jemals gesehen, wie einem Menschen bei lebendigem Leib die Haut abgezogen wird? Darüber denke ich jeden Morgen nach, Warren – nicht über Amazon.com. Ich lebe in einem echten Dschungel, nicht in einem virtuellen. Aus diesem Grund bin ich vielleicht arm, aber ich bin nicht schwach. Ich kann es mir nicht leisten, schwach zu sein, und mein Volk will nicht, daß ich schwach bin. Die Syrer schätzen die Stabilität, die ihnen meine eiserne Faust sichert. Es gibt ein arabisches Sprichwort: ›Lieber hundert Jahre Tyrannei als einen Tag Anarchie.‹ Zugegeben, wir haben keine, wie ihr sie nennt, McDonald's-Restaurants bei uns. Und unser Pro-Kopf-Einkommen ist nicht so hoch wie das israelische. Aber unsere Währung ist stabil, niemand muß verhungern oder auf der Straße schlafen, die Familienbande sind noch stark, und wir werden von eurer habgierigen Elektronischen Herde nicht zu Tode getrampelt. Wir leben hier in der langsamen Welt, Warren, nicht in der schnellen Welt. Ich habe Geduld. Haben Sie etwa den Eindruck, mein Volk sei ungeduldig, Warren? Ganz und gar nicht. Ich habe die letzte Wahl mit 99,7 Prozent der Stimmen gewonnen, Warren. Meine Mitarbeiter sind danach zu mir gekommen und haben gesagt: ›Herr Präsident, Sie haben 99,7 Prozent der Stimmen erreicht. Das heißt, daß nur 0,3 Prozent der Bevölkerung nicht für Sie gestimmt haben. Was wollen Sie denn mehr?‹ Und ich sagte: ›Ihre Namen.‹

Ha, ha, ha!

Nein, Warren, ich kann es mir leisten, Geduld zu haben. Ich werde mit den Juden nur auf eine Weise Frieden schließen, die mich zu dem einzigen arabischen Führer macht, der weiß, wie man einen ehrenvollen Frieden schließt – der nicht so jämmerlich kriecht wie die Lakaien Arafat und Sadat. Ich werde kein zweiter Sadat sein. Ich habe die Absicht, es besser zu machen als Sadat. Ich habe die Absicht, den Israelis weniger zu geben und mehr dafür zu bekommen. Nur auf diese Weise kann ich mich vor meinen eigenen Fundamentalisten und meiner inneren Opposition schützen und den Status der arabischen Führungsmacht bewahren, der Syrien immer von irgend jemandem Geld einbringen wird. Und wenn das heißt, daß ich mit Hilfe meiner Anhänger im Libanon Israel bluten lassen muß, kein Problem. Das ist hier eine schlechte Umgebung, Warren, und die Israelis sind weich geworden. Zu viele koschere Big Macs, Warren. Die israelischen Jungs, die zum Kampf in den Libanon ziehen, tragen ihre Handys bei sich, damit sie jeden Abend ihre jüdische Mama anrufen können. So brave Jungen. Meinen Sie, wir hätten das nicht bemerkt?

Also, Warren, wenn Sie eine Abmachung über den Golan zwischen mir und den Juden aushandeln wollen, dann müssen Sie in meiner Währung zahlen. Sie bekommen mich nicht umsonst. Aber, Warren, etwas beunruhigt mich. Während ich einen amerikanischen Außenminister nach dem anderen in diesem Polstersessel erlebte, habe ich nicht nur das Ende des Kalten Krieges gesehen, sondern auch das Ende Amerikas als Supermacht. Von dem Platz aus, auf dem ich sitze, hat es den Anschein, als seien wir von einer Welt mit zwei Supermächten zu einer Welt mit einer Supermacht und nun zu einer Welt ohne Supermächte übergegangen. Sie kommen mit leeren Händen und einem Spielzeuggewehr zu uns, Warren. Ich täte besser daran, mit Merrill Lynch zu verhandeln. Zumindest machen die ihre Drohungen auch wahr. Sie, Warren, tauchen hier auf und sind nicht bereit, die Israelis in irgendeiner Form in die Schranken zu weisen. Weil Ihre Regierung so schwach ist, haben Sie Angst, auch nur einen jüdischen Wähler zu vergraulen. Sehen Sie sich doch einmal die Israelis an. Sie bauen immer noch wie verrückt Siedlungen in der Westbank, und Sie haben nicht einmal Piep gesagt, Warren, nicht einmal Piep. Eines erkennt ein syrischer Präsident sofort am Geruch: Schwäche. Und ich rieche derzeit in ganz Amerika Schwäche.

Wissen Sie, was mich an euch Amerikanern wirklich stört? Ihr wollt immer beides haben. Ihr predigt allen eure Werte, Freiheit und Selbstbestimmung, aber wenn diese Werte euren politischen oder wirtschaftlichen Interessen im Wege stehen, dann geht ihr großzügig darüber hinweg. Verschonen Sie mich also mit Ihrer Predigt, Warren. Ihr müßt euch klar werden, ob ihr eine Supermacht sein wollt, die eure Superwerte auch vertritt, oder ein Handelsvertreter, der eure Supermärkte vertritt. Entscheidet Euch. Und laßt mich bitte so lange in Frieden, bis ihr zu einer Entscheidung gekommen seid. Und, Warren, hier haben Sie Ihr Spitzenhandy wieder zurück. Ich kenne niemanden außerhalb von Syrien, den ich anrufen müßte.

Ach, und übrigens, seien Sie vorsichtig, wenn Sie den SEND-Knopf drücken. Man weiß nie, was da alles passieren kann ...«

11

Demolition Man

7. Pepsis Werbespruch »Come alive with the Pepsi Generation« wurde ins Chinesische übersetzt mit »Pepsi bringt eure Vorfahren aus dem Grab zurück«.
8. Frank Perdues Werbespruch für seine Hühnchenprodukte »Man braucht einen starken Mann, um ein zartes Hühnchen zu kochen« wurde folgendermaßen ins Spanische übersetzt: »Man braucht einen erregten Mann, um ein Hühnchen zärtlich zu stimmen.«
9. Der Name Coca-Cola wurde in China zunächst als »Ke-kou-ke-la« ausgesprochen, was je nach Dialekt soviel heißt wie »Biß in die Wachskaulquappe« oder »Stute gefüllt mit Wachs«. Coke untersuchte dann 40 000 Silben und fand schließlich das phonetische Äquivalent »ko-kou-ko-le«, was soviel bedeutet wie »Freude im Mund«.
10. Die Mitarbeiter von Parker wollten in Mexiko einen Kugelschreiber mit dem Werbespruch vermarkten: »Er wird in Ihrer Tasche nicht klecksen und Ihnen keinen Ärger machen.« Durch einen Übersetzungsfehler wurde daraus: »Er wird in Ihrer Tasche nicht klecksen und Sie nicht schwanger machen.«

Aus einer Liste der zehn größten globalen Marketingfehler,
veröffentlicht in der *Sarasota Herald Tribune*,
19. Januar 1998

Im Jahr 1993 spielten Sylvester Stallone und Wesley Snipes in einem wenig bekannten, kaum in Erinnerung gebliebenen, aber auf perverse Weise brillanten Film namens *Demolition Man*. Die Handlung ist im Jahr 2032 angesiedelt. Die Globalisierung beherrscht nun das amerikanische Leben voll und ganz, und es ist gesetzlich verboten, zu fluchen, zu rauchen, das Essen zu salzen, arm zu sein, Körperflüssigkeiten auszutauschen, vulgär zu reden, Alkohol zu trinken und ohne Lizenz Kinder zu bekommen. Erzganove Simon Phoenix (Snipes) wird nach einer dreißigjährigen Haftstrafe in einem Tiefkühlgefängnis, in dem alle Insassen schockgefroren werden, wieder aufgetaut. Er findet ein ruhiges, friedliches Südkalifornien ohne Kriminelle vor, geradezu prädestiniert, daß ein skrupelloser Gangster wie er es pflückt wie eine reife Frucht. Die Beamten vor Ort kennen Verbrechen überhaupt nicht mehr und merken rasch, daß sie einen altmodischen Cop brauchen, um diesen altmodischen Verbrecher zu jagen. Folglich tauen sie John Spartan (Stallone)

auf, der seine Zeit ebenfalls als Eiswürfel in dem Tiefkühlgefängnis ver-
bringt, weil bei einem früheren blutigen Zusammentreffen mit Phoenix
viele unschuldige Menschen ums Leben kamen. Die Handlung ist jedoch bedeutungslos. Bemerkenswert und nachdenkenswert an diesem
Film ist allein die Tatsache, daß es in diesem futuristischen, globalisierten Südkalifornien nur noch ein Restaurant gibt: Taco Bell.

Stallone erfährt das, frisch aufgetaut, als ein Beamter ihm zu Ehren
eine Dinnerparty geben will, weil Stallone ihm einmal das Leben gerettet hat. Stallone ist schockiert, als er hört, daß die Dinnerparty in einem
Taco Bell stattfinden soll. Bei der Fahrt zu dem Restaurant kommt es zu
folgendem Dialog mit seiner Kollegin, gespielt von Sandra Bullock.

Stallone: »Er sagt, ich hätte ihm das Leben gerettet, na, ich bin mir da
nicht so sicher, und meine Belohnung sollen ein Essen und ein bißchen
Tanz bei Taco Bell sein? Ich meine, ich esse wirklich gern mexikanisch,
aber muß es dort sein?«

Bullock: »Sie sprechen halb scherzhaft, aber Sie wissen nicht, daß
Taco Bell als einziges Restaurant die Filialkriege der großen Ketten
überlebt hat.«

Stallone: »Und?«

Bullock: »Deshalb sind heute alle Restaurants Taco Bells.«

Stallone: »Oh nein!«

Die beiden betreten dann das schicke Taco Bell, wo der Mann am
Piano, der wie Barry Manilow klingt, den Werbesong für Dosengemüse
von Green Giant singt:

»Good Things from the garden
Garden in the valley
Valley of the Jolly Green Giant.«

Im Jahr 2032 sind die einzigen Lieder nämlich Werbesongs. Als die
Gruppe zum Essen Platz genommen hat, bittet Stallone jemanden, ihm
das Salz zu reichen.

Bullock: »Salz ist nicht gut für Sie und deshalb verboten.«

In den Augen Hollywoods wird Amerika genau so aussehen, wenn
die Globalisierung erst im ganzen Land herrscht und die Kultur und
die Umwelt homogenisiert, standardisiert und sterilisiert hat. Es ist ein
beklemmendes Science-fiction-Szenario der Zukunft. Mir bereitet jedoch am meisten Kopfzerbrechen, daß darin womöglich mehr als nur
ein Körnchen Wahrheit – und Salz – steckt.

Im Herbst 1997 reiste ich nach Doha in Katar und stieg im Hotel Sheraton ab, das direkt an der Spitze der kurvenreichen Uferpromenade

von Doha liegt und einen herrlichen Ausblick auf den blau-grünen Persischen Golf bietet. Die Uferstraße von Doha ist ein 16 Kilometer langer Fußweg, mit weißen Steinen gepflastert und von Gärten und Palmen gesäumt. Frauen in traditioneller Kleidung, einige mit schwarzen Masken mit Sehschlitzen, schlendern die Promenade entlang. Katari-Männer machen ihnen schöne Augen und stoßen sehnsüchtige Laute aus, Mütter schieben Kinderwägen, Familien gehen gemeinsam spazieren, und alle umspielt vom Golf her eine zärtliche, kühle Brise. An meinem ersten Morgen in Doha schlenderte ich die Promenade entlang, und als ich die Farben, die bunte Palette der Menschen und die ganze Szenerie in mich aufsog, sagte ich mir: Dieser Ort ist wirklich geschmackvoll gestaltet. Wenn es eine authentische Kultur und ein Bild des Persischen Golfes gibt, dann ist es hier. Je länger ich ging, desto mehr genoß ich es – bis ich um eine Ecke trat und es plötzlich vor mir aufragte wie ein riesiger Fleck am Horizont:

Taco Bell.

Ja, genau hier, mitten auf der Promenade von Katar, Taco Bell – und auf dem Dach prangte ein sechs Meter hohes Bildnis des Emirs von Katar. Ich sah es an und dachte bei mir: Oh nein, verdammt nochmal, was hat das hier verloren? Wieso mußten sie ein Taco Bell mitten auf diese herrliche Promenade setzen? Hier spürte ich eben noch das echte Katar, hier fühlte ich mich weit weg von zu Hause in einem einzigartigen Winkel der Welt, und dann taucht da ein Taco Bell auf. Und das Schlimmste daran: *Es war proppenvoll!*

Der Schriftsteller Thomas Wolfe sagte einmal »Du kannst nie wieder nach Hause gehen«, aber ich fürchte, er hatte unrecht. In einer globalisierten Welt wird man nicht imstande sein, das Zuhause wieder zu *verlassen*. Weil durch die Globalisierung ein einziger Marktplatz entsteht – mit gigantischen Kosteneinsparungen als Lohn dafür, daß man das gleiche Geschäft und das gleiche Produkt zur gleichen Zeit auf der ganzen Welt anbietet –, wird gleichzeitig der Konsum auf der ganzen Welt homogenisiert. Und weil die Globalisierung mit einer derartigen Schnelligkeit die Kultur homogenisiert und die Umwelt verschluckt, besteht tatsächlich die Gefahr, daß die ökologische und kulturelle Vielfalt, die in Millionen Jahren der menschlichen und biologischen Evolution entstanden ist, schon nach wenigen Jahrzehnten ausgelöscht sein könnte.

Tatsächlich gibt es nur eine Hoffnung, wie dieser Prozeß gestoppt oder zumindest gebremst werden könnte. Genau wie die Länder die entsprechenden Sicherungen und die nötige Software entwickeln müssen, wenn sie sich auf der Ebene der Finanzwelt an die Elektronische

Herde anschließen wollen, ohne von ihr überwältigt zu werden, muß das auch bei Umwelt und Kultur so sein. Die Länder müssen hinreichend starke Filter auf der Ebene der Kultur und der Umwelt entwickeln, damit sie mit der Herde Kontakt aufnehmen können, ohne von ihr niedergetrampelt zu werden, damit ihre Kultur und ihre Umwelt nicht zu einem globalen Einheitsbrei verkommen. Wenn die Länder das nicht schaffen, vor allem die Entwicklungsländer, dann werden wir alle ärmer werden. Es wird allmählich überall gleich aussehen, überall die gleichen Taco Bells, Kentucky Fried Chickens und Marriotts, die gleichen Einkaufsstraßen, die gleichen Figuren aus MTV und Disneyland, die gleichen Filme, die gleiche Musik und die gleiche musikalische Berieselung in Kaufhäusern, die gleichen kahlen Wälder und betonierten Täler. Eine Reise durch die Welt wird dann einem Besuch in einem Zoo ähneln, wo in jedem Käfig das gleiche Tier zu sehen ist – ein ausgestopftes Tier.

Die Menschen in Bangkok sprachen immer noch davon, als ich im März 1996 die Stadt besuchte. Sie nannten es die »Mutter aller Verkehrsstaus«.

Anlaß dafür waren die viertägigen landesweiten Ferien zu Beginn der Regenzeit in Thailand im April des Vorjahres. Richard Frankel, ein Umweltingenieur in Bangkok, erzählte mir, was sich abgespielt hatte: »Am Mittwochabend beschlossen wir, dem Verkehr ein Schnippchen zu schlagen und die Stadt zu verlassen. Wir hatten vor, nach Chiang Mai zu fahren, 320 Kilometer nördlich, und die Ferien dort zu verbringen. Also packten wir das Auto, fütterten die Kinder und fuhren los. Wir wollten die Schnellstraße um Bangkok nehmen, weiter stadtauswärts fahren bis hinter den Flughafen und dann nach Norden abbiegen. Abends um zehn Uhr fuhren wir von zu Hause ab. Die Kinder schliefen auf dem Rücksitz, alles war bestens – bis wir auf die Schnellstraße kamen. Die Autos standen auf einer Länge von 100 Kilometern Stoßstange an Stoßstange. Bis zehn Uhr morgens hatten wir erst den Flughafen erreicht, ein paar Kilometer von unserem Haus entfernt. Einige Leute ließen ihre Autos einfach stehen. Uns gelang es schließlich, kehrt zu machen und die Ferien zu Hause zu verbringen.«

Bangkok ist ein Extrembeispiel dafür, was eintreten kann, wenn sich ein Entwicklungsland dem Ansturm der globalen Investitionen ohne die notwendigen Filter und Sicherungen zur Steuerung des Wachstums öffnet. Betrachten Sie das Problem einmal folgendermaßen: Heute, Ende der neunziger Jahre, leben rund 5,8 Milliarden Menschen auf unserem

Planeten. Sagen wir einmal, 1,5 Milliarden von ihnen leben in einem globalisierten Lebensstil, wie man es nennen könnte. Das heißt, sie gehören der unteren Mittelschicht, der Mittel- oder der Oberschicht ihrer Gesellschaft an, haben einen Fernseher, vielleicht ein Telefon, irgendein Fahrzeug, um sich fortzubewegen, ein Haus mit einem Kühlschrank und einer Waschmaschine und vielleicht einem Trockner. Mit anderen Worten: Sie pflegen einen Lebensstil, der auf dem massiven Verbrauch von petrochemischen Produkten (von Kunststoffen bis hin zu Düngemitteln), Kohlenstoffverbindungen (Kohle, Gas und Öl) und Leichtmetallen (Autos, Kühlschränke, Flugzeuge) beruht. Im kommenden Jahrzehnt werden durch die Globalisierung immer mehr Menschen in den Genuß dieses Lebensstils kommen, und wenn wir nicht lernen, bei immer mehr Dingen immer weniger Material zu verbrauchen, dann werden wir unsere ursprünglichen Landschaften, die Wälder, Flüsse und Feuchtgebiete, verbrennen, verheizen, zupflastern, ausrangieren, verkaufen und in Rauch aufgehen lassen, und das mit einer in der Geschichte der Menschheit noch nie dagewesenen Geschwindigkeit.

Besuchen Sie einmal Bangkok und sehen Sie sich die Stadt der Zukunft an: eine reiche Stadt, ein jämmerliches Leben. Wegen der Verkehrsstaus verlassen manche Autofahrer in Bangkok ihr Haus nie, ohne ein Handy und einen Nachttopf mitzunehmen. Bangkok ist eine Stadt mit 10 Millionen Menschen, in der so wenig zentral geplant wurde, daß sie noch Ende der neunziger Jahre kein U-Bahnnetz hatte, nicht einmal eine eigene Spur für den öffentlichen Nahverkehr. Viele Bewohner von Bangkok laden unter der Woche keine Gäste ein, weil sich nicht voraussagen läßt, wann jemand eintrifft. »Die ganze Spontaneität des Lebens ist verloren gegangen«, beklagte sich der Umweltjournalist James Fahn eines Nachmittags, als wir in dem kahlen Stadtpark im Zentrum von Bangkok saßen. »Man kann nicht einfach einen Freund anrufen und vorschlagen: ›Treffen wir uns in einer Viertelstunde in einem Restaurant.‹«

Die Entwicklungsländer bringen immer wieder das Argument vor: »Wir machen jetzt ein bißchen Durcheinander und regeln die Sache später, wenn wir es uns leisten können.« Aber wie das Beispiel Bangkok zeigt, gibt es möglicherweise gar kein Später, wenn eine Stadt so schnell und so ungezügelt wächst. Viele Gehsteige sind bereits verschwunden. Für neue Parkanlagen ist kein Platz geblieben. Für neue Gebäudeflächen wurden Kanäle zubetoniert. Die Fische im Fluß sind tot. Die Hälfte der Verkehrspolizisten leidet unter Atemwegserkrankungen. In Bangkok überrannten der freie Markt und die Elektronische Herde schlichtweg die Regierung oder wurden so viel reicher als die Regierung, daß Investoren mit Hilfe von Bestechungsgeldern die Umweltauflagen umgehen konnten. Ein amerikanischer Diplomat in Thailand bemerkte mir gegenüber bei meinem Besuch im Jahr 1996: »In der ehemaligen Sowjetunion haben wir vor kurzem erst ein gutes Dutzend neue Botschaften eröffnet, und dort ist es unsere Aufgabe, den Leuten zu erklären, daß es so etwas wie einen ›Markt‹ gibt. Hier in Thailand ist es unsere Aufgabe, den Leuten zu erklären, daß es auch etwas anderes als den Markt gibt.«

In Jakarta traf ich mich einmal mit Agus Purnomo, der den World Wide Fund for Nature (WWF) in Indonesien leitet, und fragte ihn: »Wie fühlt man sich als Umweltschützer in einem Schwellenland? Fühlt man sich wie der Mann vom Kundendienst für Kühlschränke, der einsamste Mann der Stadt?«

»Wir laufen ständig der Entwicklung hinterher«, stöhnte er. »Ehe wir auch nur die Chance hatten, hier eine größere Zahl Menschen zu überzeugen, daß eine umweltverträgliche Entwicklung der richtige Weg ist, liefen die Baupläne für Straßen, Fabriken und Kraftwerke munter weiter. Wir haben hier eine hohe Arbeitslosigkeit, und so wird jedes Projekt unterstützt, das Arbeitsplätze verspricht. Und wir werden dann als Vernichter von Arbeitsplätzen gebrandmarkt und als Außenseiter behandelt.«

Die damit einhergehende Umweltvernichtung schreite inzwischen rasch voran und sei häufig nicht mehr rückgängig zu machen. »Man verliert einen Berg, man verliert ihn einfach – und kann ihn nicht wieder nachwachsen lassen. Wenn man Wälder abholzt, kann man sie wieder aufforsten, aber dabei geht die biologische Vielfalt verloren – all die Pflanzen und Tiere. Ich fürchte, daß unser Umweltbewußtsein in zehn Jahren geschärft sein wird, aber dann wird es nichts mehr zu schützen geben.«

Was ist zu tun? Können wir eine Methode für eine umweltverträgliche und nachhaltige Globalisierung entwickeln? Eine Hoffnung besteht gewiß darin, daß die Technik sich so weiterentwickelt, daß sie uns helfen wird, grüne Lungen schneller zu schützen, als die Elektronische Herde sie zertrampeln kann. Wie Robert Shapiro von Monsanto gern sagt: »Die Bevölkerungszahl multipliziert mit dem menschlichen Streben nach einer Mittelschichtexistenz, geteilt durch die aktuellen technischen Hilfsmittel, setzen die biologischen Systeme, die das Leben auf unserem Planeten erhalten, permanent unter Druck. Wenn drei an einem See wohnende Menschen ihren Müll dort hineinkippen, ist das keine große Sache. Wenn das aber 30 000 Menschen tun, müssen wir einen Weg finden, nicht so viel Müll zu produzieren oder den Müll zu entsorgen oder die Zahl der Menschen zu verringern, die Müll machen – sonst wird der See irgendwann nicht mehr da sein.«

Dafür werden einige großartige Neuerungen in der Informations-, Bio- und Nanotechnologie (der Miniaturisierung bis auf die Größe von Molekülen und Atomen, mit deren Hilfe winzige Energiequellen gebaut werden können, die riesige Systeme antreiben) erforderlich sein, damit wir in einem immer kleineren Format Produkte bauen können und dabei immer weniger Material verbrauchen. Beispielsweise ist es ermutigend, daß wir dank der Biotechnologie in der Lage sind, in eine Pflanze einzudringen und die genetische Struktur ihrer DNA dahingehend zu verändern, daß sie auf natürliche Weise Insekten abwehrt, ohne daß Kunstdünger und Pestizide eingesetzt werden müssen. Es macht auch Mut, daß dank der Informationstechnik heutzutage Dinge wie Aufnahmebänder und Filme in digitale Signale umgewandelt werden – Folgen aus Nullen und Einsen –, die nicht gefährdet sind, keinen Müll produzieren und sich endlos wiederverwenden lassen.

Technische Durchbrüche allein werden aber nicht ausreichen, um die Umweltzerstörungen durch die Herde wieder aufzuheben, weil die Innovationen einfach nicht schnell genug entwickelt werden – verglichen mit der Schnelligkeit, mit der die Herde voranschreitet, wächst und verschlingt. Das läßt sich allein an den statistischen Daten der Umweltzerstörung ablesen. Die Zeitschrift *Time* berichtete 1998, daß die Hälfte der weltweit bekannten 233 Primatenarten inzwischen vom Aussterben bedroht ist und daß *in jeder Minute* 20 Hektar Wald vernichtet werden.

Deshalb müssen auch die Umweltschützer lernen, schneller voranzukommen. Sie müssen schnell die regulierende Software und die Verfahren entwickeln, um Umweltschutz durchzusetzen, damit eine nachhaltige Entwicklung sichergestellt wird und die noch unberührten Gebiete bewahrt werden. Sie müssen die Zusammenarbeit mit den Bauern vor Ort und der ursprünglichen Bevölkerung intensivieren, deren Lebensweise von gesunden Wäldern und anderen natürlichen Systemen abhängt. Sie müssen rasch einheimische Eliten heranziehen, die bereit sind, Naturparks und Naturschutzgebiete zu gründen und zu erhalten, um die sich die neue Bourgeoisie und die städtischen Unterschichten wenig kümmern, sei es, weil sie keine Zeit, keine Mittel oder einfach keine Lust haben. Und natürlich müssen sie sofort für eine wirksame Geburtenkontrolle eintreten, weil ein ungebremstes Bevölkerungswachstum sämtliche Umweltschutzmaßnahmen zunichte machen wird. Howard Youth schildert in der Zeitschrift *World Watch,* wie die karibische Bevölkerung von Honduras mit der Zeit ein grünes Bewußtsein entwickelt hat, merkt aber an, daß alle Bemühungen durch einen Mangel an Kondomen zunichte gemacht werden.»Wenn man über die honduranische Provinz fliegt«, schreibt er,»kann man beinahe das Land wachsen sehen: sich ausbreitende Buschfeuer, neue Städte, neue Straßen, neue Schneisen in den Wäldern, wo abgeholzt wurde, bilden ein Schachbrettmuster menschlicher Tätigkeit... Am höchsten ist das Bevölkerungswachstum auf dem Land – in Dörfern, die weiträumig über ein zerklüftetes Gelände verstreut sind –, und an vielen solchen Orten sind Präservative kaum zu bekommen...«

Gewiß wäre es schön, wenn die Umweltschützer auf all diesen Gebieten schneller Fortschritte erzielen würden, doch es wäre unrealistisch, dies zu erwarten. Was also bleibt uns zu tun? Bislang gibt es nur einen Weg, ebenso schnell zu reiten wie die Herde, indem man nämlich in ihr mitreitet und versucht, ihre Richtung zu verändern. Wir müssen der Herde vor Augen führen, daß grüne und globale Interessen und Habgier miteinander vereinbar sind. Wer den Amazonas retten will, muß Betriebswirtschaft studieren und lernen, wie man einen guten Handel abschließt.

Es ist nicht leicht, Menschen zu finden, die ökologisches und ökonomisches Denken zu verbinden wissen. Keith Alger ist einer der wenigen.

Ich lernte den 44jährigen Alger auf einer Tour durch Brasiliens atlantischen Regenwald kennen. Er war Wortführer einer Koalition, die gemeinsam mit anderen daran arbeitete, die Reste des tropischen Regenwalds in Brasiliens nordöstlichem Bundesstaat Bahia zu retten und gleichzeitig eine alternative Beschäftigung für einen Teil der Holzfäller anzubieten. Der amerikanische Politikwissenschaftler Alger, der mit einer brasilianischen Zoologin, einer Expertin für Affen, verheiratet ist, reiste mit der Illusion nach Brasilien, daß er den Regenwald retten könnte, wenn es ihm nur gelänge, den Brasilianern seine ökologische Bedeutung zu erklären. Er erkannte aber rasch, daß er nicht weiterkommen würde, solange er für die Holzfäller, die durch die Rettung des Waldes ihre Einkommensquelle verlieren würden, keine Alternative anbieten konnte. Alger beschrieb mir seine Aufgabe:»Es bedrückt die Menschen, arm zu sein, und es ist geradezu quälend für sie, daß sie sich nicht selbst um ihre Umwelt kümmern können. Die Farmer sagten mir meistens, sie würden gern den Regenwald retten, aber ihre Jobs seien ebenfalls vom Aussterben bedroht. Wenn sie sich ein neues Auto kaufen mußten oder ihren Sohn aufs College schicken wollten, ließen sie einfach einen Holzfäller einige Hektar ihrer alten Bäume fällen, die sie wie Geld auf der Bank sparten. Wenn ich den Regenwald retten wollte, mußte ich ihnen Arbeit verschaffen.«

So schloß sich Alger, der das Institute of Social and Environmental Studies von Südbahia leitet, mit der Umweltschutzgruppe Conservation International in Washington und einer Gruppe einheimischer Umweltschützer zusammen. Sie wurden alle gemeinsam zu Umweltschutzunternehmern, um den Regenwald zu retten. Auf der einen Seite kämpften Alger und seine brasilianischen Kollegen gegen die Holzfäller in einer siebenjährigen Auseinandersetzung um den politischen Kurs, die 1998 ihr Ende fand, als die Regierung Brasiliens endlich sämtliche Holzfällerarbeiten im atlantischen Regenwald von Südbahia untersagte. Auf der anderen Seite errichteten Algers Team und Conservation International in einem dichten Streifen des Regenwaldes einen Ökopark. Sie warben eine Gruppe professioneller Felskletterer an, die mit Pfeil und Bogen Seile über den 30 Meter hohen Bäumen verschossen und dann die Strikke miteinander verbanden, so daß über den Baumwipfeln ein Fußweg auf einer Art Baldachin entstand, mit Baumhäusern als Knotenpunkten. Dieser etwa dreißig Zentimeter breite Fußweg schwingt leicht, wenn man von Wipfel zu Wipfel geht. Er liegt unweit der Stadt Una, wo sich der atlantische Regenwald einst entlang der gesamten Küste erstreckte. Nur 7 Prozent davon haben die Holzfäller und die Brandrodung überlebt.

Ein Gang auf dem Baldachin ist ein Erlebnis. Nicht in jedem Wald finden sich auf nur einem Hektar Fläche sage und schreibe 450 verschiedene Baumarten, die alle um einen Platz an der Sonne kämpfen. Während man sich von Wipfel zu Wipfel tastet, kann man einem der seltensten Affen der Erde, dem Löwenaffen mit seiner goldgelben Mähne, direkt ins Auge sehen, während er von Baum zu Baum springt. Und man kann Termitennester so groß wie Kürbisse betrachten, sie hängen von Gummibäumen herab, und natürlicher Kautschuk tropft heraus. Geht man auf den schlammigen Pfaden am Boden des Regenwaldes, die ebenfalls zum Una Ökopark gehören, begegnet man ganzen Kolonnen von Blattschneiderameisen, die Blatteile zu ihren Ameisenhügeln so groß wie die Wurfhügel beim Baseball tragen.

Mit der Hilfe von Conservation International wandte sich Algers Team um finanzielle Unterstützung an die Ford Motor Company und an Anheuser-Busch (Budweiser), die beide in Brasilien sehr aktiv sind, sowie an USAID (die Behörde für Internationale Entwicklung der amerikanischen Regierung) und an die brasilianische Bank Banco Real. Banco Real gehört das nahegelegene Hotel Transamerica, ihr Präsident sagte den einheimischen brasilianischen Beamten: »Ich will, daß meine Touristen Bäume sehen, wenn sie aus dem Fenster schauen, und keine abgeholzte Mondlandschaft.« Anheuser-Busch schickte sogar einen Planer ihres eigenen Themenparks Busch Gardens in Florida, der bei der Gestaltung des Ökoparks mitarbeiten sollte.

Neben dem Park schuf Alger gemeinsam mit dem Bürgermeister von Una, einem Holzfäller, weitere Arbeitsplätze. Beispielsweise beschäftigt das Hotel Transamerica 600 Menschen und bietet Touren durch den Regenwald an. Algers Bündnis warb dafür, den Ackerbau innerhalb des Regenwalds mit Früchten wie Kakao und Kaffee zu steigern, die im Schatten der Bäume angebaut werden können. Algers Männer beantragten bei der Stadtverwaltung von Una staatliche Fördermittel und erreichten beim Bildungsministerium die Finanzierung einer Lehrerweiterbildung für Unas Schullehrer. Wie Alger sagte: »Ich habe den Bürgermeister, einen Holzfäller, praktisch auf die Straße gesetzt. Mir war klar, daß ich mich um den Mann kümmern mußte, weil sie sonst sagen würden, wir hätten sie ihm Stich gelassen.«

Und schließlich klopfte Alger bei der Gemeinschaft der Hightech-Unternehmen an, die heutzutage in den Entwicklungsländern großes Ansehen genießt. Dort träumt jeder Gouverneur und Bürgermeister davon, daß in seinem Einflußbereich eine Mikrochip-Fabrik hochgezogen wird. Auf Drängen des Mitbegründers von Intel, Gordon Moore, der auch im Vorstand des Vereins Conservation International sitzt, gab das Unternehmen Geldmittel und Computer an Algers Team, damit sie den Regenwald kartographieren und sich auf die Gebiete konzentrieren konnten, die ganz offenkundig am dringendsten geschützt werden mußten. Mit Hilfe eines sogenannten Geographic Information Systems konnte Algers Team einem Computer Karten eingeben und ihm dann bestimmte Schlüsselfragen stellen.

»Die wichtigste Frage war die nach den Engpässen und Korridoren zwischen den verschiedenen Abschnitten des atlantischen Regenwaldes«, sagte Alger. »Das GIS leitete uns direkt dorthin. Das war sehr wichtig, weil die Korridore zwei größere Teile des Regenwaldes miteinander verbinden und weil ohne sie nur eine Reihe isolierter Waldteile daraus würde, die nicht so viele Arten ernähren können. Viele Arten würden sterben, wenn diese Korridore nicht erhalten blieben. Wir errichteten den Una Ökopark auf einem der Korridore, den der Bürgermeister von Una bereits für die Holzfäller freigegeben hatte.«

Alger gewann weiterhin George St. Laurent als Helfer, einen risiko-
freudigen, exzentrischen amerikanischen Unternehmer, der in einer ver-
lassenen Kakaofabrik in der Nähe von Una eine Computerfabrik für
den brasilianischen Markt gegründet hatte. St. Laurent waren für die
Gründung seiner High-Tech-Fabrik von der brasilianischen Regierung
bereits Steuererleichterungen versprochen worden, er sagte jedoch
dem einheimischen Gouverneur, daß er mehr als Steuernachlässe brauche, wenn er Computertechniker aus São Paulo und Silicon Valley überreden wolle, nach Nordostbrasilien zu ziehen. Er brauche grüne Landschaft, nicht nur grüne Dollarnoten. Die Erhaltung einer schönen
Umwelt kann ein sehr wichtiger Magnet für Hightech-Wissensarbeiter
sein, die sich ihren Aufenthaltsort meist frei aussuchen können. Nicht
ohne Grund liegt das Silicon Valley in Kalifornien. »Ich sagte [dem
Gouverneur], daß wir eine reizvolle Umgebung haben wollten«, erzählte St. Laurent. »Ich sagte ihm, Computertechniker können überall leben. Sie wollen eine hohe Lebensqualität und Orte, an denen sie die
Wochenenden verbringen können. Wenn sie zufällig unmittelbar neben
einem Gebiet mit einer überaus aufregenden biologischen Vielfalt leben, dann wollen sie lieber daran teilhaben als miterleben, wie sie zerstört wird.« Um Alger bei der Überzeugung der örtlichen Regierung zu
helfen, versprach St. Laurent, den Schulen vor Ort einige Computer zu
schenken.

Schließlich stimmten der Druck seitens der brasilianischen Regierung
und Algers Koalition den Bürgermeister von Una, Dejair Birschner, um
– wenn auch zähneknirschend. Der Bürgermeister sagte mir: »Als ich
das erste Mal von diesen Umweltschützern hörte, dachte ich, sie würden uns nur Ärger machen. Vor etwa zwei Jahren erkannte ich allmählich, daß ihnen wirklich daran gelegen war, bei der Entwicklung der
Region mitzuhelfen. Una hat 32 000 Einwohner und 1700 Quadratki-
meter. Die drei größten Arbeitgeber sind das Hotel Transamerica, Una-
caw (eine große Kakaoplantage) und die Stadtverwaltung. [Das Leben
hier] ist furchtbar schwer. Gut 40 Prozent unserer Menschen leben in
Bretterbuden, und seit die Kakao-Industrie zusammengebrochen ist,
hat sich die Lage noch verschlimmert… Ich mache es Keith nicht zum
Vorwurf, daß er uns die Wahrheit sagt – daß man die Holzfällerei nicht
weiterbetreiben darf. Wir werden unsere eigenen Arbeitsplätze schaffen
müssen. Aber Keith wird auch seinen Beitrag leisten müssen.«

Daraus zog Alger die Lehre, daß der Regenwald nur so zu retten ist,
wie auch das Finanzsystem eines Landes zu retten ist: indem man das
Land nicht nur als einen aufstrebenden Markt betrachtet, sondern

auch als eine aufstrebende Gesellschaft. Rettet die Gesellschaft, dann rettet ihr auch die Bäume.

Alger sagte selbst: »Am Anfang arbeiteten wir mit einigen hochintelligenten brasilianischen Hochschulabsolventen aus der Umgebung zusammen, um das Institute for Social and Environmental Studies in Südbahia aufzubauen. Dann gingen wir daran, die Leute auszubilden und ihnen das für einen modernen Umweltschützer erforderliche Wissen zu vermitteln. Das hieß, daß wir Biologen unternehmerisches Denken beibrachten und Wirtschaftsexperten die modernsten Techniken der Kartographierung erklärten. Bis vor kurzem lehrte keine brasilianische Universität diesen integrierten Ansatz mit den sich überschneidenden Kenntnissen, die heutzutage nötig sind, wenn man als Umweltunternehmer Erfolg haben will. Wir bringen jetzt einer neuen Generation bei, aus jedem Dollar das Beste herauszuholen, und mit ›das Beste‹ meine ich sowohl die Arterhaltung als auch die wirtschaftlichen und gesellschaftlichen Möglichkeiten für die Menschen, die unter diesen Arten leben. Wenn wir nicht gelernt hätten, wie beides möglich ist, hätten wir nicht einen Baum retten können.«

Eine andere Methode, der Globalisierung einen grünen Anstrich zu geben, besteht darin, den Gesellschaften und ihren Aktionären zu demonstrieren, daß ihre Gewinne und die Aktienkurse steigen werden, wenn sie umweltverträgliche Produktionsmethoden einführen.

Der Umwelttechniker Jim Levine, der in dem Ausschuß zur Erhaltung und Entwicklung der Bucht von San Francisco sitzt, bringt Unternehmen bei, zugleich grün und habgierig zu sein. Er erklärte mir, wie das funktioniert: »Sie müssen den Unternehmen, Aktionären und Analysten an der Wall Street zu der Erkenntnis verhelfen, daß durch eine schlechte Umweltbilanz die Gewinne verschleudert werden. Bis vor zehn Jahren war der Umweltschutz bei der Produktion kein Thema. Aber heute, wo die Regierung ständig mit neuen Auflagen und mit neuen steuerlichen Anreizen für eine grüne Produktion daherkommt und die Börsenaufsicht den Unternehmen sagt, daß sie von jetzt an ihren Aktionären detailliert ihre Verbindlichkeiten im Umweltschutz offenlegen müssen – beispielsweise eine Verurteilung wegen Verklappung und die Kosten der anschließenden Entsorgung –, hat ein Paradigmenwechsel stattgefunden. Die Unternehmen haben allmählich erkannt: Wenn sie in Bangkok eine Fabrik bauen, die die Umwelt verschmutzt, und wenn die thailändische Regierung endlich Gesetze zur Müllbeseitigung verabschiedet und die erforderliche Aufsichtssoftware einführt, dann kommt es das Unternehmen teurer zu stehen, wenn es erst jetzt darauf reagiert, als wenn es von Beginn an auf eine umweltverträgliche Produktionsweise achtet.«

Von diesem neuen Blickwinkel aus betrachtet, ist der Hersteller von Gesundheitsprodukten Baxter International Inc. aus Chicago eines der führenden Unternehmen. Im Jahr 1997 verkaufte Baxter Erzeugnisse im Wert von 6,1 Milliarden Dollar, die an weltweit 60 Produktionsstandorten hergestellt wurden. Zum Jahresbericht an die Aktionäre gehört bei Baxter auch eine Stellungnahme zu den Ausgaben für den Umweltschutz bei allen Operationen. In dem Bericht von 1997 heißt es, daß das Unternehmen durch die in dem Jahr eingeführten umweltverträglichen Produktionsabläufe 14 Millionen Dollar eingespart habe, mehr als die Kosten des Programms. Darüber hinaus habe das Unternehmen durch die Kostenvermeidung über umweltverträgliche Produktionsabläufe seit 1990 bereits 86 Millionen Dollar eingespart. »Das bedeutet, daß Baxter bis 1997 für Rohstoffe, Produktionsabläufe, Müllbeseitigung und Verpackung 100 Millionen Dollar mehr ausgegeben hätte, wenn das Unternehmen nicht seit 1990 Umweltschutzmaßnahmen durchgeführt hätte.«

Noch heute haben die wenigsten Länder effektive Gesetze, die den Verursacher von Umweltschäden in die Pflicht nehmen, aber eines Tages wird das anders sein. Aus diesem Grund schreibt Baxter in seinem Jahresbericht von 1997, daß »es besser ist, heute den ganzen weltweit aufkommenden Abfall ordentlich zu entsorgen. Auf diese Weise können wir spätere hohe Verbindlichkeiten vermeiden.« Führungskräfte, die nicht genauso denken, kümmern sich wenig um ihre Aktionäre und bringen sich selbst um höhere Prämien.

In manchen Fällen funktioniert jedoch selbst das Motiv der Gewinnmaximierung nicht. Manchmal ist es schlicht profitabler, das Land auszubeuten und aus Habgier den globalen Interessen zu opfern. Dann bleibt nur noch ein letztes Mittel, allerdings ein mächtiges: Man muß lernen, die Globalisierung mit Hilfe der Globalisierung zu schlagen.

Das entdeckte ich ebenfalls in Brasilien, aber nicht im Regenwald, sondern in dem Feuchtgebiet Pantanal, das ich mit einem Team von Conservation International besuchte. Wir flogen in einem kleinen Propellerflugzeug zur Fazenda Rio Negro, einer Ranch und Jagdhütte am Rio Negro mit einem behelfsmäßigen Flugplatz. Wir hatten die Absicht, unsere Tour mit einem Interview mit Nilson de Barros zu beginnen, dem Umweltbeauftragten für den brasilianischen Bundesstaat

Mato Grosso do Sul. Das Interview versprach interessant zu werden, weil de Barros darauf beharrt hatte, daß es mitten im Rio Negro stattfinden solle. Wir stiegen an der Fazenda in Motorboote und fuhren zu dem Treffpunkt an einer seichten Flußbiegung. Dort erwarteten de Barros und seine Leute uns. Sie standen bis zur Hüfte im Wasser, neben ihnen schaukelte ein Boot mit einer Kühlbox voller Bier.

»Zuerst ein Bier, dann ein Bad, dann können wir reden«, sagte de Barros und öffnete eine Dose Skol, während der Fluß vorüberrauschte.

Und ich dachte immer, ich hätte den besten Job der Welt!

De Barros erklärte, daß die Region Pantanal an der Grenze Brasiliens zu Bolivien und Paraguay eines der größten Süßwassersumpfgebiete der Welt sei (doppelt so groß wie Portugal), die Heimat des Jaguars und einer ganzen Reihe anderer gefährdeter Tierarten. Der Pantanal-Naturpark, in dem wir nun mitten in einem Fluß standen, gleicht einer Art Jurassic Park ohne Dinosaurier. Auf dem Fluß treibend, passierten wir zahllose am Ufer dösende Kaimane, auf- und untertauchende Riesenotter, zwischen den Bäumen erspähten wir Silberreiher, Hyazintharas, Tukane, Ibisse, Sumpfhirsche, Rosa Löffler, Jabirus (eine Storchenart), Ozeloten und Nandus (eine Straußenart). Im Gegensatz zum Amazonasgebiet, erklärte de Barros, wird der Pantanal nicht von armen Bewohnern bedroht, die im Kampf gegen die Armut das Habitat zerstören. Tatsächlich ist die Kultur im Pantanal ein seltenes Beispiel dafür, daß Mensch und Natur über eine Wirtschaft mit Viehzucht, Fischfang und jetzt Ökotourismus harmonisch miteinander gedeihen. Der Region droht jedoch wegen der Globalisierung Gefahr: Auf der Hochebene oberhalb des Pantanalbeckens gibt es Sojabauern, die immer mehr Bohnen auf den rasch expandierenden Weltmarkt für Sojabohnen bringen wollen. Die Pestizide und der Schlamm von den Plantagen verschmutzen die Flüsse und zerstören den Lebensraum. Gleichzeitig haben Brasilien, Argentinien, Uruguay, Paraguay und Bolivien einen Handelsblock gebildet, um ihre Wettbewerbsfähigkeit zu verbessern. Damit ihre Sojaprodukte aus der Region schneller an den Weltmarkt geliefert werden können, wollen sie die Flüsse ausbaggern und begradigen – dann können Lastkähne leichter und schneller vorankommen –, aber das könnte das Ökosystem ernsthaft stören. Schließlich baut ein Konsortium internationaler Energiekonzerne unter der Führung von Enron eine potentiell umweltgefährdende Erdgaspipeline von dem erdgasreichen Bolivien quer durch den Pantanal zu dem energiearmen São Paulo.

So ist die Globalisierung einerseits die Hauptgefahr für den Pantanal, aber gleichzeitig bietet sie auch die größte Hoffnung auf Rettung aus der Misere. Zum einen haben die Bewohner des Pantanal jetzt eine Chance, ihre traditionelle Lebensweise beizubehalten, die das Land in seinem natürlichen Zustand bewahrt, indem sie Ökotouren anbieten und Ökofleisch auf den Weltmärkten, die bereit sind, für umweltfreundliche Produkte höhere Preise zu zahlen. Außerdem kann es sich als Vorteil erweisen, daß hier führende Weltkonzerne engagiert sind. Das Sojabohnengeschäft hat die großen Flußschiffahrtsgesellschaften angelockt, die es sich im Gegensatz zu vielen lokalen Firmen leisten können, hochmoderne und weniger umweltschädliche Techniken einzusetzen – beispielsweise moderne Kähne, die mit Hilfe von Hightech-Schrauben auch scharfe Flußbiegungen meistern, so daß die Flüsse nicht begradigt werden müssen.

Die Globalisierung erweist sich insofern als ein wahrer Segen, als sie wiederum »supermächtige Umweltschützer« hervorbringt, die aus eigener Kraft imstande sind, sehr wirksam sowohl der Elektronischen Herde als auch den Regierungen die Stirn zu bieten. Über das Internet teilen die Umweltschützer in dem einen Land so schnell wie nie zuvor den Umweltschützern in einem anderen Land mit, wie sich ein multinationaler Konzern in ihrem Land verhält. Deshalb erkennen immer mehr Multis, daß sie verantwortlicher mit der Umwelt umgehen müssen, wenn sie im Zeitalter des Internets ihren Ruf und ihr Markenzeichen bewahren wollen. Beim Pantanal geschah tatsächlich folgendes: Einheimische Umweltschützer gewannen Umweltschützer in Nordamerika dafür, auf die Inter-American Development Bank Druck auszuüben, die Bank, die das Ausbaggern und Begradigen des Flußsystems finanzieren wollte. Die Development Bank fürchtete um ihren Weltruf und reagierte damit, daß sie ihrerseits die einheimischen Regierungen, die das Projekt sponserten, unter Druck setzte, den Umfang zu verringern und ein gründliches Umweltgutachten zu erstellen. Am Ende fanden die beteiligten Regierungen Mittel und Wege, die Flußschiffahrt im Pantanal zu verbessern, ohne die Flüsse zu verändern.

»Das ist ein solcher Gegensatz zu der Situation vor nur 15 Jahren«, sagt Glenn Prickett, Vizepräsident von Conservation International und zuständig für Unternehmenspartnerschaften. »Nehmen wir ein Land wie Brasilien. Vor fünfzehn Jahren hatten dort die Militärs das Sagen, und als ausländische Umweltschützer die wirtschaftliche Entwicklung im Amazonasgebiet kritisierten, sagten die Militärs ihnen einfach: ›Mischt euch nicht ein. Das ist unser souveränes Territorium. Das geht euch nichts an.‹ Aber dann kamen die Globalisierung und das Internet, und die brasilianische Regierung ließ alle großen globalen Unternehmen als Investoren ins Land, genau genommen lud sie diese selbst ein. Das hat eine neue Dynamik ausgelöst. Die treibende Kraft hat sich nun zu den globalen Unternehmen und Institutionen verlagert, die definitionsgemäß global Geschäfte tätigen, global Zugang haben und deshalb auf ihren globalen Ruf beim Umweltschutz achten müssen. Wenn brasilianische Umweltschützer ins Internet gehen und Umweltschützern in den Vereinigen Staaten und Europa sagen, daß ein bestimmtes Unternehmen die Umwelt in Brasilien zerstört, dann reagieren die Umweltschützer in diesen anderen Ländern. Das Unternehmen muß mit einer globalen Kampagne rechnen, die sich nicht nur in Brasilien auf seine Geschäfte auswirken könnte, sondern weltweit.«

In vielen Demokratien auf der ganzen Welt muß heutzutage nur ein Umweltschützer eine E-Mail ans Parlament schicken, um ein großes Kraftwerksprojekt oder ein anderes umweltgefährdendes Projekt zu stoppen. Gleichzeitig lernen globale Unternehmen inzwischen, daß sie durch die Unterstützung von Umweltschutzprogrammen bei Kunden überall auf der Welt ihren Ruf verbessern können, denn auch die Kunden achten zunehmend auf die Umwelt.

»In einer Welt, in der alles global miteinander verknüpft ist, kann ein Unternehmen nichts unter den Tisch kehren«, sagte Prickett. »Kunden, Aufsichtsbehörden und Aktionäre in allen Ländern können die Firmen für das, was sie an entlegenen Orten tun, entweder belohnen oder bestrafen. Wer sich gut benimmt, dem öffnen sie die Türen, und wer sich schlecht benimmt, dem schlagen sie die Tür vor der Nase zu.«

So erklärt sich, weshalb Ford Motor heute die Forschungsarbeit von Conservation International im Pantanal, dessen Programm zur Wildtierhaltung und die Umwandlung der Viehranches zu privaten Reservaten finanziell unterstützt. Ford leistet sogar Lobbyarbeit in Brasilien, um den Pantanal zu schützen. Freilich rettet Ford den Pantanal nicht deshalb, weil sich der Konzern auf einmal in gefährdete Tierarten verliebt hat, sondern weil er hofft, daß er mehr Autos der Marke Jaguar verkauft, wenn er als der Retter der Jaguare im Pantanal gilt. Und wenn das nötig ist, um dieses unglaublich prachtvolle Ökosystem und diese Lebensweise zu bewahren, dann segne Gott Henry Ford und das Internet.

Wenn schon die Rettung des Regenwalds vor der Elektronischen Herde schwierig ist, so ist die Rettung der Kultur, die sich um diesen Regenwald entwickelt hat, eine noch viel schwierigere Aufgabe.

Im System des Kalten Krieges – ganz zu schweigen von früheren Epochen der Geschichte – trafen Länder und Kulturen längst nicht so häufig, so direkt und so offen aufeinander wie heute. Reisen in viele Regionen gestalteten sich schwieriger, und es gab zahllose Mauern, Zäune, Eiserne Vorhänge, Täler und Gräben, hinter denen sich einzelne Kulturen verstecken und verschanzen konnten. Heutzutage hingegen werden Kulturen zum globalen Konsum angeboten und über das Internet, mit Hilfe des Satellitenfernsehens und durch die offenen Grenzen auf brutalste darwinistische Art aufeinander losgelassen. Ich reise in Dörfer im Nordosten Chinas, weil mich interessiert, wie die Welt jenseits der Reichweite der Globalisierung aussieht, und mir begegnen junge Mädchen in hochhackigen Stiefeln. Wenn man sich der Globalisierung ohne die geeignete Software und das richtige Betriebssystem anschließt, dann wird die Volkswirtschaft blitzartig zusammenschmelzen. Wenn man sich der Globalisierung ohne geeignete Umweltschutzvorkehrungen anschließt, werden die Wälder schneller abgeholzt, als man schauen kann. Wenn man die Grenzen ohne Schutzfilter dem kulturellen Überfall der Globalisierung öffnet, kann es sein, daß man sich abends in dem Glauben, man sei ein Inder, Ägypter, ein Israeli, ein Chinese oder Brasilianer, schlafen legt und am nächsten Morgen aufwacht und feststellt, daß die eigenen Kinder wie die Spice Girls aussehen.

Einen Monat nach meinem Aufenthalt in Katar, wo ich auf das Taco Bell stieß, reiste ich nach Kuala Lumpur in Malaysia. Dort quartierte ich mich im Hotel Shangri-La ein, einem der großen alten Hotels in Südostasien. Ich liebe den Namen »Shangri-La«. Er klingt so exotisch. Ich kam spät abends in Kuala Lumpur an und konnte nicht mehr viel erkennen, als wir durch die Stadt fuhren. Also zog ich am nächsten Morgen, gleich nach dem Aufstehen, erwartungsvoll die Vorhänge beiseite – und das erste, was ich auf dem Haus gegenüber sah, war ein haushohes Bild von Colonel Sanders von Kentucky Fried Chicken.

Oh nein, sagte ich mir, was hat *der* hier verloren? Ich bin 24 000 Kilometer nach Kuala Lumpur gereist, übernachte im Shangri-La, und das erste, was ich sehe, ist Kentucky Fried Chicken!

Ein anderes Mal besuchte ich einen Geschäftsmann im Zentrum von Jakarta und fragte ihn nach dem Weg zu meinem nächsten Termin. Seine Instruktionen lauteten wortwörtlich: »Gehen Sie zu dem Gebäude mit den Showrooms von Armani, gleich hinter dem Hard-Rock-Café, und dann biegen Sie bei McDonald's rechts ab.« Ich sah ihn nur an, lachte und fragte: »Wo bin ich denn hier?«

Indien hat versucht, sich dieser globalen kulturellen Homogenisierung zu widersetzen. Aber selbst in Indien macht die Elektronische Herde bei der Elite rasche Fortschritte. An einem drückend heißen Nachmittag in Neu Delhi im Sommer 1998 interviewte ich den 78jährigen ehemaligen indischen Premierminister Inder Kumar Gujral, einen der aufgeklärtesten indischen Politiker. Zu Beginn des Gesprächs fiel ihm die Äußerung eines kanadischen Vertreters bei einer Unesco-Konferenz ein, nachdem er als indischer Vertreter eine Resolution vorgelegt hatte, mit der sichergestellt werden sollte, daß die momentan auf der ganzen Welt beginnende »neue Informationsordnung« ein gegenseitiger Austausch von Kultur und Information sein würde. Der Kanadier bekräftigte, die entwickelten Länder dürften nicht einfach ihre Kultur den Entwicklungsländern überstülpen. Mit der Unterstützung des kanadischen Vertreters hatte Gujral nicht gerechnet. »Ich fragte ihn, weshalb Kanada uns unterstützen wollte«, erinnerte sich Gujral. »Er sagte: ›Weil wir bereits erleben, was ihr momentan befürchtet. Es gibt keine kanadische Musik mehr, kein kanadisches Theater, keinen Film, keine Kultur, keine Sprache.‹ Alles ist amerikanisiert worden.«

Auf meine Frage, weshalb ihm so viel an diesem Punkt liege, erwiderte Gujral – der traditionelle indische Kleidung trug – sinngemäß, wenn man sich nicht wenigstens ein paar eigene Olivenbäume im eigenen Garten bewahre, werde man sich im eigenen Heim nie richtig zu Hause fühlen. »Was sind meine Wurzeln?« fragte er mit erhobener Stimme. »Es genügt nicht, daß ich hier in Indien lebe. Zu meinen Wurzeln gehört, daß ich jemanden höre, der in meiner eigenen indischen Sprache ein Gedicht rezitiert. Ich höre, wie jemand in meiner eigenen Sprache singt, wenn ich die Straßen entlanggehe. Zu meinen Wurzeln zählt, daß ich mit Ihnen in meinem Haus und in meinem heimischen Gewand sitze. Unsere Traditionen sind tausend Jahre alt. Das kann man nicht einfach so untergehen lassen. Die Welt wird viel reicher sein, wenn die Farben und die Vielfalt in den verschiedenen Kulturen bewahrt und gefördert werden.«

Ich stimme mit Gujral voll und ganz überein, vielleicht weil ich in einer relativ kleinen Gemeinde in Minnesota aufgewachsen bin. Die Globalisierung kann auch zutiefst desorientierend wirken. Wenn die eigenen kulturellen Olivenbäume entwurzelt oder zu einem globalen Einheitsbrei homogenisiert werden, dann verliert man seinen Bezug zur Welt.

Eines Nachmittags grübelte ich mit meinem Freund, dem Politiktheoretiker Yaron Ezrahi, in Jerusalem über diese Frage nach. Er machte dabei eine treffende Beobachtung: »Es gibt zwei Wege, einen Menschen heimatlos zu machen. Der eine besteht darin, sein Haus zu zerstören,

und der andere, sein Haus so zu verändern, daß es sich überhaupt nicht
mehr von allen anderen Häusern unterscheidet.«

Wie können wir diese Form der Heimatlosigkeit verhindern? Als erstes
gilt es zu erkennen, daß die Globalisierung-Amerikanisierung nicht nur
von außen aufgedrückt, sondern auch von innen eingesogen wird. Die
Menschen auf der ganzen Welt sehnen sich nach einer Globalisierung,
und zwar aus vielerlei Gründen. Die Kataris, die sich in dem Taco Bell
an der Promenade in Doha drängten, kamen gewiß nicht aus einer net-
ten Kneipe oder einem benachbarten Bistro mit blitzblanken Messing-
armaturen und sauberen Eichentischen. Ehe das Taco Bell an der Promenade stand, hatte es dort vermutlich eine von Fliegen wimmelnde
Garküche gegeben und einen Mann, der auf einem Holzkohlengrill in
alles andere als hygienischen Verhältnissen Fleisch briet, ohne Beleuch-
tung und ohne Waschraum. An seiner Stelle wurde den Kataris etwas
geboten, was sie nie zuvor gekannt hatten: mexikanisches Essen, saube-
re Toiletten, internationale Hygienestandards, lächelnde Bedienungen
und Qualitätskontrollen – das alles zu einem günstigen Preis, den sie
sich leisten konnten. Kein Wunder, daß es überfüllt war.
   Und noch etwas wird ihnen geboten, etwas, das nicht sichtbar, für viele aber noch wichtiger ist. Ich entdeckte es erstmals in Malaysia. Ich hatte einen Termin beim Finanzminister, und während ich im Vorzimmer
wartete, stellte sein Pressesprecher mir einen malaysischen Geschäftsmann vor, der ebenfalls mit dem Minister sprechen wollte. Er stellte ihn
mit den Worten vor: »Das ist Herr Ishak Ismail, ihm gehören alle Filialen von Kentucky Fried Chicken in Malaysia.« Ich packte sofort mein
ThinkPad-Notebook aus und bestand darauf, ihn zu interviewen.
   »Sagen Sie mir eines«, fragte ich. »Worin liegt der Reiz von Kentucky
Fried Chicken für die Malaysier?« Er sagte, es gehe nicht nur um Geschmack, sondern ihnen gefalle vor allem, was es symbolisiere: modern,
amerikanisch, hip zu sein. »Die Menschen hier lieben alles Westliche,
vor allem alles Amerikanische. Sie wollen es essen und es darstellen. Ich
sehe Menschen in kleinen [ländlichen] Städten in ganz Malaysia, die für
Kentucky Fried Chicken Schlange stehen – sie kommen von überall her,
um sie zu essen. Sie wollen mit Amerika identifiziert werden. Den Menschen hier gefällt alles, was modern ist. Wenn sie das essen, fühlen sie sich
modern.« In der Tat ist das Betreten eines Kentucky Fried Chicken Restaurants im ländlichen Malaysia die billigste Reise nach Amerika und
für viele Malaysier die einzige, die sie sich jemals werden leisten können.
   Die Malaysier und die Kataris gehen aus demselben Grund zu Ken-

tucky Fried Chicken beziehungsweise Taco Bell, aus dem die Amerikaner zu Universal Studios gehen: Sie wollen die Quelle ihrer Phantasiewelten sehen. Sei es nun gut oder schlecht, die Globalisierung ist heutzutage ein Mittel für die Verbreitung des *american dream* über die ganze Welt. In unserem heutigen globalen Dorf wissen die Menschen, daß es eine andere Lebensweise gibt, sie kennen den amerikanischen *Lifestyle,* und viele wollen ein möglichst großes Stück davon – mit dem ganzen Drumherum. Einige fahren nach Disney World, um sich dieses Erlebnis zu verschaffen, andere gehen in ein Kentucky Fried Chicken Restaurant im Norden Malaysias. Ivy Josiah, eine junge malaysische Menschenrechtlerin, beschrieb mir einmal, mit welch gemischten Gefühlen ihre Generation dieses Phänomen verfolgt: »Ich verliere jedesmal die Fassung, wenn ich daran denke, wie unsere traditionellen Garküchen von Kentucky Chicken, McDonald's und Chilis geschluckt werden. Wir verlieren unsere eigene Identität. Wir sind mit diesen Garküchen aufgewachsen, die jüngeren Leute aber nicht. Wenn man heute in solche Garküchen geht, sind dort Ratten, und das Wasser ist schlecht. Für ein malaysisches Kind ist es heute etwas ganz Großes, zu Pizza Hut zu gehen. Globalisierung ist zugleich Amerikanisierung. Unsere Oberschicht rümpft die Nase und sagt ›Ihr solltet keine McDonald's-Restaurants hier dulden‹, aber den kleinen Leuten, die nie nach Amerika reisen werden, haben sie Amerika vor die Haustür gebracht.«

Aus diesen Gründen wäre es naiv zu glauben, wir könnten die globalen Moloche wie McDonald's oder Taco Bell davon abhalten, auf der ganzen Welt Filialen zu eröffnen. Sie wuchern weiter, weil sie etwas bieten, was die Menschen wollen. Den Menschen in den Entwicklungsländern zu sagen, sie dürften das nicht haben, weil es den Eindruck und das Erleben der Besucher aus den entwickelten Ländern stört, wäre ebenso unerträglich arrogant wie vergebens.

Dennoch wird – ihnen und uns – aus kultureller Sicht etwas verlorengehen, je mehr Filialen uns weltweit von der Spitze eines jeden Hügels, in den Abfertigungshallen eines jeden Flughafens und an jeder Straßenecke begrüßen. Unsere einzige Hoffnung – und es ist nicht mehr als eine Hoffnung – besteht darin, daß die Länder auch lernen, multiple Filter zu entwickeln, die ihre Kulturen davor bewahren, durch die homogenisierende Wirkung des globalen Kapitalismus ausgelöscht zu werden. Angesichts der Kraft und des Tempos der Globalisierung heutzutage werden nämlich die Kulturen, die das nicht können, weil sie nicht widerstandsfähig genug sind, ausgelöscht werden wie alle Tierarten, die sich nicht an die Veränderungen in ihrer Umwelt anpassen können.

Meiner Ansicht nach ist der wichtigste Filter die Fähigkeit zur »Glo-kalisierung«. Ich definiere eine gesunde Glokalisierung als die Fähigkeit einer Kultur, beim Zusammentreffen mit einer anderen starken Kultur die Einflüsse zu absorbieren, die sich auf natürliche Weise in die eigene Kultur einfügen und sie bereichern; sich den Dingen zu widersetzen, die wirklich fremdartig sind, und sich schließlich von den Dingen abzu-grenzen, die zwar andersartig sind, aber als andersartig genossen und zelebriert werden können. Die Glokalisierung soll jedes Land in die Lage versetzen, Aspekte der Globalisierung in das eigene Land und die eigene Kultur auf eine Weise zu übernehmen, die das eigene Wachstum und die Vielfalt fördert, ohne die Kultur zu überwältigen.

Die Glokalisierung ist in Wahrheit ein sehr alter Vorgang, sie reicht bis in die Antike zurück, als sich beispielsweise die lokalen Kulturen mit der Ausbreitung des Hellenismus konfrontiert sahen und versuch-ten, die besten Elemente zu übernehmen, ohne sich davon überwältigen zu lassen. Das Judentum ist ein klassisches Beispiel für eine religiöse Kultur, die über Generationen hinweg die Einflüsse vieler verschiedener Länder absorbiert hat, ohne ihre eigene Identität zu verlieren. Mein Lehrer, der Rabbiner Tzvi Marx, bemerkt dazu, daß im 4. Jahrhundert vor Christus, als die Juden erstmals mit den Griechen zu tun hatten, ein Element vollständig in das jüdische Denken aufgenommen wurde, nämlich die griechische Logik, und in die biblische und rabbinische Lehre der damaligen Zeit integriert wurde.

»Die Absorption der griechischen Logik fiel vergleichsweise leicht, weil sie organisch mit dem verwandt war, was die Rabbiner und Schrift-gelehrten in jenen Tagen ohnehin taten, nämlich die Wahrheit zu pfle-gen«, sagt Marx. »Es ist ein Zeichen für eine gesunde Absorption, wenn eine Gesellschaft imstande ist, etwas von außen anzunehmen, es zu ih-rem eigenen zu machen, in ihr eigenes Bezugssystem einzufügen und dann zu vergessen, daß es von außen gekommen ist. Das geschieht, wenn die externe Kraft, die absorbiert wird, etwas anspricht, was latent in der eigenen Kultur vorhanden, aber möglicherweise nicht vollständig entwickelt ist, und der äußere Anstoß befruchtet dann das latent vor-handene Element und trägt dazu bei, daß es wächst und gedeiht.« Auf diese Weise entwickeln sich Arten und Kulturen weiter.

Zu der gleichen Zeit, als die Juden mit der griechischen Logik in Kon-takt kamen, wurden sie auch mit dem griechischen Körperkult kon-frontiert, von der griechischen Begeisterung für Eros und Polytheismus ganz zu schweigen. Diese Einflüsse absorbierten die Juden nicht. Sie wurden als fremdartig betrachtet und blieben fremdartig. Den Griechen gefiel es, nackte Sportler zu beobachten. Den Juden gefiel das nicht, und diesen Teil der griechischen Kultur übernahmen sie infolgedessen nicht. Wer das dennoch tat, galt als assimiliert und hatte den ursprünglichen Sinn für das eigene Ich verloren. Schließlich wurden manche griechische Speisen und Bekleidungsstile von den Juden übernommen, und sie hatten ihre Freude daran, gerade weil sie anders waren, aber machten sie sich nie zu eigen. Um es auf einen einfachen Nenner zu bringen: Die Juden hörten nicht auf, Mazzeklößchensuppe zu essen, und aßen fortan nur noch Souvlaki, sondern sie aßen *auch* Souvlaki und genossen es als etwas Neuartiges.

Eine gesunde Glokalisierung ist stets ein Prozeß nach dem Prinzip »Versuch und Irrtum«, und er ist immer wichtiger. In einer Welt, in der so viele Schutzmauern, Zäune und Gräben beseitigt worden sind und in Zukunft noch beseitigt werden, sind Kulturen im Vorteil, die es verstehen, Neues zu glokalisieren. Eine Kultur, die dazu nicht in der Lage ist, wird das lernen müssen. Einige Kulturen sind ganz offensichtlich keine guten Glokalisierer, und darum ist die Globalisierung für sie eine echte Gefahr. Wenn Länder oder Kulturen sich mit der Glokalisierung schwertun, dann stellt sich eine Reaktion ein, die vergleichbar ist mit dem Verhalten der islamischen Fundamentalisten in Afghanistan, den Taliban: Sie scheuen sich, mit der Globalisierung nach dem Prinzip »Versuch und Irrtum« in Verbindung zu treten, weil sie fürchten, daß sich am Ende alles als Irrtum herausstellt und ihre Kultur überrannt wird. Deshalb ziehen sie einfach einen Schleier über das ganze Land oder errichten immer höhere Schutzmauern. Doch die Elektronische Herde wird unweigerlich früher oder später eine Bresche in die Mauern reißen, und wenn das geschieht, werden die Menschen nach und nach ihre eigene kulturelle Identität verlieren und am Ende in ihrem eigenen Land assimiliert werden. Ihr eigenes Land wird zu einer Durchgangsstation für andere Länder und Kulturen.

Es besteht noch eine andere Gefahr. Einige Kulturen glauben vielleicht, sie würden sich auf eine gesunde Weise glokalisieren, in Wirklichkeit aber werden sie assimiliert und verlieren auf eine subtile Weise langsam, aber sicher ihre Identität. Ein banales, jedoch einleuchtendes Beispiel bietet die Absorption von McDonald's Japan durch die japanische Kultur und Architektur. Mit 2000 Restaurants ist McDonald's Japan oder »Makadonaldo« die größte McDonald's-Filiale außerhalb der Vereinigten Staaten. McDonald's Japan hat sich so erfolgreich in die japanische Kultur integriert, daß man sich die Geschichte von einem kleinen japanischen Mädchen erzählt, das in Los Angeles ankommt, sich umsieht und einige McDonald's-Restaurants erblickt. Dann zupft sie ihre Mutter am Ärmel und sagt:»Schau Mama, in diesem Land gibt es auch McDonald's.« Dem kleinen Mädchen kann man die Verwunderung nachsehen, daß McDonald's ein amerikanisches Unternehmen ist und kein japanisches. (Die Leute von McDonald's tauften Ronald McDonald in Japan zu»Donald McDonald« um, um den Japanern die Aussprache zu erleichtern.)»Man kommt nicht auf 2000 Restaurants in Japan, wenn man als amerikanisches Unternehmen betrachtet wird«, sagte mir James Cantalupo, damals Präsident von McDonald's International.»Sehen Sie, McDonald's bietet Fleisch, Brot und Kartoffeln. Fast überall auf der Welt werden Fleisch, Brot und Kartoffeln gegessen. Es zählt einzig und allein, wie man sie verpackt und welches Erlebnis man den Leuten bietet.«

Die Tatsache, daß das kleine Mädchen in der Geschichte nicht wußte, daß McDonald's aus Chicago kommt und von einem Mann namens Ray Kroc gegründet wurde, der mit Sicherheit kein Japaner war, ist in meinen Augen ein Zeichen für eine ungesunde Glokalisierung. Was als andersartig behandelt und auch aus genau diesem Grund genüßlich verzehrt werden sollte – der Big Mac –, wird nicht so wahrgenommen. Eine ungesunde Glokalisierung ist dann eingetreten, wenn man etwas absorbiert, was nicht Teil der eigenen Kultur ist, auch nichts anspricht, was latent bereits in der Kultur vorhanden war, und man so sehr die Verbindung zu seiner Kultur verloren hat, daß man meint, das Fremde gehöre dazu. Tzvi Marx sagt dazu:»In der Medizin ist die Rede davon, daß der Krebserreger in eine Zelle eindringt, indem er sich tarnt, so daß die Zelle nicht weiß, daß er da ist, und meint, der Krebs sei ein organischer Teil von ihr – bis es zu spät ist und der Krebs den Zellkern übernimmt, und mit einem Schlag ist die ganze Zelle verschwunden.« Das kann passieren, wenn die Glokalisierung ähnlich wie Krebs verläuft und die Menschen irrtümlich glauben, etwas gehöre mit dazu, obwohl das gar nicht stimmt.

Ich freue mich, daß es in Japan McDonald's-Restaurants gibt, und ich freue mich auch, daß es in der Nähe meines Hauses in Bethesda eine Sushi-Bar gibt. Ich freue mich, daß ein kleines japanisches Mädchen McDonald's mag, genau wie ich mich freue, daß meine Töchter Sushi mögen. Aber es ist wichtig, daß das japanische Mädchen McDonald's gerade deshalb mag, weil es andersartig ist, und nicht, weil es irrtümlich meint, das sei echt japanisch. Wenn das eintritt, sind wir von der Homogenisierung nicht mehr weit entfernt. Wenn das eintritt, ist die Wahrscheinlichkeit groß, daß das japanische Mädchen später einmal den Kontakt zu allem echt Japanischen verlieren wird. Eines Tages wird sie wie die Zelle aufwachen und entdecken, daß sie von innen ausgehöhlt wurde und von ihrer ursprünglichen Identität und Kultur nichts übriggeblieben ist.

Die Methode der Glokalisierung allein, selbst in ihrer gesündesten Form, reicht jedoch nicht aus, um einheimische Kulturen vor der Globalisierung zu schützen. Darüber hinaus sind wirksame Filter vonnöten. Als erstes müssen Schutzgebiete eingegrenzt und Regeln dafür erlassen werden, dann braucht man Bildungsprogramme, um einzigartige Regionen und ein außergewöhnliches Kulturerbe vor einer schleichenden Homogenisierung zu schützen. Das heißt nicht, daß McDonald's-Restaurants generell verboten werden sollen, es kann aber heißen, daß die Einrichtung eines McDonald's-Restaurants in einer bestimmten Umgebung untersagt wird. Das erfordert sorgfältige Planung durch Bürokraten, die sich nicht ohne weiteres kaufen lassen, und durch Politiker, die bereit sind, sich für die Bewahrung der Kultur einzusetzen.

Südfrankreich wird teilweise deshalb als Südfrankreich bewahrt, weil Deutschland über die Europäische Union die französische Landwirtschaft subventioniert, so daß die kleinen französischen Bauernhöfe und damit auch die kleinen Läden und kleinen Dörfer intakt bleiben – und das trotz des globalen Drucks, Höfe zusammenzulegen und Dörfer in Einkaufszentren zu verwandeln. Mit anderen Worten: Was uns an Südfrankreich gefällt, gründet auf einer Politik, die sich die Bewahrung der Kultur zum Ziel gesetzt hat. Es gründet auf einer gemeinsamen europäischen Agrarpolitik und Transferleistungen zur Unterstützung der Kleinbauern, so daß die Dörfer dort erhalten bleiben, nicht zuletzt weil sie als eine Quelle des kulturellen Reichtums angesehen werden. Wir brauchen solche gesellschaftlichen Sicherheitsnetze für unsere Kulturen. Politiker müssen der Öffentlichkeit den Wert solcher sozialer Absicherungen beibringen und bereit sein, sich dafür einzusetzen.

In den Entwicklungsländern, wo die Mittelschicht, die eine Bewahrung der Kultur zu schätzen weiß und sich dafür einsetzt, noch nicht stark genug ist und wo die Gesetze zur Abgrenzung von Schutzzonen und zum Umweltschutz schwach sind, leicht durch Bestechung umgangen werden können oder ganz fehlen, braucht man einen anderen Filter: den Markt. Wenn Sie zu einem Holzfäller in Indonesien gehen, der eine zwölfköpfige Familie ernähren muß, und ihm sagen, er soll den Regenwald nicht fällen und niederbrennen, weil er ein Teil des kulturellen Erbes seines Landes ist, werden Sie wenig Erfolg haben. Er wird Ihnen sagen: »Sie wollen ihn erhalten – also kaufen Sie ihn.« Die Menschen müssen begreifen, daß die Bewahrung der Kultur mit ihrem Wohlergehen eng verbunden ist und daß es nicht heißt, daß sie mit ihrer Individualität beim Wettlauf um Wohlstand auf der Strecke bleiben müssen. Wenn es darum geht, Anreize für die Einheimischen zu schaffen, den Charakter und die Tradition eines Ortes zu bewahren, kommt dem Tourismus große Bedeutung zu. Touristen fragen immer: Ist die Luft gut? Kann man das Wasser trinken? Diese Fragen sind für einen Hotelbesitzer sehr wichtig, der lieber ein Abendessen für 20 Dollar an Touristen verkauft als eins für einen Dollar an Einheimische. Manchmal kann man eine Pyramide, eine Ausgrabungsstätte oder eine einzigartige Landschaft ganz einfach dadurch schützen, daß man aus ihrer Bewahrung ein gewinnträchtiges Unternehmen für die in der Nähe lebenden Menschen macht.

Im Jahr 1997 besuchten meine Frau und ich die indonesische Insel Bali, und wir machten einen Ausflug zu einer der malerischsten religiösen Kultstätten: zum Tempel Pura Tanah Lot, der auf einer Felseninsel unweit der Küste errichtet ist. Wenn die Flut kommt, trennt die Brandung die Felseninsel vom Festland. Der Tempel ist eine außerordentliche Touristenattraktion und lockt Millionen Indonesien-Touristen an, die der hinduistischen Kultur ihre Referenz erweisen. Wir kamen gegen Sonnenuntergang an. Als ich ein Foto von meiner Frau machen wollte mit dem Tempel im Hintergrund, fiel mein Blick auf einen vorübersausenden Golfcart. An der Küste war ein Golfplatz angelegt worden, nur ein paar hundert Meter von dem Tempel entfernt, und der Weg zu einem Loch verlief unmittelbar an der Küste entlang. Ich spiele für mein Leben gern Golf, aber ich liebe auch außerordentliche Landschaften und ehre heilige Tempel. Ganz offensichtlich hat sich niemand etwas bei der Vergabe des Ortes für diesen Golfplatz gedacht, oder der Bürokrat, der für die Planung zuständig war, hatte sich bestechen lassen.

Kein Wunder, daß in der *Jakarta Post* gerade in der Woche, als wir uns dort aufhielten, ein Artikel über eine Gruppe von Künstlern auf Bali erschien, die aus Protest gegen die Asphaltierung ihres Paradieses eine Ausstellung organisiert hatten. Die *Post* berichtete, in der Ausstellung werde auch eine Zeichnung gezeigt, die einen Golfball inmitten einer Hinduprozession zeige. Auf einem anderen Bild war Bali als Golfball zu sehen, der von der Welt abgeschlagen wurde, und ein Bild zeigte einen Farmer auf dem Dorf, der seine Hacke wie ein Golfer beim Abschlag schwang – mit dem Unterschied, daß er sie gegen die Investoren schwang. Die Ausstellung trug den sarkastischen Titel: »Glo-BALI-sie-rung«.

Wenn Bali an diesem selbstzerstörerischen Kurs festhält, wird es das Ende für das Tourismusgeschäft bedeuten. In der Tat hieß es in unserem zwei Jahre alten Reiseführer über den Tempel Pura Tanah Lot: »Die extreme touristische Erschließung des Ortes wirkt störend und ist noch längst nicht abgeschlossen: Ganz in der Nähe sind ein Luxushotel und ein Golfplatz geplant. Zur Zeit lohnt sich ein Besuch des Ortes noch.« Wenn ein Reiseführer die Leute bereits warnt, daß ein Land seine eigene Kultur zu sehr ausbeutet, und den Touristen empfiehlt, sich den Ort noch anzusehen, bevor er seine Schönheit verloren hat, dann weiß man, daß das Land bereits in den roten Bereich geraten ist. Ich fürchte, in der nächsten Auflage des gleichen Reiseführers zu Bali wird es nur noch heißen: »Zu spät. Fahren Sie woanders hin.«

Genau aus diesem Grund ist das Gewinnmotiv gelegentlich zwar notwendig, aber eben nicht ausreichend, denn es kann allzu leicht zur Kommerzialisierung und Ausbeutung jeder Kulturstätte führen. Es muß eine Mittelschicht und eine Oberschicht geben, die genug soziales Bewußtsein entwickelt haben, daß sie in die Bewahrung von Kulturstätten investieren, auch wenn sie keinen Gewinn abwerfen – oder gerade weil sie keinen Gewinn abwerfen. Wenn es darum geht, die nichtkommerziellen Aspekte des Lebens zu bewahren, ist vom Markt nicht allzuviel zu erwarten, und man fordert in diesem Fall den Markt besser gar nicht auf, sich darum zu kümmern.

»Auf lange Sicht wäre es illusorisch zu glauben, daß der Markt und das Gewinnmotiv allein ausreichen, um die kulturellen und landschaftlichen Attraktionen eines Landes zu erhalten«, argumentiert Fareed Zakaria, der Chefredakteur von *Foreign Affairs,* der indischer Herkunft ist. »Es wird schlichtweg nicht ausreichen. Denn die Globalisierung bringt es mit sich, daß der einfache Mann eine gewisse Macht erhält. Sie ermöglicht es den einfachen Männern und Frauen, unter vielen Varianten zu wählen, und sie werden unweigerlich die Variante wählen, die ihnen am attraktivsten erscheint, am modernsten, am ansprechendsten, am geeignetsten und am rentabelsten. Und es kann durchaus sein, daß sie sich Einkaufsläden entlang jeder Straße und Taco Bells an jeder Ecke wünschen – auch wenn das binnen kurzer Zeit ihre lokale und nationale Kultur plattwalzt. Deshalb genügt es nicht, nur den Markt mit einzuspannen, man muß ihn auch regulieren. Und um ihn zu regulieren, braucht man eine Elite, die bereit ist, manche Dinge vor dem Markt zu schützen – Räume zu schaffen, in denen die Marktgesetze nicht gelten oder in die der Markt nicht eindringt, und damit jene völlig irrationalen, unwirtschaftlichen Aspekte des jeweiligen Landescharakters zu schützen. In der Regel sind nur die Eliten, die in ihrem eigenen Reichtum nicht gefährdet sind, bereit, sich über solche Dinge Gedanken zu machen. Die Rockefellers haben sich an der Errichtung des Nationalparksystems in Amerika beteiligt. Das Metropolitan Museum wurde von Großkapitalisten gegründet, die meinten, wir bräuchten ein Museum, das mit dem Markt nichts zu tun haben dürfe.«

Alle diese Filter für den Schutz der Kultur und der Umwelt klingen in der Theorie vernünftig, aber in der Praxis müssen sie ineinandergreifen, damit Hoffnung auf Erfolg besteht. Der Park im Regenwald wird allein niemals so viel einbringen, daß keine Bäume mehr gefällt werden; Bürokraten werden allein nie den nötigen politischen Willen aufbringen, sämtliche Umweltschutzbestimmungen durchzusetzen; Umweltschutzverbände werden allein nicht genug ausrichten, um die Zerstörung zu bremsen; Kampagnen im Internet werden allein nicht ausreichen, um die Elektronische Herde zu zügeln.

Aus diesem Grund hoffe ich, und ich glaube wirklich daran, daß mit dem Eintritt in das nächste Jahrzehnt der Globalisierung irgend jemand oder irgendeine Partei als Ausgangspunkt seines oder ihres politischen Programms den Gedanken nimmt, alle diese Filter ineinandergreifen zu lassen. Ich spreche nicht von Greenpeace, ich spreche von Politikern und Parteien.

Ich mache den Anfang bei den entwickelten Ländern und gehe nach und nach auf die übrigen ein. Die gute Nachricht lautet, daß das Thema bereits einen Namen hat: »die Frage der Bewohnbarkeit«. In Amerika hat sich Vizepräsident Al Gore dieser Frage angenommen. Um die Welt bewohnbar zu erhalten, argumentiert er, ist »intelligentes Wachstum« erforderlich, und intelligentes Wachstum verlangt Politiker, die eine Reihe von Gesetzen verabschieden, Anreize und Initiativen schaffen, die gemeinsam das ideale Zusammenspiel der Filter bewirken können. Ein Kernpunkt von Gores Strategie ist die Gründung neuartiger Anleihen, der sogenannten »Better America Bonds« (Anleihen für ein besseres Amerika). Über Subventionen aus Bundesmitteln könnten die Gemeinden mit Hilfe dieses Programms bis zu 9,5 Milliarden Dollar an Anleihen erhalten, die für den Ankauf von verbliebenen Grünflächen, für die Restaurierung verfallener Parkanlagen und für die Renovierung von Gebieten, vor allem von Innenstädten, verwendet werden sollen, wo die Umwelt zerstört wurde, aber noch wiederhergestellt werden kann. Je mehr Innenstädte wieder bewohnbar gemacht werden, desto geringer wird der Siedlungsdruck auf die verbliebenen Grünflächen sein.

Nur eine schonungslose, konsequente Politik der Bewohnbarkeit, die es einer Gesellschaft ermöglicht, die notwendigen Umweltschutz- und Kulturfilter ineinandergreifen zu lassen, wird Aussicht haben, die nicht weniger schonungslosen und konsequenten, finanzstarken und effizienten Geschäftspläne von Nike, MTV, McDonald's, Pizza Hut, Enron und Taco Bell zu zügeln. Zwar handelt es sich heute nur um eine Hoffnung und ein inständiges Flehen, doch die Hoffnung und das Flehen sind dringend notwendig – weil eine zukunftsfähige Globalisierung ohne Bewahrung der Umwelt und der Kultur nicht möglich ist.

Das alles gehört zusammen. Kulturen werden in ihrer ursprünglichen Umgebung gepflegt und erhalten. Die interessantesten und vielfältigsten Stämme im Amazonasgebiet leben in den urtümlichsten, am wenigsten verschmutzten und am wenigsten entwickelten Regionen. Und die interessantesten und vielfältigsten Städte, Landschaften, Regionen und Gemeinden in Amerika, Katar und Südfrankreich sind diejenigen, wo die Umwelt noch nicht mit Straßen und Einkaufszentren so zugepflastert worden ist, daß es dort wie an einem beliebigen, gesichtslosen Ort in den Vereinigten Staaten aussieht.

In dieser Hinsicht bildet Israel ein interessantes Beispiel, weil es ein Landstrich mit einer sehr langen Kultur ist, die viele Jahrtausende zurückreicht, und mit einer Landschaft, die bekannter ist als irgendeine andere in der Welt, weil praktisch jeder Hügel und Felsen in der Bibel erwähnt wird. Heute kämpft jedoch die Society for the Protection of Nature (Gesellschaft für den Schutz der Natur) in Israel (SPNI) gegen die massive Ausdehnung der Städte über das ganze Land. Falls Sie einen Baum auf den Höhen zwischen Jerusalem und Tel Aviv gepflanzt haben, dann besuchen Sie ihn bald. Es kann sein, daß er nicht mehr lange steht, weil das Gebiet von Haifa über Tel Aviv nach Jerusalem bis zum Jahr 2020 vermutlich eine riesige, nahtlos ineinander übergehende Megalopolis sein wird. Die Israelis bauen gerade so, als würden sie in Australien leben – immer mehr, immer größer, immer breiter. Wenn die gegenwärtige Bevölkerungsentwicklung anhält, wird Israel außerhalb der Wüste Negev schon bald eines der am dichtesten besiedelten Länder der Welt sein. Leider überragt der Goldene Doppelbogen von McDonald's bereits von einem Hügel aus Jerusalem, wenn man die Stadt vom Westen her betritt.

Gerade weil Israel die jüdische Einwanderung nicht beschränken kann, muß es auf eine nachhaltige Entwicklung größeren Wert legen; andernfalls wird die israelisch-zionistische Kultur die Umwelt verlieren, aus der sie hervorgegangen und mit der sie so eng verbunden ist. »Jedes Projekt, das gegen den nationalen Plan gebilligt wird und offene Flächen zerstört, zerstört auch einen Teil des jüdischen Erbes – die biblische Landschaft aus den Tagen Davids und Salomos«, erklärte Avram Shaked, der Koordinator für Umweltschutzfragen der SPNI, während wir beide eines Morgens beobachteten, wie Baggerschaufeln sich in die judäischen Hügel gruben. »In der Bibel werden die Weinberge von Ben Shemen erwähnt. Heute ist Ben Shemen das größte Autobahnkreuz des Landes. Wir sprechen immer noch von dem ›Land Israel‹ im metaphysischen Sinn, aber wir vergessen das reale Land.«

An diesem Punkt schaltete sich der Vorsitzende von SPNI ein, Yoav Sagi: »Wir müssen hier die Kultur dahingehend ändern, daß sie das Land nicht mehr erobert, sondern es bewahrt. Falls Israel nämlich eines Tages ein normales Land werden sollte, ohne fortwährende Kriege, dann werden uns hier die Lebensqualität und die Verbindung zum Land stärken. Doch wenn der gegenwärtige Trend anhält, werden wir keine Lebensqualität und kein Land mehr haben, mit dem wir verbunden sein könnten.«

Wer der Heimat der Menschen ihre Eigenart nimmt – sei es durch ihre Homogenisierung oder durch ihre Zerstörung –, der untergräbt nicht nur ihre Kultur, sondern auch ihren sozialen Zusammenhalt. Kultur kann im positiven Sinne eine überaus mächtige Form der freiwilligen Selbstbeschränkung im menschlichen Verhalten sein. Sie fördert eine ganze Reihe von Gewohnheiten, Verhaltensregeln, Erwartungen und Traditionen, die das Leben prägen und Gesellschaften in ihrem Innersten zusammenhalten. Wenn im Zuge einer ungezügelten Globalisierung Kulturen und Landschaften entwurzelt werden, dann wird auch das unerläßliche, dahinterstehende soziale Gefüge zerstört.

Und das führt uns zurück zur zukunftsfähigen Globalisierung. Eine aufstrebende Gesellschaft, die so essentiell ist für den Umgang mit dem globalisierten System, läßt sich nicht aufbauen, wenn man gleichzeitig die kulturellen Grundlagen zerstört, die diese Gesellschaft tragen und ihr das nötige Selbstvertrauen und die Stabilität geben, die sie braucht, damit sie angemessen mit der Welt in Kontakt treten kann. Aus diesem Grund ist meine Sorge für die Entwicklungsländer, die von der Globalisierung überrollt werden, mehr als der Wunsch, sie als farbenfrohe Orte zu erhalten, an denen wir alle uns als Touristen erfreuen können. Meine Sorge ist, daß es ohne die Umwelt keine zukunftsfähige Kultur gibt, ohne zukunftsfähige Kultur keine zukunftsfähige Gemeinschaft und ohne zukunftsfähige Gemeinschaft keine zukunftsfähige Globalisierung.

In meiner unmittelbaren Nachbarschaft läßt sich dieser Prozeß ganz deutlich beobachten. Mein derzeitiges Lieblingscafé heißt Corner Bakery, Bäckerei an der Ecke, und ist nur wenige Kilometer von meinem Haus in Bethesda in Maryland entfernt. Zunächst einmal gefällt mir der Name Corner Bakery. Er weckt ein Gefühl der Wärme und Nachbarschaft, und dort werden 30 verschiedene Sorten Brot verkauft. Es duftet wie in einer alten Bäckerei, und das Innere – dunkles Holz, blitzblankes Metall, eine freundliche Bedienung – gleicht ebenfalls einer alten Bäckerei. Ja, das ist meine Corner Bakery. Allerdings gibt es ein kleines Problem mit meiner Corner Bakery. Sie liegt nicht an einer Straßenecke. Sie liegt im Einkaufszentrum Montgomery Mall. Der Name und das Flair des Ortes lassen das Bild einer alten Bäckerei an der Hauptstraße erstehen, aber es ist ein Trugbild. Wenn man die Corner Bakery betritt, ist kein »Hallo Nachbar – hallo Opa – hallo Doktor« zu hören. Dort sitzt nur ein Haufen Fremde, die von der Schnellstraße einen kurzen Abstecher gemacht haben. Mit anderen Worten: Wir sind schließlich in der Ära nach McDonald's angekommen. Und wir sind scheinbar zu etwas zurückgekehrt, das zu unseren Wurzeln gehört hat – aber die Gemeinschaft und die Umgebung, die jene alte Bäckerei an der Ecke stärkten, sind hinter der Filiale der Corner Bakery abhanden gekommen. Es handelt sich nur um Potemkinsche Dörfer, die nicht in einer Gemeinschaft verankert sind, sondern in Beton.

Ich fürchte, daß Malaysia und Thailand, Indien und Israel, Katar, China und Indonesien irgendwann einen Punkt in ihrer Entwicklung erreichen werden, an dem sie ebenfalls ihre alten Bäckereien an der Ecke wiederbeleben wollen – die alten Sehenswürdigkeiten, die Düfte, die Farben, die Garküchen, die Architektur und die Landschaft. Dies waren die Horte, in die ihre eigenen Kulturen, ihre Olivenbäume eingebettet waren und in denen sie gediehen. Sie könnten jedoch, wenn sie an diesem Punkt angelangt sind, entdecken, daß das Alte unwiederbringlich ausgelöscht worden ist, nicht etwa von einer neuen, weiterentwickelten Form der alten Kultur, was in der Geschichte immer wieder vorgekommen ist, sondern von einer sterilen, globalen Kultur, die ihrer Gesellschaft aufgezwungen wurde.

Wir können nicht darauf hoffen, daß jede Kultur auf der Welt genau so bestehen bleibt, wie sie heute ist. Uns kann auch nicht viel daran liegen, eine Kultur zu erhalten, der es an dem inneren Willen und Zusammenhalt fehlt, das aus eigener Kraft zu schaffen. Genau wie bei den Tier- und Pflanzenarten ist es ein Teil der Evolution, daß Kulturen entstehen, sich entfalten und wieder aussterben. Was wir heute aber dank der Globalisierung erleben, ist eine Turbo-Evolution. Sie ist unfair. In einer Welt ohne Mauern sind selbst einige sehr zähe Kulturen einfach kein adäquater Gegner für die Macht der Elektronischen Herde. Zum Überleben sind sie auf Hilfe angewiesen, sonst werden sie schneller zermalmt, als durch die Evolution neue entstehen werden. Am Ende werden wir nur noch ausgestopfte Tiere im Zoo besichtigen können.

Keiner versteht das besser als James Wolfensohn, der Präsident der Weltbank. Er erzählte mir einmal von einer Reise nach Guatemala, kurz nachdem er die Leitung der Weltbank übernommen hatte. »Ich war im Hochland und traf mich mit Ältesten der Maya. Das war in einem unglaublich armen Dorf, es fehlte an allem. Die Menschen hatten praktisch nichts. Wir waren zu ihnen gekommen, um nach Wegen zu suchen, wie ihre medizinische Versorgung und ihre Bildung verbessert werden konnten. Das Thema Bildung interessierte sie am meisten, darüber wollten sie am intensivsten reden. Noch mehr als über Wasser. Sie wollten unsere Hilfe, die alte Weisheit der Maya zu erhalten, eine mündliche Überlieferung, die über dreitausend Jahre hinweg ständig weitergegeben wurde. Die Menschen waren so arm, aber sie hatten diese unglaublich reiche Geschichte und Kultur – sie hatten lange vor dem Westen auf den Gebieten der Mathematik und Astronomie geforscht –, und sie wollten unsere Hilfe, damit sie all das ihren Kindern weitergeben können. Die Welt wird ärmer sein, wenn wir nicht in der Lage sind, ihnen zu helfen.«

Wolfensohn haben wir es zu verdanken, daß die Weltbank aus der Erkenntnis heraus, daß der Verlust des Wissens und der Kultur der Maya-Ältesten dem Verlust des genetischen Materials einer seltenen Tier- oder Pflanzenart gleichkäme, ein Programm für die Vergabe von Krediten zu kulturellen Zwecken aufgelegt hat – zusätzlich zu der üblichen Kreditvergabe für die wirtschaftliche und soziale Entwicklung. Zu den kulturellen Projekten, die inzwischen von der Weltbank gefördert werden, zählen die Restaurierung des Staatsmuseums von Brasilien, die Restaurierung der Moscheen von Samarkand, die Erhaltung der heiligen Stätten in Bethlehem, ein Wörterbuch in Uganda, der Aufbau von Projekten zum Erhalt lebendiger Kulturen eingeborener Völker in Peru und Bolivien und die Unterstützung der traditionellen Kunsthandwerker und Handwerker in Marokko. Beklagenswert an der Angelegenheit ist nur die Tatsache, daß Wolfensohn jedes Jahr aufs neue im Gouverneursrat der Weltbank, dem ausschließlich Finanzminister angehören, darum kämpfen muß, daß weiter Gelder in das Programm fließen. Wolfensohn berichtet: »Ich sage zu ihnen: ›Können Sie sich England ohne seine Geschichte vorstellen? Können Sie sich vorstellen, wie es wäre, nach Frankreich zu reisen, wenn es seine Kultur nicht hätte? Also, wenn Ihnen das undenkbar erscheint, weshalb verweigern Sie das den Entwicklungsländern, die es noch viel nötiger haben? Sie können die Menschen nicht dazu bringen, vorwärts zu schreiten, wenn sie keine Vorstellung von der Basis und der Vergangenheit haben, von der sie kommen.‹« Das Beste an Wolfensohns Programm ist die Bestimmung, daß Länder, die kulturelle Hilfsmittel erhalten, wenigstens 15 Prozent davon zur Unterstützung moderner Künstler, Maler, Kunsthandwerker und Dichter verwenden müssen, so daß die Weltbank die Kulturen nicht einfach in Museen verfrachtet, sondern sie als lebendige Realität fördert.

Wie zukunftsfähig die Globalisierung ist, wird zumindest zum Teil davon abhängen, wie geschickt wir alle die Filter einsetzen, die notwendig sind, um unsere Kulturen und Umwelt zu schützen, während wir uns gleichzeitig überall die Rosinen herauspicken. Wenn die Globalisierung sich als eine besonders effiziente Form des Kulturaustausches erweist – beispielsweise wenn ich Sushi und Kabuki des japanischen Mädchens koste, während sie mein McDonald's und Disney probiert –, so daß die Menschen tatsächlich eine größere Auswahl haben, wenn sie zu einer Konföderation eigenständiger Kulturen und nicht zur Homogenisierung führt und wenn sie ein in kultureller Hinsicht vielfältigeres Universum anstelle eines seelenlosen, standardisierten Globus fördert, dann wird sie auch eine Zukunft haben. Yaron Ezrahi hat dies einmal so ausgedrückt: »Entweder die Globalisierung homogenisiert uns nur oberflächlich, und die kulturellen Wurzeln bleiben bestehen, oder sie homogenisiert uns mitsamt der Wurzeln und wirkt dann tödlich für die Umwelt, für die Kultur und für die Politik.«

Es ist nichts dagegen zu sagen, wenn es in Disney World einen chinesischen, einen französischen und einen mexikanischen Pavillon gibt. Aber Gott bewahre uns vor einer Welt, wo der chinesische Pavillon in Disney World die einzige Erinnerung daran ist, was China einst war, wo das neue Königreich der Tiere in Disney World die einzige Erinnerung daran ist, wie der Dschungel einmal aussah, und wo das Regenwald-Café der einzige Regenwald ist, den Sie und Ihre Kinder jemals zu Gesicht bekommen werden.

12

Die Sieger bekommen alles

Wie steht der Nikkei, und wie viele Punkte hat Detroit gemacht?
MICHAEL JORDAN in einer Werbesendung,
in der er als Börsianer an der Wall Street auftritt

Dennis, ich bin extra deinetwegen aus Polen gekommen.
Transparent in der Menge im United Center,
dem Stadion der Chicago Bulls, mit einem Gruß
an Dennis Rodman, 11. April 1998

Ich habe eine Saisonkarte für das NBA-Basketballteam Washington Wizards, und der Sommer 1996 war für alle Wizard-Fans eine schwere Zeit. Der beste Angreifer der Wizards, Juwan Howard, konnte sich in dem Sommer sein Team frei aussuchen, und das finanzkräftige Team Miami Heat wollte ihn mit einem Angebot von rund 120 Millionen Dollar für sieben Jahre ködern. Die Wizards boten anfangs »nur« 75 bis 80 Millionen. Auf dem Höhepunkt der Vertragsverhandlungen lief ich zufällig dem politischen Kommentator des American Enterprise Institute, Norman Ornstein, in die Arme, ebenfalls ein Wizards-Fan. Wir jammerten gemeinsam über den scheinbar unvermeidlichen Verlust von Howard an Miami.

»Wissen Sie«, seufzte Ornstein, »und daran ist nur die NAFTA schuld.«

Wir lachten beide, weil wir wußten, daß in dem Satz mehr als ein Körnchen Wahrheit steckte. Grob vereinfacht formuliert, entsteht durch die Globalisierung ein viel größerer, vereinter Weltmarkt für unzählige Waren und Dienstleistungen. Sobald sich ein Land an das System anschließt, können deshalb alle, die über das Wissen und das Talent verfügen, ihre Waren auf dem vereinten Markt zu verkaufen, wirklich das große Geld machen, weil sie auf einem Marktplatz antreten, der die ganze Welt umfaßt. Es war Juwan Howards Glück, daß seine Verbesserung der Sprung-, Wurf- und Reboundqualitäten zusammenfiel mit der Integration der Märkte in der NAFTA, der Europäischen Wirtschafts- und Währungsunion und dem GATT, mit dem Fall der Berliner Mauer, dem Zusammenbruch des Kommunismus und anderen vereinheitlichenden

Entwicklungen. Dadurch wurde die NBA zu einem weltweiten Sportereignis, und die Fans von Moskau über Mexico-City bis Miami hatten die Möglichkeit, das hohe Gehalt von Howard mitzufinanzieren. Die NBA verkaufte 1998 außerhalb der Vereinigten Staaten von der NBA lizensierte Basketbälle, Körbe, T-Shirts, Uniformen und Mützen im Wert von über 500 Millionen Dollar, von den Millionen Dollar für Satelliten- und Kabelfernsehrechte ganz zu schweigen.

Tatsächlich macht die NBA heute dem Fußball die Stellung als weltweit beliebteste Sportart streitig. Wie global ist die NBA? Sie kennen doch die Matrjoschka-Puppen, die in Rußland verkauft werden – bunte Holzpuppen, die man ineinanderstecken kann, die kleinen immer in die nächstgrößere. Bei meinem ersten Besuch in Moskau 1989 waren Matrjoschkas mit Puppen, die verschiedene Sowjetführer oder den letzten Zaren darstellten, besonders beliebt. Man konnte Lenin in Stalin in Chruschtschow in Breschnew in Gorbatschow kaufen. Als ich Moskau während der russischen Präsidentschaftswahl 1996 besuchte, stellte ich fest, daß außerhalb des Kremls die Matrjoschka mit Dennis Rodman in Scottie Pippen in Toni Kukoc in Luc Longley in Steve Kerr in Michael Jordan am meisten verkauft wurde! Sie mögen die Chicago Bulls nicht? Kein Problem. Die Straßenhändler in Moskau boten in dem Jahr jedes beliebige NBA-Team als Matrjoschka-Puppe an.

Doch mit der Globalisierung läßt sich nicht nur Howards Geldsegen erklären, sondern auch einer der problematischsten Nebeneffekte des Anschlusses an das System: die Tatsache, daß sich in den achtziger und neunziger Jahren, als die Globalisierung den Kalten Krieg ablöste, die Einkommensschere zwischen Arm und Reich in den industrialisierten Ländern merklich weiter geöffnet hat, nachdem sie mehrere Jahrzehnte lang vergleichsweise unverändert geblieben war.

Wirtschaftsexperten werden Ihnen sagen, daß es mehrere Gründe dafür gibt, von denen viele mit der Globalisierung zu tun haben. Dazu zählen die massive Wanderung von ländlichen in städtische Regionen, die rasanten technischen Veränderungen mit der Folge, daß Wissensarbeiter deutlich mehr verdienen als weniger qualifizierte Arbeitskräfte, der Niedergang der Gewerkschaften, der Zustrom von Arbeitskräften in entwickelte Länder, wodurch die Löhne für einige Berufsgruppen fallen, und das Wachstum des Außenhandels.

Alle diese Faktoren müssen berücksichtigt werden, wenn man versucht, die immer größer werdende Kluft zwischen Arm und Reich zu erklären. In diesem Kapitel will ich mich jedoch auf den vermutlich wichtigsten, mit Sicherheit aber auffälligsten Faktor beschränken, der mir bei meinen Reisen immer wieder begegnet ist. Ich meine das Phänomen »der Sieger bekommt alles«: Die Sieger auf jedem beliebigen Gebiet können heute wirklich das ganz große Geld machen, weil sie ihre Ware auf dem gigantischen globalen Marktplatz anbieten, während die weniger Talentierten oder gänzlich Ungebildeten sich mit ihrem lokalen Markt begnügen müssen und deshalb viel, sehr viel weniger Geld verdienen. Die Zeitschrift USA Today hat errechnet, daß das erste Angebot von Miami Heats an Howard in Höhe von 98 Millionen Dollar für sieben Jahre dem Durchschnittslohn eines Grundschullehrers (30 000 Dollar jährlich) für 3267 Jahre entsprach.

Die Wirtschaftsexperten Robert H. Frank und Philip J. Cook weisen in ihrem Klassiker *The Winner-Take-All Society* darauf hin, daß die Globalisierung eine »wichtige Rolle bei der Ausweitung der Ungleichheit gespielt hat«, weil dadurch für die Gewinner ein Markt um den ganzen Erdball entstanden ist. Ihrer Ansicht nach ist mit der weltweiten Abschaffung oder Reduzierung der Handelsschranken und Zölle, mit dem massiven Rückgang der Reisekosten, der Deregulierung der Märkte und dem freien, günstigen Zugang zu Informationen über Grenzen hinweg in vielen Branchen und Berufszweigen ein einziger, gemeinsamer Weltmarkt entstanden. Der Handelsvertreter, der sich früher mit einer Gebietsvertretung zufrieden geben mußte, kann sich heute mit Hilfe von Faxgerät, Satellitentelefon und Internet seine eigene landesoder weltweite Kundschaft suchen. Der Arzt, der früher an ein Krankenhaus gebunden war, kann über weltweite Datennetze seine Diagnose und seine Therapie weiterleiten. Der Sänger oder die Sängerin, der oder die früher nur im eigenen Land zu hören war, kann heute mit Hilfe von CD-Technik und Musikvertrieb über Kabel und Internet nicht nur eine weltweite Zuhörerschar erreichen wie einst die Beatles, sondern kann auf tausenderlei Art finanziell davon profitieren. Gleichzeitig, so Frank und Cook, hat auch die Beseitigung offizieller und inoffizieller Regeln, die bislang den Wettbewerb in jeder Branche einschränkten – Regeln wie die Vorbehaltsklausel im Berufssport, nach der sich ein Spieler nicht ohne weiteres selbst an den Höchstbietenden verkaufen kann, oder das inoffizielle Gesetz in der Industrie, nach dem die Unternehmen eigene Führungskräfte befördern statt die Welt nach dem geeignetsten und klügsten Kopf zu durchkämmen – dazu beigetragen, einen offenen weltweiten Auktionsmarkt zu schaffen. (Davon können auch die Verbraucher profitieren. Wenn Sie etwa an einer seltenen Krankheit leiden, werden Sie es zu schätzen wissen, daß Sie über das Internet die besten Spezialisten auf der ganzen Welt zu Rate ziehen können. Oder wenn

Sie Aktien eines einbrechenden Unternehmens halten, dann werden Sie froh sein, daß es den besten freiberuflichen Manager aus Australien anwerben kann und sich nicht verpflichtet fühlt, eine Null aus dem eigenen Unternehmen an die Spitze zu setzen.)

Fügen Sie all diese Faktoren zusammen, und Sie erhalten am Ende eine Situation, in der sich der potentielle Markt für jede Ware und jede Dienstleistung, für jeden Sänger und jeden Komponisten, für jeden Autor und jeden Schauspieler, für jeden Arzt und jeden Anwalt, für jeden Sportler und jeden Hochschulabsolventen vom einen Ende der Welt bis zum anderen erstreckt. Durch diese noch nie dagewesene Offenheit und Mobilität wird es Dienstleistungsfirmen, Industriebetrieben und Freiberuflern möglich, den weltweiten Markt abzudecken, ja sie werden sogar dazu aufgefordert und in gewisser Weise gezwungen – sonst wird es ein anderer versuchen. Und wenn ein Spieler als der Gewinner hervorgeht – als »*Die* Steuerkanzlei«, »*Der* Arzt«, »*Der* Schauspieler«, »*Der* Anwalt«, »*Der* Sänger«, »*Der* Verkäufer«, »*Der* Basketballspieler«, »*Der* Mann« oder »*Die* Frau« auf einem bestimmten Gebiet –, dann kann er theoretisch nicht nur die Vereinigten Staaten und Europa, nicht nur Japan und China für sich gewinnen. Er oder sie kann gleichzeitig Gewinne und Lizenzen aus der ganzen Welt einstreichen. Ford Motors doppelsinniger Werbespruch trifft das hervorragend: »Ford: Sich die Welt erobern.«

»In diesem globalen Dorf«, schreiben Frank und Cook, »können die Spitzenspieler – die mit den besten Produkten – enorme Gewinne machen. Stellen wir uns Acme Radials vor, einen hypothetischen Reifenhersteller in Akron, Ohio. Wenn Acme bisher der beste Hersteller in, sagen wir, Nordohio war, dann machte er bisher bescheidene Gewinne. Aber die heutigen anspruchsvollen Verbraucher kaufen ihre Reifen verstärkt nur noch von einer Handvoll der weltweit besten Reifenhersteller. Falls [Acme] zu den besten gehört, werden seine Gewinne wie eine Rakete in die Höhe schießen; andernfalls wird die Zukunft vermutlich alles andere als rosig sein.«

Nach Frank und Cook können die Gewinner in dem globalen Markt zwar unglaublich großen Erfolg haben, aber wer nur ein bißchen weniger gut ist, wird meistens viel weniger Erfolg haben, und wer nicht besonders gut ist, dem wird es sehr schlecht ergehen. Deshalb wird sich die Schere zwischen den Erst- und Zweitplazierten weiter öffnen, und die Schere zwischen dem Ersten und dem Letzten geradezu beängstigend auseinanderklaffen. Natürlich gibt es auf den wenigsten Gebieten nur einen Gewinner, doch die Spitzenleute erhalten einen unverhältnismäßig hohen Anteil. Je stärker die verschiedenen Märkte globalisiert und zu Märkten der Gewinner werden, desto größer wird die Ungleichheit innerhalb der Länder und aus dem gleichen Grund auch zwischen den Ländern.

Die Ungleichheiten wachsen sich zu einem überaus problematischen sozialen Nebeneffekt dieses Systems aus. Nach einem Bericht im *National Journal* fiel das Einkommen des ärmsten Fünftels der Arbeitnehmerhaushalte in Amerika von 1979 bis 1995 inflationsbereinigt um 21 Prozent, während im gleichen Zeitraum das Einkommen des reichsten Fünftels um 30 Prozent stieg. Am 30. Mai 1998 meldete der *Economist*, daß es in Amerika 170 Milliardäre gebe im Vergleich zu 13 im Jahr 1982. »Zur Zeit geht es der Wirtschaft so gut, daß alle vorwärtskommen«, fügte der *Economist* hinzu. »Aber die Ungleichheit hat sich in den vergangenen 30 Jahren verschärft, und das ist nicht unbemerkt geblieben. Bill Gates hat sich in den Karikaturen vom griechischen Helden zum großmäuligen Monopolisten gewandelt – ganz im Stil Rockefellers. Der Kassenschlager *Titanic* schilderte die Entwicklung aus einer erfrischend marxistischen Sicht, und der Jubel der amerikanischen Zuschauer, wenn wieder ein oder zwei reiche Passagiere untergingen, war, nun ja, beängstigend.« Sadruddin Aga Khan, der Vorsitzende der Bellerive Foundation, die sich mit den Folgen der Globalisierung befaßt, berichtete, daß Bill Gates' Vermögen zu einem bestimmten Zeitpunkt dem Nettoeinkommen der 106 Millionen ärmsten Amerikaner entsprochen habe.

Es gibt noch zahllose weitere Beispiele für den Einfluß der Globalisierung auf die Einkommensschere und die sozialen Konsequenzen, die sich daraus ergeben. Wie ich aber bereits andeutete, läßt sich alles Wissenswerte zu diesem Thema allein am Beispiel einer einzigen Gruppe von Menschen aufzeigen: der National Basketball Association und insbesondere des Meisterteams von 1997/98, der Chicago Bulls.

Die Spieler und Eigentümer der NBA zählen zu den größten Nutznießern des heutigen globalisierten Systems – niemand hat das System besser verstanden und es sich besser zunutze gemacht als der NBA-Commissioner David Stern. Wie Stern mir einmal in einem Interview erklärte, hat die NBA dank der Demokratisierung der Technik in der ehemals kommunistischen Welt entdeckt, daß sie plötzlich eine »Vielzahl von Sendestationen hatte, von denen aus sie ihre Spiele – über Kabel, Satellit, das Internet, Glasfaserkabel und das traditionelle Fernsehen – in viele verschiedene Länder übertragen konnte«. Er sagte, die NBA habe heute

Kontakte zu über 90 Rundfunksendern auf der ganzen Welt, die Basketballspiele der NBA in über 190 Länder in 41 verschiedenen Sprachen ausstrahlen. Selbst China übertrage jeden Samstagmorgen ein Spiel der Woche. Dank der Demokratisierung der Finanzwelt, des Zusammenbruchs des Kommunismus und der Beseitigung zahlreicher Reise- und Handelsschranken ist ein riesiger transnationaler Absatzmarkt für die verschiedensten Gebrauchsgegenstände entstanden. Unternehmen, die ihre Waren auf dem globalen Absatzmarkt verkaufen wollen, wollten um jeden Preis ihre Produkte mit einem globalen Symbol in Verbindung bringen, das sich über viele Grenzen und Zeitzonen hinweg vermarkten ließ. Das Logo der NBA und die NBA-Spieler wurden zu solchen globalen Symbolen, mit denen sich globale Marken – Zahnpasta, Schuhe, Deodorants – aufpeppen ließen, so daß sie auf Anhieb den Verbrauchern von Buenos Aires bis Peking vertraut waren. Und dank der Demokratisierung der Information – und dank des phänomenalen Erfolgs von Michael Jordan – konnte ein Wortführer hervortreten, der trotz aller nationalen Unterschiede von einem Ende des globalen Marktes bis zum anderen bewundert wurde.

»Also läßt Sprite eine Werbesendung parallel in Dänemark und in Polen laufen, und beide benutzen ein NBA-Logo. Damit haben ihre Produkte ein internationales Siegel, das auf jedem Markt verstanden wird«, erklärte Stern. Um dies noch zu verstärken, fügte er hinzu, »unterhält die NBA inzwischen Büros für die Vermarktung der Übertragungsrechte in Paris, Barcelona, London, Taiwan, Tokio, Hongkong, Melbourne, Toronto, New Jersey, Miami – für Lateinamerika – und Mexico City. Und wir tragen inzwischen acht reguläre Spiele in Tokio aus und zwei in Mexico City.«

Im Jahr 1990 konnten 200 Millionen Haushalte in 77 Ländern Spiele der NBA im Fernsehen verfolgen. 1998 waren es bereits 600 Millionen Haushalte in 190 Ländern. Über 35 Prozent der Fans, die die offizielle NBA-Website, www.nba.com, besuchen, leben außerhalb der Vereinigten Staaten. Internetnutzer aus 50 Ländern klicken sich regelmäßig zu nba.com. Seit 1994 hat sich die Zahl der internationalen Spieler, die von der NBA angeworben wurden, vervierfacht.

Um dem weiter nachzugehen, interviewte ich Steve Kerr, den Spezialisten für Drei-Punkt-Würfe, der jahrelang mit Michael Jordan bei den Chicago Bulls gespielt hat. Kerrs NBA-Karriere begann kurz vor dem Fall der Berliner Mauer, als Basketball nur in Amerika als Profisport gespielt wurde, und heute, da Basketball ein Weltsport ist, steht er auf dem Höhepunkt seiner Karriere. Kerr erzählte mir: »Vor ein paar Jahren fuhr ich nach Tokio zu einem Basketball-Camp, das Sean Elliott (ein anderer NBA-Star) leitete, und ich war völlig überrascht, wie viele Leute mich auf der Straße erkannten. Einmal stand ich morgens um fünf Uhr auf und ging zum Tokioter Fischmarkt, um mir die Versteigerung der Fische anzusehen. Das gehörte gewissermaßen zum üblichen Touristenprogramm. Man geht hinein, und dort liegen die riesigen Thunfische herum, die für 50 000 Dollar das Stück verkauft werden. Die Fische liegen in der ganzen Halle verteilt auf großen Paletten. Ich schlenderte durch die Halle und sah mir die Thunfische an, und all die Fischer redeten miteinander japanisch und versteigerten ihre Fische. Aber wo ich hinkam, traten diese Fischer – Fischer wohlgemerkt! – auf mich zu und sagten: ›Ah, Steve Kerr, Chicago Bulls.‹ Und das um fünf Uhr morgens auf dem Tokioter Fischmarkt!«

Als die Chicago Bulls im Oktober 1997 in Paris vor der Saison an einem Schauwettkampf teilnahmen (der Wettkampf hieß McDonald's Championship – wie auch sonst?), ließen sich gut 1000 Reporter und Fotografen für die Spiele akkreditieren – mehr als für die Finalspiele der NBA. Kerr erinnerte sich: »Es war irgendwie seltsam, durch die Straßen von Paris zu gehen, und jeder weiß, wer du bist.«

Mein Freund Allen Alter, der Auslandsredakteur von CBS News, versuchte einmal, für CBS Visa zu erhalten, um im Winter 1997 ein Kamerateam nach Nordkorea zu entsenden. Er tat, was jeder gute Redakteur tun würde: Er machte hartnäckig den beiden ranghöchsten nordkoreanischen Diplomaten bei den Vereinten Nationen den Hof, die für die Visavergabe zuständig waren. Eines Abends erwähnten die beiden Diplomaten bei einem Dinner, daß sie sich sehr für die Basketballspiele der NBA interessierten, und so schickte Alter ihnen eine Aufzeichnung der Finalspiele von 1997: Chicago Bulls gegen Utah Jazz. Am nächsten Morgen schickten die Nordkoreaner, die laut Alter sonst praktisch nie auf eine telefonische Nachricht oder ein Fax reagierten, unaufgefordert ein Fax, in dem sie ihm weitschweifig für das Band dankten und mitteilten, daß es »bereits per Kurier auf dem Weg nach Pjöngjang« sei. Einige Wochen später besuchte eine nordkoreanische Delegation New York, und einer der nordkoreanischen Diplomaten informierte Alter: »Wir sind sehr interessiert an den Cheerleadern – sie stoßen in meinem Land auf große Begeisterung.« Ganz offensichtlich hatte der »neue Führer« Nordkoreas Kim Jong Il, der bekanntermaßen von Godzilla und dem Zauberer David Copperfield fasziniert ist, Gefallen an den jungen Damen gefunden, als er sich die Bänder vom Höhepunkt der NBA ansah.

Israels bekanntester politischer Kolumnist Nahum Barnea von der

Zeitung *Yediot Aharonot* ist ein begeisterter NBA-Fan und kann jetzt problemlos seiner Leidenschaft frönen, weil inzwischen viele NBA-Spiele trotz des Zeitunterschiedes von sieben Stunden live im israelischen Fernsehen übertragen werden. Barnea erzählte mir, er habe am Tag des sechsten Spiels des Finales von 1998 zwischen den Chicago Bulls und Utah Jazz seine Mutter im Altersheim besucht. Während er mit seiner Mutter plauderte, schaltete er den Fernseher in ihrem Zimmer ein, damit er nebenher das Finale verfolgen konnte. Als das Spiel begann und Barneas alte Mutter sah, daß ihr Sohn von einem Basketballspiel ganz in den Bann gezogen wurde, fragte sie ihn: »Welche Mannschaft ist Israel?« Frau Barnea hätte sich nie träumen lassen, daß ihr Sohn so interessiert ein Basketballspiel verfolgen konnte, an dem nicht wenigstens eine israelische Mannschaft teilnahm.

Doch die Globalisierung der NBA bringt auch ernste soziale Probleme mit sich. Nehmen wir nur die Bank der Chicago Bulls. An einem Ende dieser Bank saß Michael Jordan. Die Zeitschrift *Forbes* schätzte Jordans Einkünfte aus Werbeverträgen auf 47 Millionen Dollar im Jahr 1997, sein Spielergehalt betrug in dem Jahr 31,3 Millionen, macht ein Gesamteinkommen von 78,3 Millionen Dollar. Im Jahr 1998, kurz vor Jordans Abschied, veranschlagte *Forbes* Jordans Gesamtgewicht in der amerikanischen Wirtschaft seit seinem Eintritt in die NBA 1984 auf »10 Milliarden Dollar« – berücksichtigt wurden dabei der Verkauf von NBA-Karten, den Jordan in schwindelerregende Höhen trieb, die ausländischen Übertragungsrechte und die höheren Einschaltquoten, die sein Verdienst waren, sowie der weltweite Verkauf von Nike-Schuhen, Trikots und anderen Produkten, für die er warb. Die Zeitschrift *Sporting News* berichtete: »Jordans Wert wurde bei seiner Rückkehr in die NBA im März 1995 nach einer achtzehnmonatigen Baseball-Pause unterschätzt. Der Börsenwert [seiner] fünf Sponsoren – McDonald's, Sara Lee, Nike, General Mills und Quaker Oats – kletterte innerhalb von zwei Wochen auf 3,8 Milliarden Dollar.« Die Anzeige der Upper Deck Company, die Karten für Baseball und Basketball produziert, in der *Sporting News* traf den Nagel auf den Kopf: Sie zeigte Michael Jordan mit der Weltkugel in seinen Händen, und die Welt hatte die Größe eines Basketballs. Neben dem Globus in Jordans Händen standen die Worte: »Die richtige Größe?«

Michael Jordan ist in der Tat der Gewinner, der alles bekommen hat. Aber jedes NBA-Team hat zwölf Spieler. In seiner letzten Saison saß auf derselben Bank wie Jordan – genaugenommen nur elf Plätze von ihm entfernt – ein Spieler, dessen Wurfqualitäten nur ein wenig schwächer waren als die Jordans, dessen Treffsicherheit beim Sprungwurf nur etwas geringer war, dessen Freiwurfquote nur knapp unter der Jordans lag, dessen Defensivarbeit nur etwas weniger effektiv war. Alles in allem war er ein großartiger Basketballspieler. Immerhin spielte er in der NBA und im Meisterteam Chicago Bulls. Sein Name war Joe Kleine. Er saß elf Plätze von Jordan entfernt auf der Bank, und sein Gehalt im Jahr 1997 war das Mindestgehalt der NBA von 272 250 Dollar im Jahr – oder rund 79 727 750 Dollar weniger als Jordans Gesamteinkünfte. Derselbe Sport, dieselbe Liga, dasselbe Team, dieselbe Bank! Ein Grund für diese gewaltige Kluft war, daß Michael Jordan weltweit seine Dienste und Autogramme verkaufte, während Joe Kleines Dienste und Autogramme schon außerhalb des United Centers in Chicago nicht mehr interessant waren.

Nach dem Spiel der Chicago Bulls gegen Orlando Magic am 11. April 1998 suchte ich die Umkleidekabine der Bulls auf, um mit Joe Kleine & Co. zu sprechen. Die Realität auf dem Weltmarkt zeigte sich hier in der krassesten Form. Bevor die Bulls nach dem Spiel die Umkleidekabine öffneten, standen ungefähr 30 Zeitungs- und Fernsehreporter im Flur Schlange. Als die Umkleidekabine endlich aufgemacht wurde, drängten sich alle dreißig Reporter in einem Halbkreis um den Spind von Michael Jordan. In dem Knäuel war auch ein japanisches Fernsehteam, das sich auf Japanisch unterhielt. Sie wurden von einer japanischen Reporterin angeführt, die jedesmal rot wurde, wenn ein Zweimetermann von den Bulls nach dem anderen aus der Dusche kam, nur mit einem schmalen Handtuch um die Hüfte. In Japan sieht man so etwas nicht jeden Tag!

Aber nun stellen Sie sich einmal folgendes Bild vor: Sie sind in einer Umkleidekabine. Darin sind zwölf Spinde mit Hockern davor. Aber alle dreißig Reporter drängen sich in einem Halbkreis um den leeren Spind eines Spielers – Michael Jordans. Die Mikrofone und Kameras sind alle auf seinen leeren Hocker gerichtet, alle warten auf seinen Auftritt, alle erhoffen sich einen Satz, den sie der ganzen Welt mitteilen können. Unterdessen ziehen sich die übrigen elf Spieler vor ihren Spinden an und erregen praktisch keine Aufmerksamkeit. (Scottie Pippen lockt schließlich ein paar Reporter an, als er aus der Dusche kommt.)

Aus purer Neugier ging ich gemächlich zu Joe Kleine, stellte mich vor und fragte ihn, ob ihn die enorme Kluft zwischen dem Einkommen von Spielern seines Kalibers und dem von Jordan nicht störe. Kleine ließ erkennen, daß er das Prinzip, daß die Sieger alles bekommen, durchschaut hatte. Er drückte es folgendermaßen aus: »Die Gehälter in der

Liga sind für alle gestiegen, aber die Superstars haben einen gewaltigen Sprung nach vorn gemacht. Was mich betrifft, so habe ich mich bewußt entschieden, hierherzukommen und für das Mindestgehalt zu spielen. Das war meine eigene Entscheidung, also kann ich es niemandem übelnehmen.«

Genau wie in der NBA hat die Einkommensschere auch in der Gesellschaft schwerwiegende soziale Folgen. In den Teams, wo den schlechter bezahlten Spielern die ideelle Entschädigung, mit Michael Jordan zu spielen oder die Meisterschaft zu gewinnen, versagt bleibt, kann das ein ernstes Problem werden. Weil die Superstars immer mehr bekommen, bleibt für die übrigen immer weniger übrig; bei der Aussperrung der NBA 1998/1999 war dies auch einer der Hauptstreitpunkte. Im Jahr 1998 erhielten mehr Spieler als jemals zuvor (über 25 Prozent) das Mindestgehalt. Die Zeitschrift *Petersen's Pro Basketball* machte folgende Beobachtung: »Die NBA ähnelt immer mehr der amerikanischen Gesellschaft insgesamt. Die Reichen werden immer reicher, es gibt viele (relativ) arme Leute, und die Mittelschicht droht zu verschwinden. ›Im vergangenen Jahr (1996/97) verdiente etwa ein Drittel – 110 von 348 Spielern – das Minimum, das in der Liga bezahlt wird‹, sagte der Spieleragent Don Cronson. ›Wie es aussieht, wird die Zahl dieses Jahr auf rund 150 steigen. Zwischen den Gehältern für die Masse der Spieler und den unglaublichen Summen, die an die Superstars gehen, bleibt praktisch kein Geld übrig für die Männer auf den Rängen 4 bis 7. Also hat jedes Team sein Spitzentrio und seine unteren 5, die froh sind, daß sie überhaupt in der Liga sind, und sich mit Peanuts zufriedengeben. Die Männer auf Platz 4 bis 7 sind aber wichtige Leistungsträger, die man bei Laune halten muß – und sie sind nicht damit zufrieden, daß sie überhaupt auf der Bank sitzen dürfen. Es wird viele Eifersüchteleien und Spannungen geben, viel mehr als je zuvor. Große Einkommensunterschiede bringen ernste Probleme in der Umkleidekabine mit sich. Das liegt nun mal in der Natur des Menschen. Und es liegt ganz sicher in der Natur der heutigen Basketballspieler.‹ Das beste Beispiel für einen Klassenunterschied boten die Houston Rockets in der letzten Saison; das Trio der Superstars erhielt zusammen über 21 Millionen Dollar an Spielergehältern, es gab nur zwei Mitglieder der schrumpfenden Mittelschicht (Kevin Willis und Mario Elie) im Kader und nicht weniger als sieben Spieler mit dem Mindestgehalt, die sich für einen Hungerlohn abrackerten. ›Nach allem, was ich gehört habe, herrschte keine gute Stimmung in dem Team‹, sagte Cronson.«

Das ist »ein echtes Problem«, meinte Steve Kerr, der vor den Bulls in zwei anderen NBA-Teams gespielt hatte. »Es gibt viele Teams mit Spielern, die nur das NBA-Mindestgehalt verdienen und von Anfang an spielen, und dann hat man gleichzeitig ehemalige Anfangsspieler, die 4 Millionen verdienen und die jetzt von der Bank kommen. Und es läßt sich nicht verhindern, daß die Jungs mit dem Mindestgehalt, die von Anfang an spielen, ein schlechtes Gefühl haben, und daß die ehemaligen Anfangsspieler mit 4 Millionen, die von der Bank kommen, Schuldgefühle haben.« Auf die Frage, ob er sich jemals über die Kluft zwischen seinem und Jordans Einkommen geärgert habe, machte Kerr ebenfalls deutlich, daß er die Globalisierung verstanden hat und weiß, wo sein Platz im Kosmos ist. »Nein, wirklich nicht«, sagte er. »Ich denke an die Tausende von Jungs da draußen, die auch wirklich gut spielen und es nicht in die Liga schaffen. Ich finde, daß ich viel Glück gehabt habe.«

Nicht nur die Spielereinkommen entwickeln sich auseinander, auch die finanziellen Unterschiede bei den Eigentümern werden immer größer. Früher waren die Eigentümer der NBA-Teams ortsansässige Geschäftsleute. Heute sind die Eigentümer der Teams zunehmend Gesellschaften mit globalen Einnahmen, und die sind auch nötig, um die globalen Gehälter in einem globalen Sport zu bezahlen. Wem gehören die New York Knicks? Cablevision System Corporation. Wem gehören die Atlanta Hawks? Time Warner. Wem gehören die Portland Trail Blazers? Paul Allen, einem Mitbegründer von Microsoft. Wem gehören die Philadelphia 76ers? Comcast Cable. Wem gehören die Seattle SuperSonics? Dem Medienkonzern Ackerly Group Inc. Wem gehören die Miami Heat? Mickey Arison von der Reederei Carnival Cruise Lines. Abe Pollin, der Eigentümer der Washington Wizards, ist einer der letzten ortsansässigen Eigentümer. Pollin ist eine Stütze der Washingtoner Gesellschaft und ein großzügiger Philanthrop, er verdiente sich sein Geld mit Immobiliengeschäften in Washington und mußte Juwan Howard eine Summe zusichern, die fast seinem gesamten Nettovermögen entsprach, um ihn für sieben Jahre zu verpflichten; sonst wäre Howard zu Miami Heat gegangen. Eigentümer wie Pollin, die sich im sozialen Leben in ihrer Stadt engagieren, sind aber eine aussterbende Spezies, und damit verliert die Gesellschaft insgesamt.

»Charles Dolan, der Leiter von Cablevision, dem Unternehmen, dem die Knicks gehören, hat nur sehr selten die Umkleidekabine im Madison Square Garden betreten, wenn er überhaupt jemals dort war«, schrieb die *New York Times* am 10. Januar 1999. »In den sechziger und siebziger Jahren war die Atmosphäre so familiär, daß die Eigentümer manchmal Spieler zu einem gemeinsamen Urlaub einluden. Heute haben manche Spieler den Eigentümer ihres Teams noch nie zu Gesicht bekommen.« Als der Fänger Mike Piazza im Mai 1998 von den Los Angeles Dodgers an die Florida Marlins und von dort weiter an die New York Mets verkauft wurde, beklagte er sich, daß die Besitzer der Dodgers so distanziert und zurückhaltend seien, daß es geradezu unmöglich sei, mit ihnen ein Wort zu wechseln. Wem gehören die Dodgers? Rupert Murdochs australischem Medienkonzern News Corporation, den Piazza mit den Worten beschrieb: »Unnahbar, distanziert, wie der Zauberer von Oz.«

Schließlich zeigt sich parallel zu der Kluft auf der Bank und der Kluft bei den Eigentümern auch eine Kluft auf den Zuschauerrängen. Die Fans von Michael Jordan haben ihm sein Gehalt vermutlich nie mißgönnt, vor allem solange er einen Titel nach dem anderen gewann. Doch die immer größer werdende Kluft zwischen den Gewinnern und den Verlierern in der globalen Wirtschaft, die sich in den Sportlergehältern widerspiegelt, bringt soziale Probleme mit sich. Reich und Arm leben voneinander getrennt, schicken ihre Kinder auf unterschiedliche Schulen, wohnen in unterschiedlichen Gegenden, kaufen in unterschiedlichen Läden ein und gehen zu unterschiedlichen Sportveranstaltungen – oder, noch schlimmer, sie gehen zu gar keinen Sportveranstaltungen. Früher hat der Gang zu einem Spiel die Gemeinschaft zusammengehalten. Doch viele Sportfans werden nicht mehr hingehen können, weil die Kartenpreise wegen der hohen Spielergehälter so exorbitante Höhen erreicht haben, daß nur noch Reiche sie bezahlen können. Die Stadien werden in Klassen unterteilt, auf der einen Seite die armen Schlucker, die sich nur eine Karte für 75 Dollar leisten können, sich auf die engen, nicht numerierten Tribünenplätze zwängen und Erdnüsse essen, während auf der anderen Seite die Reichen in verglasten Logen sitzen, die Beine ausstrecken können und sich von Kellnerinnen Canapés mit Krabben bringen lassen. Selbst die Spieler, von denen viele aus armen Elternhäusern kommen, sprechen über die soziale Barriere zwischen ihnen und den wohlhabenden weißen Zuschauern, die Geld zahlen, um sie zu sehen. »Da willst du dich nach einem Korb von den Zuschauern feiern lassen«, sagte ein nicht namentlich genannter Spieler gegenüber der Zeitschrift *Sports Illustrated,* »und dann siehst du, wie die Leute in den Logen per Handy Geschäfte abwickeln. Während sich die Kumpels, mit denen du aufgewachsen bist, gar keine Eintrittskarte leisten können. Ja, das gibt einem schon zu denken.« Um Shaquille O'Neals Gehalt von 121 Millionen Dollar für sieben Jahre zu finanzieren, mußten die Los Angeles Lakers den Preis für die *billigsten* Plätze von 9,50 Dollar pro Spiel auf 21 Dollar erhöhen und für die teuersten Logenplätze von 500 auf 600 Dollar. Das hat zur Folge, bemerkt Michael J. Sandel, Politikwissenschaftler in Harvard, daß das Stadion, das früher bei der Homogenisierung einer Gemeinschaft eine so zentrale Rolle spielte, »nicht mehr der gemeinsame öffentliche Ort ist, der Menschen aus verschiedenen Lebensbereichen zusammenführt«.

In der Tat liegen zwischen den Weltstars des Sports und ihren Fans mittlerweile Welten. »Ich las einmal einen Bericht über den Boxer Evander Holyfield«, sagte mir Steve Kerr. »Er hat sich ein Haus mit einer Wohnfläche von 5200 Quadratmetern gebaut. Der Artikel zitierte ihn mit den Worten, daß er Kinder aus armen Familien einladen wolle, sein Haus zu besichtigen, damit sie sehen könnten, was mit harter Arbeit zu erreichen ist. Ich bin sicher, daß er es gut meinte, aber ein 5200 Quadratmeter großes Haus! Das kann man nur erreichen, wenn man Weltmeister im Schwergewicht wird, und davon gibt es immer nur einen. Es geht immer nur darum, was man sich leisten kann. Manche Spieler gehen in Schulen und sagen den Kindern: ›Bleibt in der Schule, damit ihr euch all die Sachen kaufen könnt, die ich habe.‹ Ich glaube nicht, daß das die richtige Botschaft ist. Die Botschaft sollte vielmehr lauten: Bleibt in der Schule, damit ihr in eurem Leben das tun könnt, was ihr tun wollt.«

Wenn ich meine Karten für die Spiele der Washington Wizards nicht selbst nutzen kann, gebe ich sie oft einem Freund von mir, einem Portier. Er ist mir sehr dankbar dafür, und das macht mich immer traurig. Ich bin traurig, daß er so ungeheuer dankbar ist für die Gelegenheit, etwas zu tun, was mein Vater und ich immer getan haben, als ich noch klein war – nämlich ohne lange zu überlegen zu den Spielen der Minneapolis Lakers gehen, und mein Vater verdiente damals auch nur 13000 Dollar im Jahr.

Wenn heute so viele Menschen von diesem einfachen Vergnügen ausgeschlossen sind, dann ist da etwas faul. Das Gemeinschaftsgefühl wird auf diese Weise weiter ausgehöhlt, folglich war ich auch nicht sehr überrascht, als ich am 12. November 1997 in der *Washington Times* folgenden Artikel las: »Zwei Personen kamen in Philadelphia nach einem Streit über die Frage, wer der bessere Aufbauspieler sei, Allen Iverson von den Philadelphia 76ers oder Gary Payton von den Seattle SuperSonics, ums Leben. Aus einem Wortwechsel wurde am Sonntag nach dem Spiel der 76ers gegen die Sonics ein Schußwechsel. Derrick Washington, 21, und seine Cousine Jameka Wright, 22, wurden bei der Schießerei in der staatlichen Wohnsiedlung Southwark Plaza getötet.«

Ich weiß, daß eine solche Zweiklassengesellschaft während des Großteils der amerikanischen Geschichte ganz normal war und daß der Aufstieg der breiten Mittelschicht ein Phänomen der Mitte des 20. Jahrhunderts ist. Mein Vater hätte die Welt nicht mehr verstanden, wenn er sich den Besuch eines Basketballspieles nicht mehr hätte leisten können, aber mein Großvater hätte sich darüber wohl kaum gewundert. Leider sieht es ganz so aus, als würde es meinen Enkeln wie meinem Großvater ergehen.

Ich führe das Beispiel der NBA nicht etwa deshalb an, weil ich eine besondere Sympathie für die Spieler hege, die nur 272 250 Dollar im Jahr verdienen, sondern weil sich an diesem Beispiel die immer weiter klaffende Einkommensschere zwischen Arm und Reich gut aufzeigen läßt. Die Schere trägt unter anderem dazu bei, daß es auf der ganzen Welt heftige Gegenreaktionen gegen die Globalisierung gibt (auf die ich im folgenden Abschnitt des Buches näher eingehen werde). Außerhalb der westlichen Industrieländer, wo die Mittelschicht meist viel kleiner ist und Kartellgesetze sowie Gesetze zum Ausgleich von Einkommensunterschieden weniger effektiv sind, klafft diese Schere besonders weit auseinander. Langfristig kann sich dies als die Achillesferse der Globalisierung erweisen. Eine Welt, die durch die Technologie, die Märkte und die Telekommunikation immer dichter verknüpft wird, gleichzeitig aber auf sozialer und wirtschaftlicher Ebene immer weiter auseinanderdriftet, trägt meiner Ansicht nach bereits den Keim der Zerstörung in sich.

Nehmen wir die folgende Meldung, die ich zufällig einmal auf dem Ticker las: »Port-au-Prince, Haiti (Reuters) – In Haiti, dem ärmsten Land der westlichen Hemisphäre, wird es ab Ende Mai 1998 mobile Telefondienste geben, erklärten Anbieter der Dienste am Freitag. Nur eine Minderheit von reichen Familien, ausländischen Investoren und Geschäftsleuten wird sich die Dienste leisten können. Das jährliche Pro-Kopf-Einkommen in Haiti liegt bei rund 250 Dollar. Die Telefone werden 450 Dollar kosten, dazu kommt noch eine Anschlußgebühr von 100 Dollar sowie die Grundgebühr von monatlich 20 Dollar.« Mit anderen Worten: Für die global orientierte Elite der haitianischen Bevölkerung wird ein Handy zum alltäglichen Bedarf gehören; für die meisten anderen Haitianer sind es zwei Jahreseinkommen.

Das ist leider kein Einzelfall. Nach dem Bericht der Vereinten Nationen über die Menschliche Entwicklung (UNHDR) verdienten 1960 die 20 Prozent der Weltbevölkerung, die in den reichsten Ländern wohnten, das Dreißigfache des Einkommens der ärmsten 20 Prozent. Im

Jahr 1995 verdienten die reichsten 20 Prozent bereits das Zweiundacht-zigfache. In Brasilien beispielsweise erhielten die ärmsten 50 Prozent der Bevölkerung 1960 noch 18 Prozent des Volkseinkommens. Im Jahr 1995 erhielten sie nur noch 11,6 Prozent, während die reichsten 10 Prozent der brasilianischen Bevölkerung 63 Prozent des Volkseinkommens einstrichen. In Rußland entfällt inzwischen auf die reichsten 20 Prozent der Bevölkerung elfmal soviel vom Volkseinkommen wie auf die ärmsten 20 Prozent.

Das reichste Fünftel der Weltbevölkerung verbraucht heute 58 Prozent der gesamten Energie, das ärmste Fünftel nicht einmal 4 Prozent. Das reichste Fünftel verfügt inzwischen über 74 Prozent aller Telefonleitungen, das ärmste Fünftel über 1,5 Prozent. In den Vereinigten Staaten und in Schweden kommen auf 1000 Einwohner 600 Telefonleitungen, im Tschad kommt eine Leitung auf 1000 Einwohner. Das reichste Fünftel konsumiert 45 Prozent des gesamten Fleisch- und Fischverbrauchs, das ärmste Fünftel nicht einmal 5 Prozent. Der Bericht stellt fest, daß die Marktforscher heute dank der Globalisierung versuchen, ihre Produkte an »globale Eliten«, »globale Mittelschichten« und an »globale Teenager« zu verkaufen, weil sie alle, ganz gleich wo sie leben, inzwischen die gleichen Grundmuster beim Konsumverhalten an den Tag legen, die gleichen »globalen Markenzeichen« bei Musik, Videos und T-Shirts bevorzugen. »Was sind die Folgen?« wird in dem Bericht gefragt. »Als erstes hat sich einer großen Zahl von Verbrauchern eine ganze Palette von Kaufmöglichkeiten eröffnet – aber viele bleiben ausgeschlossen, weil ihnen das nötige Einkommen fehlt. Außerdem ist der Konsumzwang gestiegen. Das Motto ›Den Nachbarn in nichts nachstehen‹ hat inzwischen eine Wandlung erfahren. Es geht nicht mehr darum, sich wenigstens genausoviel wie die Familie nebenan zu leisten, inzwischen vergleicht man sich vielmehr mit den Reichen und Berühmten, die in Filmen und Fernsehsendungen zu sehen sind.«

Reisen Sie heute einmal in ein Entwicklungsland, und Sie werden an jeder Straßenecke diese gewaltige Kluft bemerken. Bei einem Besuch in Rio de Janeiro wollte ich Menschen in der *favela Rocinha* interviewen, einem Labyrinth überfüllter Baracken und selbstgezimmerter Hütten, das größte Elendsviertel Südamerikas. Auf der Fahrt zu der *favela* fiel mir eine Gabelung der Straße auf. Wenn man sich nach rechts wandte, fuhr man auf die Schnellstraße, an fein säuberlich gepflegten Gärten vorbei, zur amerikanischen Schule in Rio, der teuersten Schule in ganz Brasilien, die etwa 2000 Dollar im Monat kostet. Sie liegt im Herzen von Rios Nobelviertel Gavea und nimmt nur eine sehr begrenzte Zahl von Schülern auf. Wenn man an derselben Gabelung links abbiegt, kommt man in die *favela Rocinha*, in der viele Menschen von nicht einmal 2000 Dollar im Jahr leben und die Aufnahme, sagen wir, »unbegrenzt« ist. Weit über 100 000 Menschen drängen sich in der *favela* zusammen. Solange es Brasilien wirtschaftlich gut geht, mag diese Spaltung politisch noch tragbar sein. Aber wenn das Wachstum in Brasilien zurückgeht, kann sich diese Wegkreuzung zu einem Sprengsatz für das ganze Land entwickeln.

Um die Elektronische Herde zufriedenzustellen, mußte Brasiliens Präsident Fernando Henrique Cardoso die Goldene Zwangsjacke enger zurren und unmittelbar nach seiner Wiederwahl im Oktober 1998 die Sozialausgaben kürzen. Die Brasilienkorrespondentin der *New York Times*, Diana Jean Schemo, schrieb einen Artikel über die Menschen, die darunter besonders zu leiden hatten. Cardoso hatte sich bereits den Zorn seines Volkes zugezogen, als er Menschen, die sich zur Ruhe setzen und von ihrer Rente leben wollten, »Tagediebe« nannte. Schemo erzählte die Geschichte von Nilton Tambara, einem 54jährigen Metallarbeiter im Ruhestand, der mit elf Jahren begonnen hatte zu arbeiten und in den 41 Jahren vor dem Ruhestand 33 Jahre lang in die brasilianische Rentenversicherung eingezahlt hatte.

»Wie soll man in diesem Land ruhig bleiben?« schimpfte Tambara, als er vor einem Laden in São Paulo stand und registrierte, daß er sich den Kauf einer Aluminiumleiter für 16 Dollar nicht leisten konnte. »Die Gruppen, von denen die Regierung spricht – die Reichen, die Mittelschicht und die Armen –, die gibt es nicht. Es gibt nur die Reichen und die Elenden.«

In Kairo leben schätzungsweise 500 000 Menschen in Gräbern in der »Stadt der Toten« – einem Friedhof mit einer Fläche von 5 Quadratkilometern inmitten der Hauptstadt Ägyptens. Doch die Stadt der Toten liegt nur rund 15 Kilometer von Ägyptens neuestem geschlossenem Golfclub entfernt, Katamya Heights, einer von mehreren solcher Anlagen, in denen einige hundert Familien in einer Oase aus Häusern, Gärten, künstlich angelegten Teichen, Springbrunnen und Hotels untergebracht sind. In den Werbeanzeigen, die auch im Internet zu finden sind, heißt es vielversprechend: »Katamya Heights ist ein Ort der Erholung für alle, die für ihr Leben gern Golf oder Tennis spielen und sich gern mit der Familie in einer sauberen Wüstengegend entspannen möchten. Die Anlage umfaßt einen Parcours mit 27 Löchern für das Spiel unter Turnierbedingungen, Trainingsmöglichkeiten und eine Golfakademie, ein luxuriöses 4500 Quadratmeter großes Clubhaus mit Restaurants und Salons, Schwimmbad, Kur- und Erholungseinrichtungen. Preis pro Person für eine Partie Golf inklusive Transfer zum Golfplatz von Katamya Heights und zurück: 165 Dollar.« Das jährliche Pro-Kopf-Einkommen lag 1998 in Ägypten bei 1410 Dollar – das reichte immerhin für 9 Partien Golf.

Thailand ist gespalten in eine urbanisierte, exportorientierte Schicht von Arbeitnehmern und Unternehmern, die in den Finanz- und Industriezentren des Landes leben und von der Globalisierung vielfältig profitieren, und einen verarmten, nach innen gewandten ländlichen Bevölkerungsteil, der zwar indirekt von der Globalisierung betroffen ist, sie aber nicht versteht und wenig Nutzen davon hat. Als der thailändische Baht im Jahr 1997 abstürzte, hatte die Landbevölkerung Thailands, die immer noch im wesentlichen vom Ertrag ihres Landes lebt, wenig Mitleid mit den globalisierten Stadtschnöseln, deren Existenzen ruiniert wurden, als die Regierung gezwungen war, den Baht freizugeben und den Bach hinab floaten zu lassen.

Damals schrieb der thailändische Sänger und Entertainer Ploen Promdan eine Art thailändischen Rap-Song mit dem Titel »Der floatende Baht«. Der Song besteht aus einem Dialog zwischen einem Bankier und einem Farmer. Ich gebe hier einen Teil wieder, weil der Song großartig veranschaulicht, wie sich, wenn wir nicht aufpassen, der Graben zwischen den Globalisierten und den Nichtglobalisierten in einer Gesellschaft so sehr vergrößern kann, daß sich Menschen, die dieselbe Sprache sprechen, nicht mehr miteinander verständigen können, von einem Gefühl der Zusammengehörigkeit ganz zu schweigen.

Der Song beginnt mit dem Refrain: »Unser Baht, der floatet jetzt, unser Baht, der floatet jetzt. Wie lange er floatet, hängt von der Entwicklung ab. Verfolgen Sie bitte die Entwicklung aufmerksam.«

Bankier: »Okay. Seht her, alle Leute, heute floatet unser Baht bereits.«

Farmer: »Gestern fiel ein zweijähriges Kind in den Fluß, ertrank aber nicht.«

Bankier: »Wie das? Was rettete es denn vor dem Ertrinken?«

Farmer: »Ja, das Kind fiel ins Wasser, die Leute sahen es auf- und untertauchen, und sie rannten hinunter zum Fluß und bemerkten, daß es sich an einen floatenden Baht klammerte.«

Bankier: »Verstehst du denn nicht? Ich spreche davon, daß unsere Währung floatet.«

Farmer: »Ja, aber ohne den floatenden Baht wäre das Kind doch ertrunken.«

Bankier: »Ich spreche von der floatenden Währung, du Dummkopf.«

Farmer: »Na und, warum sagst du uns das? Was ist daran so wichtig?«

Bankier: »Ich sage dir das, weil dir das zu denken geben sollte. Ich sage es dir, weil ich fürchte, daß du es nicht weißt.«

Farmer: »Warum sollen wir uns über all diese Dinge den Kopf zerbrechen?«

Bankier: »Das sind philosophische Gedanken, über die du nachdenken solltest.

Farmer: »Warum sollte ich darüber nachdenken wollen? Wir sind keine Philosophen.«

Bankier: »Du bist ein Esel.«

Farmer: »Gewiß, wenn ich kein Esel wäre, dann wäre ich der Leiter eines Finanzhauses geworden.« [Die meisten thailändischen Finanzhäuser gingen bankrott, als der Baht abstürzte.]

Refrain: »Unser Baht, der floatet jetzt. Und wenn der Baht floatet, dann floaten auch die Preise für alle Waren.«

Bankier (in einem schulmeisterlichen Ton): »Wenn der Baht floatet, dann floaten die Warenpreise auf demselben Niveau. Ganz gleich, wohin der Baht floatet, die Warenpreise werden ihm einen oder zwei Tage später folgen. Alles floatet immer höher, nie floatet etwas nach unten. So ist das nun einmal.«

Farmer: »Warum klagst und jammerst du dann in einem fort?«

Bankier: »Wir jammern, wir schreien, wir fluchen, und am Ende werden wir auf die Straße gehen, sie blockieren, und die Leute werden auf uns aufmerksam und Mitleid mit uns haben und uns das Problem lösen helfen.«

Farmer: »Warum liegt euch so viel daran, daß das Problem gelöst wird?«

Bankier: »Damit die Lage sich bessert, du Trottel.«

Farmer (lacht ihm ins Gesicht): »Ha, ha, ha. Sieh dich doch an, du schreist ja wie ein kleines Kind. Eben hast du so vernünftig gesprochen, und jetzt schreist du auf einmal.«

Bankier: »Du Trottel.«

Refrain: »Der Baht ist jetzt sehr schwach und nicht mehr so stark wie früher, und das bringt allerhand Probleme mit sich. Die Preise für alles, was wir früher gekauft haben, sind gestiegen.«

Bankier: »Thailändisches Geld strömt aus dem Land, aber es strömt kein ausländisches Geld herein. Die Thailänder strömen in den Ferien gerne in fremde Länder. Sie gehen dort ein und aus und kaufen viele Dinge im Ausland.«

Farmer: »Na, das macht ihnen eben Spaß. Sie haben Geld. Es ist doch ihr Geld. Wo liegt das Problem?«

Bankier: »Es ist immer noch thailändisches Geld, das sie ausführen, und es verschlimmert die Lage, wenn sie Geld aus dem Land ausführen. Der thailändische Baht verliert an Wert, und dann wird auch das Kapital für Investitionen geringer.«

Farmer: »Woher weißt du das?«

Bankier: »Das kommt jeden Tag und jede Woche in den Nachrichten. Hörst du denn keine Nachrichten?

Farmer: »Ich höre nie Radio. Ich lese nie. Das ist mir alles egal. Ich sehe mir nur Thai-Boxen und Fußball an.«

Bankier: »Dann ändere dich jetzt bitte und richte deine Gedanken und Sorgen auf die Probleme des Landes.«

Farmer: »Ich fürchte, der Meister im Thai-Boxen wird seinen Titel an einen Ausländer verlieren. Soll ich mir darüber etwa keine Gedanken machen?«

Bankier: »Weißt du denn nicht, daß unser Land sich riesige Geldsummen aus dem Ausland geliehen hat?«

Farmer: »Wie riesig?«

Bankier: »Riesige Kredite, gewaltige Kredite. Du bist ein Trottel. Du verstehst nicht ein Wort von dem, was ich sage, nicht wahr? Ich vergeude meine Zeit, wenn ich mit dir rede. Wenn man sich Geld aus dem Ausland geliehen hat, dann muß man es wieder zurückzahlen.«

Farmer: »Sollte der Mensch, der sich das Geld geliehen hat, nicht das Recht haben, sich daran zu freuen?«

Bankier: »Leute wie du fahren das Land vollends in den Dreck und verschwenden sein Geld. Du bist ein Teil des thailändischen Volkes, der thailändischen Familie, die verantwortlich ist für diese überhöhten Ausgaben. Wir sitzen alle im selben Boot.«

Farmer: »Oh, aber ich bin nicht verheiratet. Und ich habe keine Familie.«

Teil III

Widerstand gegen das System

13

Die Gegenreaktion

Ray Boyd: »Was stimmt denn nicht, Mama?«
Dorothy Boyd: »Die Erste Klasse, die stimmt nicht. Früher hieß das ein bes-
seres Essen. Heute heißt das ein besseres Leben.«
Aus dem Film JERRY MAGUIRE

Das alljährliche Weltwirtschaftsforum in Davos ist das beste Baro-
meter für die globalen Verhältnisse, das man sich denken kann.
In jedem Februar versammeln sich die größten Globalisierer der Welt
in dem Kurort in den Schweizer Bergen, um über die Globalisierung zu
sprechen. Es kommen führende Industrielle, Politiker, Ökonomen,
Technikexperten, Naturwissenschaftler und Soziologen aus allen Teilen
der Welt. Jedes Jahr tun sich ein oder zwei Einzelpersonen als Trendset-
ter hervor. In einem Jahr war es Chinas Wirtschaftslenker Zhu Rongji,
ein andermal waren es Yassir Arafat, Yitzhak Rabin und Shimon Peres,
wieder ein anderes Mal die russischen Reformer, und einmal waren es
die angeschlagenen asiatischen Wirtschaftsführer. 1995 war der milliar-
denschwere Finanzier George Soros der Star des Weltwirtschaftsfo-
rums. Ich weiß das, weil ich zu einer Pressekonferenz eingeladen war,
bei der Vertreter der weltgrößten Medienunternehmen Soros interview-
ten, als wäre er der Präsident einer Supermacht. Es hatte auch ganz den
Anschein, als hielte er sich selbst dafür. Reporter von den Agenturen
Reuters, Bloomberg, AP-Dow Jones, von *The New York Times, The
Washington Post, The Times* aus London und von der *Financial Times*
wollten hören, was Soros über Mexiko, Rußland, Japan und die globale
Wirtschaftsentwicklung dachte, und stürzten dann hinaus, um seine
Äußerungen telefonisch weiterzugeben. Seine Ansichten prangten am
nächsten Tag auf der Titelseite der *International Herald Tribune* und
vieler anderer Zeitungen.
    Während ich diese Szene verfolgte, spürte ich, daß ich Augenzeuge
eines bedeutenden Wandels war. Soros personifizierte die Elektronische
Herde. Er war ein Leitbulle, vielleicht sogar *der* Leitbulle. Um diese
Zeit dämmerte vielen Menschen erstmals die Erkenntnis, daß die Elektronische Herde dabei war, die Sowjetunion von ihrem Platz als zweite

Supermacht in unserer Welt mit zwei Supermächten zu verdrängen. Wenige Jahre zuvor hatte Soros dem britischen Premierminister John Major eine verblüffende Lektion in Sachen Wirtschaft erteilt. Major war der Ansicht, das britische Pfund sei korrekt bewertet. Soros war anderer Meinung und führte im September 1992 die Herde in einem Feldzug an, der das britische Pfund auf seinen »richtigen« Stand drücken sollte. Major verspottete Soros anfangs, grinste dann höhnisch, leistete Widerstand, und schließlich hißte er die weiße Flagge und wertete das Pfund um 12 Prozent ab. Soros strich am Ende einen Gewinn von einer Milliarde Dollar für ein paar Monate Arbeit ein. Leb wohl, Sowjetunion. Sei gegrüßt, Elektronische Herde.

Ein Jahr nachdem ich Soros zum ersten Mal bei seiner Pressekonferenz in Davos hatte Hof halten sehen, reise ich wieder nach Davos und war neugierig, wer 1996 der Star sein würde. Ich stand in der Haupthalle und rief meine E-Mails ab, als George Soros vorüberging. Aber zu meinem großen Erstaunen beachtete ihn in diesem Jahr niemand. Er schien vollkommen allein zu sein. Was für einen Unterschied ein einziges Jahr ausmacht. Ich glaube, 1996 wäre auch niemand zu seiner Pressekonferenz gekommen, wenn er eine gegeben hätte. Und warum? Wer war 1996 der Star von Davos? Kein anderer als Gennadij Sjuganow, der Vorsitzende der russischen kommunistischen Partei!

Das Forum von Davos ist das Gipfeltreffen der Kapitalisten. Wie konnte ausgerechnet ein Dinosaurier aus der Ära des Kalten Krieges – Gennadij Sjuganow – der Mann der Stunde sein? Er war es, weil die 1996 in Davos versammelten Führungskräfte aus Wirtschaft und Politik erkannt hatten – für viele war die Erkenntnis vermutlich neu –, daß das mächtige Phänomen, genannt Globalisierung, in einigen Kreisen eine ebenso mächtige Gegenreaktion bewirkte. Damals hatte es den Anschein, als würde Sjuganow Boris Jelzin bei der russischen Präsidentschaftswahl schlagen. Die Kräfte der Gegenreaktion hätten dann in einem großen Land die Macht übernommen. Deshalb wollten alle in Davos Versammelten mit Sjuganow reden – dem »Monster der Gegenreaktion« – und herausfinden, was er hinsichtlich des Privateigentums, des russischen Haushaltes und der Konvertierbarkeit des Rubels zu unternehmen gedenke. Ich interviewte Sjuganow damals und war mir absolut sicher, daß er *keinen blassen Schimmer hatte,* was er unternehmen würde. Er verbrachte anscheinend den größten Teil seiner Zeit damit, sich vor den westlichen Wirtschaftsgrößen zu verstecken. Wie andere Gegner der Globalisierung hatte auch Sjuganow hauptsächlich Schlagworte und keine realistischen Vorschläge im Repertoire, mehr Ideen, wie das Einkommen zu verteilen war, als Ideen, wie es zu erwirtschaften war.

Seither ist die Gegenreaktion auf die Globalisierung jedoch immer deutlicher zu spüren und weitet sich immer stärker aus. Alle Gegenkräfte haben gemeinsam, daß sie überzeugt sind, ihre Länder seien beim Anschluß an das globalisierte System in eine Goldene Zwangsjacke gesteckt worden, die ihnen zu eng ist. Manchen gefällt die Zwangsjacke nicht, weil sie meinen, sie müßten deswegen Not leiden. Manche befürchten, daß sie nicht über das nötige Wissen, die Erfahrung und die Mittel verfügen, um sich der Zwangsjacke anzupassen und irgendwann einmal daraus auch Gewinn zu ziehen. Manchen gefällt sie nicht, weil sie sich über die immer größer werdende Kluft zwischen Arm und Reich ärgern oder darüber, daß Arbeitsplätze aus Hochlohnländern in Niedriglohnländer abwandern. Manchen gefällt sie nicht, weil sie alle möglichen globalen Kräfte und Einflüsse mitbringt, die ihre Kinder der eigenen Kultur und den Olivenbäumen entfremden. Manchen gefällt sie nicht, weil sie die Umwelt bedroht. Manchen gefällt sie nicht, weil sie finden, ihre Länder auf die Standards von DOS-Kapital 6.0 zu bringen, sei ganz einfach zu schwer.

Mit anderen Worten: Die Gegenreaktion auf die Globalisierung ist ein verbreitetes Phänomen. Sie wird von zahlreichen Emotionen und Ängsten befördert, die wiederum von dem neuen System und den Herausforderungen nach dem Anschluß ausgelöst worden sind. Die Gegenreaktion äußert sich auf unterschiedliche Weise, durch unterschiedliche Persönlichkeiten in den verschiedenen Ländern. Dieses Kapitel handelt von den verschiedenen Emotionen, Formen und Persönlichkeiten und davon, wie sie sich zusammengeschlossen haben, um einen Sturm zu erzeugen, der – bis jetzt – dem System der Globalisierung nur entgegenweht, der aber eines Tages so sehr anschwellen könnte, daß er es durcheinanderwirbelt.

Im Sommer 1998 reiste ich, wie erwähnt, mit der Umweltschutzgruppe Conservation International nach Brasilien. Die Gruppe hatte gemeinsam mit Leuten aus der nahegelegenen Stadt Una im Regenwald einen Ökopark errichtet. Damit sollte eine Tourismusindustrie aufgebaut werden, die so viele Arbeitsplätze schaffen würde, daß die Menschen in Zukunft keine Bäume mehr fällen müssen. Conservation International ersuchte den 48jährigen Bürgermeister von Una, Dejair Birschner, mich herumzuführen und mir zu erklären, wie sich das Projekt auf seine Stadt auswirkte. Der Bürgermeister war ein echtes Original, Holzfäller wie sein Vater und sein Großvater, aber jetzt hatte er wegen der Umweltschützer praktisch seine Arbeit verloren. Als wir durch den Regenwald gingen, tätschelte Bürgermeister Birschner jeden zweiten Baum. Er kannte jede Baumart im Regenwald mit ihrem brasilianischen Namen. Mit seiner einzigartig bodenständigen Art gefiel er mir auf Anhieb. Nach unserem Rundgang setzten wir uns am Rand des Regenwaldes an einen Picknicktisch und sprachen über die Aufgaben, die den Bürgermeister erwarteten. Er erklärte mir, vom Verstand her sehe er wohl ein, daß die Holzfällerei keine Zukunft habe. Aber ebensogut wisse er, daß seine kleine Stadt nicht auf ein Leben ohne Holzfällen vorbereitet sei. Wir unterhielten uns gut eine halbe Stunde, und als ich mit meinen Fragen fertig war, dankte ich ihm und begann, meinen Laptop einzupacken. Da sagte er zu mir: »Jetzt möchte ich Sie etwas fragen.«

»Bitte«, antwortete ich, »fragen Sie, was immer Sie wollen.«

Er sah mir in die Augen und fragte: »Haben wir noch eine Zukunft?«

Seine Frage traf mich wie ein Schlag in den Magen. Mir kamen beinahe die Tränen, als ich diesen stolzen, entschlossenen Mann, immerhin Bürgermeister, anschaute, der mich fragte, ob er und die Menschen in seiner Stadt noch eine Zukunft hätten. Ich wußte genau, was er mit seiner Frage meinte: »Wir können nicht mehr vom Wald leben, und wir sind nicht darauf vorbereitet, von Computern zu leben. Mein Vater und mein Großvater lebten von den Baumstämmen, und meine Enkel leben später vielleicht einmal vom Internet. Aber was machen wir, meine Generation, in der Zwischenzeit?«

Ich legte mir eine Antwort zurecht, versuchte, ihm mit einfachen Worten zu erklären, daß er und seine Leute sehr wohl eine Zukunft hätten, daß sie aber beginnen müßten, von einer Agrarwirtschaft zu einer stärker wissensorientierten Wirtschaftsweise überzugehen, angefangen mit besseren Schulen für die Kinder der Stadt. Der Bürgermeister hörte mir zu, nickte, dankte mir sehr höflich, erhob sich dann und ging zu seinem Auto. Ich schickte den Übersetzer hinterher und bat ihn, den Bürgermeister zu fragen, was er von meiner Antwort gehalten habe.

Einige Minuten später kam der Übersetzer zurück. Er berichtete mir, der Bürgermeister habe mich nur an etwas erinnern wollen, das er in dem Interview erwähnt hatte: Jeden Morgen, wenn er in sein Büro geht, warten 200 Leute vor der Tür, bitten ihn um Arbeit, Obdach und Essen – ganz zu schweigen von den arbeitslosen Holzfällern, die ihn bedrohen. Wenn er ihnen keine Arbeit, kein Obdach und kein Essen verschaffen kann, werden sie den Regenwald aufessen – ob das nun zukunftsfähig ist oder nicht.

»Er wollte nur, daß Ihnen das klar ist«, sagte der Übersetzer.

Bürgermeister Birschner steht für eine ganze Generation von Menschen überall auf der heutigen Welt, die sich von der Globalisierung bedroht fühlen, weil sie fürchten, daß sie nicht die nötigen Fähigkeiten oder nicht die Energie haben, um in der Schnellen Welt bestehen zu können. Ich nenne sie die »Schildkröten«. Warum? Weil die High-Tech-Unternehmer im Silicon Valley für ihr sehr hart umkämpftes Feld gern die Geschichte von dem Löwen und der Gazelle im Dschungel erzählen. Jeden Abend legt sich der Löwe im Dschungel schlafen und weiß genau, daß er am nächsten Morgen, bei Sonnenaufgang, hungrig bleiben wird, wenn er sich nicht wenigstens die lahmste Gazelle schnappen kann. Jeden Abend legt sich die Gazelle im Dschungel schlafen und weiß genau, daß sie am nächsten Morgen, bei Sonnenaufgang, als Frühstück enden wird, wenn sie nicht vor dem schnellsten Löwen davonrennen kann. Eines wissen aber beide, Löwe und Gazelle, ganz genau, wenn sie sich schlafen legen: daß sie am Morgen, bei Sonnenaufgang, sofort losrennen müssen.

Genau so ist es auch mit der Globalisierung.

Leider sind aber nicht alle darauf eingestellt, schnell zu rennen. Es gibt unzählige Schildkröten unter uns, die sich langsam und behäbig bewegen und verzweifelt darum kämpfen, nicht überrannt zu werden. Die Schildkröten sind all jene Menschen, die in eine Schnelle Welt hineingezogen wurden, als die Mauern fielen, und die sich aus irgendeinem Grund wirtschaftlich bedroht oder beiseite geschoben fühlen – wie Schildkröten, die auf den Rücken gedreht wurden. Das liegt nicht etwa daran, daß sie keine Arbeit hätten. Es liegt daran, daß ihre Arbeitsplätze sich im Zuge der Globalisierung rasch verändern, verkleinert, rationalisiert oder verlagert werden. Und weil derselbe globale Wettbewerb außerdem ihre Regierungen zwingt, sich ebenfalls zu verkleinern und zu rationalisieren, bedeutet es, daß die Schildkröten von keinem sozialen Netz mehr aufgefangen werden.

In dem Broadway-Musical *Ragtime* gibt es eine Szene, in der Henry Ford die Genialität der Fließbandproduktion erklärt. Die Verse sind mir im Gedächtnis geblieben, weil sie so treffend die Welt beschreiben, die einst für die Schildkröten sicher war – und inzwischen nicht mehr sicher ist. In der Broadway-Version singt Henry Ford:

Seht her meine Arbeiter, das ist meine Theorie,
wo dieses Land sich hinbewegen wird:
Jeder Arbeiter ein Rad im Getriebe, ja das

ist die Vorstellung von Henry Ford.
Einer zieht fest, ein anderer dreht an,
der dritte zieht dann an der Leine.
Autos rollen immer weiter vorwärts,
eine Verneigung vor Henry Ford.
Laß das Band schneller laufen, schneller, Sam,
eine simple Idee, als Lohn der Welt.
Selbst der Dümmste lernt spielend,
sein Leben lang Muttern anziehen,
Pedale montieren oder an Knöpfen drehn.

Heute können die Dümmsten leider nicht mehr lernen, ihr Leben lang
Mikrochips herzustellen. Gute Arbeitsplätze erfordern immer mehr Fä-
higkeiten und Fertigkeiten; zu wissen, wie man eine Mutter anzieht,
reicht längst nicht aus. Ich habe einmal einen Artikel über einen Versuch
der amerikanischen Behörde für internationale Entwicklung (USAID) in
Baltimore geschrieben, die schwerpunktmäßig die Berufsausbildung in
Afrika fördert und den Ländern dort Wirtschaftshilfe leistet. In meinem
Artikel ging es um das Projekt, mit den Mitteln von USAID in den inner-
städtischen Elendsvierteln von Baltimore zu helfen. Oder wie die
Schlagzeile in der *Baltimore Sun* lautete: »Dritte-Welt-Rezepte für Baltimore«. Die Stadt hatte sich unter anderem deshalb an die USAID gewandt, weil die stadteigenen Schildkröten in der Schnellen Welt einfach
nicht mitkamen. Eine Stadtfunktionärin brachte das Problem treffend
auf den Punkt: In den sechziger Jahren war der größte Arbeitgeber in
Baltimore die Bethlehem Steel Corporation. Mit einem High-School-
Abschluß oder sogar ohne High-School-Abschluß konnte man einen
Job in der Stahlfabrik bekommen und hatte sein Auskommen. Man
konnte sich ein Haus kaufen, die Kinder großziehen und sie aufs College schicken. Der *american dream* war somit für alle Schildkröten, auch
für die aus den ärmsten Wohnvierteln, erreichbar. Heute ist der größte
Arbeitgeber in Baltimore das Johns Hopkins Medical Center. Wenn
man nicht gerade als Hausmeister arbeiten will, wird man bei Johns
Hopkins ohne Collegeabschluß nicht einmal zum Vorstellungsgespräch
eingeladen. Schildkröten brauchen sich gar nicht erst zu bewerben. Und
wer zu den 150 000 Einwohnern Baltimores – von insgesamt 730 000 –
zählt, die praktisch Analphabeten sind, kann sich keine Hoffnungen auf
eine Stelle machen. (Die Mitarbeiter der Stadtverwaltung wunderten
sich immer, weshalb die städtischen Armen nicht stärker die Wohl-
fahrtsprogramme in der Stadt nutzten, bis sie schließlich herausfanden,

daß die meisten Armen die Schilder nicht lesen können. Das war ein Grund dafür, daß sie sich an USAID wandten: USAID hat eine ganze Reihe von Comics, Piktogrammen und anderen optischen Mitteln für den Einsatz in Afrika entwickelt. »Und wissen Sie, was die Pointe bei der Geschichte ist?« fragte mich Dr. Peter Beilenson, der Gesundheitsbeauftragte von Baltimore, als ich ihn interviewte. »Das Unternehmen, das diese Kommunikationsmodelle für USAID entwickelt, hat seinen Sitz in Baltimore. Das Büro liegt drei Straßen weiter.«)

In dem Maße, wie die Globalisierung weiter voranschreitet und monotone Arbeitsplätze verschwinden, die immer die gleichen Handgriffe erforderten, werden immer mehr Kenntnisse nötig sein, um die verbliebenen Arbeiten auszuführen, und die guten Jobs für Schildkröten werden immer seltener. In einem Artikel in der *Washington Post* vom Juni 1998 über den Streik bei General Motors in Flint in Michigan erfährt der Leser alles über die heutige Zwangslage der Schildkröten. Dort heißt es: »In den letzten 20 Jahren hat GM die Belegschaft in Flint von 76000 auf 35000 Arbeitnehmer reduziert, und der Konzern sagt, in den folgenden Jahren könnten weitere 11000 Arbeitsplätze wegfallen... Bezogen auf die gesamte Belegschaft in den USA hat GM in den letzten 20 Jahren 297000 nach Stunden bezahlte Arbeitsplätze abgeschafft und die Gesamtzahl der Arbeitsplätze damit auf 223000 verringert... Einige Arbeitsplätze wurden nach Kanada und Mexiko verlagert, wo die Werke entweder effektiver oder billiger produzieren, *doch die Masse der Leute wurde einfach durch Maschinen ersetzt*« [meine Hervorhebung].

In demselben Beitrag wird George Peterson zitiert, der Präsident von AutoPacific Inc., einer in Kalifornien ansässigen Forschungs- und Beratungsfirma für die Autoindustrie. Peterson sagte, daß die Arbeiter in den Werken in den Vereinigten Staaten, die nicht von der Gewerkschaft UAW kontrolliert werden – wie das Werk der amerikanischen Tochter von Honda Motor Co. in Marysville in Ohio –, über vielfältige Kenntnisse verfügten und deshalb imstande seien, verschiedene Aufgaben auszuführen. Dank der Vielseitigkeit könne Honda die Produktionskosten senken. »Es ist durchaus noch möglich, in diesem Industriezweig einen vollen Arbeitsplatz zu bekommen, wenn man bereit ist, *nicht nur eine Arbeit zu machen*« [meine Hervorhebung], sagte Peterson mit Blick auf die Angst der UAW um die Sicherheit der Arbeitsplätze.

Man braucht nicht nur mehr Kenntnisse als früher, wenn man heute eine Stelle in der Produktion will, man braucht auch vielseitige Kenntnisse, sonst wird die Arbeit einem Roboter übertragen. Das macht es den Schildkröten besonders schwer.

Aufmerksame Beobachter fragen sich schon seit geraumer Zeit, ob die Schildkröten, die im Zuge der Globalisierung abgehängt oder radikalisiert werden, eine Alternative zu dem liberalen, marktwirtschaftlichen Kapitalismus entwickeln werden. In der ersten Ära der Globalisierung, als die Welt zum ersten Mal die kreative Zerstörungskraft des globalen Kapitalismus zu spüren bekam, brachte die spätere Gegenreaktion eine ganze Reihe neuer Ideologien hervor – Kommunismus, Sozialismus, Faschismus –, die allesamt versprachen, den Kapitalismus zu zähmen, vor allem im Interesse des durchschnittlichen Arbeiters. Da diese Ideologien inzwischen diskreditiert sind, glaube ich nicht, daß wir eine neue kohärente und universale ideologische Reaktion auf die Globalisierung erleben werden – weil ich nicht glaube, daß es einen Weg gibt, die Brutalität des Kapitalismus abzumildern und gleichzeitig einen ständig steigenden Lebensstandard zu gewährleisten.

Ich glaube vielmehr, daß die Schildkröten und alle sonst, die nicht mitkommen, sich nicht erst lange mit der Ausarbeitung einer alternativen Ideologie befassen werden. Ihre Gegenreaktion wird andere Formen annehmen. Sie werden schlichtweg den Regenwald aufessen – jeder auf seine Weise, ohne zu versuchen, dies zu erklären, zu rechtfertigen oder ideologisch zu verpacken. In Indonesien werden sie die chinesischen Kaufleute vernichten, indem sie ihre Läden plündern. In Rußland werden sie Waffen an den Iran verkaufen oder kriminell werden. In Brasilien werden sie den Rest des Regenwaldes fällen oder sich der Bauernbewegung auf dem Land anschließen, die »Sem-Teto« (»Die ohne Dach«) heißt. Sie stehlen einfach, was sie brauchen. Schätzungen zufolge gibt es in Brasilien 3,5 Millionen solche Menschen – Bauern und Landarbeiter ohne Land, die in rund 250 Lagern leben. Manchmal leben sie entlang der Straßen und sperren einfach die Straße, bis man sie bezahlt oder bis sie vertrieben werden, manchmal überfallen sie Supermärkte, rauben Banken aus oder stehlen Lastwagen. Sie haben kein Banner, kein Manifest. Sie haben einfach ihre Bedürfnisse und Wünsche, die sie befriedigen wollen. Deshalb sind die in vielen Ländern zu beobachtenden Erscheinungen kein Volksaufstand gegen die Globalisierung, sondern einfach massive Kriminalität – die Menschen nehmen sich, was sie brauchen, weben ihre eigenen sozialen Netze und scheren sich nicht um Theorien und Ideologien.

Wie bei allen Revolutionen geht auch bei der Globalisierung die Macht von einer Gruppe auf eine andere über. In den meisten Ländern verlagert sich die Macht vom Staat und seinen Bürokraten zum privaten Sektor und zu den Unternehmern. Im Verlauf dieses Prozesses können all jene, deren Status auf Posten in der Bürokratie oder Beziehungen zur Bürokratie beruht oder auf ihren Posten in einem streng regulierten, subventionierten Wirtschaftssystem, zu Verlierern werden – wenn sie nicht den Übergang in die Schnelle Welt schaffen. Dazu zählen auch Unternehmer und »guten Freunde«, die gesegnet waren mit den Import- oder Exportmonopolen der Regierung; Industrielle, denen die Regierung mit hohen Einfuhrzöllen auf die Produkte, die sie herstellten, unter die Arme griff; große Gewerkschaften, die es gewohnt waren, nach jedem Tarifvertrag weniger Arbeitsstunden mit höheren Löhnen zu erhalten; Arbeitnehmer in staatlichen Fabriken, die ihren Lohn bekamen, ob die Fabrik Gewinn machte oder nicht; die Arbeitslosen in den Wohlfahrtsstaaten, denen vergleichsweise großzügige Hilfen zum Lebensunterhalt und gute Gesundheitsversorgung zuteil wurden; und all jene, die auf die Hilfe des Staates angewiesen waren, der sie vor dem Markt beschützen und von dessen hohen Anforderungen freistellen sollte.

Das erklärt, weshalb die stärkste Gegenreaktion auf die Globalisierung in einigen Ländern nicht von den ärmsten Schichten der Bevölkerung und den Schildkröten ausgeht, sondern von den »Ehemaligen« in der Mittelschicht und der unteren Mittelschicht, die in den geschützten kommunistischen, sozialistischen und wohlfahrtsstaatlichen Systemen ein hohes Maß an Sicherheit genossen. Als sie miterlebten, wie die Schutzmauern um sie herum fielen, wie die Scheinmanöver, von denen sie profitierten, einbrachen und die sozialen Netze zusammenschrumpften, sind viele sehr unglücklich geworden. Und im Gegensatz zu den Schildkröten hat diese absinkende Gruppe die politische Macht, sich gegen die Globalisierung zu organisieren.

Einen meiner ersten Einblicke in die Gegenreaktion der Mittelschicht erhielt ich zufällig, als ich in Peking mit Wang3 Jisi sprach, dem Inhaber des Lehrstuhls für Nordamerikaforschung an der chinesischen Akademie für Gesellschaftswissenschaften. Unser Gespräch über Amerika wechselte zu seinem eigenen Leben in China, das sich rasch auf einen freien Markt zubewegte, den viele Chinesen ebensosehr fürchten, wie sie ihn begrüßen. »Der Marktmechanismus wird nach China kommen, aber es stellt sich die Frage, wie er eingeführt werden soll«, sagte Wang. »Meine Wohnung ist an meinen Arbeitsplatz gekoppelt. Wenn für die Wohnungen in Zukunft ein marktwirtschaftliches System zuständig ist, könnte ich meine Wohnung verlieren. Ich bin nicht konservativ eingestellt, aber wenn es zu solchen praktischen Überlebensfragen kommt, können Menschen leicht zu Konservativen werden, wenn man sie einfach dem Markt aussetzt, nachdem sie es gewohnt waren, daß sich jemand um sie kümmerte. Mein Fahrer klagte mir gegenüber einmal, daß er, als er jünger war, seine ganze Kraft und all sein Hab und Gut dem Maoismus und dem ›Aufbau des Sozialismus‹ gewidmet habe. Aber jetzt, wo er um die Fünfzig ist, soll er sich plötzlich auf dem Markt behaupten. ›Ist es gerecht‹, fragte er die Regierung, ›daß ich jahrzehntelang alles getan habe, was von mir verlangt wurde, und jetzt vergeßt ihr mich, schiebt mich auf den Markt ab, jetzt, wo ich alt bin? Das ist nicht gerecht. Ich habe nichts Schlechtes getan. Ich habe immer eure Anweisungen befolgt, liebe Regierung, aber jetzt lauten eure Anweisungen, die Regierung einfach zu vergessen.‹ [Dieser Fahrer] arbeitet gern hier bei uns. Er will nicht Taxifahrer werden und alle seine Privilegien verlieren. Er will nicht auf den Markt gehen.«

Man muß nicht unbedingt ein kommunistisches Arbeitstier sein, um so zu denken. Peter Schwartz, der Leiter der Beratungsfirma Global Business Network, erzählte mir einmal von einem Gespräch, das er vor einem Interview in London für eine Wirtschaftssendung der BBC führte: »Der britische Moderator der Sendung fragte mich, während er mich zu dem Interview begleitete, was meine Kerngedanken seien. Ich erwähnte, daß Großbritannien ein gutes Beispiel für den Erfolg des freien Unternehmertums sei – vor allem im Vergleich mit dem übrigen Europa – und daß der beste Indikator für den Unterschied die Differenz in der Arbeitslosenquote im Vereinten Königreich und in Kontinentaleuropa sei. An diesem Punkt sagte er zu mir: ›Ist das nicht schrecklich? Die Arbeitslosenunterstützung ist inzwischen in Großbritannien so niedrig, daß es sich nicht mehr lohnt, stempeln zu gehen, und die Leute sich Arbeit suchen müssen.‹«

Schwartz fügte hinzu: »Einige Menschen betrachten den Übergang [zur Globalisierung] als einen großen Verlust, nicht als einen Gewinn. Sie verlieren nicht nur eine staatliche Leistung, sondern etwas, was sie als ihr Recht empfunden haben. Sie hatten die Vorstellung, daß die modernen Industriegesellschaften so reich sind, daß jeder Mensch ein Recht darauf hat, großzügige Arbeitslosenunterstützung zu erhalten.«

Wer diesen Krieg zwischen den Geschützten und den Globalisierern in seiner schärfsten Form miterleben will, der muß in die arabische Welt reisen. Im Jahr 1996 war Ägypten turnusmäßig der Gastgeber für die Wirtschaftskonferenz für den Nahen Osten und Nordafrika, bei der westliche, asiatische, arabische und israelische Unternehmensführer zusammenkommen. Die ägyptische Bürokratie bekämpfte das Gipfeltreffen erbittert. Zum Teil hatte das einen politischen Hintergrund, weil einige Leute in Ägypten der Ansicht waren, Israel habe für die Palästinenser nicht genügend getan und deshalb eine Normalisierung der Beziehungen nicht verdient. Teilweise lag es aber auch daran, daß die ägyptischen Bürokraten, welche die ägyptische Wirtschaft kontrollierten, seit Nasser alle großen wirtschaftlichen Einrichtungen in den sechziger Jahren verstaatlicht hatte, intuitiv erkannten, daß der Gipfel möglicherweise der erste Schritt war in Richtung eines Machtverlustes an den privaten Sektor. Privatunternehmer hatten ohnehin bereits Gelegenheit gehabt, verschiedene staatliche Unternehmen zu kaufen, und erhielten auch Zugriff auf die staatlich kontrollierten Medien. Die islamische Oppositionszeitung *al-Shaab* beschimpfte den Wirtschaftsgipfel als »Schandtreffen«. Zum ersten Mal in seiner Geschichte organisierte sich der ägyptische private Sektor jedoch in mächtigen Lobbygruppen – der amerikanisch-ägyptischen Handelskammer, dem Präsidentenrat ägyptischer Unternehmensführer und der ägyptischen Unternehmervereinigung – und zog Präsident Mubarak auf seine Seite mit dem Argument, als Gastgeber für einen Gipfel mit Hunderten von Investoren aus der ganzen Welt aufzutreten sei lebensnotwendig, um Arbeitsplätze für Ägyptens Heer von Arbeitskräften zu schaffen, das jedes Jahr um 400 000 Neuzugänge anwachse. Präsident Mubarak war hin- und hergerissen, stellte sich aber am Ende auf die Seite des privaten Sektors und willigte ein, den Gipfel zu organisieren. In seiner Eröffnungsrede erklärte er unumwunden: »In diesem Jahr hat sich Ägypten der Weltwirtschaft angeschlossen, und es bekennt sich zu ihren Regeln.« Doch die ägyptische Bürokratie, die keinerlei Macht an den privaten Sektor abgeben will, wehrt sich immer noch gegen diesen Schritt, und jedesmal, wenn es wieder zu einer weltweiten Wirtschaftskrise kommt, wie 1998 der Asienkrise, erscheinen die ägyptischen Bürokraten bei Mubarak und sagen ihm: »Sehen Sie, wir haben es Ihnen ja gesagt. Wir müssen ein wenig bremsen, neue Mauern errichten, sonst ergeht es uns genauso, wie es Thailand ergangen ist.«

Ein solches Tauziehen ist heute in der ganzen arabischen Welt zu beobachten, von Marokko bis nach Kuwait. Ein ranghoher arabischer Finanzbeamter schilderte den Kampf um die Globalisierung in seinem Land: »Manchmal komme ich mir vor wie ein Mitglied der Freimaurer oder irgendeines Geheimbundes, weil ich die Welt mit ganz anderen Augen sehe als viele Menschen um mich herum. Zwischen meiner Sprache und meinem Wortschatz und ihrer Sprache und ihrem Wortschatz besteht ein gewaltiger Unterschied. Ich kann mich oft nicht einmal mit ihnen unterhalten, so weit sind sie von der globalen Sicht entfernt. Also stelle ich mir jedesmal, wenn ich mich für eine die Globalisierung unterstützende politische Maßnahme einsetze, die Frage, wieviele Menschen kann ich für dieses neue Konzept gewinnen, gelingt es mir, eine kritische Masse zu schaffen, um den Übergang zu bewerkstelligen? Wenn man genügend eigene Leute an den richtigen Stellen plazieren kann, dann kann man das System voranbringen. Aber es ist verdammt hart. Allzu oft habe ich den Eindruck, als kämen die Leute zu mir und sagten: ›Wir müssen wirklich das Zimmer neu streichen.‹ Und ich sage darauf: ›Nein, wir müssen das ganze Gebäude auf einem neuen Fundament neu aufbauen.‹ Sie reden mit mir nur darüber, welche Farbe verwendet werden soll, und ich weiß, daß eine ganz neue Architektur erforderlich ist und ein ganz neues Fundament gelegt werden muß. Über die passende Farbe können wir uns später Gedanken machen! In Brasilien, Mexiko, Argentinien gibt es inzwischen eine kritische Masse an Menschen und Funktionären, die diese Welt wahrnehmen. Aber die meisten Entwicklungsländer sind noch nicht so weit, deshalb ist ihr Übergang auch noch so ungewiß.«

In Marokko privatisiert die Regierung, indem sie einfach etliche Unternehmen in staatlichem Besitz an dieselbe kleine Wirtschaftsclique mit engen Beziehungen zum Königshaus verkauft, das einst die Staatsmonopole beherrschte. Aus diesem Grund verfügen 3 Prozent der Bevölkerung Marokkos über 85 Prozent des Volkseinkommens. Die marokkanischen Universitäten, die auf einzigartige Weise die schlechtesten Seiten des sozialistischen und des französischen Bildungssystems miteinander kombinieren, entlassen Jahr für Jahr so viele Absolventen, die keine Stelle finden und deren unternehmerische oder technische Kenntnisse längst nicht den Ansprüchen der heutigen Informationswirtschaft genügen, daß es in Marokko inzwischen eine »Gewerkschaft der arbeitslosen Akademiker« gibt.

In jedem Land, das sich die Goldene Zwangsjacke angelegt hat, existiert wenigstens eine populistische Partei oder ein namhafter Kandidat, der unablässig gegen die Globalisierung zu Felde zieht. Sie bieten verschiedene protektionistische, populistische Lösungen an, die, wenn man ihren Erklärungen Glauben schenkt, denselben Lebensstandard gewährleisten, ohne daß man so schnell voranschreitet, mit so vielen Ländern Handel treiben und die Grenzen so weit öffnen muß. Sie behaupten, alles würde wieder ins Lot kommen, wenn man nur hier und da ein paar neue Mauern errichtete. Sie wenden sich an die Menschen, denen ihre Vergangenheit besser gefällt als die Zukunft. In Rußland

führen beispielsweise die kommunistischen Dumamitglieder einen un-
ablässigen Kampf gegen die Globalisierung, indem sie den Arbeitnehmern und Rentnern erzählen: In den Tagen der Sowjetunion hattet ihr
zwar einen miesen Job und mußtet für Brot Schlange stehen, aber ihr
wußtet stets, daß es Arbeit für euch geben würde und auch ein Brot,
das ihr euch leisten konntet, wenn ihr nur vorn in der Schlange standet.

Wie stark die populistischen Gegner der Globalisierung sind, hängt
wesentlich davon ab, wie schwach die Volkswirtschaft in dem Land
ist, in dem sie agitieren. Als Faustregel gilt, je schwächer die Wirtschaft,
desto größer die Anhängerschar, die sich von solch vereinfachenden Lösungen blenden läßt. Es wäre aber ein großer Fehler zu glauben, daß sie
nur in schlechten Zeiten Anhänger finden. Im Jahr 1998 lehnte eine
Mehrheit des US-Kongresses es ab, dem Präsidenten die Befugnis zu erteilen, die NAFTA auf Chile auszuweiten – das kleine Chile –, und zwar
mit dem Argument, dies würde amerikanische Arbeitsplätze vernichten. Diese engstirnige Ansicht setzte sich zu einer Zeit durch, als der
amerikanische Aktienmarkt auf einem Rekordhoch stand, die amerikanischen Arbeitslosenzahlen ein Rekordtief erreicht hatten und fast alle
Studien belegten, daß die Bildung der NAFTA den Vereinigten Staaten,
Kanada und Mexiko nichts als Vorteile eingebracht hatte. Führen Sie
sich einmal vor Augen, wie unsinnig das Ganze war: Der US-Kongreß
bewilligte 18 Milliarden Dollar für den Internationalen Währungsfonds, damit er mehr Ländern helfen kann, die ihre Probleme mit der
Globalisierung haben, aber der Kongreß votierte gegen die Ausweitung
der Freihandelszone NAFTA auf Chile. Wo bleibt da die Logik? Die Logik könnte nur lauten: »Wir unterstützen Hilfe, aber keinen Handel.«

Das ergibt keinen Sinn. Solche Argumente finden nur deshalb in guten Zeiten wie in schlechten Gehör, weil Phasen des schnellen Wandels
wie die jetzige ebensoviel Unsicherheit mit sich bringen wie Reichtum.
Das globalisierte System ist für allzu viele Menschen immer noch zu neu
und bringt für zu viele Menschen zu viele Veränderungen mit sich,
folglich fangen sie an zu zweifeln, ob selbst die guten Jobs, die sie
haben, sicher sind. Und das schafft wiederum viel Raum für Demagogen der Gegenreaktion mit populistischen Lösungsvorschlägen, ob Pat
Buchanan in Amerika oder Jean-Marie Le Pen in Frankreich.

Parallel dazu, daß immer mehr Länder sich an das globalisierte System
anschließen und einen Vorgeschmack auf die Schnelle Welt bekommen,
bildet sich allmählich eine weitere Gruppe der Gegenreaktion heraus:
die verwundeten Gazellen. Zu dieser Gruppe zählen all jene, die meinen,

sie hätten es mit der Globalisierung versucht und wären dabei unter die Räder geraten. Statt aufzustehen, den Staub abzuschütteln und sich zu bemühen, wieder den Anschluß an die Schnelle Welt zu schaffen, wollen sie entweder die Globalisierung mit Hilfe einiger Kunstgriffe aussperren oder die Regeln des gesamten Systems ändern. Paradebeispiel für diese Gruppe ist Malaysias Ministerpräsident Mahathir. Die Hölle hätte keinen zornigeren Globalisierer hervorbringen können. Am 25. Oktober 1997, auf dem Höhepunkt der Wirtschaftskrise in Asien, sagte Mahathir auf dem Gipfeltreffen der Commonwealth-Länder in Edinburgh, daß die Weltwirtschaft – die Milliarden Dollar an Investitionen in Malaysia gepumpt hatte, ohne die das spektakuläre Wirtschaftswachstum nie möglich gewesen wäre – »anarchisch« geworden sei.

»Das ist eine unfaire Welt«, wetterte Mahathir wutentbrannt. »Viele von uns haben hart gekämpft und sogar Blut vergossen, um unabhängig zu werden. Nun sind die Grenzen gefallen, und die Welt ist eine einzige Einheit, aber die politische Unabhängigkeit spielt keine Rolle mehr.«

So überrascht es nicht, daß Mahathir 1998 der erste asiatische Globalisierer war, der Kontrollmechanismen für die Kapitalströme einführte in einem verzweifelten Versuch, das wilde Auf und Ab seiner Landeswährung und der Aktienkurse zu stoppen. Singapurs Informationsminister George Yeo sagte zu Mahathirs Schritt: »Malaysia hat sich in eine Lagune zurückgezogen und versucht, seine Boote vor Anker zu legen, aber diese Strategie ist nicht ungefährlich.«

Das ist sie in der Tat nicht. Wer meint, er könne sich fortwährend in einen künstlich geschaffenen dritten Raum zurückziehen und den steigenden Lebensstandard der Schnellen Welt genießen, ohne dem Reformdruck nachzugeben, der macht sich selbst und seinem Volk etwas vor.

Dennoch fand Mahathirs vorübergehender Rückzug große Sympathie unter den Entwicklungsländern – auch wenn ihm niemand folgte. Nun, da wir in das zweite Jahrzehnt der Globalisierung eintreten, verstärkt sich das Bewußtsein unter den Ländern, die sich bislang der Goldenen Zwangsjacke und der Schnellen Welt verweigert haben, daß sie sich nicht länger widersetzen können. Und sie wissen auch, daß eine Rückzugsstrategie langfristig kein Wachstum verspricht. Also sagen sie jetzt: »Um Himmels willen, kann irgend jemand diese Welt wenigstens ein wenig bremsen, damit wir aufspringen können, ohne daß unser Land völlig umgekrempelt wird?« Einige Jahre lang sah ich regelmäßig den Redakteur der ägyptischen Zeitschrift *Al Alam Al Youm*, Emad El-Din Adeeb, auf verschiedenen Konferenzen der Weltbank und bei anderen Anlässen, und jedesmal äußerte er mir gegenüber seine Bedenken gegen einen Anschluß Ägyptens an das globalisierte System. Als ich ihn 1999 beim Weltwirtschaftsforum in Davos wiedertraf, sagte er zu mir: »Okay, ich sehe ein, daß wir uns auf diese Globalisierung vorbereiten müssen und daß es zum Teil unsere Aufgabe ist. Da fährt gerade ein Zug ab, und wir hätten das vorher wissen und unsere Hausaufgaben machen müssen. Aber jetzt solltet ihr den Zug ein wenig bremsen und uns die Chance geben, aufzuspringen.«

Ich hatte nicht das Herz, ihm zu sagen, daß ich soeben von einer Diskussion über Handel im Internet – mit den innovatisten Unternehmern – kam und die Konferenz mit dem Ergebnis geendet hatte, daß die Welt nicht nur nicht mehr langsamer werden würde, sondern daß sie mit der raschen Ausweitung des Internets im Begriff war, immer schneller zu werden. Ich wünschte, ich könnte diesen Zug bremsen, sagte ich Adeeb, aber da steht niemand im Führerhaus.

Ich besuchte einmal das Internet-Café im jordanischen Amman, das Books@Cafe heißt und an der Straße zu den erstaunlich gut erhaltenen Ruinen eines der größten römischen Amphitheater im Nahen Osten liegt. Es war im September 1997, und der Besitzer Madian al-Jazerah kam an meinen Tisch und stellte sich persönlich vor. Er bestand darauf, daß ich auf Kosten des Hauses ein Stück Bananensahnetorte aß. Ich fragte, warum es ausgerechnet Bananensahnetorte sein solle. Nun, sie werde von der Frau des stellvertretenden israelischen Botschafters in Amman gebacken, erklärte er.

»Damit ich das auch richtig verstanden habe«, sagte ich, »die Bananensahnetorte im Internet-Café in Amman wird von der Frau des stellvertretenden israelischen Botschafters gebacken. Das ist großartig. Das gefällt mir.«

Na ja, erwiderte er, das hätten keineswegs alle großartig gefunden. Als die islamischen Fundamentalisten herausgefunden hätten, wer für die Bananensahnetorte im Internet-Café verantwortlich war, hätten sie zum Boykott des Internet-Cafés aufgerufen, bis die Torte von der Karte verschwunden wäre. »Sie forderten im lokalen Internet zum Boykott auf«, sagte der Besitzer. (Ganz offenkundig ohne Erfolg, denn die Torte stand noch auf der Karte!)

Die Fundamentalisten, die so vehement gegen eine israelische Bananensahnetorte zu Felde zogen, stehen für eine weitere Gegenreaktion gegen die Globalisierung. Es ist die Gegenreaktion der Millionen, denen es nicht gefällt, daß die Menschen im Zuge der Globalisierung homogenisiert werden, daß israelische Bananensahnetorte einem jordanischen

Muslim vorgesetzt wird, daß Fremde mit fremden Verhaltensweisen in das eigene Haus kommen, daß die Unterschiede zwischen den Kulturen ausgelöscht werden und die Olivenbäume, die jedem einzelnen einen Platz und eine Heimat in der Welt zuweisen, rücksichtslos ausgerissen werden. Viele Menschen sind ganz offensichtlich bereit, entweder einen Großteil ihrer einheimischen Kultur zugunsten einer amerikanisierten, globalisierten Konsumkultur aufzugeben oder mit beiden in ihrer Lebensweise, ihrem Kleidungsstil, ihren Eßgewohnheiten und Ansichten zu jonglieren. Und die Fähigkeit der Leute, mit diesen Dingen zu jonglieren, ist nicht zu unterschätzen. Wenn sie nicht so gut jonglieren könnten, dann wären McDonald's und Disney längst nicht so beliebt auf der ganzen Welt. Aber manchen Menschen steht überhaupt nicht der Sinn nach Jonglieren. Tatsächlich sind sie sogar bereit, Krieg zu führen, um ihre lokale Kultur vor der globalen zu schützen. Ihr Schlachtruf lautet: »Ich will nicht global sein. Ich will lokal sein.« In den Augen der Globalisierer sind diejenigen ganz oben, die am besten verknüpft sind. In den Augen der Fundamentalisten stehen diejenigen ganz oben, die von allem abgeschnitten sind – von allem außer von ihrem einzigen Quell der Wahrheit.

Diese kulturelle Gegenreaktion wirkt sich immer dann besonders destabilisierend aus, wenn sie auf eine der anderen Formen der Gegenreaktion trifft – wenn sich Gruppierungen, die wirtschaftlich von der Globalisierung benachteiligt werden, mit Gruppierungen zusammenschließen, die kulturell benachteiligt werden. Dieses Phänomen ist im Nahen Osten am weitesten verbreitet, wo Fundamentalisten jeder Couleur sehr geschickt die kulturellen, politischen und wirtschaftlichen Gegenreaktionen gegen die Globalisierung zu einem Banner verwoben und zu einer breiten politischen Bewegung vereint haben, die nach der Macht strebt und einen Vorhang vor der übrigen Welt herunterlassen will. Das erste Wahrzeichen der algerischen Opposition war ein leerer Sack, wie er für Couscous verwendet wird, das beliebte nordafrikanische Getreide, und er symbolisierte die Enttäuschung der algerischen Arbeitnehmer, insbesondere der jungen Menschen, daß sie keine Arbeit hatten. Nach und nach machten die Träger der leeren Couscoussäcke gemeinsame Sache mit den islamischen Fundamentalisten, die sich der westlich und weltlich orientierten Linie des algerischen Regimes widersetzten. Gemeinsam bewirkten sie dann unter dem grünen Banner der islamischen Fundamentalisten eine machtvolle Gegenreaktion gegen all jene in Algerien, die das Land an das globalisierte System anschließen wollten.

Die Wahl Benjamin Netanjahus 1996 zum israelischen Ministerpräsidenten war zum Teil eine politische Gegenreaktion auf die Probleme der Abkommen von Oslo, und sie war eine kulturelle Gegenreaktion auf die Globalisierung und die Integration, die ein Friedensschluß Israels mit den Arabern mit sich bringen würde. Der israelische Theologe Moshe Halbertal bemerkte mir gegenüber einmal, viele religiöse Juden in Israel sähen in der Vision von Shimon Peres, daß seine Enkel und die Enkel Yassir Arafats eines Tages »alle gemeinsam Mikrochips herstellen werden«, eine elementare Bedrohung. Sie fürchteten, daß es dem Judentum schaden würde, wenn die Ghettomauern um Israel fielen und Israel sich im Nahen Osten assimilierte – genau wie sich amerikanische Juden in Amerika assimiliert hatten. Sie hatten bis zu einem gewissen Grad Angst, daß die Losungen »Peace Now« und »Jewish Now« nicht miteinander vereinbar wären – insbesondere wenn der Frieden anscheinend mehr Globalisierung bedeutete, mehr Integration, mehr Kinohits auf Video, mehr schmutzige Kabelsender und mehr Pizza Huts. Folglich waren am Vortag vor Netanjahus Wahl 1996 in ultraorthodoxen Gegenden Plakate mit dem Slogan zu sehen: »Wählt Bibi. Er ist gut für die Juden.«
In Israel hat sich die kulturelle Gegenreaktion auf die Globalisierung auch mit der wirtschaftlichen und der politischen vermischt. Unmittelbar nach dem Frieden mit Jordanien taten die israelischen Textilhersteller das einzig Logische: Sie verlagerten die Arbeitsplätze in der Textilindustrie, die nur eine geringe Ausbildung erforderten, von im Aufbau befindlichen israelischen Städten wie Kirjat Gat auf die andere Seite des Jordans, wo die Löhne nur einen Bruchteil des Niveaus in Israel betragen. Plötzlich mußten die israelischen Textilarbeiter, die sich für das ebenfalls in Israel errichtete Intel-Werk nicht eigneten, miterleben, daß ihre Arbeitsplätze nach Jordanien verschwanden – was ohne den Frieden und die Globalisierung nie und nimmer möglich gewesen wäre. Die Arbeiter in Kirjat Gat haben Angst, daß sich die Forderungen »Peace Now« und »Jobs Now« nicht miteinander vereinbaren lassen. Da viele von ihnen orientalische Juden sind, geben sie infolgedessen Schas, der ultraorthodoxen Partei der sephardischen Juden, ihre Stimme. Die Schas-Partei widersetzt sich aus religiösen und kulturellen Gründen der Globalisierung und tritt hauptsächlich mit dem Wahlspruch »Messiah Now« an. Somit verschmelzen Messiah Now, Jewish Now und Jobs Now allesamt zu einer Protestbewegung, die die Globalisierung ablehnt.
Um Mißverständnisse zu vermeiden: Es ist keineswegs falsch, die eigene Gesellschaft auf einem Fundament religiöser und traditioneller Werte verankern zu wollen. Nicht jeder, der sich dafür einsetzt, ist gleich

ein Befürworter eines gewalttätigen Fundamentalismus. Aber wenn der Fundamentalismus nicht von einer echten Spiritualität herrührt, sondern von einer Gegenreaktion gegen die Globalisierung, dann wird er häufig sektiererisch, gewalttätig und ausgrenzend. Je ausgrenzender sich jemand verhält, desto weniger vernetzt ist er auch, desto mehr wird er zurückfallen, und je mehr er zurückfällt, desto stärker wird der Wunsch sein, sich zurückzuziehen und die Außenwelt durch eine noch stärkere Ausgrenzung abzuwehren.

Man muß aber kein islamischer oder jüdischer Fundamentalist sein und kann doch den Wunsch verspüren, sich der Gegenreaktion gegen die Globalisierung anzuschließen, weil die Globalisierung das Gefühl erzeugt hat, in der eigenen Umgebung ein Fremder zu sein. Das ist ein weitverbreitetes Phänomen. Ich reiste durch Asien und Australien, als 1996 die australischen Parlamentswahlen bevorstanden, und war überrascht, daß in dem Wahlkampf so oft von Keksen und Badeanzügen die Rede war. Jawohl, in Australien wurde folgendes Ereignis heiß diskutiert: John Howard, der damalige Chef der australischen konservativen Partei, behauptete, daß Paul Keatings regierende Labor Party mit ihrem Eifer, Australien in die Weltwirtschaft zu integrieren und für ausländische Investitionen zu öffnen, daran schuld sei, daß Australiens beliebteste Unternehmen von globalen Konzernen aufgekauft würden, die ihren Sitz im Ausland hätten und Ausländern gehörten. Howard erklärte, die Australier würden ihre nationalen Symbole, ja sogar ihre Souveränität und Identität an den globalen Marktplatz abgeben, obwohl es ihrer Wirtschaft immer besser gehe. Vor allem empörte er sich darüber, daß Arnott's Biscuits, mit denen jedes australische Schulkind aufgewachsen ist, an einen amerikanischen Konzern verkauft wurde (keinen geringeren als Campbell's Soup!), der vermutlich als erstes das Rezept für die Iced Vo-vos verpfuschen würde – Australiens bekanntestes Gebäck, das aus Marshmallows und Kokosnuß hergestellt wird. Das gleiche Schicksal drohe auch Australiens berühmten Badeanzügen von Speedo nach dem Verkauf an eine amerikanische Firma. Die Kekse und die Badeanzüge wurden auf einer Wahlveranstaltung tatsächlich heftig diskutiert. Und diese Argumente zugunsten des Olivenbaums trugen mit dazu bei, daß Howard dem Lexus liebenden Keating eine vernichtende Wahlschlappe beibrachte.

Ein Jahr später, im Frühjahr 1997, kam ich auf meiner Fahrt zur Purdue University durch die weiten Felder Indianas. Ein sehr zuvorkommender Geschichtsprofessor von Purdue, John Larson, nahm mich in seinem Auto mit. Kurz vor Lafayette ragte eine gigantische Fabrik am

Horizont auf. »Was ist das?« fragte ich. »Das ist das Subaru-Werk«, erklärte Professor Larson, als wir näherkamen. Dann fügte er hinzu, daß
dieses Subaru-Werk Indianas »erste Erfahrung als ein Dritte-Welt-
Land« sei.

»Wie das?« fragte ich.

»Für die Generation, die wie ich in den fünfziger Jahren aufgewachsen ist, war Amerika das Land, das sich überallhin ausdehnte«, erklärte
Larson. »Wir übernahmen die Globalisierung. Als die japanischen Au-
tohersteller aber nach einem passenden Ort für das Subaru-Werk Ausschau hielten, kamen sie hierher, gerade so wie die Amerikaner nach Indien gingen, und stellten all die bekannten Fragen: ›Bekommen wir
auch, was wir haben wollen? Können wir Ihrem Volk trauen? Haben
Sie eine verläßliche Arbeiterschaft? Wie hoch ist hier das Bildungs-
niveau? Werden wir Steuererleichterungen erhalten?‹ Die Verantwortlichen in der Gemeinde wollten die Investition um jeden Preis, aber einige Leute fragten: ›Wer sind denn diese Japaner, daß sie nach unseren
Schulen fragen?‹«

Als die Leute von Subaru dann entschieden, ihr Werk in Lafayette zu
bauen, schlug jemand vor, den Highway vor dem Werk zu Ehren des
Konzerns, der hierherkam und Arbeitsplätze brachte, in »Subaru Highway« umzubenennen. »Aber dann hörte der örtliche Kriegsveteranen-
verband von der Sache und machte einen großen Wirbel«, erklärte Larson. »Sie sagten, ihr könnt diesen Highway nicht umbenennen. Wißt
ihr nicht, wofür der Name steht?« Der Highway hieß bereits Bataan
Highway – in Erinnerung an die Halbinsel auf den Philippinen, wo Tausende Amerikaner in einem Todesmarsch umkamen, nachdem die Japaner sie im April 1942 gefangengenommen hatten.

»Die Leute von Subaru waren sehr taktvoll und sagten, wir sollten
auf keinen Fall den Bataan Highway in ›Subaru Highway‹ umbenennen«, sagte Professor Larson. »Seither haben sich die Leute an die Japaner gewöhnt, und sie sind voll akzeptiert. Die japanischen Manager
wechseln hier mitsamt ihren Familien. Ihre Kinder gehen in die örtlichen Schulen – außer samstags, wenn die japanischen Kinder auf ihre
eigenen Schulen gehen, um Japanisch zu lernen, und weil in unserem
Mathematikunterricht ihrer Ansicht nach nicht genug gefordert wird.«

14

Die Grundströmung

(Oder die Gegenreaktion gegen die Gegenreaktion)

Im Winter 1995 besuchte ich Hanoi. Um mich fit zu halten, unternahm ich jeden Morgen einen Spaziergang rund um die Pagoden am Hoan-Kiem-See im Zentrum der Stadt. Und jeden Morgen blieb ich bei einer kleinen vietnamesischen Frau stehen. Sie kauerte mit einer Personenwaage am Straßenrand, und gegen ein geringes Entgelt konnte man sich wiegen lassen. Ich bezahlte ihr jeden Morgen einen Dollar dafür. Ich mußte eigentlich nicht wissen, wieviel ich wog (und wenn ich mich recht erinnere, war ihre Waage nicht besonders genau). Aber das Geschäft mit dieser Frau war mein Beitrag zur Globalisierung Vietnams. Für mich lautete ihr unausgesprochenes Motto: »Nutze, was immer du hast, gleichgültig ob groß oder klein, und verkaufe es, handle damit, tausche es ein, beleihe oder verleihe es, aber tu etwas damit, um Gewinn zu machen, deinen Lebensstandard zu erhöhen und ins Spiel zu kommen.«

Die Frau und ihre Waage verkörpern eine grundlegende Wahrheit über die Globalisierung, die oft verlorengeht, wenn von der Elite der Finanzmanager, von Hedgefonds und Superchips die Rede ist. Und diese Wahrheit lautet: Die Globalisierung kommt von unten, von der Straße, sie kommt direkt aus den Seelen der Menschen, aus ihren tiefsten Sehnsüchten. Ja, die Globalisierung ist das Produkt der Demokratisierung der Finanzen, der Informationen und der Technologie, doch der Antrieb hinter alledem ist das grundlegende menschliche Streben nach einem besseren Leben – einem Leben, das mehr Wahlmöglichkeiten bei Essen, Kleidung, Wohnort, Reisezielen, Arbeitsstellen und Ausbildungen bietet. Die Globalisierung beginnt mit einer Frau, die in Hanoi auf dem Gehweg kauert mit einer Waage als Eintrittskarte zur Schnellen Welt.

Im Zentrum Hanois ist heute jeder Quadratzentimeter des Gehsteigs von Leuten belegt, die etwas aus einer Kiste, von einer Matte oder an einem Stand verkaufen. Jeder Quadratzentimeter der Straße wird von Leuten genutzt, die ihre Sandalen gegen ein Fahrrad eingetauscht haben, ihr Fahrrad gegen einen Motorroller, ihren Roller gegen einen Honda Civic, ihren Honda Civic gegen einen Toyota Camry und gelegentlich sogar ihren Camry gegen einen Lexus. Weil wir uns die Globalisierung oft als etwas vorstellen, das ein Land mit dem Ausland verbindet, oder als etwas, das von oben und außen aufgezwungen wird, vergessen wir, wie sehr die Globalisierung in ihrem Kern zugleich ein Basisphänomen ist, das uns allen entspringt.

Deshalb sollte man immer im Auge behalten, daß es neben der Gegenreaktion gegen die Grausamkeiten, den Druck und die Herausforderungen der Globalisierung eine Grundströmung einfacher Leute gibt, die nach den Vorteilen der Globalisierung verlangen. Diese Grundströmung wird von Millionen Arbeiternehmern getragen, denen die Globalisierung übel mitgespielt hat, die sich jedoch wieder aufrappeln und erneut bei der Globalisierung anklopfen, weil sie in das System integriert werden wollen. Wer auch nur die geringste Chance hat, will nämlich nicht als Schildkröte, als Gescheiterter oder Unwissender seine Tage fristen. Alle wollen lieber Löwe oder Gazelle sein. Sie wollen lieber vom System profitieren als es zerstören.

Ich war gerade in Rio de Janeiro, als die brasilianische Regierung die staatliche Telefongesellschaft Telebras privatisierte und in der Stadt eine große Demonstration dagegen stattfand. Besonders verblüfft hat mich damals ein Interview mit einem Demonstranten, das am folgenden Tag in der brasilianischen Zeitung O *Globo* stand. Der Mann wurde gefragt, warum er zu der Demonstration gegangen sei, und antwortete: »Ich dachte, ich würde vielleicht eine Stelle bekommen.« Der arme Kerl war nicht gegen die Privatisierung. Er wollte nur auch etwas davon haben.

Die Menschen nehmen im Zusammenhang mit der Globalisierung sehr viel mehr Anstrengungen in Kauf, als man glauben möchte – einerseits weil russische Bergarbeiter, mexikanische Bauern und indonesische Arbeiter irgendwo im Grunde ihrer Seele wissen, daß sie keine andere Wahl haben, als ihr Leben für die Teilnahme an der Schnellen Welt zu beschleunigen, und andererseits, weil viele es gar nicht anders wollen. Wenn die Marktkräfte völlig aus dem Gleichgewicht geraten – wenn sich das Gefühl verbreitet, daß das System so verrückt geworden ist, daß zwischen harter Arbeit und einer Verbesserung des Lebensstandards kein Zusammenhang mehr besteht und normale Leute, auch wenn sie den Gürtel enger schnallen und eine Vielzahl schmerzhafter Reformen erdulden, nie einen gerechten Anteil am erwirtschafteten Reichtum bekommen werden –, dann ist das System offensichtlich in Gefahr. Doch wir stehen nicht an diesem Punkt – noch nicht.

Meine Lieblingsgeschichte aus dem Rußland des Jahres 1998 hat ein russischer Wirtschaftswissenschaftler einem meiner Freunde erzählt. Sie handelt von einem russischen Panzerfahrer in einer Stadt hinter dem Ural. Mit seinem Panzer fuhr er zum Rathaus und verlangte die Auszahlung seines seit langer Zeit ausstehenden Lohns. Als sich verängstigte Passanten um den Tank versammelten und den Fahrer fragten, ob er das Rathaus zusammenschießen wolle, sagte er nein, nein, er habe nur mit dem Panzer fahren müssen, weil er sich kein Taxi leisten könne. Und er wolle nur seinen Lohn.

Trotz all der Unruhe, die der globale Kapitalismus in eine Gesellschaft bringt, hat die Ausbreitung des Kapitalismus den Lebensstandard schneller und für mehr Menschen gesteigert, als dies je zuvor in der Geschichte der Fall gewesen ist. Sie hat auch mehr Armen den Aufstieg in die Mittelschicht ermöglicht als je zuvor in der Geschichte. Obwohl der Abstand zwischen Armen und Reichen größer wird – da die Nutznießer des heutigen Systems der Globalisierung wirklich abheben und alle anderen hinter sich lassen –, ist der Lebensstandard der Armen in vielen Teilen der Welt kontinuierlich gestiegen. Mit anderen Worten: Die relative Armut mag in vielen Ländern wachsen, doch zugleich sinkt in vielen Ländern die absolute Armut. Nach dem Human Development Report der Vereinten Nationen (UNHDR) von 1997 ist die Armut in den letzten 50 Jahren stärker gesunken als in den letzten 500 Jahren. Die Entwicklungsländer sind in den letzten 30 Jahren genauso rasch vorangekommen wie die industrialisierte Welt im gesamten 19. Jahrhundert. Kindersterblichkeit, Unterernährung und Analphabetismus sind seit 1960 beträchtlich zurückgegangen, der Zugang zu sauberem Wasser hat sich stark verbessert. In relativ kurzen Zeiträumen haben Länder, die sich wie Hongkong, Taiwan, Singapur, Israel, Chile und Schweden der Globalisierung am stärksten öffneten, einen Lebensstandard erreicht, der dem US-amerikanischen oder japanischen vergleichbar ist, und in Ländern wie Thailand, Brasilien, Indien und Korea ist nicht zuletzt durch die Globalisierung die Mittelschicht stark angewachsen. Aus diesem Grund ist die Gegenreaktion gegen die Globalisierung zwar nach wie vor ausgeprägt und akut wirksam, wird jedoch ständig durch eine Grundströmung für mehr Globalisierung gedämpft, also dadurch, daß mehr Menschen in das System integriert werden wollen. Man braucht kein Politikwissenschaftler zu sein, um das zu erkennen. Es genügt, eine Straße in einem beliebigen Entwicklungsland hinunterzugehen.

Dort könnten Sie beispielsweise Chanokphat Phitakwanokoon begegnen, einer 40jährigen Thai-Chinesin, die an ihrem kleinen Stand an der Wireless Road mitten im Geschäftsviertel von Bangkok Zigaretten und chinesische Klößchen verkauft. Ich wohnte im Dezember 1997, in der Woche, als die thailändische Regierung die meisten Bankhäuser des Landes schloß, in einem Hotel in der Nähe von Chanokphats Stand. Einmal bat ich den Dolmetscher der *New York Times,* mich auf einem Spaziergang zu begleiten, ich wollte Reaktionen von Straßenhändlern auf die aktuellen Ereignisse erfragen. Als erstes sprach ich mit Chanokphat. »Wie läuft das Geschäft?«, begann ich das Gespräch.

»Um die Hälfte schlechter«, sagte sie verdrossen.

Ich fragte sie, ob sie jemals von George Soros gehört habe, dem Milliardär und Hedgefonds-Manager, der beschuldigt wurde, gegen die asiatischen Währungen spekuliert und ihren Zusammenbruch ausgelöst zu haben.

»Nein«, sagte sie und schüttelte den Kopf. Sie hatte nie von Soros gehört.

»Darf ich fragen, ob Sie wissen, was eine Börse ist?« fuhr ich fort.

»Ja«, sagte sie ohne Zögern. »Ich besitze Aktien der Bangkok Bank und der Asia Bank.«

»Wie um alles in der Welt sind Sie darauf gekommen, Aktien zu kaufen?« fragte ich.

»Meine Verwandten haben alle welche gekauft, also habe ich es auch gemacht«, antwortete sie. »Ich habe sie bei einer Bank deponiert. Jetzt sind sie nicht mehr viel wert.«

An diesem Punkt des Gesprächs senkte ich den Kopf und sah, daß sie keine Schuhe anhatte. Vielleicht hatte sie irgendwo Schuhe, aber jedenfalls nicht an ihren Füßen. Sie hat keine Schuhe und eine fünftklassige Ausbildung, dachte ich unwillkürlich, aber sie besitzt Bankaktien der thailändischen Börse. Danach gingen mir einige Fragen durch den Kopf. Was sind ihre Interessen? Wird sie eine Demonstration anführen, die das Büro des IWF niederbrennen will, der Thailand all diese Bedingungen für die Reform seiner Volkswirtschaft diktiert? Oder wird sie, weil sie nun irgendwie zum System gehört, bereit sein, härter zu arbeiten, mehr zu sparen und mehr zu opfern, auch dem IWF, wenn es nur der thailändischen Volkswirtschaft wieder auf die Beine hilft? Ich habe das Gefühl, daß sie letzteres tun wird. Das ist die Grundströmung, die ich meine.

Auf der Straße könnten Sie auch Teera Phutrakul treffen, der einen der größten offenen Investmentfonds in Thailand managt. Ich fragte ihn bei einem Interview, ob es in Thailand wohl eine Gegenreaktion gegen die westeuropäischen und amerikanischen Banker geben würde, die wahrscheinlich versuchen würden, thailändische Banken und Unternehmen aufzukaufen, nun da die thailändische Währung so billig war und viele Firmen am Boden lagen. Teera dachte einen Augenblick nach und antwortete dann mit einer Geschichte: Einige Wochen zuvor war einem seiner Freunde die Brieftasche gestohlen worden. In der Brieftasche hatten sich vier Kreditkarten befunden, eine von American Express und drei von thailändischen Banken. Der Freund rief sofort bei American Express und den drei thailändischen Banken an und meldete den Verlust. American Express bot ihm an, noch am selben Tag per Kurier eine neue Karte zu schicken. Von den drei anderen Banken hatte der Freund auch Wochen später noch nichts gehört.

»Nun«, sagte Teera, »was meinen Sie? Wird es meinen Freund wirklich aufregen, wenn die drei thailändischen Banken jetzt von Citibank aufgekauft und auf denselben Standard gebracht werden wie American Express?« Wird er eine nationalistische Wut empfinden? Vielleicht, aber sie wird vermutlich schnell verrauchen, wenn diese thailändischen Banken wieder Leute einstellen und plötzlich genauso effizient und profitabel arbeiten wie Citibank und American Express. Das ist die Grundströmung.

Sie könnten auch Liliane begegnen, einer 32jährigen brasilianischen Sozialarbeiterin, die bis vor kurzem in der *favela* Rocinha in Rio gelebt hat und für die Stadtregierung arbeitet. Sie führte mich durch eine Tagesstätte in dem Elendsviertel und erzählte mir dabei, daß sie jahrelang gespart hatte, um mit ihrer Familie aus der *favela* wegzuziehen. Nun war sie der *favela* endlich entronnen und gehörte zur Schnellen Welt, und sie wünschte sich ganz gewiß nicht deren Zusammenbruch, auch wenn man nur schwer in diese Welt hineinkam. »Als ich jung war«, erzählt mir Liliane, »mußten alle Nachbarn in der *favela* zum Fernsehen in ein einziges Haus gehen. Jetzt bin ich an einen Ort gezogen, der eine Stunde und zwanzig Minuten von meiner Arbeitsstelle entfernt ist, aber er liegt außerhalb der *favela,* weit weg von der Kriminalität. Ich ziehe wegen meiner Kinder dorthin, denn dort gibt es keine Drogenhändler. Ich verdiene 900 Real im Monat. Ich kann mir [jetzt] ein Telefon leisten. Unser Haus ist aus Ziegelsteinen und nicht aus Holz, und am Monatsende habe ich immer noch ein bißchen Geld übrig. Als hier noch die Inflation herrschte, konnte man nichts auf Kredit kaufen, weil niemand die inflationären Zinsen bezahlen konnte. Heute besitzen sogar die armen Leute hier in der *favela* ein Telefon, es gibt Strom, und sie haben

Kabelfernsehen. Sie haben all die grundlegenden Sachen, die die Reichen auch haben. Heute können wir uns über den Service [der Elektrizitäts- oder der Telefongesellschaft] beschweren. Vorher hatten wir weder Elektrizität noch Telefon, also konnte wir uns auch nicht darüber beschweren.« Das ist die Grundströmung.

Auch der Umweltmedizinerin Fatima al-Abdali könnten Sie begegnen. Ihr gehört das Coffee-Valley-Internet-Café, das beliebteste Internet-Café in Kuwait City, wo man an einem Milchkaffee nippen und gleichzeitig im Netz surfen kann. Fatima hat in den USA studiert und trägt als fromme Muslimin einen Schleier, unter dem sich jedoch ein absoluter Web-Head verbirgt. Ich hielt in Kuwait einen Vortrag über die Globalisierung, und sie war unter den Zuhörern. Danach lud sie mich in ihr Café ein, um mich dort ein paar Studenten vorzustellen. Das Café befand sich einem Einkaufszentrum. Wir setzten uns an einen Ecktisch, und ich sagte zu ihr: »Also wissen Sie, ich bin ein bißchen verwirrt. Vielleicht können Sie mir helfen, das Rätsel zu lösen. Sie tragen nach islamischer Sitte den Kopf verhüllt und sind offenbar ein religiöser Mensch, aber Sie haben an einer Universität in den USA studiert, und jetzt bringen Sie das Internet nach Kuwait. Ich verstehe nicht so richtig, wie das alles zusammenpaßt.«

Ihre Antwort lautete im wesentlichen, die arabisch-islamische Welt sei in der Vergangenheit sehr oft von Fremden erobert worden und damit häufig auch fremden Einflüssen und Technologien ausgesetzt gewesen. Heute finde erneut eine solche Invasion statt. Diesmal jedoch werde die Invasion ihr gehören und nicht sie der Invasion. Sie werde einen Schleier um das Internet legen und dafür sorgen, daß die jungen Leute in ihrem Café das Internet richtig nutzten. Ich fand ihren Versuch bewundernswert. Wehr dich nicht dagegen – mach es dir zu eigen.

»Ich hatte vor drei Jahren die Idee, ein Internet-Café aufzumachen«, erzählte sie mir 1997. »Ich wußte, daß eines kommen würde, und wenn ich keines eröffnet hätte, hätte es jemand anders getan. Und ich erkannte, daß sich eine gewisse Kontrolle ausüben ließ. Man kann den Leuten die guten Sachen zeigen und das Internet mit unserer Kultur in Harmonie bringen, anstatt zu warten, bis es als Invasion in unser Land kommt. Ich habe es hergebracht und angepaßt, und inzwischen reden wir auf unserer Web-Page allmählich auch über das Thema [islamische] Frauenrechte.«

Fatima al-Abdali holte einige Studenten von der Universität Kuwait an unseren Tisch. Einer erwähnte beiläufig, daß an der Universität gerade die Studentenvertreter gewählt worden seien und die islamisch-fundamentalistischen Kandidaten von den unabhängigen, liberalen und weltlich orientierten vernichtend geschlagen worden seien. Studentische Wahlen sind sehr wichtig in der arabischen Welt, da sie oft am freiesten sind und deshalb die Haltung der Bevölkerung, insbesondere der jungen Bevölkerung, am genauesten widerspiegeln. Ich fragte Abdul Aziz al-Sahli, einen 21jährigen Studenten der Kommunikationswissenschaft, warum die islamischen Kandidaten so vernichtend geschlagen worden seien. »Die Islamisten beeindrucken die Leute nicht mehr so«, sagte er. »Die weltlichen Parteien helfen den Studenten mehr bei den alltäglichen Dingen, die ihnen heute wichtig sind – Fotokopieren, Probleme mit der E-Mail, Bibliotheksausstattung, Parkplätze. Die Gesellschaft ist weniger ideologisch geworden. Wir müssen uns nach einem Arbeitsplatz umschauen.« Das ist die Grundströmung.

Auch zwei australischen Freunden von mir, den Sozialwissenschaftlern Anne und Gerrard Henderson, könnten Sie begegnen. Die Hendersons machten eines Tages einen Zwischenstop bei mir in Washington und erzählten mir von ihrer Tochter, die in Australien auf die Universität geht. »Unsere Tochter Johanna ist jetzt einundzwanzig«, begann Gerrard. »Eines Tages erhielten sie und das Mädchen, mit dem sie damals zusammenwohnte, einen Brief von der australischen Telefongesellschaft Telstra. Darin stand, daß ein Drittel des Staatsunternehmens privatisiert werde und daß jeder Haushalt, der bei der Telstra Kunde sei, das Recht habe, eine bestimmte Menge Aktien zu kaufen. Meine Tochter rief uns an und fragte, ob sie kaufen solle, und wir sagten ja. Also nahm sie das Angebot an. Sie hat sehr wenig Geld – eine Aktie kostete drei australische Dollar, und sie kaufte 300 Aktien. Sie verdient bis jetzt noch nicht einmal Geld. Sie könnte Bibliothekarin, Lehrerin oder eine hart arbeitende Lohnabhängige werden, aber sie ist die einzige in unserer Familie, die das Angebot der Telstra angenommen hat. Die Arbeiter der Telefongesellschaft kauften 90 Prozent der angebotenen Aktien, und sie sind seither weniger militant. Die Leute verstehen einfach, daß so etwas wichtig ist. Die Konservativen schlugen 1996 Paul Keatings Labor-Regierung, indem sie gegen die Globalisierung zu Felde zogen, und als sie gewählt waren, vertraten sie die gleichen Positionen wie die alte Regierung. Es gibt keine Alternative, wenn man keinen Rückschritt will. Vor zehn Jahren wäre meine Tochter noch mit dem Strom gegen die Globalisierung geschwommen, aber wegen der paar Telstra-Aktien, die sie sich leisten konnte, ist sie nun selbst davon betroffen und interessiert sich plötzlich für die Vorgänge an der Wall Street.« Das ist die Grundströmung.

Die Grundströmung ist nicht nur deshalb so kraftvoll, weil viele Menschen in das System integriert werden wollen; sie ist es auch deshalb, weil die Opfer des Systems innerhalb des Systems bessere Chancen haben, andere über ihren Kummer zu informieren und sich zu organisieren, um etwas dagegen zu tun. Dank des Internets können beispielsweise nicht mehr nur die wenigen großen Medien-Konglomerate die Vielen erreichen. Heutzutage können auch die Vielen zu den Vielen sprechen.

Das habe ich von Chandra Muzaffar gelernt, dem Präsidenten der malaysischen Menschenrechtsorganisation Internationale Bewegung für eine Gerechte Welt. Ich besuchte diesen sanften malaysischen Muslim in seinem kargen Büro in einer Vorstadt von Kuala Lumpur. Der Besuch hatte den ausdrücklichen Zweck, von ihm zu hören, daß er die Globalisierung im Namen der Vernachlässigten und Gescheiterten verurteilte, die seine Organisation so engagiert vertritt. Er hatte mir jedoch etwas viel Differenzierteres und Interessanteres zu sagen.

»Ich glaube nicht, daß die Globalisierung einfach nur ein zweiter Lauf des Kolonialismus ist«, sagte Muzaffar. »Wer das behauptet, hat etwas mißverstanden. Die Dinge sind komplizierter. Man braucht sich nur umzusehen. Als Folge der Globalisierung dringen Elemente aus der Kultur der beherrschten Völker heute in den Norden vor. Wenn die Briten heute außer Haus essen, dann bestellen sie nicht mehr am liebsten Fish and Chips, sondern Currygerichte. Sie sind nicht mehr exotisch für sie. Aber ich rede nicht nur von Currygerichten. Im Bereich der Ideen wächst das Interesse an anderen Religionen. Zwar gibt es da diese dominierende Kraft [die Amerikanisierung, aber darunter liegt eine Gegenströmung... Auch andere haben heute die Möglichkeit, ihre Sache im Internet zu vertreten. Der Iran ist stark an das Internet angeschlossen. Es wird dort als ein Werkzeug betrachtet, um die eigene Sicht der Dinge zu verbreiten. Daß der iranische Film *Der Geschmack der Kirsche* beim Filmfestival von Cannes den ersten Preis gewonnen hat, ist ein Teil dieser Gegenströmung. Auch über den malaysischen Ministerpräsidenten Mahathir wird heute dank CNN [auf der ganzen Welt] mehr berichtet. Die Kampagne zum Verbot der Landminen wurde über das Internet gestartet. Auf diese Weise nutzt die Globalisierung benachteiligten Gruppen. Die Behauptung, daß sie nur eine Einbahnstraße sei, ist falsch, und wir sollten erkennen, wie vielschichtig sie ist. Menschen funktionieren auf verschiedenen Ebenen. Auf der einen Ebene können sie wütend über das Unrecht sein, das ihrer Gesellschaft durch die Amerikanisierung angetan wurde, und dann gehen sie in ein McDonald's-Restaurant und unterhalten sich mit ihren Kindern, die in den USA studieren, über das Thema.«

Das ist die Grundströmung, wenn sie auf die Gegenreaktion trifft.

Sogar in den am weitesten entwickelten Gesellschaften kann man das beobachten. In der Zeitschrift *Forbes,* bestimmt kein Sprachrohr der Unwissenden, erschien im Juli 1998 ein sehr kluger Artikel, nachdem der zu Time Warner gehörende Nachrichtensender CNN am 7. Juni 1998 die katastrophale Falschmeldung gebracht hatte, US-amerikanische Green Berets hätten 1970 in Laos absichtlich Deserteure mit Nervengas getötet. Kaum war der Bericht ausgestrahlt, als amerikanische Veteranen dem Sender vorwarfen, das sogenannte Exposé über die Operation Tailwind basiere auf schlampiger Berichterstattung und zweifelhaften Quellen. Trotz zahlreicher Beschwerden war der globale Nachrichtengigant CNN jedoch nicht bereit, die Geschichte zurückzunehmen. (Globale Nachrichtenriesen entschuldigen sich bei niemandem und schon gar nicht bei ein paar pensionierten Soldaten.)

»Time Warner erwartete vielleicht, daß sich die Wogen von allein wieder glätten würden«, hieß es in *Forbes.* »[Aber] die Vietnamveteranen kämpften wie wild und mobilisierten im Internet, dem einzigen Medium, das leicht für sie zugänglich war. Ohne das Internet hätte es Monate gedauert, die Tatsachen ans Licht zu bringen – und dann hätten sie kaum noch jemanden interessiert. ›Es [das Internet] erlaubte mir, in drei Tagen zu tun, wofür [die CNN-Autorin] April Oliver acht Monate gebraucht hatte‹, sagt der (pensionierte) Generalmajor der Luftwaffe Perry Smith. Er war militärischer Berater von CNN, bis er aus Protest gegen den Beitrag kündigte und dann half, ihn zu widerlegen. Smith berichtet, daß er in der Nacht, als die Sendung ausgestrahlt wurde, eine Liste mit Fragen verfaßte, was in Laos wirklich passiert war. Dann verschickte er die Liste mit einem einzigen Knopfdruck per E-Mail an über 300 seiner besten Informanten – ›mein E-Mail-Expertenteam‹, wie Smith sagte. ›Danach kamen von überall her die E-Mails herein.‹« Die Operation Tailwind unterlag der höchsten Geheimhaltungsstufe, und wenn die Vietnamveteranen hätten warten müssen, bis die Pentagon-Bürokratie die zu einer Widerlegung von CNN notwendigen Informationen freigegeben hätte, dann wäre die Wut über die Sendung verebbt gewesen. Mittels eines E-Mail-Netzes, das sie fast nichts kostete, waren sie jedoch in der Lage, bei den damals vor Ort befindlichen Soldaten selbst alle relevanten Beweise zu sammeln, und innerhalb von Tagen konnten sie CNN damit konfrontieren.

Am Ende hatten die nur von ihren Pensionen lebenden Veteranen, nur mit E-Mail bewaffnet, den hochdotierten CNN-Chef Rick Kaplan dazu gezwungen, in seinem eigenen Sender zu erscheinen – wie ein Stück Wild, das vom Scheinwerferlicht erfaßt wurde. Er mußte sich von seiner eigenen Story distanzieren und sich immer wieder kläglich entschuldigen, um seinen Job zu retten und wenigstens die Glaubwürdigkeit seines Senders wiederherzustellen. Das Ergebnis lautete schließlich: eins zu Null für die Vietnamveteranen mit E-Mail gegen CNN von Time Warner, dem größten Medienkonglomerat der Welt.

In gewisser Weise zeigen all diese Geschichten, daß die Globalisierung einerseits ein enormes Gefühl der Entfremdung hervorrufen kann, da sich die Macht stetig nach oben, auf immer abstraktere Ebenen verlagert, die schwer zu erreichen und zu beeinflussen, ja sogar schwer zu erkennen sind. Andererseits erhalten jedoch auch die gewählten und selbstbestimmten Organe auf lokaler Ebene mehr Macht, mehr Ressourcen und mehr Vitalität als je zuvor.

All diese Geschichten erklären auch mit, warum die Gegenreaktion gegen die Globalisierung bis jetzt – und ich betone: bis jetzt – noch nirgendwo die kritische Masse erlangt hat, um das neue System wirklich zu zerstören. Nehmen wir beispielsweise Südostasien. Manchmal liegen die wichtigen Nachrichten im Lärm – in dem, was auf den Straßen geschrien und an die Wände geschmiert wird. Manchmal aber liegen sie auch im Schweigen, in dem, was nicht gesagt wird. Die größte Weisheit, die ein Journalist erwerben kann, besteht darin, den Unterschied zwischen beidem zu kennen und zu wissen, wann das Schweigen Bände spricht. Ich habe das Gefühl, daß die wichtigste Nachricht aus Asien im Jahr 1998 das relative Schweigen war, mit dem die Unter- und Mittelschichten in Thailand, Korea, Malaysia und sogar Indonesien das Urteil der Weltmärkte hinnahmen – daß ihre Länder grundlegende Probleme mit ihrer Software und ihrem Betriebssystem hatten –, daß sie die Strafe akzeptierten und daß sie nun versuchen, die notwendige Anpassung durchzuführen.

Wie lange dieses Schweigen währen wird, ist unmöglich vorauszusagen, doch es widerlegt all jene, die für die unmittelbare Zukunft das Ende der Globalisierung prophezeit haben. Nach jeder Störung der Weltwirtschaft wie auch nach jedem indischen Atomtest schreibt irgendein besonders schlauer Journalist, dies zeige, daß die Globalisierung »am Ende« sei, daß das System zusammenbrechen werde und daß draußen eben doch nur ein Dschungel sei. Die Globalisierung wird ständig begraben von Leuten, die fast nichts über sie wissen und nie mit Menschen wie Liliane oder Teera, Chandra oder Chanokphat, der Tochter der Hendersons oder den russischen Bergarbeitern gesprochen haben, ganz zu schweigen von der kleinen alten Dame mit der Waage in Hanoi. Wenn all diese Leute sich nicht mehr bemühen, in der Schnellen Welt zu sein, und sie alle erklären, sie würden lieber zu ihren alten, geschlossenen, regulierten Systemen zurückkehren und nicht mehr – für sich und ihre Kinder – nach einem höheren Lebensstandard streben, dann werde ich zugeben, daß die Globalisierung »am Ende« ist und die Gegenreaktion gewonnen hat.

Bis dahin will ich Ihnen ein kleines Geheimnis anvertrauen, das ich bei meinen Gesprächen mit all den genannten Leuten erfahren habe: Bei allem angemessenen Respekt vor den Revolutionstheoretikern, die »Verdammten dieser Erde« wollen nach Disneyworld – nicht auf die Barrikaden. Sie wollen das Magic Kingdom, nicht *Les Misérables*. Und wenn man ein wirtschaftliches und politisches System aufbaut, das ihnen auch nur halbwegs das Gefühl vermittelt, daß sie es mit harter Arbeit und Opferbereitschaft nach Disneyworld schaffen und das Magic Kingdom genießen können, werden die meisten von ihnen im Spiel bleiben – viel länger, als man erwarten würde.

TEIL IV

Amerika und das System

15

Rationaler Überschwang

Anfang 1997 warnte der Chef der US-Notenbank Alan Greenspan in einer berühmt gewordenen Äußerung die Investoren auf den amerikanischen Aktienmärkten vor »irrationalem Überschwang«, weil sie die Aktienkurse in Höhen trieben, die anscheinend jenseits jedes noch irgendwie rationalen Kurs-Gewinn-Verhältnisses lagen. Daraufhin schrieb ich einen Kommentar in Form eines Briefes an Greenspan, in dem ich ihn wie den Ratgeber in einer Illustrierten ansprach. Der Brief begann: »Lieber Dr. Greenspan, ich habe ein schreckliches Problem. Ich leide unter irrationalem Überschwang wegen des amerikanischen Aktienmarktes, und ich werde diesen Überschwang einfach nicht los. Ich weiß, Sie sagen, ›irrationaler Überschwang‹ sei schlecht für meine Gesundheit, und ich habe es mit allem versucht: mit Hypnose, mit Valium, mit Leerverkäufen. Ich habe sogar Ihre Reden von 1987 noch einmal gelesen. Aber nichts hilft. Jedesmal, wenn ich von einer Reise nach Europa oder Japan zurückkehre, juckt es mich, noch mehr in den US-amerikanischen Markt zu investieren. Bitte helfen Sie mir. Hochachtungsvoll Ihr Mr. Full E. Invested.«

Ich schrieb weiter, daß ich nicht wüßte, auf welchem Niveau die amerikanischen Aktienkurse eigentlich stehen müßten, aber überzeugt sei, daß die Kurse genauso schnell wieder fallen würden, wie sie gestiegen waren, wenn die USA die Grundbedingungen steigender Produktivität, niedriger Zinsen und geringer Inflation nicht mehr erfüllten. Tatsächlich wollte ich darauf hinaus, daß der besondere Schwung auf dem amerikanischen Aktienmarkt vielleicht doch nicht nur von »irrationalem Überschwang« herrührte, sondern daß hinsichtlich der amerikanischen Volkswirtschaft durchaus rationaler Überschwang angebracht war.

Da ich recht viel Zeit in Übersee und fern der Wall Street verbringe – mein Land also von außen betrachte –, werde ich ständig mit dem rationalen Überschwang konfrontiert, der im Rest der Welt bezüglich der Vereinigten Staaten herrscht. Der Überschwang hat die folgende Logik: Wenn man die Globalisierung als das heute vorherrschende internationale System betrachtet und sich die Eigenschaften ansieht, die Unternehmen wie Länder haben müssen, damit sie in diesem System gedeihen, kommt man zwangsläufig zu dem Schluß, daß die USA mehr Startvorteile und weniger Belastungen haben als jedes andere wichtige Land. Diese Einsicht bezeichne ich als rationalen Überschwang. Ich meine die bei globalen Investoren weitverbreitete Einschätzung, daß viele Länder in Europa und Asien noch versuchten, ihre Gesellschaften an die Globalisierung anzupassen, und einige gerade erst aus den Startlöchern gekommen waren, als Uncle Sam bereits die erste Kurve hinter sich gelassen hatte und auf der Gegengeraden dahinsprintete.

Worauf dieser rationale Überschwang beruht, läßt sich mit Hilfe des folgenden Gedankenspiels analysieren: Wenn man vor 100 Jahren einem visionären Geoarchitekten gesagt hätte, die Welt werde im Jahr 2000 von einem »Globalisierung« genannten System bestimmt sein und er solle doch bitte ein Land ersinnen, das in dieser Welt konkurrieren und gewinnen könnte, dann hätte er ein Gebilde entworfen, das den Vereinigten Staaten von Amerika verdammt ähnlich gesehen hätte. Sein Entwurf wäre etwa so ausgefallen:

Zunächst einmal hätte der Geoarchitekt dem Land eine für den Konkurrenzkampf ideale geographische Lage gegeben. Er hätte ein Land entworfen, das sowohl eine atlantische als auch eine pazifische Macht ist und guten Kontakt zu beiden Erdhälften hat, während es zugleich über Land sowohl mit Kanada als auch mit Lateinamerika verbunden ist, kurzum leicht mit den drei wichtigsten Märkten der Erde – dem asiatischen, dem europäischen und dem amerikanischen – interagieren kann.

Der Geoarchitekt hätte ein Land mit einer vielfältigen, mulitkulturellen, multiethnischen, vielsprachigen Bevölkerung entworfen, die zu allen Kontinenten auf dem Erdball natürliche Verbindungen hat, zugleich jedoch in einer einzigen Sprache – dem Englischen – untereinander kommuniziert, und diese Sprache wäre auch die dominierende Sprache im Internet geworden. Er hätte das Land außerdem in mindestens fünf separate, aber durch die gemeinsame Dollar-Währung verbundene Wirtschaftsregionen gegliedert. Fünf verschiedene Wirtschaftsregionen in einem Land sind ein großer Vorteil, da bei einem Konjunkturrückschlag in einer Region die anderen vielleicht gerade einen Boom erleben und auf diese Weise manche Höhen und Tiefen des

Konjunkturzyklus ausgeglichen werden können. All diese Eigenschaften wären hilfreich.

Der Geoarchitekt hätte ein Land mit außerordentlich vielfältigen, innovativen und effizienten Kapitalmärkten entworfen, wo der Einsatz von Risikokapital als eine hohe und verwegene Kunst angesehen wird, so daß jeder, der eine vernünftige (oder vielleicht auch lächerliche) Erfindung in seinem Keller oder in seiner Garage macht, einen Kapitalgeber findet. Das ist sehr schön und beschleunigt die Entwicklung ungeheuer. Nirgends wird schneller Geld in neue Ideen investiert als auf den amerikanischen Kapitalmärkten. Vergleicht man eine 25 Jahre alte Liste der 25 größten europäischen Unternehmen mit einer neuen Liste, hat sich auf der neuen Liste fast nichts verändert. In den USA hingegen wären viele Namen hinzugekommen. Es stimmt zwar, daß die amerikanischen Finanzmärkte mit ihrer Forderung nach kurzfristigen Profiten und vierteljährlich ausgewiesenen Gewinnen es oft nicht zulassen, daß Aktiengesellschaften »Geld verschwenden«, indem sie sich auf langfristiges Wachstum konzentrieren. Doch dieselben Märkte stellen jemandem mit einer noch unausgegorenen Idee von einem Tag auf den anderen 50 000 Dollar zur Verfügung, damit er den nächsten Apple-Computer bauen kann. Massachusetts hat eine größere auf Risikokapital beruhende Industrie als alle Staaten Europas zusammengenommen. Risikokapitalgeber sind heute sehr wichtige Leute, und zwar nicht nur als Geldquelle. Die besten unter ihnen sind wirklich gute Experten für neugegründete Unternehmen. Sie lernen viele Neugründungen kennen, sie wissen, welche Stadien ein Unternehmen in seiner Entwicklung durchlaufen muß, und sie können dabei helfen, die Stadien durchzustehen, was oft genauso wichtig ist wie das Startkapital.

Unser Geoarchitekt hätte sicher ein Land entworfen, das über die klarsten und verläßlichsten rechtlichen Rahmenbedingungen der ganzen Welt verfügt. In diesem Land können sowohl inländische als auch ausländische Investoren auf weitgehend vernünftige und ausgewogene Geschäftsbedingungen zählen, mit relativ geringer Korruption und einer Vielzahl rechtlicher Sicherheiten, die garantieren, daß jeder ausländische Investor seine Gewinne jederzeit aus dem Land bringen kann. Märkte und Vertragsabschlüsse haben eine klare rechtliche Grundlage, und Erfindungen werden durch einen wirksamen Patentschutz gefördert. Die Kapitalmärkte der USA sind heute nicht nur effizienter als die aller anderen Länder, sie zeichnen sich auch durch die größte Transparenz aus. Die amerikanischen Aktienbörsen dulden schlichtweg keine Geheimniskrämerei, das heißt, jedes börsennotierte Unternehmen muß regelmäßig Berichte über seine Gewinne und überprüfte Finanzausweise vorlegen, so daß Mißmanagement und die Fehlleitung von Ressourcen leicht entdeckt und bestraft werden können.

Der Geoarchitekt hätte ein Land mit einem Insolvenzrecht und Gerichten entworfen, die einen gescheiterten Unternehmer ermutigen, Konkurs anzumelden und danach neu zu beginnen. Auch der zweite Versuch mag scheitern und wieder im Konkurs enden, bis schließlich der dritte oder vierte zum Erfolg führt und womöglich das nächste Amazon.com entsteht. Jedenfalls wird niemand für den Rest seines Lebens stigmatisiert, weil er einmal in Konkurs gegangen ist. Im Silicon Valley ist es dem bekannten Risikokapitalgeber John Doerr zufolge »okay, wenn man scheitert, ja es kann vielleicht sogar wichtig sein, daß man schon einmal mit einer Fremdfinanzierung gescheitert ist«. Im Silicon Valley werden Konkurse als der notwendige und unvermeidliche Preis der Innovation angesehen, und diese Einstellung ermutigt die Menschen, Chancen wahrzunehmen. Wer nicht scheitern darf, fängt gar nicht erst an. Harry Saal, der eines der erfolgreichsten Software-Diagnose-Systeme im Silicon Valley begründet hat, nachdem er zuvor an mehreren gescheiterten Neugründungen beteiligt gewesen war, sagte einmal, als wir in Palo Alto einen Kaffee miteinander tranken: »Hier denkt man, daß jemand besser und klüger wird, wenn er mit einem Unternehmen scheitert. Deshalb haben es Leute, die einmal gescheitert sind, beim nächsten Versuch oft leichter, Geld aufzutreiben, als beim ersten Mal. Der Investor sagt dann vielleicht: ›Oh, er ist mit diesem ersten Unternehmen bankrott gegangen? Da hat er bestimmt was daraus gelernt, also finanziere ich ihn noch einmal.‹«

In Europa führt ein Bankrott zu einer lebenslangen Stigmatisierung. In Deutschland darf man alles tun, nur nicht in Konkurs gehen. Hier trägt nicht nur der gescheiterte Unternehmer ein Kainsmal, sondern auch noch seine Kinder und Kindeskinder. Wer in Deutschland Konkurs anmelden muß, tut besser daran, das Land zu verlassen (und in Palo Alto wird er mit offenen Armen empfangen).

Unser Geoarchitekt hätte sicher ein Land entworfen, in dem neue Einwanderer bereitwillig aufgenommen werden, ein Land, in dem alle Neuankömmlinge die gleichen verfassungsmäßigen Rechte besitzen wie die anderen Bürger und das deshalb in der Lage ist, die hellsten Köpfe der ganzen Welt anzuziehen und sie in seinen Unternehmen, seinen medizinischen Einrichtungen und Universitäten zusammenzubringen. Etwa ein Drittel der Wissenschaftler und Ingenieure im Silicon Valley sind heute im Ausland geborene Immigranten, die nun die Werte und

Produkte des Silicon Valley wieder nach außen tragen und in der ganzen Welt verbreiten. AnnaLee Saxenian, Expertin für Stadtentwicklung an der University of California in Berkely, weist darauf hin, daß nach einer Untersuchung des Public Policy Institute of California aus dem Jahr 1996 1786 Technologieunternehmen im Silicon Valley mit einem Umsatz von zusammen 12,6 Milliarden Dollar und 46 000 Beschäftigten allein durch Führungskräfte indischen und chinesischen Ursprungs geleitet werden. Donald Rice, der frühere Chef von Teledyne, gründete 1997 im kalifornischen Santa Monica das Biotech-Unternehmen UroGenesis, das auf Heilmittel für Prostataleiden spezialisiert ist. Er beschrieb mir seine Mitarbeiter folgendermaßen: »Wir haben 19 Beschäftigte. Drei sind in Vietnam geboren, zwei Wissenschaftler und ein Verwaltungsfachmann; zwei Wissenschaftler stammen aus Kanada, und einer wurde in Deutschland geboren; ein Wissenschaftler stammt aus Peru, einer aus Malaysia, einer aus China, einer aus dem Iran und einer aus Indien. Die anderen sind hier geborene US-Amerikaner. Ich weiß kein anderes Land auf der Welt, in dem man so leicht ein solches Team zusammenstellen könnte.« Das ist sicher richtig. Haben Sie vielleicht in letzter Zeit versucht, japanischer Staatsbürger zu werden? Oder Schweizer? Um Japaner zu sein, muß man in aller Regel als Japaner geboren sein. Um Schweizer zu sein, muß man in aller Regel als Schweizer geboren sein. Um Amerikaner zu sein, muß man dagegen lediglich Amerikaner sein wollen. Dies bedeutet nicht, daß alle Menschen in die USA einwandern dürfen, die Amerikaner werden wollen. Aber da die Staatsbürgerschaft in den Vereinigten Staaten lediglich eine juristische Frage ist und nichts mit Volkszugehörigkeit, Rasse oder Nation zu tun hat, ist es für Amerika viel leichter, begabte Einwanderer zu integrieren. Oder wie einer meiner Freunde aus dem Silicon Valley gerne sagt: »Ich habe keine Angst vor Japan und den anderen Asiaten. Unsere Asiaten schlagen ihre Asiaten jederzeit.«

Je mehr Wissensarbeiter ein Land anziehen kann, um so erfolgreicher wird es sein. Deshalb rate ich den USA, möglichst viele ins Land zu holen, und zwar nicht nur reiche, gebildete Unternehmer. Ich würde keinen einzigen haitianischen Bootsflüchtling wieder nach Hause schikken. Wer das Geschick und die Energie besitzt, aus Milchkartons ein Floß zu bauen und damit über den Atlantik an die amerikanische Küste zu segeln, ist ein Mensch, den ich gerne als Immigranten im Land haben möchte. T. J. Rodgers, der Vorstandsvorsitzende von Cypress Semiconductor, beklagte sich einmal darüber, daß der Kongreß die Zahl der befristeten Arbeitserlaubnisse für ausländische Ingenieure begrenzt hatte.

»Im Informationszeitalter«, sagte er, »wird durch das jeweilige Potential an Intelligenz entschieden, welche Länder zu den Gewinnern gehören und welche zu den Verlierern. Aber wir haben Senatoren, die das nicht begreifen. Sie wollen außerordentlich kluge Menschen wieder nach Hause schicken, damit sie in ihren Heimatländern mit uns konkurrieren. Vier von meinen zehn Vizepräsidenten sind Immigranten. Etwa 35 Prozent meiner Ingenieure sind Immigranten. Mein Vizepräsident für den Bereich Forschung – der Mann, der die leistungsfähigsten Chips entwirft – stammt aus Kuba.« Ist es wünschenswert, wenn die Arbeitsplätze in einem Land nur davon abhängen, wie viele Ingenieure das Land selbst hervorbringen kann, oder ist es besser, wenn es auf die zehn Prozent besten Ingenieure auf der ganzen Welt zurückgreifen kann? Die USA sind das einzige Land, in dem das heute wirklich möglich ist. Japan, die Schweiz, Deutschland haben keine echte Tradition als Einwanderungsländer, und das wird ein gewaltiger Nachteil für sie sein.

Unser Geoarchitekt hätte ganz bestimmt ein Land mit einem demokratischen, flexiblen und föderalen politischen System entworfen, in dem eine Vielzahl politischer Entscheidungen dezentral getroffen werden. So können sich die verschiedenen Regionen und Orte schnell auf weltweite Trends einstellen, ohne warten zu müssen, bis sich das Zentrum bewegt. Tatsächlich ist ein föderales System – mit 50 Staaten, die alle einen Anreiz haben, zu konkurrieren und auf experimentellem Wege Lösungen für die miteinander verflochtenen Probleme im Bildungs-, Sozial- und Gesundheitswesen zu finden – ein gewaltiger Startvorteil im Zeitalter der Globalisierung, dessen Probleme sehr komplex sein können und sich selten lösen lassen, ohne daß man zuvor einige Male experimentiert.

Unser Geoarchitekt hätte sicherlich ein Land entworfen, das über den flexibelsten Arbeitsmarkt der Welt verfügt – einen Arbeitsmarkt, auf dem die Arbeitskräfte leicht von einem Wirtschaftsbereich in einen anderen wechseln und relativ leicht angestellt und entlassen werden können. Je leichter Arbeitskräfte entlassen werden können, um so größer ist der Anreiz, Arbeitskräfte einzustellen. Zwar wurden in den USA in den neunziger Jahren Millionen Arbeitsplätze vernichtet, aber es wurden sehr viel mehr neue geschaffen, während die Arbeitsmärkte in Westeuropa praktisch stagnierten. Wer in den USA am einen Tag seinen Arbeitsplatz in Maine verliert, kann, wenn eine Stelle verfügbar ist, am nächsten Tag in San Diego anfangen. Wer dagegen in Tokio gekündigt wird, für den ist es bestimmt nicht empfehlenswert, sich als nächstes in Seoul umzusehen. Auch wer in München gekündigt wird, hat es trotz

Europäischem Binnenmarkt und Währungsunion recht schwer, am folgenden Tag eine Stelle in Mailand anzutreten.

Unser Geoarchitekt hätte ein Land entworfen, in dem man von der Regierung geschützte Kartelle ganz entsetzlich findet, ein Land, in dem alle Unternehmen und Banken für sich selbst kämpfen und auf eigenen Füßen stehen müssen und in dem Monopole nicht toleriert werden. Dies ist ein wichtiger Punkt. In den USA muß selbst eine Firma wie Microsoft, die sich zu einem vielbewunderten Weltklasseunternehmen entwickelt hat, einem Kartellbeamten des US-Justizministeriums, der 75 000 Dollar im Jahr verdient, Rede und Antwort stehen.

Unser Geoarchitekt hätte ein Land entworfen, das Sonderlingen wie dem Mann mit dem Pferdeschwanz und der Frau mit dem Ring in der Nase, die mathematische Genies oder geniale Programmierer sind, mit Toleranz begegnet. In den USA kann es passieren, daß jemand sagt »Das ist nicht möglich«, und just in dem Moment spaziert ein anderer zur Tür herein und verkündet »Wir haben es gerade geschafft«. Dazu meint Avram Miller, der Vizepräsident von Intel: »Die Japaner begreifen das nicht, weil sie zu sehr auf Homogenität aus sind. Solange sie dieselben Gegenstände in Milliarden und Abermilliarden Stückzahlen produzierten, waren sie weltweit führend, und wir hielten sie für ganz besondere Genies. Heute jedoch will die Welt nicht mehr gleiche Dinge in großen Mengen. Und in einer solchen Welt, in der jeder etwas anderes will – und die Technologie, mit der man Waren ganz genau [nach den persönlichen Bedürfnissen und Spezifikationen des Käufers] zuschneiden kann –, in einer solchen Welt sind die USA wirklich im Vorteil.«

Unser Geoarchitekt hätte ein Land entworfen, dessen Unternehmenssektor Mitte der neunziger Jahre anders als die Unternehmen in Europa und Japan das Downsizing, die Privatisierung, Vernetzung und Deregulierung, das Reengineering, die Rationalisierung und Umstrukturierung bereits weitgehend hinter sich hatte, die notwendig waren, um der Demokratisierung der Finanzen, der Technologie und der Informationen gerecht zu werden und davon zu profitieren und nicht an MIDS zu erkranken, an Mikrochip-Immunschwäche. Nach dem Sieg im Wettlauf in den Weltraum gewinnen die USA nun den Wettlauf in den virtuellen Raum. Die Unternehmen in den USA geben pro Kopf mehr für Informationstechnologie aus als die Unternehmen in jedem anderen Land der Welt.

Der Geoarchitekt hätte auch ein Land mit einer tiefverwurzelten unternehmerischen Kultur und einem Steuersystem entworfen, das es dem erfolgreichen Investor und innovativen Unternehmer erlaubt, einen Großteil seiner Gewinne zu behalten, so daß die Möglichkeit, ungeheuer reich zu werden, als ständiger Anreiz da ist. In unserem idealen Land ist Horatio Alger kein imaginärer Charakter, sondern der Nachbar nebenan, der das Glück hatte, als Ingenieur von Intel oder America Online angestellt zu werden, als diese Unternehmen gerade gegründet wurden, und dem seine Aktienbezugsrechte inzwischen zehn Millionen Dollar eingebracht haben.

Sicherlich hätte unser Geoarchitekt auch ein Land entworfen, das noch über große, ökologisch intakte offene Räume und kleine Städte verfügt, die für Wissensarbeiter anziehend sind. Dank Internet, Fax und der Eilzustellung von Paketen binnen 24 Stunden ist es Hightech-Firmen und Wissensarbeitern heute möglich, den Ballungsräumen zu entfliehen und sich praktisch überall anzusiedeln. Deshalb kann es für ein Land wirklich ein großer Vorteil sein, wenn es über eine Vielzahl saftiger, grüner Täler verfügt, die nahe an einem Gebirge oder am Meer liegen. Darum haben Staaten wie Idaho, Washington, Arizona, Oregon, Minnesota und North Carolina heute einen boomenden Hightech-Sektor.

Der Geoarchitekt hätte ein Land entworfen, dem der freie Informationsfluß so wichtig ist, daß es sogar den schlimmsten Pornographen und übelsten rassistischen Hetzern das Recht einräumt, ihre Auffassungen zu verbreiten. Auch dies ist ein Vorteil. In einer Welt, in der Informationen, Wissen, Güter und Dienstleistungen mit zunehmender Geschwindigkeit durch die Schnelle Welt oder den Cyberspace fließen, sind die Länder im Vorteil, die mit so viel Offenheit und der oft damit verbundenen Kakophonie und dem Chaos gut zurechtkommen. Länder, die mit der Kraft der Phantasie konkurrieren und sich nicht hinter protektionistischen Schutzwällen verschanzen, haben in einer solchen Welt einen Wettbewerbsvorteil. In den USA herrscht ein derartiges Maß an Informationsfreiheit, das es selbst der Regierung kaum gelingt, längere Zeit ein Geheimnis zu wahren, und diese Kultur der Offenheit wurde von der Zeit der Gründung an gefördert.

Vor allem aber hätte unser Geoarchitekt ein Land entworfen, dessen multinationale Konzerne und Kleinunternehmer sich immer mehr damit anfreunden, im großen Maßstab und global zu denken und die in fast allen schnellen, leichten, vernetzten, wissensintensiven Unternehmensbereichen überragend sind. Die USA sind heute führend bei Softwareentwicklung, Datenverarbeitung, bei Internet-Design, Internet-Marketing und im Bankwesen, in der Kommunikation per E-Mail, im Versicherungswesen, im Derivatehandel, in der Gentechnik, bei Künstlicher Intelligenz, Wertpapier- und Emissionsgeschäft und medizinischer Maximalversorgung, im höheren Bildungswesen, bei Expreß-Paketzustellung, bei Unternehmensberatung, Fast Food, Werbung, Biotechnologie, im Medienbereich, in der Unterhaltungsindustrie, im Hotelwesen, in der Abfallentsorgung, bei Finanzdienstleistungen, in der Umweltindustrie und in der Telekommunikation. Wir leben in einer postindustriellen Welt, und die USA sind in allem gut, was postindustriell ist.

In einer Welt, wo der Sieger alles bekommt, haben die USA, wenigstens gegenwärtig, ein System, in dem der Sieger eine Menge bekommt. Dies macht sie zu einer einzigartigen Supermacht. Sie sind bei den traditionellen Quellen der Macht überragend. Sie haben eine große Berufsarmee, die über mehr Flugzeugträger, hochmoderne Jagdflugzeuge, Transportmaschinen und Atomwaffen denn je verfügt, so daß ihre militärische Macht weiter reicht als die aller anderen Staaten auf dem Erdball. Und diese Macht geht auch tiefer. Weil die USA heute schon Langstrecken-Tarnkappenbomber des Typs B-2 besitzen und gerade den Kurzstrecken-Tarnkappenjäger F-22 entwickeln, kann die amerikanische Luftwaffe die Luftverteidigung fast jeden Landes überwinden und unentdeckt in dessen Luftraum eindringen. Zugleich sind die USA, wie oben aufgezählt, auch nach allen neuen Maßstäben der Macht im Zeitalter der Globalisierung überlegen.

Allerdings gilt es eines zu bedenken: Noch vor einem Jahrzehnt schienen Asiaten und Europäer führend zu sein, und alle Welt sprach vom Niedergang Amerikas. Nun ist plötzlich alles anders, wie John Neuffer, ein amerikanischer Wissenschaftler am Mitsui-Institut für Meeresforschung in Tokio, der *New York Times* berichtet hat: »Die Japaner sehen kein Licht am Ende des Tunnels, und die Amerikaner sehen den Abgrund nicht, auf den sie sich vielleicht zubewegen.«

Dies bedeutet freilich nicht, daß es keine Abgründe gäbe. Es gibt sie immer. Auch wenn die USA in diesem Augenblick natürliche Wettbewerbsvorteile haben mögen, sie müssen trotzdem die grundlegenden Dinge richtig machen, damit sie konkurrenzfähig bleiben. Sie müssen dafür sorgen, daß die Produktivität immer weiter wächst, das heißt Güter und Dienstleistungen müssen zu immer geringeren Kosten produziert werden, damit die Löhne ohne Inflationsgefahr erhöht werden können. Japan hat auf diesem Gebiet der Globalisierung derzeit vielleicht mehr Belastungen als Startvorteile, doch es ist in vielen Schlüsselindustrien immer noch ungemein effizient, es hat eine hohe Sparquote, was immer nützlich ist, und eine sehr hart arbeitende Bevölkerung. Japan ist außerdem noch immer enorm innovativ in Bereichen wie der hochwertigen Industrieproduktion, Lagerwirtschaft und Elektronik. Es gibt in Japan viele gute Unternehmer, die schlicht durch das japanische System gelähmt sind. Die makroökonomischen Fehlschläge der neunziger Jahre führen das Land deshalb keineswegs in den Bankrott, sondern zwingen es nur, sich anzupassen. Solange Japan und die Westeuropäer an den umfassenden Systemen der sozialen Sicherung festhalten, mit denen der Kapitalismus zwar weniger destruktiv, aber auch weniger kreativ und ergiebig ist, solange sind sie keine Herausforderung für die USA. Je größer der Vorsprung der Vereinigten Staaten auf dem Gebiet der Globalisierung wird, desto intensiver werden diese Länder meiner Ansicht nach versuchen, sich den USA anzugleichen und sie nachzuahmen. Die unvermeidliche Anpassung wird ungeheuer schmerzhaft sein, doch die Länder werden sie in Angriff nehmen müssen, wenn sie ihren Lebensstandard erhalten wollen.

Es ist nicht so, daß diese Gesellschaften keine für die Globalisierung geeigneten Unternehmerpersönlichkeiten hervorgebracht hätten – ein französischer Verstand funktioniert nicht anders als ein amerikanischer. Die einzige Frage lautet, in welchem wirtschaftlichen und sozialen Umfeld sich der Verstand entwickeln und entfalten kann. Viele der besten Software-Ingenieure Frankreichs sind im Silicon Valley gelandet, weil sie einfach das Gefühl hatten, sich im französischen System nicht entfalten zu können. Am 21. März 1998 berichtete die *Washington Post* aus Paris über die Abwanderung kluger Köpfe aus Frankreich ins Silicon Valley, weil das amerikanische System flexibler ist: Reza Malekzadeh, 24jähriger Absolvent einer der besten wirtschaftswissenschaftlichen Hochschulen Frankreichs, zog in die Vereinigten Staaten, wechselte innerhalb von drei Jahren dreimal die Stelle und wurde schließlich Leiter des Amerikageschäfts der in San Francisco ansässigen Netzwerkfirma Softway International Inc. »In Frankreich könnte ich das nicht tun, was ich hier tue«, erzählte er. »In Frankreich behandeln sie einen auch mit fünfzig noch als ein Produkt der Schule, die man besucht hat. Hier interessiert die Leute nur, was man kann, nicht wie alt man ist oder welche Schule man vor 15 Jahren besucht hat.« Malekzadeh ist heute einer von 40 000 französischen Staatsbürgern, die in Nordkalifornien leben. Wenn sich das Umfeld in Frankreich ändert, werden zweifellos viele zurückkehren, und es werden weniger ins Silicon Valley kommen.

Die USA sollten diesen historischen Moment, da sie in einigen Bereichen deutlich im Vorteil sind, auch dazu nutzen, mit einigen noch immer sehr realen Belastungen fertigzuwerden: mit der hohen Kriminalität in den Innenstädten, mit der wahnsinnigen Laxheit der Waffengesetze, mit der immer weiter klaffenden Einkommensschere, mit der Unterfinanzierung der öffentlichen Schulen, mit einer Prozeßkultur, die auf jedermann, vom kleinen Geschäftsmann bis zum Großunternehmen, lähmend wirken kann, mit der Unterfinanzierung ihres Sozialversicherungssystems, mit einer Kreditkartenkultur, die zu viele Menschen dazu ermutigt, soviel Geld auszugeben, daß sie einen Schuldenberg aufhäufen, der im Fall einer Rezession zu einer echten Bedrohung für das gesamte Finanzsystem werden könnte, und mit einem politischen System, das durch die laschen Gesetze zur Wahlkampffinanzierung zunehmend pervertiert und korrumpiert wird. Diese Probleme energisch anzugehen, könnte sich im Zeitalter der Globalisierung *als wirklich sehr sinnvoll erweisen.*

Ich bin guter Hoffnung, daß die USA ihre Vorteile klug nutzen werden, und ich glaube, ich stehe nicht allein mit meinem rationalen Überschwang. Aber wenn wir träge werden, dann folgt der Einbruch auf den Boom so sicher wie die Morgenröte auf die Abenddämmerung. Deshalb habe ich mir gut gemerkt, was der damalige stellvertretende Finanzminister Larry Summers über die USA der neunziger Jahre sagte: »Das einzige, was wir fürchten müssen, ist, daß wir furchtlos werden.«

16

Die Revolution ist US-amerikanisch.

Früher oder später kommt McDonald's in jeder Geschichte mal vor: Wo hat
O. J. gegessen, unmittelbar bevor er Nicole ermordet hat? Bei McDonald's.
Womit hat Handelsminister Ron Brown die US-Soldaten bewirtet, kurz bevor
er starb? Mit Hamburgern von McDonald's.

> Beliebte Redensart im Pressebüro des McDonald's-
> Hauptquartiers in Oak Brook, Illinois

Ich glaube an die Theorie, daß sich die Weltwirtschaft mit fünf Tankstellen vergleichen läßt.

Ja, ich bin wirklich der Ansicht, daß man die Volkswirtschaften
der Welt heute im Grunde auf fünf verschiedene Tankstellen reduzieren
kann. Die erste ist die japanische Tankstelle: Das Benzin kostet einen
Dollar fünfzig pro Liter. Man wird von vier uniformierten Männern
mit weißen Handschuhen und lebenslanger Anstellung bedient. Sie füllen den Tank. Sie machen den Ölwechsel. Sie putzen die Scheiben. Und
sie winken dem Kunden mit einem freundlichen Lächeln nach. Die
zweite Tankstelle ist die US-amerikanische. Das Benzin kostet nur dreißig Cents pro Liter, aber man tankt selbst. Man putzt selbst die Scheiben und prüft selbst den Reifendruck. Und wenn man um die Ecke
biegt, versuchen einem vier Obdachlose die Radkappen zu stehlen. Die
dritte Tankstelle ist die westeuropäische. Das Benzin kostet ebenfalls einen Dollar fünfzig. Aber es gibt nur einen Tankwart. Er zapft widerwil-
lig das Benzin und macht mit finsterem Gesicht den Ölwechsel. Dabei
wiederholt er ständig, daß er nach den tariflichen Vereinbarungen nur
verpflichtet ist, Benzin zu zapfen und den Ölwechsel zu machen. Er
putzt nicht die Scheiben. Er arbeitet nur 32 Stunden in der Woche und
hat jeden Tag anderthalb Stunden Mittagspause, dann ist die Tankstelle
zu. Außerdem macht er jeden Sommer sechs Wochen Urlaub in Südfrankreich. Auf der anderen Straßenseite spielen seine zwei Brüder und
sein Onkel Boccia. Sie arbeiten seit zehn Jahren nicht mehr, weil ihnen
die staatliche Arbeitslosenunterstützung mehr einbringt, als sie an ihrem letzten Arbeitsplatz verdient haben. Die vierte Tankstelle liegt in einem Entwicklungsland. Hier arbeiten fünfzehn Tankwarte, und sie sind

alle Vettern. Wer dort tanken will, wird rundweg ignoriert, weil die Vettern so sehr ins Gespräch vertieft sind. Das Benzin kostet nur zehn Cents pro Liter, weil es von der Regierung subventioniert ist, aber nur eine von den sechs Zapfsäulen funktioniert. Die anderen sind kaputt, weil Ersatzteile fehlen, die aus Europa eingeflogen werden müßten. Die Tankstelle ist ziemlich heruntergekommen, denn ihr Besitzer lebt in Zürich und transferiert alle Gewinne ins Ausland. Er weiß nicht, daß die Hälfte seiner Angestellten in der Reparaturwerkstatt übernachtet und die Autowaschanlage als Dusche benutzt. Die meisten Kunden dieser Tankstelle fahren entweder das neueste Modell von Mercedes oder einen Motorroller. Es ist aber immer viel los, weil ständig Leute kommen, die ihre Fahrradreifen mit der Preßluftpistole aufpumpen. Und dann gibt es noch die kommunistische Tankstelle. Das Benzin kostet nur fünfzehn Cents pro Liter – aber es ist keines da, weil die vier Tankwarte es auf dem Schwarzmarkt für den zehnfachen Preis verkauft haben. Nur ein Tankwart ist tatsächlich anwesend. Die anderen drei haben Nebenjobs in der Schattenwirtschaft und kommen nur einmal in der Woche vorbei, wenn sie ihren Lohn kassieren.

Um in dem Bild zu bleiben, passiert heute ungefähr folgendes: Durch die Globalisierung werden alle gezwungen, sich an der amerikanischen Tankstelle zu orientieren. Wenn Sie nicht Amerikaner sind und Ihr Benzin nicht selber zapfen können, sollten Sie es tunlichst lernen. Mit dem Ende des Kalten Krieges wird die Goldene Zwangsjacke des Kapitalismus anglo-amerikanischer Prägung durch die Globalisierung global. Sie globalisiert die amerikanische Kultur und ihre Ikonen. Sie globalisiert die USA im guten wie im schlechten Sinne. Sie globalisiert die amerikanische Revolution und die amerikanische Tankstelle.

Leider ist die amerikanische Tankstelle und das, wofür sie steht, keineswegs allgemein beliebt. Mit den japanischen, westeuropäischen und kommunistischen Tankstellen sind ganz andere Gesellschaftsverträge verbunden als mit der US-amerikanischen und völlig andere Ansichten, wie Märkte funktionieren sollten und zu kontrollieren wären. Europäer und Japaner finden es richtig, daß der Staat Macht über Menschen und Märkte ausübt, während die Amerikaner eher dazu tendieren, den Menschen selbst die Macht zu geben und die Märkte so frei wie möglich darüber entscheiden zu lassen, wer gewinnt und wer verliert. Westeuropäer, Japaner und Kommunisten reagieren mit Unbehagen auf völlig entfesselte Märkte und die ungleiche Verteilung von Gewinnen und Verlusten, die für sie kennzeichnend ist. Ihre Tankstellen sind darauf angelegt, solche Unterschiede abzumildern und die Gewinne gleichmäßiger zu verteilen. Außerdem schenken ihre Tankstellen den besonderen Traditionen und Wertmaßstäben ihrer Gesellschaften mehr Aufmerksamkeit. Bei den Westeuropäern ist es Tradition, weniger Leute zu beschäftigen und ihnen dafür höhere Löhne zu bezahlen. Und sie treiben höhere Steuern ein, damit sie die Arbeitslosen großzügig unterstützen und ihren Bürgern noch andere Segnungen des Wohlfahrtsstaats zukommen lassen können. Die Japaner bezahlen ihren Leuten ein bißchen weniger, garantieren ihnen jedoch einen lebenslangen Arbeitsplatz. Und sie schützen die lebenslangen Arbeitsplätze, indem sie ausländische Konkurrenten vom japanischen Markt fernhalten. Im Vergleich dazu ist die amerikanische Tankstelle viel effizienter. Der Kunde ist König; die Tankstelle hat keine soziale Funktion, ihr einziger Zweck besteht darin, möglichst viel Benzin zu einem möglichst niedrigen Preis zu verkaufen. Wenn es ganz ohne Beschäftigte geht, um so besser. Auf einem flexiblen Arbeitsmarkt finden sie anderswo eine Stelle. Das sei zu grausam, sagen Sie? Vielleicht. Aber es ist das Modell, nach dem sich der Rest der Welt wird richten müssen, ob er will oder nicht.

Die Vereinigten Staaten werden für diese Entwicklung verantwortlich gemacht, weil sie in vieler Hinsicht die Globalisierung sind. Sie sind nicht der Tiger. Die Globalisierung ist der Tiger. Aber die US-Amerikaner können den Tiger am besten reiten, und sie fordern nun alle anderen Länder auf, mit aufzusteigen oder aus dem Weg zu gehen. Die USA sind deshalb so gut im Tigerreiten, weil sie den Tiger aufgezogen haben. Die drei Demokratisierungen setzten sich in erster Linie in den Vereinigten Staaten durch. Die Goldene Zwangsjacke entstand größtenteils in den USA. Die Elektronische Herde wird von den Bullen an der amerikanischen Wall Street angeführt, und die größte Macht, die andere Länder unter Druck setzt, damit sie ihre Märkte für den freien Handel öffnen, ist Uncle Sam. UNCLE SAM WILL DICH (für die Elektronische Herde), steht auf dem US-amerikanischen Anwerbungsplakat.

Obendrein hat die Globalisierung ein entschieden amerikanisches Gesicht: Sie hat die Ohren von Mickymaus, ißt Big Macs, trinkt Coke oder Pepsi, arbeitet an einem Laptop von IBM oder Apple, verwendet Windows 98 mit einem Pentium-II-Prozessor von Intel und einem Netzwerk-Link von Cisco Systems. Aus diesem Grund mag der Unterschied zwischen Globalisierung und Amerikanisierung zwar den meisten Amerikanern klar sein, aber vielen anderen Menschen rund um den Erdball ist er nicht klar. In den meisten Gesellschaften sehen die Leute keinen Unterscheid mehr zwischen amerikanischer Macht, amerikanischen

Exporten, den Angriffen der amerikanischen Kultur und der reinen Globalisierung. All das wird in dieselbe Schublade gesteckt.

Martin Indyk, der frühere US-Botschafter in Israel, erzählte mir eine Geschichte, die diesen Punkt hervorragend illustriert. In seiner Eigenschaft als Botschafter eröffnete er das erste McDonald's-Restaurant in der Heiligen Stadt. Ich fragte ihn, was er bei diesem Anlaß gesagt habe, und er antwortete: »Schnelles Essen für ein schnelles Volk.« Wie er mir später anvertraute, war jedoch das Beste an der Sache, daß ihm das Restaurant eine bunte Baseballkappe mit dem McDonald's-Logo schenkte. Die hatte er aufgesetzt, als er feierlich den ersten Big Mac im ersten McDonald's-Restaurant von Jerusalem verzehren durfte – und das israelische Fernsehen filmte jeden Biß für die Abendnachrichten. In dem Restaurant drängten sich junge Israelis, die das historische Ereignis nicht verpassen wollten. Gerade als der Botschafter in Jerusalems ersten offiziellen Bic Mac beißen wollte, schob sich ein israelischer Teenager durch die Menge und trat neben den Botschafter. Er hatte ebenfalls eine McDonald's-Mütze auf und überreichte sie Indyk mit den Worten: »Sind Sie der Botschafter? Kann ich bitte ein Autogramm haben?«

»Natürlich«, antwortete der Botschafter etwas verdutzt. »Aber man hat mich noch nie um ein Autogramm gebeten.«

Er setzte zum Schreiben an, da sagte der junge Mann: »Das muß ja toll sein, als Botschafter von McDonald's in der Welt herumzureisen und überall Restaurants zu eröffnen.«

»Aber nein«, erwiderte Indyk verblüfft, »ich bin der *amerikanische* Botschafter – nicht der Botschafter von McDonald's.«

Der israelische Jugendliche schaute ihn fassungslos an. »Soll das heißen, du willst kein Autogramm von mir?« fragte der Botschafter. Der Junge schüttelte den Kopf, schnappte seine Mütze und ging davon.

Kein Wunder, daß die intensive Haßliebe, die schon lange für das Verhältnis zwischen den USA und dem Rest der Welt kennzeichnend ist, immer noch heftiger wird. Einigen erscheint die Amerikanisierung-Globalisierung mehr denn je als ein höchst attraktiver, Macht verheißender, unglaublich verführerischer Weg zu einem höheren Lebensstandard. Bei vielen anderen jedoch erzeugt das Phänomen der Amerikanisierung-Globalisierung großen Neid und Haß auf die USA – Neid, weil die Vereinigten Staaten den Tiger anscheinend so viel besser zu reiten verstehen, und Haß, weil die Amerikanisierung-Globalisierung häufig das Gefühl vermittelt, daß die USA alle anderen antreiben, schneller zu werden, sich zu vernetzen, zu standardisieren, Personal abzubauen und nach der Melodie der US-amerikanischen Kultur in die Schnelle Welt hineinzumarschieren. Ich bin zwar überzeugt, daß es auf der Welt noch immer mehr Amerika-Fans gibt als Amerika-Hasser, aber dieses Kapitel handelt von den Hassern. Es handelt von der *anderen* »Gegenreaktion« gegen die Globalisierung – der wachsenden Abneigung gegen die Vereinigten Staaten, die entsteht, weil wir uns auf eine globalisierte Welt zubewegen, die sehr stark von den Symbolen, den Märkten und der militärischen Macht der USA geprägt ist.

Wie der Historiker Ronald Steel einmal geschrieben hat, »war nie die Sowjetunion, sondern immer Amerika die eigentlich revolutionäre Macht. Wir [Amerikaner] glauben, daß im Vergleich zu unseren Institutionen alle anderen auf den Müllhaufen der Geschichte gehören. Wir sind führend in einem Wirtschaftssystem, das jede andere Form der Produktion und Verteilung abgelöst hat und großen Reichtum, manchmal aber auch großes Verderben bringt. Die kulturellen Botschaften, die wir mit Hollywood und McDonald's aussenden, verbreiten sich auf der ganzen Welt; sie faszinieren andere Gesellschaften, aber sie unterminieren sie auch. Im Gegensatz zu traditionellen Eroberern geben wir uns nicht mit bloßer Unterwerfung zufrieden: Wir bestehen darauf, daß die Eroberten werden wie wir – natürlich zu ihrem eigenen Besten. Wir haben einen weltweit unübertroffenen Bekehrungseifer. Die Welt muß demokratisch werden. Sie muß kapitalistisch werden. Sie muß an das World Wide Web und seine subversiven Botschaften angeschlossen werden. Kein Wunder, daß sich viele von dem bedroht fühlen, wofür wir stehen.«

Das klassische amerikanische Selbstporträt ist das Gemälde »American Gothic« von Grant Wood: Ein sittenstrenges Paar, der Mann mit einer Heugabel in der Hand, steht mit stoischen Gesichtern Wache vor seinem Haus. Für den Rest der Welt sind die typischen Amerikaner jedoch zwei langhaarige Software-Entwicklungsingenieure zwischen zwanzig und dreißig, die mit Glasperlenkette und Nasenring, Sandalen und lackierten Zehennägeln in fremden Ländern auftauchen. Sie treten einem friedlichen Einheimischen die Haustür ein, stellen drinnen alles auf den Kopf, stopfen ihm einen Big Mac in den Mund, setzen seinen Kindern Sachen in den Kopf, die er nie gehört oder zumindest nie verstanden hat, legen für seinen Fernseher einen Kabelanschluß, stellen MTV ein, schließen seinen Computer ans Internet an und sagen: »Lade runter oder stirb.«

So sind wir Amerikaner. Wir sind Apostel der Schnellen Welt, Feinde der Tradition, Propheten der freien Marktwirtschaft und Hohepriester des Hightech. Wir wollen, daß sich unser Wertesystem genauso wie unsere Fastfoodkette Pizza Hut verbreitet. Wir wollen, daß die Welt nach unserem Vorbild demokratisch und kapitalistisch wird, mit einem Internetanschluß in jedem Haushalt, einer Pepsi an jedem Mund, vor allem aber wollen wir unbedingt, daß alle Leute allerorten ihr Benzin selbst zapfen.

Der Schriftzug über der Tür des Hotels Homa in der Innenstadt von Teheran stach mir sofort ins Auge, als ich im September 1996 die Lobby betrat. »Nieder mit den USA« stand dort. Es war kein Transparent. Es war keine Wandschmiererei. Es war an die Wand *gekachelt*.

Lieber Gott, dachte ich, der Spruch ist tatsächlich an die Wand gekachelt. Diese Leute haben wirklich ein Problem mit Amerika.

Kurze Zeit später fiel mir auf, daß die iranischen Mullahs, die für das Auf und Ab der kulturellen und militärischen Macht Amerikas schon immer ein besseres Gespür hatten als irgend jemand sonst, die Vereinigten Staaten seit neuestem nicht mehr nur den »Großen Satan« und die Bastion von »Imperialismus und Zionismus« nannten. Sie nannten die Vereinigten Staaten neuerdings »Welthauptstadt der Arroganz«. Ich empfand das als eine subtile, aber aufschlußreiche Veränderung. Die iranische Führung hatte offensichtlich begriffen, daß »globale Arroganz« etwas anderes ist als Imperialismus. Imperialismus bedeutet, daß man andere Länder ganz real besetzt und ihnen seinen Willen aufzwingt. Globale Arroganz ist das Bewußtsein, daß die USA andere Länder gar nicht besetzen müssen, um das Leben der Menschen dort zu beeinflussen, weil die US-amerikanische Kultur und Wirtschaft so mächtig und so weit verbreitet sind. Oder wie der indische Finanzminister Shri Yashwant Sinha einmal in einem Gespräch mit mir über die heutige Beziehung der USA zum Rest der Welt sagte: »Es gibt keinen Ausgleich, kein Gegengewicht. Was immer ihr sagt, ist Gesetz.«

Genau das macht die heutige Kombination von Amerikanisierung und Globalisierung so mächtig. Was heute so viele Menschen an den USA beunruhigt, ist nicht, daß sie ihre Truppen überall hinschicken, sondern daß sie ihre Kultur, ihre Werte, ihre Wirtschaft, ihre Technologien und ihre Lebensstile überall verbreiten, und zwar gleichgültig ob sie selbst es wollen und ob die anderen es wollen. »Amerika ist anders«, schrieb der deutsche Politikwissenschaftler und Experte für Außenpolitik Josef Joffe im September 1997 in einem Beitrag für *Foreign Affairs*. »Es verdrießt und dominiert, aber es erobert nicht. Es will das Sagen haben, aber es zieht nicht in den Krieg, um Land und Ruhm zu erwerben ... Die Vereinigten Staaten haben das fortschrittlichste, nicht das größte militärische Establishment der Welt. Aber sie sind definitiv eine Klasse für sich, was die weiche Machtausübung, ›soft power‹, betrifft. In diesem Spiel können weder China noch Rußland, noch Japan, ja nicht einmal Westeuropa mit den USA auch nur annähernd mithalten. Menschen riskieren ihr Leben auf hoher See, um in die USA zu kommen, nicht nach China. Es gibt nicht allzu viele junge Leute, die an der Moskauer Universität Betriebswirtschaft studieren oder sich wie Japaner kleiden oder wie Japaner tanzen wollen. Leider wollen auch immer weniger Schüler Französisch und Deutsch lernen. Englisch in seiner amerikanischen Variante ist die Weltsprache geworden. Diese Art von Macht – eine Kultur, die nach außen abstrahlt, und ein Markt, der die Menschen anlockt – beruht auf Anziehung, nicht auf Druck, auf Akzeptanz, nicht auf Eroberung. Schlimmer noch, diese Art von Macht kann weder angesammelt noch durch ein Gegengewicht neutralisiert werden. Auf diesem Feld können sich nicht alle anderen – Europa, Japan, China, und Rußland – gegen die USA zusammenschließen wie in den Bündnissen vergangener Zeiten. Auch all ihre Filmstudios zusammen könnten die Macht von Hollywood nicht brechen. Ebensowenig könnte ein Konsortium ihrer Universitäten Harvard entthronen ... Aus diesem Grund wirkt die 1997 von China und Rußland geschlosssene ›strategische Partnerschaft‹ so anachronistisch. Was wollen sie hinsichtlich Amerika unternehmen? Boris Jelzin wird schwerlich Know-how und Computer in Peking einkaufen wollen. Und China wird gewiß nicht seinen wichtigsten Exportmarkt aufs Spiel setzen wollen.«

Kein Wunder also, daß ich auf meiner Reise um die Welt Ende der neunziger Jahre feststellte, daß nicht nur die Iraner die USA als »Welthauptstadt der Arroganz« bezeichneten, sondern hinter dem Rücken der Amerikaner auch die Franzosen, Malaysier, Kanadier, Chinesen, Inder, Pakistanis, Ägypter, Japaner, Mexikaner, Südkoreaner und Deutschen dies taten – und fast alle anderen ebenso. Der irakische Präsident Saddam Hussein, der genau wie die Iraner einen siebten Sinn für jede Veränderung in der internationalen Position der USA hat, versuchte geschickt, sich die neue Abneigung gegen die Vereinigten Staaten zunutze zu machen, indem er seine Propaganda entsprechend änderte. In der ersten Golfkrise Anfang der neunziger Jahre hatte er sich als arabischer Robin Hood dargestellt, der den reichen Arabern nahm, um den armen Arabern zu geben. In der zweiten Golfkrise Ende der neunziger Jahre trat er dagegen als Luke Skywalker auf, der dem amerikanischen Reich des Bösen die Stirn bietet. Saddams Außenminister lamentierte in jedem Fernsehinterview, daß die USA sich aufführten wie in »den letzten Tagen des Römischen Reiches«. Dies wurde zur neuen Linie der irakischen Propaganda, von der Spitze des Regimes bis hinunter zum kleinen Mann. Ich sah einmal auf CNN ein Interview mit »einem Mann von der Straße in Bagdad«. Er sagte über die USA, sie seien ein »internationaler Dracula, der den Menschen auf der ganzen Welt das Blut aussaugt«.

Na gut, dann findet der Rest der Welt also, wir Amerikaner seien widerwärtige Tyrannen, und zugleich beneidet er uns. Was soll's? Was für einen realen Einfluß hat es auf die Beziehungen zwischen den Vereinigten Staaten und anderen Regierungen? Die kurze Antwort darauf lautet, daß es die Beziehungen der USA mit allen anderen Ländern heute ein bißchen komplizierter macht. Einige Länder geben sich große Mühe, die USA zu reizen; andere lehnen sich einfach zurück und genießen ihre Rolle als »Trittbrettfahrer« – sie lassen die USA Weltpolizei spielen, überlassen ihnen alle Kosten für den Kampf gegen Saddam Hussein und andere Bösewichter und genießen die Vorteile, nicht ohne sich ständig über die USA zu beschweren; andere kochen vor Zorn über die amerikanische Vorherrschaft; wieder andere passen sich stillschweigend an.

Tatsächlich gleicht die heutige Beziehung Amerikas zum Rest der Welt in vieler Hinsicht der Beziehung, die Michael Jordan auf dem Höhepunkt seiner Karriere zum Rest der National Basketball Association hatte. Alle anderen Spieler und Teams wollten ihn schlagen; alle anderen Spieler und Teams haßten ihn dafür, wie er unerbittlich ihre Schwächen ans Licht brachte; alle anderen Spieler und Teams maßen sich an ihm und ahmten in gewissem Umfang seine Spielzüge nach; alle anderen Spieler und Teams beschwerten sich ständig, daß die Schiedsrichter Jordan sämtliche Fouls durchgehen ließen, die sie bei jedem anderen gepfiffen hätten. Aber trotz alledem hätte sich keines der anderen Teams wirklich eine Verletzung oder den Rücktritt Michael Jordans gewünscht, denn immer, wenn er in die Stadt kam, war das Spiel ausverkauft. Er war der Strohhalm, der für sie alle den Drink umrührte.

Noch ein paar weitere Beispiele für dieses Phänomen: Als Anatolij Tschubais, einer der Architekten des russischen Privatisierungsprogramms, im Sommer 1998 wieder einmal mit dem IWF verhandelte, damit er Rußland aus der Patsche half, stellte der IWF härtere Bedingungen als je zuvor, und Tschubais blieb nichts anderes übrig, als sie zu akzeptieren. Auf dem Höhepunkt der Verhandlungen brachte die russische Fernsehshow *Kukli,* in der führende russische Politiker durch Puppen dargestellt werden, eine Rotkäppchen-Parodie. Boris Jelzin war die Großmutter, Ministerpräsident Kirijenko war Rotkäppchen und wollte Jelzin dazu bewegen, in seinem Sinne auf den jüngsten Rettungsplan für Rußland Einfluß zu nehmen. Als Kirijenko im Haus der Großmutter eintraf, saß jedoch bereits Tschubais neben Jelzin. Tschubais trug einen Raumanzug mit den russischen Buchstaben für IWF auf dem Helm und hielt eine amerikanische Flagge in der Hand. Er war damit buchstäblich als ein Agent des Planeten Amerika dargestellt, der die Russen instruierte, was sie tun sollten. Als Kirijenko ihn neben Jelzin sitzen sah, sagte er zum Publikum: »Ich glaube, ich bin zu spät gekommen.«

Auf dem Weltwirtschaftsforum in Davos 1999 war Minoru Murofushi, der Vorstandsvorsitzende des großen japanischen Handelshauses Itochu, in derselben Diskussionsgruppe wie der russische Ministerpräsident Jewgeni Primakow. Er äußerte sich zu Primakows Verhandlungen über Finanzhilfen zur Bekämpfung der russischen Wirtschaftskrise, als ihm der folgende Versprecher unterlief: »Ich weiß, daß Herr Primakow morgen mit Herrn Fischer vom IBM – ich meine natürlich vom IWF – zusammentrifft.« Na klar, IBM, IWF, was ist schon der Unterschied – beides wird von US-Amerikanern kontrolliert!

Yuan Ming, Professorin für internationale Beziehungen an der Universität Peking, ist eine der führenden USA-Expertinnen in China. Sie erzählte mir einmal eine Geschichte, die deutlich macht, daß China nur den einen Weg sieht, auf die globale Arroganz der Amerikaner seinerseits mit Arroganz zu reagieren. »Unsere wichtigen Politiker«, sagte sie, »verwenden in ihren öffentlichen Reden nie den Begriff ›Globalisierung‹. Das hat einen kulturellen Grund. Bei der chinesischen Bevölkerung ist die Erinnerung noch frisch, daß China im letzten Jahrhundert durch Kanonenboote in die internationale Gemeinschaft hineingezwungen wurde – deshalb ist die Globalisierung für China etwas, das es nicht selbst anstrebt, sondern etwas, das ihm der Westen oder die USA aufzwingen. Modernisierung dagegen ist eine Sache, die wir selbst kontrollieren können. Es gibt eine jährliche Fernsehsendung zum Neuen Jahr, die auf dem wichtigsten chinesischen Fernsehkanal landesweit ausgestrahlt wird. Sie ist jedes Jahr eines der größten Fernsehereignisse in China. Fast eine Milliarde Menschen sehen zu. Normalerweise treten in der Sendung nur Sänger und Komiker auf. Vor drei Jahren [1995] kam in der Sendung eine Satire über ein Elternpaar in einem ländlichen Gebiet, die ihren in den USA studierenden Sohn anrufen. ›Wie geht es dir heute, an diesem Neujahrstag?‹ fragen sie. Er sagt, es gehe ihm gut, und er wolle nach Hause zurückkommen, wenn er in den USA seinen Doktor gemacht habe. Die Eltern freuen sich über diese Nachricht. Mir ist aber vor allem die Stelle in Erinnerung geblieben, wo die Eltern dem Sohn erzählen, daß China nun in vieler Hinsicht Amerika eingeholt habe. Sie sagen: ›Du hast in Amerika als Tellerwäscher gearbeitet, und jetzt holen wir ein paar Amerikaner ins Land, die für uns Teller waschen‹.«

Auf dem Rückflug von Japan in die USA am 14. Dezember 1997 las ich die Leserbriefe in der *Japan Times* dieses Tages. Ich lese in den Ländern, die ich besuche, immer gern die Leserbriefe, weil ich dort stets interessante Informationen finde. Ein Brief trug die Überschrift »Der amerikanische Größenwahn«, und er sprach einer Menge Leuten aus der Seele. »Mir fehlen (wieder einmal) die Worte angesichts der fortgesetzten Einschüchterungstaktik der USA«, hieß es da. »Diesmal habe ich gelesen, daß sich die USA [auf der Klimakonferenz in Kyoto] weigern, irgendein Abkommen zu unterzeichnen, bevor nicht drei ihrer ›Forderungen‹ erfüllt sind ... Ich würde nie bestreiten, daß die USA in ihrer Geschichte anderen Ländern viel ›geholfen‹ haben – aber das (seiner eigenen, nicht meiner Aussage nach) ›größte Land der Welt‹ *muß* einfach bescheidener werden. Sein Wiederaufstieg in jüngster Zeit beruhte mindestens zur Hälfte auf dem Scheitern der wirtschaftlichen und politischen Systeme seiner Konkurrenten. Hochmut kommt vor dem Fall. Die US-Regierung täte gut daran, das nicht zu vergessen.« Unterzeichnet: Andrew Ogge, Tokio.

Als ich nach den Atomtests von 1998 Indien besuchte, berichtete mir der pensionierte indische Generalleutnant V. R. Raghavan, früher operativer Befehlshaber der indischen Armee und mittlerweile politischer Analytiker bei der Delhi Policy Group, von einem internationalen Seminar über das Problem der Atomrüstung, an dem er gerade teilgenommen hatte. Britische, amerikanische, chinesische, indische und andere Experten hatten miteinander diskutiert. »In einer Pause unternahmen wir einen Ausflug in ein kleines indisches Dorf«, erzählte General Raghavan, »und ich zeigte den Konferenzteilnehmern die Läden und Wohnhäuser und wie Kuhdung als Energiequelle verwendet wird. Am faszinierendsten aber war der Besuch in der Hauptschule des Dorfes. Es waren etwa 30 Kinder aus dem Dorf und einige Lehrer da, und die Mitglieder unserer Gruppe wollten mit ihnen reden. Also trugen sie ein paar Bänke ins Freie, und wir plauderten miteinander. Ein New Yorker Rechtsanwalt aus unserer Gruppe fragte die Kinder, was sie von China und den Vereinigten Staaten hielten. Ohne irgendwelche Beeinflussung sagten die Kinder, China sei unser größter Nachbar. Wir hätten zwar früher einmal Krieg mit China geführt, aber es setze sich für die schwächeren Länder ein, und wir hätten keine Probleme mehr mit China. ›Und wie steht es mit den Vereinigten Staaten?‹ hakte der Anwalt nach. Die USA seien ein ›tyrannisches Land‹, antworteten die Kinder. ›Sie kommandieren alle anderen Länder herum und denken nur an sich selbst.‹ Die Leute in der Gruppe wollten ihren Ohren nicht trauen.«

Im Jahr 1997 besuchte ich in Marokko eine akademische Konferenz zum Thema »Die Globalisierung und die arabische Welt«. Die meisten arabischen Teilnehmer waren in Frankreich ausgebildete Araber aus Nordafrika und Frankreich. (Ein in Frankreich ausgebildeter arabischer Intellektueller hat die denkbar schlechtesten Voraussetzungen, um die Globalisierung zu verstehen. Er hat ein zweifaches Handicap, denn beide Kulturen stehen dem Phänomen intuitiv feindlich gegenüber.) Man hatte mich gebeten, ein paar einführende Worte zum Thema Globalisierung zu sagen. Nach meiner kurzen Rede meldete sich ein früherer algerischer Ministerpräsident, der heute im Exil lebt, zu Wort. Er sprach französisch und verurteilte alles, was ich gesagt hatte. »Diese Globalisierung, von der Sie reden, ist nur eine weitere amerikanische Verschwörung, um die arabische Welt niederzuhalten«, sagte er. »Genau wie Zionismus und Imperialismus.«

Ich hörte höflich zu, wie er noch lange in diesem Sinn weitersprach, und dann beschloß ich, absichtlich provokativ zu werden, um sein festgefügtes Weltbild vielleicht doch etwas zu erschüttern. Abgesehen von den Flüchen, die hier herausredigiert sind, sagte ich ungefähr folgendes: »Herr Ministerpräsident, Sie meinen, die Globalisierung sei nur eine weitere amerikanische Verschwörung, um Sie niederzuhalten. Aber ich muß Ihnen leider sagen, daß es viel, viel schlimmer ist, als Sie denken. Viel schlimmer! Sie glauben, daß wir in Washington über Sie nachdenken und beraten, wie wir Sie niederhalten können, und daß wir sämtliche Knöpfe drücken und Hebel in Bewegung setzen, um dies zu tun. Ich wünschte, dem wäre so. Bei Gott, ich wünschte es wirklich. Ich mag Sie nämlich, und ich würde die Hebel in die andere Richtung bewegen, damit Sie hochkommen. Die Wahrheit ist jedoch, *daß wir überhaupt nicht an Sie denken!* Nicht eine Sekunde. Sie sind uns schnurzegal. Und das nicht aus Bosheit, sondern weil wir unter demselben Druck stehen wie Sie und lediglich versuchen, im Wettbewerb einen Schritt voraus zu bleiben, genau wie Sie. Ich wünschte also, ich könnte Ihnen bestätigen, daß es eine Verschwörung gibt, um Sie niederzuhalten, aber ich kann es nicht… Deshalb, wenn Sie eine islamische Brücke bauen wollen, um den Zug der Globalisierung zu erreichen, bauen Sie eine islamische

Brücke. Wenn Sie eine maoistische Brücke bauen wollen, bauen Sie eine maoistische. Wenn sie eine an Jefferson orientierte bauen wollen, dann bauen sie eine an Jefferson orientierte. Aber versprechen Sie mir eines: daß Sie eine Brücke bauen. Denn der Zug wird auch ohne Sie abfahren.«

Auf jeden Nordafrikaner, der mit drohend geballter Faust auf die Amerikanisierung-Globalisierung reagiert, kommt ein anderer, der einfach mit dem Strom schwimmt und versucht, das Beste daraus zu machen. Als ich 1997 Casablanca besuchte, stattete gerade die mit Lenkwaffen bestückte Fregatte USS *Carr* der Hafenstadt einen Besuch ab. Das amerikanische Konsulat in Casablanca gab einen Empfang für lokale Beamte und andere Gäste auf dem Deck der *Carr,* zu dem auch ich eingeladen war. Während einige junge marokkanische Frauen sich drängelten, um mit den amerikanischen Seeleuten in ihren schmucken Uniformen abgelichtet zu werden, und wir Chicken Fingers aßen und dazu frischgezapftes Budweiser tranken, kam ich mit dem Distriktgouverneur von Casablanca ins Gespräch. Dieser in einen eleganten Maßanzug gekleidete marokkanische Beamte erklärte mir stolz, warum er seine beiden Kinder auf die amerikanische Schule in Casablanca schickte und nicht auf die französischen Schulen, wo er selbst ausgebildet worden war.

»Ich hatte zwei Gründe«, sagte er. »Erstens wird man, wie sich die Welt entwickelt, bald Analphabet sein, wenn man nicht Englisch kann. Zweitens wird man im französischen Schulsystem zum Verwaltungsfachmann ausgebildet, im amerikanischen System aber lernt man, auf eigenen Füßen zu stehen, und das sollen meine Kinder können.«

Obwohl die französische Kultur und Bildung in den Städten Marokkos seit 1912 verwurzelt ist, gibt es dort inzwischen auch drei amerikanische Schulen, und sie sind so begehrt, daß Wartelisten für die Wartelisten existieren. Tatsächlich herrscht im traditionell französisch dominierten Nord- und Westafrika heute ein echter Wettbewerb zwischen den USA und Frankreich um Herz und Verstand der jungen Generation, und in diesem Wettbewerb machen die USA immer mehr Boden gut – ohne daß sie sich auch nur anstrengen müssen. Es wird alles durch die Nachfrage geregelt. »Das französische Bildungssystem hat sich an die heutige Periode des Umbruchs nicht angepaßt«, sagt Dominique Moisi, der früher an der renommierten Verwaltungshochschule ENA, der École Nationale d'Administration, lehrte und einer der führenden außenpolitischen Experten seines Landes ist. »Das französische System belohnt Menschen, wenn sie in der Lage sind, einem vorgegebenen Pfad zu folgen. Es ermutigt sie nicht, zu rebellieren oder ihren Charakter weiterzuentwickeln. Da draußen herrscht das Gefühl, daß für die Veränderungen in den neunziger Jahren gewiß nicht Frankreich verantwortlich ist. Amerika ist zu einem Spiegel für unsere eigenen Zweifel geworden. Wir blicken auf euch und sehen, was uns fehlt.«

Einige Länder reagieren auf die Amerikanisierung-Globalisierung mit der bitteren Klage, daß die USA überall Einfluß nehmen, und gleichzeitig ernten sie ganz gemütlich die Früchte der amerikanischen Machtausübung. Viele Japaner sagen beispielsweise im persönlichen Gespräch, die USA hätten »verdammt recht«, wenn sie China ermahnten, sich an die internationalen Urheberrechtsschutzgesetze zu halten. Und sie räumen ein, daß japanische Unternehmen wie Sony und Nintendo genauso unter den chinesischen Produktpiraten leiden wie Disney und Microsoft. Aber Japan denkt nicht daran, sich wegen dieser Sache mit China anzulegen. Das überläßt es den USA als der einzig verbliebenen Supermacht, während es schüchtern an ihrem Rockzipfel hängt, aber gleichzeitig möglichst viele Geschäfte mit China macht und es sogar ausnutzt, wenn die USA durch ihre Konfrontation mit Peking Märkte verlieren. Wenn China den USA schließlich in der Frage des Copyrights entgegenkommt, dann profitiert auch Japan davon. Was heißt nochmal »Trittbrettfahrer« auf Japanisch?

Wieder andere Länder suchen nach Gelegenheiten, die amerikanische Außenpolitik zu behindern und die amerikanische Macht zu begrenzen, und zwar sowohl aus traditionellen geopolitischen Gründen als auch aus einer Art sportlichem Ehrgeiz, weil es Spaß macht, der Supermacht eins auszuwischen. So zum Beispiel Frankreich und Rußland: Je weniger Ruhm und Ehre sie in der Schnellen Welt erringen, desto mehr streben sie an anderen, falschen, Orten danach – indem sie die amerikanische Außenpolitik in Bosnien, im Kosovo, in der UNO oder im Irak behindern. Tatsächlich gerät Rußland, je schwächer es wird, desto mehr in Versuchung, selbst kleine Meinungsverschiedenheiten mit den USA aufzubauschen, und desto größeres Vergnügen haben einige Russen dabei, wenn sie den USA vor's Schienbein treten, weil sie dann das Gefühl haben, ihr Land sei den USA noch immer ebenbürtig.

Wie der russische Kommentator Alexeij Puschkow einmal zu mir sagte: »Heute herrscht hier die Haltung vor, daß Rußland ausgleichend wirken sollte, um Situationen zu korrigieren, in denen die USA einem Machtrausch erliegen.« Ich würde es ein bißchen anders formulieren. Das unausgesprochene Motto Rußlands und vieler anderer Länder lautet heute: »Wenn wir schon keinen ordentlichen Krieg mehr führen können, um von unseren innenpolitischen Problemen abzulenken, dann können wir wenigstens einen ordentlichen Streit mit den USA anzetteln.«

Daß die Vereinigten Staaten die einzige Supermacht sind, ist keine Garantie dafür, daß sie überall ihren Willen durchsetzen können, aber es ist eine Garantie, daß sie überall kritisiert werden. Nehmen wir wieder die NBA als Beispiel. Gary Payton ist der überragende Spielmacher der Seattle SuperSonics. Er ist ein großartiger Spieler, aber er ist nicht Michael Jordan, und er kompensiert einen Teil seiner fehlenden Klasse, indem er seine Gegner mit unqualifizierten Sprüchen nervt, insbesondere Michael Jordan, als dieser noch aktiv war. Meiner Ansicht nach sind Frankreich und Rußland heute die Gary Paytons der Geopolitik – die größten Sprücheklopfer der Welt. Sie sind stets bestrebt, ihre Schwächen zu verbergen, indem sie gegenüber jedermann, insbesondere aber gegenüber Washington, eine große Lippe riskieren.

In dem Klassiker *Die Marx Brothers im Krieg* gibt es eine Szene mit Chico und Harpo und dem bösen, aber gerissenen europäischen Staatsmann Trentino, der Grouchos politischer Gegenspieler ist und Chico und Harpo als Spione engagiert hat. Als Chico und Harpo in Trentinos Büro über ihre Fortschritte beim Spionieren berichten, kommt die Sekretärin mit einem Telegramm herein. Harpo nimmt es ihr aus der Hand und studiert es genau. Dann reißt er es in Fetzen, wirft es auf den Boden und schüttelt den Kopf. Trentino ist schockiert und überrascht und schaut Chico erklärungsheischend an. Da sagt Chico: »Er bekommt eine Wut, weil er nicht lesen kann.«

Diese Szene erinnert mich an eine weitere Art, auf die Amerikanisierung-Globalisierung zu reagieren, und diese Reaktion ist gefährlich. Sie kommt von Leuten, die der Amerikanisierung-Globalisierung entweder nicht gewachsen sind oder ihr aus kulturellen, wirtschaftlichen oder politischen Gründen nicht gewachsen sein wollen; sie wollen die Globalisierung jedesmal zerreißen, wenn sie ihnen begegnet. Diese Leute sind wie Harpo – wutentbrannt und im Gegensatz zu ihren Politikern nicht bereit, ein Doppelspiel zu spielen. Sie wollen sich nicht in der Öffentlichkeit vor den USA verneigen und sie hinter ihrem Rücken kritisieren. Sie wollen nur einen Weg beschreiten, den alten Weg, ihren Weg.

Wie Ronald Steel einmal sinngemäß zu mir sagte, betrachten diese zornigen Menschen die Amerikanisierung-Globalisierung als einen ungeladenen Gast. Sie schlagen ihr die Tür vor der Nase zu, aber sie kommt durch das Fenster herein. Sie schließen das Fenster, aber sie erscheint im Kabelfernsehen. Sie schneiden das Kabel durch, doch sie kommt über das Internet oder das Telefon. Sie kappen die Telefonleitung, und sie kommt über Satellit. Sie werfen ihr Handy weg, doch sie erscheint draußen auf einem Werbeplakat. Sie reißen das Plakat herunter, doch sie taucht an ihrem Arbeitsplatz im Büro oder in der Fabrik auf. Und die Amerikanisierung-Globalisierung steht nicht nur ständig im Raum. Wir essen sie. Sie geht unter die Haut. Und dabei reißt sie oft riesige Abgründe zwischen Vätern und Söhnen, Müttern und Töchtern, Großeltern und Enkeln auf. Sie schafft Situationen, in denen eine Generation die Welt völlig anders sieht als die Generation zuvor, und an alledem ist Amerika schuld. Aus diesem Grund ist es beispielsweise das ständige Thema des saudischen Millionärs und Terroristen Ussama bin Laden, daß die USA sich von der Arabischen Halbinsel und aus der gesamten islamischen Welt zurückziehen sollen, weil der amerikanische Lebensstil »das islamische Heim beschmutzt«.

Der führere indische Ministerpräsident Inder Kumar Gujral ist natürlich in keiner Weise mit Ussama bin Laden zu vergleichen. Doch in einem Gespräch, das ich einmal in Neu-Delhi mit ihm führte, schilderte er, wie schmerzlich es für manche Menschen ist, wenn die Amerikanisierung-Globalisierung in ihre Familien und Heime vordringt: »Ich sehe, wie diese Dinge jetzt auch in Indien passieren – die Veränderungen in unserer Kleidung, unseren Eßgewohnheiten. Meine Enkelin ist vier. Sie redet dauernd von Kaugummi, nicht von indischem Essen, oder sie sagt: ›Ich mag kein Pepsi, ich mag Coke.‹ Sie spricht sogar öfter Englisch als Hindi. Ich habe sie eines Tages gefragt, warum sie nicht Hindi mit mir spricht, da ging sie zu ihrer Mutter und sagte: ›Kann denn Großvater kein Englisch?‹ Ich beobachte meine Enkel genau, denn das vermittelt mir viele Einsichten. Neulich wünschte sich meine Enkelin eine Pizza. Also versprach ihre Großmutter, am folgenden Tag eine Pizza zu backen. Aber meine Enkelin sagte: ›Nein, ich will eine von Pizza Hut.‹«

In Shanghai interviewte ich Wang Guoliang, einen leitenden Beamten der Bank of Communications, einer der vier großen chinesischen Staatsbanken. Ich fragte ihn nur so zum Spaß, woher er denn seine Nachrichten über die Welt beziehe. Er sagte, seine Sekretärin lege ihm jeden Morgen eine Zusammenfassung der Nachrchten aus dem Internet und von Reuters vor, aber viel erfahre er auch von seinem Sohn.

Dann setzte er aus heiterem Himmel zu einer Predigt über das richtige Verhältnis zwischen Vätern und Söhnen an, die sich schnell zu einer Tirade gegen das Internet auswuchs.

382

»Mein Sohn ist Experte für das Internet. Immer, wenn er etwas Interessantes im Internet findet, zeigt er es mir. Aber Väter sollten nicht von ihren Söhnen geführt werden. Mein Sohn macht mir auch Vorschläge, aber die meisten gefallen mir nicht. Ein Vater sollte nicht auf seinen Sohn hören. Das untergräbt seine Autorität. Ich habe meinem Sohn gesagt, er soll weniger im Internet herumschauen und mehr studieren.«

Inder Kumar Gujral und Wang Guoliang sind zu zivilisiert und zu modern, um wegen solcher Dinge gewälttätig zu werden, aber andere zornige Männer haben diese Hemmungen nicht. Sie haben eine komplette alternative Ideologie zur Amerikanisierung-Globalisierung. Sie sind wie Harpo. Ihnen ist es lieber, das Telegramm zu zerreißen und in Grund und Boden zu stampfen. Und im Gegensatz zu ihren schwachen Regierungen, die sich zwar über Uncle Sam beklagen, aber die von ihm gesetzten Grenzen respektieren, sind sie bereit, die Grenzen zu überschreiten und auf den Abzug zu drücken.

Damit wären wir bei dem wirklich beängstigenden Aspekt des Problems. Die Amerikanisierung-Globalisierung verschafft den zornigen Männern nicht nur einen viel größeren Anreiz, die USA zu hassen, sie gibt ihnen auch eine viel größere Macht, auf den Abzug zu drücken. Denn die Globalisierung kann einzelne auf zwei Wegen zu supermächtigen Individuen machen.

Erstens können Terroristen in der hochgradig vernetzten Welt von heute – in der wir für sehr viel längere Zeiträume mit sehr viel mehr Orten verbunden sind – sehr viel mehr Menschen gleichzeitig einschüchtern. In meinem Winterurlaub im Dezember 1998 habe ich beispielsweise folgendes erlebt: Ich war zum Skifahren in den Rocky Mountains, und zum ersten Mal fiel mir auf, daß in fast jedem Lift jemand ein Handy benutzte. Ein Freund von mir hatte ein Gerät dabei, mit dem er ständig den aktuellen Kurs des Dow Jones und den Wert seiner eigenen Aktien abrufen konnte. Er tat das zwischen den Abfahrten. Nachdem ich in einem Büro von Federal Express über Satellit mehrere Kapitel dieses Buches über die halbe USA verschickt hatte, weil sie am folgenden Tag um 10.30 Uhr ankommen sollten, begegnete ich auf der Straße dem Chef der NBA David Stern. Er hatte ein Handy am Ohr und verhandelte über ein Ende der Aussperrung in der Basketball-Profiliga. Am Abend kehrte ich nach dem Skifahren ins Hotel zurück, schaltete einen der vierzig Kanäle des lokalen Kabelfernsehens ein, telefonierte mit einer Kreditkarte von AT & T mit Freunden in Kairo oder Jerusalem oder ging mit AOL ins Internet, um die neuesten Nachrichten anzuklicken und meine elektronische Post abzurufen. Als ich an Silvester nach dem Abendessen im Restaurant des Hotels meinen Mantel holte, bekam ich an der Rezeption eine Auseinandersetzung zwischen einem wütenden Kunden und dem Hotelchef mit:»Was soll das heißen, Sie haben meine Reservierung nicht?«, empörte sich der Kunde.»Ich habe sie Ihnen schon vor Wochen per E-Mail geschickt! Der Name ist Ashraf, A-s-h-r-a-f.« Bevor ich zu Bett ging, holte ich mir noch ein Exemplar von USA Today. Die Zeitung enthielt das vor Kapitel Zwei abgedruckte Bild des chassidischen Juden, der sein Handy an die Steine der Klagemauer drückt, und darunter die Information:»Shimon Biton hält sein Mobiltelefon an die Klagemauer, damit ein Verwandter in Frankreich ein Gebet an der heiligen Stätte sprechen kann.«

Und ich machte *Urlaub in den Bergen!*

Wieviel intensiver ist das alles erst zu Hause und im Büro. Wir alle sind heute sehr viel stärker vernetzt. Wir wissen alles oder können alles wissen, was in einem bestimmten Augenblick passiert. In einer solchen Welt braucht es immer weniger Dynamit, bakterielle Waffen oder hochangereichertes Uran, um Millionen Menschen in Angst und Schrecken zu versetzen.

Noch in einer weiteren Hinsicht erhöht die Globalisierung die Effektivität terroristischer Methoden. Durch den Einsatz von Mikrochips und die Miniaturisierung wird *alles* kleiner und leichter. Wie Sam Cohen, der Erfinder der Neutronenbombe, am 7. Juni 1998 in der *Washington Times* berichtete, war es zehn Jahre nach dem ersten Atomtest mit einer 20-Kilotonnen-Bombe in Alamogordo gelungen, das Gewicht eines Atomsprengkopfes mit einer Sprengkraft von 20 Kilotonnen um etwa das Hundertfache zu verringern. Die USA haben für den NATO-Einsatz einen Atomsprengkopf entwickelt, der von zwei Männern mit einer Bazooka abgeschossen werden kann und eine Sprengkraft von einer Zehntelskilotonne hat. Auch die Russen haben eine solche Waffe. Dies kam heraus, als der frühere russische Sicherheitsberater Alexander Lebed behauptete, daß aus dem Arsenal der russischen Spezialtruppen 100 solche als »Kofferbomben« bezeichnete Mini-Atombomben verschwunden seien. In diesem Zusammenhang der allgemeinen Vernetzung sagte Geoff Baehr, der leitende Network-Designer bei Sun Microsystems, einmal zu mir:»Es ist meine größte Angst, wirklich meine allergrößte Angst, daß diese ganze Infrastruktur sehr verwundbar ist, und zwar nicht nur für Angriffe durch Computer-Hacker, sondern auch durch einen Einbruch in das Fernsprechvermittlungssystem. In unserer Welt kann der Angreifer an der Telefonfront Unheil anrichten, kurz heimgehen, ein Sandwich essen und danach seinen Angriff fortsetzen.«

Wenn wir den Zorn, der durch die Amerikanisierung-Globalisierung ausgelöst wird, mit dem Umstand kombinieren, daß die Globalisierung einzelnen Menschen ungeheure Macht geben kann, dann wissen wir, denke ich, mit welcher unmittelbaren Bedrohung der nationalen Sicherheit die USA heute konfrontiert sind – mit dem Supermächtigen Zornigen Mann. Tatsächlich gibt es Ende des 20. Jahrhunderts keine Supermacht mehr, die die USA bedrohen würde, sondern die größte Gefahr für die Vereinigten Staaten geht heute von supermächtigen einzelnen aus. Sie hassen die Vereinigten Staaten aufgrund der Globalisierung mehr als je zuvor, und sie können ebenfalls aufgrund der Globalisierung leichter als je zuvor allein etwas gegen die USA unternehmen.

Im System des Kalten Krieges hätte ein Supermächtiger Zorniger Mann – ein Hitler oder ein Stalin – noch die Herrschaft in einem Staat an sich reißen müssen, um die Welt ins Chaos zu stürzen. Heute können supermächtige Männer oder Frauen den Machtzuwachs durch die Globalisierung nutzen, um als Individuen sogar eine Supermacht anzugreifen. Alle Wege führen nach Rom, sagte man einst im riesigen Römischen Reich – im Norden, Süden, Osten und Westen. Und es war diesem Straßensystem zu verdanken, daß Caesar seinen Herrschaftsbereich noch einmal ausdehnen konnte. Denn die römischen Straßen waren wirklich großartig. Doch Straßen haben eine seltsame Eigenschaft: Sie führen in beide Richtungen, und als die Vandalen und die Westgoten Rom angriffen, brauchten sie nur den Straßen zu folgen. Dasselbe könnte auch im Zuge der Globalisierung geschehen.

Der Supermächtige Zornige Mann kann unterschiedliche Gestalten annehmen. Er kann sehr zornig, aber wenig gewalttätig, sehr zornig und ziemlich gewalttätig und sehr zornig und sehr gewalttätig sein. Ein gutes Beispiel für die zornige, aber wenig gewalttätige Spielart sind die Hacker, die meine eigene Zeitung, die *New York Times*, angegriffen haben, eine Stütze des amerikanischen Establishments. Sie brachen am 13. September 1998 in die Website der *Times* ein, das erste Mal überhaupt, daß Hacker in die Website einer wichtigen Nachrichtenorganisation eindrangen. Martin Nisenholtz, Präsident der New York Times Electronic Media Company, erzählte mir die Geschichte: »Wir hatten an diesem Freitag gerade den Starr-Report über Clinton herausgebracht, und es war ein großartiger Tag für unsere Website. Wir hatten die einzige Version des Berichts mit einem ausführlichen Register; man mußte nur Schlüsselworte anklicken, um zu finden, was man wollte; wir brachen alle Rekorde, was die Besucherzahlen der Website betraf. Ich war mit dem Erreichten so zufrieden, daß ich eine Einladung nach

Philadelphia annahm für eine Rede vor dem Wharton International Forum. Am Samstagabend flog ich nach Philadelphia. Am Sonntagmorgen um 7.45 Uhr informierte mich der Chefredakteur unserer Website telefonisch, daß wir das Opfer von Hackern geworden waren. Etwas Ähnliches war schon einmal passiert, als eine Gruppe versucht hatte, unsere Server mit Anfragen zu überschwemmen. Doch diesmal war es anders. Sie hatten wirklich unsere Website erobert und veröffentlichten ihre Botschaft auf unserer Homepage unter dem Logo HFG, ›Hacking For Girlies‹. Der Textkörper des HFG-Logos war vom Bild einer nackten Frau überlagert. Wir eroberten unsere Website zurück und legten unsere Publikation über ihre, und dann nahmen sie die Website wieder ein und verdrängten unser Bild. Das wiederholte sich immer wieder. Wir hatten ein zweistündiges Duell der Homepages auf unserer Website! Sie waren in unser System eingedrungen, hatten unsere Server übernommen – wo die Websites gespeichert sind – und hatten es geschafft, Zugriff auf unsere Website zu bekommen. Nachdem sie einmal drin waren, hatten sie den gleichen Zugriff wie wir. Wir fragten uns ständig, ob wir die Website schließen sollten, doch ich lehnte ab. Schließlich aber wurde offensichtlich, daß wir schließen mußten. Also machten wir um 10.20 Uhr die Website dicht und sperrten alle Zugänge außerhalb des Datenverarbeitungszentrums. Die Hacker hatten einen Fehler in unserem Unix-Betriebssystem ausgenutzt. Wir stellten die Server ab, in die sie eingebrochen waren, und bauten die Website mit neuen Servern wieder auf, die nicht mit Außenstellen verbunden waren.«

Am interessantesten fand ich die Botschaften, die die Hacker auf der Website der *Times* hinterlassen hatten. Die erste lautete: »JETZT HABEN WIR EUCH AM ARSCH GEKRIEGT.« Zum Teil waren die Botschaften kodiert, in einer Art eigener Hightech-Olivenbaum-Sprache. »Hacking for Girlies« war beispielsweise »H4CKING FOR GIRL3Z« geschrieben. Bestimmte Vokale waren durch Zahlen ersetzt, wie etwa in ihrer letzten Botschaft: »R3ST ASSURED W3 WILL B3 BACK SOON« (Verlaßt euch drauf, wir kommen bald wieder). Die Hacker hatten offensichtlich – fast wie Jesse James – großes Vergnügen daran zu demonstrieren, daß sie cleverer waren als die globale Machtstruktur, wie sie die *New York Times* und ihre Website repräsentieren. Ihre Botschaft lautete, daß das Establishment trotz all seines Reichtums den hellen Köpfen des Internet-Undergound nicht das Wasser reichen kann, obwohl diese sehr viel weniger Macht haben. Sie wollten offensichtlich sagen, daß ihre wache Intelligenz als der große Gleichmacher funktionierte. »Daß wir nur in Großbuchstaben schreiben und nicht die Sprache der ›Elite‹ verwenden«, hieß es in einer ihrer Botschaften, »bedeutet nicht, daß wir Kinder sind oder euch nicht am Arsch gekriegt haben. Jeder, der uns unreife Kinder nennt, ist einer mehr, der uns unterschätzt. Und schlimmer noch, was würde das für [eure] Sicherheit heißen? ›Unreife Kinder‹ wären in der Lage gewesen, Sicherungen für 25 000 Dollar zu überlisten, sie hätten den Sicherheitsschirm von Verwaltungsleuten mit xxfacher Erfahrung oder mit einem xxx-Abschluß an irgendeinem College durchbrochen. Oh je, oh je.«

Die einzige Forderung der Hacker war die Freilassung von Kevin D. Mitnick, dem berüchtigten Hacker, der seit seiner Festnahme durch das FBI im Februar 1995 in Haft sitzt. Mitnick, ehedem der meistgesuchte Hacker der Welt, wurde einer langen Liste von Verbrechen angeklagt, unter anderem warf man ihm den Diebstahl von Tausenden von Dateien und von mindestens 20 000 Kreditkartennummern aus Computersystemen in den ganzen Vereinigten Staaten vor. Mitnick hatte durch ein mit seinem Handy verbundenes Modem operiert. Er wurde gefaßt, nachdem er in den privaten Computer des bekannten Datensicherheitsexperten Tsutomu Shimomura eingebrochen war, der als Forscher im Supercomputer Center von San Diego arbeitet. Mit Shimomuras Hilfe gelang es einer Schar von Telefontechnikern und FBI-Agenten, Mitnick aufzuspüren und zu verhaften, indem sie die Frequenz seines Funktelefons identifizierten.

Solche Hacker sind im Grunde Internet-Fundamentalisten. Sie haben ihre eigenen Stammesriten, ihre eigenen Volkshelden, ihre eigene Sprache, ihre eigenen Verschwörungstheorien und ihre eigene Wahrheitsquelle. Doch sie besitzen keine kohärente politische Ideologie im Sinne einer wirklichen Systemalternative. Sie sind echte Harpos. Sie haben eine Einstellung, keine Ideologie. Sie wollen einfach die heute herrschende Machtstruktur schwächen. Sie wollen beweisen, daß nicht das System sie kontrolliert, sondern daß sie das System kontrollieren können.

Etwas zorniger und gewalttätiger waren die supermächtigen tamilischen Separatisten, die im September 1998 die Botschaft Sri Lankas in Washington angriffen. Hier der Bericht der *Washington Times:* »Als die Botschaft Sri Lankas eine E-Mail-Adresse bekam, entwickelten die Guerillas der Tamil Tigers eine neue Form des Terrorismus. Sie überfluteten die Botschaft mit Bombendrohungen und soviel Junk-Mail, daß die Diplomaten die Adresse nicht mehr für ihre normalen Geschäfte verwenden konnten. Einer der Diplomaten bezeichnete den Angriff als ›E-Mail-Terrorismus‹.« Die Zeitung berichtete ferner, die Botschaft habe sich schließlich an einen Computerexperten gewandt und ihn mit der Entwicklung eines neuen Programms beauftragt, das die von den Liberation Tigers of Tamil Elam (LTTE) geschickten E-Mails herausfiltern sollte. Die Taktik der Tiger wurde im Bericht des US-Außenministeriums über den globalen Terrorismus erwähnt. Wie es dort hieß, hatte eine Gruppe, die sich Internet Black Tigers nannte, bereits im August 1997 mit E-Mail-»Waffen« das E-Mail-System der Botschaft lahmgelegt. Laut State Department »behauptete die Gruppe in ihren Internet-Botschaften, eine auf ›Selbstmord-E-Mail-Bomben‹ spezialisierte Eliteeinheit der LTTE zu sein«. Sie nutzte ein von ihr selbst als »Anti-E-Mail-FTP-Server-Geschosse« bezeichnetes Instrument, um die ins Visier genommene E-Mail-Adresse zu überlasten und eine solche Datenflut zu verursachen, daß der Empfänger gezwungen war, die Adresse ganz zu schließen.

Schließlich gibt es auch noch die wirklich sehr zornigen und sehr gewalttätigen Supermächtigen Zornigen Männer. Sie arbeiten nicht mit E-Mails, sondern sind Harpos mit echten Schußwaffen. Sie haben das Gefühl, daß die Welt von einem System regiert wird, dem sie nicht angehören und nie angehören werden. In ihren Augen sind die Vereinigten Staaten, IBM, die *New York Times*, die Wall Street und die Weltwirtschaft alle Teil ein und desselben Machtapparats, der gestürzt werden muß. Ein solcher gewalttätiger Supermächtiger Zorniger Mann war beispielsweise der »Unabomber«, und aus solchen Männern bestehen die japanische Sekte Aum Shinrikyo, Ussama bin Ladens Gruppe in Afghanistan und die Gruppe von Ramzi Ahmed Yousef in New York. Die Sekte Aum Shinrikyo lehrte ein wirres Gemisch aus Hinduismus, Buddhismus und verschiedenen Theorien über eine weltweite Verschwörung unter Beteiligung der USA, der Juden, der Freimaurer und des internationalen Kapitals. Mitglieder der Sekte töteten zwölf Menschen und verletzten mehrere tausend, als sie im März 1995 in der U-Bahn von Tokio das Nervengas Sarin freisetzten. Dem *Economist* zufolge hatte die Sekte außerdem ein Vermögen von einer Milliarde Dollar angesammelt und bereits einen modernen russischen Hubschrauber mit einer Vorrichtung zum Versprühen von tödlichen Chemikalien gekauft. Ussama bin Laden ist der saudiarabische Millionär, der die Bombenanschläge auf die US-Botschaften in Kenia und Tansania im August 1998 finanzierte, bei denen über 200 Menschen ums Leben kamen. Bin Laden telefonierte mittels seines eigenen Satellitennetzes Jihad-On-Line regelmäßig rund um die Welt. Wie die *New York Times* berichtete, stieß das FBI auf den Personalcomputer von Haroun Fazil, der in Kenia für bin Laden gearbeitet hatte, und fand dort eine E-Mail, in der Fazil detailliert berichtete, wie er Weltereignisse über CNN verfolgte, das Internet nutzte, um mit anderen Mitgliedern von bin Ladens Netz im Untergrund zu kommunizieren, und in der er sich selbst als den »Medien-Informationsoffizier der ostafrikanischen Zelle« bezeichnete.

Ramzi Yousef war der Drahtzieher des Bombenanschlags auf das World Trade Center am 26. Februar 1993 mit sechs Toten und über tausend Verletzten. Er stammt aus einer Generation zorniger junger Männer aus der Dritten Welt, die sich schon lange danach sehnen, das zu tun, wozu ihre Eltern noch nicht imstande waren. Wie diese wollen sie den Westen ihren Haß spüren lassen, aus Rache für das Durcheinander, das er in ihren Gesellschaften angerichtet hat, und sie können ihren Wunsch mit der Technologie des Westens realisieren, während sie gleichzeitig das Wertesystem ablehnen, das diese Technologie hervorgebracht hat. Sie sind vernarrt in die Vorstellung, man könne das technische Know-how des Westens wie Sahne abschöpfen und mit seiner VisaCard bezahlen, aber trotzdem weiterhin einen fundamentalistischen Lebensstil mit geschlossenen Fenstern und verschleiert von Kopf bis Fuß führen. Während die Internet-Fundamentalisten sich darauf beschränken, eine Maus und einen Fehler im Unix-Betriebssystem zu nutzen, um ihre Botschaft zu verkünden, scheuten Ramzi Yousef und seine Leute nicht davor zurück, einen Lastwagen und Dynamit zu verwenden. Im Grunde hatten sie jedoch das gleiche Ziel, nämlich auf die Amerikanisierung-Globalisierung zu spucken und darauf herumzutrampeln, indem sie die Mittel des Systems gegen das System einsetzten.

Ramzi Ahmed Yousef ist der Inbegriff des Supermächtigen Zornigen Mannes. Es lohnt sich, kurz über ihn nachzudenken. Was war sein Programm? Welche Ideologie hatte er? Schließlich versuchte er, die beiden höchsten Gebäude der USA in die Luft zu sprengen. Wollte er einen islamischen Staat in Brooklyn errichten? Oder einen Palästinenserstaat in New Jersey? Nein, er wollte einfach die beiden höchsten Gebäude in den USA in die Luft sprengen. Vor dem Federal District Court in Manhattan erklärte er, er habe durch die Explosion den einen Turm des World Trade Center zum Einsturz bringen und auf den anderen fallen lassen wollen, um 250 000 Bürger zu töten. Seine Botschaft war, daß er keine Botschaft hatte. Er wollte nur die Botschaft zerreißen, die die allmächtigen USA in seine Gesellschaft geschickt hatten. Wie der *Economist* schrieb, »sagte man früher einmal von Terroristen, sie hätten es auf ›eine Menge Zuschauer, nicht jedoch auf eine Menge Tote‹ abgesehen«. Dies gilt nicht für die Supermächtigen Zornigen Männer. Sie haben es auf eine Menge Tote abgesehen. Sie versuchen nicht, die Welt zu verändern. Sie wissen, daß sie das nicht können, also wollen sie nur möglichst viel zerstören.

Die Anklage wegen Verschwörung gegen Ramzi Yousef (er wird nicht nur für den Bombenanschlag auf das World Trade Center verantwortlich gemacht, sondern auch für Bombenanschläge auf ein Dutzend amerikanischer Passagierflugzeuge in Asien, die er für Januar 1995 plante) stützt sich größtenteils auf die Dateien in dem mattweißen Toshiba-Laptop, den Yousef nach Aussage der philippinischen Polizei zurückließ, als er im Januar 1995 kurz vor seiner Festnahme aus seinem Apartment in Manila floh. Die Ermittler fanden Flugpläne, eine Liste voraussichtlicher Detonationstermine und gescannte Ausweispapiere mit Fotos von einigen seiner Mitverschwörer. Das gefiel mir – Ramzi hatte all seine kriminellen Pläne auf der Festplatte seines Toshiba-Laptops abgespeichert!

Interessant an Ramzi Yousef und den anderen Supermächtigen Zornigen Männern aus der arabisch-islamischen Welt von heute ist nach Ansicht des Nahost-Experten Stephen P. Cohen, daß »sie früher meinten, sie müßten zuerst ihre eigenen Regierungen stürzen und in ihren eigenen Staaten die Herrschaft an sich reißen, bevor sie Amerika angreifen konnten. Heute dagegen tun sie es direkt als Einzelpersonen und auf eigene Faust.« Die Globalisierung ermöglicht ihnen nicht nur, die USA als einzelne direkt anzugreifen, und ist nicht nur das Motiv für die Angriffe, sie bietet ihnen auch die Logik, nach der sie angreifen. Diese Logik beruht darauf, daß die wirkliche Macht nicht mehr bei den Heimatstaaten der Angreifer liegt. Die relevante Machtstruktur ist global. Sie liegt in den Händen der amerikanischen Supermacht und der Supermärkte, die allen anderen Regierungen sagen, was sie zu tun haben. Wer deshalb die wirklichen Machtstrukturen ändern will, muß sich mit der Supermacht und den Supermärkten befassen und kann die Regierungen von Pakistan oder Ägypten getrost außer acht lassen.

Was die Supermächtigen Zornigen Männer so aufbringt, ist nicht nur die Erkenntnis, daß die USA technologisch überlegen sind, sondern daß die USA obendrein auch noch behaupten, über die besseren Werte zu verfügen. In den Augen der Terroristen hingegen sind die amerikanischen Werte nichts weiter als seelenloser Konsum und gedankenlose Technologiegläubigkeit. Der folgende verbale Schlagabtausch zwischen Yousef und seinem Richter Kevin Thomas Duffy ereignete sich am Ende von Yousefs Prozeß. Er ist typisch für die Auseinandersetzung zwischen dem Supermächtigen Zornigen Mann und der Supermacht.

Ramzi Yousef: »Ihr sprecht ständig von Kollektivstrafen und der Tötung unschuldiger Menschen … Dabei habt ihr doch als erste unschuldige Menschen getötet, und ihr habt als erste diese Art von Terrorismus in die Geschichte der Menschheit eingeführt. Ihr habt durch den Abwurf der Atombombe über Japan Zehntausende Frauen und Kinder getötet, und ihr habt in Tokio durch den massenhaften Abwurf von Brandbomben über 100 000 Menschen umgebracht, größtenteils Zivilisten. Ihr habt sie durch Verbrennen getötet. Und ihr habt in Vietnam mit Chemikalien wie dem sogenannten Agent Orange Zivilisten getötet. In jedem einzelnen von euch geführten Krieg habt ihr Zivilisten und Unschuldige getötet, nicht nur Soldaten. Ihr habt in diesem Jahrhundert mehr Kriege geführt als jedes andere Land, und nun wagt ihr es, über das Töten unschuldiger Menschen zu sprechen. Jetzt habt ihr wieder einen neuen Weg erfunden, Unschuldige zu töten. Durch eure sogenannten Wirtschaftsembargos werden ausschließlich Kinder und alte Leute getötet, und das nicht nur im Irak, sondern auch in Kuba und anderen Ländern, über die seit 35 Jahren ein Wirtschaftsembargo verhängt ist. Der Staatsanwalt sagte in seinem Schlußplädoyer und bei der Anklageeröffnung, ich sei ein ›Terrorist‹. Ja, ich bin ein Terrorist, und ich bin stolz darauf. Und ich unterstütze den Terrorismus, solange er gegen die Regierungen der USA und Israels gerichtet ist, denn ihr seid mehr als Terroristen, ihr seid die Erfinder des Terrrorismus und übt ihn täglich aus. Ihr seid Schlächter, Lügner und Heuchler.«

In seiner Erwiderung zeigte sich Richter Kevin Thomas Duffy absolut unbeeindruckt von Yousefs nihilistischer Wut: »Ramzi Yousef, Sie behaupten, ein islamischer Militanter zu sein. Unter all den Personen, die durch die Bombe im World Trade Center getötet oder verletzt wurden, können Sie nicht eine nennen, die gegen Sie oder Ihre Sache gewesen wäre. Das war Ihnen gleichgültig, Sie wollten nur Tote und Verletzte hinterlassen. Ramzi Yousef, Sie sind es nicht würdig, sich zum Islam zu bekennen. Ihr Gott ist der Tod. Ihr Gott ist nicht Allah … Sie wollten niemanden zum rechten Glauben bekehren. Sie wollten nur den Tod bringen. Ihr Gott ist nicht Allah. Sie glauben an Tod und Zerstörung. Was Sie tun, tun Sie nicht für Allah, Sie tun es nur, um ihrem eigenen verqueren Ego zu dienen. Sie wollen andere glauben machen, daß Sie ein Soldat seien, aber die Angriffe auf die Zivilisation, für die Sie hier verurteilt wurden, waren Angriffe aus dem Hinterhalt, mit denen Sie völlig unschuldige Menschen töten und verletzen wollten … Sie, Ramzi Yousef, haben bei Ihrer Ankunft in diesem Land so getan, als seien Sie ein islamischer Fundamentalist, aber Sie haben sich so gut wie gar nicht um den Islam oder den Glauben der Muslime geschert. Sie haben nicht

Allah verehrt, sondern das Böse, das Sie selbst geworden sind. Und ich muß sagen, als Apostel des Bösen sind Sie sehr erfolgreich gewesen.«

Mir gefällt an der Geschichte mit Ramzi Yousef am besten, daß Mohammed Salameh, einer seiner Mitverschwörer, nach der Explosion im World Trade Center den Lastwagenverleih aufsuchte, wo er den für den Anschlag benutzten Lastwagen gemietet hatte. Salameh hatte für den Lastwagen eine Kaution von 400 Dollar hinterlegt, und nun wollte er das Geld zurückhaben, obwohl der Lastwagen sich nicht mehr in seinem Besitz befand, sondern in die Luft geflogen war. Für Salameh bestand die Welt aus zwei verschiedenen Reichen. Morgens verübt man einen Bombenanschlag auf das World Trade Center und tötet im Namen von Gut und Böse Amerikaner, und nachmittags verlangt man auf der Basis amerikanischer Gesetze und Verträge sein Geld zurück. Nichts führt deutlicher vor Augen, daß die Supermächtigen Zornigen Männer in der Lage sind, sich der Technologie der modernen Welt zu bedienen, ohne irgendwelche Werte dieser Welt zu übernehmen. Als Ramzi Yousef später von den Ermittlern gefragt wurde, warum um alles in der Welt Salameh zu dem Verleih zurückgekehrt sei – was der Polizei beim Aufspüren der Täter half –, antwortete er mit einem Wort: »Dummheit.«

Gibt es irgendeinen Schutz gegen solche Leute? Es wäre schön zu glauben, daß Gesellschaften mit den richtigen sozialen, wirtschaftlichen und kulturellen Programmen all jenen den Neid und die Wut nehmen könnten, die sich von der Amerikanisierung-Globalisierung überrollt fühlen. Doch das ist nicht möglich. Menschen wie Ramzi Yousef sind hochgradig motiviert oder hochgradig böse. Mitgefühl wird sie nicht zur Umkehr bewegen und Sozialarbeit auch nicht. Es wird immer einen harten Kern von Ramzi Yousefs geben. Der einzige Schutz besteht darin, diesen harten Kern von der viel größeren Gesellschaft um ihn herum zu isolieren. Und das geht nur, indem man dafür sorgt, daß ein möglichst großer Teil der Gesellschaft von der Globalisierung profitiert. Wie man dies erreicht, ist eines der Themen im letzten Kapitel dieses Buches.

Wir sollten uns freilich keine Illusionen machen. Die Supermächtigen Zornigen Männer sind da draußen, und sie stellen heute die unmittelbarste Bedrohung für die Vereinigten Staaten und die Stabilität des neuen Systems dar. Das rührt nicht daher, daß Ramzi Yousef jemals eine Supermacht sein könnte. Oh nein. Es rührt daher, daß in der heutigen Welt so viele ein Ramzi Yousef sein können.

17

Wenn Sie mit einem Menschen sprechen wollen, wählen Sie eins

Wenn es einen roten Faden in diesem Buch gibt, dann die Erkenntnis, *daß die Globalisierung alles ist und das Gegenteil von allem.* Sie kann einen unglaublichen Machtzuwachs bringen, aber auch einen unglaublichen Zwang darstellen. Sie demokratisiert die Chancen und die Angst gleichermaßen. Sie macht die Wale größer und die Elritzen kleiner. Sie hängt dich immer schneller ab, und sie holt dich immer schneller ein. Sie homogenisiert die Kulturen, doch zugleich befähigt sie viele, ihre einzigartige Individualität mit anderen in größeren und ferneren Gebieten zu teilen. Sie bringt uns dazu, daß wir immer intensiver dem Lexus nachjagen und uns doch immer fester an unsere Olivenbäume klammern. Sie befähigt uns, weiter in die Welt auszugreifen denn je, und sie befähigt die Welt, tiefer in uns einzudringen als je zuvor.

Wie ich in diesem Buch zu zeigen versuche, haben viele Länder und viele Gruppen ein gespaltenes Verhältnis zur Globalisierung, seit sie ein internationales System geworden ist, denn sie fühlen sich gleichzeitig von ihren Vorteilen angezogen und von ihren Nachteilen abgestoßen. In dem Kampf zwischen Globalisierung und Gegenreaktion hat in allen wichtigen Ländern, die sich an das System angeschlossen haben, bisher stets die Globalisierung die Oberhand behalten. In keinem wichtigen Land haben die Gegner der Globalisierung die Macht übernommen, und in keinem wichtigen Land ist die Ablehnung der Globalisierung so populär, daß es bereit wäre, das ganze System zu unterminieren – wie Österreich-Ungarn vor dem Ersten Weltkrieg und Deutschland und Japan vor dem Zweiten Weltkrieg.

Wird das immer so sein? Ist die Globalisierung nicht mehr rückgängig zu machen, ist sie wirklich irreversibel? Ich glaube, sie ist »fast« irreversibel. Warum aber nur »fast« und nicht ganz? Die Globalisierung ist sehr schwer rückgängig zu machen, weil sie sowohl von der ungemein mächtigen menschlichen Sehnsucht nach einem höheren Lebensstandard angetrieben wird als auch von ungemein mächtigen Technologien, die die Welt täglich mehr integrieren, ob uns das gefällt oder nicht. Theoretisch könnte die Sehnsucht erstickt und könnten die Technologien unterdrückt werden, jedoch nur mit riesigen Nachteilen für die Entwicklung der betreffenden Gesellschaft und nur durch immer höhere Schutzmauern. Ich glaube nicht, daß das weltweit geschehen wird, aber die Möglichkeit besteht. Sie könnte dann Realität werden, wenn das System so degeneriert, daß sich nicht nur benachteiligte Minderheiten von ihm mißbraucht fühlen, sondern große Mehrheiten in großen Ländern.

In gewisser Weise ist die stärkste Bedrohung für die Globalisierung heute die Globalisierung selbst. Das System könnte den Keim für seine eigene Zerstörung enthalten. Im folgenden werden fünf Arten geschildert, wie das globalisierte System regelrecht Amok laufen oder so viel Unterdrückung verursachen könnte, daß große Mehrheiten in einer großen Zahl großer Länder sich als die Verlierer fühlen und deshalb die Lebensfähigkeit des gesamten Systems bedrohen könnten.

Einfach zu hart

Als ich 1997 während der thailändischen Wirtschaftskrise Bangkok besuchte, sprach ich mit einem amerikanischen Diplomaten darüber, was dieser Rückschlag für Thailand bedeutete. Das Gespräch drehte sich insbesondere darum, wie Thailand seine Software und sein Betriebssystem binnen kürzester Zeit wieder schnell genug machen konnte, um im globalisierten System erfolgreich mitzuspielen. Der Diplomat nannte mir eine ganze Liste von Maßnahmen, und als er fertig war, sagte ich: »Ist Ihnen bewußt, daß wir von Thailand fordern, in 20 Jahren das zu leisten, wofür die Vereinigten Staaten 200 Jahre gebraucht haben?«

»Aber nein«, sagte er und schüttelte so energisch den Kopf, als ob ich etwas völlig Falsches gesagt hätte. »Sie sollen es nicht in 20 Jahren leisten … Sie sollen es in einem Jahr leisten!«

Ganz offensichtlich sind Macht und Status eines Landes in der Ära der Globalisierung zu einem Teil davon abhängig, in welchem Maß es fähig und bereit ist, die Software und das Betriebssystem zu installieren, die für den Erfolg Bedingung sind. Was aber geschieht, wenn sich die Schaffung der notwendigen Institutionen, die Liberalisierung der Märkte und das Anlegen der Goldenen Zwangsjacke für viele große

Länder schlichtweg als zu hart erweisen? Die Politiker und ihre Gefolgsleute sind durchaus bereit, den Weg nach Disneyland mit einer Menge Schmerzen und Sparmaßnahmen zu bezahlen, aber alles hat seine Grenzen. Wie es Henry Kissinger einmal formulierte, können »politische Führer nicht überleben als Befürworter einer nahezu permanenten Austeritätspolitik, die auf vom Ausland aufgezwungenen Vorschriften beruht«. Die Entwicklung der Software kann viel Zeit kosten, und es kann auch lange dauern, bis ein Land zu einer geeigneten Anschlußbuchse für die Elektronische Herde geworden ist. Manche Länder sind dieser Aufgabe vielleicht politisch und wirtschaftlich nicht gewachsen – zumindest nicht in dem Zeitrahmen, den die Elektronische Herde fordert. Andere Länder sind der Aufgabe möglicherweise kulturell nicht gewachsen. Kulturen verändern sich langsam. Es ist viel einfacher, ein neues Lexusmodell zu entwickeln, als eine neue Sorte Olivenbäume zu züchten, letzteres kann Generationen dauern.

Wenn man als den Beginn des heutigen Systems der Globalisierung den Fall der Berliner Mauer ansetzt, dann steht es gerade im Begriff, in sein zweites Jahrzehnt einzutreten. Im ersten Jahrzehnt haben wir erlebt, was geschieht, wenn kleine Länder – Bosnien, Albanien, Algerien, Serbien, Syrien und viele afrikanische Staaten – nicht in der Lage sind, den Übergang zu vollziehen. Doch diese Staaten sind so schwach und so klein, daß das System einfach eine Brandschutzmauer um sie herum baut.

Mit dem Eintritt in das zweite Jahrzehnt stehen wir vor einer sehr viel ernsteren Frage: Was geschieht, wenn einigen sehr großen Staaten wie Rußland, China und Japan – ganz zu schweigen von Indonesien, Brasilien oder gar einigen Mitgliedern der Europäischen Währungsunion – der Übergang nicht gelingt? Was geschieht, wenn sie es als zu schmerzhaft empfinden, die Goldene Zwangsjacke anzulegen, oder wenn ihre Gesellschaften den Wechsel zu einem brutaleren, offeneren Schumpeterschen Kapitalismus einfach nicht schaffen, in dem man gescheiterten Unternehmen den Gnadenschuß gibt und sie nicht mehr jahrelang ans Beatmungsgerät hängt? Durch die drei Demokratisierungen wurde der Zusammenbruch der Sowjetunion und der kommunistischen Wirtschaftsform in China unvermeidlich. Vielleicht haben sie auch den Zusammenbruch der korrupten Regime in Albanien und Indonesien unvermeidlich gemacht. Vielleicht haben sie auch den Zusammenbruch von Japans manipuliertem und allzu behütetem Wirtschaftssystem verursacht. Aber sie führen nicht notwendigerweise dazu, daß diese Länder in dem neuen System der Globalisierung Erfolg haben.

Sehen wir uns die drei wichtigsten betroffenen Länder an – Rußland, China und Japan. Was erkennen wir bei näherem Hinsehen? Wir haben es mit drei großen, mächtigen Nationalstaaten zu tun, die äußerlich wie Schwergewichtsringer wirken und rundum mit Muskeln bepackt sind, tatsächlich aber alle an einer schweren Herzkrankheit leiden. Ihre Herzen – das heißt das Betriebssystem und die Software, die das Blut in die industriellen Muskeln pumpen – sind verstopft, es fließt zuviel Blut in die Füße und zuwenig in den Kopf und andere Körperteile. Rußland ist nur mit einer Herztransplantation zu helfen. China braucht einen fünffachen Bypaß. Und Japan sollte Medikamente nehmen, die den Cholesterinspiegel radikal senken. (Frankreich, Deutschland und ein paar andere Länder in Westeuropa müssen nicht ganz so radikal behandelt werden. Aber auch sie werden eine strenge fettfreie Diät befolgen müssen, damit sie in ihre Version der Goldenen Zwangsjacke – die Europäische Währungsunion– hineinpassen. Die Diät wird manchmal sehr unangenehm sein und einige tiefe Veränderungen im Lebensstil erfordern, weshalb die Europäische Währungsunion politisch sehr viel schwerer zu erhalten sein wird, als viele meinen.)

Die Verantwortlichen in Rußland, China und Japan sträuben sich jedoch gegen die erforderliche Radikalkur. Ich bin in einer Zeit aufgewachsen, als die größte äußere Bedrohung der USA in der militärischen Stärke der Sowjetunion und Chinas und der wirtschaftlichen Stärke Japans bestand. Dagegen werden meine heute zehn- und dreizehnjährigen Töchter vermutlich in einer Zeit erwachsen werden, in der die größte Bedrohung der USA von der militärischen *Schwäche* Chinas und Rußlands und der wirtschaftlichen *Schwäche* Japans ausgeht. Die Anpassung an das neue System wird für alle drei Länder extrem schwierig werden. Selbstverständlich sind sie sehr verschieden und sehen sich verschiedenen Herausforderungen gegenüber, doch die Unterschiede sind nicht so groß, wie man vielleicht meinen könnte.

An dieser Stelle will ich Ihnen ein kleines Geheimnis verraten: Die japanische Volkswirtschaft war der chinesischen schon immer sehr viel ähnlicher als der us-amerikanischen. Oder wie es Walt Mossberg, der Technologiekolumnist des *Wall Street Journal,* gerne ausdrückte: »Japan war das erfolgreichste kommunistische Land der Welt«. Es war wirklich das einzige Land, in dem der Kommunismus tatsächlich funktionierte. Während der ganzen Zeit des Kalten Krieges wurde es von einer einzigen Partei, den Liberaldemokraten (LDP), regiert. Unter der Herrschaft der LDP wurde der japanische Staat genau wie der chinesische und der sowjetische von einer Nomenklatura, einer Elite-Bürokratie, regiert. Häufig entschieden die Elitebürokraten darüber, in welchem Bereich Ressourcen eingesetzt wurden. Die japanischen Medien waren unglaublich fügsam. Sie wurden zwar nicht offiziell von der Regierung kontrolliert, aber doch stark gelenkt. Die japanische Bevölkerung verhielt sich durch und durch konformistisch, und wer aus der Reihe tanzte, mußte einen hohen Preis bezahlen. Nonkonformisten wurden zwar nicht in den Gulag gesteckt, aber in eine Art zwischenmenschliches Sibirien. Sie bekamen das Etikett »Madogiwazoku«, »die aus dem Fenster schauen«, weil sie mit dem Rücken zu ihren Arbeitskollegen ans Fenster gesetzt und gemieden wurden. Die konformistische Mehrheit der Bevölkerung nahm lange Arbeitszeiten als Preis für einen steigenden Lebensstandard, lebenslange Arbeitsverträge und ein vergleichsweise ruhiges Dasein in Kauf. In Japan gab es Zwangssparprogramme, durch die Bürger und Unternehmen gezwungen wurden, zu sparen und zu investieren, statt zu konsumieren. Wenn der Sowjetkommunismus so gut funktioniert hätte wie die japanische Version, hätte Moskau nie den Kalten Krieg verloren.

Natürlich ist diese Schilderung ein bißchen einseitig, denn die japanische Wirtschaft hat auch ein starkes marktwirtschaftliches Element. Ein Drittel der japanischen Wirtschaft von heute besteht aus hochmodernen, weltweit konkurrenzfähigen Franchiseunternehmen wie Sony, Mitsubishi, Canon und Lexus. Sie zählen zu den leistungsfähigsten Unternehmen der Welt und bringen Japan eine Menge Geld ein. Mit diesem Geld schützt der japanische Staat die restlichen zwei Drittel der Wirtschaft – das kommunistische Segment, das aus aufgeblähten, verkalkten Dinosaurierunternehmen besteht, die nur noch dank der protektionistischen Barrieren überleben, die der Einparteienstaat errichtet hat. Japan hat im Kalten Krieg so viel Geld angespart, daß es das erste Jahrzehnt der Globalisierung überstand, ohne unterzugehen, obwohl seine Wirtschaft seit 1992 praktisch nicht mehr wächst. Korea dagegen war am japanischen Modell orientiert, verfügte jedoch nicht über die Reserven Japans, als alle Dämme brachen. Deshalb mußte sich Korea schmerzhaft, brutal und praktisch ohne Vorwarnung anpassen.

Wenn Japan eine Stagnation auf Dauer vermeiden will, wird letztlich auch der kommunistische Sektor seiner Wirtschaft genau wie in Rußland und China »privatisiert« werden müssen. Ineffiziente Firmen und Banken müssen den Fangschuß erhalten, ihr totes Kapital wird auf effizientere Firmen übertragen. Die japanische Geschichte lehrt, daß dieses Land zu Veränderungen und zur Anpassung an neue Systeme fähig ist, aber erst dann, wenn sich eine Krise so verschärft, daß kein anderer

Ausweg bleibt. Ich habe keinen Zweifel, daß Japan wieder eine furcht-einflößende Wirtschaftsmacht werden kann, aber es muß eine Reihe von schmerzhaften sozialen, kulturellen und politischen Anpassungs-schritten vornehmen. Man denke nur an die schöne alte japanische Tra-dition, die Aufsichtsräte fast aller Publikumsgesellschaften – mit Aus-nahme der allermodernsten, amerikanisierten Firmen wie Sony – mit pensionierten und aktiven leitenden Angestellten zu besetzen, so daß die Aktieninhaber praktisch keine Stimme haben. Unabhängige, von außen kommende Vorstandsmitglieder gibt es so gut wie nicht in Japan. Bei einer derartigen Inzucht kann unmöglich der Antrieb entstehen, daß sich die im kommenden Jahrzehnt notwendigen Veränderungen und die unvermeidliche kreative Zerstörung mit der erforderlichen Geschwin-digkeit vollziehen. Wird sich Japan am Ende anpassen? Es muß. Aber es wird nicht ohne Schmerzen abgehen.

Die kulturellen Normen der US-amerikanischen Gesellschaft – Flexi-bilität und Transparenz – passen sehr gut zu den im System der Globa-lisierung meistgeschätzten Normen – Flexibilität und Transparenz. In Japan gibt es diese Übereinstimmung nicht. Seine Kultur ist durch Ge-heimhaltung und Undurchsichtigkeit gekennzeichnet, und sein System ist bekannt für mangelnde Flexibilität. Je größer die Diskrepanz zwi-schen den kulturellen Normen eines Landes und den Normen des glo-balisierten Systems, desto schmerzhafter wird der Anpassungsprozeß sein. In der muslimischen Welt tragen fromme Frauen einen Schleier vor dem Gesicht, um die Welt auszuschließen. In Japan ist das ganze Land verschleiert. Der Schleier ist hauchdünn und manchmal kaum wahrzunehmen, aber er ist da, und er schließt sehr viel mehr von der Welt aus, als der durchschnittliche Besucher ahnt.

Auch für China wird die Anpassung schwierig sein – nicht aus kulturel-len Gründen, sondern aus politischen. China hat den Willen, aber es kennt den Weg nicht. Manche strategische Denker machen den großen Fehler, davon auszugehen, daß China von heute an kontinuierlich wirt-schaftlich und militärisch wachsen wird, bis es in 20 Jahren mit den Vereinigten Staaten konkurrieren kann und ihnen als Supermacht eben-bürtig ist. Ich glaube nicht an eine solche Entwicklung.

Verstehen Sie mich nicht falsch. China könnte in 20 Jahren durchaus ein wirtschaftliches und militärisches Kraftpaket sein, das den USA ebenbürtig ist – aber der Weg dorthin wird nicht geradlinig verlaufen. Es liegt eine große Schwelle auf dem Weg, die das chinesische Tempo stark verlangsamen wird. Etwa 40 Prozent der chinesischen Wirtschaft bestehen heute noch aus Unternehmen und Banken in Staatsbesitz, viele davon sind im Grunde bankrott oder sehr unproduktiv. Für die Millionen Beschäftigten in diesen Unternehmen kann der Staat nur sorgen, wenn er die Unternehmen privatisiert, die schwachen schließt oder zusammenlegt und Kapital in die effizienten und profitablen pumpt. Und ohne massive Arbeitslosigkeit kann China das nur bewerkstelligen, wenn üppig ausländische Investitionen ins Land fließen.

Zwar zieht China heute schon hohe Direktinvestitionen aus dem Ausland in bestimmten, dazu ausersehenen Fabriken an, aber seine Währung ist nicht voll konvertibel, und es verfügt über keinen Aktien- und Anleihemarkt, auf dem Ausländer frei agieren könnten. Außerdem herrschen Filz und Vetternwirtschaft, und das schreckt ausländische Investoren zunehmend ab. Die kommunistische Partei führt eine Reihe von Geschäften und korrupten Unternehmen, um sich zu finanzieren und sich an der Macht zu halten. Ein Beispiel für das Ausmaß der offiziellen Korruption in China kam im Oktober 1998 durch ein Gutachten über die Getreidekäufe des chinesischen Staates ans Licht. Es enthüllte, daß von den seit 1992 für Getreidekäufe reservierten 65 Milliarden Dollar 25 Milliarden oder fast 40 Prozent »verschwunden« waren. Wie das Magazin *Time* am 2. November 1998 berichtete, fand man bei Nachforschungen heraus, daß ein Großteil des fehlenden Geldes von Regierungsbeamten in luxuriöse Wohnhäuser, in spekulativen Wertpapierhandel und in Autos und Handys gesteckt worden war. China befindet sich in dem Dilemma, daß es nicht genug Kapital von der Elektronischen Herde anziehen kann, um die bankrotte staatliche Hälfte seiner Wirtschaft zu sanieren, wenn es nicht sein gesamtes Betriebssystem von DOS-Kapital 1.0 auf 6.0 aufrüstet und eine wirklich rechtsstaatliche Software installiert. Doch das wird sich ganz und gar nicht mit den Gepflogenheiten und Interessen seiner korrupten Staatspartei vertragen.

Deshalb darf man nicht von einer geradlinigen Entwicklung Chinas in den nächsten 20 Jahren ausgehen und einfach annehmen, daß es unter dem heutigen autoritären System immer reicher wird und die Kommunistische Partei Chinas einfach weiterregiert. Das ist Unsinn. An einem bestimmten Punkt wird China entweder nicht mehr reicher werden, oder es wird nicht mehr so autoritär sein wie heute. Auf jeden Fall wird sich etwas ändern, denn die chinesische Regierung kann sich heute noch erheblich mehr Fehler leisten, als wenn das Land erst voll an die Elektronische Herde angeschlossen sein wird. Wer hier anderer Ansicht ist, glaubt Chinas Führern unbesehen und macht sich nicht bewußt, welche enormen Herausforderungen China im Kontext der Globalisierung bestehen muß. Der chinesische Anpassungsprozeß wird kein Zuckerschlecken sein. Wenn 1,2 Milliarden Menschen mit einer Geschwindigkeit von 130 Stundenkilometern auf ein Hindernis aufprallen, spürt die ganze Welt die Erschütterung.

Das gilt noch viel mehr für Rußland, da es auf einem so viel niedrigeren Niveau beginnt als China und Japan.

Selbstverständlich ist Rußland nach wie vor eine waffenstarrende Atommacht. Nach Rußlands Integration in das globalisierte System bedroht heute und auf absehbare Zeit jedoch seine Schwäche und nicht mehr seine Stärke die politische und wirtschaftliche Stabilität der Welt. Der Supergau der russischen Volkswirtschaft im August 1998 fügte den westlichen Finanzinstitutionen in einem Monat mehr Schaden zu als der Sowjetkommunismus in 70 Jahren. Einige Politiker und außenpolitische Experten sind aber so verliebt in den Kalten Krieg, daß sie Rußland immer noch für die Sowjetunion halten und meinen, sie lebten immer noch im internationalen System des Kalten Krieges. Nazideutschland, das die ganze Welt in den Krieg stürzte und sechs Millionen Juden vernichtete, hat sich zum allgemeinen Erstaunen im Lauf von zwei Generationen in eine blühende Demokratie verwandelt und gilt heute als eine der lebendigsten Demokratien der Welt. Rußland aber wird von den Kalten Kriegern immer noch als ein Land behandelt, das sich nicht wandeln kann und vom Schicksal dazu ausersehen ist, der geopolitische Feind der USA zu sein – für immer und ewig.

Nein, natürlich sollte man das Rußland von heute nicht wie Kanada betrachten, nur weil dort einmal demokratische Wahlen stattgefunden haben und Boris Jelzin gelernt hat, im Internet zu surfen. Es ist ein großes Land mit einer großen Geschichte und mit einem großen Vorrat an Atomwaffen, und es wird weiterhin mit den USA um Einfluß ringen. Dies aber gilt auch für Frankreich und alle anderen großen Mächte. Doch Rußland ist nicht mehr die Sowjetunion. Rußland befindet sich im Kontext eines stark veränderten internationalen Systems mitten in einem Umbruch mit ungewissem Ausgang. Vielleicht wird es nicht in der Lage sein, den Übergang zu DOS-Kapital 1.0 zu schaffen, von 6.0 ganz zu schweigen, aber es ist nicht entschieden, daß es ihn nicht schafft. Wie in China und Japan haben die USA und Westeuropa auch bei der Transformation in Rußland sehr viel zu verlieren, und sie können diesen Prozeß allenfalls beeinflussen, nicht seinen Ausgang bestimmen. Deshalb war ich gegen die Erweiterung der NATO. Im globalisierten System sind die für die USA zentralen Probleme der mögliche Verkauf von Atomsprengköpfen auf dem Schwarzen Markt, die Reduzierung der strategischen Atomraketen, die Umweltzerstörung, das Containment von »Schurkenstaaten« wie dem Irak und Nordkorea und Finanzprobleme, die sich wie ein Virus rund um die Welt ausbreiten. Keines dieser Probleme kann von den USA ohne die Kooperation eines einigermaßen stabilen und sich demokratisierenden Rußland wirksam angegangen werden. Rußland für eine Zusammenarbeit zu gewinnen und alles zu tun, um den politischen Reformprozeß dort zu fördern, sollte für die USA deshalb erste Priorität haben – nicht eine NATO-Erweiterung, die die Zusammenarbeit mit Moskau nur erschweren kann.

Anfang 1998 saß ich im Prager Büro des stellvertretenden tschechischen Außenministers Karel Kovonda. Während er beredt begründete, warum die NATO die Tschechische Republik aufnehmen sollte, stellte er Überlegungen über die Auswirkungen der Globalisierung in seiner unmittelbaren Nachbarschaft und in ganz Tschechien an.

»Ich genieße die internationale Atmosphäre hier, seit der Kalte Krieg zu Ende und die Tschechische Republik offen für die Welt ist«, sagte Kovonda. »Mein Kind geht zusammen mit einem Mädchen aus Korea und mit Kindern aus Kroatien und Bosnien in den Kindergarten. Ich kann im Laden an der Ecke Spezialitäten aus China kaufen. Doch die Kehrseite der Medaille ist, daß sich im Haus neben uns Mitglieder der ukrainischen Mafia eingenistet haben. All das in meiner kleinen Prager Trabantenstadt. Und es gibt ein wachsendes Mißtrauen und wachsendes Unbehagen wegen des dramatischen Anstiegs der Ausländer, die in diesem Land illegal wohnen, illegal arbeiten, illegal Handel treiben und illegale Unternehmen führen, entweder in der finstersten Provinz oder mitten in Prag. Sie können heute in der Tschechischen Republik beide Seiten der Globalisierung sehen; wir liegen an einem Ort, wo sich die Straßen Europas kreuzen, und sind die erste Station für eine Menge illegaler Einwanderer aus dem Osten, doch unsere gemeinsame Grenze mit Deutschland [ist jetzt nicht mehr so offen]. Auf meinem Schreibtisch habe ich einen Bericht der höchsten Geheimhaltungsstufe über das internationale organisierte Verbrechen und die kriminellen Aktivitäten in diesem Land. In der alten Zeit unter den Kommunisten wäre viel von alledem unmöglich gewesen. Als die Kommunisten hier noch die Macht hatten, konnte man die halbe Zeit kein Visum für unser Land bekommen, heute darf man ohne Visum einreisen. Der Schmuggel von spaltbarem Material ist die größte Gefahr. Wir haben Leute erwischt, die spaltbares Material aus Ländern östlich von uns in Länder südlich von uns schmuggelten. Diese Gefahren machen vielen Menschen bei uns große Sorgen ...«

Ich nickte nur und verzichtete auf die Frage, wo das ganze spaltbare Material seiner Ansicht nach denn herkam und wie er das Problem lösen wollte, wenn Rußland durch die NATO-Erweiterung brüskiert würde.

In Rußland, China und Japan versuchen Politiker aus der Zeit des Kalten Krieges den Übergang in das Zeitalter der Globalisierung zu managen, und viele sind der Aufgabe einfach nicht gewachsen. Eine radikale Wende ist dort vermutlich erst dann zu erwarten, wenn die von Robert Hormats so genannte »Generation der Jahrtausendwende« – die im System der Globalisierung erwachsen wurde – die Macht übernimmt. »Wenn mich jemand fragt«, sagt Hormats, »wie sich denn in Rußland ein politischer Wandel bewerkstelligen lassen soll, sage ich, das ist ein Prozeß, der zuerst neun Monate und dann einundzwanzig Jahre dauert. Und Rußland befindet sich gegenwärtig mitten im zweiten Teil des Prozesses.«

Besorgniserregend ist, was in der Zwischenzeit geschieht, solange wir noch auf die neue Generation warten. Ich habe weiter oben Unternehmen mit Ländern verglichen, und der Vergleich hat einiges für sich. In einer Hinsicht werden Länder jedoch nie wie Unternehmen sein. Unternehmen können aufsteigen, scheitern, niedergehen und verschwinden. Länder können ebenfalls aufsteigen, scheitern und niedergehen – aber sie verschwinden nur sehr selten. Statt dessen bestehen sie als gescheiterte Staaten fort. Stellen Sie sich vor, IBM geht bankrott, bleibt aber mit all seinen unbezahlten Verkäufern und Managern am Markt, verkauft Computerteile auf dem Schwarzmarkt, legt alte Kunden herein und versucht zu zeigen, wie bedeutend es noch immer ist, indem es seinen alten Konkurrenten in jeder Hinsicht Knüppel zwischen die Beine wirft.

Ein Grund, warum die erste Globalisierung vor 1914 zusammenbrach und in den Ersten Weltkrieg mündete, war, daß Österreich-Ungarn, einer der wichtigsten Staaten im europäischen Gleichgewichtssystem, einen langen, langsamen Machtverlust erlebte, der sich zwischen 1909 und 1914 beschleunigte. Die Regierung von Österreich-Ungarn erkannte, daß sie militärisch und politisch mit den anderen Großmächten nicht mehr mithalten konnte. Anstatt diese Demütigung ruhig hinzunehmen, führte sie sich auf wie der Revolverheld, der sich auf ein Pokerspiel eingelassen hat, das er nicht gewinnen kann – er stürzt den Tisch um und ballert los. Österreich-Ungarn tat genau dies, indem es sich mit dem Deutschen Reich verbündete, um Serbien in einem lokalen

Krieg auszuschalten, wohl wissend, daß das zu einem Krieg mit Rußland und zum Weltkrieg führen konnte.

Wenn Serbien, Albanien und Algerien verrückt spielen, kann das sehr unangenehm werden, aber es ist keine Bedrohung für das System als Ganzes. Es ist jedoch völlig unklar, was passieren wird, wenn große Staaten wie Rußland, China oder Japan bei der Globalisierung scheitern und noch immer über die militärische Macht aus dem alten System verfügen. Wer keine Mikrochips machen kann, wird dann vielleicht Ärger machen.

Einfach zu vernetzt

Eine weitere Bedrohung der Globalisierung durch die Globalisierung könnte darin bestehen, daß das System so gut läuft und die Welt so eng vernetzt ist, daß kleine Gruppen – ob Investoren oder Supermächtige Zornige Männer – durch ihr Wüten das ganze Gebäude zum Einsturz bringen können. Wenn man heute mit Investmentbankern an der Wall Street über den Einbruch der Aktienkurse im August/September 1998 spricht, sagen sie, am meisten habe sie damals die gewaltige Vernetzung des Systems überrascht. Keines ihrer Modelle zur Risikobegrenzung – die auf früheren Zusammenhängen zwischen Investitionsverhalten und bestimmten Ereignissen basierten – hatte die Art von Kettenreaktionen vorausahnen lassen, die 1998 über die Aktienmärkte hereinbrach und die Vorstellung, man könnte durch Diversifikation Risiken begrenzen, lächerlich erscheinen ließ. Unternehmen, die geglaubt hatten, sie wären durch Investitionen in verschiedene Finanzpapiere mit unterschiedlichen Laufzeiten, in unterschiedlichen Währungen, in verschiedenen Märkten, in verschiedenen Ländern ausreichend diversifiziert, mußten schnell erkennen, daß es kein Entrinnen gab, als die Märkte zum Sturzflug ansetzten. Ein Glied in der Kette riß das andere mit. Durch die Globalisierung wird diese Kette mit jedem Tag länger und dichter, und die furchterregende Wahrheit lautet, daß wir noch nicht genau wissen, was diese starke Vernetzung wirklich bedeutet, und wie man sich schützt, wenn eines der Glieder schwächer wird.

Die starke Vernetzung ist nicht nur für die Finanzmärkte kennzeichnend. Denken Sie nur an das sogenannte Jahr-2000-Computerproblem. Es hat seine Wurzeln in den fünfziger Jahren, als die ersten Computerprogramme geschrieben wurden. Die Computer hatten damals noch eine sehr geringe Speicherkapazität, und die Programmierer wollten nicht durch genaue Datumsangaben wertvollen Speicherplatz verschwenden, zumal das Jahr 2000 damals weit weg schien. Um Platz auf den Lochkarten zu sparen, die man seinerzeit zum Programmieren verwendete, wurde das Datum nur mit sechs Stellen angegeben – zwei für den Tag, zwei für den Monat und, Sie haben es erraten, zwei für das Jahr. Dabei blieb man, bis die Jahrtausendwende bedrohlich näherrückte und die Unternehmen erkannten, daß das Verfahren Probleme verursachen könnte. Viele ältere Computer werden nämlich den Wechsel vom 31.12.99 zum 1. Januar 2000 nicht als Wechsel zum 01.01.2000 interpretieren, sondern zum 01.01.00, und das heißt für sie, daß wir wieder das Jahr 1900 haben. In der Folge werden manche Computer schlicht erstarren, und andere werden falsche Antworten geben oder falsche Anweisungen erteilen. Zwar werden die meisten Computer in den Vereinigten Staaten und anderen reichen entwickelten Ländern die Umstellung bewältigen, aber niemand weiß ganz genau, was etwa mit der computergesteuerten Strom- und Wasserversorgung und den Flugsicherungssystemen in den weniger entwickelten Ländern geschehen wird, mit denen die USA und die anderen entwickelten Länder vernetzt sind. Was passiert, wenn die Federal Reserve Bank der USA ein Geschäft mit der pakistanischen Notenbank machen will? Was passiert in den Bordcomputern eines Passagierflugzeugs von Aeroflot, das am Abend des 31. Dezember 1999 in Moskau startet und am Morgen des 1. Januar 2000 auf dem John-F.-Kennedy-Flughafen in New York landen soll? Ich möchte dann lieber nicht in der Nähe der Landebahn sein.

Aber auch wenn wir den 1. Januar 2000 überstehen, werden wir weiter Computerprobleme haben. Man denke nur daran, daß eine Atomexplosion hoch in der Atmosphäre eine gewaltige elektromagnetische Ladung freisetzt. Wenn irgendein Terrorist oder ein Schurkenstaat am Himmel über den USA auch nur einen kleinen nuklearen Sprengsatz zündet, würde das alle Computer im ganzen Land so durcheinanderbringen, daß das Problem der falsch programmierten Jahrtausendwende dagegen ein Klacks ist. Tim Weiner erklärt das Phänomen in seinem Buch *Blank Check* folgendermaßen: »Die Zündung eines Atomsprengkopfs 500 Kilometer über Omaha würde die USA augenblicklich von einer Küste zur anderen mit einer Flut geladener Elektronen bombardieren. Jedes elektronische System, jeder Radiosender, jedes Computersystem im Land würde von einer Art hundertfach verstärktem Blitzschlag getroffen. Ein gewaltiger Stromschlag von bis zu 50000 Volt würde durch das gesamte Stromnetz der USA fließen. Das Phänomen wurde 1962 entdeckt, als die USA hoch über dem Pazifik drei Atomwaffen zündeten. Obwohl die Tests 1300 Kilometer von Hawaii entfernt stattfanden, gingen in ganz Oahu die Straßenlaternen aus, und in Honolulu spielten die Alarmanlagen verrückt.«

Im Gegensatz zum Jahr-2000-Computerproblem sind die Auswirkungen eines solchen Ereignisses laut Weiner das, was Ingenieure als eine »bekannte Unbekannte« bezeichnen: ein bekanntes Problem, dessen Lösung noch unbekannt ist.

Einfach zu aufdringlich

Wie ich dargelegt habe, ist es einer der positiven Aspekte der Globalisierung und der Elektronischen Herde, daß sie Transparenz in Finanzgeschäften fördern. Sowohl Länder als auch Unternehmen, die sich der Herde anschließen wollen, müssen dem Markt Dinge enthüllen, die sie bisher geheimhalten konnten. Aber genau wie sich Unternehmen und Länder nirgends mehr verstecken können, können sich auch Individuen immer weniger verstecken. Jeder Anruf, jede Rechnung, jedes gekaufte rezeptpflichtige Medikament, jedes ausgeliehene Video, jeder Flug, jede Nutzung eines Geldautomaten wird irgendwo in einem Computer der Elektronischen Herde registriert, und man weiß nie, wann sich das einmal rächen wird. Wenn Sie beispielsweise eine Affäre mit dem Präsidenten der Vereinigten Staaten haben, müssen Sie damit rechnen, daß ein Sonderermittler eines Tages jeden Anruf ermittelt, den Sie beim Präsidenten gemacht haben, und über jede Krawatte Bescheid weiß, die Sie dem Präsidenten mit Ihrer Kreditkarte gekauft haben. Ober besuchen Sie vielleicht öfter die pornographische Website »Hot Sex«? Wenn ja, dann bedenken Sie bitte, daß Websites heute so eingerichtet sind, daß jeder, der sie besucht, ein sogenanntes Cookie hinterläßt. Das ist eine Art elektronischer Fingerabdruck, der sich auf Ihren Rechner zurückverfolgen läßt. Online-Händler lieben die Cookies, weil sie ihnen zeigen, wer ihre Sites besucht, so daß sie die Besucher dann per Direktmarketing mit allen möglichen Angeboten bombardieren können. Keiner weiß, ob die Cookie-Spuren, die er hinterläßt, nicht eines Tages in einer Datenbank landen, auf die jedermann zugreifen kann.

Das beunruhigt Sie nicht weiter, sagen Sie? Dann überlegen Sie sich einmal folgendes: 1998 sah ich im Fernsehen eine Werbesendung für ein Produkt namens Guard Dog, »Wachhund«, eine Software zur Datensicherung und Verschlüsselung für Ihren Computer und Ihre private Website. Der Werbespot zeigt eine schemenhafte Gestalt, die durch einen heruntergelassenen Fensterladen späht, und dazu sagt eine Stimme im Off: »Das Internet ist Ihr Fenster zur Welt«, aber es kann auch »das Fenster zu Ihnen« sein. Wer letzteres nicht will, sollte sich die Guard-Dog-Software kaufen, denn sie verhindert, »daß das Web in Ihnen surft«. Einige Monate später sah ich in ABC News einen Bericht, der zahlreiche Gründe lieferte, sich Guard Dog anzuschaffen. Nach einer landesweiten Umfrage vom Sommer 1998 sind »81 Prozent der US-Amerikaner der Ansicht, daß Daten über sie, etwa über ihre Kreditwürdigkeit, ihre Krankheiten und ihre finanziellen Verhältnisse, nicht sicher genug sind«. Weiter hieß es, daß manche Staaten wie Texas bereits ihre Strafakten ins Netz stellen. Für 3,15 Dollar pro gesuchtem Namen können Sie das texanische Vorstrafenregister einsehen. Das Offshore-Unternehmen PublicData mit Sitz auf der Antillen-Insel Anguilla kauft in großem Maßstab öffentliche Akten und stellt sie in einer Datenbank ins Netz, die man für nur drei Cents pro Suchvorgang nutzen kann. PublicData bietet Zugriff auf eine ständig wachsende Zahl von Strafregistern, Registern für Gerichtsakten und Wählerregistern einiger Counties, Führerscheinunterlagen und so weiter. Im Zeitalter der Internet-Geschäfte und der Zahlung per Kreditkarte im Netz, im Zeitalter von Instrumenten wie TEMPEST (Transient Electronic Pulse Emanation Surveillance Technology) – einem Satz elektronischer Sensoren, die bis auf eine Entfernung von 800 Metern durch Wände hindurch den Inhalt jedes Computerbildschirms registrieren können – »wird das Recht, in Ruhe gelassen zu werden, durch das Recht zu spionieren außer Kraft gesetzt«, wie es am Schluß des ABC-Berichts hieß.

Manchmal gerät die Technik schlicht außer Kontrolle. Im Dezember 1998 berichtete USA Today, daß ein beliebter Handheld-Computer, der nach Herstellerangaben eigentlich Daten, Adressen und Notizen speichern soll, »so programmiert werden kann, daß er Autoschlösser öffnet, indem er die Codes der Fernbedienungsschlüssel kopiert. Mit zusätzlicher Software kann der für 369 Dollar erhältliche Palm III das Infrarotsignal eines Autoschlüssels bis auf eine Entfernung von etwa drei Metern registrieren.«

Wenn die Menschen die Globalisierung eher als etwas erfahren, das in ihr Leben eindringt und ihre Privatsphäre verletzt, denn als ein Mittel, in die Welt auszugreifen, und wenn sie das Gefühl bekommen, daß das Web mehr in ihnen surft als sie im Web, dann werden sie am Ende neue Mauern errichten.

Einfach zu unfair gegenüber zu vielen Leuten

Julia Preston, Ende der neunziger Jahre Korrespondentin der *New York Times* in Mexico City, erzählt eine wundervolle Geschichte, die die Spannung zwischen Globalisierungsgewinnern und Globalisierungsverlierern in Mexiko verdeutlicht.

»Am 1. Mai 1996«, erinnerte sie sich, »fand in Mexico City eine große Demonstration statt. In dem Jahr war das Sparprogramm der Regierung in Kraft getreten, und deshalb war die Demonstration wirklich riesig. Auch eine Menge Gewerkschaften, die eigentlich mit der Regierung eine Übereinkunft getroffen hatten, mißachteten das Demonstrationsverbot und gingen auf die Straße. Ich befand mich mitten im Block der ›Gewerkschaft der Universitätsangestellten‹, die auf eine lange Tradition linken Engagements zurückblicken kann und besonders lautstark demonstrierte. Die Stimmung war aggressiv und feindselig. Die Demonstranten skandierten ›Muera Ortiz‹, wünschten also dem mexikanischen Finanzminister Ortiz den Tod. In diesem Tumult piepste das Handy in meiner Handtasche, und der Sekretär von Ortiz teilte mir mit, daß der Finanzminister mich zu sprechen wünsche. Ich sagte dem Sekretär, daß ich im Demonstrationszug stecke und es viel zu laut sei zum Telefonieren. Ich schob mich durch die Menge hindurch zu einem Gebäude, um einen ruhigeren Platz zum Telefonieren zu haben, aber auch um mich innerlich auf das Gespräch mit Ortiz vorzubereiten. Schließlich kam der Minister ans Telefon, und ich sagte: ›Herr Minister, hier sind sehr viele Menschen, die nicht mit Ihrer Wirtschaftspolitik einverstanden sind.‹ Er lachte leise, und es wurde schnell klar, daß ihn das nicht interessierte. Er hatte mich angerufen, um mir mitzuteilen und sich mit mir zu freuen, daß Mexiko gerade seine erste dreißigjährige Anleihe plaziert hatte. Es war das erste Mal seit dem Zusammenbruch des Pesos [im Jahr 1995], daß Mexiko ohne us-amerikanische Unterstützung eine langfristige Anleihe an der Wall Street hatte plazieren können, und sie war sehr gut angekommen. Der Minister war also ganz aus dem Häuschen vor Glück, und ich stand unmittelbar neben einer demonstrierenden Menge, die seinen Tod forderte.«

Ortiz konnte einen solchen Tag überleben – und die Globalisierung kann einen solchen Tag überleben –, solange genug Leute in Mexiko finden, daß ihnen das System ausreichend Vorteile bietet, und sie es tolerieren. Sie gehen vielleicht gelegentlich auf die Straße und protestieren gegen eine bestimmte Politik oder für eine bestimmte gewerkschaftliche Forderung. Aber diese mexikanischen Arbeiter verbünden sich nicht mit Subkommandante Marcos1 und der zapatistischen Guerilla, die Mexiko vom System abkoppeln wollen. Noch nicht.

Daß sie es noch nicht tun, liegt vor allem daran, daß die Elektronische Herde und die Supermärkte, wenn sie sich ein Land wie Mexiko zurechthämmern, Verbesserungen schnell belohnen – sie kaufen dann mehr Produkte und erhöhen die Investitionen, sobald das Land seine Wirtschaft in Ordnung gebracht hat. Das Wachstum, das dabei herauskommt, ermöglicht es den Ortizes dieser Welt zu überhören, wenn ihr Tod gefordert wird, und zu den Arbeitern zu sagen: »Haltet nur noch ein Weilchen zu mir, und ich verspreche euch, daß alles gut wird.«

Was aber würde passieren, wenn die USA und Europa zugleich in eine Rezession gerieten und Japan weiterhin stagnierte und den Abschwung nicht kompensieren könnte? Die Elektronische Herde könnte dann regelrecht an Auszehrung leiden und wäre nicht mehr in der Lage, Mexiko, Brasilien oder Korea durch Aktienkäufe zu belohnen, wenn sie das Richtige tun – ihre Volkswirtschaft reformieren und die Goldene Zwangsjacke anlegen. Womöglich könnte die Elektronische Herde sich gar nicht mehr regen. Statt daß die USA und Westeuropa in großem Stil aus den Entwicklungsländern importierten und ihnen damit ermöglichten, ihre Wirtschaft durch Exporte wieder anzukurbeln, kämen die großen entwickelten Länder vielleicht in Versuchung, gegen weitere Importe neue protektionistische Schutzwälle zu errichten, um ihre eigenen schrumpfenden Arbeitsmärkte zu schützen. Würde das System auch dies überstehen? Wir wissen es nicht, weil wir in der ersten Dekade der Globalisierung nie mit diesem Szenario konfrontiert wurden. Wie es am 19. Dezember 1998 im *Economist* richtig hieß, wird die Globalisierung den ersten »echten Test« ihrer Stärke und Irreversibilität erst dann bestanden haben, wenn sie einen wirtschaftlichen Abschwung in den zentralen Supermärkten übersteht.

Einfach zu entmenschlichend

Einmal hörte ich im Autoradio, als ich auf dem Beltway in Washington unterwegs war, eine interessante Geschichte. Der Sender berichtete mit viel Tamtam, daß eine bestimmte Gesellschaft des New Yorker Kabelfernsehens bei Anrufen folgende neue Option bietet: »Wenn Sie mit einem Menschen sprechen wollen, wählen Sie eins.«

Ich wähle immer eins. Ich werde immer eins wählen, sogar bei der Ansage »Wenn Sie kein Tastentelefon haben, bleiben Sie bitte in der Leitung, dann hilft ihnen eine Telefonistin weiter…«, bleibe ich immer in der Leitung, obwohl ich längst ein Tastentelefon habe. Daß man immer die Eins wählen kann, ist entscheidend für den Erfolg der Globalisierung. Denn ab einem bestimmten Niveau muß man spüren, daß dieses System für Menschen gemacht ist, nicht für Maschinen, sonst wird es zutiefst abstoßend.

Was aber passiert, wenn es die Möglichkeit, eins zu wählen, nicht mehr gibt? Was passiert, wenn die Globalisierung irgendwann einfach zu standardisierend, zu dehumanisierend wird?

Mein Schwager Ted Century erfindet medizinische Geräte und hat seine eigene Werkstatt im Keller. Ted ist ein genialer Tüftler, der eigenhändig unglaublich raffinierte Präzisionsinstrumente herstellt. Als ich ihm eines Nachmittags von den Fortschritten im Online-Handel, beim Internet, in der Satellitentechnik und ähnlichem berichtete, hörte er eine Weile kopfnickend zu, und am Ende sagte er: »Ja, aber wo bleibt die Lebensqualität bei all dem Zeug?«

Dann erzählten mir Ted und meine Schwester Jane eine Geschichte, die ihnen wirklich zu schaffen gemacht hatte: »Wir fahren jedes Jahr im Sommer von unserem Haus in Philadelphia nach South Jersey hinunter und kaufen dort Produkte aus der Region. Besonders gern kaufen wir Jersey-Fleischtomaten, diese großen saftigen Tomaten, bei deren Anblick einem das Wasser im Mund zusammenläuft. Der Sandboden von Jersey, die Art, wie er das Wasser speichert, ist für Tomaten und Zuckermais einfach ideal. Deshalb hat Campbell's die Tomaten für seine Tomatensuppe auch immer von den kleinen Farmern dort bezogen. Das Beste an den Tomaten aber war, daß sie den Transport nicht gut vertrugen, also versuchte niemand, sie auf dem Weltmarkt zu verkaufen. Sie hatten auch alle möglichen Formen und Größen und diese häßlichen, aufgeplatzten Stellen oben drauf. Aber sie schmeckten einfach unglaublich gut. Wir unternahmen immer einen Extraausflug zu den Bauernmärkten in South Jersey und kauften pfundweise Tomaten. Daheim machten wir dann Salat und Tomatensuppe daraus. Freunde von uns aßen einmal so viel davon, daß sie von der Säure wunde Lippen bekamen. Man vergißt oft, daß Tomaten Früchte sind, doch die Fleischtomaten aus South Jersey schmeckten wirklich wie Früchte schmeckten. Tja, und dann, bei unserer jährlichen Tomatenfahrt im Sommer 1997, merkten wir, daß sie schwerer zu kriegen waren. Und im Sommer 1998 waren sie verschwunden. Einfach weg. Statt dessen gab es Tomaten, die alle dieselbe Größe hatten und so eine rosa Farbe und die nach Wachs schmeckten. Und auf einem der Bauernmärkte machte ein Typ seinen

Kühlbehälter für uns auf, und er hatte darin unzählige Kisten mit den neuen Tomaten sauber gestapelt. Er sagte, die neue Sorte lasse sich länger aufbewahren und weiter transportieren. Die Tomaten sahen alle gleich aus und hatten keine aufgeplatzten Stellen mehr. Der Mann sagte: ›Den Kunden gefielen die aufgeplatzten Stellen nicht.‹ Sie waren zu häßlich.«

An diesem Punkt mischte sich meine Schwester Jane in das Gespräch ein: »Noch schlimmer finde ich, daß sie diese miesen Ersatztomaten aus dem Labor immer noch ›Jersey-Fleischtomaten‹ nennen. Mit anderen Worten, sie haben die Tomate abgeschafft, aber sie haben den Markennamen behalten, also können sie die Labortomaten jetzt überall auf der Welt als Jersey-Fleischtomaten verkaufen, obwohl sie vollkommen anders aussehen und schmecken! Ich war richtig traurig über diese ganze Sache. Mir wurde schlagartig bewußt, daß ich ein echtes Stück Lebensqualität für immer verloren hatte und daß ich zu jung bin, um für den Rest meines Lebens Plastiknahrung zu essen. Es war wie der Blick in eine Zukunft, wo alle einzigartigen Dinge in unserem Leben in Plastik verwandelt sind.«

Mein Schwager ergänzte: »Nach dieser Reise, als uns klar war, daß unsere Tomaten nicht mehr verkauft werden, war mein erster Gedanke, im Internet nach Jersey-Fleischtomaten zu fahnden und festzustellen, ob jemand die richtigen Tomaten noch anbaut. Irgendwo muß es doch jemanden geben.«

Ted war auf der richtigen Spur. Wenn es noch einen Markt für die echten Jersey-Fleischtomaten gibt und die Samen noch zu bekommen sind, dann wird sicher irgendein Farmer im Internet eine Website einrichten – www.tomatoes.jerseybeefsteaks.com –, einen virtuellen Bauernmarkt, auf dem man vom heimischen PC aus original Jersey-Fleischtomaten bestellen, per VisaCard bezahlen und sie sich am nächsten Tag von Federal Express liefern lassen kann – wenigstens hoffe ich das.

Die Zukunft der Globalisierung kann davon abhängen.

Ob wir es schaffen, das richtige Gleichgewicht zwischen den Macht verleihenden und humanisierenden Seiten zu finden, die der Globalisierung inhärent sind, und den entmachtenden und dehumanisierenden Seiten, die ebenfalls zu ihr gehören, wird darüber entscheiden, ob die Globalisierung rückgängig zu machen ist oder nicht, ob sie nur eine vorübergehende Phase oder wirklich eine grundlegende Revolution in der Entwicklung der menschlichen Gesellschaft ist.

Im Juli 1998 brachte der *New Yorker* eine Karikatur mit zwei langhaarigen, bärtigen Hell's-Angels-Typen, der eine im T-Shirt mit einem Totenkopf, der andere auf seinem Motorrad sitzend. Sie haben sich offensichtlich gerade gegenseitig gefragt, wie es ihnen ergangen ist. Und der eine sagt zum anderen: »Wie mein Tag war? Die Aktien standen überwiegend freundlich.«

Genauso ist es auch mit der Globalisierung. Sie befindet sich immer in einem labilen Gleichgewicht und neigt sich mal der einen, mal der anderen Seite zu. Wir als Bürger dieser Welt haben die Aufgabe sicherzustellen, daß eine Mehrheit der Weltbevölkerung das Gefühl hat, daß die Entwicklung überwiegend freundlich aussieht. Nur dann wird die Globalisierung eine Zukunft haben. Kein Land aber hat mehr Verantwortung und mehr Macht, dafür zu sorgen, als die Vereinigten Staaten von Amerika.

18

Es gibt einen Weg nach vorn

Wenn eine freie Gesellschaft den vielen Armen nicht helfen kann, kann sie auch die wenigen Reichen nicht retten.

JOHN F. KENNEDY

Im Winter 1996 begleitete ich die damalige amerikanische UN-Botschafterin Madeleine Albright auf einer Reise zu den Kriegsschauplätzen in Afrika, wo Friedenstruppen der UNO stationiert waren. Die Reise führte uns in die vom Bürgerkrieg zerrissenen Länder Liberia, Angola, Ruanda und Burundi. In Ruanda, der letzten Station unserer Reise, bat Madeleine Albright ihren Stab und die Crew ihrer Boeing 737 der amerikanischen Luftwaffe, sich für ein Gruppenfoto auf der Landebahn des Internationalen Flughafens in Kigali zu versammeln. Ihr Flugzeug war weiß und blau gestrichen, wie eine Miniaturausgabe der Air Force One des Präsidenten, und auf dem Rumpf prangte der Schriftzug »United States of America«. Madeleine Albrights Stab und die Crew gruppierten sich auf der Gangway und unter den Tragflächen des Flugzeugs. Sie bestanden aus einem Griechisch-Amerikaner, einem Tschechisch-Amerikaner, jüdischen Amerikanern, schwarzen Amerikanern und weißen Amerikanern. Einige Besatzungsmitglieder stammten aus Kleinstädten und einfachen Verhältnissen, einige Experten des Außenministeriums hatten an Ivy League Colleges studiert, und nun warteten sie einträchtig Schulter an Schulter, bis das Foto gemacht war. Ich fand, daß ich als begleitender Journalist nicht mit auf das Bild gehörte, also hielt ich mich abseits und beobachtete, wie die ruandische Bodenmannschaft der amerikanischen Fotosession zusah. Die Ruander schauten ein bißchen spöttisch. Ich weiß nicht, wie die Szene auf sie wirkte, die die USA von ihrer besten Seite zeigte: den Gemeinschaftsgeist, den Schmelztiegel, die Bereitschaft, in fernen Ländern Fremden in Not zu helfen, die Freiheit und die Chance für jeden einzelnen, an die Spitze zu kommen, und vor allem ein Konzept von Staatsbürgerschaft, das auf der Treue zu einer Idee und nicht zu einem Stamm beruht. Dieses Bild enthielt alles, was Ruanda nicht war. Das Land hatte gerade einen blutigen Stammeskrieg hinter sich – ruandische Hutus gegen ruandische Tutsis. Eine Million Menschen waren darin getötet worden, manche brutal mit Macheten zerhackt. Ruanda war ganz Olivenbaum und vollkommen ohne Lexus, ein Land, das ganz aus knorrigen Wurzeln bestand, die einander erstickten, und ohne einen blühenden Zweig.

Während ich die Szene auf der Landebahn beobachtete, stieg Zorn in mir auf – weniger über die Tragödie in Afrika, sondern vor allem über die Haushaltsdebatte, die gerade im amerikanischen Kongreß tobte. Ich empfand damals und empfinde es heute noch stärker, daß wir in den USA etwas unglaublich Besonderes haben. Aber wenn wir es bewahren wollen, dann müssen wir auch dafür bezahlen, müssen wir es hegen und pflegen. Als ich jedoch 1996 den republikanischen Neuzugängen im Kongreß zuhörte, wurde mir klar, daß sie von einem üblen Geist erfüllt waren, daß sie keine Kompromisse eingehen wollten und daß die Regierung der Vereinigten Staaten für sie eine Art böser Feind war. Ich hörte Männer und Frauen, die darauf harrten, daß allein der Markt regieren sollte, und meinten, man müsse nur die ökonomischen Imperative des freien Handels und der Globalisierung beachten, dann werde sich alles andere von selbst regeln. Diese Abgeordneten schienen zu glauben, die USA hätten keine spezielle Verantwortung für die Erhaltung von Institutionen der Weltgemeinschaft wie der UNO, der Weltbank und des IWF, die bei der Stabilisierung eines internationalen Systems eine entscheidende Rolle spielen, von dem die USA mehr profitieren als jedes andere Land.

Und als mir all das auf der Landebahn von Kigali in den Sinn kam, dachte ich im stillen: Ja, meine frischgebackenen republikanischen Abgeordneten, ihr solltet mal nach Afrika reisen – das ist ein Paradies für Leute wie euch. Oh ja, in Liberia zahlt tatsächlich kein Mensch Steuern. In Angola gibt es kein Waffengesetz. In Burundi gibt es keine Sozialhilfe, wie wir sie kennen, und in Ruanda mischt sich kein »Big Government« in die freie Marktwirtschaft ein. Aber viele Menschen in Afrika wünschen sich garantiert, daß all dies anders wäre. Etwa die Frau an der Rezeption in meinem Hotel in Luanda, die mich ansah, als sei ich verrückt, weil ich sie fragte, ob ich die Straße vor dem Hotel gefahrlos drei Blocks hinuntergehen könne – die Hauptstraße der angolanischen Hauptstadt mitten am hellichten Tag.

»Auf keinen Fall«, sagte sie, und schüttelte heftig den Kopf. »Sehr gefährlich.« Ich wette, sie würde gerne mehr Steuern bezahlen, damit mehr Polizei auf den Straßen ist. Oder dieser liberianische Reporter, der in Monrovia von mir wissen wollte, warum die US-Marines nach dem Ausbruch des Bürgerkriegs im Jahr 1989 nur nach Liberia gekommen waren, um die US-Bürger herauszuholen, und dann das Land sich selbst überlassen hatten. »Wir dachten alle, jetzt kommen die Marines, jetzt sind wir gerettet«, sagte der Mann, »aber dann gingen sie wieder. Wie konnten sie einfach so wieder abhauen?« Der arme Mann, sein Land hat keine Marines, die ihn retten könnten. Ich wette, er hätte nichts dagegen, für ein paar gute Soldaten Steuern zu zahlen. In Liberia regt sich niemand über »Big Government« auf. Dort gibt es gar keine Regierung, über die man sich aufregen könnte – dank der Banden und Warlords, die das Land seit zehn Jahren beherrschen. Ja, die Liberianer werden sich vielleicht nie wieder über eine Regierungsbürokratie ärgern müssen. Tatsächlich war die einzige Vorschrift, die ich in Liberia sah, mit Klebeband an einem zerschossenen Fenster des liberianischen Abgeordnetenhauses befestigt. Sie lautete: »Legen Sie Ihre Waffen hier ab.«

Kein Unternehmer muß sich in Angola über lästige Arbeitsschutzbestimmungen aufregen oder über Sozialabgaben für Behinderte. Die 70 000 Angolaner, denen die in 25 Jahren Bürgerkrieg gelegten Minen Körperteile abgerissen haben, scheinen ganz gut allein zurechtzukommen. Man kann sie in bizarren, grotesken Verrenkungen durch Luandas Straßen hinken sehen, mit grob zurechtgeschnitzten Holzstöcken als Ersatz für ihre verlorenen Gliedmaßen und verzweifelt bemüht, etwas zum Essen aufzutreiben. In Ruanda und Burundi muß niemand für Vorschulerziehung, Arbeitslosenversicherung, staatliche Krankenversicherung, den öffentlichen Dienst oder Universitätsstipendien Geld aufbringen. Statt dessen gibt es einen brutalen Wettbewerb um die knappen Vorräte an Land, Energie und Wasser, und dabei dezimieren Tutsi und Hutu abwechselnd den jeweils anderen Stamm, damit sie sich mehr Ressourcen aneignen können.

Es hieß, die republikanischen Neuzugänge im Kongreß hätten kaum bezahlte Dienstreisen unternommen. Sie fürchteten, daß das in ihren Wahlkreisen schlecht ankommen würde. Die meisten hatten nicht einmal Pässe. Zu schade. Sie wollten all den Respekt und die Vorteile ernten, die man als ein Michael Jordan der Geopolitik, als US-Amerikaner im heutigen System der Globalisierung ernten kann, und sie wollten es, ohne daheim und im Ausland die damit verbundenen Opfer zu bringen und die Pflichten zu erfüllen. Diese Abgeordneten sollten wirklich einmal in das von Kriegen zerrissene Afrika reisen und sich anschauen, was mit Ländern passiert, in denen es kein Gemeinschaftsgefühl gibt, wo niemand meint, der Regierung etwas zu schulden, wo sich keiner für den anderen verantwortlich fühlt und wo die Reichen hinter hohen

Mauern und getönten Scheiben leben müssen, während die Armen der Gnade des freien Marktes überlassen bleiben.

Ich will nicht in einem solchen Land, in einer solchen Welt leben. Ein solches Leben ist unmoralisch, und es wird auch immer gefährlicher. Das Bemühen, solche Zustände zu verhindern, sollte heute im Zentrum der amerikanischen Innen- und Außenpolitik stehen. Leider hat weder die Republikanische noch die Demokratische Partei den Wechsel vom System der Kalten Krieges zum System der Globalisierung bei der Gestaltung ihrer Politik wirklich voll berücksichtigt. Beide Parteien benehmen sich, als sei es in der neuen Welt gefahrlos möglich, jedes Thema isoliert und allein nach Parteiinteressen zu entscheiden. Wenn heutzutage überhaupt noch eine Diskussion über ein gemeinsames nationales Interesse stattfindet, geht es nur darum, sich wieder auf eine gemeinsame Bedrohung zu einigen, nicht jedoch auf eine neue gemeinsame Mission. Noch immer ist der »große Feind« das organisierende Prinzip des internationalen Engagements der USA und nicht die »große Gelegenheit«, ganz zu schweigen von der »großen Verantwortung«.

Präsident Clinton konnte am Vorabend des Impeachment-Verfahrens nach einer dreisten Provokation des Irak nicht einmal einen Schlag gegen Saddam Hussein führen, ohne einen haßerfüllten politischen Streit auszulösen. Vielleicht hat Clinton Saddams Provokation wirklich genutzt, um von seinen eigenen Problemen abzulenken, aber es waren Saddams Provokation und Saddams Timing, die ihm den Angriff auf den Irak ermöglichten. Und ich vermute, daß Saddam genau wußte, was er tat, als er diesen Tiefpunkt der Impeachment-Debatte wählte, um die Vereinigten Staaten zu provozieren. Er saß bestimmt in seinem Fernsehsessel, guckte CNN im Satellitenfernsehen und sagte sich: Was für ein idealer Moment, um die USA herauszufordern – ein Moment, in dem sie nicht mehr wissen, welche Rolle sie in der Welt spielen sollen.

Die USA haben im heutigen globalisierten System ein gemeinsames nationales Interesse zu verfolgen, und sie haben eine gewaltige Rolle zu spielen. Schlicht gesagt, sie haben als das Land, das am meisten von der globalen wirtschaftlichen Integration profitiert, die Aufgabe sicherzustellen, daß die Globalisierung nachhaltig ist und daß die Aktien für möglichst viele Leute in möglichst vielen Ländern an möglichst vielen Tagen überwiegend freundlich stehen. Im System des Kalten Krieges lautete die grundlegende politische Frage, welche Hardware und welches Betriebssystem man wählte. Im Zeitalter der Globalisierung lautet die grundlegende politische Frage: Wie macht man das Beste aus der

einzigen funktionierenden Hardware und dem einzigen funktionierenden Betriebssystem – dem weltweit integrierten marktwirtschaftlichen
Kapitalismus?

Die USA können und sollen das Vorbild der Welt bei der Beantwor-
tung dieser Frage sein. Sie haben zweihundert Jahre Zeit gehabt, um
die Mechanismen zu erfinden, zu erneuern und zu eichen, die einen
Markt frei erhalten, ohne daß er zum Monster wird. Sie haben das
Werkzeug, etwas zu bewirken. Sie haben die Verantwortung, etwas zu
bewirken. Und sie haben ein gewaltiges Interesse, etwas zu bewirken.
Das Management der Globalisierung ist eine Aufgabe, vor der die Vereinigten Staaten nicht zurückschrecken dürfen. Sie ist heute das partei-
übergreifende nationale Interesse der USA, und die Zukunft gehört der
politischen Partei, die das zuerst begreift und das stimmigste, glaubwür-
digste und einfallsreichste Programm entwickelt, um dieses Interesse zu
verfolgen.

Wer über diese Herausforderung nachdenken will, muß sich zunächst einmal von der politischen Sprache des Kalten Krieges befreien.
Sie kann die Probleme, um die es heute geht, gar nicht mehr richtig erfassen, und ist völlig ungeeignet, um neue Konzepte zu entwickeln, die
dem System der Globalisierung angemessen sind. Als neue Grundlage
habe ich ein Koordinatensystem entworfen, das meiner Ansicht nach
die vier zentralen politischen Identitäten sichtbar macht, die im Zeitalter der Globalisierung zur Auswahl stehen (siehe folgende Grafik).

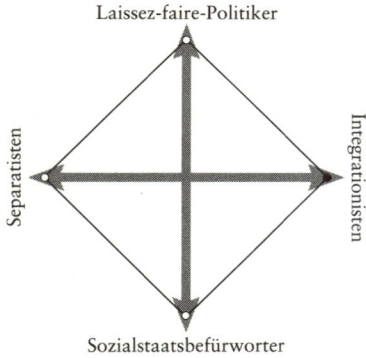

Laissez-faire-Politiker

Separatisten

Integrationisten

Sozialstaatsbefürworter

Um herauszufinden, wo Sie und Ihre politischen Gegner in diesem neu-
en Zeitalter stehen, können Sie sich an dem Koordinatensystem orientieren. Die Linie von links nach rechts durch den Mittelpunkt ist die
Globalisierungslinie. Sie sollten sich zunächst einmal auf dieser Linie

416

einordnen, je nachdem wie stark Sie die Globalisierung befürworten. Ganz rechts auf der Linie stehen die »Integrationisten«. Sie begrüßen die Globalisierung, weil sie sie entweder für gut oder für unvermeidlich halten, und sie wollen, daß sie durch mehr freien Handel, mehr Handel im Internet, eine bessere Vernetzung von Schulen, Gemeinden und Unternehmen und mehr elektronische Kommunikation vorangetrieben wird, so daß wir am Ende rund um die Uhr global integriert sind, in allen 24 Zeitzonen und im gesamten Cyberspace.

Ganz links auf dieser Globalisierungslinie stehen die Separatisten. Sie halten freien Handel und technologische Integration weder für gut noch für unvermeidlich, weil sich dadurch die Einkommensunterschiede vergrößern, Arbeitsplätze ins Ausland verlagert werden, die Kultur zu einem globalen Einheitsbrei wird und abstrakte, gesichtslose Marktkräfte das Leben kontrollieren. Sie wollen die Globalisierung aufhalten und die Entwicklung lieber heute als morgen ersticken.

Na, wo haben Sie sich auf der horizontalen Linie verortet? Sind Sie ein Separatist oder ein Integrationist? Oder stehen Sie irgendwo dazwischen?

Die Linie, die in unserem Koordinatensystem von oben nach unten verläuft, ist die Verteilungsachse. Auf ihr können Sie eintragen, welche Politik eine Regierung im Rahmen der Globalisierung und der Goldenen Zwangsjacke Ihrer Ansicht nach machen sollte. Am unteren Ende der Achse stehen die Sozialstaatsbefürworter. Sie sind der Meinung, daß die Globalisierung nur zukunftsfähig ist, wenn sie sowohl in wirtschaftlicher als auch in politischer Hinsicht demokratisiert wird. Wirtschaftliche Demokratisierung bedeutet, ein soziales Netz zu konzipieren, das Nachzügler, Unwissende und Langsame nicht nur auffängt, sondern sie wieder in das System integriert, ihnen hilft, das Werkzeug und die Mittel zu erwerben, um auf dem Arbeitsmarkt wieder konkurrenzfähig zu werden. Politische Demokratisierung bedeutet, das Streben nach Demokratie in den von der Globalisierung erfaßten Ländern zu unterstützen, denn ohne Demokratisierung wird die Globalisierung keine Zukunft haben.

Offensichtlich stimmen dem nicht alle zu. Deshalb stehen ganz oben auf der Verteilungsachse – im radikalen Gegensatz zu den Sozialstaatsbefürwortern – die Laissez-faire-Anhänger. Ihrer Ansicht nach ist es ein wesentliches Kennzeichen der Globalisierung, daß der Gewinner alles bekommt und der Verlierer sehen muß, wo er bleibt. Sie wollen den schlanken Staat, die Steuern senken und das soziale Netz verkleinern, damit die Menschen wirklich die Früchte ihrer Arbeit ernten oder den Preis

für ihre Unfähigkeit bezahlen. Nichts motiviert besser, einen Arbeitsplatz zu finden und ihn zu behalten, als das Wissen, daß man von keinem
sozialen Netz aufgefangen wird, sagen die Laissez-faire-Politiker.

Wo haben Sie sich auf der Verteilungsachse verortet? Sind Sie ein Sozialstaatsbefürworter oder ein Laissez-faire-Anhänger? Oder liegen Sie
irgendwo dazwischen?

Alle wichtigen Akteure der heutigen amerikanischen Politik können
mit Hilfe dieses Koordinatensystems besser verstanden und eingeordnet
werden als durch die alten Attribute Demokrat, Republikaner und Un-
abhängiger. Bill Clinton ist ein integrationistischer Sozialstaatsbefürworter, und der frühere Sprecher des Repräsentantenhauses Newt Gingrich ist ein integrationistischer Laissez-faire-Politiker. Deshalb waren
Clinton und Gingrich immer Verbündete, wenn es um den freien Handel
ging, aber immer Gegner, wenn es um die staatlichen Sozialausgaben
ging. Dick Gephardt, der Führer der Minderheit im Repräsentantenhaus, ist dagegen ein separatistischer Sozialstaatsbefürworter, und
Ross Perot ist ein separatistischer Laissez-faire-Politiker. Deshalb waren
sie gemeinsam gegen das Nordamerikanische Freihandelsabkommen
(NAFTA), aber sie sind Gegner, wenn über soziale Sicherheit diskutiert
wird. Gephardt will Geld für das soziale Netz ausgeben und die »Rechte« der Arbeiter verteidigen, anstatt nur ihre Fähigkeiten zu verbessern.

Unser Koordinatensystem bezieht sich zwar auf das politische System
der USA, aber es läßt sich leicht auf andere Länder übertragen. Sie können sich auch als Deutscher darin verorten und sehen, wer in der nächsten großen politischen Debatte Ihre Verbündeten sein werden und wer
Ihre Gegner. Ich selbst bin ein integrationistischer Sozialstaatsbefürworter, weil sich nur auf diesem Weg eine nachhaltige Globalisierung
verwirklichen läßt. Ich glaube, sowohl Perot als auch Gephardt haben
unrecht, weil sich ohne Integration ein weiterhin steigender Lebensstandard nicht finanzieren läßt. Und ich finde, auch Gingrich und die
neuen republikanischen Abgeordneten haben unrecht, denn wenn man
den Habenichtsen, den Unwissenden und den Langsamen nicht hilft, in
dem neuen System zu überleben, werden sie schließlich eine Gegenreaktion auslösen, die ihr Land vom Rest der Welt abschneidet. Meiner
Überzeugung nach wird es kein Sozialdemokrat und Sozialstaatsbefürworter heute wagen, gegen die Globalisierung zu sein, denn ohne Integration wird es nie gelingen, das Einkommen zu schaffen, das wir brauchen, um den Lebensstandard zu erhöhen und sich um die zu kümmern,
die aus eigener Kraft nicht Schritt halten können.

»Wie denkt denn ein integrationistischer Sozialstaatsbefürworter?«,

werden Sie nun fragen. Ich glaube, daß er für eine Politik der nachhaltigen Globalisierung eintritt, für eine Geopolitik der nachhaltigen Globalisierung – die Außen- und Verteidigungspolitik eingeschlossen –
und für eine Geoökonomie der nachhaltigen Globalisierung. Mit anderen Worten: Er wird eine neue politische Vision für ein neues internationales System formulieren.

Politik im Zeitalter der Globalisierung

Beginnen wir mit der Politik der nachhaltigen Globalisierung. Sie muß
zwei Eigenschaften haben: Erstens braucht sie ein Weltbild, damit die
Menschen wissen, wo sie stehen, und zweitens braucht sie integrationi-
stisch-sozialstaatliche Strategien, um die globale Welt zu gestalten.

Das Weltbild ist erforderlich, weil keine Politik langfristig durchsetz-
bar ist, ohne daß die Öffentlichkeit deren Notwendigkeit versteht, weil
sie das Weltbild ihrer Vertreter teilt. Ich war immer der Ansicht, daß Bill
Clinton George Bush und Bob Dole deshalb geschlagen hat, weil eine
Mehrheit der amerikanischen Wähler intuitiv spürte, daß eine neue
Ära angebrochen war, und weil Clinton dies auch begriffen hatte. Er
hatte einige überzeugende Ideen, wie man auf die neue Zeit reagieren
sollte, während Dole und Bush überhaupt nichts begriffen hatten. Leider faßte Clinton, als er im Amt war, dieses Gefühl seiner Wähler nicht
in Worte und machte es als klares, ständig wiederholtes Weltbild expli-
zit. Statt dessen beging er schon in der ersten Woche als Präsident den
Fehler, daß er ein finanzierbares Gesundheitswesen als das zentrale Problem der USA definierte – nicht eine nachhaltige Globalisierung.

Was hätte Bill Clinton in seiner Antrittsrede als Präsident sagen sollen? Etwa folgendes: »Meine lieben amerikanischen Landsleute, meine
Amtszeit als Präsident fällt mit dem Ende des Kalten Krieges und der
Ausbreitung der Globalisierung zusammen. Die Globalisierung ist für
die neunziger Jahre und für das nächste Jahrtausend, was der Kalte
Krieg von den fünfziger Jahren bis zum Ende der achtziger Jahre war.
Während das System des Kalten Krieges auf der Bedrohung und Herausforderung durch die Sowjetunion aufgebaut war, was zur Spaltung
der Welt geführt hat, basiert das System der Globalisierung auf der Bedrohung und Herausforderung durch rapiden technologischen Wandel
und wirtschaftliche Integration, die die Welt vereinigen.

Doch indem die Globalisierung die Welt vereinigt, verändert sie alle
Arbeitsplätze, Märkte und Gemeinschaften, zerstört sie in rasendem

Tempo alte Arbeitsplätze und schafft neue, vernichtet sie alte Lebensstile und bringt neue hervor, eliminiert sie alte Märkte und schafft neue, zerstört sie alte Industrien und läßt neue entstehen. Der Außenhandel, der 1970 nur 13 Prozent unseres Bruttoinlandsprodukts ausmachte, steht heute für knapp 30 Prozent des US-amerikanischen BIP – Tendenz steigend. Der technologische Wandel ist so schnell, daß die amerikanischen Computerhersteller von jedem Computer jedes Jahr drei verschiedene Modelle herausbringen. Doch das ist nicht nur eine neue Welt, es ist auch, wenigstens größtenteils, eine bessere Welt. China, Indonesien, Korea, Thailand, Malaysia, Brasilien oder Argentinien haben unter dem neuen System zwar manchmal zu kämpfen, aber dennoch ist der Lebensstandard in diesen Ländern für einen größeren Anteil der Bevölkerung als je zuvor schneller gestiegen als je zuvor in ihrer Geschichte. Und zwar dank der zunehmenden Effektivität der Finanzmärkte, die sowohl den Außenhandel als auch Auslandsinvestitionen enorm erleichtert hat. Tatsächlich profitiert, wie mir einer meiner Wirtschaftsberater gesagt hat, Larry Summers, über ein Viertel der Menschheit heute von Wachstumsraten, durch die sich der Lebensstandard innerhalb einer Generation um das Vierfache erhöht. Um das Vierfache! Das ist beispiellos in der Wirtschaftsgeschichte. Und dieses weltweite Wachstum geht keineswegs auf Kosten der Vereinigten Staaten, sondern hat in unserem Land zur niedrigsten Arbeitslosenquote seit fünfzig Jahren geführt.

Angesichts dieser Chancen und Herausforderungen brauchen die USA eine Strategie, um die Globalisierung nachhaltig zu machen und dafür zu sorgen, daß wir in dieser Welt immer konkurrenzfähig bleiben. Stellen Sie sich die Welt als ein Rad mit Speichen vor. Im Zentrum des Rades befindet sich, was ich als ›Globalisierung und schnellen wirtschaftlichen und technologischen Wandel‹ bezeichnen würde. Es ist, einfach gesagt, die EINE GROSSE SACHE, die da draußen läuft. Weil sie im Zentrum steht, brauchen wir neue Ansätze im Gesundheits- und Bildungswesen, bei der Sozialhilfe, in der beruflichen Bildung, in der Umweltpolitik, in der Marktregulierung, in der sozialen Sicherung, bei der Wahlkampffinanzierung und bei der Ausdehnung des freien Handels. Alle diese Bereiche müssen korrigiert, angepaßt oder reformiert werden, damit unsere Gesellschaft das Beste aus dem System der Globalisierung herausholen und seine schlimmsten Aspekte abfedern kann. In einer Welt, wo man im Laufe eines Lebens auf einem Dutzend verschiedener Arbeitsplätze für ein Dutzend verschiedener Unternehmen arbeitet, muß es beispielsweise möglich sein, die betriebliche Alters- und Krankenversicherung beim Wechsel der Arbeitsstelle zu behalten, und es müssen die Möglichkeiten für lebenslange Fortbildung verbessert werden. Die Globalisierung erzwingt, daß sich unsere Gesellschaft schneller verändert, intelligenter arbeitet und mehr Risiken eingeht als je zuvor in ihrer Geschichte. Als Ihr Präsident verspreche ich Ihnen zwei Dinge: Erstens verspreche ich Ihnen, daß ich es zu meiner Aufgabe machen werde, Sie alle und unsere Gesellschaft insgesamt in die Lage zu versetzen, diese Herausforderung mit der richtigen Kombination von Integrations- und Sozialpolitik zu meistern. Und zweitens verspreche ich Ihnen, daß ich als unermüdlicher Verteidiger unserer Handelsgesetze wirken werde, denn die Globalisierung ist zwar eine Herausforderung für den amerikanischen Arbeitnehmer, aber sie darf nicht dazu führen, daß andere Länder die Offenheit unserer Märkte ausnutzen und sie mit ihren Produkten überschwemmen, uns jedoch den Zugang zu ihren Märkten erschweren.

Ich stehe nicht hier, um zu verkünden, daß dies alles leicht sein wird. Nein, ich muß sogar sagen, es wird wirklich hart. Aber wenn wir das richtige Gleichgewicht finden – und ich glaube, das können wir –, dann können wir die Integration im Zeitalter der Globalisierung am besten bewältigen und für die Welt die Vorhut sein, genau wie wir im Containment des Kalten Krieges die Vorhut waren. God Bless America.«

Clinton glaubte das, aber er sagte es nicht immer. Und einer der Gründe, warum er mit seinen Vorschlägen zum Gesundheitswesen an seinen Gegnern scheiterte – nicht der einzige Grund, aber einer der Gründe – war, daß sie keinen klaren Bezug zu einem deutlichen und ständig wiederholten Weltbild hatten mit der Globalisierung im Zentrum und den sich daraus ergebenden politischen Folgerungen. Das Fehlen eines Weltbilds führte laut dem in Harvard lehrenden Wirtschaftswissenschaftler Dani Rodrik dazu, daß »die Zusammenhänge und Verzahnungen all dieser Bereiche in der öffentlichen Debatte verlorengingen«. Und es machte es Ideologen und Extremisten, wirtschaftlichen Populisten, Nationalisten, Dummköpfen, fremdenfeindlichen Heimatfanatikern und Opportunisten viel leichter, die Debatte bei jedem Thema – nicht nur bei der Gesundheitsreform – zu verzerren und in eine Sackgasse zu lenken.

Politiker sollten sich vor Augen halten, daß sich die Globalisierung aus einer Reihe von Gründen sehr leicht verzerren und dämonisieren läßt. Deshalb kann man, wie es Clinton ergangen ist, auch wenn man wirtschaftspolitisch recht hat, die Kontrolle über die politischen Entscheidungsprozesse verlieren, und sie laufen in die falsche Richtung. Die größten Verlierer der Globalisierung, Arbeiter, deren Arbeitsplätze mit

Robotern besetzt oder ins Ausland verlagert wurden, wissen genau, was ihnen passiert ist. Deshalb lassen sie sich sehr leicht gegen weitere Integration, technischen Fortschritt und freien Handel mobilisieren. Dagegen sind sich die Nutznießer der Globalisierung, der Handelserleichterungen und der verstärkten Investitionen des Auslands der Ursachen ihres Glücks oft nicht bewußt. Sie übersehen oft den Zusammenhang zwischen der Globalisierung und ihrem steigenden Lebensstandard und sind deshalb schwer zu mobilisieren. Oder haben Sie jemals einen Arbeiter in einer Fabrik für Mikrochips sagen hören: »Mann, habe ich ein Glück. Dank der Globalisierung, dank der rasant steigenden Nachfrage nach amerikanischen Hightech-Produkten, dank des Facharbeitermangels in den USA und dank guter Aussichten in den Entwicklungsländern habe ich von meinem Boß eine Lohnerhöhung bekommen.«

Ein weiterer Grund, warum sich so leicht ein verzerrtes Bild der Globalisierung entwerfen läßt, besteht in dem verbreiteten Mißverständnis, daß sie primär von der Ausweitung der Handelsbeziehungen vorangetrieben würde und nicht von der technologischen Entwicklung. Wir hatten im Washingtoner Büro der *New York Times* eine Empfangssekretärin, deren Stelle von der Verlagsgesellschaft abgeschafft wurde. Aber die Empfangssekretärin verlor ihren Arbeitsplatz nicht an eine Mexikanerin, sondern an einen Mikrochip, der das Voice-Mail-Gerät in allen Telefonen unseres Büros steuert. Dieser Mikrochip hätte sie auch dann ihren Job gekostet, wenn die USA *keinerlei* Handelsbeziehungen zu Mexiko gehabt hätten. Ja, er hätte sie auch dann den Job gekostet, wenn entlang der gesamten mexikanisch-amerikanischen Grenze eine zehn Meter hohe Mauer stünde. Doch die Politiker wollen das nicht zugeben. Keiner wird sich mit der folgenden Botschaft an seine Wähler wenden: »Ich will, daß ihr aufsteht, euer Telefonkabel aus der Buchse reißt, das Telefon aus dem Fenster schmeißt und schreit: ›Ich lasse mir das nicht mehr gefallen! Rettet amerikanische Arbeitsplätze! Verbietet Voice-Mail! Kartoffelchips ja, Mikrochips nein!‹« Das ist keine Botschaft, mit der man Wahlen gewinnt. Es ist viel leichter, statt dessen über Ausländer und Fabriken im Ausland zu schimpfen. Natürlich gehen auch durch die Errichtung von Fabriken im Ausland manchmal Arbeitsplätze verloren (aber nicht annähernd so viele, wie durch den technischen Fortschritt verschwinden und entstehen), und daß es so ist, reicht aus, um eine höchst emotionsgeladene und gefährliche Politik zu treiben. Nur weil ausländische Arbeiter und ins Ausland verlagerte Fabriken leicht zu erkennen sind, Mikrochips hingegen nicht, werden erstere als das viel größere Problem gesehen.

Wenn wir die Öffentlichkeit nicht über die wahre Beschaffenheit der Welt von heute aufklären und die Globalisierung entmystifizieren, werden die Separatisten die Verwirrung immer für ihre eigenen Ziele nutzen. Im Jahr 1998 konnte Präsident Clinton die NAFTA nicht auf Chile ausdehnen, weil die Gewerkschaften meinten, sie würden von einer Ausdehnung des freien Handels nicht profitieren, und eine von ihnen geführte Minderheit sehr aktiv gegen die Erweiterung opponierte. Dagegen hatte die Mehrheit, die von der Erweiterung des Freihandelsabkommens profitiert hätte, nicht begriffen, wo ihr Interesse lag, und sich deshalb nicht zu seiner Verteidigung mobilisieren lassen.

Eine Politik der nachhaltigen Globalisierung darf sich jedoch nicht nur darauf beschränken, ein korrektes Bild der Vorgänge auf dieser Welt zu zeichnen. Sie muß auch bei den politischen Entscheidungen das richtige Gleichgewicht finden. Darum geht es mir bei meiner integrationistischen Befürwortung des Sozialstaats. Als integrationistischer Sozialstaatsbefürworter glaube ich, daß sich in unserem Zeitalter der Globalisierung eine Menge Dinge tun lassen, die überhaupt nicht teuer sind und keine radikale Umverteilung der Einkommen erfordern – und auch keine verschwenderischen Sozialprogramme, die die wirtschaftlichen Regeln der Goldenen Zwangsjacke verletzen würden. Diese Dinge sind es wert, getan zu werden, um die soziale Stabilität zu fördern und um zu verhindern, daß unsere Gesellschaft noch mehr zu einer Gesellschaft der hohen Mauern und getönten Scheiben verkommt, als sie es jetzt schon ist. In meiner Spielart der integrationistischen Sozialstaatsbefürwortung konzentriert man sich auf die Demokratisierung der Globalisierung in der Bildung, bei den Finanzen und in der Politik, so daß möglichst viele Menschen daran teilhaben können, aber auf eine Weise, die mit der globalen Integration und der freien Marktwirtschaft weitgehend im Einklang steht. Konkret meine ich damit folgendes:
Die Demokratisierung der Globalisierung durch Ausbildung: Als integrationistischer Sozialstaatsbefürworter wünsche ich mir für alle, die durch die Globalisierung entweder zeitweise oder für immer den Anschluß verloren haben, eine Kombination von Sprungbrettern und Sicherheitsnetzen. Gesamtgesellschaftlich bringt unsere Goldene Zwangsjacke genügend Gold hervor – einen Überschuß von 70 Milliarden Dollar im Jahr 1998 –, daß wir uns beides leisten können: Das vertraute soziale Netz für die Konkurrenzunfähigen – Sozialversicherung, Gesundheitsfürsorge für Bedürftige und Alte, Lebensmittelmarken und Sozialhilfe – muß aufrechterhalten werden, um jene aufzufangen, die den

Anforderungen der Schnellen Welt vielleicht niemals gerecht werden können. Durch die Installation der richtigen Sprungbretter aber sollte es möglich sein, die Menge der Zurückgebliebenen stetig zu verringern. Zu diesem Zweck sollte meiner Ansicht nach jede US-Regierung im Zeitalter der Globalisierung jährlich ein Gesetz verabschieden, das ich »Gesetz zur Nutzung des rasanten Wandels« nennen würde. Es würde zu der jeweils verfolgten integrationistischen Politik parallel laufen – etwa zur Erweiterung der NAFTA, zur Bestätigung der Meistbegünstigungsklausel für China und zu anderen Maßnahmen zur Förderung des freien Handels. Das Gesetz würde jedes Jahr ein bißchen anders ausfallen, aber es sollte der Bevölkerung immer vermitteln, daß die Regierung die Globalisierung für unvermeidlich hält, sich jedoch bewußt ist, daß deren Segnungen höchst ungleich verteilt sind. Deshalb würde sie durch das Gesetz ihre Sprungbretter beständig verbessern, um möglichst viele Zurückgefallene wieder auf das Tempo der Schnellen Welt zu beschleunigen.

In den Jahren 1997/98 hätte mein Gesetz zur Nutzung des rasanten Wandels beispielsweise folgendes vorgesehen: Pilotprojekte zur staatlichen Beschäftigung vorübergehend entlassener Arbeiter; Steuererleichterungen für die Abfindung endgültig entlassener Arbeiter; kostenlose, staatlich finanzierte Lebensberatung für jeden neuen Arbeitslosen; eine abermalige Erweiterung des Kassebaum-Kennedy-Gesetzes, damit entlassene Arbeiter ihre Krankenversicherungspolicen länger behalten können; und eine bundesweite Werbekampagne für die größte, aber in der Berichterstattung am wenigsten berücksichtigte gemeinsame Leistung beider Parteien in der Clinton-Ära, den Workforce Investment Act. Dieses im August 1998 unterzeichnete Gesetz faßte die 150 verschiedenen Berufsbildungsprogramme der Regierung in drei breitangelegten Maßnahmen zusammen: den sogenannten individuellen Ausbildungskonten, die ein Arbeiter für jede Ausbildung nutzen kann, wenn er meint, daß sie seine Chancen auf dem Arbeitsmarkt verbessert; der Schaffung von Berufsbildungszentren, in denen alle Berufsbildungsprogramme angeboten werden; und einer Steigerung der Ausgaben für Jugendbildungsprogramme um 1,2 Milliarden Dollar über einen Zeitraum von fünf Jahren. Außerdem hätte ich in meinem Gesetz zur Nutzung des rasanten Wandels von 1998 noch eine Erhöhung der US-Kredite für einige Entwicklungsbanken in Asien, Afrika und Lateinamerika vorgesehen, um die Ausbildung von Frauen, die Vergabe von Kleinkrediten an Frauen und kleine Unternehmen und um Umweltschutzmaßnahmen in allen Ländern zu fördern, mit denen die USA in nennenswertem Umfang Handel treiben. Auch hätte ich in dem Gesetz eine bessere Finanzierung für ein neues Projekt der Internationalen Arbeitsorganisation (ILO) vorgesehen, das in den Ländern mit der schlimmsten Kinderausbeutung Alternativen zur Kinderarbeit entwickeln soll. Und ich hätte das Budget für das bereits bestehende Programm der Trade Adjustment Assistance erhöht, das allen Personen, deren Arbeitsplatz nachweisbar aufgrund von Handelserleichterungen verlorengegangen ist, eine kleine finanzielle Unterstützung und eine Fortbildung gewährt. Auch das Programm des Dislocated Worker Training (durch das 1997 660000 Personen gefördert wurden) würde ich ausweiten, damit jeder Hilfe bekommt, der wegen der neuen Technologien arbeitslos geworden ist. Schließlich würde ich eine bundesweite Anzeigenkampagne starten, um die Bevölkerung besser über den Lifelong-Learning Tax Credit zu informieren, der es Bürgern erlaubt, für jede Fortbildungsmaßnahme, die ihre Bildung generell oder ihre Fähigkeiten in einem bestimmten Bereicht verbessert, Kosten von bis zu 1000 Dollar steuerlich abzusetzen.

Die finanzielle Demokratisierung der Globalisierung: Nichts trägt stärker zur Nachhaltigkeit der Globalisierung bei, als daß immer mehr Menschen ein finanzielles Interesse an der Schnellen Welt haben. Immer wenn ich über dieses Problem nachdenke, fällt mir eine Geschichte ein, die mir der russische Journalist Alexei Puschkow im April 1995 über einen seiner Nachbarn erzählte. »Der Mann war ein armer Lastwagenfahrer und wohnte in einer Wohnung am Ende des Flurs«, berichtete Puschkow. »Jeden Freitagabend betrank er sich und sang – immer wieder und sehr laut – die beiden englischen Lieder ›Happy Nation‹ und ›All She Wants Is Another Baby‹. Er hatte keine Ahnung, was die Worte bedeuteten. Wenn er dann völlig besoffen war, schlug er seine Frau, und sie begann zu schreien. Er machte uns ganz verrückt. Ich hätte am liebsten eine Granate auf ihn geworfen. Dann jedoch, vor etwa acht Monaten, bekam er irgendwie eine Beteiligung an einer kleinen Autowerkstatt. Seither gibt es kein ›Happy Nation‹ mehr, er singt keine Nacht mehr durch und er schlägt auch seine Frau nicht mehr. Jetzt geht er jeden Morgen um 8.30 Uhr zur Arbeit und ist zufrieden. Er hat jetzt eine Perspektive in seinem Leben. Neulich sagte meine Frau zu mir: ›Sieh dir nur Happy Nation an‹ – so nennen wir ihn –, ›er ist jetzt ein Eigentümer.‹«

Eine Strategie, wie man mehr Leute zu Eigentümern macht, muß in jedem Land ein Bestandteil des Gesetzes zur Nutzung des rasanten Wandels sein. In den USA bedeutet dies, den Zugang zu Investitionskapital in den einkommensschwachen Gemeinden zu verbessern, wo das Elend am größten ist. Sonst würde man die Leute dort für Arbeitsplätze ausbilden, die es gar nicht gibt. Die Innenstädte der USA sind neu zu erschließende Märkte genau wie Bangladesch, und sie brauchen manchmal marktorientierte Hilfsprogramme. Wie es Larry Summers einmal formulierte: »Auf der ganzen Welt versagen die privaten Finanzmärkte, wenn es um die ganz Armen geht. Die etablierten Banken suchen sich keine besonders armen Gemeinden aus – dort ist kein Geld zu verdienen. Andere Barrieren bilden eine weitere künstliche Beschränkung für den Kapitalfluß in bestimmte Stadtviertel oder an bestimmte Minderheiten, so daß diese als Märkte völlig ausfallen. Wenn man jedoch die Bevölkerung in den betroffenen Gebieten jeder Chance beraubt, einen Kredit aufzunehmen oder Geld zu sparen, dann ist es sehr viel wahrscheinlicher, daß sie arm bleiben.«

Eine Möglichkeit, den Zugang zu Kapital in den USA zu demokratisieren, besteht darin, den Community Reinvestment Act wiederzubeleben, durch den die Regierung Druck auf Geschäftsbanken ausübt, damit sie zu akzeptablen Bedingungen Kredite in einkommensschwachen Stadtvierteln vergeben. Es gibt jedoch gewisse Darlehen, die keine Geschäftsbank je vergeben wird. Aus diesem Grund würde mein Gesetz zur Nutzung des rasanten Wandels auch Finanzmittel für einen neuen von der Regierung unterstützten Fonds mit Risikokapital für Stadtviertel mit armer oder relativ armer Bevölkerung bereitstellen. Dieser Fonds würde Startkredite an Unternehmer vergeben, die riskante Investitionen in Problembezirken tätigen wollen, wo es für zahlreiche Unternehmen – von der privaten Kindertagesstätte über Mietwohnungen für Einkommensschwache bis hin zum Kosmetiksalon oder zur Freizeiteinrichtung – einen Markt geben könnte und wo normalerweise kein Risikokapitalgeber mitmacht.

Solche Initiativen vermitteln an die Bürger die Botschaft: »Die Regierung verlangt von dir, daß du dich von Trapez zu Trapez schwingst, immer höher hinauf, immer schneller und immer weiter, aber sie baut zugleich ein Netz unter dir. Kein Netz, in dem man sich lange ausruhen kann, aber ein Netz, das viele Leute wieder zurück ins Spiel bringen kann.« Hilfe zur Selbsthilfe ist besser als milde Gaben. Auch wenn solche Projekte einiges Geld kosten, ist der Aufwand gering im Vergleich zu den Vorteilen und Leistungen, die wir dadurch gewinnen, daß wir unsere Märkte so frei und weltoffen wie möglich halten. Mein Gesetz zur Nutzung des rasanten Wandels wäre nur ein geringer Preis für die Aufrechterhaltung des sozialen Zusammenhalts und der politischen Einigkeit über die Vorzüge von Integration und freiem Handel. Deshalb lauten meine Wahlsprüche:»Schutz statt Protektionismus. Kissen statt Mauern. Böden statt Decken. Die Schnelle Welt als Realität bewältigen, statt sie zu ignorieren.«

Die politische Demokratisierung der Globalisierung: Es ist von zentraler Wichtigkeit, den Zugang zur Globalisierung zu demokratisieren, und zwar insbesondere für Entwicklungsländer. Doch genauso entscheidend ist es, zugleich ihre politischen Systeme zu demokratisieren. Dies ist eine der wichtigsten Lehren des ersten Jahrzehnts der Globalisierung. Die Beschleunigung einer Gesellschaft, damit sie bei der Globalisierung mithalten kann, ist ein ungemein schmerzhafter Prozeß, der langfristig gesehen eher mehr Demokratie erfordert als weniger. Im Kalten Krieg hatten die Führer der Entwicklungsländer Supermächte als Beschützer, die sie an der Macht hielten, gleichgültig wie sie ihre Länder lenkten. Doch die Beschützer existieren heute nicht mehr, und die Massen lassen sich nicht lange von Versagern regieren (schlagen Sie im Lexikon unter dem Stichwort Indonesien nach). Wer heute versagt, der stürzt – und wenn er nicht von den eigenen Leuten aufgefangen und unterstützt wird, stürzt er hart (schlagen Sie im Lexikon unter dem Stichwort Suharto nach).

Wie der Demokratieforscher Larry Diamond gesagt hat:»Wir haben miterlebt, wie in Lateinamerika, Osteuropa und Ostasien inzwischen in einer Reihe von Fällen Regierungen aus dem Amt gewählt wurden, weil die Wähler sie mit den schmerzhaften Reformen der Globalisierung in Verbindung brachten. Die neuen Regierungen nahmen einige Korrekturen vor, blieben aber im wesentlichen auf demselben Kurs der Globalisierung und Einführung der Marktwirtschaft. Warum kamen sie damit durch? Weil der demokratische Prozeß den Menschen in diesen Ländern das Gefühl gab, den schmerzhaften Prozeß der Wirtschaftsreform selbst bestimmen zu können. Er war nicht mehr etwas völlig Fremdes, das ihnen von außen aufgezwungen wurde. Sie wurden dazu gehört und konnten mindestens die Geschwindigkeit des Prozesses mitbestimmen, wenn nicht die Richtung. Außerdem gewann der gesamte Prozeß durch die Partizipation der Bevölkerung und ihre Möglichkeit, Personen abzuwählen, die ihrer Ansicht nach zu schnell und abrupt oder zu korrupt und unsensibel gehandelt hatten, stark an politischer Legitimität und dadurch an Nachhaltigkeit.«

In Ländern, wo verschiedene Parteien und politische Führer abwechselnd an der Macht sind und die Opposition, wenn sie an die Macht gelangt, fast dieselbe Politik der wirtschaftlichen Liberalisierung und Globalisierung verfolgt wie ihre Vorgänger, setzt sich bei der Bevölkerung allmählich die Erkenntnis durch, daß es wirklich keine Alternative zur Goldenen Zwangsjacke gibt. Wie viele lateinamerikanische, osteuropäische und, in jüngster Zeit, asiatische Oppositionsführer kamen im letzten Jahrzehnt an die Macht und sagten: »Oh je, wie es aussieht, sind wir wirklich bankrott. Wir müssen das Land wirklich öffnen. Offensichtlich ist die Lage in Wirklichkeit noch schlimmer, als wir dachten, und wir müssen die Reformen sogar noch beschleunigen, weil es keinen anderen Ausweg gibt. Aber wir werden ihnen ein menschliches Gesicht geben.« Die Demokratisierung macht es möglich, mit der Realität zurechtzukommen. Und aus diesem Grund passen sich heute nicht *die* Länder am besten an die Globalisierung an, die von Natur aus die reichsten sind – Saudi-Arabien, Nigeria oder der Iran –, sondern die demokratischsten – Polen, Taiwan, Thailand, Korea. Dagegen sind die Zustände in Rußland heute gerade deshalb so katastrophal, weil die demokratische Entwicklung dort zum Stillstand gekommen ist. Rußland fehlt es nicht nur an der Software und dem Betriebssystem, um die Elektronische Herde anzuziehen. Es fehlt auch ein demokratisches System, das der Bevölkerung glaubwürdig vermitteln könnte, daß die Anpassung an die Globalisierung mit all ihren Schmerzen und mit ihren Vorteilen fair, gerecht und verantwortlich durchgeführt wird.

Die Demokratisierung der Globalisierung ist der wirksamste Weg, für ihre Nachhaltigkeit zu sorgen, und darüber hinaus die Politik, die jede Regierung nicht nur aus moralischen Gründen, sondern auch aus Eigeninteresse verfolgen sollte.

Eine Geoökonomie für das Zeitalter der Globalisierung

In den neunziger Jahren entwarf ich in einer Kolumne über das Investieren einmal folgende Fiktion: »Ich beschloß also, ein bißchen im Ausland zu investieren. Ich polierte mein Deutsch auf und kaufte ein paar deutsche Unternehmensanleihen. Ich lernte ein wenig Japanisch und suchte mir ein paar Aktien aus dem Nikkei-Index heraus. Ich bekam einen Tip von einem Kellner im Chinarestaurant bei mir um die Ecke und kaufte mir ein paar Aktien an der Börse von Shanghai. Mein Broker wollte mir noch libanesische Regierungsanleihen verkaufen, doch ich sagte ihm, ich hätte bereits Tapeten in meinem Büro. Ich tat sogar etwas für den russischen Reformprozeß, rief mir das kyrillische

Alphabet wieder ins Gedächtnis und kaufte hochverzinsliche russische Staatsanleihen. Leider mußte ich jedoch feststellen, daß ich bei all meinem Sprachtraining und meinen Recherchen im Ausland vergessen hatte, zwei kleine englische Wörter zu lernen: ›Alan Greenspan‹. Als Alan Greenspan nämlich Mitte der neunziger Jahre plötzlich die Zinsen anhob und damit die höhere Verzinsung meiner ausländischen Wertpapiere weniger attraktiv machte, stießen alle ihre Papiere auf den ausländischen Märkten ab und transferierten ihr Geld nach Hause, und ich wurde gerupft.« Ich war ein schlechter Kreditgeber gewesen, hatte meine Hausaufgaben nicht gemacht und hatte nur die höheren Gewinne gesehen. Ich hatte nicht gewußt, was ich kaufte, als ich in diesen Ländern investierte, und ich hatte nicht gewußt, was ich verkaufte, als ich wieder ausstieg.

Nun ja, im Laufe der Jahre wurde ich ein bißchen gescheiter und ein besserer Kreditgeber. Ich investierte in einen Investmentfonds, der weltweit auf Engagements spezialisiert war und jede Investition genau prüfen konnte. Kurz darauf, im August 1998, geriet die russische Volkswirtschaft ins Trudeln, und ich erhielt einen Brief von meinem Fonds (Tweedy, Browne Global). Darin hieß es, der russische Zahlungsverzug habe an den internationalen Märkten einen allgemeinen Aufruhr ausgelöst, weshalb die Gewinne meines Fonds etwas gesunken seien. Doch der Fonds stehe besser da als viele andere, weil seine Manager ihre Hausaufgaben gemacht und sich von Rußland ferngehalten hätten. »Wir verstehen nicht«, hieß es in Tweedys Brief, »daß man in Ländern investieren kann, wo die politische Stabilität gering ist, die keine Gesetze zum Schutz der Investoren haben und deren Währung man besser als Kleenex verwenden sollte.« Ja, hieß es weiter, Anfang 1998 seien die russischen Wertpapierkurse tatsächlich um das Fünffache gestiegen, aber dann hätten sie über Nacht 80 Prozent ihres Wertes verloren – »wie gewonnen, so zerronnen«. Rußland hatte sich als schlechter Kreditnehmer erwiesen. Es verfügte nicht über das richtige Betriebssystem und die richtige Software und hatte seinen Investoren am Ende nur eine Berg- und Talfahrt von null auf 80 Prozent und zurück auf null geboten.

Ich erzähle diese beiden Geschichten, weil sie sozusagen mikrokosmisch die beiden größten Bedrohungen für das heutige Weltfinanzsystem deutlich machen – Krisen, die durch »schlechte Kreditgeber« ausgelöst werden, und Krisen, die durch »schlechte Kreditnehmer« ausgelöst werden. Genau wie es immer Drogensüchtige und Drogenhändler gibt, gibt es in der Weltwirtschaft immer sowohl schlechte Kreditnehmer wie Rußland als auch schlechte Kreditgeber wie mich selbst.

Die große geoökonomische Frage, der wir uns stellen müssen, lautet: Wie läßt sich die Weltwirtschaft so stabilisieren, daß sie durch schlecht vergebene und schlecht genommene Kredite nicht mehr so verwundbar ist, daß das gesamte System erschüttert wird?

Beginnen wir mit dem Problem der schlechten Kreditnehmer. Meiner Ansicht nach war es in unser aller Interesse, daß die Globalisierung in den neunziger Jahren die Volkswirtschaften von Thailand, Korea, Malaysia, Indonesien, Mexiko, Rußland und Brasilien zurechtstutzte. Sie brachte nämlich in diesen verfrüht globalisierten Ländern eine Menge übler Gepflogenheiten und kaputter Institutionen ans Licht. Daß die korrupte Suharto-Familie in Indonesien entlarvt wurde, kann ich nicht als Krise sehen. Auch die Bloßstellung des Filzkapitalismus in Korea finde ich keineswegs betrüblich. Und daß die völlig korrupten Insidergeschäfte in Thailand endlich offensichtlich wurden, kann mich auch nicht traurig stimmen. Alle diese Systeme wären früher oder später zusammengebrochen.

Nun jedoch ist dies dank der Globalisierung früher geschehen, und damit erhebt sich die Frage, wie die Chance zu nutzen ist. Manche wollen die Elektronische Herde daran hindern, jemals wieder panisch durch diese Länder zu rasen. Andere wollen die betroffenen Länder zur Kontrolle der Kapitalströme ermutigen, um die Herde draußen zu halten. Aber diese Ansätze sind falsch. Die Elektronische Herde ist die Energiequelle des 21. Jahrhunderts. Die Staaten müssen lernen, mit ihr umzugehen. Sie mit einem Gatter zu umgeben ist fruchtlos, und ein Land, das sie längere Zeit verbannt, verzichtet unnötig auf Ressourcen und Technologie und verlängert die Lebensdauer seines verfilzten Systems. Der richtige geoökonomische Ansatz besteht deshalb darin, die Länder zu stärken, die sich als schlechte Kreditnehmer erwiesen haben, damit sie sich der Herde wieder anschließen können und zugleich gegen deren Anfälle von Panik möglichst immun sind. Panik wird es immer wieder geben, und manche Länder werden unschuldige Opfer sein. Doch die Herde verhält sich nie langfristig irrational. Von seltenen Ausnahmen abgesehen, flieht sie nicht aus Ländern mit einem gesunden Finanzsystem und einer gesunden Wirtschaftspolitik und greift sie auch nicht an. Manche Leute sprechen über Thailand, Korea, Indonesien und Rußland, als ob deren Wirtschaftspolitik perfekt gewesen wäre und die Herde sie eines Tages ohne jeden Grund verlassen hätte. Das ist Unsinn. Diese Länder waren schlechte Kreditnehmer.

Heutzutage diskutieren Wirtschaftswissenschaftler und Bankleute über die Details für die Rehabilitierung eines schlechten Kreditnehmers und seine Absicherung gegen weitere Panikanfälle der Herde. Sie sehen bei jedem Land etwas anders aus. Im allgemeinen jedoch muß die Rehabilitierung aus folgenden vier Schritten bestehen:

Als erster Schritt muß dem schlechten Kreditnehmer klargemacht werden, daß der IWF, die Weltbank und private Kreditgeber bereit sind, Sanierungskredite und eine Umschuldung zu gewähren unter der Bedingung – und nur unter der Bedingung –, daß er auch die Schritte zwei, drei und vier konsequent umsetzt.

Schritt zwei muß darin bestehen, daß sich das betroffene Land glaubwürdig verpflichtet, sein volkswirtschaftliches Betriebssystem im Lauf der Zeit von DOS-Kapital 1.0 auf DOS-Kapital 6.0. umzustellen. Dies erfordert offensichtlich einen Katalog gemischter Maßnahmen, der je nach Land unterschiedlich sein wird – Haushaltskürzungen, Schließung ineffizienter, bankrotter Firmen und Bankhäuser, Währungsanpasung, Zinsanpassung, Teilabschreibung von Schulden und Unterbindung von Filz und Korruption. Ziel dieser Reformen ist eine Stabilisierung der Währung und letztlich eine Senkung der Zinsen, um die Binnennachfrage zu steigern und das Vertrauen der Elektronischen Herde im Ausland wiederzugewinnen.

Tatsächlich wird Schritt zwei auch ein Verfahren beinhalten müssen, das es der Elektronischen Herde erleichtert, Unternehmen in der geschwächten Volkswirtschaft des betroffenen Landes zu kaufen. Ich weiß, daß dieser letzte Punkt umstritten ist. Es klingt, als wollte ich die Welt preisgünstig an den US-amerikanischen Kapitalismus verscherbeln. Das will ich nicht. Ich will die Welt der Globalution und der kreativen Zerstörung aussetzen, die ein wesentliches Kennzeichen des Kapitalismus sind: Eliminierung ineffizienter Firmen und Ablösung durch Firmen mit besserem Management und besserer Kapitalausstattung, die nach den besten internationalen Standards agieren. Es ist mir gleichgültig, ob sich Käufer aus den USA, Deutschland, Japan oder Indien melden. Mir kommt es nur auf ihre Standards und ihre Kapitalausstattung an. Der amerikanische Bundesstaat Arizona war früher berüchtigt für sein verfilztes Bankensystem. Und für das Bankensystem war es ein Glück, daß Banken aus New York, Chicago und San Francisco mit besserer Technologie, besserem Management und besserer Kapitalausstattung die Erlaubnis erhielten, auch in anderen Staaten tätig zu werden, und Arizonas Banken aufkauften. Ein wichtiger Grund, warum Argentinien seit einigen Jahren gesünder dasteht als Brasilien, ist der, daß ein Gutteil des argentinischen Bankensystems inzwischen den besten internationalen Banken gehört.

Wenn die Elektronische Herde – mit genügend Vertrauen, um langfristig Kapital zu investieren, Technologie zu transferieren und modernstes Management in die Fabriken zu bringen – in ein Land zurückkehrt, ist dies der wirksamste und schnellste Weg, dort ein besseres Betriebssystem zu entwickeln. Und, offen gesagt, die Furcht, daß die Herde plötzlich wieder panisch das Weite suchen könnte, ist ein hervorragendes, langfristig wirkendes Mittel, damit ein Land so diszipliniert bleibt, seine Software und sein Betriebssystem ständig zu verbessern.

Schritt drei besteht darin, das betroffene Land davon zu überzeugen, daß es nicht nur sein Betriebssystem, sondern auch sein politisches System reformieren muß – daß es Korruption und Steuerbetrug bekämpft und die Software seines Rechtssystems verbessert, damit die Bürger das Gefühl haben, daß der Reformprozeß mit einer gewissen grundsätzlichen Fairneß abläuft, wenn sie den Gürtel enger schnallen müssen.

Schritt vier muß aus der Verpflichtung bestehen, mit Hilfe des IWF oder einer anderen Institution ein Minimum an sozialer Sicherung aufrechtzuerhalten und Arbeitsstellen in öffentlichen Einrichtungen zu schaffen, um wenigstens einigen Arbeitslosen zu helfen. Dieses Minimum an Sozialstaatlichkeit fällt den Wiederaufbauprogrammen oft als erstes zum Opfer. Internationale Banker sind vor allem darauf bedacht zu verhindern, daß die Banken anderer Länder in Zahlungsverzug geraten, ob die Länder in einer Depression versinken, kümmert sie weniger. Deshalb kritisieren sie oft das Vorhandensein eines sozialen Netzes, wenn es um die Sanierung eines schlechten Kreditnehmers geht. Das ist Wahnsinn. Letztlich ist nämlich die wahre Krise bei einem schlechten Kreditnehmer – und die wahre Bedrohung, die er für das Weltsystem darstellen kann – nicht wirtschaftlicher, sondern politischer Natur.

Und zwar aus folgenden Gründen: Wenn die Globalisierung in einem schlechten Kreditnehmerstaat faule Praktiken ans Licht bringt, ruiniert sie nicht nur die korrupten Kapitalisten, sondern überrollt auch eine Masse kleiner Leute, die nach den Regeln ihres Systems einfach nur hart arbeiteten und dachten, es sei alles okay. Sie wußten nicht, daß ihre Länder einen doppelten Boden hatten. Als jedoch in Rußland, Thailand, Indonesien und Brasilien der falsche Boden nachgab, kam es zu massiven Entlassungen, Arbeitslosigkeit, Desinflation, Verknappung des Steueraufkommens und einem Zusammenbruch der Realeinkommen. Aus diesem Grund ist es entscheidend, im Verlauf des Erholungsprozesses ein Minimum an sozialem Netz und an Arbeitsbeschaffungsprogrammen zu bewahren. Ohne Arbeitsplätze und ein soziales Netz kann keine Regierung erreichen, daß ihre Bevölkerung geduldig abwartet, bis die Reformpolitik greift und das schlechte Kreditnehmerland wieder auf einem nachhaltigen Wachstumskurs ist.

Wenn in einem großen Land sehr viele Menschen hungern müssen, wird seine politische Führung stark in Versuchung geraten, einfach aus dem System auszuscheren, protektionistische Mauern zu errichten und im Wettbewerb mit den Nachbarstaaten in einen Abwertungszyklus einzusteigen, auch wenn dies langfristig schädlich ist. Durch diese Art von Politik wurde die Große Depression erst wirklich »groß« und bescherte uns letztlich den Zweiten Weltkrieg.

Die zweite Art von Weltwirtschaftskrise, die das ganze System bedrohen kann, wird durch schlechte Kreditgeber – Banken, normale Investmentfonds oder Hedgefonds – ausgelöst. Sie sind heute in der Lage, an so vielen Orten an so viele Gläubiger so viel Geld zu verleihen, daß sie sowohl guten als auch schlechten Volkswirtschaften ernsten Schaden zufügen können, wenn sie das hemmungslos verliehene Geld plötzlich wieder zurückhaben wollen. Im Gegensatz zur schlechten Kreditaufnahme, die das System primär politisch bedroht, ist die schlechte Kreditvergabe eine echte finanzwirtschaftliche Bedrohung des Systems.

Schlechte Kreditvergabe kann sehr unterschiedliche Formen annehmen. Ich war ein schlechter Kreditgeber, als ich in *emerging markets* investierte ohne die geringste Ahnung, was diese Länder trieben. Einige der schlechtesten Kreditgeber in den letzten Jahren waren große Banken. Ein Freund von mir, der im Markt von Hongkong arbeitet, erzählte einmal, auf der Höhe des Asienbooms Anfang der neunziger Jahre habe die Dresdner Bank ihre leitenden Manager in Asien ganz offen angewiesen, soviel Geld wie irgend möglich zu verleihen. »Da wir sonst unseren Marktanteil verlieren«, hatte das Argument gelautet. Banken machen Geld, indem sie Geld verleihen, und alle Banken hielten Asien für eine todsichere Sache, und keine wollte Marktanteile an die anderen abgeben, also drückten sie ihr Geld regelrecht in den Markt. Sie verhielten sich ganz wie Drogenhändler und behandelten die Entwicklungsländer nach dem Motto: »Na los, Junge. Probier mal ein bißchen von dem Cash. Der erste Kredit ist umsonst.« Deshalb hatten Anfang 1999, nach den Krisen in Südostasien und Rußland, die 500 größten Banken der 30 größten Industrieländer in den Entwicklungsländern ausstehende Kredite in Höhe von 2,4 Billionen Dollar. Dort ist noch eine Menge Fremdkapital unterwegs.

Eine andere Form schlechter Kreditvergabe ist es, wenn Banken Millionen Dollar für fremdkapitalfinanzierte Geschäfte an hochspekulative Fonds verleihen. Solche Hedgefonds bringen einen Dollar von Investoren auf, borgen neun weitere von Banken und vergrößern damit ihren Kapitaleinsatz für Aktien, Anleihen, Derivate und Währungen rund um den Erdball. Allgemein ist natürlich nichts gegen Fremdfinanzierung oder »Leverage« einzuwenden. Auch die typische Hypothek auf ein Haus bedeutet, daß man durch Kreditaufnahme das Kapital vergrößert. Kredite sollen genutzt werden. Risiken sollen eingegangen werden – sogar verrückte Risiken. Auf diese Weise werden neue Unternehmen finanziert und gehen entweder bankrott oder werden Microsoft. Das Problem mit der Kreditfinanzierung rührt daher, daß die Summen, die heute an Hedgefonds oder *emerging markets* verliehen werden können, so gewaltig sind und das System so gut geölt und so stark integriert ist, daß Firmen, die große Risiken eingehen und – wie etwa Long-Term Capital Management (LTCM) – große Fehler machen, das gesamte System destabilisieren können.

Dies ist der Grund, warum seit der mexikanischen Peso-Krise 1994/95 jede globale Kreditkrise der neunziger Jahre größer war als die vorangegangene und auch die Summen, die von Regierungen und internationalen Kreditinstitutionen jeweils aufgebracht werden mußten, um einen massiven Dominoeffekt bei der Ausbreitung der Zahlungsunfähigkeit zu verhindern, immer größer wurden. Dies ist ein sehr gefährlicher Trend.

Damit läßt sich das Problem der schlechten Kreditvergabe eingrenzen: Es soll im System Fremdfinanzierung geben. Investoren sollen Risiken eingehen. Aber es muß verhindert werden, daß eine Einzelperson, eine Bank, ein Hedgefonds, ein Land oder eine Gruppe gedankenloser Investoren ihre Fremdfinanzierung so in die Höhe treibt, daß alle Dominosteine umfallen. Wie kann man das verhindern?

Es gibt eine Menge Möchtegern-Geoarchitekten, und sie alle wollen die Welt neu erfinden, um das Problem zu lösen. Henry Kissinger schlägt vor, die Staaten sollten gemeinsam nach einem Weg suchen, die Märkte zu zähmen. Manche Wirtschaftswissenschaftler schlagen vor, dem System ein bißchen Sand ins Getriebe zu streuen, etwa indem man bestimmte Währungstransaktionen besteuert oder die Regierung zu begrenzten Kapitalkontrollen ermuntert. Manche Börsenexperten meinen, wir bräuchten eine Weltzentralbank, die die Weltwirtschaft so reguliert, wie die Federal Reserve Bank der USA die amerikanische Wirtschaft reguliert. Wieder andere sagen, man sollte die Geldmenge begrenzen, die Banken verleihen dürfen.

Ich meine, daß keiner dieser Vorschläge in nächster Zukunft verwirklicht werden wird. Viele sind nichts als heiße Luft und stammen von Leuten, die den Unterschied zwischen Derivaten und Destillaten nicht kennen.

Ich möchte einen realistischeren Ansatz vorschlagen. Zunächst einmal gilt es, langsam und bescheiden vorzugehen. Das heißt, wir sollten uns klarmachen, daß das heutige Weltwirtschaftssystem noch so neu ist und sich so schnell entwickelt, daß selbst unsere klügsten Köpfe nicht recht verstehen, wie es funktioniert, und nicht wissen, was passiert, wenn man hier einen Hebel umlegt und dort einen Knopf drückt. Alan Greenspan hat als Wissenschaftler das internationale Finanzsystem ein Leben lang studiert und ist heute einer seiner wichtigsten Praktiker, doch als ich ihn im Dezember 1998 über das globalisierte Finanzsystem von heute befragte, gab er mir eine Antwort, die uns alle bescheiden stimmen sollte: »Über die Funktionsweise dieses neuen internationalen Finanzsystems habe ich in den letzten zwölf Monaten mehr gelernt als in den zwanzig Jahren davor.«

Zu dem Vorschlag, die neue Weltwirtschaft durch ein wenig »Sand ins Getriebe« zu verlangsamen, kann ich nur sagen, daß es sehr unklug ist, einer Maschine Sand ins Getriebe zu streuen, deren Funktionsweise man noch nicht genau kennt. Wenn man Sand in eine so schnelle, gut geschmierte Maschine aus rostfreiem Stahl streut, dann wird sie vielleicht nicht nur langsamer. Sie könnte auch mit einem ohrenbetäubenden Kreischen zum Stehen kommen. Außerdem, wo soll man den Sand hinstreuen, wenn man es mit einem Fondsmanager in Connecticut zu tun hat, der mittels Handy, Hochgeschwindigkeitsmodem und Internet über eine panamaische Offshore-Bank in Brasilien investiert? Man kann kaum Sand in einen Mikrochip streuen und schon gar nicht in den Cyberspace. Auch werden, sobald Währungsgeschäfte besteuert werden, noch mehr Banken und Hedgefonds die Vereinigten Staaten verlassen und auf die kaum regulierten Cayman-Inseln fliehen – jetzt schon der fünftgrößte Bankplatz der Welt. (Long-Term Capital Management wurde übrigens von Connecticut aus geführt, war jedoch auf den Cayman-Inseln zugelassen.) Wer die Summen vermindern will, die Banken an Hedgefonds oder *emerging markets* verleihen, den möchte ich nur darauf hinweisen, daß das amerikanische Bankgewerbe eine der stärksten Lobbyisten in Washington ist. Es wird jedem Versuch, neue Grenzen für die Kreditvergabe festzulegen, mit heftigem Widerstand begegnen, da dies nicht nur die Möglichkeit der Banken, Geld zu verlieren, sondern auch die Möglichkeiten, Geld zu verdienen, beschneiden würde. Schon gut, werden Sie sagen, dann sollen eben die Länder Kapitalverkehrskontrollen einführen, damit das heiße Geld nicht mehr so schnell hinein- und herausströmen kann. Der am MIT lehrende Wirtschaftswissenschaftler Lester C. Thurow hat darauf hingewiesen, daß in China strenge Kapitalverkehrskontrollen bestehen und es chinesischen Banken, Einzelpersonen und Unternehmen mit verschiedenen Tricks trotzdem gelang, sie zu umgehen, Milliarden Dollar aus dem Land hinauszuschmuggeln und damit in Steueroasen außerhalb der Kontrolle des chinesischen Staates zu spekulieren. Wenn nicht einmal ein autoritäres Regime wie China Kapitalverkehrskontrollen durchsetzen kann, wie stellen Sie sich das dann bei Brasilien vor? Wieder andere haben die Gründung einer Weltzentralbank gefordert – einer Art Federal Reserve Bank für die ganze Welt. Das ist eine wunderbare Idee, aber keine, die sich in absehbarer Zeit verwirklichen lassen wird – nicht solange die Menschheit auf 180 verschiedene Länder mit 180 verschiedenen Regierungen verteilt ist.

Bedeutet dies, daß wir überhaupt nichts tun können? Nein. Die gute Nachricht lautet, daß der Markt sich im Gefolge der Krise von 1998/99 ohne jede Regulierung und ohne Sand im Getriebe ganz brutal selbst diszipliniert. Die Anzeichen sind überall sichtbar. Die Vorstandsvorsitzenden von einigen der größten Banken der Welt – Barclays PLC, BankAmerica, Schweizerische Bankgesellschaft – wurden 1998 allesamt in die Wüste geschickt, nachdem ihre Banken beim Handel und im Kreditgeschäft in risikoreichen *emerging markets* riesige Verluste eingefahren hatten. Und die Wall-Street-Firma Bankers Trust, die innerhalb eines Vierteljahres einen Verlust von 500 Millionen Dollar aufhäufte, größtenteils im Rußlandgeschäft, verlor ihre Selbständigkeit und wurde von der Deutschen Bank übernommen.

Nachdem diese Köpfe gerollt sind, schränken alle wichtigen Banken ihr risikoreiches Engagement ein, brechen den Kontakt zu Fondsmanagern ab, die sich zu Exzessen haben hinreißen lassen, verlangen mehr Transparenz von denen, an die sie noch Geld verleihen, studieren nicht nur die Zahlungsbilanzen der *emerging markets* genauer, sondern auch deren Betriebssystem, Rechtssystem und ihre sonstige Software. Zudem fragen die Banken heute häufiger einen Fondsmanager, wie hoch sein Gesamtrisiko ist und wie verwundbar sie selbst als Kreditgeber schlimmstenfalls wären. Auch Investoren stellen ihrem Fondsmanager heute öfter die Frage: »Welches sind die größten Risiken, die Sie bei Ihren Geschäften für uns beide sehen, und wie sind wir davor geschützt?« Und der IWF, das US-Finanzministerium und die Fondsmanager haben alle begonnen, die Regierungen von *emerging markets* öfter zu fragen, was sie tun, um ihr Finanzsystem zu verbessern, und wie sie die Einhaltung der Spielregeln überwachen. Auch interessiert man sich mehr dafür, welche privaten und öffentlichen Geldströme in ein Land hineinund wieder herausfließen. Und viele Investoren bestehen darauf, daß ihnen diese Zahlen ständig und in Echtzeit gemeldet werden.

Die Fondsmanager wissen, daß sie zumindest in näherer Zukunft sowohl mit ihren Investoren als auch mit ihren Banken offener sein müssen, wenn sie weiterhin Kapital anziehen wollen. Ich kenne den Manager eines Hedgefonds in London, der mitten in der Krise von 1998 seinen Kunden mitteilte, daß er gerade eine Website aufgemacht hatte. Die Website war durch ein Paßwort gesichert und nur für seine Kunden zugänglich, aber wer Zugang hatte, konnte täglich in Echtzeit alle Investitionen des Hedgefonds sehen, sich über die Fremdfinanzierung informieren und über den aktuellen Stand jeder einzelnen Investition. »Ich weiß, daß ich mehr Transparenz bieten muß, wenn ich mehr Investoren gewinnen will. Eine Menge Fremdkapital kam von den Banken, die mit Geld um sich warfen, ohne zu wissen, was andere Banken herausgerückt hatten. Die Banken verhielten sich wie Idioten. Ich konnte jeden Tag zwanzig verschiedenen Banken dasselbe erzählen, und sie wußten nichts voneinander. Ich nehme jeden Tag Kredite auf, also werden mich die Banken irgendwann am Ende jedes Börsentages fragen, wieviel ich insgesamt geliehen habe. Ich sehe das schon kommen. Die Banken sagen heute: ›Uns ist es gleichgültig, wo Sie Geld geliehen haben, aber wir wollen wissen, in welchem Kontext die Gesamtsumme steht, die wir Ihnen geliehen haben.‹«

Ich glaube, es ist die einzig realistische Lösung, diesen Ad-hoc-Ansatz auch in Zukunft zu verfolgen, bis irgendwann ein neues System zur Regulierung der Weltfinanzen geschaffen werden kann. Wenn jeder, vom IWF über Merrill Lynch bis zu meiner Tante Tina, einfach nur all diese Fragen öfter stellt und hartnäckig stellt, dann haben wir die Chance, zwei von fünf der nächsten Krisen zu verhindern und eine der fünf in ihren Auswirkungen zu begrenzen. Nichts regt mehr zu vorsichtigem Verhalten an, als wenn einem andere genau auf die Finger schauen.

»Man versucht, Exzesse zu vermeiden, die mit einem solchen Risiko behaftet sind, daß es nicht nur die trifft, die den Fehler machen, sondern auch eine Menge unbeteiligte Zuschauer«, sagte William J. McDonough, der Präsident der New Yorker Federal Reserve, die die Rettung von LTCM durch Geschäftsbanken und Investoren organisierte. »Der Schlüssel ist der Besitz und Austausch von Informationen. Wenn der Informationsfluß gesichert ist – und manchmal kommt es dabei nur darauf an, noch ein paar zusätzliche Fragen zu stellen –, können wir zu den von uns beaufsichtigten Banken sagen, daß dieser oder jener Fonds zu groß wird und daß sie kräftig daran mitwirken, daß er zu groß wird.«

Mir ist klar, daß es nicht besonders phantasievoll klingt, einfach nur an alle am System Beteiligten zu appellieren, bessere Controller, klügere Investoren und weisere Bankiers und Kreditgeber zu sein. Aber wir sollten endlich aufhören, uns in die Tasche zu lügen. Es wird noch lange dauern, bis eine Weltzentralbank existiert. Und in einer Welt der Netzwerke, der Supermärkte und der supermächtigen Individuen – einschließlich supermächtiger Investoren – gibt es Dinge, die eine Regierung einfach nicht aufhalten kann, und manche Kräfte, die eine Regierung nicht völlig kontrollieren kann. Deshalb müssen wir mit den Institutionen arbeiten, die wir haben. Wenn sich der Markt, wie erwähnt, selbst diszipliniert, wenn die Controller ihre Pflicht ernst nehmen, wenn der IWF seine Aufsichtspflichten ernst nimmt, dann wird das ganz gewiß einen mäßigenden Effekt haben, und es läßt sich wenigstens ein Teil der Risiken abbauen, die für das ganze System bedrohlich sind.

Mehr ist einfach nicht zu hoffen. Die heutigen Märkte sind so groß und so vielfältig, und sie werden mit zunehmender Nutzung des Internets so schnell, daß sie niemals völlig gegen Krisen immunisiert werden können. Die globale Finanzkrise wird die Norm sein im kommenden Zeitalter. Angesichts der ungeheuren Geschwindigkeit des Wandels heute und der vielen Staaten, die sich in unterschiedlichen Stadien der Anpassung an das neue System der Globalisierung befinden, werden Krisen endemisch sein. Deshalb, lieber Leser, kann ich Ihnen nur raten, schnallen Sie sich an, stellen Sie Ihre Rückenlehne gerade, und klappen Sie den Tisch vor Ihnen hinauf. Booms und Pleiten werden immer schneller aufeinanderfolgen. Gewöhnen Sie sich daran, und versuchen Sie lediglich dafür zu sorgen, daß in keinem Bereich des Systems der Einsatz so hoch ist, daß es das ganze System in Boom oder Pleite treiben kann. Wer immer Ihnen erzählt, er verfüge über ein Rezept zur Verhinderung der Krisen, erlaubt sich einen Scherz mit Ihnen. In Wirklichkeit keimt, noch während Sie diese Worte lesen, bereits irgendwo die nächste globale Finanzkrise.

Die Teilnahme an der Weltwirtschaft gleicht heute der Fahrt mit einm Formel-1-Rennwagen, der jedes Jahr schneller wird. Jemand wird immer in die Leitplanken rasen und seinen Wagen zu Schrott fahren, zumal einige Fahrer vor nicht allzu langer Zeit noch auf Eseln geritten sind. Sie haben zwei Möglichkeiten: Sie können Formel-1-Rennen verbieten. Dann wird es nie mehr Unfälle geben. Aber es wird auch keinen Fortschritt mehr geben. Oder Sie können alles Menschenmögliche tun, um die Folgen eines Unfalls zu vermindern, indem Sie das Rennen in jeder Hinsicht verbessern. Das heißt, Sie können sicherstellen, daß immer ein Krankenwagen mit gut ausgebildeten Sanitätern und einer Menge Blutkonserven verschiedener Blutgruppen zur Stelle ist. (Auf den Markt übertragen heißt dies, daß der IWF, die G-7 und die wichtigsten Zentralbanken der Welt im Notfall in der Lage sein müssen, Kapital in bestimmte Märkte zu pumpen, um einen systemgefährdenden Supergau zu verhindern.) Zugleich können sie Ihren Rennwagen stärker bauen. (Dies heißt auf den Markt übertragen, jeden Investor, der auch nur einen Pfennig in einen *emerging market* investiert, dazu zu bringen, daß er sich vergewissert, ob das betreffende Schwellenland das Betriebssystem und die Software entwickelt, um die Kapitalströme richtig zu leiten und die Gewinne zu machen, die notwendig sind, um seine Schulden zu bezahlen.) Sie können auch die Fahrer besser trainieren. (Dies heißt auf den Markt übertragen, daß der IWF, die Investoren und die Banken ständig mehr und genauere und aktuellere Daten über die Entwicklung einer Volkswirtschaft anfordern müssen und darüber, wohin das Kapital fließt, insbesondere wenn es sich um kurzfristige Mittel handelt.) Schließlich sollten Sie rund um die Rennbahn so viele Heuballen wie möglich plazieren, falls ein Wagen von der Fahrbahn schleudert – und um die Fahrer zu warnen, daß hinter den Heuballen nur noch die Wand kommt. Sie werden aber nicht so viele Heuballen auslegen wollen, daß das Rennen behindert wird. (Für den Markt bedeutet dies eine aufmerksame Regulierung der Banken und des Finanzwesens, die Installation von Sicherungen und Alarmglocken, damit Probleme so frühzeitig wie möglich entdeckt werden und sich entschärfen lassen.)

Wenn Sie all das nicht tun wollen, vergessen sie den Rennsport und werden Sie Jogger. Aber seien Sie vorsichtig, denn in dieser Welt werden Sie als Jogger vermutlich von einem Rennwagen überrollt.

Die Geopolitik der Globalisierung

Es ist für die heutige Generation von Amerikanern nicht leicht zu begreifen, wie wichtig die USA in dieser Ära der Globalisierung für die Welt sind. Historisch waren die Vereinigten Staaten entweder isoliert und hielten sich von der Weltpolitik fern, oder sie waren gezwungen, sich im Rahmen eines moralischen Kreuzzugs stark einzumischen, um wieder einmal eine aggressive, bedrohliche Macht abzuwehren. Die Isolation ist leicht zu erklären und zu verstehen. Auch das US-amerikanische Engagement in einer bipolaren Welt – mit einem großen, atomar bewaffneten, stets bedrohlich brummenden russischen Bären als Gegenüber – war leicht zu erklären und zu verstehen. Schwer zu erklären und zu verstehen ist dagegen das US-amerikanische Engagement in einer Welt, in der die USA ohnehin der größte Nutznießer und die einzige Supermacht sind, mit einer Vielzahl von zweitrangigen Mächten und keiner unmittelbar sichtbaren großen Bedrohung, aber mit vielen kleinen Bedrohungen und einem abstrakten System der Globalisierung, das es aufrechtzuerhalten gilt. Genau in dieser Welt leben wir jedoch, und in dieser Welt können sich die USA keine Isolation leisten, und sie dürfen auch nicht warten, bis irgendein kleiner Gegner sich zu einem lebensbedrohlichen Feind entwickelt hat.

Wie schon gesagt, sind die Vereinigten Staaten der Michael Jordan der Geopolitik. Es ist toll, Michael Jordan zu sein, und wie es in dem Werbespot heißt, wären viele Leute gern wie Mike. Aber so gut Michael Jordan auch war, er hatte eine Schwäche: Er war nichts ohne die NBA mit ihren 29 Teams und ihren Verträgen mit Fernsehstationen rund um die Welt. So verhält es sich auch mit den USA. Wir sind nichts ohne den Rest der Welt, und die Welt kommt nicht voran ohne uns. Manche Länder wollen uns unbedingt vernichtend schlagen. Aber mit Ausnahme der Supermächtigen Zornigen Männer hat der größte Teil der Welt auch begriffen, daß die Welt ohne starke Vereinigte Staaten sehr viel weniger stabil wäre.

Eine nachhaltige Globalisierung erfordert eine stabile Machtstruktur, und kein Land spielt dabei eine wichtigere Rolle als die USA. Das Internet und all die anderen technischen Dinge, die im Silicon Valley entwickelt werden, damit digitalisierte Stimmen, Videos und Daten rund um die Welt geschickt werden können, die Integration des Welthandels und der Weltfinanzen, die durch diese Neuerungen vorangetrieben wird, und der dadurch entstandene Reichtum existieren in einer Welt, die von einer wohlwollenden Supermacht mit der Hauptstadt Washington D.C. stabilisiert wird. Die Tatsache, daß es noch nie einen Krieg zwischen zwei Ländern mit McDonald's-Restaurants gab, ist teilweise der wirtschaftlichen Integration zu verdanken, doch sie beruht auch auf der Macht der USA und ihrer Bereitschaft, sie gegen jene einzusetzen, die das globalisierte System bedrohen – vom Irak bis Nordkorea. Die unsichtbare Hand des Marktes kann ohne eine unsichtbare Faust nicht arbeiten. McDonald's kann nicht gedeihen ohne McDonnell Douglas, die für die US Air Force die F-15 bauen. Die unsichtbare Faust, die dafür sorgt, daß die Technologie des Silicon Valley blüht, besteht aus dem Heer, der Luftwaffe, der Marine und der Marineinfanterie der Vereinigten Staaten. Und diese Streitkräfte werden mit den Dollars der US-amerikanischen Steuerzahler bezahlt.

Mit allem gebotenen Respekt vor den Leistungen des Silicon Valley muß man doch sehen, daß sich neue Ideen und eine neue Technologie nicht von selbst verbreiten. »Gute Ideen und Technologien brauchen auch eine starke Macht, die den Ideen durch das Vorbild zum Durchbruch verhilft und sie durch Siege auf dem Schlachtfeld schützt«, sagt der auf Außenpolitik spezialisierte Historiker Robert Kagan. »Wenn eine schwächere Macht unsere Ideen und Technologien propagierte, hätten sie nicht die weltweite Bedeutung, die sie haben. Und als eine starke Macht wie die Sowjetunion ihre schlechten Ideen propagierte, fanden sie über ein halbes Jahrhundert lang große Verbreitung.«

Diese Tatsache wird heute einfach zu leicht vergessen. Für zu viele Unternehmenschefs im Silicon Valley gibt es heute keine Geographie und keine Geopolitik mehr. Sie kennen nur noch Aktienbezugsrechte und Bytes. Als ich 1998 das Silicon Valley besuchte und den nur allzu typischen leitenden Angestellten eines Hightech-Unternehmens fragte, wann er zum letzten Mal über den Irak, über Rußland oder über Kriege im Ausland gesprochen habe, antwortete er stolz: »Darüber reden wir höchstens einmal im Jahr. Uns ist sogar Washington egal. Hier im Silicon Valley wird Geld gemacht, und in Washington wird es verschwendet. Ich rede gern über die Leute, die Wohlstand und Arbeitsplätze schaffen. Ich rede nicht gern über schädliche und unproduktive Leute. Wenn mir schon die Vermögensvernichter in meinem eigenen Land egal sind, warum sollte ich mich dann um die in irgendeinem anderen Land kümmern?«

Die Ansicht, daß Washington der Feind und jeder Steuerdollar ein verschwendeter Dollar sei, ist grotesk. »Loyalität ist nur einen Mausklick entfernt«, sagt man im Silicon Valley. Aber das sollte man nicht zu weit treiben. »Wir sind kein amerikanisches Unternehmen«, prahlen manche Führungskräfte im Silicon Valley. »Wir sind IBM USA, IBM Kanada, IBM Australien, IBM China.« Tatsächlich? Dann sollen sie doch Jiang Zemin um Hilfe bitten, wenn IBM China das nächste Mal in Schwierigkeiten gerät. Und da es ihnen egal ist, wenn der Kongreß wieder einmal einen Militärstützpunkt in Asien schließt – weil ihnen Washington egal ist –, sollen sie doch das nächste Mal, wenn es nötig wird, die Marine von Microsoft bitten, die Seewege im Pazifik zu sichern. Und wenn die republikanischen Neuzugänge im Kongreß das nächste Mal wieder US-Botschaften schließen wollen, sollen sie doch bei Amazon.com einen neuen Paß bestellen.

Natürlich mag es unfair erscheinen, daß die USA bei der Erhaltung der Globalisierung eine unverhältnismäßig große Last tragen. Es bedeutet, daß es eine Menge Trittbrettfahrer gibt, wie etwa die Franzosen, die sich von uns Huckepack tragen lassen und uns dabei ständig kritisieren. Das gehört eben dazu. Oder haben Sie je gehört, daß sich Michael Jordan beschwert hätte, weil er für seine Mannschaft oder sogar für die ganze NBA die Hauptlast tragen mußte? Das bedeutet nicht, daß die USA immer und überall mitmischen müßten. Es gibt große wichtige und kleine unwichtige Orte, und Außenpolitik besteht darin, den Unterschied zu kennen. Und sie muß es verstehen, andere zu mobilisieren, wo man selbst nicht handeln kann oder nicht allein handeln sollte. Der wichtigste Grund, warum die Vereinigten Staaten die UNO und den IWF, die Weltbank und die verschiedenen Welt-Entwicklungsbanken brauchen, ist der, daß die USA über diese Institutionen ihre Interessen fördern können, ohne dafür immer und überall Leben und Geld von US-Amerikanern aufs Spiel zu setzen.

Um an diesem politischen Kurs festhalten zu können, müssen die Befürworter eines internationalen Engagements der USA offensichtlich eine neue Koalition bilden, die den Kurs unterstützt. Die Wählergruppe, die ein solches internationales Engagement seit über fünfzig Jahren befürwortet und die Bedeutung der USA für den Rest der Welt immer anerkannt hat, ist das sogenannte intellektuelle Establishment der US-amerikanischen Ostküste. Dieses Eastern Intellectual Establishment hat, soweit es heute noch existiert, nicht viel übrig für Kongreßabgeordnete und Senatoren, die so stolz auf ihre eigene Dummheit sind, daß sie nicht einmal Pässe besitzen und damit prahlen, daß sie nie ins Ausland reisen. Die Regierung muß sich, gleichgültig welche Partei gerade regiert, darum bemühen, die neuen Globalisierer zusammenzubringen – vom Softwareentwickler bis zum Webpage-Designer, vom Farmer in Iowa bis zum Umweltaktivisten, vom exportierenden Unternehmer bis zum Fließbandarbeiter im Hightech-Betrieb – und im 21. Jahrhundert eine neue Koalition schmieden, die das internationale Engagement der USA trägt.

Ich weiß, daß dies nicht leicht sein wird. Im Kalten Krieg waren die Amerikaner bereit, jeden Preis zu bezahlen und jede Last zu schultern, weil sie das deutliche und unmittelbare Gefühl hatten, daß ihre Heimat und ihre Lebensweise bedroht waren. Nordkorea, der Irak oder das Kosovo sind für die große Mehrheit jedoch weit weg. Und Rußland könnte die USA zwar vermutlich auch heute noch tödlich bedrohen, tut es aber nicht. Aus diesem Grund sind die US-Amerikaner heute in der seltsamen Lage, daß sie für alles verantwortlich gemacht werden, aber für nichts ihr Leben riskieren wollen. Deshalb ist im Zeitalter der Globalisierung der Kampf gegen Guerillas out, und Babysitting ist in. Straßenkämpfe sind out, Cruise Missiles sind in. Green Berets sind out, Blauhelme sind in. In der Welt von heute dürften die USA in keinem Krieg im Ausland auf Dauer die Verlierer sein, aber sie könnten wohl auch keinen Krieg über längere Zeit zu Hause durchsetzen. Wenn der amerikanische Präsident heute mit einer militärischen Bedrohung konfrontiert wird, fragt er deshalb nicht »Mit welcher Strategie läßt sich die Bedrohung ein für allemal aus der Welt schaffen?«, sondern »Was muß ich bezahlen, damit das Problem nicht mehr in CNN kommt und ich es vergessen kann?«. Alles wird eingedämmt, aber nichts wird wirklich gelöst.

Die USA sind ganz offensichtlich die typische wohlwollende Hegemonialmacht und sehr zurückhaltend im Erzwingen ihrer Ziele. Die Geschichte lehrt jedoch, daß ein Zuviel an Zurückhaltung das ganze System bedrohen kann. Paul Schroeder ist emeritierter Professor für Internationale Geschichte an der Universität Illinois und einer der großen Experten des 20. Jahrhunderts zu diesem Thema. Er sagte einmal folgendes zu mir: »Wenn Sie sich die Geschichte ansehen, dann gibt es in Perioden relativen Friedens eine dauerhafte, stabile und erträgliche Hegemonialmacht, die Konflikte schlichtet und die Grundregeln des Spiels bestimmt. Und diese Hegemonialmacht bezahlt immer einen unverhältnismäßig großen Teil der gemeinsamen Kosten, verzichtet vielleicht sogar auf Eroberungen oder legt sich in anderer Weise Beschränkungen auf, um keine Ressentiments zu wecken und das System auch für die anderen Länder erträglich zu halten.«

Diese Beobachtung trifft beispielsweise auf das sogenannte System Metternich zwischen 1815 und 1848 zu, das von Großbritannien und Rußland dominiert wurde, zwei zurückhaltenden und relativ wohlwollenden Hegemonialmächten, die die Einhaltung der grundlegenden Spielregeln erzwangen, aber ein hohes Maß an lokaler Autonomie und lokalem Wohlstand zuließen. Sie trifft auch zu für die Bismarck-Ära zwischen 1871 und 1890, als Deutschland die Hegemonie innehatte.

»Schwierigkeiten«, so Schroeder, »gibt es, wenn die wohlwollende Hegemonialmacht, die für die Stabilität des Systems verantwortlich ist, nicht mehr willens oder nicht mehr fähig ist, die überproportionalen Kosten weiterhin zu bezahlen, wenn ihre Hegemonie unerträglich und ausbeuterisch statt wohlwollend wird, oder wenn genug Akteure gegen ihre Regeln rebellieren und ein anderes System fordern, das den Interessen der Hegemonialmacht vielleicht nicht entspricht.«

Wir müssen vermeiden, daß es so weit kommt. Ohne eine aktive Außen- und Verteidigungspolitik der USA kann das globalisierte System nicht aufrechterhalten werden.

Ohne Amerika auf der Hut gibt es auch kein America Online.

Olivenbäume und Globalisierung

Selbst wenn wir die richtige Politik, Geopolitik und Geoökonomie für eine nachhaltige Globalisierung treiben, müssen wir noch einen weiteren, schwer bestimmbaren Satz von Regeln beachten. Dabei geht es darum, die Olivenbaum-Bedürfnisse von uns allen zu respektieren und sicherzustellen, daß auch sie geschützt werden. Aus diesem Grund habe ich dieses Buch mit der Geschichte von Kain und Abel begonnen, und nun beende ich es mit der Geschichte vom Turmbau zu Babel. Was war das Problem mit dem Turm zu Babel? Gab es damals nicht genau das, wovon die Globalisierer heute träumen – eine Welt, in der alle dieselbe Sprache sprechen, dieselbe Währung und dieselben Buchführungsregeln haben? Genau diese Übereinstimmung erlaubte es der Weltbevölkerung in biblischer Zeit, zusammenzuarbeiten und den Turm zu Babel zu bauen – einen Turm, der vielleicht tatsächlich bis in den Himmel hätte reichen können.

Darüber sprach ich einmal mit meinem Freund Rabbi Tzvi Marx. Plötzlich blickte er von seiner Kaffeetasse auf und sagte: »War der Turm zu Babel vielleicht die ursprüngliche Version des Internets?«

Schließlich ist auch das Internet eine Art universelle Sprache außerhalb der Beschränkungen jeder einzelnen Kultur. Es ist eine universelle Form von Kommunikation, die zumindest oberflächlich den Anschein erweckt, als könnten wir einander alle verstehen, selbst wenn wir nicht dieselbe Sprache sprechen. Und es erlaubt uns, mit Leuten Kontakte zu knüpfen, denen wir nie in unserem Olivenhain begegnet sind.

Was aber tat Gott mit dem Turm zu Babel? Er setzte dem Bau ein Ende. Und wie setzte er ihm ein Ende? Indem er die Menschen viele verschiedene Sprachen sprechen ließ, so daß sie nicht mehr zusammenarbeiten konnten. Warum tat er das? Tzvi hat dafür folgende Erklärung:

»Gott tat es zum einen, weil er fand, daß die Menschen mit dem Bau eines Turms, der bis in den Himmel reichen sollte, ihre menschlichen Grenzen überschritten und ihn angriffen. Aber er zerstörte den Turm auch deshalb, weil er fand, daß die gemeinsame Sprache und der gemeinsame Ansatz letztlich entmenschlichend wirken. Die Menschen hatten alles Besondere an Männern und Frauen zugunsten einer universellen Sprache und eines universellen Projekts verleugnet. Und deshalb war es Gottes Lösung und Strafe, dem Bau des Turmes ein Ende zu setzen, indem er die Menschen alle verschiedene Sprachen sprechen ließ.«

Es war Gottes Weg, die Menschen wieder mit ihren Olivenbäumen in Berührung zu bringen, in ein Gleichgewicht, bei dem ihre besondere Individualität und ihre besondere Beziehung zu einem Ort, einer Gemeinschaft, einer Kultur, einem Stamm, einer Familie nicht mehr zu kurz kamen.

Ja, die Globalisierung und das Internet können Menschen zusammenbringen, die nie zuvor Kontakt hatten – etwa meine Mutter und ihre französischen Bridge-Partner im Internet. Aber anstatt wirklich neue Gemeinschaften zu stiften, schafft diese Technologie häufig nur ein falsches Gefühl der Verbundenheit und Intimität. Es ist, wie wenn zwei Piepser miteinander kommunizieren. Bekommen wir durch E-Mails, Internet-Bridge und Chatrooms wirklich Kontakt? Oder befähigt uns all diese neue standardisierende Technologie vielleicht nur, weiter in die Welt hinauszugreifen, während sie uns von der wirklichen Arbeit abschneidet, die nötig ist, um eine Beziehung und eine Gemeinschaft zu unseren Nachbarn aufzubauen? Früher traf ich eine Menge Leute und führte eine Menge Gespräche, wenn ich in den Bergen von Colorado mit dem Skilift fuhr. Ich fahre immer noch Lift, aber heute haben alle ein Handy. Deshalb lerne ich im Lift heute nicht mehr Menschen aus der ganzen Welt kennen, sondern höre sie nur noch per Handy mit ihren Büros auf der ganzen Welt telefonieren. Das finde ich schrecklich. E-Mails wirken nicht gemeinschaftsfördernd, aber bei einem Elternabend entsteht Gemeinschaft. In einem Chatroom entsteht keine Gemeinschaft, aber wenn man gemeinsam mit seinen Nachbarn beim Stadtrat eine Verkehrsberuhigung für die eigene Straße beantragt, entsteht Gemeinschaft. Lassen sich Cybergemeinschaften bilden, die wirkliche Gemeinschaften ersetzen? Ich zweifle stark daran. Deshalb wäre ich zum Beispiel nicht überrascht, wenn ich eines Tages aufwachte und der Allmächtige hätte das Internet zusammenbrechen lassen wie einst den Turm zu Babel.

Ich muß immer wieder an diesen jungen Kuwaiti denken, den ich im

Internet-Café in Kuwait City traf. »Als ich Student war, hatten wir noch kein Internet«, sagte er. »Wir hatten ein paar liberale Professoren, und wir trafen uns in aller Stille bei ihnen zu Hause und redeten über Politik. Heute kann man als Student zu Hause sitzen und mit der ganzen Welt kommunizieren.« Doch er gestand mir, daß er und seine Professoren nicht mehr wie früher zusammenkämen. Es besteht die Gefahr, daß wir dank der Internet-Vernetzung der Gesellschaft, dank des Eindringens der Technologie in alle Bereiche unseres Lebens und dank des Triumphs der Globalisierung nach dem Motto »Globalisierung über alles«, eines Tages aufwachen und erkennen müssen, daß wir nur noch per Computer mit anderen verkehren. Wenn dies geschieht, werden die Leute wirklich anfällig für all die Prediger und New-Age-Fanatiker, die versprechen, sie würden uns wieder in Kontakt zu unserem Körper, unserer Seele und dem Olivenbaum in uns allen bringen. Dann werden wir *wirklich verrückte* Revolten gegen Monotonie und Standardisierung erleben, weil die Menschen nur einfach irgendwie anders sein wollen, und nicht deshalb anders sein wollen, weil sie eine reale Vergangenheit, reale Wurzeln und Traditionen bewahren.

Das Gleichgewicht zwischen dem Lexus und dem Olivenbaum ist eine Sache, an der jede Gesellschaft täglich arbeiten muß. Und genau darum geht es in den Vereinigten Staaten von Amerika, wenn sie sich von ihrer besten Seite zeigen. Wenn sie sich von ihrer besten Seite zeigen, nehmen sie die Bedürfnisse von Märkten, Individuen und Gemeinschaften sehr ernst. Und deshalb ist Amerika, wenn es sich von seiner besten Seite zeigt, nicht nur ein Land, sondern ein spiritueller Wert und ein Vorbild. Ein Volk, das es wagt, zum Mond zu fliegen, aber noch immer gerne nach Hause kommt und mit seinen Kindern spielt. Ein Volk, das sowohl den Cyberspace als auch das Grillfest mit den Nachbarn, sowohl das Internet als auch das soziale Netz, sowohl die Börsenaufsicht als auch die Union für die Menschenrechte (ACLU) erfunden hat. Diese Gegensätze gehören zum Wesen Amerikas und sollten nie zugunsten der einen oder der anderen Seite aufgelöst werden. Aber sie sollten auch nie für selbstverständlich genommen werden. Sie müssen ständig genährt, gepflegt und geschützt werden – und wir Amerikaner können dies tun, indem wir unsere staatlichen Schulen unterstützen, unsere Steuern bezahlen, indem wir begreifen, daß die Regierung nicht unser Feind ist, und indem wir darauf achten, daß wir unsere Nachbarn am Gartenzaun kennenlernen und nicht im Web.

Die USA zeigen sich nicht jeden Tag von ihrer besten Seite, aber wenn sie gut sind, dann sind sie wirklich sehr gut. Im Winter 1994 sang meine

446

älteste Tochter Orly im Chor der vierten Klasse der Burning Tree Elementary School in Bethesda in Maryland. In der Weihnachtszeit trafen sich alle Chöre der lokalen staatlichen Grundschulen zu einem großen Konzert auf dem Marktplatz von Bethesda. Ich kam (in meinem Lexus), um meine Tochter singen zu hören. Der Chorleiter war Afro-Amerikaner, und er war für das Gesangsfest als Nikolaus verkleidet. Als erstes Lied sang der Chor an jenem Abend den Hanukah-Klassiker »Maoztzur« auf die Melodie von »Rock of Ages«. Angesichts dieser Szene und dieses Liedes stiegen mir die Tränen in die Augen. Zu Hause fragte mich meine Frau Ann, wie es gewesen war. Und ich sagte: »Honey, ich habe gerade einen als Nikolaus verkleideten Schwarzen gesehen, der vierhundert Grundschüler dirigierte, die auf dem Marktplatz von Bethesda in Maryland ›Maoztzur‹ sangen. Gott segne Amerika.«

Eine gesunde globale Gesellschaft muß heute stets aufs neue das richtige Gleichgwicht zwischen Lexus und Olivenbaum finden, und es gibt in der Welt von heute kein besseres Vorbild für dieses Bemühen als die USA. Und deshalb glaube ich so fest daran, daß sich Amerika von seiner besten Seite zeigen muß, wenn die Globalisierung Bestand haben soll – heute und morgen und in aller Zukunft. Dieses kostbare Vermächtnis dürfen wir nicht verspielen.

Danksagung

An diesem Buch habe ich vier Jahre gearbeitet, und in dieser Zeit haben mir viele Menschen geholfen. Mein Verleger Arthur Sulzberger jr. gab mir nicht nur die Zeit, die ich brauchte, sondern machte mich vor allem zum außenpolitischen Kolumnisten der *New York Times,* so daß ich die Globalisierung direkt beobachten und aus eigener Anschauung begreifen konnte. Dafür bin ich ihm sehr dankbar. Howell Raines, Chefredakteur der Editorial Page der *New York Times,* hat meine Arbeit sehr unterstützt und half ebenfalls, dieses Buch möglich zu machen. Auch ihm bin ich sehr dankbar. Ich wäre jedoch nachlässig, wenn ich nicht auch dem heute amtierenden Chefredakteur der *New York Times,* Joe Lelyveld, danken würde und seinem Vorgänger Max Frankel, der mir vor sechs Jahren ein Revier an der Schnittstelle von Finanz- und Außenpolitik schuf, wo erstmals mein Interesse für viele Themen dieses Buches geweckt wurde.

Ich bin mit vielen guten Freunden gesegnet und konnte mit ihnen die verschiedenen Ideen durchsprechen, die in diesem Buch stecken. Niemand hat mich mehr über die Geschichte der amerikanischen Außenpolitik gelehrt als mein Freund Michael Mandelbaum, der an der Johns Hopkins School of Advanced International Studies internationale Beziehungen lehrt. Unsere wöchentlichen Diskussionen über Außenpolitik waren für mich außerordentlich anregend. Mein Freund Yaron Ezrahi, Professor für Politische Theorie an der Hebräischen Universität in Jerusalem, hat mich von Anfang an zu diesem Projekt ermutigt und häufig und großzügig seine wundervollen Einsichten in den Bereichen Demokratietheorie, Kunst und Journalismus mit mir geteilt. Ich profitiere ständig von seiner Intelligenz und Freundschaft. Mein Bruder im Geiste aus meiner Zeit im Nahen Osten, Stephen P. Cohen vom Center for Middle East Peace in New York, ist zwar kein Experte für Globalisierung, trotzdem hat er mein Buch mit seinen originellen Gedanken und seinem wunderbaren Gespür für internationale Politik in vieler Hinsicht bereichert. Es ist ein Geschenk, ihn als Freund und Lehrer zu haben. Mein Freund Larry Diamond, der an der Hoover Institution der Stanford University forscht und Mitherausgeber des *Journal of Democracy* ist, war mein Ansprechpartner beim Thema Demokratisierung und hat dieses Buch in jedem Stadium kommentiert. Es ist einer der größten Glücksfälle in meinem Leben, daß ich ihn kennengelernt habe, als ich in Nordostchina die Dorfwahlen beobachtete. Jim Haskel von Goldman Sachs rief mich eines Tages aus heiterem Himmel an, um mit mir über eine Kolumne zu sprechen, die ich für die *Times* geschrieben hatte, und wir haben seither nicht mehr aufgehört, miteinander zu reden. Er ist ein Profi in Informationsarbitrage, und ich habe von seinen Kommentaren zum Entwurf für dieses Buch sehr profitiert. Robert Hormats, der Stellvertretende Vorsitzende von Goldman Sachs International, war mir ebenfalls ein wichtiger Gesprächspartner bei diesem Thema. Niemand hat ein besseres Gefühl für den Bereich zwischen Finanzwirtschaft und Politik als Bob, und jedesmal, wenn wir uns sehen, kommen wir auf eine neue Idee. Stephen Kobrin, der Direktor des Lauder Institute an der Wharton School, hat arrangiert, daß ich mit einigen seiner Kollegen von der Wharton School ein sehr anregendes Seminar über dieses Buch halten durfte, und nahm sich dann die Zeit, die erste Fassung zu lesen. Seine eigenen Veröffentlichungen über die Globalisierung und seine Kommentare waren mir eine große Hilfe. Der bei der Weltbank tätige Wirtschaftswissenschaftler Ahmed Galal, mit Sicherheit einer der besten in Ägyptens neuer Generation von Wirtschaftswissenschaftlern, nahm sich ebenfalls die Zeit, sich verschiedene Argumente aus diesem Buch anzuhören. Er las die erste Fassung und teilte seine Gedanken auf vielerlei Weise mit mir. All dies war mir eine enorme Hilfe.

Glenn Prickett, der Vizepräsident von Conservation International, begleitete mich auf einer Reise in ökologisch gefährdete Gebiete Brasiliens und lehrte mich alles über das Thema Umwelt und Globalisierung. Auch ihm bin ich zu großem Dank verpflichtet. Jeffrey Garten, Dekan der Yale School of Management, lud mich ein, einen Teil des Buches in einem seiner Seminare vorzustellen, und er hat mir zum Thema Globalisierung ständig neue Einsichten vermittelt.

Der damals stellvertretende Finanzminister Larry Summers, seine Mitarbeiterin Michelle Smith und ich standen in den letzten sechs Jahren laufend im Gespräch über die Weltwirtschaft, und mehr als eine Idee in diesem Buch wurde bei unseren informellen Brainstormings zuerst von Larry in die Diskussion geworfen. Der Wirtschaftswissenschaftler Clyde Prestowitz, Finanzminister Robert Rubin, Notenbankchef Alan Greenspan, der Chef der israelischen Notenbank Jacob Frenkel, der Wirtschaftswissenschaftler Henry Kaufman, William J. McDonough, der Präsident der New York Federal Reserve Bank, der Hedgefonds-Manager Leon Cooperman, der Wertpapierhändler Lesley Goldwasser, der Chefökonom der Weltbank John Page, der Chef des Nationalen Wirtschaftsrates Gene Sperling und Weltbankpräsident Jim Wolfensohn, sie alle nahmen sich die Zeit, ihre Ansichten über die Globalisierung mit mir zu diskutieren. Aus dem privaten Sektor konnte ich Robert Shapiro, den Vorstandsvorsitzenden von Monsanto, John Chambers, den Präsidenten von Cisco Systems, den Geschäftsmann Jerry Portnoy aus Baltimore, den Farmer Gary Wagner aus Minnesota und die Führungscrew des Computerherstellers Compaq für zahlreiche Interviews gewinnen, die für dieses Buch unverzichtbar waren.

Mein Lehrer Rabbi Tzvi Marx half mir mit seinem ganz besonderen Verstand, einige kulturelle und religiöse Aspekte der Globalisierung zu klären. Mein alter Freund, der in Harvard lehrende Politikprofessor Michael Sandel, war wie immer eine Quelle der Inspiration für mich. Moisés Naím, der Herausgeber der Zeitschrift *Foreign Policy,* der auf Außenpolitik spezialisierte Historiker Robert Kagan, der Chinaexperte Michael Oksenberg, der Technologiekolumnist des *Wall Street Journal,* Walt Mossberg, Professor Robert Pastor von der Emory University, der Chefredakteur von *Foreign Affairs* Fareed Zakaria sowie Klaus Schwab, Claude Smadja und Barbara Erskine vom Weltwirtschaftsforum in Davos und mein Schwager Ted Century haben alle auf unterschiedliche, aber wichtige Weise zu diesem Projekt beigetragen. Meine Mutter Margaret Friedman und meine Schwiegereltern Matt und Kay Bucksbaum haben mich wie immer unermüdlich unterstützt.

Hiermit spreche ich alle oben Genannten von jeder Verantwortung für das Endprodukt frei.

Der Leser wird bemerkt haben, daß ich recht viel aus zwei bestimmten Quellen zitiere: aus dem *Economist,* der jedem Nachrichtenmagazin in seinem Verständnis der Globalisierung und in seiner Berichterstattung über das Phänomen sehr weit voraus war; und aus Werbeanzeigen. Aus irgendeinem Grund haben Werbetexter ein enormes Verständnis für die Globalisierung, und ich habe nicht gezögert, ihr Material zu verwenden.

Schließlich haben mich meine regelmäßigen Golfpartner in Caves Valley, Joel Finkelstein und Jack Murphy, geistig gesund erhalten, indem sie nicht das geringste Interesse an meinem Buch zeigten, sondern sich allein darauf konzentrierten, mir auf dem Golfplatz das Geld aus der Tasche zu ziehen.

Meine Assistentin und Rechercheurin Maya Gorman war phänomenal. Es ist geradezu furchterregend, was für Fakten und Neuigkeiten sie in aller Welt aufspüren konnte. Ich stehe tief in ihrer Schuld für ihre gute Arbeit und ihre gute Laune.

Mein altes Verlagsteam, das schon *From Beirut to Jerusalem* betreut hat – mein Lektor Jonathan Galassi von Farrar, Strauß und Giroux, sein Stellvertreter Paul Elie und meine Literaturagentin Ester Newberg von International Creative Management –, sind in diesem Geschäft einfach die besten, und damit basta. Es war ein Privileg, mit ihnen an einem weiteren Buch zu arbeiten.

Meine Töchter Orly und Natalie bekamen zahllose Vorlesungen aus diesem Buch zu hören und können ganze Abschnitte auswendig hersagen. Sie waren sehr angenehme Gesprächspartnerinnen und eine unerschöpfliche Quelle der Inspiration. Wie immer jedoch war meine erste und letzte Lektorin meine Frau Ann Friedman. Niemand hat je eine bessere Lebenspartnerin gehabt, und ihr sei dieses Buch gewidmet.

Register

453